日本侵权行为法

（第三版）

于敏／著

法律出版社
LAW PRESS·CHINA

第三版序

本书1998年初版,2006年第二版修订时,除订正了别字衍文,根据当时的新情况作了必要补正外,主要对全书语言进行了修订,增加了"事项索引"。此次修订,增写了原本拟在第二版时加入而未能实现的"安全照料义务"一章,依据学界的最新研究成果对侵权行为法总论、要件、效果以及具体类型等各个部分进行了较为全面的补订,尽可能多地增加了判例、学说的信息,意在更好地反映日本侵权行为法学理论的全貌和学说发展。

今天日本民法实务与学说,最活跃的仍然是侵权行为法领域。日本型侵权行为法模式的提倡,公法性规制、商事法、竞争秩序、人格性利益、交易关系、停止侵害请求等与侵权行为法的关系,这些实务问题的探讨使得日本侵权行为法学说在前辈学者坚实的理论基础之上取得了新的成果,以致人们以"侵权行为法的新时代"来形容侵权行为法的发展。

近现代民事法律的源头在欧洲,2005年起笔者开始关注欧洲侵权法学,2013年7月起受聘于烟台大学中欧侵权法研究院,能够较为集中地从事这方面的研究,于是,又增加了一个审视日本侵权行为法的视角,即同为欧洲法"学生"的中国与日本,各自所交"作业"如何。法律文化是人类的共同财富,在民法·侵权行为法领域,日本为建设法治国家,解决社会问题,将其"导入"并使之"本土化"的经验,当对健全中国损害赔偿法制有所启示。

囿于本书的概论性质和有限的纸面,不可能每个项目都详细展开,补订内容也依作者个人水平和所掌握资料有所偏倚,对各相关问题感兴趣的朋友,可以根据书中所述线索及书末的参考文献继续深入了解。

2014 年岁末

第二版序

20世纪60年代随着经济高度成长期的到来，日本出现了工业灾害、交通灾害、环境灾害等各种严重的社会问题，为解决现实问题，使受害人得到及时妥当救济，抑制和减少损害发生，法官和学者努力研究近代以来的民法理论，特别是过失认定、因果关系、损害赔偿范围等侵权行为法理论，顺应时代发展要求对其进行了符合现代民法精神的修正。这种努力，一直持续到80年代末90年代初。于是，这一期间成为日本侵权行为法和侵权行为法学发展的黄金时期，并达到了当今时代其发展的巅峰。这些，对处于经济快速增长时期，而社会问题法律对应的实务、理论积累尚浅的我国而言，无疑是难得的宝贵借鉴，因为侵权法要解决社会问题，而法的思考没有国界。本书出版8年来，能够受到实务家和学者的欢迎，其理由盖出于此。此次再版，除订正了书中的别字衍文，根据新情况作了必要补正外，主要对全书的语言进行了修订，意在使本书不仅法律专业人士使用方便，而且普通公民也能读懂。另外，此次再版增加了"事项索引"和"侵权法条文"。前者是为给读者查阅侵权法的各种概念和制度提供方便，后者收录了本书论述涉及的主要侵权法条文，并标注了书中援引处的页码，以有助于读者对内容的理解。

作　者

2006年暮春

序

日本民法典中关于侵权行为的规定只有16条(第3编第5章第709条至第724条),但侵权行为法所涉及的社会生活领域却是极其广泛的。在日本,民法学中问题最多、争论最激烈、研究成果也最丰厚的是侵权行为法学。

日本民法典实施100年以来,侵权行为法学经历过两次大的转折,一次是20世纪20年代,学界通过将民法第709条中的“权利侵害”读作“违法性”的理论操作,克服了条文的过度拘束,使应该得到保护的利益的范围扩大到“权利”以外的对象,从而在一定程度上达到了广泛地保护民事主体的民事权利的目的。另一次是60年代以后,高度经济增长给侵权行为法提出了许多前所未遇的新课题,为了救济因现代化大规模工业生产和高科技的普遍应用造成的各种具体的受害,判例、学说在责任要件的认定、因果关系的证明、损害赔偿范围的界定等方面进行了大量的法解释工作,努力修正过错责任原则的不足。这不仅形成了比较完善的类型化的损害赔偿制度,从而有效地对应了机动车事故、公害以及各种各样的消费者受害(制造物责任、医疗事故、不正当引诱交易)等具体的侵权行为,而且,使侵权行为法的基本理论问题得到深入的探讨。如所周知,日本旧民法是以法国民法典为蓝本起草的,现行民法典的制定主要参考了德国民法第一次草案,就类型而言日本民法属于大陆法系。作为民法一部分的侵权行为法,自然也处于大陆法系的影响之下,全面继受了“过失”、“违法性”、“相当因果关系”等概念。正是在解决现实社会问题的过程中,那些概念才得到进一步的消化、吸收,使学界逐渐搞清了日本法中的这些概念与德国法、法国法的不同,形成了较为成熟的日本侵权行为法理论,从而在大陆法框架的基础上,吸收部分英美法的做法,建立起日本独特的侵权行为法律制度。

侵权行为法是日本民法学研究中一个成果颇丰的领域。有许多值得我们借鉴的东西,而最根本的是它跟随时代发展不断创新的精神。任何法律无论规定得多么详细,都不可能将所有的具体社会现象囊括无遗,但同时,法律的基本原则又必须能够涵盖社会一定发展阶段上的所有社会问题。这就需要法律界的创造性的工作。日本民法典中的侵权行为法规定大多是一些相对抽象的概念,要使这些原则能够适应不断发展变化的社会,较为灵活地对应现实生活中出现的各种新问题,就需要侵权行为法学者根据法律的基本精神,对法律条文进行科学的、创造性的解释。从这种意义上说,侵权行为法学者肩负的是一种历史使命。从本书的探讨中我们将看到,日本侵权行为法学的研究成果大多都是在完成这一历史使命的过程中取得的。

近年来,日本民法学界着重研究的,是制造物责任、医疗事故、专家的责任、消费者保护等侵权行为法的专门领域。这种趋向表明,日本民法学界在侵权行为领域中正在解决的是以下课题,即伴随社会分工的细致化,民事主体在各种具体社会关系中所处地位亦发生了变化,传统的公平观念已经无法克服现实社会中具体的不平等(例如,雇主与雇工、经营者与消费者、医生与患者、律师与当事人等,在这些具体的特定社会关系中事实上地位是不平等的),应当针对各种特定的具体社会关系设定专门的法律规定,以使民事主体的民事权利能够公平地得到保护。因此,强化在各种具体的特定社会关系中处于支配地位者的民事责任,注重在各个不同社会生活领域中保护公民的民事权利,将是今后一段时期内日本侵权行为法学研究的一个重要方向。

本书的课题是整体性地考察日本现行侵权行为法律制度,属总论性的研究。书中尽可能全面、系统地阐述了日本民法制定以来,特别是20世纪60年代至今侵权行为法判例、学说的发展过程,以使我国读者对日本侵权行为法有一个整体的、动态的了解。笔者希望本书的出版有助于我国民法学界对日本侵权行为法的理解,并从中吸取经验教训,借鉴有价值的东西。书中不足之处亦希望读者不吝赐教,以期对我国的侵权行为法学研究有所裨益。

限于本书的目的和篇幅,书中未对日本侵权行为法的具体领域(例如制造物责任、消费者保护、机动车损害赔偿和医疗事故等)展开论述。这些在侵权行为事件纠纷处理的实际操作上颇具借鉴价值的各论性研究只能留待日后条件成熟时逐个进行。

作　者

1998年秋

目录

第1编　侵权行为法序说

第2编　一般侵权行为的成立要件

第3编 特殊侵权行为

第 1 编　侵权行为法序说

第1章 侵权行为法概述

第1节 侵权行为的意义与构成

一、侵权行为的意义

近代日本法制的建立与近代中国同样,源于欧洲大陆法系的法治思想和法律制度。日本民法中,汉语词汇“不法行为”是拉丁文 delictum,英文 torts,德文 unerlaubte Handlung,Delikt,法文 délit(civil),acte illicite 等词的相应日译词。其在法律学上的意义是“在发生赔偿其行为给他人所造成损害的责任时,该行为称为不法行为”。[①] 从“不法行为”产生赔偿损害责任这一点来看,日本民法中的“不法行为”与我国民法中的“侵权行为”[②]概念表述的是同样的内容。日本民法

---

① 竹内昭夫等编:《新法律学辞典》(第3版),有斐阁1989年版,第1246页。

② 我国自清末开始的民事立法中,较多吸收了日本民法中的术语,也聘请了日本的学者帮助进行法典的起草,但《大清民律草案》中却没有使用“不法行为”一词,而使用了“侵权行为”。这是为什么,当时是否有过议论?从现存的立法文件中我们没有找到答案。这或许是由于当时立法的具体执行者考虑到加害行为构成对受害人权利的侵害所以将英文的 torts 及其他西方语言文字的同义术语译为侵权行为,而日本《民法》第709条规定的是侵害了“权利”才负赔偿责任,日本学者也认为“权利侵害”是“不法行为”的核心类型,因此形成了共同的认识。在后来判例和学说“从权利侵害到违法性”的展开过程中,有学者曾指出过,在法律不能认可的行为中,“权利侵害”占最大部分,用权利侵害表现行为的违法性是最适当的(参见本书第6章中的相关内容)。

中使用“不法行为”这一术语的由来如下,原来规定该内容的旧《民法》[③]第 1 章第 3 节的标题是“不正的损害即犯罪及准犯罪”,而第 1 章的标题是“义务的原因”,在起草现行日本民法时,立法者认为由义务的结果产生“不正的损害”是不恰当的,这样的标题各国立法例均无先例(《民法修正案理由书》)。因此,参考德国法系的立法例,采用了“不法行为”这一术语。这里所谓“不法”在日常用语上,给人一种道德上不能允许、应该受到责难的行为的印象。日本学者认为,自罗马法以来,历史上这种概念构成不法行为(侵权行为)原型 delictum 的核心,但是,现代侵权行为的大部分,已不是这种意义上的“不法”行为,而是从那些由于其有用性、便捷性,社会不得不允许存在的行为(例如,医疗行为、交通工具的运营)中统计出来的不可避免地要发生的权利侵害行为,这种社会上的有用性或便捷性与由此发生的损害的填补或受害人的救济之间如何进行调整,是现代侵权行为法的重要课题。[④] 尽管如此,学说上在给侵权行为下定义时,仍然是依据法律规定,从分析现实生活中存在的侵权行为的原型入手,例如以下见解。

所谓侵权行为,就是当某人违法侵害他人的权利或利益给他人造成损害时,使加害人负担应该赔偿受害人损害的债务的制度。这种违法的利益侵害行为本身也叫作侵权行为。

假定 A 由于注意不足驾驶机动车发生失误,撞伤了 B。在这种场合下,A 发生两种法律上的责任:一种是业务上过失致死伤害罪(《刑法》第 211 条)等刑事责任;另一种是必须赔偿 B 所遭受损害这

③　日本自 1870 年开始翻译法国民法典,并聘请法国人普阿索那德(Boissonada)帮助起草民法典。该民法典于 1890 年公布,预计在 1893 年 1 月 1 日起施行。但由于遭到反对,并未实施。日本政府于 1893 年设置了法典调查会,由穗积陈重、富井政章、梅津次郎三人为起草委员,重新起草民法典,新的民法是参考德国民法典第一次草案,采用德国法的体系制定出来的。1896 年公布了总则、物权、债权三编,1896 年又公布了亲属、继承两编,1898 年 7 月 16 日起施行。这就是现行日本民法。与现行民法相区别,前一个虽已公布但未施行的民法典被称为旧民法。

④　平井宜雄:《债权各论Ⅱ侵权行为》,弘文堂 1993 年版,第 2 页注 1。

一民事上的责任(《民法》第709条)。后者,是不法侵害他人的权利或利益,由此造成损害的场合下发生的责任,这种侵害他人利益的行为就称为侵权行为。

这样,日本民法以对基于故意或过失的人(自然人、法人)的行为发生的事件,行为人(加害人)本人负担其结果所生责任为原则,这一原则称为过失责任主义或过失责任的原则和自己责任的原则(《民法》第709条)。

但也有对无行为能力人或限制行为能力人在丧失理智时破坏他人的器物造成损害的那种既不能判定为故意,也不能判定为过失的行为,不是行为人本人而是由对该行为人负有监督义务者负担该责任的情况(《民法》第713条、第714条),以及在建筑物因设计上的瑕疵在地震中崩塌,给周围的居住者造成损害的场合下,使该建筑物的占有人或所有人负担该赔偿责任的不以人的行为为直接原因而认定责任成立的情况(第717条)。通常将这两种场合加以区别,将原则上以加害人的故意或过失行为为原因,由加害人自己负担赔偿责任的场合称为一般侵权行为,其他的场合则广义地称为特殊侵权行为。

就侵权行为的法律要件的性质来说,存在着以下两种情况:一种是在以人的行为为原因的场合下,其为违法行为,与契约、无因管理、不当得利同样,是债权发生的原因之一。契约称为法律行为,而侵权行为并不是以(损害赔偿)债权的发生为目的的行为,所以与债务不履行同样,属于一种"违法行为"。另一种是以其他情况为原因的场合,如在不以加害人的行为为媒介的土地工作物所有人责任中,由于所有人这一事实本身无法称之为"行为",所以其法律性质被视为"事件"。称之为非法律行为的违法行为,意味着不适用民法总则中的行为能力制度,称为事件则意味着不适用侵权行为法中的责任能力(《民法》第 712 条、第 713 条)规定。[⑤] 最近,有学者将这种并非以人的行为为原因的场合称为从"物"(物的管理状态)发生的权利、法益侵害。对这种权利、法益侵害的结果,适用与过失责任不同的原理,并且,依据危险责任的原理及报偿责任的原理等学说使这种场合下的归责正当化。[⑥]

关于侵权行为制度的意义,最近一些学者从宪法对私权保护的角度认识侵权行为法制度:"所谓侵权行为,是指在私的生活关系中侵害他人权利的行为,可以被评价为违反了法秩序为了保护该权利,在考虑行为人权利的同时设定的禁止、命令规范的行为。"[⑦]从这一定义出发,认为侵权行为法的意义在于从一种权利保障体系对权利进行保护。"所谓权利,是在宪法之下得到国家承认、保护的归属于个人的地位。什么作为权利被分配、归属于个人,取决于国民选择的宪法(在日本的场合是日本宪法)以何种个人、社会为理念类型。宪法以前的自然权意义上的'权利',即使构成宪法为承认、保护个人权利的基础(日本宪法学者佐藤幸治教授称其为'背景性权利'),也不是法[⑧]的意义上的'权利'。""这种个人的权利被作为宪法规定的基本权定位,其权利性依宪法得到正当化(是以宪法基底的所谓重层论的立场为基础的)。并且,如同基本权中有自由权、平等权、社会权(生存权等)那样,侵权行为法上得到保护的个人的权利中也有具有自由权、平等权性质的内容和具有社会权性质的内容。这种个人的权利受到他人的侵害,或者有受到侵害危险的场合,其权利无论是属于自由权、平等权、社会权的任何一种,只要其权利性是由宪法

⑤　远藤浩等:《民法(7)》(第 4 版),有斐阁 1997 年版,第 78 页;森岛昭夫:《侵权行为法讲义》,有斐阁 1987 年版,第 1 页。

⑥　潮见佳男:《侵权行为法Ⅰ》,信山社 2013 年 3 月第 2 版第 3 次印刷发行,第 6 页。

⑦　潮见佳男:《侵权行为法Ⅰ》,信山社 2013 年 3 月第 2 版第 3 次印刷发行,第 2 页。

⑧　这里的"法的意义"与我们有时所说"法律意义"不同,法律意义一般是说某一事件或者行为在法律关系中的性质和地位,而"法的意义"中的"法"不仅指整个法律制度全体,而且还包括法治社会的观念及各种更深的社会内涵。本书中,凡只用"法"的地方均为这种涵义。

对个人的保障,该个人(受害人),就可以对国家请求保护。另一方面,国家在考虑个人(受害人)的保护时,也必须考虑因保护该人的权利而受到制约的他人(加害人等)的权利(这是由平等原则而来的当然归结)。这样,侵权行为法,是在个人之间权利冲突的私生活关系的领域,在某权利人的权利受到侵害,或者有受到侵害之虞时,国家以实现个人权利的保护与权利的制约为目的设置的制度之一。"并且认为,有必要确定在宪法之下得到承认的各种权利的内容和调整同质与不同质的权利相互间的冲突,实践中尝试提示出在各个方面侵权行为问题的具体解释是侵权行为法永远的课题。⑨

也有学者认为应当重新审视侵权行为法的意义,并从三个方面归纳了重新认识侵权行为法意义的重要性。即第一,作为最终性、包括性的救济规范,侵权行为法可以发挥将新的法益导入法的世界的作用。第二,作为以权利利益的侵害为标准性要件的救济规范的侵权行为法,从救济规范这一本质来看,确实可以肩负起权利的回复或者权利在法律上的实现的作用。第三,侵权行为法是责任法,所以虽然是包括性救济规范,但仍不能彻底救济受害人。也就是说,作为责任法的性质,在侵权行为法的机能(制度目的)上画有一定的界限也是事实。这种情况变换观点审视的话,也可以认为由各种各样责任形态构成的侵权行为法制度的目的,要通过为各个责任形态奠定基础的归责原理予以规定。即在过失责任中,调整保障个人自由活动的领域和救济受害人的原理,在无过失责任中,损害负担的原理,分别拘束着侵权行为法的制度目的。从侵权行为法对受害人的损害填补性救济的传统作用的进展,权利利益的回复必然期待着侵权行为法发挥制裁和预防的积极作用。"通过使权利在法律上的实现居于制度目的的支柱性地位,可以使围绕着侵

⑨ 潮见佳男:《侵权行为法Ⅰ》,信山社2013年3月第2版第3次印刷发行,第10~11页。

权行为责任的讨论达到一个与过去不同的新阶段。”[⑩]侵权行为法学界这些关于侵权行为法意义的活跃讨论，被称为“向权利论的回归”、“依据权利论的再构成”。[⑪]

日本侵权行为法学界利用判例的长年积累，针对所谓“混迷”的状态，努力对判例进行侵权行为法重述式的解释工作，[⑫]终于使低迷的基础性研究再度复兴，以人身受害为中心构筑起来的侵权行为法学得以与侵权行为法的多样化共同得到重构，并且，出现了作为权利保护的一环重新审视侵权行为的新动向，以不断积累的判例为素材摸索侵权行为法的新倾向、新方向的动向。[⑬] 判例中也出现了大量明显提倡保护利益的判决，呈现出保护法益的主观化和社会化（集合性权利）的倾向，新的侵权行为法学正在向着多样化成熟的 21 世纪社会继续前进。[⑭]

二、民事责任与刑事责任

当违法行为发生时，社会相应地将会对该行为作出两种反应：一种是作为犯罪进行处罚；另一种是命令作出民事上的损害赔偿，前者称为刑事责任，后者称为民事责任或者侵权行为责任。民事责任通常可作广狭两义理解。狭义的民事责任意味着基于侵权行为的损害赔偿责任，广义的民事责任则是指包含债务不履行在内的，宽泛的民

---

⑩ 藤冈康宏：《民法讲义 V 侵权行为法》，信山社 2013 年版，第 25 页以下。

⑪ 潮见佳男：《侵权行为法 Ⅰ》，信山社 2013 年 3 月第 2 版第 3 次印刷发行，第 25 页以下。

⑫ 连载于《法学家杂志》(jurist) 第 879 ~ 914 号（1987 年 3 月 ~ 1988 年 8 月）的《日本侵权行为法重述（Restatement）》是这项工作的代表作。

⑬ 以判例为对象进行法律解释是日本民法学研究的一个重要特征，如本书介绍中所见，日本侵权行为法学的发展就是在研究、解决具体的社会问题，特别是环境污染诉讼和交通事故诉讼等现代工业社会的损害事故中的实际问题发展起来的。近年来以实务中积累的判例为素材的侵权行为法研究成果非常丰富，限于篇幅这里仅举几例。盐崎勤：《由判例考察共同侵权行为责任》，新日本法规 2007 年版；盐崎勤、羽成守、小贺野晶一：《实务侵权行为法讲义》，民事法研究会 2012 年版；大村敦志：《侵权行为判例学习》，有斐阁 2011 年版；圆谷峻：《侵权行为法、无因管理、不当得利》（第 2 版），成文堂 2010 年版等。

⑭ 平野裕之：《民法综合 6 侵权行为法》（第 3 版），信山社 2013 年版，第 3 页。

事上的损害赔偿责任。其中,与刑事责任构成对比问题的,主要是狭义的民事责任即侵权行为责任。这是因为构成民事责任前提的侵权行为的相当部分与作为刑事责任前提的犯罪重合,所以,在实施了给他人造成损害的行为时,就出现了是只把其作为民事责任的对象,还是应该进一步地处以刑事责任的问题,这就涉及民事责任与刑事责任的本质区别的问题。

如一中的例子所示,在因侵权行为发生民事责任的场合下,同时也成立刑事责任的情况较多。但是,因为刑事责任是在国家对国民的关系上,通过对一定的行为(犯罪)或行为人的反社会性的考察,决定对行为人的处罚(报应与犯罪的预防、犯罪者的矫正)的制度,而民事责任则是在私人关系上,以受害人的救济为中心考虑损害(结果)的公平处理的制度,所以两种责任目的、性质各异,是相互单独成立的责任。因此,这样就会发生在刑事责任不成立的场合下,民事责任仍然能够成立的情况,并且,由于为确定刑事责任进行的刑事审判和为确定民事责任进行的民事审判是由不同的裁判所,通过不同的审判程序(刑事审判依据刑事诉讼法,民事审判依据民事诉讼法进行审理下达判决)进行,所以并非没有两个裁判所对同一事实的认定不相同的情况。

例如,在某案件中,机动车驾驶人 A 驾驶机动车辆轧死一少年,该少年的父母就此对该机动车驾驶人提起了损害赔偿请求诉讼。在法院的审理中,虽然 A 作为上述事故的业务上过失致死事件的被告,得到了没有过失无罪的确定判决,但是,在损害赔偿事件中,一审、二审均以 A 有过失,认定了其赔偿义务。于是,A 以民事上的判断与刑事判决不同提起上告。[15] 对此,最高裁判所判示道:“关于所论本案事故的刑事判决,无论该判决的内容如何,也没有要求原审

---

⑮ 依据法院(裁判所)构成法,日本基本上采用三审制,以地方法院为一审法院的民事诉讼案件,一审结束后向高等法院提起的上诉称为“控诉”;控诉审(二审)结束后向最高裁判所提起的上诉称为“上告”。但现在,三审制的框架已经被突破,即民事诉讼在特别上告、特别控告得到认可的情况下,带有四审制的色彩。

（民事判决）必须下达与其一致的判决的道理（最高裁判所 1959 年 11 月 26 日判决，载《最高裁判所民事判例集》第 13 卷第 12 号第 1573 页）。”

还有，既不能因为刑事审判作出了有罪判决，就以此认为行为人民事上的责任可以得到确认，也不能因为行为人已被执行刑罚，就免去其民事上的责任。

关于刑事责任与民事责任的区别，日本现在的法律制度如下，即刑事责任法是追究违法者对社会的责任的法律，该责任由国家来追究，发挥全社会对反社会行为的行为人进行谴责、制裁的功能。与此相对，民事责任法（侵权行为法）则是追究违法行为人对受害人个人的责任的法律，这种责任由受害人自身来追究，并以使受害人的损害得到填补为目的。但从历史发展的沿革来看，在古代一般来说刑事责任与民事责任是处于未分化状态的，上述那种按照各自的社会功能逐渐地在制度上分开，并被严格地加以区别的状况是到了近代才发生的。并且，在日本旧刑事诉讼法中曾存在通过公诉时附带进行的私诉，同时请求该犯罪造成的损害赔偿的制度[16]（旧《刑事诉讼法》第 567 ~ 613 条），只是在太平洋战争后刑诉法修改之际该制度才被废除，从而在法律制度上完成了这两种责任的完全分离。

对于这种司法制度上的改变，有学者认为，虽然可以说附带私诉由来于大陆法系的立法例，从沿革上看，是刑事责任、民事责任未分开的残存物，但现实上，由于公诉的证据也可以在私诉上使用，所以在程序方面具有节约的意义。并且，虽然附带私诉制度在战后修改刑诉法时模仿英美法系被废除，但必须承认过去该制度对受害人救

---

⑯　与我国刑事诉讼法中的刑事附带民事诉讼制度类似。

济发挥了相当大的作用。⑰

所谓刑事责任与民事责任,是各自从若干不同的角度评价社会中人的行动的法律制度,所以,既有某一具体的行为是犯罪,同时也是侵权行为的场合;也有不少或者相当于犯罪,或者相当于侵权行为的场合。当追究刑事责任时,以行为人的反社会的恶性为问题,考虑行为人的主观情况的程度高,所以,原则上只处罚故意犯,过失犯受到处罚只是例外。与此相对,在民事责任中,谋求填补受害人的损害,调节加害人、受害人之间的利害关系,更一般地说,民事责任以决定社会上发生的损害的合理分担为目的,因此,原则上作为责任的成立要件虽然要求故意或者过失的存在,但是,在现实中只要造成了损害,一般并不考虑该损害是因故意还是因过失造成的这一差异。与上述理由相同,在刑事责任中,存在着即使没有现实地造成损害的所谓未遂的场合也要受到处罚的情况(如《刑法》第203条)。相反,在民事责任中,即使是故意的行为,如果其结果没有造成任何损害,侵权行为责任也没有成立的余地。

不过,对于上述这种将刑事责任与民事责任分开、严格地加以区别的构造,有学者提出不同观点,认为应该从控制社会的手段的观点出发,重新探讨刑罚与损害赔偿的各自的守备(调整、控制)范围,使刑事责任与民事责任再次有机地结合起来。这种观点认为,强调损害赔偿应该以救济受害人为目标,只依靠刑事制裁发挥抑制性功能,在防止侵权行为的发生方面不见得能够发挥有效的作用,也应该充分发挥民事责任的制裁作用以抑制侵权行为的发生。⑱ 这实际上是

---

⑰ 加藤一郎:《侵权行为》,有斐阁1974年版,第4页以下。应当说,这种指摘是正确的。区分民事责任与刑事责任,较之民刑不分的封建社会固然是一种社会的进步,但不能因此就将法律制度中司法程序构造上的不同也看作"落后"、"先进"之别,关键要看在现实中发挥的作用。美国法律协会(American Law Institute)的《侵权行为法重述第二版》(Restatement of the Law, Second)中就包含着从大陆法系的传统看来属于刑法领域的内容。并且,虽然日本废止附带私诉制度是"二战"之后模仿英美法系的做法,但如所周知英美法中是不存在大陆法系那样严格的民刑事法区分的。

⑱ 这种认识在日本学者中比较普遍,例如刑法学者平野龙一,比较法和英美法学者田中英夫,民商法学者竹内昭夫、平井宜雄、山田卓生等。

一个如何认识侵权行为法律制度的目的的问题，即应该把该制度的目的仅仅看作损害的填补，还是应该认为在以填补损害为主要目的的同时，也包含对加害人的制裁的问题。

最近，有学者指出日本基于传统的严格区分民刑事法理念，在实定法上侵权行为法与刑法具体的不同处理的一些方面，并就此做了比较法上的考察。[19]

第一，民事程序与刑事程序是分别的。是否追究刑事责任的判断被委任给检察官（起诉便宜主义。日本《刑诉法》第 248 条），民事责任的追究原则上任由当事人（受害人）。

第二，民事裁判的结果与刑事裁判的结果相互也不受影响。存在着民事责任上做出“实施了某行为”的事实认定，而在刑事责任上做出“未实施”的事实认定，或者相反情况的可能性。

第三，只要是实体法上分别的责任，那么责任的消长相互也不受影响。比如，杀人的公诉时效期间是 25 年（相当于死刑的罪。《刑诉法》第 250 条第 1 项）。但在侵权行为法中，长的是从侵权行为之时起 20 年罹于消灭时效，而自知道损害的发生和加害人之时起 3 年时效就消灭。因此，侵权行为责任因时效无法追究的场合，仍然存在着刑事责任受到追究的可能性。但对公诉时效更短的犯罪，会发生与之相反的状况。

但是从比较法来看，两者并未达到那种程度的严格区分。在法国法和受其影响的地域，有些地方存在着称为附带私诉的，被害人在刑事程序中请求损害赔偿的制度体系。在这种制度体系中，对事实认定也存在着确保一定的共通判断的机制，即使侵权行为诉讼单独提起（即使在不利用附带私诉的场合），关于相同的事实刑事诉讼开始的场合，民事诉讼停止。并且，在德国法中，也存在着在刑事程序中承认损害回复的规定（德国《刑法》第 56b 条）。

另外，也是在受法国法影响的国家中，有些地方也有公诉时效未

---

⑲　窪田充见：《侵权行为法》，有斐阁 2013 年版第 6 次印刷发行，第 23 页以下。

完成,民事责任的消灭时效就不到来的规定。

还有,在英美法中得到承认的惩罚性损害赔偿(不过在什么程度上承认惩罚性损害赔偿,依地域不同而存在很大差异),就兼具制裁与赔偿两个方面,而无法以民事责任是损害的填补,制裁要委任给刑事责任的形式来理解。在这里,毋宁说具有浓厚的作为私人的原告主动进行制裁的性质。

从这些比较法上的考察来看,那种认为严格区分民事责任与刑事责任是近代法的到达点(发展水准)的历史认识本身就存在重新探讨的余地。毋宁说,现在的日本法,是受到某一时期的欧洲某一地域的思维方式强烈影响的法律制度,从比较法上来看,恐怕也有必要认识到其采取的是一种罕见的将二者加以严格区别的构造。

对这种严格区别民事责任与刑事责任的做法,出现了从两个方面重新认识的动向。

一个是刑法学中的动向,在刑法的作用中,强调把焦点放在修复加害人与被害人或者与社区的关系的"修复性司法"上的见解变得有力起来。在这种见解中,提出了刑法的作用不是单纯的予以刑罚就终结,而应把受害人的损害回复等也作为刑事责任的作用之一加以考虑的提案。在这里,刑法不能只作为国家对加害人(被告人)的基本定位图,作为刑事法中的当事人,受害人也应在刑法中拥有位置。

在这方面,值得一提的研究成果是在日本已经存在了半个世纪以上的,从刑法的角度对犯罪与被害人保护进行研究的所谓"被害人学"的研究。这门学问对被害人的定义、易被害的因素、各种被害人的情况以及被害的预防与被害人的救济进行多学科的全方位研究。其中一些部分谈到,要求使被害得到恢复是受害人的权利,使被害得到恢复的方法之一是加害人向被害人进行补偿。这种补偿引人注目,"这与过去作为民事责任的处理方法进行的损害赔偿不同,其中包含着对给人带来痛苦的谢罪的意思,还有为使被害恢复到原来的状态的各种所需经费,基本上作为刑事责任的代换措施,被认定的经费屡屡在损害赔偿额之上”。并且据说奥地利、比利时、加拿大、丹麦、英国、威尔士、德国、法国、希腊、冰岛、爱尔兰、意大利、马耳他、荷兰、挪威、波兰、葡萄牙、苏格兰、瑞典、瑞士、土耳其、美国等国家都承认以对被害人进行补偿为条件,停止刑的执行的做法。[20]

还有检察官对警察“民事不介入的原则”提出质疑,认为“那是基于‘警察权是为维持社会、公共的秩序得以发动的权力,不应随便介入私的生活关系’这一‘警察公共的原则’理念的戒律,不能对民事法和民事上的法律关系可以不理解、不关心。本来,个人的财产关系,也应该在侵害了这些关系的行为超出了民事法秩序的界限成为违反刑罚法规的行为时,不仅作为公的关心事情警察力得到发动是当然的事情,而且毋宁说是必须积极介入的场合。”并且,针对“看起来存在从事这种与民事责任问题有瓜葛的刑事案件搜查的一线搜查官,处理案件时轻视民事上的法律效果、民事责任的归责原理等的风潮”,以实务中的典型判例为素材撰写了《与民事交错的刑事案件》一书,试图使搜查官们能够理解“民事上的法律效果是如何影响刑事责任的”[21]。

另外,日本在 1999 年公布了《关于为谋求犯罪被害人等权利利益保护的附带刑事程序的措施的法律》,该法中规定,对某些刑事案件的被告人,受害人方面得以作为该案件诉因被特定的事实为原因对基于侵权行为的损害赔偿请求(这里包含附带的损害赔偿请求),申请法院命令被告人赔偿该损害(第 23 条)。

另一个是在侵权行为法的领域中,把侵权行为法作为形成社会行为规范的手段之一加以把握的动向。这种认识的出发点,不是被分配的“民事责任 = 损害的填补”,“刑事责任 = 制裁”这样一种作用分担,而是把民事责任也作为制裁法之一,能够对相同的目标分担机能。当然,在侵权行为法中,是以损害发生为前提的,虽然还残存着

---

[20] 诸泽英道:《被害人学入门》,成文堂 1993 年版,第 261 页。

[21] 土本武司:《新订与民事交错的刑事案件》,立花书房 2000 年版第三次印刷发行,序第 3 ~ 7 页。

这个制约(因此,并非就是直接承认惩罚性损害赔偿),但这种基本性的制度理解,将在损害概念的理解和损害赔偿的范围的决定等方面,也影响到各种各样场合的解释论。[22]

三、侵权行为规定的构成

违法侵害他人的权利、利益的行为可能在社会生活的各个领域,以各种各样的形式发生,关于在法律技术上以什么样的侵权行为规定对它们加以概括的问题,日本学者认为,立法例中大致存在着两种方法。一个是罗马法和英美法系各国所采用的对每种个别的侵权行为类型分别地规定要件、效果的方式;另一个是像法国《民法》第1382条那样,对侵权行为的要件、效果设置一般性规定的方式(使因faute造成损害的人负担赔偿义务)。

日本《民法》第3编债权第5章是有关侵权行为的规定,该章在第709条中规定了过失责任的基本原则(一般侵权行为),在第714条以下规定了无行为能力人的监督义务人责任(第714条)、使用人责任(第715条)、土地工作物责任(第717条)、动物占有人责任(第718条)、共同侵权行为(第719条)等一些以某种形式修正第709条的原则(特殊侵权行为)。虽然关于日本的这种立法形式应该看作属于上述典型例子中的哪一种,也存在着不同的见解,但通常都理解为属于后者,即以一般性规定概括所有的侵权行为的方式。而为使这种一般性规定方式得到妥当的适用,就必须对现实生活中发生的各种各样的侵权行为的类型进行必要的考察。

有学者认为,日本的侵权行为法规定,作为一般原则广义地规定要件和效果的方法存在两个问题。第一个问题是,尽管日本的侵权行为法规定与大多数其他的民法上的规定同样都制定于明治中期(19世纪末),但由于它是以"故意或过失"、"权利侵害"之类高度抽象的要件加以规定的,所以,这些概念能够适应时代的要求被灵活地

[22] 窪田充见:《侵权行为法》,有斐阁2013年11月初版第6次印刷发行,第24页。

加以解释,从而大致满足了解决社会上出现的问题的需要。即为解决某种社会问题,该原则被基于某种理论(正当化理论)加以解释。尽管民法施行已经近百年,但侵权行为法的规定之所以仍然能够适应社会的需要,一方面,可以说是由于各个时代的立法者没有适应时代的发展变化进行立法而不得已的事情;另一方面,也可以说正是多亏了这种留有允许多样性解释余地的一般性、抽象性的要件、效果的规定形式。但是,相反地,它也成为招致多种解释论并立,带来侵权行为法学"混迷(混乱与迷茫)"的原因。第二个问题是与第一个问题互为表里的,高度抽象的侵权行为法所规定的要件、效果,在处理问题时几乎发挥不了作为指导性判断规则的作用,这样就迫使解释者在解决问题时自己决定何种政策性判断是妥当的。从这个意义上说,使得在侵权行为法中解释者的利益衡量不得不比其他法律领域更加鲜明,围绕着利益衡量的结论的选择就很容易形成赤裸裸的价值判断上的对立。㉓

第2节　过失责任与无过失责任

一、侵权行为法律制度的市民法基础

近代法保障个人活动的自由。但是,因为人的共同生活也是生存竞争,所以无法避免产生一个人获取利益的活动给他人造成损害的现象。只要保障活动的自由,在某种程度上这也是不得已的事,在该范围内,只能是即使给他人造成了损害也没有必要负责任。并且,只有当个人的行动超过这个被允许的限度时,法律才将该行为作为犯罪加以处罚,或者作为侵权行为命令行为人赔偿该结果造成的损害。

人们通过预测发动上述处罚和侵权行为责任的可能性,从而明

㉓　森岛昭夫:《侵权行为法讲义》,有斐阁1987年版,第5页。

确地计算能够回避那种处罚和侵权行为责任的可能性,对自己的行动加以自我控制使个人活动的自由得以确立。即人如果遵守上述界限行动,就不会发生受到处罚,或者被要求负担不测损害赔偿责任的情况。

这样,侵权行为制度就具有通过明确预测和计算的可能性来保障自由的功能,作为从背面支持私法自治原则的制度和近代市民法的基础构成之一而存在。

二、过失责任主义与自己责任的原则

如果侵权行为制度是表示给人的活动自由划定的一种界限,那么对这个界限的基准,就要求其具有客观上的明确性,并且,不会被迫对他人的行为负责任。按照这种要求,与刑法将什么样的行为视为犯罪,如何加以处罚等,采用全部都由法律预先加以明示的,所谓罪刑法定主义的做法相对,在《民法》中第709条规定"因故意或过失侵害他人权利者,负赔偿因此所生损害之责"[24],采用了过失责任主义与自己责任的原则。但是,历史上,在古代曾经出现过那种不问过失这一主观情况的有无,而只要行为与损害之间存在因果关系就要负赔偿义务的所谓原因主义或者结果责任主义的发展阶段,后来这种原因主义被克服,尤其是到了近代,各国普遍地确立了过失责任主义。

过失责任主义,是指只有在基于故意或过失侵害他人的权利或利益,造成损失的场合,才会负担损害赔偿责任;自己责任的原则,是指人只对自己的行为负责,不会被迫对他人的行为发生的结果负责。由于采用这两个基本原则,人在进行活动时只要已尽对自己行为的注意,即使发生了给他人造成损害的结果,也不必负担侵权行为责任。审判实务中,这种见解的典型判例,就是下述大阪碱事件上告审

㉔ 2004年法第147号(现代语化等)改正后的本条为:"因故意或过失侵害他人权利或法律上受保护利益者,负赔偿因此所生损害的责任。"

判决。

大审院[25]在审理从制造亚硫酸的化学工厂排放出的亚硫酸和亚硫酸气体给附近的农作物带来损害的案件时,针对大阪控诉审法院作出的“只要控诉人制造的硫烟损害了被控诉人的农作物,其硫烟的泄漏无论控诉人能否防止,因为被控诉人的受害是控诉人的行为的结果,所以控诉人对之负有责任没有必要作更多辩解”的判决,判示道:“只要从事化学工业的公司和其他人,为预防由其所从事事业发生的损害,按照上述事业的性质设置了相当的设备,即使偶尔使他人蒙受了损害,也不得使其作为侵权行为人负担损害赔偿之责”(大审院 1923 年 12 月 22 日判决,载《大审院民事判决录》第 22 辑第 474 页),从而撤销了原审判决。

《民法》第 714 条以下虽然规定了对他人行为的结果负担侵权行为责任的场合,但是,因为责任负担者如果尽了各自的相当的注意就可以免除责任,因此,实际上仍然是因为欠缺这些注意所以要负担该责任。只要采用这样的责任原因构成,这些规定就仍然可以理解为并没有脱离过失责任、自己责任的基础。

作为采用这种过失责任主义的根据,日本民法修正案理由书作了如下说明,“原因主义失之过严,构成对个人活动的妨害,因而不适合于实际生活的情况已为多数立法例所证实”[26]。这种既无故意又无过失之处即无责任的思想,是得到 19 世纪确立的自由主义世界观将个人的个性自由的伸张和保障每个人的社会活动自由视为至高价值的观念支持的产物;在经济政策方面,得到保障个人经济活动自由观念的支持。

由于过失责任主义从私法上保障个人的活动自由,使得日本的

㉕　大审院,设立于明治 8(1875)年,昭和 22(1947)年撤销,是最高裁判所设立之前日本的最高司法机关,从这一点来看,其相当于今天的最高裁判所,但不握有司法行政权,既不是司法行政上的最高机关,对下级裁判所,也没有司法行政上的监督权。

㉖　民法修正案理由书第 708 条—现行法第 709 条之项。转引自几代通、德本伸一:《侵权行为法》,有斐阁 1993 年版,第 4 页。

经济活动活跃起来,对经济发展作出了贡献,这是不可否定的事实,但是,其反面则产生了置受害人得不到充分救济的状态于不顾的结果。这是因为,伴随着近代社会科学技术的飞跃发展,实现了各种产业的机械化和近代化,本来就带有相当高度危险性的工、矿产业及其他各种事业活动以前所未有的巨大规模使用大型机械和复杂的化学设备,在实现了经济的高度增长的同时,也促成了过去人们预想不到的种类和规模的事故以及损害的发生。对正在研究和开发的技术设备,即使当事人尽了充分的注意义务,即按照传统的过失认定基准被认为没有过失时,事故也仍然会给他人造成损害,当发生与各种复杂的设施、机械设备相关联的大规模的灾害时,要证明原因者有过失实际上是极其困难的。产业中屡屡发生因操作者一瞬间的马虎而受伤(业务上的灾害)的情况,以噪音、振动为首,粉尘、臭气、有毒气体等散布到企业内外,产生了引起危险的情况(公害问题就是一例),进一步地,还出现了像原子能产业那样的虽然包含着巨大危险,但作为国家政策必须加以扶植的企业,这样就产生了即使以当时的科学力量致力于防止,也仍然无法阻止各种危险发生的情况。

还有,由于发达的高速度交通,出现了仅仅是车辆构造上微小的缺陷,或者与驾驶上微小的错误相竞合就会发生重大的交通事故的情况,从而产生追究并非直接的事故当事人的车辆制造企业者责任的必要(缺陷车问题)。

如果依照过失责任主义理论,只要以某种产业的存在为前提,从这些危险产生的损害,在某种程度上就是必然的,所以并不一定能说所有的事故都是由于企业的故意、过失发生的。因此,只要拘泥于这种理论,该企业在很多场合下就没有必要对其引起的损害负赔偿之责。但是,大企业一方面获得巨大的利益,另一方面却超然地对待给周围的人们造成的损害,这是违反社会正义、公平的理想的。于是,从上述新的危险的发生,产生出对过失责任主义的批判与反省,进一步地,与企图从对活动的自由划定界限的方面建立侵权行为制度的基础的观点相对,要求在侵权行为责任的成立要件方面实现重大的转变。

三、无过失责任论的出现

对过失责任主义的批判,首先是从这样的事实出发的,即如果依据过失责任主义,那么,当因大企业存在的上述新的危险造成损害时,对受害人的救济就会是不充分的。

为救济在这种场合下的受害人,从结果上说,必须即使在加害企业方面没有故意或过失的场合,也应该认定其对给他人造成的损害负有赔偿之责。这就意味着脱离了绝对的过失责任主义的思想。从这种过失责任主义解放出来的立场,产生出无论故意或过失的有无,对给他人造成的损害均认定赔偿责任的见解。这被称为无过失(损害赔偿)责任论。

另外,大企业使用了人数众多的人员运营其事业,现实中担当业务的被用人在进行工作时给他人造成损害的情况很多。例如,公司雇佣的机动车驾驶人工作上驾驶公司的机动车与别的机动车相撞,造成损害的场合。在这种场合下,如果根据自己责任的原则,对这种损害负赔偿责任的就是直接的加害人,即被用人,而不是使用人。如果这样,那么使用人使用他人而获得利益,但在造成损害时却不负赔偿的责任,这是违反公平观念的。因此,民法对前述那样的一些例外场合,认定对他人的行为的结果也要负侵权行为责任。接下来,与对过失责任主义的批判相呼应,从不同于自己责任原则的例外场合出发的见解,也将无过失责任论作为其实定法上的根据,当作无过失责任理论的一环加以论述(在上述的事例中,以作为使用人,其对损害的发生本身并不是有故意或过失的情况为理由),从而也突破了自己责任的原则。

这种无过失责任论虽然突破了过失责任主义关于对负担者的侵权行为责任的不合理的严格限制,但是,侵权行为责任应该由谁负担,并不是无原则地,或者可以随便地加以决定的。所以,当根据过失责任主义的决定基准不适当时,就必须提示代替它的新基准。关于无过失责任主义的根据,在无过失责任论中也存在一些意见分歧,出现了报偿责任主义、危险责任主义、原因责任主义、具体的公平责任主义等主张,其中比较有说服力的学说是报偿责任主义和危险责任主义的理论。

1. 报偿责任主义主张"利益的归属之处亦为损失的归属之所",认为在取得利益的过程中给他人造成损害者,从该利益中予以赔偿是公平的。并引证《民法》第 715 条的使用人责任就是以这种主义为基础的。但该条第 3 款(关于使用人对被用人行使事业的规定)的存在又是背叛这一宗旨的。因此,不仅学说上对此进行了批评,而且裁判实务中几乎没有使用该款规定的判例(参见第 8 章第 1 节中的相关内容)。

2. 危险责任主义主张"自己制造危险的人对其结果应负责任",认为《民法》第 717 条的工作物责任就是基于这种主义的。

无过失责任论中关于责任归属基准的各种主张,各自都具有一定的合理性,但如果将其中某一种见解作为说明无过失责任论妥当性的所有场合的理论还不能说是充分的。不过,一般认为,在这些理论当中,如果要举出能够比较广泛地为无过失责任论的妥当性奠定基础的理论,那恐怕就是危险责任主义。之所以这样说,是因为单纯地将取得利益作为负担损害的原因,从经济竞争的理论来看,可以说未必是妥当的,而对于自己制造出危险的人可以追究由其结果产生的损害的责任,则在相当多的场合一般都具有说服力。实际上,上述两个原理经常是结合在一起以下述形式出现的,即支配定型的与危险相结合的活动或物(危险源),通过其获得利益者,在得到允许支配那种危险源的反面,也必须赔偿因该活动给他人造成的损害。

不过,无过失责任的理论并不一定必须将其所有的场合均以一种主义加以说明,完全可以考虑多种主义,分别地适用于解释不同的对象,各种理论并存的情况。

有学者强调,在特定的场合下认可无过失责任,意味着通过考虑侵权行为制度的目的及其他要素的综合性判断,作出对受害人方有利的裁断。不过,应该注意的是,无论怎样,无过失责任(危险责任)并不只是基于单纯的因果关系肯定责任的规定(原因主义),[27]就是说仍然是与其他的责任成立要件相关联的。

关于无过失责任主义,石本雅男教授曾以工厂排放的煤烟造成附近农村耕地土质劣化使农业减产和工矿有毒废水的排放造成人身损害为例进行说明,认为如果以企业方面不能预见无过失而使之免责,则受害人就只有忍受损害,这样一来,以平等保护每一个人为目的的民法,就只限于保护加害人有过失场合下的受害人,无过失的加害人虽然得到了保护,而无过失的受害人在那种场合下却得不到保护,这是不公平的。石本教授从对过失的分析入手,阐述了过失责任与无过失责任关系的理论。其主要观点如下:

在社会生活的实际变化中,曾经平等地保护加害人和受害人双方的《民法》第 709 条,不声不响地改变了功能,产生了不能平等地保护两者的结果。曾经发挥了实现民法目的作用的第 709 条背叛了其宗旨。为改变这种状态,石本教授提出了两个方法。一个是在公害等加害人无过失的场合,排除《民法》第 709 条的适用而采用某种程度上的无过失责任原则的方法(通过立法解决),另一个是修正《民法》第 709 条的上述过失概念,构成在结果上使加害人和受害人双方的利益能够平等地得到保护的概念的方法(通过解释解决)。

在无过失责任理论之一的危险责任论中,排除了作为责任原因的“过失”而代之以“危险”。即对实施了危险行为者、保管危险隐患物者、造成危险状态者等,对于以该危险要素为原因发生的损害,认定其有赔偿的责任。并且,由于在责任的归属上与其是否就该危险要素的控制存在不适当的过失无关,所以称之为无过失责任。但是,单纯地将“过失”置换成“危险”,接下来还残留着为什么“危险”会构成责任的原因的问题。结果就会发现,必须承认责任的原因存在

[27] 四宫和夫:《无因管理・不当得利・侵权行为》(中卷),青林书院新社 1983 年版,第 255 页以下。

于对如何控制危险状况,行为人未能采取妥当的措施这一点上。

石本教授认为,有些观点主张,之所以认定企业的危险责任,就是因为企业自身包含着很多的危险要素,所以当然要对由此而产生的损害负责。其实,单纯的包含着危险的事实不应该视为责任的原因,责任的原因存在于没有适当地处理危险要素之上。从这种观点出发,危险责任也可以看作一种广义上的过失责任。这样的无过失责任,以过去理解的过失概念作为责任根据来看,在没有过失就不能认定责任这一意义上,是与过失责任对立的责任。但是,在无过失责任中得到认定的责任根据,应该说仍然是一种"欠缺",因此,除不可抗力之外,在俗称的人灾的场合下,所有的情况都应该认为是"造成了损害的原因者对该损害负有赔偿的责任",这才是适当的无过失责任论。应该通过解释构成一种将上述危险责任中的"欠缺"也包括在内的新的过失概念,通过过失责任的形式,认定实质上的无过失责任。因此,无过失责任论并不是单纯地放弃过失责任论,而是在某种程度上拒绝它,反之在更高层次上承认"过失"责任。㉘

四、无过失责任论的妥当范围

无过失责任论的主张现在并不是对所有的侵权行为都妥当的理论。它仅限于如果适用过失责任主义,其结果对受害人的救济会发生不公平的场合,即只是一种补充性地为侵权行为责任奠定基础的理论。在以自由主义为基调的个人对个人的市民生活的场合,作为侵权行为责任发生的一般基准,(过失责任主义、自己责任的原则)最为合理的情况并没有改变。

无过失责任论,可以说是以作为市民法的民法所未曾预测到的社会现象为起点发展起来的理论。尽管如此,如果侵权行为的认定在现实中以单纯的情绪和倾向为基础进行,就不能说没有压抑经济活动的自由的危险。因此,在为无过失责任奠定基础的基准确立起

㉘ 石本雅男:《民事责任的基础理论》,有斐阁1979年版,第225页以下。

来之前,应该通过对包括《民法》第 714 条以下的无过失责任论在实定法上的各种规定的解释、适用进行责任认定,应当极力避免将无过失责任论的抽象基准原封不动地当作现实的责任认定的基础。

五、侵权行为责任统一的基础

这样,我们可以将民法规定的侵权行为责任,区分为以市民法原理的过失责任主义为基础的场合和应该加入危险责任主义等新的无过失责任论的场合进行考察。并且,可以把前者称为一般侵权行为(《民法》第 709 ~713 条),后者称为特殊侵权行为(《民法》第 714 ~718 条),分别对它们的成立要件加以区别考察。

侵权行为如果在上述的意义上分类为一般侵权行为和特殊侵权行为,那么,可以贯穿于两者之中,共同地加以把握的责任基础是什么呢? 在这里,如果仍然以划定个人活动自由的界限为理由就太勉强了。这是因为无过失责任论预定了如同原子能企业那样,一方面尽管包含着危险也允许企业活动,另一方面对其结果所发生损害即使没有故意、过失也承认赔偿责任的场合(参照《原子能赔偿法》第 3 条、第 6 条)。

对过失责任与无过失责任共同的侵权行为制度的基础,应该作如下的理解,即侵权行为是关于为谋求受害人的救济,从因不法原因导致发生的损害到底让什么人负担是最公平的视点出发,使赔偿责任公平地分配和归属的制度。并且,这里的责任归属基准并不一定只是依据人的行为(故意、过失)进行追究,而是在广泛的社会关系上对该损害的发生具有何种关系进行考察,当被认为是使之负担该赔偿责任最为公平的关系时,即使对于没有直接参与损害发生的人也可以认定其侵权行为责任。

从这种观点来考察,我们就可以了解到,过失责任主义、自己责任的原则之所以一直被作为侵权行为责任的首先的基准,也是因为它所考虑的一直是在以个人的活动自由为基调的市民社会的生活关系中如何使损害的分配最公平,所以无过失责任并没有脱离上述统一的基础。同时,也可以理解过失责任主义、自己责任的原则并不是对所有的损害进行分配的唯一绝对的基准。

另外,所谓使损害的负担公平实施的社会关系,对具体地意味着与该损害处于何种关系的情况,不能无原则地加以判定,因此,最理想的是在法规上慎重且明确地作出规定。

最近,有学者从“要评价某人的行为是不法行为,该行为必须是违反了被法秩序禁止、命令的行为”的见解出发,把过失责任原则视为对行为人自由的保障。认为近代民法在侵权行为责任中采用过失责任原则,是要避免对合理的(理性的)行为追究行为人的责任(只对不合理的行为,追究行为人的责任),所以这是保障个人行动自由的规定。把与过失责任不同的责任的基础置于危险责任原理和报偿责任原理之上。从这个角度阐述过失责任原则与对其修正的特殊责任原则的统一的侵权行为责任基础。㉙

六、侵权行为责任基础的重构

关于侵权行为责任的基础,在前述研究的基础之上,近年来,学界又有了较多的新学说。

有学者㉚认为,在19世纪,过失责任主义作为近代侵权行为法的基础,无论大陆法、英美法都是一种支配性的潮流。日本民法典起草之时,人们已经认识到了伴随产业技术的发展,损害将不可避免地发生的危险性。尽管如此却仍然选择了过失责任主义,是因为若在原因主义之下交易的发展有受到破坏之虞。是出于有必要通过过失责任主义使个人、企业的活动自由得到保障这样一种问题意识。日本《民法》第709条“因故意或过失侵害他人权利或法律上受保护利益者,负赔偿因此所生损害的责任”。采取的过失责任主义本身就

㉙ 潮见佳男:《侵权行为法Ⅰ》,信山社2013年版第3次印刷发行,第4～7页。

㉚ 这里主要依据藤冈教授和窪田教授的见解。分别见藤冈康宏:《民法讲义Ⅴ侵权行为法》,信山社2013年版,第11页以下;窪田充见:《侵权行为法》,有斐阁2013年版第6次印刷发行,第9页以下。

存在着积极的侧面和消极的侧面。积极的侧面是“如果有过失就要负责任”,过失有为损害赔偿请求权奠定基础的作用。消极的侧面是“没有过失就不负责任”。但是,可以想象得到由于各种经济活动、产业活动的活跃发展,将会带来过去从未有过的社会成员相互间复杂且范围广泛的接触和发生新类型的损害的情况。因此,日本的现行法在重视包含着消极侧面的过失责任主义的同时,并不是完全地贯彻它,而是采取规定个别例外的形式缓和过失责任主义的消极的侧面。但是,所谓无过失责任自身并不是归责原理,而只是无过失也要负责任场合的总称而已。其归责原理是危险责任和报偿责任。[31] 当然,传统的侵权行为责任的二元论也并非没有问题。

第一,为使基于上述二元论的侵权行为制度得到合理运用,有必要适宜地制定以特定问题为对象的无过失责任的特别法。但问题是像日本这样依据特别法的规制不够充分时事故受害人的救济如何解决。这里只能依据过失责任,不得不通过过失责任的严格化加以对应。因为应该由无过失责任解决的问题是被作为过失责任问题处理的,所以为使这样的法形成得到支持就有必要明确过失责任严格化的理由。

第二,采取过失责任形态之所以能够实现无过失责任的可能性,其原因在于过失责任自身的多元化。并且,过失责任在使有过失者负担损害赔偿义务的意义上,表现出自己责任的原则,但是,民法典关于侵权行为,除统一的侵权行为(第 709 条)外,还规定了因他人的侵权行为的责任(第 715 条使用人责任),监督义务人责任(第 714 条)以及土地工作物的瑕疵责任(第 717 条)。前者规定了过失责任的实质性修正,后者规定了所有人的无过失责任,从它们分别根据不同的责任原理来看,民法的侵权行为责任可以说是一个多元性构造的整体,其中已加入了特别法的构想。也就是说,日本民法中,并非只有特别法才存在无过失责任,在这一点上传统的侵权行为责任二

[31] 窪田充见:《侵权行为法》,有斐阁 2013 年版第 6 次印刷发行,第 9 页。

元论的思维方式与民法典的实际构想并不是一致的。

第三,谋求过失责任与无过失责任统一的具体的衡平主义,“损害的衡平分担”的理念,把侵权行为法作为损害赔偿法,换言之是套用侵权行为法的损害填补机能的思维方式。并且,无过失责任主义(危险责任)主要是以事故损害的赔偿为对象的,所以与其相关联的问题,主要是人身损害。但是,考虑到侵权行为法是包括性救济规范,有必要从更广阔的视点探讨侵权行为法的宗旨、制度运用的指导原理。㉜

还有学者指出,过失责任原则的消极侧面,以自由主义的思维方式为基础,而直接地则是从政策性目的出发,使产业保护、市场经济的扶植受到重视。但从背后支撑着过失责任主义消极侧面的自由主义理念自身,即使在今天的社会也没有丧失其存在的价值。因此,其消极的侧面,在支持基本的自由活动上仍然具有一定的意义。

但是,通过损害赔偿责任的限制,以图谋产业保护和扶植市场经济政策的正当性,在今天已经成为令人怀疑的做法。今天的许多无过失责任立法要对应的,正是显著发展的产业带来莫大损害的状况。就是说,与过去立法采取的“让产业发展可以对其产生出的莫大损害不负责任,不被追究”的做法完全相反,今天的立法,采取的是让企业活动的承担者负担产业发展所带来风险的思维方式。近代的具有支撑产业发展目的的过失责任主义的消极的侧面,恰恰要由产业的发展自身加以克服,这说不定真可以看作是一种讽刺。㉝

侵权行为法已经有2000年的历史,在这一历史长河中,回顾日本的侵权行为法和侵权行为法学的发展历程,不仅是为了理解其现状,而且更重要的在于展望其应有状态。其特征如果要直截了当地表示的话,就是一个从“法的继受”(外国法的体系性导入,并以此为基础构筑民法的基本框架)开始,到“法的协动”(通过外国法与日本

㉜ 藤冈康宏:《民法讲义V侵权行为法》,信山社2013年版,第13页以下。
㉝ 窪田充见:《侵权行为法》,有斐阁2013年版第6次印刷发行,第9页。

法之间的合作、相互作用建筑民法的基础），以及在此基础上进行“法的创造”的历史。作为其结果，日本的侵权行为法已不仅仅停留在单纯容纳外国法上，而是发展成了即便从国际性观点来看也具有其自身特征的侵权行为法。从“法的协动”所发挥重要作用方面来看，可以将日本侵权行为法看作并非单纯的继受法，而是作为混合法（基于各种各样的法以法的创造为目的的法）不断发展的法。统一的侵权行为观念的成立和侵权行为法构造的形成，要从以上的视点，即基于“法的协动”进行“法的创造”的视点，并从法的国际化的视点出发，解决两个基本问题（基本概念）——权利侵害（包括性救济规范性）与过失（责任原因），进而探讨侵权行为法的再构筑。[34] 日本学者关于权利侵害与过失概念的新见解，我们将在以下的相关章节中进行考察。

第 3 节　作为损害填补制度的侵权行为责任

一、侵权行为责任的内容

侵权行为责任的内容，原则上是将损害作金钱评价予以赔偿（《民法》第 722 条第 1 款、第 417 条。例外的规定有：《民法》第 723 条，《防止不正当竞争法》第 1 条之 2 第 3 款，《矿业法》第 111 条第 2 款但书等），这被称为金钱赔偿的原则，即民法是通过支付金钱的方法使损害的恢复（填补）得到实现的。但是，在回复损害的方法中，除了金钱赔偿之外，还可考虑修复被损坏了的物等再现侵权行为发生前状态的所谓恢复原状的方法，从损害的回复这一点来看，确实可以说后者更忠实于目的。尽管如此，民法仍然以金钱赔偿为原则，其理由主要在于：(1) 恢复原状的方法只限于对物的破坏等的损害是

㉞ 藤冈康宏：《民法讲义 V 侵权行为法》，信山社 2013 年版，第 42 页以下。

妥当的,而不适合于侵害身体、生命等侵权行为的场合,在以金钱为中心运作的现在的社会中,几乎所有的损害大致都可以用金钱评价的方式进行计算;(2)因为金钱具有可分性,所以适合于通过过失相抵(《民法》第722条第2款)等具体地解决当事人之间的损害分配的场合;(3)因为金钱债权是最容易强制执行的财产权,所以作为对受害人的救济是最确实的手段;(4)对于赔偿责任负担者来说,也是以金钱解决比恢复原状简单等。[35]

但是,以金钱评价损害实际上也伴随着相当多的困难,当事人之间围绕着这种评价产生意见对立,反倒妨碍了问题的解决的情况时有发生,并且,还有不少受害人认为如果是主张恢复原状就能够比较容易地做到,但如果把它作为金钱的请求就会产生卑俗感从而产生抵触情绪。考虑到这些情况,对民法原则上以请求金钱赔偿为损害填补方法的做法确实有重新进行探讨的余地。也有意见认为,在恢复原状为可能的场合,改变为承认以恢复原状为原则,而第二位地适用金钱赔偿的做法更为适当(参照《矿业法》第111条第2款、第3款)。

损害的恢复、填补,迅速、确实地进行是最理想的,当然,对一般债权的实现来说也是如此。但侵权行为中的受害人救济是对未能预期的损害的赔偿,所以应该特别地加以考虑。但是,《民法》关于赔偿的保证,除第509条设置了禁止赔偿义务人进行相抵的规定之外,与一般的债权完全同样地对待。学者认为,对于这种处理也有重新加以考虑的余地,[36]也就是说应当更多地研究侵权损害赔偿债权实现的特殊性,为这种特殊债权,特别是人身伤害的侵权债权提供更多可靠保证。这种认识影响到后来侵权行为法的研究,在侵权行为的许多领域,特别是在严格责任的领域,判例和学说都将人身损害的赔偿放在首位。

---

[35] 远藤浩等:《民法(7)》(第4版),有斐阁1997年版,第87~88页。
[36] 远藤浩等:《民法(7)》(第4版),有斐阁1997年版,第88页。

二、侵权行为与保险制度

侵权行为法律制度可以说是一种使社会上发生的损害在关系人之间进行合理分担的制度。但是,由于损害的填补通过赔偿义务人的赔偿实施,所以如果在赔偿义务人没有支付的资力时,即使根据无过失责任论认定受害人的损害赔偿请求权,也不能得到足够的支付,从而成为有名无实的赔偿。并且,即使赔偿义务人有资力,也可能会由于一下子支付高额的赔偿金而出现赔偿义务人及其家庭生活陷入困境、企业破产致从业人员失业的事态,这虽然是不得已的事情,但也是不希望出现的现象。在现实社会中这种悲惨的事态是屡屡发生的。因此,为实现受害人的完全救济,不能单纯依靠无过失责任论的展开,与此相呼应地还必须谋求赔偿义务人的赔偿能力的强化。作为其手段之一,可以考虑利用保险制度。

例如,出租汽车公司就机动车事故的损害赔偿责任加入保险,支付一定的保险金,这样在万一发生事故支付赔偿金时,就可以通过接受由保险公司支付的保险金来填补该损失,而且,通过保险公司直接向受害人支付损害金,出租汽车公司可以免除支付全部或部分赔偿金。这样的保险制度是一种以感觉到同样危险的人交纳保险金,用来防备由于承担赔偿责任产生损失的危险,以谋求危险的分散的体系。利用这种制度,既可以使受害人比较顺利地得到赔偿,又可以使赔偿义务人通过支付一定的保险金防备万一的赔偿义务负担。但是,由于加入这种保险原则上是自由的,即所谓任意保险,所以如果赔偿义务人不加入,前述悲剧就无法消灭。因此,应运而生的就是由法律规定的强制保险,例如,《劳动者灾害补偿保险法》,作为依据劳动基准法的灾害补偿的保险给付(第 12 条),对使用一定数量的劳动者的事业者强制其加入这种保险(第 3 条)。还有,《机动车损害赔偿保障法》,针对机动车运行造成的人身事故,对机动车保有人强制其加入责任保险,未加入该保险的机动车不得供运行之用(第 5 条)。

另外,在赔偿义务人加入了保险的场合,当受害人遭受的损害高于加入的保险金额时,当然可以与保险金额的限度无关地向赔偿义务人请求损害赔偿,赔偿义务人当然也不能以保险金额已经全部支付而免除剩余的赔偿责任。

侵权行为的受害人也可以利用保险制度(例如,加入交通伤害保险和火灾保险等),即自己采取为填补包含侵权行为在内的突然的灾害造成的损失的途径。不过,当发生的保险事故是由侵权行为所造成时,从结果上看反倒成了为赔偿义务人交纳了保险金,总使人抱有不合理之感。但是,考虑到赔偿义务人没有资力时的情况,作为现实问题亲手防备损失也是必要的。再有,在这种场合下,例如加入了火灾保险的房屋因他人的侵权行为烧毁时,受害人接受保险金填补损失之后,虽然在该限度内对侵权行为人的损害赔偿请求权的范围缩小了,但支付了保险金的保险公司对支付的保险金额,通过保险代位取得对侵权行为人的损害赔偿请求权(《商法》第 662 条),因此,这样并未减轻侵权行为人的责任。

总之,就损害赔偿领域的责任保险制度而言,保险成为加害人赔偿资力的保障。因此,如上所述,《机动车损害赔偿保障法》第 3 条和第 5 条同时规定了机动车供用者的严格责任和强制保险制度,以保障机动车保有人在万一给他人造成损害时的赔偿资力。几十年来日本的机动车损害赔偿责任保险制度的顺利运行,对受害人的救济和机动车事业的顺利发展起到了切实的保障作用。在与民事责任相关的保险制度方面,值得注目的还有两个动向,一个是有学者借鉴德国的经验,倡导在人身损害和物质损害同时发生的场合,优先补偿人身损害的做法。[37] 另一个是自 1998 年日本开始引进人身伤害补偿保险对机动车损害赔偿责任保险的影响,保险法学者认为这一保险的长处之一是从责任保险向伤害保险的转换,即"过去的机动车保

---

[37] SIMON RREDERICQ:《现代危险与伤害受害人的补偿——民事责任扩张的代替物:实际损害填补型伤害保险》,铃木辰纪摘译,成文堂 2004 年版,第 10 页以下。

险都是责任保险的发生,即被保险人成为机动车事故的'加害人'的场合对受害人应负的赔偿责任由保险公司接替以保险为中心处理赔偿责任。与此相对,人身伤害补偿保险被保险人不是事故的'加害人'而是'受害人'的场合,受害人被保险人的过失一切都不作为问题地以被保险人所受损害的全额(但是,损害额的算定依照人身伤害补偿保险单独的基准计算,所以相当程度上低于裁判基准)向被保险人(或者遗属)支付。"㊳但《人身伤害补偿条款》在其第 2 条(被保险人及保险金请求权人)的规定中排出了"以极其异常且危险的方法搭乘机动车或者带发动机自行车的人"㊴。从这些情况看,虽然这一险种不适用过失相低,但做这种限制,仍然是与民事责任抑制损害发生的功能相一致的。

有学者从侵权行为制度的界限的角度分析二者之间的关系,认为侵权行为责任的界限在于,即使侵权行为责任的成立得到认定,如果赔偿义务人没有赔偿资力,或者有赔偿资力却没有赔偿意思也不见得受害人能够得到迅速的赔偿。并且,关于人身损害,通过"损害赔偿"的方法并非没有不合适的感觉。之所以这样说,是因为关于人身损害,把人考虑成收益机器那样算定逸失利益的做法是否妥当,并非没有疑问(定额化的要求)。再加上,企业的发展是社会全体的发展给市民全体带来利益,却被认为只是企业获得利益,全面地让企业负担损害赔偿是否妥当也是个疑问。不可预见的科学最前沿的问题构成损害原因的场合存在成为损害赔偿义务的可能性的话,开发就不得不变得谨慎起来(有破产的危险性),而且有对社会的发展带来负面影响的可能性(特别是医药品的开发等对社会有用的活动)。因此,应当实施和强化强制的责任保险制度,建立必要而充分的相关基金制度。㊵

㊳ 铃木辰纪:《保险的现代化课题Ⅳ》,成文堂 2010 年版,第 2 页以下。

㊴ 北河隆之:《交通事故损害赔偿法》,弘文堂 2011 年版,第 445 页。

㊵ 平野裕之:《民法综合 6 侵权行为法》,信山社 2013 年版,第 15 页以下。

三、损害赔偿与损失补偿

损害赔偿和损失补偿这两个术语,法令上并未严格地加以区别使用。但是,学说上从来都是把两者区别开的,即将由侵权行为和债务不履行等违法行为发生的损害的填补叫做损害赔偿,而将接受对依据《土地收用法》的土地收用和根据相邻关系的土地通行那样的合法行为的特别牺牲的填补叫做损失的补偿。在民法中也可以看到相对于侵权行为和债务不履行中的损害的赔偿,在相邻关系(《民法》第209条、第212条等)和附着物(附着于主物之上的附加物。《民法》第248条)中使用支付或请求"偿金",对两者加以区别的情况。

与此相对,近年来,补偿这一术语经常在包含损害赔偿和损失补偿两种意义上被使用。例如,甚至被使用在依据《劳动基准法》的灾害补偿等的法令中(《劳动基准法》第76条使用了"停业补偿"一词,第84条2款使用了"补偿"一词)。与"赔偿"一词具有追究法律上的责任的尖锐性相对,使用"补偿"时,具有这样一种实益,即因为补偿并不一定非要论及法律上责任的有无,所以比较温和,加害人方面可以不带很强抵触情绪地支付金钱。进一步说,还可以举出由于无过失责任理论的展开,侵权行为责任未必仅以有责、违法的行为为原因,损害赔偿制度被从损失的公平分配的角度加以把握,因此,两者的性质、功能变得相似起来,这是从前那种把二者的区别绝对化的观念消失的理由。㊶

尽管补偿与赔偿绝对化观念消失,但无论实务界还是理论界,对损害赔偿和损失补偿两者还是大致区别使用的。仍然是将由违法行为发生的损害填补叫作损害赔偿,对依法接受土地的收用和根据相邻关系的土地通行以及为公共福祉等合法活动做出牺牲的填补称为损失的填补。损失补偿多为行政法上考虑的问题,这首先是由于对

㊶ 远藤浩等:《民法(7)》(第4版),有斐阁1997年版,第90页以下。

象财产的特殊性决定的。因此,损失填补制度有许多不同于损害赔偿制度的地方,但是,由于损失补偿制度是基于财产权的补偿与公的负担的平等这一理念进行的填补财产上损失的法律制度,在这个意义上它是"财产补偿制度",所以,又必然与民法有着密切的关系和一些共同的特点。关于损失补偿制度,详见本书国家赔偿责任中的相关介绍。

四、侵权行为责任与契约不履行责任

因侵权行为发生的责任和基于契约不履行的责任,二者在均为因违法的原因侵害他人的利益所发生责任这一点上具有较多的共同性。但是,二者也有不同。契约的不履行(债务不履行)是指在缔结了契约这种特殊的信赖关系的人之间,债务人侵害了处于这种特殊的信赖关系上的对方的利益的情形;而侵权行为不以这种特别的信赖关系为前提,是指作为一般人侵害法律上承认的他人的利益的情形。因此,从这一点来看,可以说侵害特别信赖关系的债务不履行的情况比侵权行为对对方利益的侵害程度高。

根据这一理由,(1)在侵权行为中,受害人一方未证明加害人有故意、过失就无法请求损害赔偿(《民法》第 709 条),与此相对,在债务不履行中,债务人(加害人)一方只要不能证明自己没有故意、过失就不能免除不履行的责任(因此,债权人没有必要证明债务人 = 加害人有故意、过失)(《民法》第 415 条)。(2)对侵权行为责任规定了 3 年的短期消灭时效(《民法》第 724 条),而在债务不履行责任中消灭时效为 10 年(《民法》第 167 条 1 款)。(3)减轻失火者责任的《关于失火责任的法律》只适用于侵权行为,不适用于债务不履行(大审院联合裁判庭 1912 年 3 月 23 日判决,载《大审院民事判决录》第 18 辑第 315 页;最高裁判所 1955 年 3 月 25 日判决,载《最高裁判所民事判例集》第 9 卷第 3 号第 385 页等)。

一个具体的加害行为,有时会出现以下情况,即一方面充足了应该看作当事人之间既存的契约上的债务不履行的要件,同时,在另一方面也充足了作为侵权行为的要件的场合。例如,在因医师诊疗上的错误使患者受害时,可以看作诊疗合同上的债务不履行,同时又可以看作医师对患者的侵权行为。在出租汽车驾驶人运载乘客的过程中发生过失与电线杆相撞使乘客受伤的场合下,该驾驶人对乘客就可以出现两重关系,即一方面作为违反运送合同中的安全输送的义务负有债务不履行责任,另一方面,因使乘客受伤发生侵权行为责任。同样的道理,在货物的运送或保管义务人把货物交付给他人等关系中,由于处理的错误发生灭失、毁损的场合,租房人失火将租借的房屋烧毁的场合,也会发生这种情况。

有一种看法认为,在这种场合下,因为当事人之间已经存在着合同关系,只应该适用规定合同当事人之间特殊责任的合同责任,不适用在那种特别的结合关系中不存在的规定一般市民相互责任的侵权行为责任(请求权非竞合说。在其只不过是依据条文规定上的竞合的意义上,也被称之为法条竞合说)。这是一种根据合同责任的特别法,完全排除对作为一般法的侵权行为责任的适用的见解。与此相对,另一种见解则认为,只要法律上的要件得到充足,追究何种责任是受害人的自由,并不因为是合同当事人所以其作为一般市民相互间得到认可的补救手段就当然地被否定(请求权竞合说)。

判例(前引大审院联合裁判庭1912年3月23日判决;最高裁判所1963年11月5日判决,载《最高裁判所民事判例集》第17卷第11号第1510页等)以及多数学说均采纳请求权竞合说,承认广泛的竞合。其理由是,两种责任是分别规定了各自的要件和效果的不同的制度,处于契约关系上的人其作为一般市民所能够享受的侵权行为法上的保护也不应被拒绝,承认在两者之间进行自由选择对受害人来说是有利的。

与此相对,非竞合说的理论也非常有力地得到主张。其理由是,虽然两种责任在承认损害赔偿请求权这一点上是相同的,为着同一个填补损害的目的而分担着功能,但由于其责任的基础不同,契约责任可以比侵权行为责任对受害人作更加有利的处理(例如,故意过失的举证责任、消灭时效的期间、失火责任的处理等），反之，适应契约的特殊性减轻赔偿义务人的责任（例如，规定无偿委托保管的《民法》第 659 条，认可特别免责事由的《商法》第 568 条、第 578 条、第 595 条，承认短期时效的《商法》第 566 条、第 589 条、第 626 条等），这些特殊的政策性考虑很容易由于当事人的选择而被无视的状态是不适当的。

再有，根据这种非竞合说，受害人处于契约关系中却提起主张侵权行为责任之诉的场合，构成诉讼上的处理问题。法院通过释明权[42]的行使等，将主张改为作为契约责任的请求是万全之策，即使不能那样，学说解释为，只要不出现受害人固执地追究侵权行为责任的特别情况，法院不应被当事人主张的法律构成所左右，可以自主地主张构成契约责任。[43]

与以上的观点相对，近年来，受到被称为"新诉讼物理论"的见解的影响，一种新的见解开始变得有力起来。新诉讼物理论认为，即使在存在复数的请求权规定的场合，请求的内容（诉讼物）仍然是一个，请求权规定只不过是为法律上的请求提供基础的规定。受其影响，新的有力见解认为，即使存在竞合的复数请求权规范，而实在的请求权只有一个，就应当选择由该请求权调整、综合的复数请求权规范，从而适应当事人之间关系的合理内容。这种见解被称为"请求权规范综合说"。其理论中，有试图综合效果的见解，还有进一步地试图将要件也综合起来的见解。

㊷　法院为明确诉讼内容，就法律上及事实上的一些问题向当事人发问，给予其解释说明其陈述的机会或者提醒其举证而行使的权能。亦称"发问权"。在民事诉讼中，原则上采取辩论主义，不经充分辩论就进行裁判不仅是对当事人的不友好而且有损裁判的威信。为此，法院有必要指出当事人陈述的矛盾、不完全、不明确，给予其订正、补充这些地方的机会，或者提醒当事人进行举证。释明权的行使虽然不具有积极地探知事实的意义，但有助于明确解释案件进行充分审理，不仅是单纯的"权能"，而且是法院的职责。因此，严重懈怠或者错误行使时，可构成审理不尽的上诉理由。日本《民事诉讼法》（第 149 条、第 151 条等）规定，释明权由裁判长代表行使，但参审法官也可经裁判长发问。当事人可以要求裁判长发问。这称为"求问权"。裁判长还可以在辩论期日前预先指示释明事项命令进行下一个期日的陈述准备。

㊸　远藤浩等：《民法（7）》（第 4 版），有斐阁 1997 年版，第 91 页以下。

请求权竞合论,战前曾被作为纯理论性问题加以论述,但战后在医疗过错诉讼中,人们意识到围绕着过失的举证责任,将过去作为侵权行为责任构成处理的医师责任作为债务不履行责任构成对受害人是有利的,于是,从这个阶段开始论述侵权行为责任与债务不履行责任的关系问题。之后,围绕着劳动灾害中的损害赔偿请求权的消灭时效,为了适用合同上债权的消灭时效规定(《民法》第167条第1款),采用了雇佣合同上的安全照料义务的概念。另外,从民事诉讼法学方面,提出了上述的新诉讼物理论,即认为给付诉讼的诉讼物对于对方来说是要求一次给付,请求权只不过是奠定了要求那种给付的实定法上的基础。这样,这些学说就被认为是综合请求权规范见解在实定法中的展开。㊹

最近,有学者将契约上的义务与侵权行为法上的义务加以对照,分析契约责任归责基础与过失责任原则的不同。指出,债务人基于契约责任负担债务的场合,债务人被课以依据契约应履行债务的义务。这里,缔结了契约的债务人没有行动自由的保障。因此,债务没有履行时,在考虑债务人是否负损害赔偿责任上,作为奠定责任基础的思想不能依据过失责任的原则。所谓过失责任原则是以人的自由的保障为目的的原则,对依据契约被课以应当履行债务的债务人,置于这种归责思想的基础之上是不妥当的。这样,在考虑没有履行契约上被课以债务的债务人是否必须负损害赔偿责任时,应该向"契约的拘束力"去寻求其思想基础。这时,对没有履行契约上债务的债务人的行为,除加以债务不履行的评价外,发生该债务人的行为是否可以评价为侵权行为的问题。这里又分为两种情况。

一种是作为"契约上的义务",在依据该契约的宗旨作为债务人被课以采取合理行动的义务(被称为手段债务、诚意债务、最善努力债务等)时,其义务违反依侵权行为法上的注意义务,即过失判断为

㊹ 森岛昭夫:《侵权行为法讲义》,有斐阁1987年版,第3页以下。

基础进行。这里,“契约上的义务”滑向侵权行为法上的注意义务。即与债务不履行责任竞合的侵权行为责任,应当在参照契约内容及宗旨决定合理性行动的性质的基础之上在过失责任原则之下加以把握(这时,过失判断标准中合理人的意义,转换成参照该契约的内容及宗旨对债务人可期待的行为是什么的问题)。

与此相对,另一种是作为“契约上的义务”,在特定的结果的实现是依契约得到保证(被称为结果债务)时,其义务违反,不能直接以侵权行为责任为基础。这种义务是置于根据契约保证实现结果(保证责任)的基础上的义务,不是置于过失责任原则基础之上的侵权行为法上的注意义务,因此,不向过失判断滑动。[45]

这种综合考虑民事责任的思维方式可以使人清晰地了解侵权行为责任与违约责任性质的不同与交叉领域,把握民事责任原则的原理基础,在审判实务中,尤其是在责任竞合的场合,对考虑妥当适用民事责任规范是有益的。

五、侵权行为责任与其他请求权的关系

以债务不履行责任与侵权行为责任的关系为中心论述的请求权竞合论不仅停留在这两个领域,而且是关系到整个私法领域的问题。

1. 与不当得利返还请求权的竞合

侵权行为责任以受害人所遭受损害的填补为目的,而不当得利请求权是以从受益者取回不当的得利为中心的制度(《民法》第 703 条)。两者是目的和要件、效果均不同的两种制度,因此,当事人可以自由地主张任何一方。但是,当这两者竞合之时,即使是受害人主张侵权行为请求权的场合,也被视为受到《民法》第 708 条[46]限制的请求权。

㊺　潮见佳男:《侵权行为法Ⅰ》,信山社 2013 年版第 3 次印刷发行,第 7 页以下。

㊻　日本《民法》第 708 条〔不法原因给付〕:“因不法原因实施了给付者,不得请求其给付物的返还。但不法原因仅存在于受益者时,不在此限。”

2. 与物权性请求权的竞合

侵权行为责任以金钱赔偿为原则,也可以说与物权性请求权具有不同的性质、目的,因此可以认可两者的竞合。判例也承认这种竞合(大审院 1915 年 12 月 2 日判决,载《大审院民事判决录》第 21 辑第 1965 页)。

A 对不法占有其所有的种公马的 B 以侵权行为为理由,请求相当于应得利益的配种费的损害赔偿,但是,B 以应该适用《民法》第 190 条(恶意占有人的果实返还等)予以反驳。大审院以《民法》第 190 条没有将一般侵权行为法则的适用除外的宗旨,并且,该法则也不是应该先行加以适用的规定为理由,驳回了 B 的主张(大审院 1931 年 10 月 15 日判决,载《法律新闻》第 3329 号第 14 页)。

请求权竞合论表面看好像是在进行极其理论性或逻辑性的概念操作,而实际上其恰恰正是从解决具体的、实际的问题这一课题出发的。

第 4 节　日本侵权行为法的沿革

一、日本民法的制定与战前的侵权行为法

1898 年日本民法施行以来,在最初的一段时期里,侵权行为法学几乎没有出现应有的进展。例如,民法起草人之一的梅津次郎博士所著教科书《民法要义卷之三债权编》(明法堂,1897 年)中留给侵权行为的页数极少。内容上也是以个人的偶发性单纯事故为前提的。进入大正时期以后,冈松参太郎博士的大作《无过失损害赔偿责任论》(有斐阁,1916 年)发行,这个时期劳动灾害、矿害、铁道事故等起因于近代企业活动的大规模灾害才进入了侵权行为法的视野。但是,在具体的解释论的水平上,仍然没有出现以这些灾害为前提而展开的解释论。在 1917 年刊行的末弘严太郎着《债权各论》(有斐阁)、1924 年刊行的鸠山秀夫着《增订日本债权法各论下卷》(岩波

书店)中关于侵权行为法的记述总使人感觉只是个添加物。1930 年出版的末川博博士的《权利侵害论》(弘文堂)是一部划时代的专著,但它并不是一部有意识地解决日本问题的著作,而是关于德国民法学的成果的理论性研究。到了 1937 年作为最初的侵权行为法的体系书,我妻荣博士的《无因管理、不当得利、侵权行为》(新法学全集,日本评论社)问世。这部力作主张将企业的被用人的过失作为企业的人事设备整体的瑕疵把握,并提出了扩大土地工作物责任,从而适用无过失责任的主张等,显示出为了让企业赔偿由企业活动产生的损害,而做出扩大侵权行为法规定的解释的努力。

判例对应时代的进展,也出现了一些向着扩大侵权行为责任前进的动向。在扩大侵权行为责任方面最著名的有以下一些判决,即 1916 年 12 月 22 日的大审院判决(《大审院民事判决录》第 22 辑第 2474 页,大阪碱事件)尽管该判决以如果企业设置了相当的防止设备就没有过失而划定了企业责任的框架,但实际上表示出要求设置非常严格的防止设备的倾向。另外,表示出判定侵权行为的成立不一定非要构成对某种权利的侵害的是 1925 年 11 月 28 日大审院判决(《大审院民事判例集》第 4 卷第 670 页,大学浴室事件),在使用人责任中采用所谓外形标准说的是 1926 年 10 月 13 日大审院联合部判决(《大审院民事判例集》第 5 卷第 785 页)等。

在立法方面,战前时期侵权行为法领域的立法不多。旧的法律,除制定了《关于失火责任的法律》(1899 年)之外,还制定了规定矿业权人的无过失责任的《矿业法》(1905 年制定,1939 年修改),1911 年制定、1916 年施行的《工厂法》第 15 条建立的扶助制度和 1931 年的《劳动者灾害扶助法》等。

二、战后至今的立法状况

20 世纪 50 年代中期以后,在侵权行为领域里发生了各种各样的问题,为对应这些问题,制定了一些相关的法律。

在机动车事故的领域里,1955 年制定了《机动车损害赔偿保障法》,关于人身损害,规定了运行供用人的责任(过失的举证责任的转换)、责任保险的强制、政府的保障事业等。关于由原子能事业产生的损害,制定了《关于原子能损害赔偿的法律》(1961 年),规定了原子能事业者的无过失责任。关于公害,从 20 世纪 60 年代中期起,就开始呼吁强化企业的公害责任,可是直到 1972 年《大气污染防止法》(第 25 条以下)、《水质污浊防止法》(第 19 条以下)才终于得到改正,对改正法制定后排放的污染物质造成的人身损害,对污染物质的排放者课以无过失责任。另外,对过去的公害造成的受害,依据《公害健康受害补偿法》对被认定为在指定污染区域内患指定公害病的患者,设置了行政上的补救制度。对由水质污染造成的渔业损害,制定了《油污损害赔偿保障法》(1975 年)。直至 1994 年 11 月 19 日(法律第 91 号)《环境基本法》公布施行。关于消费者保护,由于 20 世纪 60 年代不断发生因制造物缺陷引起的严重损害事故,在那些事件的诉讼过程中日本国民的产品安全意识普遍得到提高,消费者的利益逐渐受到重视,从而于 1968 年制定了《消费者保护基本法》。对制造物责任,提倡无过失责任立法,但自 1970 年私法学会提出了制造物责任法纲要试案(学者建议草案),至 1994 年 7 月 1 日法律第 85 号公布《制造物责任法》(1995 年 7 月 1 日开始施行),这中间经历了 25 年的时间。

立法方面对侵权行为领域所出现问题的对应,明显地落后于现实生活,对这一点学者们是不满意的。特别是关于日本的无过失责任立法,加藤一郎教授认为,不仅与其他国家相比落后,而且就日本社会的实际需要来说也是滞后的,所以判例和解释论是大有用武之地的,从 20 世纪 20 年代初期起,无过失责任论在解释论和立法论上曾经得到相当有力的提倡。但是,由于判例是相当慎重的,只停留在通过过失推定转换举证责任的程度上,并未从正面采用无过失责任。因此,无论事实上如何,在形式上,形成了既没有像德国和瑞士那样多的立法，也没有像法国和英美那样通过判例使无过失责任得到承认[47]的结果，与各外国相比无过失责任的范围相当狭窄。[48] 应该说这种评价是符合事实的。有学者甚至认为，日本的状况，“恐怕在具有同样问题的各先进国家中是最落后的”[49]。尽管如此，这并没有妨碍侵权行为法学在解释论上对理论与实务作出贡献。

三、现在的部分相关立法

关于近年来日本侵权行为法在立法方面的发展，由于我们无法像日本学者那样从历史到现状地全面、细致地掌握情况，所以不可能对日本侵权行为法的立法做出全面和根本性的评价。但就自制造物责任法公布之后至今的情况看来，或许是由于接受了学者们的建议，在环境保护、灾害救济以及国民生活安全等多方面都制定了一些相关的法律。现举要介绍如下几个方面的新立法。

---

[47] 关于工业革命后，各国为解决工业和交通事故的增加引起的种种社会问题，救济受害人，维护社会的安定和经济发展，以高度危险作业为中心的无过失责任的出现成为一种历史的必然。加藤一郎教授对侵权行为法归责原则上的这种历史性变化进行考察后指出，这个问题有德国和瑞士那样从立法上加以解决的，也有像法国和英美那样通过判例和解释来加以解决的，还有苏俄那样由民法（1964 年苏俄民法第 454 条，1922 年苏俄民法第 404 条）本身来加以规定的。“无过失责任论曾经作为立法论，或者是作为解释论得到提倡。重点放在哪里，因各国国情不同，具有相当大的差别。例如，在德国，从很早就制定了承认无过失责任的铁道和矿业的特别法，所以大体上是通过立法得到解决的，很少涉及解释论的问题。瑞士也几乎同样。与此相对，在法国，立法滞后，机动车和铁道责任，是通过民法第 1384 条的无生物责任的扩张解释得到承认（法国有关机动车事故赔偿的法律于 1985 年制定并颁布）的，无过失责任乃至关于整个侵权行为法的解释论都非常热烈。在英美，与立法相比更多的是通过判例即解释，使得相当于无过失责任的严格责任（strict liability）及绝对责任（absolute liability）的领域得到了发展。这可以考虑到由于立法滞后所以通过解释加以解决了，或者由于通过解释在某种程度上得到了解决所以已经没有了立法的必要的情况，与其说是由于其中的哪种情况，倒不如应该说是由于这两种要素的交织。再有，要说德国和瑞士那样的通过立法的解决和法国和英美那样的通过判例、解释的解决，哪一种途径更好，那么，一般地说，通过立法解决的方法，在明确事由这一点上是优点，而且，逻辑清楚。还有，在苏联，民法自身采用无过失责任原则，所以不存在通过无过失责任的立法和解释之类的问题。不过，在苏联也存在将不可抗力或受害者有故意过失的场合作为免责事由的规定（苏联《民法》第 403 条、第 404 条），所以其适用可能与资本主义国家没有多大区别（参见加藤一郎：《侵权行为》，有斐阁 1974 年版，第 13 页以下）。”

[48] 加藤一郎：《侵权行为》，有斐阁 1974 年版，第 14 页以下。

[49] 森岛昭夫：《侵权行为法讲义》，有斐阁 1987 年版，第 14 页以下。

1. 环境保护方面

2000年以防止及消除对人的生命及健康有重大影响的二噁英类物质[50]、保护国民的健康为目的制定,公布了《二噁英类对策特别措施法》(1999年7月16日法律第105号)。该法规定了实施特别措施的基准、对与二噁英类排放相关的气、水等的规制,废弃物焚烧炉粉尘等的处理和被污染土壤的处理措施等,制定了削减二噁英类排放的国家计划。对二噁英类物质造成的环境污染问题,早在20世纪80年代末日本民法学界就开始与相关自然科学界进行了共同研究。笔者曾有幸参加过加藤一郎教授主持的"人类环境研究会"就防止二噁英类物质对环境污染的多学科的研讨会。这一法律的公布实施可以说也经历了一个相当时间的调查研究过程。

2009年公布了《有关水俣病受害人救济及水俣病问题的解决的特别措施法》(2009年7月15日法律第81号)。该法律前言指出:遭受水银污染罹患水俣病的悲惨案件,"是迄今为止未曾有过的公害,被看作日本公害问题的原点"。"关于水俣病的被害,虽然对接受了有关公害健康被害补偿等的法律认定的人们进行了补偿,但水俣病被害人在被迫忍受着巨大的痛苦的同时,又产生出对水俣病被害的不理解,带来了与平稳地域社会之间不幸的裂痕。""最高裁判所在2004年的所谓关西诉讼的判决中,认定了国家及熊本县长期间

---

[50] 二噁英类物质,"二噁英具有很强生物毒性,同时具有难以降解、可在生物体内蓄积的特点,进入环境将长期残留,对人类健康和可持续发展构成威胁"(参见环境保护部等九部委·环发[2010]123号公布的《关于加强二噁英污染防治的指导意见》)。据媒体介绍,"二噁英(Dioxin)是一种无色无味、毒性严重的脂溶性物质,二噁英实际上是一个简称,它指的并不是一种单一物质,而是结构和性质都很相似的包含众多同类物或异构体的两大类有机化合物,全称分别叫多氯二苯并—对—二噁英(简称PCDDs)和多氯二苯并呋喃(简称PCDFs),我国的环境标准中把它们统称为二噁英类"。据说"它的毒性十分大……国际癌症研究中心已将其列为人类一级致癌物"。二噁英类物质"常以微小的颗粒存在于大气、土壤和水中,主要的污染源是化工冶金工业、垃圾焚烧、造纸以及生产杀虫剂等产业。日常生活所用胶袋,PVC(聚氯乙烯)软胶等物都含有氯,燃烧这些物品时便会释放出二噁英,悬浮于空气中"。(参见360问答二噁英是什么东西?http://wenda.so.com/q/1377095573061047等多家网站)。由此看来,二噁英类物质污染的防范需要我们全体公民在日常生活中的共同努力。——笔者注。

不能适当贴切地对应,未能防止水俣病被害的扩大的责任,政府必须承认该责任,进行道歉。”“迄今为止关于水俣病问题,曾试图通过1995 年的政治解决谋求过纠纷的解决,2004 年的所谓关西诉讼最高裁判所判决为契机,围绕着水俣病问题众多的人谋求救济,估计其解决是需要长期间的。这种事态不容忽视,要将未满足基于关于公害健康被害的补偿等的法律的判断条件而有必要给予救济的人们,作为水俣病受害人接受下来,谋求其救济。据此,为终结地域纠纷,谋求水俣病问题的最终解决,保护环境,实现能够进行安心生活社会的目的,制定本法律。”这项法律虽然距离事件的发生相隔时间很长,但对国家、政府责任的认定,以及制定专门法律加以解决的做法有值得肯定的一面。

同一年里公布实施《为保护美丽丰富自然的海岸的景观及环境的保全推进相关海岸漂浮物处理等的法律》(2009 年 7 月 15 日法律第 82 号)。另外,《关于促进新能源利用等的特别措施法》(1997 年 4 月 18 日法律第 37 号)是“为有利于适应国内外经济社会环境确保能源的安定适当供给,促进国民努力利用新能源,为新能源利用等的顺利推进采取必要措施,以对国民经济的健康发展与国民生活的安定做出贡献为的目的”制定的。这两项法律虽然不直接与损害赔偿相关,但都是侵权行为法学界讨论多年的环境保护问题,值得在这里一提。

2. 灾害救济方面

日本近些年来与损害赔偿相关的立法,比较突出的是灾害救济方面法律的制定。

日本是一个地震等自然灾害频发的国家,20 世纪 60 年代就制定有《灾害对策基本法》(1961 年 11 月 15 日法律第 223 号)等相关法律。1995 年的阪神大地震之后,日本制定了《关于为对处阪神·淡路大震灾的特别财政援助及助成的法律》(1995 年 3 月 1 日法律第 16 号)、《关于为对处阪神·淡路大震灾的 1995 年度公债发行的特例等的法律》(1995 年 3 月 1 日法律第 17 号)、《关于阪神·淡路大震灾受灾者等相关国税方面法律的临时特例的法律》(1995年2月20日法律第11号)等法律,以谋求受灾地区正常生活、生产的恢复。

与此同时,《地震灾害对策特别措施法》(1995年6月16日法律第111号)也制定、公布。该法“以为保护国民的生命、身体和财产免受地震灾害,在制定基于关于地震灾害对策实施目标的设定和地震防灾紧急事业五年计划的制作及基于这些计划的事业的相关财政上的特别措施的同时,通过制定为推进有关地震的调查研究的体制的完善等规定,谋求地震对策的强化,以资社会秩序和公共福祉的确保为目的”。同时还公布了《受灾市街地复兴特别措施法》(1995年2月26日法律第15号)。几年后又公布了《受灾者生活再建支持法》(1998年5月22日法律第66号)。无疑这些法律对一般性灾害的受害人的救济起到了积极的作用。

2011年由地震诱发的福岛核电站事故之后,日本制定了《为实现东日本大震灾中核电站事故发生的相关核损害的早期确实的赔偿的措施及该核损害相关赔偿请求权的消灭时效等的特例的法律》(2013年12月11日法律第97号)。该法律规定了实现早期且确定的赔偿的措施和针对特定核损害的赔偿请求权消灭时效。

3. 人格权保护方面

《关于个人信息保护的法律》(2003年5月30日法律第57号),规定保护个人信息是国家及地方公共团体的责任与任务,并规定了具体的保护措施的实施等事项,对现代社会非常重要。

《关于为谋求犯罪被害人等权利利益保护的附带刑事程序的措施的法律》(2000年5月19日法律第75号)除规定公判程序的旁听等具体程序事项外,规定了关于刑事诉讼中民事上的争议的和解(第19条、第22条)和伴随刑事诉讼程序的犯罪被害人等与损害赔偿请求相关的裁判程序的特例(第23条)。

《关于脏器移植的法律》(1997年7月16日法律第104号)也是一个关系到人的尊严和生命、健康的法律。这个领域也是国家应当积极作为,依法规制的领域。本法律以确定有关脏器移植的基本理念,并规定为对脏器机能有障碍者实施以脏器机能的恢复和给予为目的的移植术从死体中摘出脏器的行为,关于禁止脏器买卖行为等必要事项,以资移植医疗的适当正确实施为目的(第 1 条)。

4. 社会生活方面

一些与国民生活安全密切相关的法律得以公布。

《关于食品制造过程管理高度化的临时措施法》(1998 年 5 月 8 日法律第 59 号),该法的目的是“为谋求防止在食品的制造过程中发生起因于食品卫生上的危害和确保适当正确的品质,采取促进其管理高度化的措施,以对提升及增进公众卫生有所贡献的同时,以资食品制造加工事业的健康发展”。(同法第 1 条)

《食品安全基本法》(2003 年 5 月 23 日法律第 48 号),本法鉴于面对科学技术发展、国际化的进展及其他围绕着国民食生活环境的变化加以适当正确对应的紧要性,关于确保食品安全性,以在确定基本理念,并明确国家、地方公共团体及食品关联事业者的作用的同时,通过制定相关实施政策、措施的基本方针,综合性地推进有关确保食品安全性政策措施为目的。

《消费者契约法》(2000 年 5 月 12 日法律第 61 号),这部法律也是民法学者多年探讨的课题。“本法律鉴于消费者与事业者之间在信息的质和量以及交涉能力的差距,通过对因事业者的一定行为消费者产生误认,或者困惑的场合在允许取消其契约的要约或者承诺的同时,使免除事业者的损害赔偿责任的条款及其他不当损害消费者利益的条款的全部或者一部分无效,并且为防止消费者受害的发生或者扩大对适格的消费者团体允许提起停止侵害请求等措施,谋求消费者利益的保护,以对国民生活的安定提升和国民经济的健康发展做出贡献。”(同法第 1 条)

《消费者安全法》(2009 年 6 月 5 日法律第 50 号),“本法律,以为防止消费者在消费生活中受害,确保其消费生活安全,在规定由内阁总理大臣拟定基本方针的同时,由都道府县及市町村负责实施消费生活相谈等的事务及设置消费生活中心,收集有关消费者事故等的信息,由消费者安全调查委员会实施消费者事故的调查等,采取为防止消费者受害发生和扩大的措施及其他措施,与依据相关法律的措施相结合,为实现消费者能够安心、安全、丰富地进行消费生活的社会做出贡献为目的。"(同法第1条)

5. 国民健康生活方面

《关于因新型流行性感冒预防接种产生健康受害的救济的特别措施法》(2009年12月4日法律第98号),流行性传染病的疫苗接种曾经发生过接受接种者健康受到损害的情况,实务中曾有此类案件,学界也曾经讨论过这类问题。"本法律以通过由厚生劳动大臣对因接种新型流行性感冒产生的健康受害采取相关的特别措施,以谋求因新型流行性感冒疫苗预防接种产生健康损害的迅速救济为目的。"(同法第1条)

《肝炎对策基本法》(2009年12月4日法律第97号),这个法律之所以值得一提,是因为从法律上对一种疾病作出规定,体现出一个国家在国民健康观念上的变化。法律可以改变人的观念,规定国民的权利义务和国家、地方公共团体的职责等,既是行为规范,也是发生损害时,诉讼中侵权行为法上过失判断的基准。

在该法前言中,立法者指出:"今天的日本,感染肝炎病毒,或者罹患肝炎的人很多,肝炎成为日本国内的最大传染病。肝炎如果不进行适当的治疗就有向慢性化、肝硬变、肝癌那种更重的疾病发展的危险,因此对这些人来说将来的不安不可估量。

由于战后医疗的进步,医学知识的积累,科学技术的进展,为肝炎的克服开辟了道路,但是,即使在今天,在早期发现和治疗途径方面仍然有诸多的课题,并且,现在还不能说对肝炎病毒和肝炎的正确理解已经在所有的国民中扎根了。

关于乙型肝炎及丙型肝炎的相关感染,有应归责于国家的事由带来的情况,也有由于其原因不明带来的情况。在由于特定的血液凝固因子制剂中混入了丙型肝炎病毒造成不特定多数人被感染的药害肝炎事件中,被感染的各位受害人发生了很大的损害,法院认定了国家对未能防止该受害的扩大的责任，对由于集团预防接种之际注射器的连续使用造成乙型肝炎病毒感染受害的预防接种灾祸事件，在最终的司法判断中确定了国家的责任。

在这种现状之下，为尊重肝炎病毒感染者及肝炎患者的人权，确保给他们提供良好且适当贴切医疗等，要求更进一步地加大对肝炎克服的投入。"

本法律关于肝炎对策，以奠定基本理念，明确国家、地方公共团体、医疗保险者、国民及医师等的责任义务，并在制定有关肝炎对策指针的同时，通过规定肝炎对策的基本事项，综合推进肝炎对策为目的（第 1 条）。

法律规定，肝炎对策必须以下列事项为基本理念：(1)在推进有关肝炎的专门性、跨学科和综合性研究的同时，使肝炎的预防、诊断、治疗等相关技术得到提升与其他研究等成果得到普及、活用及发展。(2)任何人与其居住的区域无关都能使其平等地接受肝炎的相关检查（以下简称肝炎检查）。(3)肝炎病毒感染者及肝炎患者（以下简称肝炎患者等）与其居住的地域无关都能使其平等地接受适当贴切的肝炎的相关医疗（以下简称肝炎医疗）。(4)当实施前 3 项措施时，要使肝炎患者等的人权受到尊重，注意不要由于是肝炎患者而受到歧视（第 2 条）。

法律规定，国家的责任义务是遵照基本理念综合策定肝炎对策，并加以实施（第 3 条）。地方公共团体的责任义务是遵照基本理念在肝炎对策方面与国家合作的同时按照本地域的特性策定政策措施加以实施（第 4 条）。医疗保险者的责任义务是必须努力与国家及地方公共团体采取的有关肝炎的预防的启发教育及知识的普及，有关肝炎检查的普及启发教育政策措施进行合作（第 5 条）。国民的责任义务是具备有关肝炎的正确知识，在注意不要使肝炎患者等因是肝炎患者等的理由受到歧视的同时，倾注必要的注意努力预防肝炎，并必须依必要接受肝炎检查（第 6 条）。医师及其他医疗相关人员的责任义务是要与国家及地方公共团体采取的肝炎对策合作，在努力为肝炎的预防做出贡献的同时,深刻理解肝炎患者等所处状况,努力实施良好且适当贴切的肝炎医疗(第7条)。

从本法律序言中阐述的立法宗旨和对日本有关输血感染肝炎的案件审理对国家责任认定的历史回顾看,司法实务与法学理论对立法活动产生了重要的影响。法律的规定使整个社会(从国家到地方公共团体,再到相关从业者和每一个公民),具有共同的理念,使肝炎患者等不受歧视有尊严地得到良好医疗,使肝炎预防工作得以依法稳步展开。这些,都从一定意义上说明了侵权行为法学从解释论的角度对理论与实务做出的贡献。

四、侵权行为法学的发展

侵权行为法学取得飞跃进展是在进入20世纪50年代中期之后。1957年以我妻博士的《无因管理、不当得利、侵权行为》的成果为代表展示了战前侵权行为法学发展的最高点,进一步地将类型化理论的方法导入侵权行为法学的是加藤一郎博士《侵权行为》(法律学全集,有斐阁)的刊行,在这一时期,后来构成问题的各种侵权行为事件尚未完全出现。但是,从那时起,交通事故件数的增加却是非常显著的,不久伴随着日本的高度经济增长,由公害、药害等企业活动带来的受害不断增加起来。并且,医疗事故等的件数也增加了。随之而来的,判例和学说必须解决的法律纠纷和诉讼的数量显著增加。而且,那些纠纷几乎都是过去的社会中没有经验过的新类型的纠纷,包含着已有的法理论对应不了的复杂问题。这种新类型的侵权行为的出现,带来了侵权行为法学的巨大发展。尤其是这些事件都构成人身损害问题,从而迫使过去总的来说是以财产损害为主构筑的侵权行为法学发生转变。不仅因果关系的证明、损害概念、损害额的算定[51]等与财产损害不同的人身损害所特有的问题,而且就是

[51] 损害赔偿制度中的损害赔偿金额是由法官进行的一个计算、判断和决定的法律操作过程得出的,日本法律界用汉字词语“算定”表示。

在过失与违法性、使用人责任、土地工作物责任、共同侵权行为等领域里，过去的见解面临新的事态也发生了改变。

1965 年《注释民法丛书》(有斐阁)的第 19 卷初版发行，这是一部《民法》第 709 条至第 724 条的注释专著，在该书中，对交通事故、事业灾害、制造物责任、医疗行为责任、生活妨害等，按照事故类型作了类型化的尝试。该卷编者加藤一郎博士在前述《侵权行为》中，作为故意、过失的具体事例，已经展示了交通机关、医师、商品的制造和贩卖、工业·矿业·土建等方面的类型，在注释民法中，按照事故类型论述了过失的认定构造、违法性的问题、因果关系的证明等，进一步展开了为认识问题现状和解决问题的解释论。但是，由于当时虽然公害正在逐渐成为重大的社会问题，但作为法律问题尚未得到明确的解释，并且，围绕着食品、医药品的制造物责任事例几乎尚未被认识(注释民法 19 卷只涉及森永乳事件、酞胺哌啶酮事件)，所以只停留在美国制造物责任法理的介绍上，而关于 20 世纪 60 年代中期以后大量出现的公害、药害诉讼等给有关人身损害的侵权行为理论以巨大影响的事故类型，还只是作出了初步的阐述。

另外，一进入 20 世纪 60 年代中期，交通事故的件数直线上升(20 世纪 50 年代中期 9 万件左右的机动车事故件数在 20 世纪 60 年代中期超过了 56 万件，最高峰的 1969 年达到 72 万件)，交通事故诉讼的件数也上升为庞大的数字(1965 年全国地方法院新受理的交通事故损害赔偿请求事件仅为 3750 件，而 1971 年则上升为 11118 件)。其结果，迫于对应现实问题的需要，实务家、学者在交通事故的领域发表了许多论文，不仅论述了运行供用人概念、他人性等责任要件，还论述到了家庭主妇与幼儿的逸失利益、抚慰金等损害赔偿额算定上的各种问题。法律杂志还编辑了特集。进一步地，20 世纪 60 年代中期还刊行了许多关于交通事故损害赔偿的专著。具有代表性的有铃木忠一、三月章监修《实务民事诉讼讲座》(3·交通事故诉讼)(日本评论社 1969 年)，该书展示了当时关于交通事故损害赔偿的各种法律问题和与之相对应的理论水准。

进入20世纪70年代,法院作出了一个又一个对痛痛病、水俣病、四日市哮喘病等公害病的公害诉讼判决,围绕着这些诉讼和判决发表了各种各样的论文。在公害诉讼中出现了各种各样未曾被认识到的新论点。这些新论点涉及以下一些方面:关于因果关系,在公害中,污染物质通过大气、水等媒体被排放到环境中,由于长期的、低浓度的暴露对人体产生影响,所以污染物质的到达路径和疾病的发生机理不明的情况很多,要证明污染物质与疾病之间的因果关系是极其困难的。因此,对为通过诉讼取得损害赔偿,受害人要负何种程度的证明负担的问题进行了讨论,围绕着因果关系的证明,盖然性说得到倡导。其中,受害人方主张使用流行病学手段认定因果关系的方法,判决也采用了流行病学的认定方法。关于过失的认定及认定基准等,由于从被告企业方面提出了无法预见受害的发生,或者设置了为回避结果发生的适当的设备等诸如此类的主张,从而引起了围绕着过失、预见可能性、结果回避义务等问题的讨论。而且,围绕着由石油联合企业中的复数企业造成污染的责任,对共同侵权行为规定(《民法》第719条)的适用进行了讨论,使得在那之前没怎么探讨过的共同侵权行为论也受到重视。在诉讼和赔偿方式方面,当多数的公害受害人集体提起侵权行为诉讼时,为避免诉讼的迟延,或者从运动论的立场出发,不提起各受害人的个别赔偿请求额的主张,而是一律请求,或者一揽子请求、包括请求等关于人身损害的新见解得到提倡。不可否认,这一主张带来了人身损害赔偿的基本理念的转变。

这些问题的出现、解决以及学说和实务上的发展,正如民法学者谷口知平教授当时指出的那样,“在今天的民法领域里提供问题最多的是侵权行为。”[52]1969年1月《法学家杂志》(有斐阁)以《民法学的现代性课题》为题,从民法的各领域中挑选出15个题目,其中有6个题目是侵权行为法上的问题,这些问题是:(1)侵权行为理论与损

[52] 谷口知平:“民法学的现代课题”,载有斐阁《法学家杂志》(jurist)第413期,第16页以下。

害赔偿责任;(2)公害的私法救济;(3)因道路缺乏安全性产生的交通事故及其赔偿责任;(4)损害赔偿额的定型化、类型化;(5)医疗过错与侵权行为;(6)高科技与私生活秘密。正是由于交通事故、医疗过错、公害、制造物责任等纠纷的大量发生和问题的社会化,触发了研究的不断继续。这种状况一直延续到 20 世纪 80 年代,从而带来了侵权行为法学的"隆盛"[53]。

在现实的诉讼中通过具体的事例提起的各种各样的问题,带来了侵权行为法整个构造的巨大变化。从 1972 年至 1976 年,《现代损害赔偿法讲座》全八卷(日本评论社)刊行,这套丛书研究的各个题目,展示了在 20 世纪 50 年代中期、60 年代中期发生的各种类型的事故迫使法律学给予对应的情况。这套丛书由总论(1 卷)、名誉·私生活秘密(2 卷)、交通事故(3 卷)、医疗事故·制造物责任(4 卷)、公害·生活妨害(5 卷)、使用人责任·工作物责任·国家赔偿法(6 卷)、损害赔偿的范围与金额(7 卷)、损害与保险(8 卷)共八卷构成。而在这个时期,各种类型的侵权行为在解释论上的问题逐渐明确起来,判例、学说上的对应也在一定程度上有了进步。但是,这套丛书所表现出来的类型论的手段,与其说是依据理论框架的类型,倒不如说是以现实社会中发生的事故的类型原封不动地作为类型的手段,各类型中的论点也是受到现实诉讼的触发个别后追加展开的。例如,在交通事故领域,除论述了机动车损害赔偿法中的责任要件(运行供用人概念、他人性、运行概念)之外,还论述了受害人的过失、每个损害项目的赔偿额算定方式等问题。关于公害领域的论点已如前所述,在制造物责任领域与公害同样,探讨了因果关系的认定、过失论、损害论等问题,特别是论述了缺陷概念。在工作物责任、营造物责任领域,瑕疵概念当然是中心性的论点。在医疗过错领域,医师的注意义务、过失的推定以及因患者的承诺产生的违法性阻却

---

[53] 淡路刚久:"侵权行为法的将来与侵权行为法学的课题",载有斐阁《法学家杂志》第 731 期,第 98 页以下。

等成为探讨的问题。日本侵权行为法中对应现实地发生的事故的个别的解释论就是这样展开的。

还有一些对整个侵权行为法加以理论探讨的著作。例如,平井宜雄教授的《损害赔偿法的理论》(东京大学出版会 1971 年),是一部试图在立法史、比较法分析的基础之上,探讨日本的判例以重新构成过失及违法性概念、因果关系概念的力作。平井教授提出的过失一元论、因果关系论(事实性因果关系、保护范围、损害赔偿额的金钱评价),可以说对于探讨侵权行为法学的人来说是构成出发点的理论框架。作为同样的理论研究,还有石田穰《损害赔偿法的再构成》(东京大学出版会 1977 年),前田达明《侵权行为归责论》(创文社,1978 年)。这两部著作都是在德国侵权行为法的强烈影响下写成的。前者提倡意思责任性侵权行为、行为责任性侵权行为、结果责任性侵权行为这种独自的理论上的责任类型,是富有启发性的专著,但概念性产物的色彩比较浓。后者以在德国展开的围绕违法性论的学说史的研究为中心,以此为前提,主张日本的解释论也应采用违法性一元化论的理论。这些问题的探讨具有非常重要的意义,在早已进入 21 世纪的今天,权利侵害、违法性,仍然是侵权行为法学界研究的核心问题。学者们近年来讨论的问题,例如关于侵权行为法的机能、目的,权利论与违法性的讨论等,就都是围绕着权利保护体系,违法性理论与侵权行为法的构成展开的。

还有,作为关于侵权行为的理论性研究,存在着将在美国展开并在那里具有很强影响的法经济学适用到侵权行为中的尝试。这是一种试图以效率性(将事故所产生的损害成本与回避损害的成本的总和减到最小)为主要基准,构成关于损害赔偿责任规则的理论。作为在日本的研究,可以举出浜田宏一《损害赔偿的经济分析》(东京大学出版会 1977 年)。另外,平井宜雄《现代侵权行为理论之一展望》(一粒社 1980 年)也介绍了法经济学的方法。但是,对于从效率性观点产生的方法,在经济学内部已经受到了从所得的公正分配观点出发的批判,而且,20 世纪 60 年代中期以后,日本侵权行为法学中抱有最大关心的问题,是在企业活动的面前遭受牺牲的受害人的补救,因此,当时的氛围对以在受害的成本与为回避损害的成本之间的权衡为前提,从而认可某种程度的损害的发生的法经济学的见解是不容易接受的。至今,对法经济学的手法,学界虽然抱有关心,但并未达到具有强烈影响力的程度。自那时之后,对法经济学给予较多关心的是法理学者和民法学者,持之以恒地关注此问题的,有木铎社刊行的翻译理查德德·波斯纳等一大批美国学者的法经济学研究成果的《法与经济学丛书》,该丛书自 1994 年 8 月开始刊行,至 2014 年 8 月,20 年间刊行 9 册,其中与侵权行为法有直接或较多联系的是第 2 册松浦好治编译《侵权行为法的新世界》(木铎社刊 1994 年 8 月)和第 8 册太田胜造等译《法、流行病学、市民社会:法政策中科学手法的活用》(木铎社刊 2009 年 3 月)等。运用法经济学的方法研究日本诉讼实务问题的有三好佑辅著《法与纠纷解决的实证分析》(大阪大学出版会 2013 年 2 月),该书将焦点照准作为引起社会纠纷问题原因之一的契约当事人之间的信息量差异的扩大的现实,对规制根据及其有关费用对效果的关系所做实证分析,可以说是法经济学研究的新视角。

在出版《现代损害赔偿法讲座》二十多年后,日本评论社从 1997 年至 1998 年,再次刊行了《新·现代损害赔偿法讲座》全 6 卷,由山田卓生教授代表编辑,藤冈康宏、宫原守男、国井和郎、加藤雅信等教授共同编辑。这套丛书由总论(1 卷)、权利侵害与被侵害利益(2 卷)、制造物责任·专家责任(3 卷)、使用人责任等(4 卷)、交通事故(5 卷)、损害与保险(6 卷)构成。在前一时期,各种类型的侵权行为在解释论上的问题逐渐明确起来,判例、学说上的对应也在一定程度上有了进步的基础之上,阐述了随着社会的急剧变化,损害赔偿法、侵权行为法发生的巨大变化,并谋求向 21 世纪的进一步发展;展示、分析了迄今为止实务上、理论上的成果、现状与课题,展望了今后侵权行为法学的发展动向,似可看作 20 世纪最后四分之一世纪侵权行为法系统性研究方面的集大成之作。

侵权行为法的教材和体系书有平井宜雄著《债权各论Ⅱ侵权行为》(弘文堂 1992 年 4 月)、几代通·德本申一著《侵权行为法》(有斐阁 1993 年 1 月)、吉村良一著《侵权行为法》(最新版是有斐阁 2010 年 2 月第 4 版)、泽井裕著《事务管理·不当得利·侵权行为》(有斐阁 1996 年 9 月)等。

这一时期,还有许多专门问题的研究专著出版。比如,关于人格权的研究,有五十岚清著《人格权论》(一粒社 1989 年 12 月)在对各种民事责任的研究方面,有船越隆司著《民事责任的构造与证明》(尚学社 1992 年 11 月),富井利安著《公害赔偿责任之研究》(日本评论社 1986 年 10 月),淡路刚久著《连带债务之研究》(弘文堂 1988 年 9 月),藤田胜利著《航空赔偿责任法论》(有斐阁 1986 年 5 月),石田喜久夫《停止侵害请求与损害赔偿》(成文堂 1988 年 10 月),专家责任研究会编《专家的民事责任》(社团法人商事法务研究会 1994 年 10 月),森田宏树著《契约责任之归责构造》(有斐阁 2002 年 6 月),竹内昭夫等著《我国(日本)的制造物责任法》(有斐阁 1990 年 3 月)等。星野英一·森岛昭夫编《现代社会与民法学之动向》(上)侵权行为法卷(有斐阁 1992 年 9 月)是一部对过失责任、结果回避义务、因果关系、过失相低、环境污染等许多侵权行为法领域问题进行探讨的论文集。洼田充见著《过失相抵之法理》(有斐阁 1994 年 10 月)是一部探讨过失相抵制度的专论。

这一时期值得注意的还有以法官和律师等实务家编著的结合实务中的判例对侵权行为法的各个领域的问题进行理论说明的著作,例如,有 2000 年 7 月新日本法规出版株式会社创立 50 周年纪念出版的《现代裁判法大系》全 30 卷。该丛书的编辑目的是,从现代的视点解明裁判实务上各方面的问题。其中与侵权行为法关系密切的有饭田敏明编《(6 卷)交通事故》、浅井登美彦等编《(7 卷)医疗过失》、升田纯编《(8 卷)制造物责任》、盐崎勤编《(9 卷)学校事故》、宗宫英俊等编《(21)劳动基准·劳动灾害》、盐崎勤编《(25)生命保险·损害保险》、清永利亮等编《(26)知识产权》、村重庆一编《(27)国家赔偿》、大藤敏编《(28)居民诉讼》。还有行政出版株式会社 1995 年 11 月至 1998 年 4 月出版的《民事辩护与裁判实务》,其中与侵权行为法关系密切的有,南敏文等编《(卷 5)损害赔偿 Ⅰ 机动车事故・劳动灾害》(行政 1997 年 5 月)、畔柳达雄等编《(卷 6)损害赔偿 Ⅱ 医疗事故・制造物责任》(行政 1996 年 9 月)、西田美昭等编《(卷 8)知识产权》(1998 年 4 月)。

在消费者保护领域的成果有“特集・消费者契约法与 21 世纪的民法”(《民商法杂志》123 卷第 4・5 合刊有斐阁 2001 年 1 月),后藤卷则著《消费者契约的法理论》(弘文堂 2002 年 12 月),若原纪代子著《民法与消费者法的交错》(成文堂 2001 年 6 月),平野克明著《缺陷商品诉讼与制造物责任》(成文堂 1993 年 12 月)等。

这段时期比较法研究方面的成果有木下毅著《美国私法》(有斐阁 1988 年),砂田卓士等著《英美法原理》(青林书院 1992 年 3 月),田中英夫著《英美法总论上・下》(东京大学出版会 1980・1994 年 3 月),新关辉夫著《法国侵权行为责任之研究》(法律文化社 1991 年 9 月),平野晋著《美国制造物责任法的新展开——无过失责任之死——》(成文堂 1995 年 8 月)译作有吉田丰等译《德国侵权行为法论文集》(日本比较法研究所 2000 年 1 月)。

在诉讼时效方面的研究也有比较集中的成果,首先有《法律时报》第 55 卷 3・4 号的《时效期间与除斥期间》(日本评论社 1983 年),相隔 17 年后同《法律时报特集》2000 年第 6 号《除斥期间的基础》(日本评论社 2000 年),还有内池庆四郎著《消灭时效法的原理与历史课题》(成文堂 1993 年 10 月),同著《侵权行为责任的消灭时效》(成文堂 1993 年 12 月),大木康著《时效理论的再构筑》(成文堂 2000 年 7 月)。

河野正宪著《当事人行为的法律构造》(弘文堂 1989 年 10 月)对诉讼中当事人行为及诉讼活动的分析对理解诉讼在损害赔偿救济中的作用是有益的。

自日本最高裁判所 1975 年 2 月 25 日判决(载《最高裁判所民事

判例集》第29卷第2号第143页)承认了安全照料义务之后,安全照料义务在判例、学说上得到确立。几十年来有关安全照料义务的讨论与研究始终没有停止。这一讨论,促进了契约责任与侵权行为责任的研究,这方面的著作有下森定编《安全照料义务法理的形成与展开》(日本评论社1988年6月),高桥真《安全照料义务之研究》(成文堂1992年3月),同《续·安全照料义务之研究》(成文堂2013年7月),宫本健藏著《安全照料义务与契约责任的扩张》(信山社1993年2月)。

在医事法研究方面有比较突出的成果。其中,要首推呗孝一教授的《脑死亡研究》(日本评论社1989年6月),呗教授从1967年世界上第一例心脏移植手术出现开始就关注这个问题,几十年不间断的研究,从比较法上的考察,到日本社会的现实问题都进行了极为深入的研究,提出了自己中肯的见解。不仅脑死亡问题,在医事法学领域辛勤耕耘的研究成果奠定了日本医事法学,特别是器官移植方面法律研究的基础。除本书外,这一时期,呗教授的《脏器移植与脑死的法律研究》(有斐阁1990年),《呗孝一·家族法著作选集》(全4卷,日本评论社1992~1993年)等都是在学界具有重大影响的著作。

医事法方面的体系书有植木哲·丸山英二编《医事法现代的诸相》(信山社1992年2月),根据大量判例和医学实务问题进行了跨学科的研究,从人的出生到残障儿童问题、医疗记录·医疗契约·民事责任、艾滋病问题、自己决定权直至临终关照、前沿医疗和伦理问题都进行了深入分析,可以说反映了当时医事法学研究的最前沿的状况。植木哲·山本隆司编《世界医事法》(信山社1992年11月)以德国为中心,全面考察了医事法方面的医事法的本质与内容、治疗契约、医师的救助义务、说明义务、脏器移植、守密义务、医疗过失诉讼中的责任主体与证明责任等诸多问题。并对欧洲其他国家包括当时苏联的医疗责任进行了专门考察,还对美国的医疗过失法进行了全面的考察。这是一部医事法学上的比较法学力作。系统论述医疗过失责任的有菅野耕毅著《医疗过失责任的理论》(信山社2001年

11 月)。最近新版的加藤良夫著《实务医事法第 2 版》(民事法研究会 2014 年 5 月),是从实务角度系统阐述医事法学基本原理的体系书。

以判例分析的形式分析医事法基本问题的专著,较早的有稻垣乔著《医疗过失诉讼的理论》(日本评论社 1985 年 11 月)。中村哲著《医疗诉讼的实务性课题》(判例 TIMES 社 2001 年 1 月)一书以谋求建立应有的良好医患关系为宗旨,对医患双方的权利义务关系和诉讼中的原则进行了详细分析,不仅有很强的实践性,而且在判例理论研究上也具有重要意义。饭田秀男著《刑事医疗过失》(判例 TIMES 社 2001 年 11 月)探讨的虽然是刑事上的问题,但判例所涉及领域不限于刑事问题,对民事责任的认定等问题都有所借鉴。从诉讼法角度探讨医疗过失责任的著作有太田幸夫编《医疗过失诉讼法》(青林书院 2000 年 10 月)。

医事法领域,还有两本教材值得一提。一部是前田和彦著《医事法讲义(新编第 2 版)》(信山社 2014 年 3 月),该书是在其改订第 5 版(2001 年 10 月)的基础上新编之后再次修订再版的。对近年围绕医疗、保健、福祉的法律制度正在继续的巨大变革,并将脑死亡移植和生殖辅助医疗等生命伦理问题,医疗相关人员的社会性活力的根源均纳入视野考察。另一部是手岛丰著《医事法入门第 3 版》(有斐阁 2011 年 5 月)。手岛丰教授也是一位长期从事医疗事故、脑死亡、脏器移植、遗传基因治疗等领域研究的侵权行为法学者。这两部著作都基于重要的典型判例解释现行法律和基本法理。

机动车损害赔偿领域的成果可谓非常丰富,侵权行为法研究会自 1970 年开始编集《交通事故民事裁判例集》每年一卷,至今已经刊行 40 多卷,是审判实务和理论研究的重要资料。日本交通法学会编《世界的交通法》(西神田编集室 1992 年 6 月)由日本全国本领域的研究者对机动车损害赔偿及保险制度进行的最为全面的比较法研究,可以说迄今为止,该书仍然是日本该领域最大规模的调查研究成果。《财团法人交通事故纠纷处理中心创立 20 周年纪念论文集》

(行政1994年6月)是一部由基本理论与比较法研究两部分组成的论文集;侵权行为法研究会编《交通事故赔偿的新动向——交通事故民事裁判例集创刊25周年纪念论文集》(行政出版株式会社1996年3月),该论文集投稿的论文都是这个领域第一线的实务家和研究者,具有很高的实践价值和很强的理论意义。最新的具有代表性的机动车损害赔偿研究的专著,是北河隆之的《交通事故损害赔偿法》(弘文堂2011年4月)

侵权行为法的教材,与民法的其他领域同样,有许多非常出色的作品,较早的有远藤浩等编《民法(7)无因管理·不当得利·侵权行为(第4版)》(有斐阁丛书1997年1月),新的有潮见佳男《侵权行为法Ⅰ》(信山社2013年3月第2版第3次印刷发行),洼田充见《侵权行为法》(有斐阁2013年11月初版第6次印刷发行),藤冈康宏《民法讲义V侵权行为法》(信山社2013年3月版),平野裕之《民法综合6侵权行为法》(信山社2013年6月),等等。

进入21世纪以来的侵权行为法研究成果前田达明、原田刚著《共同侵权行为法论》(成文堂2012年2月),平井宜雄《侵权行为法理论之种种现象》(有斐阁2011年3月),盐崎勤《从判例看共同侵权行为责任》(新日本法规出版2007年3月),森岛昭夫、盐野宏编《变动的日本社会与法》(有斐阁2011年11月)为配合民法修改的著作有大村敦志《考虑民法改正》(岩波新书2011年10月)等。

五、侵权行为法学的现状与展望

如上所述,在自20世纪60年代中期至80年代后期的20多年里,以交通事故诉讼为先导,围绕着公害、药害、医疗过错等人身损害赔偿诉讼,每年都有非常多的侵权损害赔偿判决,受这些判决的推动,发表了许多关于侵权行为法的论文、专著。这些著述几乎都以解决现实事件为直接目的,具有极强的实践性。其结果,在侵权行为法的领域里适应多样事件的多彩的判例理论与学说得到发展,现在正如评价侵权行为法和侵权行为法学均处于“混迷”状态的见解所说,呈现出复杂多样的状态。的确,当在法律上处理一种类型的事故时,判例、学说上展开了认为对于解决该类型的纠纷是妥当的各种各样的逻辑构成、价值判断(利益衡量),但如前所述,民法的规定自身就是允许加以极灵活解释的一般的、抽象的规定,因此,关于某一种类型事件的论点,不仅各种解释得以展开,而且,每一种类型的事件各自所固有的解释论也得到尝试,但这样一来,对以解决某种类型的事件为目标的解释逻辑如何与关于其他类型事故所展开的解释逻辑保持整体性的问题,却缺乏系统性的研究。或许在这个意义上也可以说判例、学说处于“混迷”状态。

但是,在围绕人身损害的各种主张的背后,所有的主张一直追求的共同目标,是强化加害人的责任,即对受害人补救的扩大。坦率地说,就是对作为 1898 年民法的前提,规定在法典上的过失责任主义的克服。一般地说,过去的法的解释就是进行一种逻辑操作,以此来说明关于某种类型纠纷的解决所作出一定的价值判断,是由既存的法律规定导出的结论,但在今天的侵权行为法中,却面临着必须进行与法律预定的价值判断(过失责任主义)进行完全不同的价值判断(强化加害人的责任)那种逻辑操作的窘境。特别是日本的法官,不喜欢脱离法规从正面把自己的判断原样提出,存在着一种总要说明自己的判断是依据既存法的规定所导出结论的倾向,这样就更使这种窘境表面化。例如,在斯蒙(SMON · 亚急性脊髓视神经症)诉讼中,法院一方面坚持因为法律上没有规定,不能对制药公司课以无过失责任,另一方面却在判断过失的有无时导入了预见义务的思考,在容易地认定损害的预见可能性的同时,使制药公司负担高度的损害回避义务,从而实现了实质上的无过失责任。为对实务的解释给予影响,学说也存在着通过传统的法概念的操作实施解释论的倾向。因此,学说要求重新探讨传统的法概念,作为重新构成的法律概念,提倡新的中间概念和逻辑构成。

这样,由于新的类型的侵权行为不断出现,判例、学说在为对应那些侵权行为而展开的过程中,有的观点就认为是侵权行为法和侵权行为法学发生了"混迷"。但那是侵权行为法学的进步,至少也是对应社会变化的过程之一。客观地说,日本侵权行为法正是在对应处理现实社会中出现的各种问题的实践过程中,换言之,是在对判例的解释和说明的过程中发展起来的。反之,这种解释与说明又推动了司法实务的完善。连载于《法学家杂志》(jurist)第 879 ~ 914 号(1987 年 3 月 ~ 1988 年 8 月)的侵权行为法研究会编的《日本侵权行为法重述(Restatement)》就是一部探讨日本侵权行为法(《民法》第709 ~ 724 条)的沿革与现状,将现在(当时 1987 年)的判例的发展水平以条文的形式表现出来,并添加了必要说明的文件。这虽然是仿效美国法律协会(American Law Institute)发布的各个领域的重述(Restatement)的构想而计划的日本侵权行为法的重述,但该重述涉及的是得到现行法下的判例认定的,或者能够得到认定的范围的情况,所以,可以说反映了日本侵权行为法的现状。直到 21 世纪以来的民法修改中,该"重述"的主张仍然受到重视。

学者在评述日本侵权行为法学的发展时曾经指出,民法典施行以来直至今日的 100 年间,日本的侵权行为法学经历了两次重大的转折。一次发生在 20 世纪 20 年代,另一次发生在 20 世纪 60 年代中期至 90 年代。

第一次转折的动向,主要是围绕着应该得到侵权行为法制度保护的利益的范围的问题。通过把《民法》第 709 条规定的"权利侵害"根据其宗旨读作利益侵害行为的"违法性",使其具有不受法律条文语言的过度拘束的灵活性,从而使应当得到保护的利益的范围扩大到"权利"以外的对象。这一动向以从"桃中轩云右卫门事件"向"大学浴室事件"的转变为契机逐渐得到实现,末川博博士的《权利侵害论》(弘文堂,1930 年)为此提供了法理学上、解释论上的根据。之后,我妻荣博士支持这一理论,并提示了作为"违法性"评价的具体判断基准的"相关关系论"。这一理论为加藤一郎博士所继承,长期保持了通说的地位。

第二次转折的动向,与第一次动向不同,其特征是与社会情况的多样性相对应地出现了许多论点,所涉及领域相当广泛。得到讨论的对象,一方面有加藤一郎博士的《侵权行为法》(有斐阁,1957 年)和《注释民法第 19 卷》(有斐阁,1975 年)以及之后出现的所谓“违法性一元论”、“过失一元论”这样的尝试系统地把握侵权行为法学整体或者构筑新的体系的“总论性研究”成果;另一方面,直接与机动车事故、公害、消费者受害(例如,缺陷商品、医疗事故、不当引诱交易)等社会上的各种现象相关联的所谓“各论性研究”也进行得颇为丰富且精密。并且,每年公开发表的判例中侵权行为事例数量之多和内容的多样性都充分表现出侵权行为法律制度在实务上的重要性,这也给学界以强烈的影响。[54]

森岛昭夫教授曾指出,侵权行为法学应该做的事有三:第一,对判例和立法,并且如果可能应对审判外的侵权行为纠纷的解决实态进行调查,认识现实上妥当的侵权行为法规范的内容;第二,了解在判例中是使用何种法的概念通过何种逻辑构成阐述适合于社会的责任规范的,研究那些概念和逻辑构成作为逻辑构成物在传达各个规范的内容上是否适当贴切;第三,从为解决各个纠纷时使用的概念和理论在整个侵权行为法体系中处于何种位置上的观点出发,进行整理、分析,将它们构成具有一贯性的规则。

第一项,是作为法社会学或社会学的法律学的侵权行为法学。虽然不能说对侵权行为的整个领域进行着这种尝试,但对机动车事故、公害等进行实态调查,取得了一定程度的成果。第二项、第三项,属于传统的解释学,是关于法的“术语性技术”的侵权行为法学。迄今为止的侵权行为法学都是针对分别的侵权行为类型,进一步地针对各种问题,以第二项作业为中心展开的。但是,随着社会的变动,侵权行为法规范激烈地变化,在伴随这种变化规范的法的构成发生动摇的现状下,侵权行为法学的三个作用必须构成一个不可分割的

[54] 古贺哲夫・山本隆司编:《现代侵权行为法学的分析》,有信堂 1997 年版,前言第 2 页。

整体。[55]

就本书所介绍内容来说,是日本侵权行为法的总论性研究的情况,但是,日本侵权行为法的重要特征是与实务密切结合,基本理论的探讨和总论性研究都是围绕着判例,即实务进行的。因此,从日本侵权行为法学界在解决实务中的问题时所进行的各种理论研究及其对实务所发挥的作用中,我们应该能够在某种程度上吸取一些对于完善我国侵权行为法有价值的“具有一贯性的规则”。

在20世纪侵权行为法学百余年积淀的基础之上,继承前辈学者的研究成果,在保持着与判例实务紧密相连的基本特征的同时,本世纪以来的日本侵权行为法学展现出如下两个最为显著的特征。

一个是更加注重侵权行为法的体系及其在民法体系乃至整个法律体系中的地位和所分担职能的研究,例如对民法与宪法、行政法的关系等的研究,把侵权行为法作为权利保护体系的研究等。

另一个是更加注重侵权行为法预防损害机能的研究。就侵权行为法自身的性质、机能方面而言,注重制裁性机能、惩罚性损害赔偿问题的研究,就外部关系,或者说法律体系关系中的作用而言,特别是在补偿法、环境法以及其他严格责任领域的研究中,都注意与相关行政法规的关联,使过失判断基准更为明确,从而强化了侵权行为法的行为规范机能。

这些发展,确如森岛昭夫教授所说,日本侵权行为法学界正在试图“从为解决各个纠纷时使用的概念和理论在整个侵权行为法体系中处于何种位置上的观点出发,进行整理、分析,将它们构成具有一贯性的规则”。

---

[55] 森岛昭夫:《侵权行为法讲义》,有斐阁1987年版,第17页以下。

第 2 章　侵权行为法的目的与机能[①]

侵权行为法的目的与机能是一个关系到对侵权行为法性质的认识的重要问题,同时,也涉及侵权行为的责任认定、赔偿范围等具体领域。日本民法学界对侵权行为的目的和机能(作用)的认识虽然不尽一致,学说上也表现出发展变化的状态,但大致上都认为,侵权行为法既具有填补受害人的损害的机能,又应该发挥抑制侵权行为发生的作用。并且,日本学者较为注意引进美国关于抑制事故发生的学说,并与日本的现实相结合加以评价,而且对当今世界上涉及侵权行为法(损害赔偿、受害人救济)的新制度积极吸收大胆提出新的建议。这就使得关于侵权行为法的目的与机能的学说相当活跃。随着现代科学技术的发展,生物医学技术、互联网、信息手段的应用与普及以及知识产权的保护日趋重要,进入本世纪以来,学界对侵权行为法的目的与机能的讨论进一步深入。

第 1 节　损害填补机能

一、接受损害填补的要件

侵权行为责任制度的主要目的和机能在于填补受害人的损害这

① 本章除专门加注者外,均根据森岛昭夫教授(森岛昭夫:《侵权行为法讲义》,第 451 页以下)对日本民法学界关于侵权行为法的目的与机能的学说的总结。

一点,是学界的主流观点,很长一段时间不存在异议。但是,近些年出现了提倡转换将损害填补作为侵权行为的主要制度目的观念的主张,有学者在将侵权行为制度的主要目的解释为不是损害的填补而是加害行为的抑止[②]的基础之上,从加害行为的最适当抑止的观点论证了是损害的填补还是抑止更能合理地说明侵权行为法的问题,从对现行法的考察得出的认识是:"作为现行法的解释,侵权行为法的目的在于抑止,为实现这一目的采用了以从加害人征收的损害赔偿金给予受害人的手段设定了给受害人一个提诉积极性的方案。这样把握更为直率。"[③]

不过,即使对侵权行为制度在历史上一直发挥着填补受害人发生的损害的机能这一事实没有疑问,在古代,也确实存在过对填补损害与对加害人反社会行为的制裁不加区别的观念,因此,可以说是在为了避免复仇而支付的赎罪金中,通过制裁使损害得到填补的。而且,即使经过了那个时代之后,侵权行为法的制裁性机能也经常被论述到,并且也将加害行为的预防和抑止机能作为问题加以研究。这样,侵权行为损害赔偿制度,作为一种制度,其目的、机能就不是单一的。相反地,侵权行为制度在何种程度上发挥了上述的机能,有必要

---

② "抑制"和"抑止"。现代汉语中,词义基本相同。抑制的词义有二,1. 大脑皮层的两种基本神经活动过程之一。2. 压下去;控制。抑止的词义是抑制的第二个词义(中国社会科学院语言研究所词典编辑室编:《现代汉语词典(汉语双语)》外语教学与研究出版社 2002 年 11 月,第 2275 页)。现代日语中,抑制的词义有三,1. たかぶろうとする感情、激しい欲望、衝動的な行動などをおさえてとめること(控制住兴奋的感情、激烈的欲望、冲动的行动等)。2. 急激に進もうとするものをおさえとめること(抑止激进的状态)。3.「医」刺激によって興奮した神経細胞の活動が、他の神経細胞によって抑えられること(由刺激兴奋起来的神经细胞活动被其他的神经细胞所抑止)。抑止的词义是:抑えとどめること(控制阻止)。また、ある行動を思いとどまらせること(或者,想使某行动停止)。([日]松村明编:《大辞林》,三省堂 1988 年版,第 2490 页)。从以上中日两国辞典的介绍可以看出,日语中的"抑制"和"抑止"的词义与汉语基本相同,抑制的词义宽泛一些,包含抑止,释义中词义有交叉。日本法学界这两个词语基本上在同一意义上使用,例如,对侵权行为的抑制或者抑止。森岛昭夫教授使用抑制,近年来学者使用抑止的较多。基于这些理由,本书两词通用,不做统一处理。

③ 森田果·小塚莊一郎:"侵权行为法的目的——'损害填补'是主要制度目的吗?",载《NBL 杂志》2008 年 2 月号,第 1 页以下。

与其他的受害人救济制度相比较进行探讨。这里，首先论述一下侵权行为制度的“损害填补机能”。

在侵权行为损害赔偿制度中，受害人所发生损害并不一定总是能够得到填补。因为侵权行为法制度是以加害人有责为前提，将损失从受害人转嫁给加害人的制度。所以，在损害的发生是由疾病引起的，或者由受害人自身的行为引起的场合，就不能通过侵权行为法制度接受损害的填补。

并且在现行法中，原则上是以加害人有过失为要件（过失责任主义）转嫁损失的，即使存在加害人，可如果加害人没有过失，受害人的损害仍然得不到填补。这是因为，今天的所谓过失，被解释为尽管加害人本应能够回避结果的发生但仍然使结果发生的情况，这种情况在道义上是应当受到责难的，而无过失的加害人就没有那样的道义上的责难可能性。总之，受害人的损害能否得到填补是与加害人过失的有无相关的。但是，如所周知，现代社会中产业技术高度发达，加害人方面没有过失而发生损害的例子层出不穷，而且，即使是认为加害人方面有过失的场合，对于从复杂且高度产业化活动产生出的损害，外行的受害人要证明加害人的过失也是极其困难的。由于这种原因，损失无法转嫁给加害人，而被原封不动地弃置于受害人之处的事态不断增多。即从填补损害的观点来看，侵权行为制度已经不发挥作用了。

裁判例和学说，通过容易地认定预见可能性，使结果回避义务高度化、严格化等方法，使过失要件得到充足，并且通过推定过失，努力拆除填补损害上的障碍。但是，这种努力毕竟是有限的。因此，出现了主张无过失责任的见解，这种见解认为，对某种危险的社会活动，应该不以过失为要件实施损失的转嫁。与过失责任的归责根据是道义性的责难相对，危险责任、报偿责任之类所谓社会性公平和妥当性是无过失责任的归责根据。但是，无过失责任也包含着多种情况，虽然一般来说不以过失为要件，但也有如《民法》第 717 条的土地工作物责任中看到的那样，要求“设置或保存上有瑕疵”等其他的客观性要件的情况。在这种场合下,受害人不能证明其要件时,当然也不能进行损失的转嫁。并且,即使是在加害人存在归责事由的场合,也有在认定受害人也存在不注意的情况时,损失的一部分应由受害人负担(过失相抵)的情况。

而且,在无过失责任中,也采用了对加害人追究责任的构成,因此,不能特定加害人,不对该加害人提起赔偿请求,损害就得不到填补。也就是说,无论过失责任还是无过失责任,加害人的行为与损害之间的因果关系的存在构成转嫁损失的要件。但是,公害、药害、医疗过错等现代事故,其因果关系的证明绝不是简单的事情。这里,判例、学说为了减轻受害人的因果关系证明负担,采用盖然性说、流行病学性因果关系的证明等方法,这样做,虽然法律上转嫁损失时不要求严格的因果关系的证明,但现实中受害人在证明方面的负担仍然很重。而且,还会发生即使成功地特定了加害人,但如果加害人无财力则损害仍然得不到填补的问题。

如上所述,侵权行为法首要的目的、机能在于填补损害,但侵权行为制度作为损害填补制度设置了各种各样的制约。只要受害人对过失(或者无过失责任的要件)和存在因果关系的证明没有成功,损失就无法转嫁给加害人,而原封不动地留在受害人那里。并且,受害人有过失时要进行过失相抵,损失的一部分会被留在受害人处。还有,只要当事人之间就过失和因果关系的存否有争议,那么最终对每个案件都要由法院判断那些要件的有无,决定是否将损失由受害人转嫁给加害人。为此花费的费用(管理费用 administrative costs)非常高,不单是进行诉讼所需的费用,直至损害能够得到填补,在时间和劳力上的费用也很高。因此,没有能力负担上述费用的受害人,在侵权行为制度之下其损害是得不到填补的。

这样看来,侵权行为制度与其他受害人救济制度相比,可以说在损失转嫁的容易程度方面劣于其他制度。即在灾害保险型受害人救济制度中,受害人因制度所预定类型的事故(例如劳动灾害、机动车灾害等)蒙受损失时,不必等到特定了造成损失的原因者并确定了该人是有过失的,损害(至少是一部分)即可得到填补。并且,关于作为损失转嫁的要件,即是否由制度预定的类型的事故发生的损害这一点,不必由受害人承担全面的证明负担,一般是保险者根据一定基准进行认定并发放制度性津贴。在社会保障型受害人救济制度中,当然不以加害人的存在及其归责事由为要件,而且不问损害的发生是何原因,视受害人的必要实施给付,受害人的损害可以在该限度之内得到填补。只要受害人的收入在一定基准之下或罹患疾病等保障给付的要件具备,损失即可从受害人转嫁出去。

二、损害得到填补的范围

以上探讨的是将受害人的损失转嫁给加害人时,侵权行为制度中存在的各种各样的制约,下面从补偿范围和内容的观点探讨一下侵权行为制度。

(一)关于补偿目的和范围的不同见解

补偿(compensation)以什么为目的?关于这一点,牛津大学的阿替亚(P. S. Atiyah)教授出示了关于补偿的三种见解。

第一种见解,是与因事故丧失的物的等价性补偿(equivalence compensation)。进一步地,按照损失的种类还可以区别为:(1)对因事故现实地损失的金钱或可以兑换成金钱的有价物的补偿(例如,对房屋烧毁的补偿);(2)对因事故构成受害人负担的费用的补偿(例如,住院治疗);(3)对所丧失期待利益的补偿(例如,停业损害、逸失利益)。这是与日本的所谓差额说同样的把握补偿的观点。上述分类中的(1)相当于积极损害,对财产损害的补偿,一般认为以对现实丧失的物的价格的补偿为充足。(2)的补偿其计算也不困难。(3)相当于所谓消极损害,因其并非现实存在物的丧失,所以应得利益到底是多少算定上是困难的,围绕人身损害的补偿日本存在着很大争论。

第二种见解,是以代替丧失物的代偿(substitute compensation)来把握的观点。与对财产的损害不同,在人身损害那样的本来就不能以金钱代替的场合,不是对丧失物的等价性补偿,而应该是为取得代替丧失了生活的其他快乐的费用的补偿。阿替亚教授作为这种补偿的例子,举出了给失去双脚被剥夺了在野外游玩的乐趣的受害人购买汽车,为他提供代偿性娱乐的例子。但是,即使站在代偿性补偿的观点上,决定什么样的娱乐是合理的代偿也是困难的。而且,也有不存在可以构成代偿的其他娱乐的场合。还有,对于精神上、肉体上遭受的苦痛,不是作为代偿,而是以抚慰(solace)为目的给予的补偿。但是,关于抚慰金,在何种场合、算定多少抚慰金又很困难。在日本,抚慰金的观念也得到认可,但一般来说很少有从代偿的观点来看待补偿的。不过,最近对于人身损害的补偿,出现了应该以受害人及其家属的"生活保障"为目的进行损害评价的主张。这种观点认为,并不是填补因事故丧失的等价物,可以说是为了进行正常的人的生活所作的所谓代替原来生活的代偿性给付。所以说,公害和药害诉讼中出现的包括请求的见解中也带有代偿性补偿的观点。

第三个补偿的观点,是为平等化的补偿的理解(equalization compensation)。不是把补偿看作丧失物的恢复,而是看作为将受害人置于与其他人同等地位上的支付。例如,为将因反映停药物致残儿童与通常的儿童平等对待给予的补偿就属于这种场合。在日本的侵权行为法中,对被称为有归责事由时的"损害"的填补,与现实发生的损害无关地为谋求与他人的平等化而支付补偿的观念几乎是不存在的。但是,在最近的包括请求的主张中,认为给予受害人以作为人与其他人同样的"生活保障"的见解似乎暗含着上述的观点。

(二)不同见解下的侵权行为制度与保险型救济制度的比较

1. 第一种见解下的比较

为什么补偿、进行什么样的补偿的问题,是考虑受害人补偿制度的出发点。现在,在日本侵权行为制度中的补偿,主要是站在上述第一种见解(等价的补偿)的立场上进行的。即以金钱回复因事故积极地、消极地丧失了的物的见解。但是,受害人发生的损害并不是无限制地得到填补。如果用判例、通说的术语来说,那就是在发生、或者可能发生的损害之中，只有处于“相当因果关系”范围内的损害才能够得到填补。而且，什么是“相当”的范围的问题，归根结底，是关于某个损害项目，使受害人、加害人中的哪一方来负担为好这一政策性判断的问题。将上述第二、第三种见解中的补偿认定为“相当”使之得到赔偿并非不可能，但在损害赔偿制度之下，首先，前提是能否把代偿、为实现平等化的费用作为“损害”来把握。

与此相对，在灾害保险型救济制度和社会保险型救济制度中，补偿的范围，也是在考虑各自制度中费用筹措者的性质、对受害人的必要性、与制度外存在的同样的受害人之间的平衡等各种各样的要素的基础之上，作出政策性决定的。一般来说，逸失利益的一部分不予补偿，抚慰金不予认可等，范围比侵权行为制度中的相同项目窄。但同时，在日本的现行侵权行为制度下，关于人身损害，算定逸失利益时，原则上不考虑将来的通货膨胀和工资的提升，仅以现在的价格计算出金额一次性支付。与此相对，在其他类型的救济制度中，大多计算物价的上升支付定期金。因此，是否能说依据侵权行为制度所作损害填补，通常比依据其他的救济制度的补偿水准高还是个问题。

2. 第二种见解下的比较

从上述第二种意义上的补偿（代偿）的观点来看，在侵权行为制度中，现在机能恢复训练、职业训练等为受害人复归社会所必要费用尚未计入补偿项目，所给予抚慰金的额度是否足以供受害人代替丧失了的享乐，谋求其他享乐也值得怀疑。与此相对，对灾害保险型救济制度和社会保险型救济制度，虽然有不充分的批判，但那些制度中在有的场合下却包含着以恢复受害人的生活为目的的补偿项目。

3. 第三种见解下的比较

从第三种意义上的补偿（平等化）的观点来看，侵权行为制度中只限于加害人有归责事由的场合，按照受害人的收入的多寡给予补偿，从而使受害人之间的不平等，在接受了侵权行为制度的救济者和未能接受侵权行为制度的救济者、接受救济的高收入者和低收入者之间进一步扩大。与此相对，社会保障型救济制度在给付对象、给付内容等方面划一、平等化的倾向很强。灾害保险型救济制度也有给付内容划一的场合等,表现出补偿的平等化。

从比较法来看,"严密地说,关于所称损害填补机能,也有一些微妙的差异。德国《民法》第 249 条第 1 款规定'负损害赔偿义务者,必须回复到若所负赔偿义务的情况不发生时应有的状态',采取的是把原状回复(必须恢复到侵权行为以前曾实际存在的状态)作为第一次性目的,当其不可能的场合命令赔偿损害(同条第 2 款)的形式。与此相对,日本《民法》第 709 条从最初开始就直接把通过金钱的损害赔偿作为法律效果(第 722 条第 1 款、第 417 条)"。不过,无论是哪种方式,就侵权行为法(损害赔偿法)具有填补所发生损害的机能这一基本性部分而言没有不同。并且,关于这种损害填补机能,是作为侵权行为法最重要的目的发挥的机能这一点也没有异议。④

虽然侵权行为法制度的"目的"是损害的填补,抑止和制裁不过是反射性效果。但是,侵权行为法制度的"机能",在于受害人的救济(损害的填补)与将来的侵权行为的抑止,并且与损害填补机能一起,预防性机能和制裁性机能同样受到重视,侵权行为法在一定程度上,发挥着制裁性机能,担当着事故抑止性机能的事实得到广泛的承认。日本民法学界森岛昭夫、平井宜雄、山田卓生、淡路刚久、内田贵等众多学者均持这种见解。⑤

第 2 节　损失分散机能

侵权行为制度具有将受害人产生的损失转嫁给加害人的机能(损害填补机能),反过来从加害人方面来看,就是依据侵权行为制度使其负担损失。因此,就要问为什么损失不是由受害人而是必须

④ 窪田充见:《侵权行为法》,有斐阁 2013 年版第 6 次印刷,第 18 页。

⑤ 平野裕之:《民法综合 6 侵权行为法》(第 3 版),信山社 2013 年版,第 4 页以下。

由加害人负担。在过失责任的场合,加害人存在着过失这一可责难性,所以可以考虑与没有责难可能性的受害人相比加害人负担损失是公平的(受害人也有过失时可以适用过失相抵)。但是,在无过失责任的场合,就会产生为什么也由加害人负担损失是公平的问题。有见解认为,由加害人负担是公平的原因之一,是因为如果由加害人负担某事故发生的损失,则加害人能够通过将该损失加入到由加害活动生产出来的产品的价格中,或者通过保险负担将损失分散掉,最终损失并未集中于加害人,加害人的经济地位发生急剧变化等造成社会上的不良影响的情况较少,所以由加害人负担损失比起由不拥有损失分散方法的受害人负担更为妥当。这就是损失分散(loss spreading)或者损失分配(loss distribution)的见解。这种见解是以一种界限效用的思考为前提的,即比起一个人拿出100份钱来,还是由100个人分别拿出1份钱来,对一个一个的个人的经济地位所造成影响小。

这样,由于通过分散损失可以使社会性的损失得到减轻,所以存在着认为建立一种更加容易分散损失的损失补偿制度是理想的见解。另外,也有认为如果损失被广泛地分散,各个加害人的损失负担就会显著减轻(有的场合下损失被加害人以外者分散,加害人的负担为零),所以存在着使加害人抑制因事故发生的损失,避免负担损失的诱因丧失殆尽的危险,从而批判以损失的分散为侵权行为法的第一意义的见解。如果将事故的损失转嫁给加害人,由其负担损失就能够发挥抑制事故的机能,那么贯彻损失分散就不是人们所希望的。但是,这里之所以大致将损失分散作为损失补偿制度所希望的目的之一,就是因为无论是受害人,还是加害人,填补事故或因事故产生的损害的结果,是为了避免不希望发生的经济地位的急剧变动(因此,要想即使损失集中也不会发生经济地位的急剧变动,理论上能够考虑的就是例如让有钱人负担损失这样的制度。这就是所谓deep pocket的制度)。

侵权行为制度,正如反复阐述过的,是以归责理由的存在为条件,将受害人发生的损失转嫁给加害人的制度,所以,该制度本身并不具有损失分散的机制。但是,加害人是事业者,损失因事业活动产生时,加害人预先预测因事故产生的损失,把这作为事业活动的成本,例如,加入到产品价格中去,在产品的买主之间分散损失是可能的。虽然如此,从加害人的竞争力和市场的状况来看,未必能够总是将损失加入到产品成本中去。并且,侵权行为制度与责任保险相结合时,加害人可以通过预先加入责任保险,使事故发生的损失在保险群体之间分散。即使加害人有过失时(只要没有故意、重过失)损失仍然能够由责任保险负担,所以,在过失责任之下通过保险损失得到分散。因此,说侵权行为制度通过与责任保险相结合具有损失分散的机能是可以的。这时将损失加以分散的,是有成为加害人可能性的人的群体。

与此相对,在灾害保险型和社会保障型救济制度中,制度本身从一开始就包含着损失的分散。在各个具体制度中,决定了制度费用的出资者,救济所需费用被分配给出资者。问题是谁成为出资者,换言之,由谁分散损失这一点。例如,劳动者灾害补偿保险法规定,雇主是出资者,在雇主群体之间预先分散损失。《公害健康受害补偿法》和《医药品副作用受害救济基金法》规定,污染物质排放者和制药业者是出资者。在这些具体制度中,都是由有成为事故发生原因可能性的群体分散损失。还有,美国的 no fault(无过失)机动车保险中驾驶人是出资者,与责任保险的场合不同,各驾驶人分别为防备自己可能发生的损失而谋求损失的分散。另外,在生活保护法等公共扶助制度之下,是由国家的财政出资,所以,这种场合可以看作通过税金由全体国民分散损失。

损失分散自身如果是受害人救济制度的主要目的,那就最好在尽量广泛的人的范围分散。但是,因在哪些人中分散,也会对制度的其他目的产生重大的影响,或者会产生违反人的正义感或常识的情况。例如,如果将因机动车事故产生的损失分散在根本不驾驶机动车的人之间,那么这种分散方式既没有与事故的抑制相连,也违反人们的正义感情。并且,在分散损失时,还必须考虑该制度管理费用的效率性。例如,将因机动车事故发生的损失,按照机动车的行走距离征收的场合(假定机动车事故的损失额按照行走距离增大),如果按照各个驾驶人或机动车的行走距离算出出资额,那么为确定各个出资人的行走距离的管理费用就会非常高。与其如此,不如将汽油税的一部分(因为按比例机动车行走得多汽油的消费量就增大)分流给受害人救济制度的费用的做法,作为管理费用是经济的。

采用侵权行为制度与责任保险相结合的损失分散方式时,分散虽然是在有成为事故原因的可能性的人之间进行,但出资却是通过保险公司与被保险者之间签订个别的保险契约进行的。而在未与强制保险结合的场合,要耗费募集手续费等为缔结契约的管理费用,在管理费用方面也未必能说责任保险有效率(廉价)。还有批判包含利润部分的私人保险成本太高的见解。

第 3 节　制裁性机能

一、侵权行为责任的制裁性机能否定说

虽然关于侵权行为的损害赔偿制度的首要目的、机能在于填补受害人发生的损害这一点没有疑问,但反过来,在侵权行为制度的目的、机能是否只有损害的填补这一点上却构成争论问题的焦点。

侵权行为制度是使有违法行为的加害人负担损害赔偿责任的制度,从而产生了损害赔偿是否是对加害人的制裁的争论。关于这一点,一般解释为,由于近代法中民事责任与刑事责任的分离,民事责任以损害的填补为中心,制裁应该由刑事责任担当。在日本,民事责任的制裁性主要地围绕着抚慰金进行着争论,植林弘教授批判了制裁说阐述了如下的观点。[⑥] 认为关于抚慰金,在强调制裁性的时候,

---

⑥ 植林弘教授的见解,详细可参照植林弘:《抚慰金算定论》,有斐阁 1963 年版。

考虑加害人方面的各种情况(责难可能性)算定抚慰金,但损害赔偿是使受害人恢复到如果没有加害行为所应处的状态的制度,所以,不应该以加害人的情况如何为根据给予受害人高于或者低于其所发生损害的赔偿额。进一步地,在解释技术性上,作为否定抚慰金的制裁性的根据,指出以下一些方面的理由:(1)对由使用人、无责任能力人的监督义务人等,因他人的侵权行为造成的损害负担赔偿义务者支付的抚慰金,并不是由应该受责难的加害人自己支付,因此无从强调制裁性;(2)如果强调抚慰金的制裁性,抚慰金债务的继承性就应被否定(对未实施加害行为的继承人不应该施加制裁);(3)对不像侵权行为的不法性那样强的债务不履行也认可抚慰金(因此,不能强调抚慰金制度的制裁性);(4)国家和法人那样的,非自然人的权利主体也负担抚慰金赔偿义务(无法对法人实施伦理上的责难);(5)对加害人的过失划分适当的阶段使之对应适当的制裁额是困难的等。此外,还举出制裁说破坏了民事责任与刑事责任分离的原则,在强调为由犯罪行为发生的非财产损害赔偿支付的抚慰金的制裁性时,存在违反一事不再理原则的危险等理由。

二、作为报复的制裁

与上述见解相对,主张侵权行为责任的制裁性质的见解早已存在了,冈松参太郎博士的见解就是代表。冈松博士的著作《无过失损害赔偿责任论》奠定了无过失责任的理论研究的基础,但是,其理论基本上仍然是将过失责任考虑为民事责任的原则,存在有特别的理由时责任应该被加重的见解。这是因为考虑到对所有的行动均课以加重责任时,将会带来对行动自由的妨害,产生失去进取活动精神的结果。因此,针对认为过失责任主义将损害赔偿与刑罚同视的批判,冈松博士主张过失责任主义的正当化,指出“如果从结果来看,损害赔偿之责任通常为义务人自取之恶报,为其财产上之损失,因此虽然损害赔偿在观念上与刑罚当然要加以区别,但在其作用上作为对义务人之恶报,不得不作为法律制裁认定它是法的反动的情况,如果这样,就应该知道有与刑罚同样,使损害赔偿与行为人的心情(主观心理状态)相关联,根据过失之有无加以决定的理由”,在此基础之上,冈松博士进一步反驳道“以损害赔偿构成对过失的恶报、制裁,丝毫没有认为损害赔偿具有刑罚的性质的理由,并无任何制裁法规必定为刑法所独占,并且恶报或者制裁必定只限于刑罚之理,并且,并无以过失为损害赔偿之原因以致认为过失在刑法上具有同一的效力,其结果的损害赔偿也作为刑罚理解的理由……即使损害赔偿与刑罚有类似之处,其目的及性质仍然是不同的”。但是,冈松博士采用制裁说是以过失责任主义为依据的,并不是主张按照加害人的过失乃至责难可能性的轻重进行制裁 = 加减损害赔偿额的观点。因此,关于瑞士《债务法》第 432 条第 2 款规定的斟酌事由及过失的大小依据法官的公平裁量确定损害赔偿额,冈松博士认为,该规定的宗旨并非追究过失重的人而特别地加重恶报,即“不是根据过失的程度确定损害赔偿,只不过是斟酌过失及其他情况在现实发生的损害中,公平地决定应使加害人负担的部分,命其赔偿应分担的损害,因此,与刑法上所论之过失的轻重宗旨全然不同”。由此可见,冈松博士的制裁说并不是后来学说所主张的那种与惩罚性损害赔偿相结合的见解。

还有,戒能通孝博士通过抚慰金(对无形损害的赔偿请求权)的比较法研究,给抚慰金赋予了私罚(peineprive)的性质,从“披上了损害赔偿色彩的刑罚”的立场出发展开了有关抚慰金的解释论。[7] 首先,关于抚慰金的发生要件,因为将抚慰金作为一种私罚解释,所以要求加害行为的违法性是必须制裁的重大的行为。但是,因为是制裁,所以,例如对幼儿那样的实际上感觉不到精神上的苦痛的人也能够认定抚慰金,并且,没有具体的权利侵害也可以施加制裁。其次,关于抚慰金的请求权人,可以请求制裁的,不仅是直接的受害人,而

⑦　戒能通孝博士的见解,详细可参照戒能通孝:“侵权行为中无形损害的赔偿请求权”,载《法学协会杂志》第 50 卷(1932 年)第 2 期第 18 页以下,第 3 期第 116 页以下。

且是“家团”[8],解释为给予直接受害人代替家团的起诉资格,《民法》第711条所规定权利人也理解为是代表受害团体的。从制裁的观点出发,为什么“家团”可以请求制裁,戒能博士的解释未必清楚,可能是对同一生活团体的成员施加的侵害行为,其他的成员也具有同样的心情要求加以制裁=报复这一理由(“其他的成员通常采取冷淡的态度是不可想象的”)。再次,关于无形损害的赔偿请求权的一身专属性作了如下这样的解释,由于抚慰金是私罚,所以不能依据《民法》第423条第三者债权人代位的规定由第三者代位行使。但关于转让性,必须使权利人能够转让给他人以通过获得该代偿进行代替请求,从而承认向第三者的转让。另外,关于继承性,从可以要求制裁的不仅是直接的受害人,而且“家团”也有资格的前述见解出发,以继承的形式承认家团的请求。最后,关于抚慰金额的算定,认为只要是私罚,就应该按照违法性的程度确定赔偿额,即违法性的程度由各种情况确定,不仅受害人的社会地位,而且加害人的社会地位也要斟酌。并且,受害人一方的其他人有过失等,出现受害人一方无法强烈主张加害人的违法性的情况时(尚不致因受害人的过失使用过失相抵的理论),可以作为本来就不具有对加害人课以重制裁的违法性来确定赔偿额。而且,在依据《民法》第711条的抚慰金请求权人为多数的情形下,判例几乎是与请求权人的人数无关地承认一定的抚慰金,如果考虑到抚慰金是对加害人的制裁这种做法是不当的。

总之,戒能博士的关心是使抚慰金带有私罚的性质,从那里出发对各种各样解释论上的问题进行说明。抚慰金额按照加害人的违法性进行算定,但并未使其与应该谋求对加害行为的抑制的主张直接

---

⑧ 现实地在一起进行共同生活的家庭共同体(相当于一户),在将其作为法律上的一个团体对待的时候,将其称为家团。民法上不承认这样的团体,但它却是由个人之间的权利义务关系构成的,因此,一部分学者着眼于家团在现实中作为交易等的私法关系的当事人进行活动的状况,通过采用解释上的家团理论,为在某种程度上承认家团财产的独立性,并且认定家团的侵权行为责任提供根据。

结合起来。戒能博士还将传统侵权行为制度定位为是对反社会伦理性行为的制裁，那里所说的制裁，是从对反社会性行为的反击乃至复仇来把握的。如前所述，戒能博士认为，在算定抚慰金时，应该由法院决定适当的制裁额，但是，在何种意义上为“适当”呢？是为满足对反社会性行为的报复感情意义上的“适当”金额，还是在抑制将来的加害行为意义上的“适当”金额？这一点并不明确。

与以上的观点相对，最近的学说即使是在同样地论述制裁时，也认为应该通过对加害人施加制裁来谋求抑制加害行为，制裁的最终目标不在于复仇心的满足和受害人的宽恕，而在于谋求行为的抑制。

三、为抑制加害行为的制裁

田中英夫、竹内昭夫两教授⑨介绍了在美国法中，侵权行为法发挥着抑制违法行为的机能，其中惩罚性损害赔偿和二倍、三倍赔偿或法定最低赔偿额对违法行为的抑制发挥着巨大的作用的情况，与此相对，批判日本的损害赔偿额的认定缺乏灵活性，而且赔偿额也很低，所以损害赔偿这一制裁并未发挥出对违反法律行为的抑制机能。并向对惩罚性损害赔偿和二倍、三倍赔偿的疑问作出了如下的反驳。

第一，对认为在民事责任中设置这些以制裁为重点的制度，将会混淆民事、刑事责任的区别的疑问，在指出不应该把两者的区别作为绝对的教条看待的基础之上，一方面，考察了刑法等公法制裁对违法发挥着何种程度的抑制效果；另一方面，探讨了通过私人的诉讼实施的制裁应该发挥何种程度的抑制作用，主张为抑制违法行为有从整体上使制裁手段多样化、合理化的必要。第二，对在二倍、三倍赔偿和惩罚性损害赔偿中，为什么让受害人得到超过现实的损害额度的赔偿这一疑问，两教授回答道，如果说以他人的违法行为为理由私人可以得利是不合理的，那么国家作为刑事制裁取得的罚金不也是不

---

⑨　田中英夫、竹内昭夫两教授的见解，详细可参照田中英夫、竹内昭夫：“法的实现中私人的作用”，载《法学协会杂志》第 89 卷（1973 年）第 9 期，第 1033 页以下。

合理的吗?国家取得罚金是为了制裁犯罪者,“无损害的损害赔偿”也是为使对违法行为的民事制裁更有效地实施的手段,由此而得利不过是次要的效果。并阐述道,承认“无损害的损害赔偿”的情况,正是期待着私人对法律的执行发挥积极作用的场合,对于发挥了那种作用的私人给予利益没有任何不合适的地方,而且,由此可以减少用于刑事制裁的费用。

据此,两教授主张,迄今为止一直把侵权行为作为专门以损害赔偿为目的的制度来把握,而无视民事责任的制裁性机能的做法是错误的,从也应该使民事责任发挥对违法行为的抑制机能的观点出发,强调对在美国相当发达的惩罚性损害赔偿,二倍、三倍赔偿等各项制度应该给予高度评价。前述森田、小塚两教授甚至认为“田中英夫、竹内昭夫两教授指出‘把民事责任的机能仅限定在受害人救济、损害的填补上……是一个教条’30 多年后的今天,是应该丢掉这一教条,对灵活的制度论打开门户的时候了”。[10]

三岛宗彦教授也指出,刑事罚未必充分发挥着对社会性非法行为的抑制、预防的机能,而过多地适用刑事罚多产生对基本人权的侵害等问题,因此,要尽量地避免过多适用,提倡在非财产损害的赔偿时给其加入制裁性机能。[11] 三岛教授认为,在危险责任和报偿责任理论发挥作用的领域如果强制社会保险彻底(任意的责任保险如果得到普及其结果亦同),受害人向加害人追究责任的观点几乎完全消失,损失填补丧失了抑制灾害再发生的机能,这样就使依靠民事罚抑制灾害成为必要。并且,在日本,对生命、身体、名誉、信用、私生活秘密等人格权的法益的金钱评价很低,所以,在将其大幅度提高的同时,最好能够通过导入民事罚抑制对人格利益的侵害。对于民事罚的导入违反民刑两者的严格区别的批判,三岛教授反驳道,对大陆

⑩ 森田果·小塚莊一郎:“侵权行为法的目的——‘损害填补’是主要制度目的吗?”,载《NBL 杂志》2008 年 2 月号,第 14 页。

⑪ 三岛宗彦教授的见解,详细可参照三岛宗彦:“损害赔偿与抑制性机能”,间隔连载《立命馆法学》第 105～109 期(1972～1973 年)。

法，特别是德国法主张的严格区别的前提不应该看作绝对的概念；对于民事罚与二重处罚的禁止和刑事诉讼程序中人权保障的原则相抵触的批判，反驳道，民事罚的适用并非任凭法官的自由裁量，对二重处罚，也应该可以运用以刑事判决斟酌民事判决的方法。而且，提倡应该通过学说、判例的法创造活动，将民事罚加入到抚慰金的内容中，在抚慰金中与填补赔偿部分不同地，加入考虑加害行为的动机、情节、责难程度等的惩罚性赔偿。

更加彻底地展开了这种观点的是后藤孝典律师的《现代损害赔偿论》（日本评论社 1982 年版）。后藤先生认为侵权行为法必须把加害行为的抑制作为最高的指导理念，损害赔偿应该作为达到加害行为的抑制这一目的的手段加以运用。对于企业的加害行为，只要刑法、行政法规都不具有现实的抑止效果，就只有期待侵权行为法来抑制加害行为。在抑制加害行为时，损害赔偿必须是能够对应受害结果和加害行为的违法性这两个方面的手段。即不仅是受害结果，还必须使违法性的程度也反映到“损害”的内容中（违法性大，损害赔偿额就大）。后藤先生考虑具体地在抚慰金额中考虑违法性的大小，使损害赔偿具有行为抑制机能，建议在当加害人有故意、重过失等行为的违法性非常高的场合，应该另外对加害人课以“制裁性抚慰金”。关于“制裁性抚慰金”的内容，应为足以制裁加害人的金额，特别是加害人因侵权行为得利的场合，必须是不允许使其得利的金额。具体地说，大致的基准应该是不需要制裁时的三倍以上。

淡路刚久教授也支持通过侵权行为制度的制裁性机能谋求抑制加害行为的见解。[12] 淡路教授主张，虽然在侵权行为要件论中故意、过失的区别虽然失去了意义，即关于侵权行为的损害赔偿义务即使没有传统意义上的过失也应该认定其成立，但在效果论 = 损害赔偿论中应该使故意、过失的归责性得到反映。为此，介绍了斯塔克（B.

---

⑫　淡路刚久教授的见解，详细可参照淡路刚久：《侵权行为法中的权利保障与损害的评价》，有斐阁 1984 年版。

Starck)教授主张对有过错的行为给予私罚,使其发挥预防加害行为的机能的见解。根据该介绍,斯塔克教授向批判民事责任作为私罚的机能的意见进行了以下的反驳,即第一,私罚并非建立在复仇这一野蛮见解的基础之上,而是以预防损害为目的。第二,虽然有认为私罚是违反罚的不断废止和民事责任的客观化这一历史性进化的意见,但是,历史也有呈现出再次向私罚回归的方向。第三,关于民事与刑事的分离,许多应该受到责难的行为处于并未受到刑法上的惩罚的状态。但是,刑法的介入过分增加不是好方法,为实现预防的目的,民事责任的协同动作是必要的。第四,关于私罚对于受害人来说是不当的损害赔偿,或引起得利的批判,该教授反论道,这是法是否本来只要求一种意义上的赔偿的问题(难道只能有填补损害的赔偿吗?)。淡路教授认为上述斯塔鲁库教授的观点也适用于日本的法律制度,主张应该承认民事责任以其固有的方法发挥预防机能。

这样来看,今天,承认民事责任具有制裁性机能,应该通过制裁谋求抑制损害发生的观点逐渐地变得有力起来。正如上文介绍的那样,那种认为在民事责任中加入制裁违反民刑事责任的分离,构成二重处罚的政策性反对论都不是绝对的东西,一中所述植林教授的解释论的反驳,也只是概念性的见解,并不对“制裁论”构成很大的障碍。

问题在于,在什么场合应该给予什么样的制裁,并且到底能否现实地具有抑制损害发生的效果。从制裁的观点来看,课以私罚的只限于加害人有故意、重过失等重大违法性的场合。并且,如果是谋求预防、抑制,那么制裁的内容就不是使受害人对加害人的恶性的愤怒与复仇感情得到满足,而必须是不与加害行为相合(不是支付)的东西。即明确地说,就是后藤先生所述,如果不是全部剥夺加害行为产生的利益,那么就无法有效地抑制它。

总之,如果要使损害赔偿具有制裁性机能,就应该只限于加害人有故意、重过失等特别要件的场合,才课以无法由保险得到填补的赔偿金。

也有学者认为,应当把侵权行为责任现实地具有什么样的机能的问题,和应当发挥什么样的作用这一目的方面的问题区别开来进行考察。

首先,作为侵权行为法课以损害赔偿责任带来的反射性机能,对加害人发挥的制裁性作用,几乎也没有异论。实际上,损害赔偿责任以重于刑事责任的负担,对加害人发挥制裁作用的场合并不少见。例如,损害赔偿额远远高于刑事案件的罚金,对加害人构成重大负担的情况就是日常时有发生。

关于作为侵权行为法目的的制裁,虽然在外国(英美法),有把制裁摆在损害赔偿的前面,承认惩罚性损害赔偿的情况,例如,在认定实际损害为 1000 万日元的基础上,被课以其 3 倍或者 5 倍的赔偿责任的做法得到承认(但是,即使在这些国家,惩罚性损害赔偿也并非对所有侵权行为都常态化地得到承认)的情况。但对此,现在的日本一般地采取消极的见解。对这种惩罚性损害赔偿,最高裁判所 1997 年 7 月 11 日(《最高裁判所民事判例集》第 51 卷第 6 号第 2573 页)判决否定了美国加利福尼亚州法院命令加害人支付惩罚性损害赔偿的判决在日本的效力。最高裁判所的理由是"日本的基于侵权行为的损害赔偿制度,是以通过对受害人发生的现实的损害进行金钱性评价,让加害人对此进行赔偿,来填补受害人蒙受的不利益,使之回复到侵权行为未曾发生时的状态为目的的制度……不是以对加害人的制裁,和对将来同样行为的抑止,即一般预防为目的的制度。即使由于对加害人课以损害赔偿义务,在结果上对加害人发生制裁性乃至一般预防的效果,那也不过是为回复受害人所蒙受不利益而使加害人负担损害赔偿义务措施的反射性、副属性效果,与把对加害人进行制裁及一般预防为本来目的的惩罚性损害赔偿制度有着本质上的不同",判示了依据日本法,受害人不能对加害人请求超过实际损害的惩罚性损害赔偿的原则,否定了承认惩罚性损害赔偿的加利福尼亚州法院判决在日本的执行力。

但是,侵权行为法也不是没有制裁和非难目的的纯粹损害填补制度。之所以这样说是因为侵权行为法不仅把受害人的救济作为焦点,而且把加害人责任的有无作为焦点。在这一意义上,单从损害的填补,受害人救济的视点理解侵权行为法的作用,作为制度理解上的认识似乎并不完全。

制裁与抑止作用比较明显的情况,在许多侵权行为的案件中,侵权行为法在以损害填补机能作为目的的同时,制裁机能和预防机能也间接地得到承认。例如,在交通事故和医疗事故中,因为是单纯地发生损害,并不从这些事故中发生利益。必须赔偿这些损害的原则,对加害人来说,发挥一定负担的机能。并且,这些负担与刑事罚共同地与抑止加害行为的效果相关联。[13]

反过来看一下,今天希望受到抑制的,是否只是由加害人有故意、重过失等特别要件的场合?由企业的日常经济活动产生的无过失的损害发生也应该受到抑制。下一节,不是仅从制裁的观点,而是从市场规则的观点探讨一下一般性抑制(general deterrence)的观点,并包含通过制裁的抑制,考察一下侵权行为制度的事故抑制机能。

第4节 依据市场机制的事故抑制机能

一、事故费用(损害)的内部化与事故抑制

有见解认为,包括侵权行为制度的损失补偿制度,至少在理论上,通过市场的机制发挥着事故抑制机能。这种见解是将近代经济学(民生经济学)的价格理论应用到损害赔偿和损害补偿制度(compensation system)的领域的产物,耶鲁大学的卡拉布赖基(Guido Calabresi)教授为其代表[14]。若从结论上表述这一见解,那就是如果将

---

[13] 窪田充见:《侵权行为法》,有斐阁2013年版第6次印刷,第19~20页。

[14] 关于Guido Calabresi教授的见解,详细可参照日译本(小林秀之译)卡拉布赖基(Guido Calabresi):《事故的费用——依据法学与经济学的分析》,信山社1993年版。

从事故产生的损害让构成事故原因的活动负担，那么使事故发生的活动的费用就会升高，理论上其结果使该活动受到抑制。认为当与原材料和工资等同样，将从事故发生的损害也作为活动的费用计入成本的场合，活动的当事人就要衡量损害费用与为防止事故的费用，只要前者高于后者就会谋求事故防止以减少费用的负担。这种使用市场机制谋求事故抑制的方法被称为市场性方法（market method）。另外，从这种方法不是使用刑罚等直接禁止限制有事故发生可能性的某种特定活动（那种抑制被称为特定抑制 specific deterrence），而是以活动当事人的费用的损益分析为媒介抑制事故费用升高的活动的方法来看，被称为一般性抑制（general deterrence）。

为充分地理解一般性抑制的理论，必须从构成民生经济学基础的价格理论开始说明。但是，受篇幅的限制，而且作为经济学的外行没有能够准确地说明的自信，所以这里只能看一下该见解的梗概。

据经济学原理所示，如果完全的自由竞争得以实现，消费者在一定收入的基础上进行最大满足的消费，生活的财物和服务将按照那些消费者的需求得到供给。并且，使需求和供给实现平衡的是价格机制，即对某种财物的需求增加则该财物的价格就上升，这样消费者为在得到的收入之下获得最大的满足（效用），转而消费相对价格便宜的其他财物来代替价格高的财物，从而对价格高的财物的需求减少，价格则再次回落。这样通过价格机制消费者的效用得到最大化使财物的需要与供给保持平衡。在那里，即使不使用任何强制性手段，通过市场消费者的自发选择，资源也能得到最有效率的分配，这种最有效率的资源分配状态称为最佳状态。同样的道理也适用于在社会中进行的活动。如果为进行某一活动的费用升高，行为人就会进行费用相对低的其他代替性活动，或者以费用相对低的方法进行该活动，从而得到同样的满足，即通过价格机制将社会活动调整到最佳状态。

按照上述规律，考察一下引起事故的危险商品和活动。如果由事故产生的损害全部都计入该危险商品和活动的费用中，那么这样的商品和活动的价格与具有同样效用但更加安全的其他商品和活动相比就会相对升高,因此,对危险商品和活动的需求就会减少。例如,将缺陷商品发生的损害的费用加入到商品的价格中去,缺陷商品与具有同样效用的无缺陷商品相比,其价格就会升高,从而卖不出去。因此,生产者就只有改变制造工艺消除商品的缺陷,或者生产其他更加安全的商品。由事故发生的费用与事故防止的费用相比较前者大时,就会投入事故防治费用谋求事故的抑制,而后者大时,进行事故的抑制在经济上不合算,危险的商品和活动就会被从市场上排挤出去。这样,在将事故发生的损害的费用由构成原因的活动负担的场合,理论上通过价格和市场机制,形成最佳状态(由事故发生的损害的费用和事故防止费用之和处于最小状态)从而使事故抑制得到实现。

问题是如何将事故损害的费用加入到危险商品和活动的价格里面去。例如,原材料和劳务费之类的费用,因为生产者不负担这些费用生产就不能进行,所以当然要计入商品的价格。但是,损害的费用一般并不发生在进行危险活动者之处,而是发生在第三者之处,因此如果放置不管就不会被作为危险商品和活动的费用计入价格,所以就不能发挥事故抑制的机能。这就是经济学者所称费用的外部化(externalization)。这样,事故费用通常被外部化,所以特别要解决的是费用的内部化(计入)问题。

芝加哥大学的考斯(Ronald Coase)教授认为,如果假定交易费用为零,那么无论加害人还是受害人,让谁负担损害的费用,损害费用都可以得到内部化,损害费用和损害防止费用的总和都会成为最小而得到负担。⑮ 例如,有工厂排放的煤烟污染了近邻居民洗晒的衣物的事例。根据考斯的观点,这种场合下工厂和近邻居民之间的交涉费用(交易费用)如果为零,两者之间的交易进行,煤烟排放防止设施的费用比居民的损害总额还低时,煤烟排放防止设施被设置

⑮ 森岛昭夫:《侵权行为法讲义》,有斐阁1987年版,第480页。

损害得以防止。即工厂有赔偿责任时,工厂为降低费用就会设置防止设施;近邻居民没有赔偿请求权时,居民与其忍受高度损害不如支付设置费用让工厂制造防止设施。这样,无论让谁负担费用,其费用通过交易交涉都会以最低价格实现内部化。

但是,在现实社会中交易费用不仅不为零,而且大多都极高(上述例子中,众多的近邻居民组织起来与工厂进行交涉的费用很高的情况是不难想象的),事故防止费用中加入交易费用时,其合计超过事故费用的场合,通过当事人进行交易交涉实现最低价格的费用内部化是困难的。那么,如果损害费用得不到内部化而被置于外部化的状态其结果将会如何呢?危险的商品和活动由于损害费用的外部化而比其本来应有的价格更加便宜,从而对其需求增大,因此,危险的商品被过度生产或者危险的活动得以进行,资源得不到最佳分配。如果损害费用得到内部化,更加安全的(其他)商品被生产出来,或者更加安全的(其他)活动得以进行,而资源就能够得到最佳分配。

因此,由于交易费用的存在,考斯在观念上设想的损害费用的内部化如果当然不会发生,那么就出现了这样一种见解,即应该找出能够以便宜的费用回避损害者(最低价格损害回避者),通过使该人作为损害赔偿义务人负担事故费用,使事故费用内部化。这就是将损害赔偿制度作为事故费用内部化的手段。下面探讨一下作为使事故费用内部化于危险活动的手段,侵权行为制度在何种程度上称得上是有效率的制度的问题。

二、过失责任制度与事故的一般性抑制

侵权行为制度,原则上是以加害人的过失为要件,将受害人发生的损害转移给加害人的制度。加害人的过失的有无个案不同,要由法官进行判断,在加害人被判断为无过失的场合,损害由受害人负担。并且,一般都是加害人对所负担损害预先上了保险,通过可能成为加害人的群体使损失得到分散。

但是,加害人是否有过失的判定基准,有其判断的定式。依据该

定式,根据(1)事故发生时的损害的严重程度;(2)损害发生的盖然性;(3)限制该活动所必需的负担(防止事故发生的费用)这样三个项目进行衡量,即当(1)、(2)的现实化可能性的事故费用被评价为超过(3)的损害回避费用的场合,则认为行为人应该事前采取损害回避措施,被认定为有过失。这种定式在只有在事故费用超过事故防止费用时事故抑制才予实施的意义上,是以效率性为基准进行过失判断的方法,通过使行为人(加害人)负担过失责任的手段达到最佳状态(最有效率的状态)来进行事故抑制。

那么,过失责任制度作为一般性抑制手段能说是有效率的制度吗?卡拉布赖基认为不是,其理由,可以举出以下一些:(1)容易产生费用的外部化;(2)制度的管理费用高;(3)在关于应该负担事故费用的最低价格损害回避者的判断发生错误时,纠正错误的情况未予考虑;(4)责任的有无通过个案方式独断地进行判断,这种方式不是以最低价格选出最低价格损害回避者的方法。

这里,我们对在过失责任中发生的事故费用外部化的问题作一下说明。

第一,可以想象因当事人只具有不充分的知识不能充分评价某项活动所伴随危险,因此,未能最有效率地采取事故防止措施的情况。加害人也有因知识不充分而导致不能进行事故费用与事故防止费用的计算分析,尽管能以更低的价格达到事故防止的目的,却仍然发生费用外部化的情况。但是,在过失责任之下,加害人被评价为没有"过失"时,受害人就得承担由事故发生的损害。这种场合下即使由受害人负担事故费用,众多的受害人仍然只具有不充分的知识,因此可以想象不会发挥事故抑制机能。在这个意义上,特别是使受害人负担事故费用的场合容易发生费用的外部化。

第二,事故费用被转移给与事故回避毫无关系者时,会发生外部化的结果。例如,交通事故中加害人没有过失的场合,事故费用由受害人负担,受害人无资力等情况时接受由生活保障制度的给付,最终事故费用转移到国库和纳税人这样一些与事故抑制无关的地方,从而发生这种事故费用的负担与事故抑制不相关的情况。并且,由对费用负担者作不充分的范畴划分也发生外部化。在今天的侵权行为制度中,一般来说事故费用是通过保险在具有同样事故倾向的群体之间进行分散的。但是,在保险中,为进行具有同样倾向的群体的范畴划分的管理费用很高,会出现不少事故倾向不同者也被划分到一个群体范畴的情况。这样一来,事故倾向高者的事故费用,在与属于同一范畴群体的事故倾向低者的关系上发生外部化。如上所述,在过失责任制度之下,从各种各样的原因发生费用的外部化,因此,并未使事故费用的负担与有效率的事故抑制结合在一起。

过失责任制度作为事故的一般性抑制制度,不具有效率的另一个原因是制度的管理费用高。在现行的过失责任制度之下,加害人有无过失是由法院在个案中加以确定,并依此使事故费用由加害人负担的。其程序所需管理费用非常高是众所周知的。但是,在以保险为前提的场合,实际负担事故费用的是属于一定范畴的群体,因此,可以说是以事前使用事故统计等,对某种活动划分好最低价格损害回避者的群体范畴,通过由该群体负担由该活动产生的事故费用,从而可以降低和减少管理费用。通过裁判使事故费用由加害人承担的侵权行为制度,在制度的管理费用高的意义上也不能说是有效率的。

第三,在过失责任制度之下,只要加害人没有过失,事故费用就要由受害人负担。但是,错误地让并非最低价格损害回避者负担事故费用时,该人向最低价格损害回避者支付损害回避费用要(买收)其来防止事故就可以有效率地抑制事故。因此,为防备使非最低价格损害回避者负担事故费用的情况,可以将能够容易地进行买收(称为bribe)者(best briber)作为事故费用负担者。但是,正如卡拉布赖基所指摘,在过失责任制度之下,作为使人负担事故费用的规则,完全没有考虑谁是最佳买收者。他主张,在有事故回避能力者中谁是最低价格损害回避者不确切时,选好最佳买收者是有效率的,但是在现实中哪里也不存在以是否为最佳买收者为基准决定事故费用负担者的制度,这种指摘完全是理论上的。

第四,卡拉布赖基论述到,依据过失责任,总是在个案中独断地让当事人中的一方负担费用,但是,也有最低价格损害回避者存在于当事人之外的场合,并且,当事人之间也有对活动的一部分或者损害赔偿的一部分,当事人能够分别地以最低价格回避损害的场合。例如,交通事故的场合,不仅是开车人和行人,也有道路管理人是最低价格损害回避者的场合。还有,在制造物责任中,关于产品的使用有受害人能够以最低价格回避损害的场合。还有,在过失责任制度之下,对加害人认定其事故费用高于事故防止费用时,加害人被认定有过失必须负担事故费用,但也有受害人的事故防止费用更低的场合。在这种场合下,从效率性的观点(公平性这一点先放在一边)来看,使受害人负担费用能够达到最佳状态。

三、无过失责任制度与事故的一般性抑制

过失责任制度对于事故的一般性抑制缺乏效率已如前述,那么,无过失责任制度如何呢?无过失责任有各种各样的情况,既有《民法》第717条那样的以"瑕疵"为责任要件的情况,也有只以一定的活动与损害发生之间有因果关系为要件就可以认定加害人的赔偿责任的情况。关于前一类型的情况,"瑕疵"(缺乏通常所应该具有的安全性)的有无,在以有现实化可能性的事故费用与事故防止费用之间的衡量为基准加以判断的场合,与过失责任同样地以效率性为基准。卡拉布赖基在严格责任中,将最低价格损害回避者或者最适合于进行费用计算分析的人预先作为群体确定好,使那些属于该群体的人负担事故费用,但在日本《民法》第717条责任中,工作物的占有人、所有人并非经常地负有责任,被判定为无瑕疵时事故费用就要由受害人负担,因此,并不经常是最低价格损害回避者负担事故费用(不过,受害人的异常使用相对于无瑕疵的场合,受害人是最低价格损害回避者)。另外,瑕疵的有无是在个案中判定的,因此,为确定费用负担的管理费用有升高的可能。与此相对,在《原子能赔偿

法》那种类型的无过失责任中，由危险活动产生的损害经常地是由进行该活动的事业者负担。这些事业者通常就是最低价格损害回避者，因此依靠这样的责任规则事故抑制就能够有效率地得到实施。但即使是这种类型的无过失责任，以保险责任为前提，在事业者群体的范畴划分不充分的场合也会产生事故费用的外部化。

因此可以说，无过失责任制度与过失责任制度相比，虽然更能有效率地发挥事故抑制机能，但值得注意的是从一般性抑制的观点看仍然是有界限的。

四、一般性抑制理论的界限

至此为止，作为理论上的可能性，我们探讨了侵权行为制度运用市场机制能否具有事故抑制机能的问题。并且，按照卡拉布赖基的观点，对侵权行为制度的一般性抑制机能也有一定理论界限的问题进行了探讨。但是，如果我们更进一步地，不仅是对侵权行为制度和损失补偿制度理论上的可能性，而且探讨在现实的社会中通过市场机制能否发挥事故抑制机能的问题时，就会碰到一些疑问。

首先，存在着作为一般抑制这一观点的前提，价格理论在现实社会中是否妥当的问题。有学者对前述构成价格理论前提的假定，提出了三点疑问，认为在现实的社会中是不妥当的。第一，价格理论假定人们了解什么对于自己可以构成利益。那么，消费者的自由选择决定价格，由此资源的最佳分配得以进行，但现实中消费者是否知道什么构成利益并进行正确的选择是个疑问。如前所述，消费者未必掌握充足的信息，而且，还有不少消费者没有依照理论合理地行动的情况。第二，价格理论中有市场顺利地运作，消费者的选择正确地反映到价格上来的假定。但是实际上，政府通过税金和补助金使现在的价格机制遭到破坏。并且，不仅有这种破坏，而且存在今天与其他的费用相比事故费用在价格中所占的比例是很轻微的事实。第三，今天经济的相当部分正如公共事业所表现的那样，未必只有对价格的考虑在起作用,公共责任和人道主义等追求最大利润以外的要素也在起作用。在这种场合下,即使主观上要使用价格机制谋求事故的一般抑制,现实上也不会像理论上推论的那样运作。(再有,即使把上述问题先放在一边,在事故的领域内适用价格理论时还有一些特别的问题)

其一,是人身事故中损害费用算定的困难性问题。比如,本来关于生命、身体就没有交易市场,不能评价为金钱,人身损害的算定非常困难。而且,计算美观和娱乐那样的对象进行金钱评价也很困难。这样,对非经济性费用和计算给予经济性评价时就极为困难。因此,关于上述利益受到侵害的事例即使衡量事故费用和事故防止费用,也很难进行定量性评价而使比较衡量不得不是随意性的判断。

其二,使构成事故原因的活动负担事故费用的场合,有一个将什么样的"活动"特定为事故"原因"的问题。例如交通事故的场合,即使将机动车的驾驶看作事故的原因,为使其负担事故费用来抑制事故,不是一般的驾驶,而是有必要将年轻人的驾驶和夜间驾驶之类的容易引起事故的活动予以细分。并且,从抑制事故的观点来看的场合,不仅驾驶人,对机动车厂家和道路管理人的费用分配也有必要予以考虑。传统的侵权行为法只追究出现在诉讼中的当事人的行为与事故的因果关系,而从事故抑制的观点出发,就有必要更广泛地探讨"谁"能够采取损害回避措施,最低价格损害回避者是谁,让他们分别分担事故费用。

五、依靠侵权行为损害赔偿制度的事故抑制

至此,介绍了为使构成事故原因的活动负担事故费用,试图通过市场机制抑制事故(一般性抑制)的经济学理论。并且根据该理论,指出了现行的侵权行为法制度在发挥事故的一般性抑制机能上存在的若干问题。但是,关于上述理论自身,不仅有对理论上的前提和假定的疑问,而且,在事故领域内现实地适用经济学理论也有难度。特

别是即使行为人在市场中基于费用计算实施行动，但如果事故费用和事故防止费用本身难以定量性地加以确定，则可以说在出发点上该理论就缺乏现实的妥当性。

但重要的在于即使是观念上的逻辑可能性，如果能够为抑制危险活动，使活动主体负担由该活动产生的损害也是好事（至少对于事故抑制不是没有意义）。的确，对从日常的事业活动发生一定事故损害的企业，如果能够使其负担该费用，就会使其尽量努力减少损害（但是，不能定量性地明确事故费用和损害回避费用，就不见得能作出理论构成上最佳状态的努力）的发生。即使是在偶发性地使事故发生的个人的场合，如果知道必须负担的事故费用，则其行动也会受到一些影响（当然，过度反映，或者不充分的反应都会出现）。

如上所述，在现实社会中不会有事故费用的负担处于理论上的最佳状态带来事故抑制的情况。但是，作为一种倾向，可以说的确具有事故抑制的机能。如果是这样，则与第 3 节探讨的通过制裁的抑制之间就有共同性。但是，也可能会有对违法性高的侵权行为处以高额抚慰金，使其赔偿两三倍损害额，也不足以引起其对事故发生的警惕的人。另外，也可能会有过度反映从而萎靡不振的人。问题在于，何种程度上的损害赔偿能够实际地发挥事故抑制机能。

侵权行为制度首要的目的是受害人的救济这一点毫无疑问，但同时，也没有必要否定其事故抑制机能。可以说反倒应该推进这一机能。但是，如果认可为确保损害填补资力的保险制度，赔偿费用被分散，就只能在保险费的限度上影响到事故抑制。何种金钱负担对何种程度的事故抑制起作用，这只能由今后的经验事实来确认；而对不妨害社会活动的自由可以在何种程度上谋求事故抑制，这是一个要由政策上决定的问题。

第5节　“综合救济体制”论[⑯]

一、“综合救济体制”论的内容

这里所说的“综合救济体制”论是指由加藤雅信教授提倡的,代替关于人身损害的侵权行为制度的受害人救济体制。加藤雅信教授于1979年从对现行侵权行为受害人救济制度所存在问题的研究出发,提出了对侵权行为法将来的构想,强调实施“综合救济体制”的必要性,那之后,又在对新西兰事故补偿法和澳大利亚联邦补偿法草案等进行研究的基础上,发展其构想,展示了其具体的制度设计。加藤雅信教授所建议内容的概要如下。

(一)现行的受害人救济制度

加藤雅信教授指出,在现行的各种制度中,当因某种事故发生人身受害时,其损害的最终负担大致有这样一些情况:(1)如果该事故被认定为侵权行为,该受害就以加害人向受害人支付损害赔偿的方式,加害人成为该损害经济上的负担者。(2)关于某种类型的事故,通过责任保险制度,使那种加害人的负担得到分散,而在该场合下损害的经济上的负担者是潜在的加害人群体。(3)在受害人无法得到侵权行为制度的救济,而接受国家的社会保障的场合,该负担由租税补偿,负担者可以说是一般社会。(4)当受害人为防备遭遇受害的情况加入生命保险和伤害保险时,损害的经济上的负担者就成为潜在的受害人群体。(5)没有上述的保险,而无法从任何人接受损害补偿的受害人所遭受损害,最终只能由受害人自己负担。

围绕着这种损害负担制度,与侵权行为法相关联的,有《民法》

⑯　本节主要参照古贺哲夫、山本隆司编:《现代侵权行为法学的分析》(有信堂1997年版)中的有关部分。代表加藤雅信教授见解的著述如下,加藤雅信:“现行侵权行为受害人救济体制及其问题——为侵权行为法的将来所作的构想”,载《法学家杂志》(1979年)第691期;加藤雅信编:《从损害赔偿到社会保障》,三省堂1989年版。

第 709 条的规定,作为其特别法,有《机动车损害赔偿保障法》和《公害方面的无过失责任法》,《公害健康受害补偿法》等法律。在社会保障方面,有关于劳动灾害、健康保险、退休金等社会保险制度和生活保护制度,作为私人保险,有加害人加入的责任保险和受害人加入的生命保险与伤害保险。此外,在依据预防接种法因预防接种发生疾病等场合的给付制度,依据犯罪被害人等给付金支付法的给付制度中,国家和公共团体负担该费用;对因医药品的副作用产生的受害,依据医药品副作用受害救济、研究振兴基金法,由医药品制造业者的筹措款与国家的补助金对受害人实施支付。

(二)现行制度的问题

加藤雅信教授认为,在建立了这样的各种制度的现行体制下,存在着以下的问题。

第一,关于受害人救济的实效性。这里有两个侧面的问题。一个是在设立了上述特别制度的地方依据该制度的救济得到实施,而在没有那种制度的领域就无法进行救济,而且,这种情况会随着新的受害类型的产生而不断发生。另一个是即使制度是存在的,受害人也并不一定就能得到救济。依据侵权行为的救济,也是若加害人无资金力量现实上受害人就无法得到损害赔偿。

第二,社会性的负面对应。依据侵权行为的受害救济的扩大,相应地会出现因此而负责的人采取消极行动的倾向。例如,可以举出由于医疗过错责任的扩大产生的萎缩诊疗,制造物责任的扩大使新药的开发停止,由学校事故发生的学校管理人责任的扩大相应地会有孩子被撵出学校的负面对应等。

第三,与第二相关联,由于法官意识到这种社会性的负面对应,裁判中出现了后退现象。并举出了与公害和水害相关联的裁判作为例证[20 世纪 60 年代中期“四大公害”(痛痛病、新泻水俣病、四日市哮喘病、雄本水俣病)诉讼中受害人胜诉;而 20 世纪 80 年代初的大阪国际机场事件(最高裁判所 1981 年 12 月 16 日判决,载《最高裁判所民事判例集》第 35 卷第 10 号,第 1369 页),大东水害事件诉讼中受害人败诉(最高裁判所1984年1月26日判决,载《最高裁判所民事判例集》第38卷第2号,第53页)]。

第四,由于上述各种制度并立,发生各制度之间的给付不平衡,或者几种制度重复给付的问题。不平衡的问题,是指遭受同样的伤害却由于接受依何种制度的给付的不同而发生给付内容上的差异;重复给付的问题,是指虽然为调整各制度之间关系,大致上设立了避免各制度之间的重复给付,以及追偿体制等,但由于各种制度相当复杂,因此未必能够被合目的地加以运作。

第五,在侵权行为中,赔偿多为一次性赔偿,但是,如果考虑按照受害的实际状态填补损害,那么还是定期金的给付更为合理。

(三)"综合救济体制"的建议

作为一举解决以上那些现行制度存在的问题的方法,加藤雅信教授提出的建议是综合救济体制。

这种体制设立"综合救济体制救济基金",这种基金对所有的受害人实施给付。所谓所有的受害人的情况,还有选择的余地,即或者只限定为事故(侵权行为)受害人,或者包括疾病在内的所有发生健康、身体障碍者(或者是大基金,或者是小基金。参照后述)。并且,作为该基金的基本资金,主张将现行的机动车赔偿保险金、劳动灾害保险金、公害健康受害补偿法规定的污染负荷量赋课金以及其他的潜在的加害人群体筹措的款项作为危险行为征收金,将医疗保险和退休保险、生命保险等潜在的受害人群体筹措的款项作为自卫性保险金,再将基金对出于故意的侵权行为的行为人的追偿作为基金追偿接收进来,由这三大支柱构成基本资金。也就是说,试图将现行各种制度筹措的基本资金全部都融汇为"基金",依据统一的基准实施该给付,从而实现一体化。由于设立了这样的基金,给付可以一体化地进行,既可以避免得不到救济的事态有实效地实施救济,也可以消除制度之间给付上的不平衡和重复给付,除故意等特殊场合之外,损害的负担被分散,因此不会产生社会性负面对应,定期金赔偿的障碍也被消除,从而可以实现更为合理的给付。并且进一步地,在这种体制得到实现的场合,关于人身受害的侵权行为诉权原则上应该予以废止。

二、对"综合救济体制"的评价

"综合救济体制"的建议,作为追求侵权行为制度根本改革的设想受到关注。最初,在刊登了这一建议的《法学家杂志》第 691 期以"受害人救济体制的展望"为题召开的学术讨论会上,将其作为研究课题之一。此外,在私法学会 1988 年度大会学术讨论会"侵权行为改革的方向"的讨论中,法社会学会 1991 年度大会小学术讨论会进行的"损害赔偿法理的法社会学——民法学的对话"中,也成为讨论的对象。围绕该建议学界主要有以下一些议论。

(一)学术讨论会"受害人救济体制的展望"上的议论

在这次学术讨论会上,主要涉及了以下三点。

第一,如果对由于各种原因发生的受害实施统一基准的给付,既会出现比现行制度给付水准得到改善的领域,也会出现比现行制度的给付水准降低的领域。为避免发生给付水准降低的情况,就只有将通过基金的给付水准与现行的最高给付水准拉平,如果这样就会发生基本资金如何筹措的问题。

第二,这种制度的运作需要耗费巨大的成本。基金的筹措,通过分别按照构成损害原因的比例,由潜在的加害人群体和潜在的受害人群体缴纳,并对一定的加害人行使追偿权。这就需要设置并维持进行比例计算和实施征收手续的机构。进一步地,为实施给付,认定对谁在何种范围内给予支付,以及实施现实的给付都要由基金进行。如果这样就要把各种给付体制,并且包括社会保险和私人保险均予以一体化。很明显,这就不得不构成一个巨大的机构。

第三,由于侵权行为制度向这种制度转变,侵权行为法所具有的抑制事故发生的机能就会丧失殆尽。

加藤雅信教授对讨论中指出的上述问题作了如下的回答。关于第一,给付水准与以国民的平均所得为基准的金额取平,在该框架内谋求广泛的救济(以此尚不能填补的高额所得者的损害就要靠自卫性保险),关于基本资金的筹措,依靠向筹措款的加害人群体的分配和追偿,再加上在一定范围内国家财政的支持。关于第二,制度一体化,并且通过其运作方法的合理化,新制度的成本会比多渠道的现行体制的制度运作成本总额更小。关于第三,危险行为征收金的分配按照加害人群体对损害的作用程度合理地计算,并且彻底地贯彻追偿,通过这些,侵权行为法的事故抑制机能即使在这种体制之下也仍然能够得到维持。

(二)吉村教授的批判

吉村良一教授主要以对公害的赔偿责任为对象,指出了综合救济体制建议的以下问题。第一,在这种构想之下,侵权行为中加害人的责任,最终成了筹措者的保险金支付,使得加害人的责任淡薄化。第二,给付水准的同一化,最终使得补偿的内容降低到现在的贫困的社会保障的水准。并且,吉村教授认为,加藤雅信教授这一建议的背景,是将公害等现代的受害视为是社会上"可以允许的危险"的构想。[17]

对此,加藤雅信教授作出了如下的回答。首先,关于加害人责任的淡薄化,在现行制度之下,在《公害健康受害补偿法》等中,均引进了强制保险制度,因此,依靠强调加害人责任的侵权行为责任,制裁机能已徒有其名,所以,吉村教授的批判对于《公害健康受害补偿法》的体制也是妥当的。其次,与此相关联,对吉村教授所作该构想将公害等视为"可以允许的危险"的评价,加藤雅信教授指出,将探讨"社会性的负面对应"的问题评价为"可以允许的危险"是一种误解。再者,关于救济水准的低水准化,认为应该与现在得不到救济的部分也可以得到救济这一点综合起来加以评价。

---

⑰ 吉村良一教授的见解,详细可参照吉村良一:"侵权行为与'市民法论'——论公害中企业的民事责任",载《法科学》(1984年)第12期,第43页以下。

（三）棚濑教授的批判

首先，棚濑孝雄教授认为支持侵权行为责任的道德基础有三，即个人的正义（individual justice），全体的正义（total justice），共同体的正义（communitarian justice）。在此基础上，棚濑教授将“综合救济体制”置于全体的正义的位置上。即个人的正义是立足于传统的侵权行为责任的观点，使加害人负担损害赔偿责任的原理。与此相对，全体的正义从怎样处置发生的受害出发，追求将该受害“集合化”，消除受害人之间的不平衡和填埋受害救济的不平以实现救济普遍化。它是以保险的形式广泛地向社会全体分散该负担，综合救济体制的见解恰恰正是贯彻这种全体的正义的见解。这种立足于全体的正义的见解，一方面，在使受害人的救济遍及社会的各个角落这一意义上，在今天的社会中作为侵权行为的处理体系是不可或缺的；另一方面，与此同时，由于应该负担责任者的责任意识淡薄，从而起着破坏社会整体和社区的作用。这一点，是棚濑教授对综合救济体制的批判，棚濑教授认为，作为面向整体和形成社区的见解，应该考虑第三种立足于共同体的正义的侵权行为法理。[18]

加藤雅信教授的反论认为，在综合救济体制中，现实地存在的受害人不是不加救济地放置不管，这是其意义所在，从这一点来说，更应该视为是恢复社区性人的联系的制度。不应该作为机械的补偿给付将其置于全体的正义的位置中。

（四）樋口教授的批判

樋口范雄教授参考最近美国围绕侵权行为（特别是医疗过错）进行的议论，指出综合救济体制见解的问题。即认为在美国，最近一直在热烈地议论着侵权行为的危机及其改革，那是因为在不断增加的侵权行为诉讼中，站在被告地位的加害人方（医师或保险公司），一直在追求使受害人难于提起诉讼，而不是以受害人救济的扩大为

---

⑱　棚赖孝雄教授的见解，详细可参照棚赖孝雄：“侵权行为的道德基础”，载《法学家杂志》（1991 年）第 987 期，第 70 页以下。

目的,并且,其中应该注意的是,更应该说在美国主张的是强化通过侵权行为法抑制侵权行为的机能。并且,从在美国发生的议论来看,综合救济体制存在着如下一些问题。第一,因故意、过失给他人造成损害者对此应该负责任,如果这样可以对侵权行为起到防止再发生的作用,就有必要确定加害人及其责任。在综合救济体制中,这种责任的追究由基金以基金追偿和筹措款算定的方式进行。追究加害人及其责任最具积极性的是受害人,所以保障受害人参加程序是最重要的,而综合救济体制中则没有这种保障。第二,对侵权行为的救济,不仅损害赔偿,停止侵害行为也是重要的,并不是仅以填补损害而告终。第三,在受害人的错误行动促成了事故的发生的场合,仍然应该减少损害赔偿额(从防止再次发生的观点出发,应该如此)⑲。

加藤雅信教授没有直接涉及过樋口教授的批判,樋口教授的批判中指出的受害人才是在确定加害人追究其责任上具有最大的积极性这一点是很重要的。

三、"综合救济体制"论之探讨及其展望

在考察了加藤雅信教授关于综合救济体系的建议和对这一建议的评价之后,宇佐见大司教授从以下两个方面对"综合救济体制"论进行了探讨。⑳

(一)侵权行为的目的和机能与综合救济体制论

如上所述,日本侵权行为法学界关于侵权行为的目的和机能,大致都归纳为如下四项:(1)损害填补机能;(2)损失分散机能;(3)制裁性机能;(4)依据市场机制的事故抑制机能。

关于在"综合救济体制得以按照其提倡者所设计的那样运作"的条件下,上述的侵权行为的目的和机能中,哪种机能能够得到实

---

⑲ 樋口范雄教授的见解,详细可参照樋口范雄:"侵权行为制度的危机与改革——以美国的医疗过错诉讼为例",载《法学家杂志》(1991年)第987期,第88页以下。

⑳ 古贺哲夫、山本隆司编:《现代侵权行为法学的分析》,有信堂1997年版,第226页以下。

现,从前边介绍的综合救济体制的内容来看,其中的(1)损害填补机能,(2)损失分散机能可以完全包括在内。成问题的是(3)制裁性机能和(4)事故抑制机能。

加藤雅信教授在承认综合救济体制是将焦点集中在受害人的救济这一点上的制度,制裁和抑制的机能并不怎么受重视的基础上,认为在现在的侵权行为制度中,也由于责任保险的普及已在相当程度上是徒有其名的,而在综合救济体制中,通过危险行为征收金和追偿的体制,仍然保留着一定的制裁机能。同样的道理也可以说有事故抑制机能,例如在危险行为征收金中的计量体制,以及通过对危险程度大的行为(例如饮酒驾驶机动车)征收高额的征收金,根据事故经历增减征收金等方式,维持这种机能也是可能的。但是,无论是危险行为征收金也好,追偿也好,那种都是由基金对加害人实施的追究。这里正如樋口教授所批判的那样,对追究加害人责任具有最大积极性的受害人没有直接登场。那种通过基金对加害人的追究当然无法期待其能够充分地实施。并且,假设能够通过基金充分地进行追究,也可以考虑到加害人方对此所作对抗,这样一来就只能进行诉讼,即使在那种场合下,充当原告的并不是受害人而是基金,也不得不说为进行诉讼的成本是不可忽视的。

这样,在综合救济体制中,无法充分地维持侵权行为制度对加害人的制裁机能、事故抑制机能。加藤雅信教授也认为,从根本上说,这种制裁、抑制机能依据刑事制裁和行政处分等更为有力且具有实效。

最终,损害填补机能及损失分散机能构成综合救济体制的中心,并且,甚至建议废除关于人身损害的侵权行为诉权,因此,可以说综合救济体制是要通过以此取代侵权行为制度,谋求这两种中心机能的完全化。

(二)综合救济体制的运用条件及其问题

1. 大基金构想与小基金构想

"综合救济体制得以按照其提倡者所设计的那样运作"的条件

是什么?

在探讨这一问题之前,有必要事先探讨一下加藤雅信教授建议中的大基金构想与小基金构想的选择肢。如上所述,综合救济体制以危险行为征收金和自卫性保险金为基本资金,以一定的基准支付给受害人。设置“综合救济体制救济基金”,该制度以这种基金为中心运作。关于这种基金,其基本资金中包含自卫性保险金性的资金,给付对象不限定于事故,连一般疾病也予以补偿的称为大基金;给付对象限定在传统的侵权行为的领域,同时其基本资金也限定于危险行为征收金与对故意侵权行为人等的基金追偿的称为小基金。

自1972年以来,已经实施了这种制度而引起世人瞩目的新西兰《事故补偿法》,其基本资金由相当于劳动灾害的使用人负担的就劳者补偿基金,以及机动车所有人、驾驶人负担的机动车事故补偿基金,还有为填补其他事故受害的补充补偿基金构成,作为给付对象,举出因“事故”的受害,而不问是否是第三者加害,因此,存在加害人时也不问其有无故意过失,并且,疾病中一定的职业病也被包含在内。但是,一般疾病不作为对象。这种做法与这里所说的小基金在范围上稍有不同,但也不能称为大基金。与此相对,未能实现的澳大利亚构想的联邦补偿法草案是立足于这里所说大基金构想的立场上的。

加藤雅信教授认为,基本上应该根据大基金构想进行。对同一受害的发生实施同一给付,从这一综合救济体制的基本理念来看,大基金构想是合适的。不过,加藤雅信教授也承认,大基金构想其制度的规模巨大,其结果,在运作上会产生相当大的困难的情况不可否定。但是,以小基金构想进行的场合,必须有判断是否属于给付对象范围内的机构,那样也会遇到相当困难的问题。

2. 给付基准的合理算定

(1)医疗费

在大基金(以所有的伤病为基金给付对象)的场合,医疗费的基准也加以统一,那样就接近于现行的健康保险基准。现在,例如在交通事故和公害健康受害补偿法认定的患者的医疗费中,医疗机关的诊疗报酬基准高于健康保险基准,而这种二重基准在综合救济体制之下是不能允许的,所以,在这样的领域内,最终比现在的给付水准低的可能性很高。不过对于医疗费如果是以现物给付,则这种水准上的差异最终成为医疗机关只能接受部分费用的问题。但是,可以预想得到现实中在那种场合下医疗机关的抵抗,这也是不容忽视的。

(2)逸失利益

给付水准对受害人来说构成现实问题的是逸失利益的补偿。关于逸失利益的补偿,最终只能以平均工资那样的基准算定。这里也存在设定给付上限的问题。加藤雅信教授指出,根据现在的侵权行为法制度规定的回复原状原则,如果没有责任保险的填补,高额所得者的逸失利益实际上是无法完全得到补偿的。在综合救济体制之下,给付自身确实地得到实施,所以在该范围内所有的人都能得到救济。高额所得者要维持现在的高生活水准,应该考虑在自己的负担中通过私人保险来实施自卫。但是,在这种构想中,废除了侵权行为诉权,如果自己没有加入生命保险和伤害保险的高额所得者,在因第三者的侵权行为蒙受损害的场合下,就无法得到平均工资以外的补偿,那么,对这种情况将问题归结为受害人没有加入保险是否就可以处理完结,这一疑问并未消失。

3.基本资金的征收

(1)分配负担的合理性

在综合救济体制中,基金融汇三种基本资金,支付给受害人。这三种基本资金是:①危险行为征收金;②自卫性保险金;③基金追偿。①是将机动车事故征收金、劳动灾害征收金、公害征收金和学校事故征收金等,以现存的潜在的加害人群体为对象的责任保险金的筹措款一体化地收入基金中。②是现在的医疗保险中自己负担部分和退休金保险中自己负担部分,还有生命保险和伤害保险的一部分也强制保险化地收入到基金中。③是在故意侵权行为和①的危险行为征收金尚未设定的新领域的事故的场合,基金从向该加害人实施追偿的资金。

这里最大的问题是,正如加藤雅信教授也承认的那样,对何种领域分配何种程度的征收金。加藤雅信教授认为,对此"应该设立独立的行政委员会,依据统计性的调查加以决定"。但是,可以想象并不可能那样简单地实施。例如,试与现在实施的公害健康受害补偿制度作一下比较。为实施公害健康受害补偿制度的第一种区域(这种区域指定 1988 年 3 月已被全面解除,现在没有新规定的认定患者指定区域)的认定患者给付的污染负荷量赋课金,是按照一定的煤烟发生设施所排放的硫化物的量来决定的,采取的是依前一年度的排放量与本年度的给付金的总额的估算额,算出每排放 1 立方米硫化物的赋课金比率的方式。这可以说是最简单的赋课金算出方法。对象物质是一种,其排放量自动检测。即使如此,由于患者的增加,因此伴随着给付金额的增加赋课金比率持续上升。有的地区(大阪)自制度建立以来,10 年间其赋课金比率上升了 10 倍(1977 年度与 1987 年度之比)。学者认为,其结果,污染负荷量赋课金,已经失去了作为负担,即通过征收金抑制排放量的机能。

综合救济体制中危险行为征收金的算定,征收与上述制度相比规模非常巨大,并且,其所包含的要素极其多样化,其计算(即使假设没有任何政治压力)也是极其复杂的,不可能通过统计性调查简单算出。

(2)征收制度

在前述的公害健康受害补偿制度中,赋课金的征收被认可比照国税征收的方法实施,即可以强制征收。在综合救济体制的基金中,危险行为征收金和强制保险化了的自卫性保险金部分当然也可以考虑参照此例实施。但是,对于基金追偿就无法认可这种强制征收。这是因为如果是追偿,那么实质上就是以基金为原告请求因侵权行为发生的损害赔偿,这样,其确定就不得不采用必要的审判程序。因此,既要将诉讼费用计入基金的成本,又要考虑出现确保追偿实效性问题的场合。

4. 制度运作的费用问题

那么,这种基金(作为大基金)建立起来的场合,加入该基金,并且予以支付的费用将会有多少呢?加藤雅信教授也谈到,制度构想发表以来对这个问题提出的疑问最多。对此加藤雅信教授只是极粗略地作了如下的计算。新西兰《事故补偿法》的运营费用,1984 年度至 1985 年度换算成日元约为 407 亿日元,当时日本的经济规模为新西兰的 51.2 倍,相乘为 2 兆 838 亿日元。另外,在澳大利亚考虑的大基金构想中,新西兰所不包含的疾病部分约为事故部分的 4 倍(合计 5 倍)。以此为前提,1984 年度在日本引进大基金的场合,其预算规模约为 10 兆 4190 亿日元,这是该年度一般会计支出的 20.2%,比同年的社会保障费稍少一些。

但在大基金构想中,其包含的内容,以医疗费的全额加上平均工资为基准,这样,就包含所得补偿的总额。该金额的计算并不容易,但看一下国民医疗费的推算额,可知 1984 年度为 15 兆 932 亿日元(《日本社会保险统计年报 1991 年版》第 294 页)。看一下该年报的社会保障总费用表,可知 1986 年度狭义的社会保障实际支出合计额为 41 兆 621 亿日元。如果达到这一金额,就会接近一般会计预算的数字。设置预算具有与国家相匹敌规模的基金,人们不禁要提出其运作是否可能这一疑问。

另外,征收金与保险金的赋课、征收,还有为进行给付事务等运营其机构的成本会有多少,是否能够保障其低于现在日本的各种制度设立的机构为运作现存制度所需成本的合计都存在疑问。

(三)总的评价

综合救济体制的建议,从其为展望侵权行为法的废除的见解来看,影响是非常大的。建议提出以来,对此发表了许多评价的情况就说明了这一点。同时,这种构想其规模是极其巨大的,并且,加藤雅信教授认为这是将来的构想,是表示围绕着现在的损害赔偿问题的历史展开的最终发展方向的见解。因此,以现存制度的各种问题为前提来论述该构想实现的可能性,或许不能说是理解了加藤雅信教授的真意。但是,这种构想是作为一种具体的制度设计提出的,因此,这里介绍的对这种构想的评论者也只能把它作为那种制度设计,把那种构想的实现可能性作为一个问题加以论述。其结果说明,要实现这种构想,残留着相当多的困难课题,综合救济体制的建议,尚不能给予充分的回答。并且,作为将来的构想,侵权行为法是否应该按照这种构想所设想的那样展开,也不是没有疑问的。有学者认为,可以说贯穿整个综合救济体制的疑问,就是受害人的心情被埋没在"基金"这一体制中。上述学者对综合救济体制论所发表的各种见解中,除该制度运作方面的问题外,就侵权行为法的发展方向而言,中心是认为不能绝对地说将来的侵权行为法、损害赔偿制度可以不具有抑制侵权行为、防止事故再发生等机能。

第6节　比较法上的启示与机能、目的论的更新

一、侵权行为法目的论的变迁

正如从第1节的内容中看到的那样,现代日本民法侵权行为制度的目的,一般被说成是在于受害人所发生"损害的填补"。若将这种场合下的所谓"损害的填补"理解为是给因侵权行为所造成结果(损害)埋单(填补),那么这只不过是阐述了侵权行为的效果,仅仅揭示了该命题的最小限度的意义。对接下来的,由谁来赔偿的问题,通说性(本书中为森岛教授的见解)的回答是"侵权行为制度是以加害人有责任为前提,将损失从受害人转嫁给加害人的机制"。这里,"作为其出发点的是'所有人负担风险'的思维方式"。现在的学者继承这一理论,认为"所谓侵权行为法,就是以损害赔偿的方式,将本人(受害人)发生的损害转嫁给他人(加害人)的制度"。[21] 这种理

[21] 窪田充见:《侵权行为法》,有斐阁2013年版第6次印刷发行,第2页以下。

论可以称之为侵权行为法的“损害转嫁论”。从理论渊源上看,是与日本学者较为推崇以下德国学者观点有关:“出发点是法益的所持者必须自己负担法益所生损害,即‘所有人自吞苦果’(casun sentit dominus),这是原则。通常,并且无论怎样,损害最初应归属于法益的所持者,这在事物的性质上是理所当然的。之所以这样,是因为损害的最初发生是在该财产的所持者。与这种作为原则的损害负担相对,由法益的所持者以外的人接受损害是作为例外处理的。这种例外处理在性质上,其损害的接受是需要特别根据的。这种接受损害的特别根据被称为归责(Zurechnug)。”“归责和归责可能性(Zurechenbarkeit)是将自己所发生损害转嫁给他人的法律根据的总称。”在这种转嫁论的立场之下,关于可构成损害转嫁根据的归责根据,日本的我妻说、加藤说在强调过失、危险(无过失的场合)、信赖等加害人方面因素的同时,也强调基于考虑受害人立场的公平因素,但焦点仍然是在加害人的行为上。[22]

淡路刚久教授在总结了上述“损害转嫁论”和“填补说”的基本立场之后指出,学界也存在将侵权行为理解为是对依法分配给受害人的权利(所谓权利是依法受保护的利益,包含着法益)的侵害的立场。如果将民法作为权利或者法益的保护体系,那么将作为民法领域之一的侵权行为法看作一种权利保护制度当然也是可能的。当然,另外,加害人也有行动的理由(权利、法益)。站在这个角度看,所谓侵权行为法又成了调整受害人权利与加害人权利冲突的法律制度,不法行为制度就是以回复那些被法不允许(即违法)的方式侵害的权利或者法益为目的的制度。淡路教授比较赞赏法国学者的在侵权行为法领域中,一方面在有关人的完整性、物的完整性的权利上提倡保障理论,另一方面在纯粹经济损害及精神损害上采取以过错(faute)作为权利调整的基准的侵权行为法理论构成。同时,他还认

[22] 淡路刚久:“侵权行为法中的‘权利保障’与‘加害行为的抑止’”,载森岛昭夫等编:《变动的日本社会与法》,有斐阁 2011 年版,第 418 页以下。

为,近时从宪法的基本权出发的山本敬三说和作为权利冲突把握的潮见佳男说,就是这种将侵权行为制度作为权利与权利冲突来理解的立场在日本的表现。[23]

侵权行为制度的目的,是穷尽于损害的填补,还是在填补损害的同时也要达到抑止加害行为的目的?这个问题一直是侵权行为法的重要课题。淡路教授在考察了学界关于侵权行为法制度目的争论的历史和进展之后指出,虽然最高裁判所曾于1997年7月11日(《最高裁判所民事判例集》第51卷第6号第2573页)做出了美国加利福尼亚州民法典规定的惩罚性损害赔偿制度有违日本法上的公序良俗原则因而无效的判决,但在该"判决之后,主张将制裁、预防定位为侵权行为法的目的,为达到这些目的应当承认抚慰金等损害赔偿的见解反而在学说中得到提倡,并变得更加有力。可以认为这是在刑事责任呈现出严罚化倾向的现在的法律状况之下,试图重新考虑使民事责任也发挥抑止性作用的动向的一环"。[24] 在指出这一背景的前提下,淡路教授向我们着重介绍了法国将制裁性抚慰金和基于侵权行为的停止侵害制度予以明文化的卡特拉草案,[25]并将有关侵权行为抑止的议论加以扩展——在承认现实中侵权行为制度或多或少发挥着制裁、预防机能是无法否定的事实的基础之上,对是否可以把制裁、预防的效果与填补目的并列为侵权行为制度的目的,以及可否为此导入法律手段及其是非问题进行了探讨。

二、比较法上的启示

关于民事责任中的制裁、抑止作用,在前述森岛昭夫教授所做概

[23] 淡路刚久:"侵权行为法中的'权利保障'与'加害行为的抑止'",载森岛昭夫等编:《变动的日本社会与法》,有斐阁2011年版,第419页以下。

[24] 淡路刚久:"侵权行为法中的'权利保障'与'加害行为的抑止'",载森岛昭夫等编:《变动的日本社会与法》,有斐阁2011年版,第420页。

[25] 关于《卡特拉草案》,相关的中文介绍,参见李世刚:"法国合同责任与侵权责任立法动向及意义——以《卡特拉草案》为出发点",载《北京理工大学学报》(社会科学版)第14卷第5期(2012年10月),第109页以下。

括 20 多年之后,广峰正子教授对相关主张在日本学界的发展趋势进行了分析,她认为,“在侵权行为法领域探讨预防机能和抑止机能、制裁机能时,除了受英美法学者的启示之外,人们的脑海中立即浮现的往往是戒能孝通博士首先提出的‘制裁性抚慰金说’,这在将填补赔偿作为‘自明之理’的日本学说中是大放异彩的主张”,而这一主张的理论根源又来自于“法国法将 dommage moral(精神损害)的根据解释为是 peine privee(民事罚)”。[26] 正是基于以上原因,广峰教授对法国法上的民事罚概念的生成与展开、责任客观化中的过错(faute)的存在意义和法国民法债务法修改作业中讨论等情况进行了全面的考察,从法国民事责任的一个断面给日本的侵权行为法研究提供了一个参照。淡路刚久教授也在考察法国民事责任改革中提出了日本法的两个课题。

(一)从法国法的启示得到的两个课题

第一个课题:“损害的填补”抑或“权利的保障”? 就此,淡路教授比较推崇大约 30 年前曾经介绍过的法国学者斯塔克的学说,即不将侵权行为责任“作为受害人向加害人的损害转嫁来把握,而是作为受害人权利(关于人的、物的损害,对其完全性不受侵害的权利)依据法律的客观性保障(纯粹经济损害及精神损害,依过错进行权利调整)来把握的学说”。[27] 在法国民法上,侵权行为法是由过失责任领域(基于第 1382 条的一般性、包括性规定)和对物的所为及对他人行为所负责任领域共同构成的,后者反映了客观责任化的显著进展,是一种“当然的责任”,即只要不能证明损害是由外部原因——具有外部性、不可预见、不可抗性质的不可抗力和偶然,第三者的行为或者受害人的行为——所致,就会发生损害赔偿责任的一

[26] 广峰正子:《民事责任中的抑止与制裁——法国民事责任之一断面》,日本评论社 2010 年版,第 9 页。

[27] 斯塔克说的详细内容,参见淡路刚久:《侵权行为法中的权利保障与损害的评价》,有斐阁 1984 年版,第 18 ~60 页(第 2 章侵权行为法中的权利保障——STARCK 教授的“保障理论”)。

种责任。这种责任被称为客观性责任。关于构成这两个领域责任基础的原理,过去的学说,或者以过失进行一元化说明,或者以过失和危险进行二元化说明,但无论哪种说明,在把焦点照准加害人的行为这一点上各种学说都是共通的。与此相对,斯塔克说则把民事责任的领域与民法的其他领域同样地看待,即把它们都作为受害人及加害人的权利冲突和依据法律予以权利保障的问题来把握,关于人的、物的损害,采取的是依据法律对人身及物的完全性不受侵害给予客观性保障这样一种理论构成。不过,保障理论作为一种民事责任理论虽然引人注目,但或许是由于主张者的早逝,之后似乎没有见到该理论作为民事责任的基础在法理论上有更大的发展。但是,判例使责任的客观化得到了进展,尤其是在后述《交通事故赔偿法》中,对受害人(非驾驶人的受害人)的身体的完全性一直是谋求依据法律给予客观性保障的,而且在卡特拉法案中,考虑的是关于人身侵权行为损害的整体性保护的进展。

日本的侵权行为法,在有过失责任领域(基于第709条的一般性、包括性规定)和,转换了过失的证明责任的中间性责任领域(第714条以下的规定)的两个领域这一点上,有着与法国法类似的侵权行为法构造。不过,与法国法不同的是,日本法上,没有类似于法国法第1384条第1款那样的规定,并且《民法》第714条以下规定的特殊的侵权行为(第717条的所有人责任除外)是被看作基于过失推定的中间性责任看待的。但是,在将责任基础置于这种过失之上的日本法中,无论在第709条之下,还是在第714条之下,有关人身损害的过失都已经被客观化。从考察法国法的视点来看,立足于这种法治基础,不是也能够把侵权行为法作为受害人的权利与加害人的权利冲突、调整的问题来把握,对人身损害推进责任的客观化,从而在法律构成上,作为受害人的权利保障来把握吗?

第二个课题:只有"损害的填补",抑或也有"加害行为的抑止"?在这个问题上,法国判例及学说的主流一直都站在填补说的立场上。不过,关于抚慰金,先前就是制裁说得到有力的主张,以保障理论的形式谋求民事责任客观化的斯塔克说，也采取制裁说。但即便如此，判例、通说仍然主张填补说。

但是，这种状况也存在发生变化的可能性。例如，卡特拉草案就正面肯定了侵权行为的抑止机能，作为其手段，该草案明确承认了制裁性损害赔偿，并拟在一定场合承认对加害行为的停止侵害。在日本，不仅有关于侵权行为制度应当具有制裁、抑止作用的讨论，而且关于基于侵权行为的停止侵害应当得到承认的议论也在继续。卡特拉草案显示出的法国法将来的动向，对日本的讨论是一个非常好的参考。有鉴于此，淡路教授对法国法中的民事责任客观化的发展，卡特拉草案是如何保障受害人的权利的以及对加害行为的抑止采取了哪些措施等，进行了考察。

关于法国民事责任法中客观责任化的发展，淡路教授认为，在法国法上，这种责任的客观化（意味着只有在损害是由外部原因发生的场合能够被免责的“当然的责任”），是在民事责任法采取过失责任原则（基于过错 faute 的责任）的同时，对人身损害案件的实际适用中，得到发展的，是通过立法和判例显著地推进了人身损害受害人的权利扩张，在这里过失责任原则并不发挥机能。淡路教授指出，法国民事责任法在 20 世纪取得较为突出发展的主要有如下一些：

1. 在民法典中规定了客观责任的内容，具体包括第 1384 条第 5 款的使用人责任，第 1385 条的动物责任，第 1386 条的建筑物责任，第 1386—1 条以下的制造物责任（1998 年 5 月 19 日法）；关于精神上有障害者的责任，设置了第 414—3 条（旧法第 489—2 条，1968 年 1 月 3 日法）。

2. 民法典之外还有很多得到立法化的无过失责任规定。交通事故赔偿责任，曾经是依据关于物的所为责任的第 1384 条第 1 款加以解决的，通过《1985 年 7 月 5 日以改善交通事故受害人的状况和促进赔偿程序为目的的法》，受害人的权利得到了强化。其中，引人注目的是，关于受害人的依据法律对身体的完全性权利的客观性保障，过失相抵被大幅度地废止。

3.通过判例发展出的客观责任领域,不仅包括在日本已为人们熟知的以物为媒介(所谓物的“所为”)的场合使物的保管者负客观责任的第1384条第1款的无生物责任的法理(关于劳动灾害,通过1896年最高法院判决,使劳动灾害无过失责任法化之后,关于交通事故,自1930年的J判决[28]以来,无生物责任一直被广为适用)。而且,还包括近时出现的,对由人的所为引起的侵权行为适用同条的判例。即最高法院在虽然是由人的所为引起的侵权行为,但不符合第1384条第4款以下的对他人引起的侵权行为(使用人责任和父母责任)的场合,在加害人是应当被管理人监督的人时,承认对管理人可以适用第1384条第1款(1991年的Blieck判决[29])。

4.判例在对他人的行为的责任领域,也使责任的客观化取得了进展。关于对未成年子女的责任,对基于第1382条(基于过错的责任)的责任,并且对第1384条第1款的责任(无生物责任),判例也都做出了追究责任人的相关责任,没有必要判断子女有无辨识能力的判示。接着,最高法院关于与子女同居中的父母的责任,在民法典规定的如果证明了自己无过失本应免责的地方(第1384条第7

[28] Cass. Ch. reu. 13fev. 1930. 1 57. 这个判决最高法院“采用不区别物自身有危险的场合和因人驱动物产生危险的场合,对机动车驾驶人,限定在不可抗力免责课以当然责任”。[淡路刚久:“法国的交通事故赔偿法的新展开”,载《立教法学》第26号(1985年),第24页]

[29] Cass. Ass. Plen. 29 mars 1991, J. C. P. 1991, II, 21673. VINEY et JOURDAIN, op. cit., p. 938 et s. 该判决的事件概况如下,有智力障碍者A(但并不欠缺责任辨识能力)进入了由私人团体Y运营的劳动援助设施,被分配了在森林里割草的工作。但是,A出于个人的怨恨,在工作中放起火来,烧掉了数公顷的森林。于是,森林的所有者们向援助设施的运营团体Y提起了损害赔偿。一审基于Y的监督上的过失,认定了Y的责任。对此,Y方面主张,A是被置于白天可以自由行动的社会性适应支援设施的,所以没有过失提起了上诉。对此,上诉审法院不指摘Y的过失,适用第1384条第1款认定了Y的责任。若根据传统的解释,这个判决应该被最高法院撤销。但是,接受了撤销申请的最高法院,召开大法庭会审,阐述了如下理由,维持了肯定适用第1384条第1款认定了Y的责任的原判决。即“原判决,确认了由Y运营的这个设施是以接受有智力障碍,应当生活在保护环境中的人为目的的情况,引起火灾的A被置于包含白天完全可以到处活动的体制中的情况,根据这些状况,指出Y是以持续性方法安排了这个有障碍者的生活方式,承担了控制的任务,依据第1384条第1款,判示对该人的行为必须负责任,那是正当的”也就是说,这个责任是“当然的责任”,只是证明没有过失不能免责[淡路刚久:“侵权行为责任的客观化与受害人权利的扩大”,载《立教法学》第73号(2007年),第18页]。

款),与之相反地,做出了其责任是“当然的责任”,只有损害是不可抗力或者只是受害人的行为造成的场合,才能使父母免责的 Bertrand 判决。[30] 接受这一判决,民法典规定(第 1384 条第 4 款)的表述也做出了变更,即将“对同居中的子女行使监护权(le droit de garde)者的父母”,变换为“作为对同居的子女行使亲权(l' autorié parentale)者的父母”(2002 年 3 月 4 日法)。

关于使用人责任(第 1384 条第 5 款),是否以被用人的责任为前提曾经是个有悬念的问题,而最高法院在否定被用人的责任的同时,宣判了肯定使用人责任的判决(2000 年的 Costedoat 判决[31])。

概括来说,法国《侵权行为法》使第 1382 条的过失(faute)的意义客观化,进一步地,以第 1384 条第 1 款以下的规定为根据,创造出广泛的客观责任领域,使受害人的权利保障得到扩大(意味深长的是,对于这些法的发展,判例发挥了极大的作用)。不过,责任的客观化未必仅限于人身损害的领域。所以,对于法国民事责任法的这种显著的客观责任化,已经不能仅以受害人向加害人的损害转嫁来做说明了。

正是在这样一种历史背景下,2005 年法国债务法草案——卡特拉草案公布了。

---

[30] Cass. 2e Civ. 19 fev. 1997, J. C. P. 1997, II, 22848. 该事件概况及判决:骑自行车的未成年人 A(12 岁)与骑摩托车的受害人 X 相撞,X 向 A 的父亲 Y1 和保险人 Y2 请求侵权损害赔偿。Y 方面主张,关于基于第 1384 条第 4 款的责任,不仅不可抗力、受害人的过失,而且父母没有监督、教育上的过失证明了的话,就应该免责,但是,最高法院判示到,第 1384 条第 4 款的父母的责任是“当然的责任”,只有不可抗力或者受害人的行为得以免责。[淡路刚久:“侵权行为责任的客观化与受害人权利的扩大”,载《立教法学》第 73 号(2007 年),第 21 页以下]

[31] Cass. Pleniere, 25 fev. 2000; D. 2000, J, p. 673. 事件是 Y1 公司为给农田除草,委托直升飞机喷洒除草剂,因为是在风很强的日子实施的,除草剂波及了邻地,使那里的蔬菜受到了损害。邻地所有者提起了损害赔偿诉讼。除 Y1 公司外,还包含被用人直升飞机驾驶员 Y2。原审判决对承认所有的起诉,提起了撤销申请,最高法院对承认驾驶员责任,接受了撤销申请。判示到“没有脱离使用者命令的职务范围实施行为的被用人,不被对第三被用人责任所追究”[淡路刚久:“侵权行为责任的客观化与受害人权利的扩大”,载《立教法学》第 73 号(2007 年),第 24 ~25 页以下]。

(二)卡特拉草案的相关内容

该草案中有关民事责任的部分包含了契约责任与侵权行为责任,在其构成和规定的内容上,都是崭新的。以下重点考察其中与受害人的"权利保障"和"加害行为的抑止"有关的规定。

草案的第1章的"前言规定"(第1340条至第1342条),对契约责任和侵权行为责任共通适用。规定了违法或者异常的所为构成责任的基础(第1340条),但辨识能力不是必要条件(第1340—1条)等内容。

第1章的"责任要件"部分由第1节的"契约责任与侵权行为责任的共通规定"(关于应予赔偿的损害、因果关系、免责原因的第1343条至第1351—1条),第2节的"侵权行为的固有规定"(关于人的所为——基于过错的责任、物的所为、他人的所为、近邻妨害及危险活动的第1352条至第1362条)及"契约责任固有的规定"(第1363条至第1366条)构成。这些规定中,关于人身损害的权利保障有如下一些:

第一,关于契约责任与侵权行为责任,草案原则上维持了不竞合的立场(根据第1341条第1款,在发生契约上债务不履行的场合,无论债务人还是债权人,均不得为了有利而选择侵权行为责任,从而逃避契约责任规定的适用),但在这种契约债务的不履行引起了人身损害时,则当事人可以选择更为有利的规定来获得损害赔偿(同条第2款)。

第二,关于基于受害人过错的部分免责的规定。根据草案,加害人的部分免责只有在是与受害人的过错共同作用于损害发生的场合才发生(第1351条第1句),在人身损害的场合,只在受害人有重过失时发生(同条第2句)。从某种意义上可以说,这实际上是将大幅度废止受害人的过失相抵的1985年的交通事故赔偿法的解决方案扩大成为了一般法。

第三,关于对他人所为的责任,存在着与前述比责任的客观化更前进一步的最近的判例法理之间的关系(其原则是得到维持了,还是被变更了)问题。关于让未成年子女的父母负担当然的责任的Bertrand 判决,规定的是规律未成年子女生活方式的人,即未成年子女的父母、父母死亡场合的监护人,与这些人的责任相竞合地,在司法上、行政上或者契约上,负有规律未成年人的生活方式义务的自然人或者法人,也对未成年人引起的损害,负担当然的责任(第 1355 条、第 1356 条,因外部原因免责是第 1349 条)。并且,关于与对人的所为适用了第 1384 条第 1 款的 Blieck 判决的关系,规定了对成年人,根据其状况有必要对其生活方式进行监督,在司法上、行政上或者契约上,负有规律其生活方式义务的自然人或者法人,也对该成年人引起的损害,负担当然的责任(第 1355 条、第 1357 条,因外部原因免责是第 1349 条)。还有,与对使用人责任场合的被用人责任做出判示的 Costedoat 判决之间的关系如何的问题,是这样处理的,即规定使用人责任是客观责任(第 1355 条、第 1359 条),但对被用人,规定没有故意、没有为自己的目的之下违反使用人指挥,在自己的职务范围内行为的被用人,受害人只有在证明了没有从使用人及其保险人得到损害赔偿的场合,才负责任(第 1359—1 条),只负二次性责任(一种保证责任)。

此外,关于对人身损害的赔偿,设置了具体性的个别规定(第 1379 条至第 1379—8 条)。

第 3 章有关"责任的效果"部分由如下一些内容构成。首先是作为第 1 节"原则"的规定(第 1367 条至第 1368 条,关于原状恢复的第 1369 条至第 1369—1 条,关于损害赔偿的第 1370 条至第 1377 条,关于复数责任人的第 1378 条至第 1378—1 条),接着是作为第 2 节的"关于一些损害的特别规定",主要包括对身体的完全性的侵害所发生损害的固有规定(第 1379 条至第 1379—8 条),对财产的侵害所发生损害的固有规定(第 1380 条至第 1380—2 条),由金钱支付迟滞所发生损害的固有规定(第 1381 条)。接下来,第 3 节是关于赔偿契约的规定(第 1382 条至第 1382—4 条)及关于包括赔偿和违约罚契约的规定(第 1383 条)。最后的第 4 节是关于损害赔偿诉讼时效的规定(第 1384 条)。

第 4 章作为特别的责任和赔偿的主要制度,由第 1 节的“交通事故受害者的赔偿”(第 1385 条至第 1385—5 条),第 2 节的“关于缺陷产品所为的责任”(制造物责任,第 1386 条至第 1386—17 条——维持现行法的规定)。

以上规定中,在权利保障和加害行为抑止方面,值得注目的是包含加害行为的停止,拟定了原状恢复的规定(第 1369 条至第 1369—1 条),以及承认制裁性损害赔偿的规定(第 1371 条)。

第一,作为损害恢复(réparation)的手段,可以根据法官的选择决定采取原状恢复(réparation en nature)或者损害赔偿的方法,为确保损害的完全恢复两者可以并用(第 1368 条),法官做出原状恢复措施的命令,必须是为了消除、减少,或者是填补损害(第 1369 条)。

这一规定,是对过去所发生损害的原状恢复措施和依损害赔偿的填补的规定。

第二,在损害恶化、重复发生,或者继续时,法官根据受害人的请求,在必要的场合,可以命令采取包含停止加害行为在内的一切为避免其结果发生的措施(第 1369—1 条第 1 句),法官还可以允许受害人自己用加害人的费用采取这些回避措施(同条第 2 句),可以命令加害人事前支付必要的费用(同条第 3 句)。

这些,是在已发生损害进一步恶化、重复发生,或者还在继续的场合,承认基于侵权行为的停止侵害的规定,在将对过去已发生损害的原状恢复中无法涵盖的将来的损害的停止作为侵权行为的效果这一点上值得注目。

第三,关于损害赔偿,虽然规定了其目的是尽可能地将受害人重新置于若加害行为没有发生应有的状态,对受害人进行既不造成损失也不获得利益的填补赔偿(第 1370 条),但进一步地,又规定了如下的可以命令制裁性损害赔偿的措施(第 1371 条)。即在加害人有明白意图的过错(故意),特别是有营利性过错(faute lucrative)的场合,法官可以在填补性损害赔偿之外,再命令制裁性损害赔偿,制裁性损害赔偿的一部分可以作为国库的利益(同条第 1 句)。命令这种损害赔偿的法官的决定,必须特别地附加理由,其金额必须与给予受害人的其他的损害赔偿区别开(同条第 2 句)。制裁性损害赔偿不得付保险(同条第 3 句)。

(三)对日本法的启示

草案明确承认制裁性损害赔偿措施——不仅仅停留在制裁性抚慰金层面——的做法非常引人注目。尤其是对利益取得型的故意侵权行为的适用。在日本,有关这种故意侵权行为的损害赔偿责任是以"利益吐出型损害赔偿"的形式出现的,目前正在讨论到底是应该将其放在侵权行为领域解决,还是应该以准事务管理乃至拟制性信托的方式来解决。就此而言,草案中所出现法国学说的思考方法,可以作为今后日本法的参考。[32]

在上述对法国情况考察的基础之上,淡路教授指出了法国的民事责任法在发展上的显著特征,即"在采取过失责任主义作为一般性、包括性规定的第 1382 条的 faute 被客观化的同时,又在第 1382 条之外,形成了广阔的客观责任领域。并且,关于人身损害,从作为实定法的判例法理到作为立法论的卡特拉草案,对身体的完全性依据法律给予权利保障不断取得进展。是否采用了'保障理论'(斯塔克说)这一民事责任的基础理论另说,对人身损害,专门地或者主要地把焦点集中于受害人,可以理解为法律对受害人身体的完全性的权利的分配。关于非起因于人身损害的精神损害及纯粹经济损害,权利的分配是基于 faute(过错)进行的"[33]。

三、侵权行为法机能、目的论的更新

20 世纪 90 年代中期以后的十多年来,关于侵权行为法的机能

---

[32] 淡路刚久:"侵权行为法中的'权利保障'与'加害行为的抑止'",载森岛昭夫等编:《变动的日本社会与法》,有斐阁 2011 年版,第 432 页以下。

[33] 淡路刚久:"侵权行为法中的'权利保障'与'加害行为的抑止'",载森岛昭夫等编:《变动的日本社会与法》,有斐阁 2011 年版,第 433 ~ 434 页。

和目的，日本学界在讨论中形成了一个基本动向。即认为在考虑如何对侵权行为的要件和效果进行解释或者立法这样的要件论、效果论问题时，应当将其与如何看待侵权行为制度的机能和目的的问题相联系。通过考察日本学界近年来围绕这个问题所做讨论及其意义和背景，可以使我们对今天日本侵权行为法所面临课题及其前景有所认识。[34]

关于侵权行为法的机能和目的论观点可以分为两个方面。一个是作为侵权行为效果的损害赔偿的机能，除受害人损害的填补外还应考虑加害行为的制裁和抑止的主张。另一个是在考虑损害赔偿责任的要件时作为侵权行为制度的目的，不是依据“社会协同生活的整体性提升”和“给社会带来的利益”这样的社会观点，而是应当依据“权利、自由的保护与损害的调整”的所谓权利论的主张。这两种主张从不同角度对判例、通说以及各种学说进行了分析探讨，分别对侵权行为法理论有所创新。濑川信久教授对其进行了如下归纳整理。

（一）侵权行为制度机能论

到底应当将什么考虑为侵权行为制度的机能，是损害的填补，还是加害行为的制裁与抑止？这个问题要研究的是，在侵权行为制度事实上能够具有的这些作用之中，应该将何者作为其制度目的，并以此为基础来考虑侵权行为责任的要件和效果的问题。侵权行为责任在大多数场合，无论多少、强弱，都发挥着损害填补、制裁、抑止等所有作用。虽然其制裁机能与抑止机能的大小，一定程度上取决于加害人所负担责任的大小和这种责任负担给潜在的加害人所带来心理压力的大小，但侵权行为制度的确发挥着这些机能，却是无可否定的事实。问题是，在考虑侵权行为责任的要件、效果时是否也应该将这些机能考虑进来？传统的见解是侵权行为法的制度目的是损害填

[34] 本部分主要根据濑川信久教授的总结，见濑川信久：“关于近时围绕侵权行为法的机能、目的讨论”，载大塚直等编：《社会的发展与权利的创造》，有斐阁2012年版，第351页以下。

补,不应该考虑制裁机能和抑止机能。理由是制裁性机能应当依据刑事责任,侵权行为责任是对受害人个人的责任,其目的在于赔偿所发生损害。

与此相对,若干学说一直把制裁也考虑为侵权行为责任的目的。只是过去的学说直至 20 世纪 60 年代以前主张的侵权行为制度的制裁性机能,无论侵害对象是人身还是财产或者是名誉等,均限定在为精神损害和无形损害的场合的赔偿请求提供根据。那是以存在精神损害和无形损害的场合本来的损害无法得到承认的认识为前提的,并不是通过损害填补而是通过制裁的机能给精神损害和无形损害的赔偿责任提供根据的手段。20 世纪 70 年代以后,考虑到公害、药害等问题的解决,出现了与侵权行为法的制裁机能相并列地强调抑止机能的见解,但在那种情况下考虑的仍然主要是抚慰金。

自 2000 年前后开始,接着出现了比起对加害行为的"制裁"来,更把重点置于加害行为的"抑止"之上,主张"无损害损害赔偿"的见解。这种主张,一方面并不将损害赔偿的抑止性机能限定于抚慰金。另一方面更重要的是,这些见解是以与此前的见解不同的法制度观为前提的。这种法制度观就是一种认为,损害赔偿请求诉讼是私人通过其权利的行使而使法律的目的得到实现的手段的思维方式。它是立足于自 20 世纪 70 年代初从日美比较法研究得到启示的"法通过私人的实现"(enforcement)思维方式的基础之上,主张"无损害损害赔偿"的理论。

为什么会出现这种以法通过私人的实现为基础的损害赔偿法上的概念?这个答案可以从学者讨论中,作为发挥制裁、抑止机能场合举出的基础侵权行为类型中得出。即学者们分析的,主要是一些利益取得型侵权行为,具体而言,有无许可地使用演员的照片做宣传、著名赛马的名字被无许可地使用于游戏软件的广告侵害,通过商业性大众传媒的私生活权利的侵害,无形财产权的无偿使用型的侵害,名誉毁损,知识产权侵害,垄断禁止法侵害,赠品表示法违反等类型。所以,从这些情况来看,可以说近时主张抑止机能的学说,考虑的对象是以市场为媒介,侵害他人的人格利益和知识产权进行的收益活动,而对这些活动,存在刑事罚与课征金等行政处分不完备或者执行困难的场合,为解决这些问题,将得利吐出请求等作为侵权行为法的解释论提出的理论。所以,从实质上看,可以理解为并不是对侵权行为整体的看法,而是限于对侵权行为法的新问题领域(人格秩序的一部分和竞争秩序)的主张。

同时,主张抑止的机能的学说也并未否定损害填补机能,只是主张应当承认抑止机能是侵权行为法的制度性机能。因此,濑川教授主张,关于以市场为媒介侵害他人的人格利益和知识产权的收益型侵害,是否应当作为侵权行为的效果承认得利吐出请求的问题,应当与损害填补机能无关地作为得利吐出请求自身的问题进行考虑。并且,考虑到在上述案件中发挥侵权行为法抑止机能的重要性,对通过侵害他人法益反复继续性地获得收益的场合,应当可以通过扩大"损害"概念的途径肯定得利吐出请求。

(二)侵权行为制度目的论

1. 权利论的展开

在日本,有关侵权行为法制度目的的讨论很多,比较能够反映今天侵权行为法所处状况及所面临课题的,是主张侵权行为制度的目的不是社会秩序的维持而是权利的保护与调整的山本敬三说。[35]

山本说批判20世纪30年代末川博、我妻荣基于"社会本位的法律观"将侵权行为法的目的理解为法秩序的维持、恢复的见解;批判60年代平井宜雄(过失一元说)将侵权行为法中的"过失"判断理解成为一种具有高度政策性——旨在调整种种对立的利益——的判断的见解,批判前田达明(违法性一元说)在违法性的判断中继承相关关系理论,将侵权行为法的目的理解成法秩序的维持、恢复的见解。与以上见解不同,山本敬三主张应当将侵权行为法作为"权利、自由的保护及其调整"的制度来加以把握。他从一些具有代表性的侵权

㉟ 关于山本敬三教授的见解,详见本书第6章第4节中的相关介绍。

行为事例出发,如财产权和生命、身体的侵害,宗教活动和表现行为等精神性自由的侵害,职业和营业活动等经济性自由的侵害,名誉和私生活权利以及发型和服装自由的侵害等,论证了侵权行为法保障的法益是宪法上的基本权的主张,并以"保护个人的基本权不受他人的侵害,属于国家最低限度的任务"的基本权保护义务论作为其主要立论根据之一。正是基于这种基本权保护义务的思维方式,山本说提出了如下权利衡量的基准:首先,国家负通过立法来保护基本权不受侵害的义务,在通过立法不能充分保护的场合,法院作为国家机关负保护的义务(过少保护的禁止);但当一方当事人的基本权的保护构成对另一方当事人基本权侵害时,若无正当理由国家不得介入(过剩介入的禁止)。从这种思维出发,《民法》第 709 条将权利侵害作为受害人权利保护的要件,将故意过失作为制约加害人权利的要件得以正当化。

对于山本说,应当注目的是,在将侵权行为法作为"权利、自由的保护及其调整"的制度把握时,其中所包含权利观念与传统侵权行为法学上的权利观念并不完全一致。正是这一点为我们解决今天侵权行为理论所面临的问题提供了一种不可或缺的重要视点。

根据山本理论,传统的侵权行为法中的权利论,一直都把权利理解为是对法律上受保护利益的支配权和物权那样的排他性权利。在这种权利观念之下,侵权行为法将无法为那些不能明确划定基本领域、利益归属排他性不强的利益提供法律上的保护,而今天的社会又要求为这些利益提供法律上的保护。具体来说,这些利益包括:a 对人格的利益(包括私生活的平稳、静谧的宗教性环境下过信仰生活的利益,姓氏名字被正确称呼的利益,自己的容貌等不被随便摄影的利益,形成职场中自由的人间关系的利益等),b 对环境的利益,c 在市场中自由地进行交易的利益。

对于山本说提到的 a、b、c 这三类利益,学术上也存在着不是将它们作为权利而是通过秩序进行保护的见解。例如,学者广中俊雄就认为"市民社会中成立的各种基本性秩序"包括(1)"财货秩序"

与其外围秩序的“竞争秩序”;(2)“人格秩序”与其外围秩序的“生活利益秩序”;(3)权力秩序。山本说中所提到a、b、c这三类利益涉及的是外围秩序中的“竞争秩序”与“生活利益秩序”的问题,在这里,法律并未承认在以上三类利益之上可以成立支配权那样的归属型权利,但可以承认针对反竞争秩序、生活利益秩序的行为的停止侵害请求,在特定主体基于应有的竞争、生活利益秩序而享受的利益因秩序违反行为受损时,只要行为人有故意或过失,也可承认受害人的损害赔偿请求。学者吉田克己则进一步发展了广中说,认为与“财货秩序”中所承认支配性的归属型权利相对,包含在“外围秩序”中的利益并不能构成个人的排他性、独占性支配的对象,但个人的私的利益(生活利益)和市民总体的公共性利益也更重要。因此,可以承认以公共性秩序违反为根据的停止侵害请求和侵权行为责任。

但是,山本说批判这种见解,认为广中说对竞争秩序、生活利益秩序没有提供规范性的正当化依据及其构成原理,由于不承认“权利”,个人被置于不知会被“秩序”如何处理的不安定状况下。并且,批判吉田说,认为对外围秩序中的公共性秩序违反的场合,虽然以与市民总体的公共利益相关为理由考虑了以市民为主体形成其具体内容的程序性的秩序论,但没有明确构成那种秩序论基础的原理。并且,a、b、c的利益的保护,并不是秩序论的构筑,而应当谋求使权利论从传统的支配性权利观向决定权性权利观的转换。即支配性权利以支配或者利益的归属为内容,而关于a、b、c的利益无法说客体的支配或者利益的归属。但是,在这种场合,也要考虑保护对与客体相关的一定行为主体能够决定做还是不做的权利。山本说主张应当将这一层次上的各种权利,通过前述过少保护的禁止与过剩介入的禁止进行衡量,从而形成侵权行为法规范。

2. 权利论的探讨

对山本说的见解,侵权行为法学应当如何认识?濑川信久教授从侵权行为法不是由秩序而是由权利构成,和作为其权利考虑的决定权这两点对其进行了探讨。

(1)关于第一点,侵权行为法中的秩序与权利

山本说批判广中、吉田说使权利内涵于内容、根据不明确的秩序中。但是,就作为最基本权利的所有权来看,广中说考虑的被置于"以劳动力的商品化为基础使商品生产成为生产的支配性形态的资本制社会"中的所有权,是以商品交换秩序为前提的所有权,与此相对,吉田说焦点对准的所有权,是20世纪末日本的,各种各样的行政性规制、无规制相交错的都市的土地所有权。虽然同样是"所有权",但在具体地考虑所有权时权利与秩序的关系却有着很大的不同。同样的情况对山本说作为中心考虑的"人格权"也是适用的。法应该作为权利,还是作为秩序来把握,并不是抽象的权利还是秩序的问题,而应当具体地考虑权利与秩序的关系。

在做这样考虑时,主观法和客观法的历史,可以使现在争论的是权利还是秩序问题的意义得到明确。权利至上论,从客观法完全从属于主观法的把握出发,将法秩序的构造依据主观法加以一元化。与此相对,权利否认论使主观法完全埋没在客观法之中,由此达到法秩序的整体构造依客观法加以一元化的把握。一方面,作为主观法一元论在制度上的体现被人熟知的是西欧中世纪的法制度,最强有力地倡导主观法一元论的法思想,是近代之初期启蒙时代的自然法。另一方面,体现客观法一元论的制度是纳粹的法制度,将其作为法思想加以提倡的多为实证主义者,其中的代表是凯尔森。但是,在现代,主观法一元论和客观法一元论这两个极端的一元论之间的正面对立变得并不那么明显。现实的法制度,实定法的客观法中加入了有关权利的规定,授权性规定扎根于实定法中(基本人权、私的所有权的保障)。基本权,在启蒙时代的自然法中曾是超实定法的,但是今天也侵入到实定法中之后,"客观法中的主观法"这一混合物(hybrid)的二重性格的规定就扎下了根。

在现代的状况下,主观法对客观法的问题可以说是别有意义的。它给现代的学说提出的课题是,寻找某种说明方法以消除主观法和客观法的二元性紧张构成顺畅构造的问题。是把法秩序全体的重

心,放在赋课义务的规范(命令,=客观法)或者授予权利的规范(保障,=主观法)中的哪一方,能够解明法律的问题。就法理论而言,比起上述那种关于权利的意思说还是利益说的争论来,这个问题中包含的与对法律体制整体的构造相关联的把握才是更加深刻的争点。关于是义务赋课规范(命令)还是权利授予规范(保障)的问题能够采取的方向只有两个。一个是命令规范与授权规范相互关系不确定地,超然地以几乎对等的重要性使之并存的观点承认"超然性二元论",另一个是考虑维持授予规范对命令的内在性从属关系的"媒介性二元论"乃至"关系概念性二元论"。

在"超然性二元论"与"关系概念性二元论"之外是否还有另外的方向,根据以上的考察,是秩序还是权利的问题,必须放在法、权利的制度化不断进步的今天法的应然状态中加以考虑。在进行这种思考时,即使采用权利论,也不能舍弃与权利相联结的秩序的视点。

(2)关于第二点,作为权利考虑的决定权

对山本说提倡的权利观念,浅野有纪的批判认为,山本说考虑的自己决定权、人格权,与绝对权相比,在秩序论的前提下被相对化,成为秩序论的适合性权利。浅野说认为,名誉、私生活的权利、服从忍受限度基准的生活利益等的人格权、自己决定权,是在与表现的自由和相邻关系的调整之下,并且,在以宪法的制度性、政治性环境为基础的同时与其他的生存权和财产权进行调整中,被新创造出来的权利。

上述是山本说的自己决定权、人格权与绝对权在所谓发生论上的差异,但实际上人格权、自己决定权在权利构造上也与绝对权相异。即自己决定权本来是不问决定的实质性内容如何,权利人关于特定领域的决定可以主张排他性优先顺位的权利,这是权利选择说考虑的权利。但是,今天,在医疗、学校教育、消费者交易、投资交易等场合的自己决定权论主张的并不是这种选择说上的自由论,而是实质上的自由论或者实质上的平等论。所以,虽然说是自己决定权,但仍然要问什么是"真的意思"。因为这样的利益说性的权利,与选择说性的权利不同,对应权利的义务独立于权利人的意思存在,在这一点上以支撑权利的实质性调整为前提。因此,确定接受法律保护的范围,必须考虑与社会中其他利益和社会秩序的关系。

对这种批判,山本说应接到,所考虑权利是要照顾到与社会中其他利益和社会秩序的关系的权利。具体而言,山本说实际上考虑的是通过所得效果、代替效果受影响的消费者的"消费计划的决定","身体上的自己决定权和精神性的自己决定权,以及社会性的自己决定权"。再有,"名誉、私生活权利和姓氏名字、肖像那种决定社会中自己的理想状态的权利",以及"在家族、友人、团体成员等其他人之间关系上决定自己的理想状态的权利"。这样,山本说的决定权论,就不是保障权利人能够单独决定的绝对性、排他性权利的理论,而是要求在社会关系的形成中得到法律上保护的个人的决定权。

说起来,山本说的权利论,本来考虑的就是要为伴随着不同于排他性法律保护的权利,扩张到各种各样社会关系中去进行必要法律准备的理论。并且,所有权那样的,客体乃至客体的利益被分配给主体支配的场合自不待言,包括即使不能说是那种分配和归属的场合在内,承认权利的主要着眼点,应当在主体决定做或者不做的可能性受到保障之处,从而对一定的事情原则上可以只由自己决定,若其受到侵害原则上能够提供停止侵害请求和损害赔偿请求的基础。对作为这种意义上的绝对性决定权尚未确立的事项,要在各种各样层次上与其他"权利"进行衡量,才能做出什么、在何种程度上能够决定的判断。也就是说,这种"权利"的内容与射程,是在与其他"权利"的相关关系中决定的。

3. 当今社会与权利保护

今天个人被置身于社会的规模在扩大,因此保护个人的生存方式不遭受以市场为中心的社会压力的必要性也就加大了,所以,依存于制度性保障和他人的义务履行确保个人的决定权的情况也变得越来越重要。但是,把侵权行为得到承认的所有场合都作为决定权的侵害来把握是困难的。并且,可以作为决定权的侵害把握的场合,其决定权的内容也是多样的。

所有权等支配权可以作为单独地决定一定范围的使用收益的权利把握。还有,欺骗、强迫,说明义务违反,因从业员的无权代理行为发生的交易性侵权行为(交易介在型侵害),也可以作为交易上的决定权侵害来把握。再有,医疗事故等的承诺介在型侵害和判决的诈取、不当诉讼、不当应诉等程序介在型侵害,采取作为在受害人、加害人之间的争辩中的决定权侵害的构成也是可能的。但是,对交易的侵害,二重转让、拉拢从业员等也作为决定权的侵害来把握就很难。并且,对名誉权、私生活权利、过静谧的信仰生活的利益等的人格性利益的侵害,未介在程序和承诺的侵害等侵害,在什么样的情况可以考虑什么样的决定权并不容易。

若除去以交易、承诺、程序这样的决定过程为媒介的侵害,在所有权那样的排他性支配可能的利益中,在环境上的利益、竞争性利益那样的排他性支配不可能的利益中,以及在名誉、私生活权利那样的依存于与他人关系的人格性利益中,与利益归属过程相关联的人们与其关联的方式是有差异的,所以作为法律保护对象考虑的权利也不得不同。例如以下类型。

(1)在因交通事故造成的身体侵害,因失火造成的财物侵害那样的排他性权利的侵害中,仅以其排他性支配的侵害就可以承认侵权行为责任(没有必要对权利人基于其支配权进行决定来考虑法律上的保护)。

(2)在非排他性利益中因为有多数人相关联,若对其侵害承认侵权行为责任,就要根据 a 即使没有对客体、利益的排他性支配、归属也要对保护法益予以广泛承认,并且,b 判断原告就其保护法益所享受利益是否有过法律上应当受到保护的权利(决定权),是否采取过保障其权利(决定权)行使的程序,若采取了程序则免除责任,c 受害人的决定权的保障,作为侵害者的决定权和其他各种利益的调整,要根据“过剩保护的禁止”和“过剩介入的禁止”。但是,其调整的逻辑,在环境性利益和竞争性利益之间,并且,在各自中间也依保护法益的状态，而有很大不同。

(3)在人格性利益中，有与上面看到的“作为私的自治的强化手段的自己决定权”不同的自己决定权。它不仅停留在“由自己决定”上，而且也应该说是“决定自己”的自己决定权，甚至那里的“自己”不止停留在 I(主语)和 me(宾语)上而且分化成很多方面。为明确其构造，水野谦教授关于“相互行为的私生活权利(privacy)”与“作为个性(identity)源流的私生活权利(privacy)”的如下考察是必要的。

水野说认为，私生活权利侵害的特征，“在于加害人 Y 与受害人 X 双方，对把自己卷入的‘信息’，各自持有某种意图和目的，相互干预，在该过程中，受害人发生了不利益的状态这一点”，将私生活权利的法律保护，根据构成问题的社会关系，分为因由一定团体(社会、医院、工会、大学等)进行个人信息的收集、管理、利用造成的私生活权利侵害和，因媒体(media)造成的对个人信息环境的私生活权利侵害，并进一步将后者分为“相互行为的私生活权利”侵害和“作为个性源流的私生活权利”侵害。并且，在因由团体进行个人信息的收集等造成的私生活权利侵害中，受害人的信息对各方当事人具有的意义要按照个别的类型进行判断，决定侵权行为的成否。与此相对，在“逆转”事件(最高裁判所 1994 年 2 月 8 日判决，载《最高裁判所民事判例集》第 48 卷第 2 号，第 149 页。关于有前科的原告，被告以实名写成小说的事件)和“石中泳鱼”事件(最高裁判所 1992 年 9 月 24 日判决，载《判例时报》第 1802 号，第 60 页)那样的“相互行为的私生活权利”的侵害中，侵权行为的成否，就应当根据在社会与个人的相互行为中所获得形象的不同前后关系(context)之下是否被表达化(frame)来决定。最后，“作为个性源流的私生活权利”的事案，例如，在被告(男性)将得到曾经交往过(包括性关系在内)的原告(女性)同意拍摄的(除面部外)裸体照片未经原告允许擅自登载在成人杂志的广告上的新西兰的事件(该照片是原告的照片的情况原告本人也不知道)中，就应当根据个人的个性形成基础是否被破坏来决定。

(三)侵权行为法的机能、目的与社会

近时侵权行为法理论考察的问题,无论是机能论还是目的论,都是伴随着侵权行为法即将进入新领域的问题。在这立法府不立法,行政府还在踌躇之间,法院做出法律上的判断。这是通过裁判形成的由法律家创造的法律规范。无论是权利论还是秩序论,都是在这种被扩大的领域中,包括法官在内的法律家试图撇开立法府使所形成法律规范正当化的理论。其中,山本说的基本权性权利论以违宪审查权和宪法价值为根据,广中说的秩序论以资本制的生产关系,权力分立为基调的民主主义形态,承认人格尊严的社会为基础的"市民社会成立的基本性诸秩序"为根据。这些民法理论,均已超出了基于公法私法二分论上的传统框架。

但是,如果侵权行为法要适应社会的要求扩大适用领域,无论在机能论的层次上还是在目的论的层次上,都要想到必须有意识地与刑事罚、行政处分,市场、立法、行政、专门机构等,社会上各种各样的决定机构进行调整与互动。

学界关于侵权行为法机能和目的议题的讨论,不是抽象进行的,学说都是围绕着解决实际问题展开的,从这一点来看,日本侵权行为法学界仍然继承着民法理论探讨围绕实务进行的传统。

第2编　一般侵权行为的成立要件

一般侵权行为的成立要件，学说上一般涉及故意、过失，责任能力，违法性（权利侵害），损害事实，因果关系这五项。但是，在日本的侵权行为法专著中很少有概念性地罗列出来加以论述的情况，而且，因学者的观点不同，各专著的论述从不同角度出发，所以编排体例不尽相同，概念的运用也不完全统一，但都涉及了这些问题。例如，在主张责任认定过失一元化论的学者的专著中，不存在“违法性”的章节，但在过失的要件和对加害行为样态的论述中涉及了其他学者在违法性中所探讨的内容。又如，有的专著中把监护人责任的问题放在责任能力中探讨，等等。在进入各要件的论述之前，作为一般侵权行为成立要件的概观，首先通过下述的实例的说明，[①]看一下日本学者是怎样从具体事例入手把握上述要件的逻辑关系的。

B驾驶的机动车撞进了A经营的水果店，摆在店头柜台上的50个每个价值5千日元的甜瓜被撞碎了。二人之间就损害赔偿进行了协商，但没有达成协议，于是A向法院提起诉讼。对这样的事件适用的是《民法》第709条。第709条规定“因故

① 远藤浩等：《民法(7)》(第4版)，有斐阁1997年版，第95页以下。

意或过失侵害他人权利者负赔偿因此所生损害之责”。这一规定原封不动地表明了作为现代损害赔偿法的根本原则的过失责任原则,与被解释为修正或脱离过失责任原则的第714条以下规定的特殊侵权行为相区别,相当于这一原则的行为称为一般侵权行为。以这种一般侵权行为为理由向法院提起诉讼时,A为要胜诉(得到胜诉判决),必须向法院主张:(1)B因自己的故意行为或有过失行为,(2)侵害了A的权利,(3)由此(使A)发生了损害这样三种情况(主张责任);B对此进行争辩时,A如果不能以证据分别证明,就要负担该事实被判断为不存在的不利益(证明责任)。

以上的论述,换言之,三个要件是构成《民法》第709条所规定的法律要件的要素(法律要件构成要素),与此相当的事实,在法律实务上称为要件事实=主要事实=直接事实。根据通说、判例,请求法律判决(《民法》第709条的场合是发生损害赔偿请求权)原告(A)负有该主张、证明的责任。因此,这些都是制作诉状、民事判决书所不可缺少的项目。

再有,《民法》第712条(关于未成年人的责任能力的规定)、第713条(关于心神丧失者的责任能力的规定)规定了加害人不负担损害赔偿责任的场合。这就是所谓无责任能力人免责的规定。通说认为,由于第709条采用过失责任原则,并且,作为该“过失”的前提,一定的判断能力(这被称为责任能力)是必要的,所以,《民法》第712条、第713条作为第709条逻辑上的必然归结,具备责任能力是一般侵权行为的成立要件。不过,这一要件A可以不主张,应该由B来主张、证明其不存在。

另外,《民法》第709条两次使用了“因”一词,前面的“因”规定的是行为与权利侵害之间的因果关系(责任设定的因果关系),后面的“因”规定的是应该得到赔偿的损害范围的因果关系(责任范围的因果关系)。[②]

这样,我们看到,在上述侵权行为损害赔偿请求事件中,为使该加害行为的侵权行为责任成立,就要充足(1)故意、过失,(2)权利侵害(违法性),(3)损害的事实,(4)责任能力,(5)因果关系这样五个要件。为叙述脉络清晰起见,本编比照参考各侵权行为法专著的编排方法,将损害的事实放在损害赔偿中探讨,在有关责任能力的章节中也探讨与其有着密切联系的监护人责任的问题,由于故意、过失、违法性(权利侵害)、因果关系是一般侵权行为责任认定时的中心问题,所以分章作了介绍。

② 关于确定赔偿范围的因果关系,有些专著把这部分内容放在效果论中探讨(例如,平井宜雄《债权各论Ⅱ侵权行为》,弘文堂1992年版;远藤浩等《民法(7)》,有斐阁1997年版;前田达明:《民法Ⅵ2侵权行为法》,青林书院新社1980年版等),也有专著把这两部分放在一起加以探讨(例如,几代通、德本伸一:《侵权行为法》,有斐阁1993年版;森岛昭夫:《侵权行为法讲义》,有斐阁1987年版等)。本书依后者体例。

第3章 行为与责任能力

第1节 侵权行为中的所谓“行为”

一、行为与自己责任

侵权行为法中的所谓行为,是指作为是否要负担损害赔偿义务的侵权行为责任这样一种法律评价对象的人的举动。一个人对他人遭受的损害负赔偿责任的情况,只限于损害的发生是因自己的行为引起的场合(自己责任·个人责任的原则)。这是作为近代社会基本原理的个人主义在法律上的反映。即近代社会的公民,均被赋予作为独立的个人的地位,享有行动的自由,而与此相对应地则要求在因自己的故意或过失行为给他人造成损害时,通过赔偿该损害的方式来承担责任。

在确定什么是侵权行为中的所谓“行为”时,虽然要从社会上一般的“行为”一词的观念出发,但必须经常意识到法律概念发挥的作用。首先,社会上一般所谓“行为”是指“人的所有的动作”。而“行为”这一概念在侵权行为法中发挥的功能则是,即使因脱离该“行为”概念的情况发生了“权利侵害”的结果,也不构成侵权行为,不发生损害赔偿责任,只有当“权利侵害”结果的发生是因包含该“行为”概念的情况引起的场合,才发生责任(当然不仅是“行为”,还需要其他的要件,正确地说是具有了发生责任的可能性)。因此可以说,“行为”概念是规定有无责任发生的标志。这样看来,足以使人负担责任的“人的动作”就构成侵权行为法中的“行为”。

那么,民法将什么样的“人的动作”视为“足以使人负担责任的”情况呢?民法的根本原则之一,是“自己的生活关系可以由自己的自由意思支配”这一私法自治的原则。根据这一原则,对于不是出于自己意思活动的情况不负责任,因为如果没有行为人的意思作媒介,就无法使责任归结于该行为人,即对意思没有发挥作用的动作所产生的结果不必负担责任。因此,所谓“足以使人负担责任的人的动作”就是“基于意思的人的动作”。若作稍详细些的说明,就是人设定某种目的,为达到该目的,通过意思的力量,依照自然因果上的法则,支配、操纵包括自己的身体在内的外界。这种“通过意思力量对外界的支配、操纵”就是构成侵权行为法问题上的“行为”(实际上,构成法律上问题的“行为”原则上都是如此)。

一般地说,一个人对于他人的行为并不负有责任,但民法上还规定了法定监督义务人对无责任能力人的行为负责,使用人对被用人的行为负责的情况,这也是作为法定监督义务人和使用人懈怠自己的义务这样一种自己行为的责任来把握的(《民法》第 714 条第 1 款但书、第 715 条第 1 款但书)。不过,判例上的现状却是,在第 715 条的使用人责任中,遵守了自己的选任、监督义务的免责证明几乎没有得到认可的情况。这看起来好像自己责任的原则被破坏了,但实际上这种情况可以看作是“自己”的扩大(或者“行为”的扩大),因此可以说依然维持着自己责任的原则。再有,在判断对代理人的侵权行为(尤其是从表见代理侵权行为论来看)本人是否负责任的问题时,也必须明确与这一原则的关系。

利用他人的行为实施侵权行为的场合构成自己责任。例如,(1)欺骗未满 10 岁的儿童使其盗窃第三者的财物(大审院 1904 年 12 月 10 日判决,载《大审院刑事判决录》第 10 辑第 2415 页)那样的利用他人的非侵权行为的场合。(2)委托暴力团员将他人杀害那样的利用他人的侵权行为的场合就是这种类型。(1)、(2)都是为达到“侵害权利”的目的而利用他人的行为,即所谓作为自己的“手足”或

"工具、机械"加以利用,利用者把它作为自己行为的一部分,对其结果必须负责((2)的场合作为被利用者的暴力团员也要负责,但这并非利用者的免责事由)。

二、企业等团体的行为

根据上述原理,就可以比较容易地理解即使是他人的行为,如果把它纳入自己意思的支配之中就构成自己行为的一部分的情况。

从社会的角度来看,为达到某种目的,众多人的行为被连续地、并列地组合起来构成一个巨大的行为的场合是很多的。例如,机动车制造行为(京都地方裁判所 1973 年 11 月 30 日判决,载《判例时报》第 738 号第 89 页)和乙醛制造行为(熊本地方裁判所 1973 年 3 月 20 日判决,载《判例时报》第 696 号第 82 页)之类的企业活动,就是数千人的行为(当然还与机械有关)复合起来构成的。因此,可以评价它为社会性的"一个行为"。其主体是超越各构成人员发挥独立的社会作用的团体,考虑到在很多场合下对这种团体法律上作为与各构成人员相区别的法律主体对待更为适当,所以产生了"法人"或所谓的"无权利能力社团"这一法律构成。从这种观点出发,建立起关于法人,特别是《民法》第 44 条规定的法人的侵权行为责任,依据法人的行为可以直接构成《民法》第 709 条的主体的见解。当然,本来因其行为中的部分行为有差错致使损害发生时,可以依据《民法》第 715 条解决,进一步地,最终归结到理事的行为时,也可以(单独或者重复)适用《民法》第 44 条加以解决,但在追究公害事件和制造者责任的场合下,适用《民法》第 709 条无论从理论上还是法律实务上看都是非常简明的。

这一理论,对于《民法》第 714 条(关于无责任能力人的监督者的责任的规定)、第 716 条(关于定作者责任的规定)、第 718 条(关于动物占有人责任的规定)也同样适用。特别构成问题的,是《民法》第 44 条、第 709 条、第 715 条(关于使用人责任的规定)的适用关系,这应该结合各法律(构成)规定的要件,或者最适合于该适用关系的社会类型予以适用。即作为大致的基准，可以说，《民法》第44 条适用于理事的侵权行为较为明确的场合（最高裁判所 1975 年 7 月 14 日判决，载《最高裁判所民事判例集》第 29 卷第 6 号第 1012 页），《民法》第 715 条适用于其他的构成人员的侵权行为较为明确的场合（最高裁判所 1967 年 11 月 2 日判决，载《最高裁判所民事判例集》第 21 卷第 9 号第 2278 页）。与此相对地，第 709 条对意识到作为法人活动整体的侵权行为（福冈地方裁判所 1977 年 10 月 5 日判决，载《判例时报》第 866 号第 21 页）的场合予以适用。还有，将法人负侵权行为责任的场合解释为只有在理事及其他构成人员有故意或重过失的场合才负责任是妥当的。因此，允许追偿也应该只限于这种场合。

三、不作为的场合

所谓行为，通常是人的积极的举动，但也可以成立不作为的侵权行为。这种场合可以作为义务为逻辑前提加以解释。作为义务有基于具体法规发生的场合和基于先行行为发生的场合。例如，由于铁道路口的警戒员没有放下道杆致使行人通行时被撞成重伤那样的"不作为"，是否也可以说是"行为"的问题。从由意思支配外界的见解来看，如果自己对外界不发挥任何作用，的确是没有"行为"。但判例一般认为存在作为义务的问题（大审院 1918 年 12 月 18 日判决，载《大审院刑事判决录》第 24 辑第 1558 页）。不作为者与"权利侵害"不存在相结合的因果关系也是个大问题，但以作为义务为媒介也可以认定与不作为的因果关系。判例中，有对数人在铁路轨道上放置石块的案件所作如下认定，即被告 Y 虽然就放置石块本身与其他行为人既无共同认识又无共谋，并且事前也无认识，但在现实地看到了同伴放置石块时，可以说为回避该事故采取措施是可能的时候，因此负有对此采取措施防止事故发生于未然的义务，违反该义务的场合得成立不作为的侵权行为（最高裁判所 1987 年 1 月 22 日判决，载《最高裁判所民事判例集》第 41 卷第 1 号第 17 页）。

另外,能否构成“行为”的主张、证明责任,如前所述在原告一方,但这与后述的“过失”的客观化同样,主张、证明的程度能够达到外在地看可以称为“行为”这一点即可;而关于实质上并非“意思活动”的情况,从与《民法》第712条、第713条的关系来看,应该由被告方面加以主张、证明。

理论上,违法的“行为”包括作为与不作为。实务中,构成不作为问题的是,加害自身是由自然力、动物、第三者或者是受害人自身带来的,但为回避该加害应当实施某一作为(行为),但却因故意或者过失没有实施的场合。因此,要认定责任,作为义务成立并违反了作为义务就是必要的(因故意或者过失帮助了他人的不法行为),什么样的场合、什么样内容的作为义务能够成立成为探讨的课题。[①]法院认定不作为侵权行为的有如下的例子。

在一个某市管理的预定修建道路的土地上被投弃了废弃物,由于夜里不知道什么人放火点燃了废弃物,附近工厂因火灾遭受了损害的例子中,法院判决指出“从人能够自本件土地的西北部进入是容易的,本件土地附近没有民房是一个夜间很难有人看到的地方,木制的物品是容易被点上火的,铁桶里面有装着易燃物品的可能性等情况来看,不能说本件土地上的废弃物被放火的事件是不可能预见的,上述注意义务违反与放火之间的相当因果关系是能够得到认定的。并且由于被放火本件土地上的废弃物燃烧起来,本件建筑物处于邻接该处的位置上被蔓延燃烧,延烧的经路并没有不自然,被告八木市的过失与原告的损害之间有相当因果关系”,认定了八木市的责任(大阪地方裁判所2010年7月9日判决,见日本裁判所网站)。

对一个患者罹患肝硬化,作为医师对属于不能懈怠发现肝细胞癌的注意的高危人群的患者,在怀疑发生肝细胞癌的场合,为进行早期诊断,有必要进一步地进行通过X线对身体断面图像的解析检查(CT检查)及其他检查的必要的情况下,懈怠了这种注意以致未做

① 平野裕之:《民法综合6侵权行为法》(第3版),信山社2013年版,第23~24页。

到癌的早期发现耽误了治疗的事件,法院认定了医师的侵权行为责任(最高裁判所1999年2月25日判决,载《最高裁判所民事判例集》第53卷第2号第235页)。

对由于A的暴行B死亡了,B的父母对在暴行现场但没有实施暴行的Y提起的损害赔偿请求,虽然没有共谋,A与其商量之际说还是打好,由于A的暴行非常过分发生了致B死亡的危险,在现场的其他人进行制止了Y却没有加以制止,作为诚信原则上负有的为避免因A的暴行造成危及生命的危险应制止暴行的法律义务,认定了Y的侵权行为责任(名古屋地方裁判所2009年2月18日判决,载《判例时报》第2051号第115页)。

第2节　责任能力

一、责任能力制度的根据

(一)关于过失责任主义与责任能力制度的通说

不具有"足以辨识行为责任智能"的未成年人和"心神丧失期间给他人造成损害者",不负侵权行为责任(《民法》第712条、第713条)。这两种人被称为无责任能力人,那么,为什么无责任能力人不负侵权行为的损害赔偿责任呢?

依据现在的通说,责任能力制度是从过失责任主义逻辑地演绎出来的。即在过失责任主义之下,故意或者过失构成侵权行为的要件。这里的所谓过失,是指尽管能够预见某行为的结果而没有预见,因此未能回避结果发生的情况,所以要追究因过失的责任,就必须以行为人具备一定的能够预见行为结果的最低限的智能和判断能力为前提。这样,欠缺这种能力的人,也就是说对无责任能力人是无法追究侵权行为责任的。

对此,民法起草者之一的梅谦次郎博士认为"行为以意思为必要,所以无意思的行为非真行为。因此,该行为侵害了他人的权利给他人造成损害时也无法构成侵权行为。所以未成年人还很幼稚不具有足以辨识其行为责任的知识时不对其行为负责”。对心神丧失者也以“行为以意思为必要,所以心神丧失者的行为非真行为”为理由,认为心神丧失者无法构成侵权行为。即在无责任能力人的行为因为不存在意思无法说是构成法律上责任对象的“行为”这一点上,寻求无责任的根据。

但是,鸠山秀夫博士对梅博士这种将能够实施行为的能力与责任能力同等看待的见解进行了批判。鸠山秀夫博士认为,基于自己的意思,身体上有举动,由此,就可以说有在外界性的结果发生时的“行为”,这里如果根据梅说,具有能够以自己的意思决定自己的身体的举动的能力者就会全部都被认定为有责任能力,因此责任能力就会过宽从而在实际上产生不当的结果。并且,鸠山博士认为以意思的有无为基准认定责任能力的见解,违背了要求“辨识行为责任的能力”的民法第712条的条文。而且,在侵权行为中,以对行为的结果的认识(故意)或不注意(过失)为侵权行为的构成要素,因此,是否具有能够认识行为结果的能力构成认定侵权行为的要件,从而承认了责任能力与过失责任在逻辑上的联系。

我妻荣博士接受了鸠山秀夫博士的见解,在承认责任能力不是单纯的意思能力,而将其作为“足以辨识自己的行为结果的精神能力”加以把握的基础之上,认为没有具有足以辨识自己行为结果的精神能力者的不注意就不发生责任的思想,其来源就是无过失即无责任的过失责任的原理。作为过失责任的前提,要求足以辨识行为结果的精神能力这一代表今天的通说的见解就是这样出现的。②

(二)对通说的批判

但是,后来出现了对将责任能力制度视为过失责任主义的逻辑前提的通说的批判。

首先,加藤一郎教授、野村好弘教授认为,今天的过失论已经采

---

② 森岛昭夫:《侵权行为法讲义》,有斐阁1987年版,第134页。

用客观的注意义务违反说，因此，主张以具体的行为人具有结果预见能力为前提的责任能力已经不构成侵权行为逻辑上不可或缺的要件的见解。即传统的过失论，以本应预见行为的结果，给对方带来的违法侵害，但却由于不注意没有预见，没能回避加害这样一种心理状态为过失。在这种过失论中，当然必须以足以预见行为结果等为前提。但是，当过失已不是主观的心理状态，而是依据客观的义务违反的有无来判定时，以个人的判断能力为前提的责任能力就已经不再是逻辑上的必然要求。即使加害人有无判断能力，仍然是判断义务违反时的要素之一，也不再是决定性的要素，这样就从正面提出了因无判断能力者招致的损害由谁来赔偿合适这一政策性的问题。

其次，石田穰教授认为，一方面采用不是按照具体行为人的能力的注意义务，而是以对平均人所要求的注意义务违反来把握过失的抽象过失说；另一方面作为过失的前提要件又要求具体的行为人的责任能力，这在逻辑上是矛盾的。在将过失作为抽象过失加以把握的场合，行为人即使依个人的能力实施行为也不得免责，因为必须实施对平均人所要求的行为，所以归责的根据不是对行为人个人的责难可能性，而是追究对平均人要求的注意义务的违反这一行为的危险性。另外，作为过失的前提要件要求加害人有具体的责任能力，具有向对行为人个人的责难可能性寻求归责的根据的意义。因此，如果坚持以抽象过失作为过失构成理论，那么，作为其前提要件要求的责任能力就已经成为无用的概念了。反之，如果要求把有责任能力作为过失的前提要件，那么，过失的构成就只能是对行为人要求的具体的注意义务，所以，在以抽象过失作为构成过失的要素的同时，另一方面作为过失的前提又要求责任能力就出现了矛盾③。

(三)客观的过失与责任能力制度

森岛教授认为，本来责任能力制度，一直是被作为按照行为人的个人能力要求的注意义务 = 具体过失的逻辑前提加以考虑的。换言

③　石田穰：《损害赔偿法的再构成》，东京大学出版会 1977 年版，第 10 页以下。

之,无论是抽象过失还是具体过失只要采用过失责任主义,逻辑上当然地引导出责任能力制度。

他认为,并不一定像对通说进行批判的学说所说的那样,在迄今为止的学说中具体的过失与责任能力制度是逻辑地联系着的。民法起草者并非以按照行为人个人的能力的注意义务违反来把握过失,而考虑的是通常人应尽的注意义务的违反,所以是在以抽象的过失为前提的基础之上考虑责任能力制度的。在以客观的义务违反为过失使行为人负担责任时,以行为人具有足以辨识行为结果的能力为必要。从这个意义上说,将违反应该防止能够预见的结果发生的注意义务的情况,考虑为责任根据的过失责任主义和使不具有辨识行为结果能力者免除责任的责任能力制度,二者在对责任的把握方法上有共同之处。但是,在严密的意义上来讲,并不存在其中一方构成另一方的逻辑前提的问题。在采用只由客观上违反了应该回避预见可能的结果的义务人负担赔偿责任这一过失责任主义的见解时,与不应该使本来就不具备对行为结果的辨识能力,因此无法期待回避结果者负责任的政策,在思想上是很容易接近的。但是,在客观的注意义务违反这一事实存在时,即使行为人的智能显着低下,也能够以受害人的救济不应受加害人能力的影响为理由,采用认定赔偿责任的政策。另外,即使在采用无过失责任主义扩大加害人责任的场合下,对由于智能低下根本不可能期待其预先回避结果发生的人,要采用免除其赔偿责任的政策也并非不可能。

应该把责任能力制度看作是在与个人的能力无关,只要存在客观的注意义务违反的事实时加害人就要负赔偿责任这一客观过失责任主义之下,从认可对一定的能力显着低下者予以免责的政策性考虑出发建立的制度。④

(四)受害人保护与责任能力制度

如果认为责任能力制度是为保护判断能力低下的加害人的制

---

④ 森岛昭夫:《侵权行为法讲义》,有斐阁1987年版,第137页以下。

度,就从正面提出了通过何种构想对受害人保护与无责任能力者保护这种对立的利害关系加以衡量的问题。因此,在从立法政策的观点出发重新探讨无责任能力制度的学说中,出现了考虑到发展到今天的侵权行为制度的功能正在从个人活动自由的限制向公平分配损害负担转轨的情况,无责任能力制度的妥当范围应该大幅度缩小的倾向。在立法论方面,出现了认为对精神病患者应该视情况认定责任的见解。在解释论方面,出现了认为对无过失责任规定〔例如民法第 717 条(关于土地工作物的占有人、所有人的责任的规定)第 1 款但书〕不应该认可责任能力制度的适用的见解。另外,还有从与德国民法的衡平责任同样的构想出发,认为加害人自身有相当的资产,或者加入了足够的责任保险的场合,由无判断能力的加害人赔偿是公平的主张。

作为立法政策,无责任能力制度的妥当范围应该尽量缩小,这本身当然是很理想的事情,另外,未成年人、精神障碍者负赔偿责任的场合,对这些人负监督义务人被视为无损害赔偿义务者(《民法》第 714 条)。因此,只单纯地依靠认定未成年人和精神障碍者的责任,就会发生名义上无资力的未成年人、精神障碍者负赔偿义务,而实际上受害人得不到救济的情况。由这些人负责任时,如果不是这些人有赔偿资力的场合,或者如果不认定他们的监护人共同承担责任就是不充分的。

(五)责任能力与行为适格

责任能力作为过失责任的要件,自然与行为人的行为相关,因此,有必要从其与行为适格的关联上进行分析。[⑤]

关于行为到底是什么的问题,其自身就存在着相当困难的争论。这里,在单纯地作为基于意思的身体的动静的基本意义之上,存在着之后作为这样的行为与结果的关联性(因果关系)问题加以理解的"因果性行为论"与理解为指向结果的目的性因果关系的支配的"目

⑤　窪田充见:《侵权行为法》,有斐阁 2013 年版第 6 次印刷发行,第 166 页以下。

的性行为论”的基本对立。

首先,以因果性行为论为前提的传统性见解,关于行为是什么这一点,没有特别大的年龄性制约。只要是基于意思的身体的动静,即使对很小的儿童,认定行为的情况也是可能的。但是,为要认定把焦点放在主观性心理状态上的过失,就要以一定的能力是必要的理解为前提,对一定年龄以下的儿童,不承认过失的成立。责任能力,是规定这一侧面的制度,即使没有责任能力的规定,同样地,对未成熟的儿童也不成立过失侵权行为。就是说,在这种传统的见解来看,关于行为的能力虽然不是特别必要,而关于过失的能力是必要的,这样责任能力也被定位为那种要件。在这种见解中,行为适格未被有意识地得到过讨论可以说也是当然的事情。

其次,在认为责任能力是单纯的制度性弱者保护规定,过失的认定自身可以从客观性行为样态来进行判断的近时的有力说中,即使是非常小的儿童,只要客观性样态被认定为义务违反,认定过失就不存在障害。但是,即使是这种见解,在设定行为适格要件的场合,为能够称为行为的能力也成为必要的(就是说,正是由于不以过失能力为问题,而在其以前的阶段发生了处理能力的必要)。这一场合,根据作为行为适格要求的是什么,而发生差异。若以因果性行为论为前提,就是只要有基于意思实施身体的动静的能力即可。另外,在以目的性行为论为前提的场合,指向结果的因果性支配这一更高的能力就被认为是必要的。

实际上,关于将责任的辨识能力作为何种程度的层次,也依论者不同而出现差异。其中,既有以“明白事物善恶”的年龄,就学年龄程度的能力来认定责任能力的见解。另外,在坚持责任能力不作为过失的逻辑前提的同时,也要求以目的性行为论为前提的行为适格的见解中,在结果上要求的几乎是同样年龄程度的能力。关于责任能力的讨论,并不是只被限定在责任能力上,也是一个有必要考虑与其他要件的关系的问题。

总之,无论怎样,因为现行日本《民法》有第 712 条和第 713 条的规定，所以，结局上，无论将其定位在哪里、如何加以定位，关于责任能力是必要的这一结论是没错的。但是，在责任能力规定没有直接讨论的“受害人的过失”（过失相抵）中，这些问题存在着显在化的可能性。

二、责任能力的程度

（一）未成年人的责任辨识能力

关于在何种场合视为无责任能力，《民法》第 712 条规定，未成年人“不具备足以辨识其行为责任的智能时”，第 713 条规定“心神丧失期间”。

在讨论民法草案时，穗积八束委员提出现行《民法》第 712 条的“行为的责任”这一用语“表现出的像是应该足以辨识普通的法律上的责任这是不合适的”，对此，起草委员穗积陈重博士回答道“的确是有文字过重之弊，如果有表示知道其行为好坏意义那样的轻一些的文字就更好了”。土方宁委员则建议将“辨识其行为的责任”改为“辨别其行为的是非”。[⑥] 穗积陈重博士认为可以，但梅谦次郎博士却觉得那样规定有失过轻，反对修改，其他委员也都赞成原案，所以就按原案通过了。但是，对具体地需要何种程度的辨识能力这一点未作充分的审议。

学说当初对于“辨识行为责任的智能”的意义，是以是非善恶的辨识能力为基准的。即或者认为智能发育到辨别事情是非的程度就可以，或者认为认识行为的自然性结果且认识该结果的社会意义（是非善恶）是必要的，但不需要道德上的成熟等。另外，也出现了指能够认识行为产生的损害且能够认识自己必须负担该损害的能力的见解。判例（大审院 1915 年 5 月 12 日判决，载《大审院民事判决

---

⑥　法务大臣官房司法法制调查部监修：《日本近代立法资料丛书 5〈法典调查会：民法议事速记录五〉》，社团法人商事法务研究会 1984 年版，第 319～323 页。

录》第21辑第692页——少年店员丰太郎事件[⑦])最初也在作为认定雇主的使用人责任的前提认定加害儿童(11岁11个月)的责任能力时指出"发育到能够识别侵权行为是什么,换言之,若能够识别是非善恶的程度",就可以认定责任能力,但之后的判例(大审院1917年4月30日判决,载《大审院民事判决录》第23辑第715页——"光清射击"事件[⑧])则认为虽然没有辨识损害赔偿责任的必要,但"解释为指没有辨识是道德上不正的行为的知识,不足以辨识加害行为在法律上的责任的知识是相当的"。自该判决以来,要认定具有责任能力,均解释为以辨识法律上的责任为必要。虽然判例所说的非损害赔偿责任的法律上的责任指的是什么并不明确,但学说支持判例的见解。解释为责任能力并非具有足够的关于法律上效果的精确认识的能力,但以能够辨识会发生某种法律上的责任的智能为必要。

但是,法律上的责任如果意味着某种法律责任,那么"道德上不正的行为的辨识"与"行为的法律上的责任"之间实质上就没有什么不同。上述大审院1917年的判决,驳回了家长主张若能够辨识行为的是非善恶,加害儿童就具有责任能力,对原审以加害儿童(12岁2个月)欠缺辨识法律上的责任的智能从而认定加害儿童的监督义务人家长的《民法》第714条责任的判决所提起的上告,作出的是无责任能力的判断。因此,判例是立足于"法律上的责任的辨识能力"比"道德上不正的行为的辨识能力"程度高的前提之上的。但无论怎样,仅此具体地需要何种程度的能力并不明确。判例、学说大致上以小学毕业的12岁前后的能力为责任辨识能力(责任辨识能力虽然

⑦ 该事件中,11岁11个月的少年店员为使用人B用自行车运输货物的途中撞伤了A,A对B追究了使用人责任(《民法》第715条),大审院认定该少年有责任能力,从而使使用人B承担了《民法》第715条规定的使用人的损害赔偿责任。

⑧ 该事件中,12岁2个月的少年B,和朋友玩耍时喊着"光清射击!"把气枪对准朋友的脸,不听朋友的制止扣动扳机,子弹击中朋友A的左眼造成失明,A向B的亲权人追究了监督义务人责任(《民法》第714条),大审院认定了该少年无责任能力,从而使B的亲权人承担了赔偿责任。

要作个别具体的判断），但应该指出，其背后是尽可能地否定加害儿童的责任能力，认定有赔偿能力的家长的第 714 条责任的考虑在发挥作用。之所以会出现尽管一方面存在着尽量缩小无责任能力制度的适用范围的主张，但判例仍然是不到一定的高年龄就不认定责任辨识能力的现象，就是因为要尽可能通过使第 714 条责任广泛地得到认可，来达到在结果上对受害人给予救济的目的。

单从年龄来看，大审院的上述两个判例好像有矛盾，但在 11 岁零 11 个月的加害儿童的事件中是要追究使用人责任，所以如果不判定少年有责任能力受害人就不能得到救济；而在 12 岁零 2 个月的加害儿童的事件中是要追究监督义务人责任，所以如果不判定少年没有责任能力则受害人就得不到救济。因此，实际上无论哪个判决，都是要肯定损害赔偿责任这种先行的意图在发挥着作用。而且，责任能力不是一律单以年龄决定的，必须考虑行为的种类、该少年的成熟程度等多方面的情况。

（二）心神丧失者

《民法》第 713 条规定“在心神丧失期间给他人造成损害”者不负损害赔偿责任。通常，所谓心神丧失，是指欠缺意思能力，至于无意识状态或指完全欠缺正常的判断力的场合，无法辨识法律上的责任的情况当然包括在内，也指无法判断事理善恶的状态。但是，如果是这样，那就比《民法》第 712 条的“足以辨识行为责任的智能”更低。因此，学说为了回避第 712 条与第 713 条的分歧，解释为第 713 条所谓“心神丧失”应该是指关于侵权行为的无责任能力的评价状态，所以，意味着与第 712 条的场合所指欠缺责任辨识能力是同程度的智能和判断能力状态。并且，作为法律上的责任辨识能力，上述意义上的责任能力，比起法律行为中的意思能力来其程度一般来说要稍稍高一些。其理由是，法律行为是正常的交易社会中的行为，所以其法律效果可以比较容易认可，而侵权行为中从支配行为的失败产生出的是损害赔偿责任的问题，因此，其要求的是比交易中的意思能力程度稍高的能力。但是，由于法律行为的性质和侵权行为的种类不同,并不一定可以那样完全地一概而论。

总之,上述学说以将《民法》第 712 条的责任辨识能力的欠缺解释为与第 713 条的心神丧失是同等程度的能力欠缺为前提,因此,是要说明心神丧失状态比意思能力的欠缺状态所要求能力程度高的见解。但是,从将责任能力制度理解为保护判断能力低的加害人的政策性规定的立场出发,未成年人的场合与精神障碍的场合没有必要以同样程度的能力为前提。问题在于在精神障碍的场合下,不管"心神丧失"规定的条文如何,通常有无必要要求比根据该术语所意味能力更高的责任辨识能力这一点。虽然"心神丧失"的情况与未成年人的场合不同,问题不是很多,但仍然存在为能够对监督义务人追究《民法》第 714 条的责任,有必要尽可能地不承认被监护人的责任能力的问题。

《民法》第 713 条的所谓"心神丧失"是指缺乏最小限度的责任能力的状态,有时也指连行动能力都没有的场合。因此,在实施侵权行为时是心神丧失的状态时就可以不负责任,并不必像禁治产者[⑨]那样"经常处于心神丧失的状况"(《民法》第 7 条),因此,禁治产者在恢复正常的状况下实施侵权行为时,也要负担侵权行为责任。即使是正常人,由于一时性的疾病发作、药物作用等陷于心神丧失状态实施了侵权行为的场合,也不负责任。但是,对此是有限制的。即第 713 条但书所谓"但因故意或过失招致一时的心神丧失时"行为人要负责任。这被称为在原因上自由的行为(actio libera in causa),作为民法上的解释,通说解释为,其意义是,放任陷入心神丧失(故意),或者因过失陷入该状态。此外,还有解释为预先知道陷入该状态而实施侵权行为(故意),或者应该预先知道(过失)的场合的少数说。但一般认为,如果按照少数说,这一规定就成了单纯的注意规定(已经相当于第 709 条),因此还是通说那样解释比较符合公平原理。

⑨ 日本民法中"禁治产者"、"准禁治产者"的称谓,已依 1998 年 12 月 8 日法律第 149 号的改正废止,民法中新的无责任能力人的称谓有:"成年被后见(照看)人"、"被保佐(佐助)人"、"被辅助人"。

另外,对存在这种丧失免责情况的证明责任,从该第 713 条但书的条文规定体裁上看,由主张责任成立的原告(受害人)方承担[10]。

(三)无责任能力的证明责任

未成年人是否欠缺责任辨识能力,加害人在加害的当时是否处于心神丧失状态,关于这一责任能力的有无的证明责任,由主张无责任能力应该免除责任的加害人方面负担。关于这一点,无论根据所谓法律要件分类说,还是根据按照与证据的距离分配举证责任的学说,均无异议。

但是,在追究无责任能力人的监督义务人的责任的场合,依据《民法》第 714 条的规定,“在无责任能力人无责任的场合”监督义务人负担责任,加害人无责任能力的情况构成责任追究的积极性要件,所以,根据法律要件分类说,追究责任的受害人就要对加害人的无责任能力负举证责任。对于这种状况,有学者认为,就同样的无责任能力,因诉无能力者本人,还是诉监督义务人的不同而转换举证责任是不适当的。并且,监督义务人作为加害人的法定代理人,一方面要针对《民法》第 712 条、第 713 条责任主张、证明加害人无责任能力,另一方面却要对自己的《民法》第 714 条责任进行争辩这是极其不正常的。应该解释为,或者认可在无责任能力者与监督义务人之间的主观预备性合并诉讼,或者因为本来原则上是加害人负责任,所以如果能够证明加害人无责任能力的情况,就不允许改口(estoppel)[11],只要监督义务人的其他责任要件也得到充足就要负担责任。或者从与证据的距离出发,解释为关于无能力的举证责任在加害人及其监督义务人方面也是可能的。

三、无责任能力人的监督义务人的责任

(一)责任的性质

《民法》第 714 条规定,依据第 712 条、第 713 条在无法认定无能

---

⑩　远藤浩等:《民法(7)》(第 4 版),有斐阁 1997 年版,第 123 页以下。

⑪　即“禁反言”。

力人的责任的场合,无能力人的法定监督义务人以及代替其监督无能力人者,只要证明不了未懈怠监督义务,就要对无能力人给他人造成的损害负赔偿责任。

日本民法的这一规定,从沿革上说,虽然由于作为家族团体的统率者的家长对属于本家族团体的成员实施的侵权行为负绝对责任的日尔曼法,但又是模仿瑞士法、德国法,加入了如果监督义务人证明了未懈怠监督义务的场合免除赔偿责任的内容,修改成过失责任主义的形态制定出来的。

民法起草者虽然作了说明,指出依据本条的责任并不是负担他人过失的责任,而是因自己的监督上的过失的责任,但是,该过失并非关于加害行为本身的过失,而是懈怠于对无能力人的监督这种一般性的内容,而且监督人过失的举证责任被转换,在这两点上监督人的责任与《民法》第709条的一般侵权行为责任相比更重,所以被称为介于过失责任与无过失责任之间的中间责任。并且,实际上这里的监督义务人是不容易被认定为无过失的。

本来,无责任能力人与其监督人都是有独立的人格权者,因此,本不应该有监督人当然要负担无责任能力人的责任的理由。这样,就必须明确监督人负担该责任的根据。其根据就在于监督人不仅对无责任能力人的社会生活应该尽保护、监督义务,而且,通过认定其未充分尽到监督职责发生的加害行为和监督人责任,来谋求受害人的保护。而且从历史发展来看,"二战"以前,在立法论和解释论中,均存在过认为因为家族共同体是作为一个团体进行社会生活的,所以对家族成员的加害行为,家族共同体作为一个整体应该负责任,因此,作为团体代表者的家长应该负绝对责任的见解。但战后,日本民法改正以来,关于家族共同体的法律上的观念、社会生活的实体均发生了变化,所以现在已无这种主张存在。

(二)监督义务人

所谓无责任能力人的法定监督义务人,对未成年人是亲权人(《民法》第820条)或监护人(《民法》第857条),对禁治产人是监护人(《民法》第 858 条),对精神障碍者是监护人、配偶等当中被规定为保护义务人的人(《精神保健法》第 20 ~ 22 条)。所谓代替法定监督义务人监督无责任能力人的人(代理监督者),是指托儿所、幼儿园的保姆,小学校的教员,精神病院的医师,少年院的职员等那种依据法律,或者依据合同受委托监督无责任能力人者。过去曾经有过一种解释,认为即使在担任监督、教育等任务的定型设施中,这些所谓的代理监督者,也是指那里的长官和担当职员个人,这种解释在历史上虽然可能曾经是适当的解释,但作为现代社会中民事责任上的制度,应该说将那种设施、事业体和事业主本身视为"代理监督者"更为妥当。这是因为,由这种设施等的职员负担过大的职业上的责任是不适当的,职员个人只负担通常的《民法》第 709 条的过失责任是合理的。受法定监督义务人委托临时照看无责任能力人的人也可以是代理监督者。判例中还有对志愿者活动的指导者认定其代理监督者责任的事例(福冈地方裁判所小仓支部 1984 年 2 月 23 日判决,载《判例时报》第 1120 号第 87 页)。

(三)责任要件

1. 无责任能力人的加害行为,具备责任能力以外的一般侵权行为的要件

过去,最高裁判所曾认为,儿童在游戏中摔伤了其他儿童那样的场合,该行为欠缺违法性,不发生监督者的责任(最高裁判所 1962 年 2 月 27 日判决,载《最高裁判所民事判例集》第 16 卷第 2 号第 407 页)。但是,最近的最高裁判所判决(最高裁判所 1995 年 1 月 24 日判决,载《最高裁判所民事判例集》第 49 卷第 1 号第 25 页)认为在无责任能力人造成失火的场合,综合考虑不能从对无责任能力人的行为考虑有无相当于过失的情况使其监督义务人负担赔偿义务和失火责任法限有重大过失的场合始负责任这两者的宗旨,考察无责任能力人自身有无重大过失是不适当的,在监督义务人就监督无重大过失时得以免除责任。这种见解与过去一直认为无责任能力人的加害行为需具备责任能力以外的侵权行为成立要件的见解有所不同。

2. 未懈怠监督义务的证明

没有懈怠监督义务的证明责任在监督者。存在这种无能力人的违法的加害行为,视为监督者的监督不充分,这是为求得监督者对此进行反驳。通过这种处理能够容易地使监督者负担责任,受害人得到救济。

在某事件中,C(小学一年级学生)游戏中用水泥片使A(小学五年级学生)的头部受了伤,于是,A向C的监督义务人B追究责任的事件中,法院以监督义务人对未懈怠监督义务负有证明责任,而监督义务人没有对此作出证明,从而认定了其责任(大审院1943年4月9日判决,载《大审院民事判例集》第22卷第255页)。

关于未懈怠监督义务,在进行判断时,必须注意以下方面。由于亲权人、监护人的监督义务涉及无能力人的全部社会方面时,所以对各个加害行为的监督作证明并不充分,还必须能证明也未懈怠一般的监督义务。因此,亲权人、监护人等的免责事由几乎得不到认可。不过,判例是就各个加害行为进行判断的,例如下述判例。

在B的次子C用球拍打伤了儿童A的事件中,法院以尽管亲权人"对C使A负伤的当时将球拍带入与其他儿童游戏的场所"应该进行适当的监视、相当的提醒,但不存在这种证据,从而认定了懈怠监督义务责任(大审院1939年3月22日判决,载《法律新闻》第4402号第3页)。

但是,也有未认定监督义务人责任的判例,在小学2年级男学生在游戏中用手制的弹弓致使别的孩子失明的事件中,法院认为亲权人发现孩子拿着弹弓外出,并加以制止,但由于孩子非常想带,家长与其约定禁止使用弹弓后允许外出的场合,即使没有将弹弓收回,也不存在注意义务违反(最高裁判所1968年2月9日判决,载《判例时报》第510号第38页)。

小学教员那样的其监督义务只处于特定的生活关系中时,在该部分中未懈怠监督义务时得以免责。判例也认为校长班主任的监督义务并不是涉及学校内儿童的全部的生活方面的,应该只限定于与学校内教育活动和准教育活动有关的儿童行为的部分(高松高等裁判所 1974 年 11 月 27 日判决,载《判例时报》第 764 号第 49 页)。这种场合的证明比较容易。

关于证明了即使没有懈怠监督义务损害也将发生时能否免责,依据是否将《民法》第 714 条的责任看作以监督上的过失与加害行为之间的因果关系为基础的责任,存在着意见分歧。从视为无论因果关系的存否责任均由监督者负担的立场出发,否定免责。从以因果关系的存在为基础,该证明被视为已经免责的立场出发,认为这种场合不存在因果关系的情况已得到证明,肯定免责。最近,后者正在逐渐成为通说[12]。

(四)责任的负担

《民法》第 714 条规定,无责任能力人的监督义务人"在依据前 2 条(《民法》第 712 条、第 713 条)的规定无能力人无责任的场合"负责任,很明显该责任是补充性的。就是说,只限于因行为人本人无责任能力,不负赔偿责任的场合才发生本条责任的问题,而并不是监督义务人与有责任能力的本人共同地负担本条的义务。对于民法采取的这样一种立场,出现了从立法论出发的强烈批判。

首先,由于将《民法》第 714 条责任作为补充性责任的结果,使受害人在加害人有无责任能力不明的场合,不知道应该以加害行为人和监督义务人中的谁为被告提起诉讼。在这种场合下,受害人诉加害行为人会被以无责任能力为理由驳回请求,而再次诉监督义务人时,这里也存在以加害人有责任能力为理由被驳回请求的危险。为避免这种危险,可以考虑通过一个诉讼,即以加害无能力者为主被告提起诉讼,预备性地(在加害无能力人被判定无责任能力的场合)诉监督义务人,这样一种主观预备性合并诉讼的形态进行。但是,诉讼法学者否定这种形态的诉讼。如果诉讼程序上主观预备性合并诉讼得不到认可,就应该在实体法上适用禁反言或诚实信用的原则,进

---

⑫　远藤浩等:《民法(7)》(第 4 版),有斐阁 1997 年版,第 164 页。

行如下的解释,即至少法定代理人在《民法》第712条,第713条的诉讼中代理无能力者,在第714条的诉讼中作为监督义务人本人,对同一个加害行为的责任能力不得提出相反的主张。

其次,由于无能力人,特别是在未成年人的场合下,大多数都没有自己的资产,所以,即使认定了这些人的责任能力从而判定其有赔偿义务,实际上受害人也无法得到损害赔偿。于是,有见解认为尤其是在未成年人的场合下,无论有无责任能力,作为监督义务人的家长对子女的加害行为均负有赔偿义务,使监督义务人责任与无责任能力者的责任并存,这样解释即符合本条的历史变革,也适应了家庭生活的实体状况。而且,在监督上的过失与有责任能力的本人的行为(损害的发生)之间的具体的因果关系得到认定的场合,也可以依照一般原则(监督人的过失由受害人举证),由监督义务人与本人一起负担赔偿责任。⑬

最后,解释论中有主张监督义务人有懈怠监督义务的过失时,应该认定监督义务人的《民法》第709条责任的见解。监督义务人负担无能力人不对外部施加加害行为的监督义务,所以,在由懈怠监督义务的结果发生了无能力人的加害行为的场合,不能免除第709条的责任。《民法》第714条所谓"在依据前2条规定无能力人无责任的场合",不过是意味着当加害行为人无责任能力时依据本条监督义务人的过失被推定的规定,并不是排除第709条责任的规定。因此,无能力人的加害行为的受害人,证明了监督义务人的过失及该过失与无能力人的行为(结果发生)之间的因果关系,监督义务人就应该赔偿损害。判例(最高裁判所1974年3月22日判决,载《最高裁判所民事判例集》第28卷第2号第347页)也采用此说,认为"即使是未成年人有责任能力的场合,在能够认定监督义务人的义务违反与因该未成年人的侵权行为产生的结果之间的相当因果关系时,解释为对监督义务人成立基于第709条的侵权行为是相当的,《民法》

---

⑬ 几代通、德本伸一:《侵权行为法》,有斐阁1993年版,第192页以下。

第 714 条规定并不妨碍上述解释”。

在追究监督义务人的过失责任的场合，发生违反监督义务与结果发生之间的因果关系的问题。但这种关系并不直接以第 820 条的一般性监护教育义务为问题，而是在对受害人的关系上，如果加害人的家长违反监护教育义务，这能否被评价为违反确保第三者安全义务 = 第 709 条的过失的问题。

此外，法定监督义务人的责任与代理监督义务人的责任不是相互排除的，两者的责任可以同时成立。这种场合下的两个责任构成不真正连带债务，两个责任主体之间的内部追偿关系，依各场合中两当事人间的关系而定。⑭

有学者认为，从对智能不充分者的保护和因其加害行为而受害者的保护的衡量这一政策性观点来把握责任能力制度的立场出发，关于是否认定因无责任能力免责，对未成年人与心神丧失者是否应当作同样处理的问题，在无能力人无资产时，应当在何种程度上认定应当负监督这些人的义务者的责任等这类立法论上的问题，有必要在明确应衡量的利益状况的基础之上，重新进行探讨。⑮

---

⑭ 几代通、德本伸一：《侵权行为法》，有斐阁 1993 年版，第 193 页。

⑮ 森岛昭夫：《侵权行为法讲义》，有斐阁 1987 年版，第 152 页。

第4章 故 意

第1节 “故意”的概念

一、通说

《民法》第709条规定,“因故意或过失侵害他人权利者负赔偿因此所生损害之责”。即使侵害了他人的权利,如果加害人没有“故意或过失”也不发生损害赔偿责任。这种作为侵权行为的要件要求故意、过失的原则被称为“过失责任原则”或“过失责任主义”。

关于为什么加害人有故意、过失就要负责任这一点,民法起草者没有提供积极的根据。只是找出了因为如果采用不问有无过失只要给他人造成损害就要负责任的原因主义,那么每个人都不能自由地行动因而有害交易的进行,并带来“生活上的不便”之类的消极理由。这样,作为责任原则否定原因主义的结果,只要采用过失责任主义,就没有必要区别故意与过失。因为故意也好过失也好,都是不能说“以充分的注意以充分精密的方法”实施行为了。

那之后的学说关于责任的根据,也都不区别故意与过失而将两者合在一起称为过失责任主义,对采用过失责任主义,作出是为了保证个人自由活动的说明。例如,我妻荣博士论述道,“在作为指导个人自由的原理的近代个人本位、权利本位的法律中,侵权行为制度被认为是划定个人自由活动界限的最小限度的限制。各人即使因其社会生活中的自由活动给他人造成了损害,那也是自由竞争的必然结果，法律不应该随便地加以压抑。只有当该活动、竞争侵害了他人的自由威胁到共同生活本身的存在的场合，才作为不能允许的不法的行为追究其责任。在这种思想之下，对侵权行为指出应该责备行为人主观的东西，即因故意或过失的存在，侵害了其他的个人的权利时，至少要求行为是明确地违反了法规的”。从而，故意或过失作为“应该受责备的主观”，为过失责任提示了积极的根据。加藤一郎教授也与这些见解同样，认为过失责任主义是从背后保障自由竞争的制度。并且指出过失责任以促使人们注意没有过失地行动的形式，发挥着防止损害发生的社会性功能。①

这样，作为侵权行为的要件，故意与过失在不必特别加以区别的场合，无论故意还是过失，只要行为人的意思有应责备之处，同样都要赔偿因此发生的损害，所以与原则上只处罚故意的刑法的场合不同，论述哪里构成故意这样的问题就没有实益了。

二、认识与希望结果发生

民法起草者以“内心持有特殊的目的，为成就其目的构想或实施了行动”的场合为故意。我妻荣博士将其解释为“所谓故意是指虽然认识到自己的行为侵害他人的权利，将会发生其他被评价为违法的事实，仍然冒险地实施该行为的心理状态”，而过失则是因不注意不知道上述事实的发生。那之后的学说几乎都采用这样的定义。民法起草者考虑的是希望或者是意图使结果发生，而那之后的通说则考虑的是不以希望结果的发生为必要。但通说在只要认识到权利侵害的事实就可以，还是至少有必要认识到结果的发生而且放任结果的发生这一点上存在着不同见解的分歧。但是，尽管认识到因某行为会发生某结果仍然实施该行为，应该说至少是放任该结果的发生（如果不是这样就不会实施该行为），因此，认识还是放任的争论没有什么意义。

① 森岛昭夫：《侵权行为法讲义》，有斐阁 1987 年版，第 155 页以下。

三、违法性的认识

故意中还有一个对违法性的认识(或者认识可能性)是否构成故意的要件的问题。通说不以对违法性的认识为必要。

例如,在石油精炼公司排放出的亚硫酸气体使近邻发生损害的场合下,即使确信因为装备了现代化科学的最高水准的脱硫装置和其他防止公害设施,所以在这样的条件下尽管发生损害,该石油精炼行为也已经不是违法行为。但是,从前述"故意"的定义出发,也仍然可以对该公司认定其故意行为的成立。再有,债权人确信无效的债务名义为有效而实施了强制执行时,作为债权人自然没有想到该执行是违法的,若不以对违法性的认识(可能性)为故意的要件,"故意"就可以得到认定。

问题在于故意的成立要有对违法性的认识,还是只要认识结果发生的事实就可以这一点。例如,某工厂发生的噪音给近邻造成麻烦的场合,工厂主认识到噪音的受害,但确信这种程度的噪音不违反管制法规,也是得到社会允许的而继续进行作业的场合,能否认定工厂主的故意的问题。学说上,有认为只要行为人认识到将会给他人造成损害,故意就成立,关于该加害是否违法的主观上的认识没有必要的见解。另外,也存在着缺乏对违法性的认识时加害人的意思的可责难性弱,故意的成立要求有对违法性的认识的见解。

但是,行为人认识到侵害他人的权利,客观上实施了违法行为,并不具有对违法性的认识的场合,至少可以说行为人是有过失的。如果是这样,那么只要是站在作为侵权行为成立的要件不区别故意与过失的今天的通说的见解上,欠缺违法性的认识的场合无论称为故意,还是称为过失,都构成发生损害赔偿责任的要件,所以就没有作为划定故意与过失的界限的要件去论述有无对违法性认识的实际意义。但同时,如果将故意责任作为与过失责任相区别的,另外一种值得道义上强烈责难的意思责任的形态考虑,认为应该对其认定特别的法律效果,那么至少对欠缺关于违法性的认识,因而没有意识到做了坏事的行为人，以有故意给予强烈的责难是不适当的。

四、未必的故意与有认识的过失、概括的故意

过失责任的原则，就是当行为人的意思有值得责难之处时，以此为理由使其负损害赔偿责任的原则。因此，以制造坏结果为目的的意思，首先成为这一原则的对象（大审院 1909 年 6 月 17 日判决，载《大审院刑事判决录》第 15 辑第 788 页；1919 年 6 月 14 日判决，载《大审院民事判决录》第 25 辑第 1028 页；最高裁判所 1964 年 1 月 23 日判决，载《最高裁判所民事判例集》第 18 卷第 1 号第 99 页）。B 抱着把 A 的水果店撞坏的目的将机动车撞进水果店去的场合，确实就是存在着以侵害 A 的所有权为目的的意思。这就称为故意。还有，强盗以抢夺被害人的钱包为目的，虽然并没有想要杀死被害人，但想的是死了也没关系，朝着被害人胸部乱开枪的场合，作为为达到抢夺钱包目的行为的附随性结果（被害人的死），仍然是强盗意思的目的，因此，放任杀人的意思也称为故意。这种意识到可能发生“权利侵害”的结果，但仍然放任它的发生而实施行为的意思就称为未必的故意。在将故意责任作为“意思”责任，构想独立的归责原因的见解中，尽管认识到可能发生权利侵害的结果，但认为即使违法结果发生也没关系的放任意思，即未必的故意，是值得强烈责难的对象。

另外，轻信违法结果不会发生而实施行为的场合，是有认识的过失。在这种有认识的过失中，加害人并不是放任违法结果的发生，不能说其“意思”的恶性很强（不过，在通常人当然能够回避结果的意义上可以说有重过失）。未必的故意与“有认识的过失”之间存在着界限设定的问题。例如，驾驶机动车进入很窄而且通行的人很多的道路。驾驶人意识到了碰伤人的可能性，但相信凭着自己的驾驶技术能力能够避免事故发生而将车开了进去，可是失败了使人受伤的场合，这种情况称为驾驶人存在“有认识的过失”。

另外，在刑法理论中，还有称之为概括性故意的情况。例如，向人群投掷炸弹的场合，虽然不知道其中谁会死亡，但却是以有人死亡

为目的实施的行为,这时可以认定有杀人的故意,这称为概括的故意。在侵权行为中,加害人认识到违法结果的发生,仍然放任这种结果的发生而实施行为的场合,当然要追究其故意责任。判例对伪造支票背书等行为的判决就采用放任有人发生"权利侵害"的情况即可认定有故意(大审院 1932 年 5 月 3 日判决,载《大审院民事判例集》第 11 卷第 812 页)的见解。对民事上所谓概括性故意的情况,法院认为,对权利、法益的侵害能够称为故意的情况,不以认识、认容侵害享有该权利、法益的特定的人的权利、法益为必要。以认识、认容进行侵害他人权利、法益的行为为足(最高裁判所 1957 年 3 月 5 日判决,载《最高裁判所民事判例集》第 11 卷第 3 号第 395 页)。②

第 2 节　故意责任与过失责任

一、通说

在刑法中原则上只处罚故意行为,而不处罚有过失的行为(《刑法》第 38 条第 1 款),所以故意与过失的界限设定是重要的。而《民法》第 709 条规定"故意或过失",哪种情况都发生损害赔偿责任,所以原则上没有加以区别的实益。甚至有判例认为原告主张故意行为时认定为过失也可以(大审院 1907 年 6 月 19 日判决,载《大审院民事判决录》第 13 辑第 685 页)。但是,现实生活中,在侵权行为法上也有一些区别故意过失的实益。③

---

② 潮见佳男:《侵权行为法 I》(第 2 版),信山社 2013 年版第 3 次印刷发行,第 265 页。

③ 关于故意与过失,通说以损害赔偿的效果相同为理由,否定加以区别的实益。但在现实生活中,侵权行为的某些场合,存在着区别故意与过失的实益,因此,许多学者着眼于这一点,专门对侵权行为法中的故意的特殊性作了探讨。例如,加藤一郎:《侵权行为》、远藤浩等:《民法(7)》、前田达明:《侵权行为归责论》(创文社 1978 年)、森岛昭夫:《侵权行为法讲义》、平井宜雄:《债权各论 II 侵权行为》、几代通、德本伸一:《侵权行为法》等侵权行为法专著均在论述故意的章节部分中涉及了区别故意与过失的实益问题。

(一)存在只有因故意行为造成侵害时才成立侵权行为的加害行为类型

在这种场合下,基于有过失的行为就不发生损害赔偿责任。即根据受侵害法益的种类和样态,有时只有在加害人的主观状态的责难可能性强到故意的程度的场合,加害行为的违法性才被认定。例如,第三者妨害为实现债权目的的给付的场合,第三者使债务人的一般财产减少从而侵害债权人的利益的场合,妨害营业活动的场合等,就是有故意才成立侵权行为的加害行为类型。有学者认为,在这些场合下,以单纯的故意侵权行为仍不成立,加害人还必须存在害意和违反良俗的情况。

最高裁判所 1979 年 3 月 30 日在对一个侵害婚姻关系的事件的判决(《最高裁判所民事判例集》第 33 卷第 2 号第 303 页)中指出,即使通奸配偶不照顾家庭,从而发生了使其子女得不到充分的爱情和监护教育的损害,通奸对方的行为一般来说,也不构成对子女的侵权行为。这认定了没有"害意"的场合,侵权行为不成立的加害行为类型。

(二)损害赔偿范围的差异

因故意过失的不同,在损害赔偿范围上会产生差异。侵权行为一般地是以过失为要件即可成立的,但作为损害赔偿范围的问题,或者作为以某法律主体为受害人的侵权行为的成立范围问题,在有的场合下,区分侵权行为人是故意还是过失的情况是有意义的。例如,当对于受害人来说具有特别感情的某纪念品被毁坏的场合,过失加害行为的场合一般只认定财产损害的赔偿责任,不产生精神损害赔偿的问题,但在故意加害行为的场合,受害人也可以对故意的加害人就特别的精神损害请求损害赔偿。

再比如,A 商事公司的职员 B 在去参加重要的商事谈判的途中,因交通事故负伤,由于没有到达约定的场所,所以没能参与该商事谈判,被某竞争对手公司将该商事谈判夺走,从而使 A 商事公司失去了该赚钱机会的场合,如果该交通事故的加害人是竞争对手公司的职员,了解以上情况,并以夺走该商事谈判为目的将职员B撞伤,则A商事公司可以就失去该赚钱的机会对加害人请求赔偿。但是,如果加害人并不知道该情况,只是由于机动车驾驶的错误过失将职员B撞伤,则加害人就没有对A商事公司的损害负赔偿责任的可能性(再有,这种例子的情况,即使采取《民法》第416条不适用于侵权行为的立场,根据故意行为责任的本质也可以认定该损害的赔偿)。

(三)算定损害赔偿额时的差异

在算定损害赔偿额,特别是决定抚慰金的金额时,故意比过失被更重地评价,金额增高的可能性更大。这一点,得到了主张抚慰金应该包含民事制裁意义的见解的肯定,同时,即使不采用这种见解,从加害是因故意还是因过失引起,会使受害人遭受的精神损害本身产生差异的情况来看,也是可以理解的。

另外,在过失相抵中,加害人有故意时,受害人的过失几乎是不予考虑的。从过失相抵逻辑构造推论,也必然是故意不得与过失相抵。因为当加害人故意侵害受害人的场合,受害人是无法预见的,无从回避的。

(四)对不法妨害的认定的作用

对不法妨害(nuisance)等侵权行为类型,在决定该忍受限度的场合,故意还是过失能够起到影响。一般来说,忍受限度应该以通常人为基准进行判断,异常体质、需要安静的职业之类受害人方面的特殊情况,原则上不予考虑。但是,加害人如果知道该特殊情况时就有加以考虑的余地。最高裁判所在关于工厂噪音的事件中,考虑到加害人方面知道受害人是轮换上夜班的警察,其妻子是正在治疗的病人等情况,确认了决定忍受限度的原审判决(最高裁判所1967年10月31日判决,载《判例时报》第499号第39页)。

二、作为独立的侵权行为类型的故意责任

与通说作为侵权行为的要件不对故意和过失特别地加以区别相对,也存在把“故意”侵权行为和“过失”侵权行为作为两个不同的侵

权行为类型加以把握，分别认定各自的责任原理、要件和效果的学说。

平井宜雄教授认为，过失，不应该像通说那样“作为虽然应该知道结果的发生但却因不注意未能知道其发生的行为的心理状态”，即作为对“意思”的责任来理解，而应该是一种能否判断为加害人的行为违反了损害回避义务的对“行为”的责任，这样的过失应该理解为与具有“意思”性要素的故意分属于不同的侵权行为类型。

在“故意”的侵权行为中，损害赔偿的范围比在“过失”的侵权行为中的损害赔偿范围宽得多，故意行为与处于事实性因果关系上的损害，原则上所有都应该包含在赔偿范围中，只是对与加害人意图的结果有显着不同的结果，才得以从赔偿范围除外。

前田达明教授也认为，故意行为与过失是不同的归责原则。过失是客观的注意义务违反，即是违反了结果回避义务的行为，过失责任与其说是对行为人个人的“意思”的责难，倒不如说应该向行为人在进行社会生活之际实施了违背社会信赖的行为的情况寻求归责的根据（信赖责任），而故意责任则是向对行为人个人意思的恶性的责难寻求归责的根据（意思责任），两者是基于分别的归责原因的独立的侵权行为类型。认为“故意”侵权行为与“过失”侵权行为，在损害赔偿的范围、损害赔偿额的算定方面不同，并且存在着只有“故意”侵权行为才能得到认定的侵权行为类型。④

石田穰教授也基于独自的侵权行为类型论，提倡意思责任性侵权行为。认为意思责任性侵权行为的归责根据在于对行为人个人的责难可能性，在故意的场合以及有具体过失的场合（依照行为人个人的能力预见结果发生是可能的，且损害发生的防止是可能的场合），因为对行为人“恶性的意思”作个人性责难是可能的，所以构成意思责任性侵权行为。

与意思责任性侵权行为相对，设立了行为责任性侵权行为这一

④　前田达明：《侵权行为归责论》，创文社 1978 年版，第 207 页以下。

类型(这种类型又进一步地区分为客观性责任侵权行为和结果性责任侵权行为),与以业务行为的危险性为归责根据的后者的责任不同,在以对行为人的意思的责难为根据的前者的责任中,适用责任能力的规定,并且,以对加害人的故意、过失所涉及范围内(有责关联性)的权利侵害为侵权行为的成立等,强调在责任成立的要件方面,依侵权行为类型的不同而不同。但是,在法律效果方面,不因侵权行为的类型产生太大区别,是否为意思责任性侵权行为的情况,只带来抚慰金额的不同。⑤

在石田穰教授的见解中,并未专门把故意作为独立的侵权行为类型,而是将故意与具体过失合并作为一种类型。在将归责事由置于行为人的"意思"的责难可能性这一点上,平井说与前田说存在共同之处。森岛教授认为,虽然无论哪种学说均对故意与(抽象的)过失的归责事由的不同作了详细的理论说明,但关于在法律效果上是如何不同的这一实际问题,回答都未必明确。关于损害赔偿的范围、损害赔偿额的算定,具体地依故意或依过失是否具有质上的不同也不明确。

三、法人的故意

以故意为独立的侵权行为类型的学说,将故意这一意思和心理状态的个人责难性作为独立的归责事由加以认定。与此相对,实务家则提倡不以意思这一个人的心理状态为归责事由,而主张对虽然预测了损害的发生却不回避结果发生这一点,认定比未预测到受害发生的过失场合更强的社会上、道义上的责难性的见解。认为在受害的发生已被现实地预见到时,尽管这时要求加强对行为的抑制,负有应该回避结果的义务,但却违反这一义务,这是以对义务违反的责难性为归责事由的。将故意责任作为义务违反责任来把握的见解虽

⑤ 石田穰:《损害赔偿法的再构成》,东京大学出版会1977年版,第19页以下、第79页以下。

然是最近才由实务家从理论上加以阐述的，但是，主张故意责任与个人的“意思”脱离的见解，则是在水俣病诉讼和四日市诉讼等公害诉讼中就已经提出了。在这些事件中，受害人以公害企业明知使居民受害却仍然继续作业为由，主张法人的故意。但是，水俣病判决和四日市判决中，法院以各种各样的理由否定了企业的故意责任。只要从个人的心理状态来把握故意，法人的故意本来就无法成立。在这一点上，就产生了向对违反损害回避义务的责难性寻求归责根据的理论上的必要，因为如果要对法人认定故意责任，那么故意责任就不能采用意思责任的理论构成。不过，即使在那样的场合，仍然残留着作为发生强(高度)回避义务的前提，是否必须具备法人内部有人认识到了损害发生的条件的问题，但是，如果根据客观的外部状况，能够认定尽管法人内部决定法人行动的机关存在应该已认识到损害的情况而法人未能回避受害的事实，就可以不必理会法人代表者实际上是否已认识到受害的问题而认定法人的故意责任。20 世纪 80 年代初，出现了认定法人对公害的故意的判决(前桥地方裁判所 1982 年 3 月 30 日判决，载《判例时报》第 1034 号第 3 页——安中公害事件；但该判决既未将故意的情况反映到损害赔偿额的算定中，又未承认原告所主张的制裁性赔偿⑥)。该判决根据县政府机关曾进行过各种受害调查，受害农民曾经向各界陈述过情况，县农业委员会也曾经对被告企业发出过对公害的警告等情况，认定被告企业已经认识到造成远远超过忍受限度的深刻的受害的情况。

受害人在公害诉讼中主张公害企业的故意责任在法律上的意义，在于要使加害企业的可责难性程度反映到赔偿额上去，与此同时，又出现了以请求制裁性损害赔偿(惩罚性赔偿)为前提主张企业故意的见解。这种见解主张，现实地认识到了受害发生的场合，应该负担比受害发生的预见只是可能的场合更强的抑制行为的义务，为

⑥　关于学者对安中公害事件判决的评价，详细可参照吉村良一：《人身损害赔偿研究》，日本评论社 1990 年版，第 219 页以下。

保证实现强度的抑制行为,制裁性损害赔偿应该得到认可。但是,法院以对法人本身无法认定作为自然人的精神状态的故意、过失,并且,即使法人是通过公司经理的行为负责任的(民法第 44 条),公司经理认识到了受害发生,也不能说曾放任损害的发生,从而否定了故意责任[东京地方裁判所 1982 年 2 月 1 日判决(氯喹诉讼第一审判决),载《判例 TIMES》第 458 号第 266 页——氯喹(chloroquine)药害事件]。

通过这些事件,法人的故意责任得到主张,也提出了制裁性损害赔偿的问题,这既迫使一直以意思责任来把握故意责任的学说进行反省,并且,又提出了在日本制裁性损害赔偿应采用何种法的构成的问题。有学者认为,迄今为止,“故意”的问题,在侵权行为法学中并不太受重视,而这是一个今后无论在理论上还是在实际上都应该进行深入探讨的课题。⑦

⑦ 森岛昭夫:《侵权行为法讲义》,有斐阁 1987 年版,第 168 页以下。

第 5 章　过　　失

第 1 节　过失概念与过失的归责根据

一、民法起草者的见解

如前一章所见，民法起草者关于"故意"，论述的是"内心持有特殊的目的，为成就其目的构想或实施了行动的场合视为故意"，从希望或者意图结果发生而实施行为来把握故意。关于过失，论述道，"其应做的事未做，或者做了不该做的事，或者在做应该做的事时其方法不得当，所有类似于这样的场合均视为过失"。起草者在对故意、过失的说明中虽然有时使用了"心理的状态"或者"意思的状态"之类的语言，但至少在对过失本身所作说明的地方，是作为加害人应做的事没有做等义务违反行为来把握的。并且，民法起草者还论述道，"过失这一状况并不是依人的气质等决定的事情。是指欠缺通常的 10 个平常人处于该性质的情况下，并且，在其时其地通常所应该给予的注意的情况"，不是以加害人自己的注意能力为前提实施其行为时是否欠缺精神上的紧张（具体的过失），而是通过抽象地以通常人应尽的义务为基准判断过失（抽象的过失）。从这样的情况来看，民法起草者并不像后来的学说认为的那样将过失考虑为加害人的心理状态。而正是以是否尽了通常人应尽的注意义务为问题来把握过失的。

并且，民法起草者关于存在故意、过失的场合为什么加害人要负责任这一点,并未提供积极的归责根据。只是停留在举出如果采用有损害发生就立即要加害人负责任的原因主义,那么个人活动的自由就会受到阻碍这一理由上,而并未将故意、过失作为对使损害发生的加害人个人进行责难(意思责任)的归责根据。

二、通说与判例

从总体上看,民法施行后众多的学说,一直都对过失作如下定义,即所谓过失,就是尽管应该预见违法结果的发生但却由于不注意没能预见其发生这样一种心理状态(内心的状态)。这样,将过失作为一种心理状态,即一种意思紧张的欠缺来理解的见解,可以说很自然地被视为一种在侵权行为法上以过失原则的表现形式贯彻近代市民法的个人意思自治原则的解释。而且,从由于受到表现出浓重的个人主义法律思想色彩的德国第一草案的强烈影响,在制定日本民法的过程中,相当明确地将“权利侵害”及“损害的发生”这一客观性要件与“故意、过失”这一主观性要件加以区分进行考虑的情况来看,也可以理解这种情况。但是,与此相对,判例一般从民法制定之初开始,普遍作出的都是如下的判示,即所谓过失,是指在一定状况之下该行为人所实施的行为有“欠缺之处”的情况。因此,可以说判例一直是以所谓过失,是指在某种状况之下应该实施一定的行为(作为或不作为),但却没有实施该一定行为,这样一种行为义务的违反来给过失下定义的。①

(一)学说的发展过程

现实上,首先,鸠山博士以过失为主观性要素,认为“所谓过失,是指因不注意(欠缺善良管理人的注意)没有预见到行为的结果或者预见到了也未予以放任(与前面放任的故意相反)的心理状态”。关于以过失责任为原则的理由,指出“因客观上的违法行为给他人

① 远藤浩等:《民法(7)》(第4版),有斐阁1997年版,第109页以下;前田达明:《侵权行为归责论》,创文社1978年版,第29页以下。

造成损害时,如果主观上没有过失也经常要负担赔偿责任,那么将致使人的活动成为极为不自由的状态,并且,由于不区别有过失与无过失,结果将使已尽注意者与未尽注意者负担同一的责任,从而形成不正当的压制,这不仅完全排除了民事责任的第二位的目的,而且与公平观念背道而驰”。这里的见解,未必是将对加害人的心理状态的责难性作为归责的根据,而是列举了保障社会活动的自由和防止损害发生的政策性根据。并且,一方面虽然指出加害人的“心理状态”,但另一方面却又以“善良管理人的注意”这一规范性基准判断过失,因此,从逻辑上说,这样就不能构成加害人如果以自己的能力尽注意就能够预见但却未尽注意,这一对具体加害人的意思的责难(因为存在有的加害人无论怎样紧张也达不到善良管理人的注意程度的情况)。

其次,我妻荣博士与鸠山博士采取同样立场,认为过失是“不注意即欠缺注意”,关于注意程度,采用以“法律要求的作为社会共同生活的一员的程度的注意”为基准的抽象性过失,因此,与其说过失是欠缺个人的紧张不如说是未尽应尽之注意义务。并且,行为人主观上的应该谴责之处就是存在故意或过失,之所以要采用过失责任主义的根据,仍然是为了不使个人的自由活动萎缩。加害人个人的意思并未受到重视。

代表今天通说的加藤教授给过失所下的定义是“所谓过失,是应该知道该结果的发生,但由于不注意未能知道而实施某行为的心理状态”。进一步地指出,在过失责任原则中,尽管加害人实际上能够防止损害的发生,却没能防止这一点上存在责任的根据,所以应该是具体的过失,以加害人个人的意思责任作为归责根据。但是,尽管如此,又指出“作为受害人,认为加害人方是尽作为普通人的基准的注意实施行动的,但常常是由于加害人注意能力低下而被认定为没有具体过失。但是得不到损害赔偿对受害人的保护就是不充分的,就会产生不公正的结果”[②]。在这里,作为意思责任的逻辑性归结的具体过失,由于受害人保护这一社会性要求被修正为抽象的过失。

过失并非单纯的社会事实,而是经过法律评价的概念,过失的内容,最终是在与应否负担损害赔偿责任的关联上加以决定的。在这个意义上说,过失是侵权行为的归责事由,加害人单纯的主观性情况中的不注意,不见得就可以立即评价为法律意义上的过失。它是按照社会意义中的过失(依据社会的一般观念),同时又加上从法律立场出发的评价决定的。并且,可以说,之所以在本来作为主观性过失应该要求具体过失之处,却在某种程度上予以客观化从而以抽象过失为充足,就是由于在与受害人的关系上对过失加入了一定的评价。

同样主张通说的几代通教授给过失所下定义是“认识或预见一定的结果的发生是可能的,或者是应该认识或预见的,但却由于不注意未能认识和预见地实施行动”。这里不仅采用了“心理状态”,而且又把“实施行动”这一客观性要素明确地提了出来。但是,几代通教授认为,过失是看作心理状态,还是看作有欠缺的行为,这种差异实质上并不是什么大问题,只不过是说明方法的不同而已。这是因为,即使说是欠缺意思紧张的心理状态,在现实的法律处理的过程中,也只能是以某种外部的状态为线索加以认定的对象。并且,即使说能够预见(就是说存在预见义务),也不是单纯地为预见而预见,为认识而认识的问题,最终仍然是以期待着防止或回避违法结果的发生之类的某种外形性的行为的预见或预见义务为问题的,在这种意义上,可以说最终被追究的,是人现实地实施的行为与应该实施的行为之间的不一致。反之,在以行为义务违反这种相当客观的语言加以表现的场合,同样地,只要是以“人的行为”为问题,抽掉人的意识和心理去谈“行为”也是根本不可能的事。

但是,森岛教授对此持有不同看法,认为将过失作为内部的、心理的形态把握,或者作为外部的行为理解,这种不同实质上是与为过

② 加藤一郎:《侵权行为》,有斐阁1974年版,第69页。

失责任提供归责根据这一理论问题紧密相联的。以过失为心理性对象的见解本来就是与将归责根据作为对加害人的意思的伦理性责难来把握的理论相结合的见解。但一方面作为心理状态,另一方面又以抽象性过失为基准时,与向加害人的个人意思寻求归责根据的做法在逻辑上就是矛盾的。并且,所谓心理状态是与事实(故意的场合认识到某结果的事实,过失的场合注意力散漫未能认识结果的事实所构成的问题)侧面的问题相对,抽象性过失,是设定通常人应尽的注意对照现实的加害人的行为是否符合这样的规范性的判断。在这个意义上说,是心理状态还是行为的问题并不是单纯的说明时的术语或观点的不同。③

如上所述,通说确实一直都是用心理性和意思性的术语给故意与过失下定义的,但这并不是明确地作为意思责任向对加害人的意思的伦理性责难寻求过失的归责根据,而只是消极地以因为如果采用原因主义,致使责任过宽活动的自由就会受到阻碍的理由为过失责任提供了根据。另外,在通说中作为过失判断的基准采用了抽象性过失,如果是那样就必须说明以下场合的理由,即对那种由于自己的注意能力不及通常人的注意能力,因此如果以抽象性过失为基准以自己的能力根本不可能回避损害的加害人为什么要负担过失责任的理由。但是,对此,时至今日学说上并未给予合乎逻辑的一贯性说明,而是仅仅提供了为保护受害人应该采用抽象性过失这一实际性、政策性的理由。

森岛教授认为,鸠山博士以来日本的通说,从意思的侧面把握过失概念是因为受到德国法学意思责任学说的强烈影响。而另外,德国法学中,继承罗马法的传统一般采用以懈怠“通常家父的注意”,即抽象性过失为过失的客观性过失概念。在德国,怎样解决意思责任与客观性过失概念的矛盾是一个很大的问题。但是,在日本没有进行逻辑上的钻研,尽管下了心理上的过失的定义,但由于意思责任

③　森岛昭夫:《侵权行为法讲义》,有斐阁 1987 年版,第 174 ~ 175 页。

的见解并没有得到贯彻,扩展开来的却是违反通常人注意的注意义务违反就是过失的理解。[④]

(二)裁判例中的过失判断[⑤]

1. 机动车事故的场合

在道路上玩耍的儿童 A 没有注意到卡车开过来飞跑到道路中央,被该卡车轧成重伤的事件中,法院关于卡车司机 B 的过失作出以下认定,"一般地说机动车驾驶人在看到前方道路上游戏中的儿童时,负有应该能够容易地预测到只顾游戏的儿童会飞跑到机动车前的情况,不仅要注视该儿童的行动,而且要使用警笛警告该儿童机动车正在接近,在确认儿童已经避让之后从其侧方徐行通过,以防止危险的发生于未然,这样一种业务上的注意义务。但是,由于……被告 B……尽管看到了原告 A(当时 7 岁)等数名儿童正在玩耍,仍然轻信能够从上述儿童们的侧方通过,从右三叉路左拐东进,懈怠前述注意义务,既没有鸣警笛,也没有徐行,漫然行进从右三叉路左拐东进,因而使没有注意本案加害车的接近飞跑到道路中央的原告 A 与车体右侧相撞使原告摔倒在道路上车辆轧过原告的双腿……这样,不能不说被告 B 在本案事故中是有过失的……"(神户地方裁判所 1964 年 7 月 15 日判决——最高裁判所 1967 年 1 月 31 日判决,载《最高裁判所民事判例集》第 21 卷第 1 号第 69 页)。

2. 火车、电车(有轨道交通工具)事故的场合

在因电车司机 A 紧急停车时采取措施失误,电车冲撞了因发生故障停车于线路轨道上的货运机动车,使之严重破损的事件中,对司机 A 的过失作出了如下的认定,"凡电车在既无外灯等照明又是雨天的黑暗的夜间,行驶于住宅、商店等密集的有行人车辆来往的城市街道线路上的场合,应该解释为该驾驶人负有充分估计到该电车的

---

④ 森岛昭夫:《侵权行为法讲义》,有斐阁 1987 年版,第 176 页。

⑤ 此项主要参照远藤浩等:《民法(7)》(第 4 版),有斐阁 1997 年版,第 106 页以下。此外,前田达明:《民法Ⅵ2 侵权行为法》,青林书院新社 1980 年版,第 29 页以下亦对判例中的过失认定作了探讨。

惯性,以如果采取紧急停车措施,从采取该措施的地点在一定的距离范围内能够确实地将车停下来的速度驾驶电车,以此来防止危险发生于未然的注意义务。……现在以这种注意义务看一下本案,A 懈怠上述注意义务……漫然地驾驶电车,所以不得不说 A 对本案事故,在这一点上是有过失的”(名古屋高等裁判所 1956 年 11 月 20 日判决——最高裁判所 1958 年 7 月 17 日判决,载《最高裁判所民事判例集》第 12 卷第 12 号第 1766 页)。

3. 体育运动事故的场合

在滑雪场上,滑降者相撞的事件,对滑降者的过失作出了如下的认定“在滑雪场上从上方滑降下来的人负有应该注视前方,注意滑降于下方的人的动静,选择能够回避与该人接触或冲突的速度及进路的注意义务”,“被上告人有懈怠前述注意义务的过失”(最高裁判所 1996 年 3 月 10 日判决,载《判例时报》第 1526 号第 99 页)。

4. 公害的场合

在由于 B 的硫烟使 A 的农作物遭受损害的事件(大阪碱事件)中,大审院作出了如下的论述,“从事化学工业的公司及其他的人,只要为预防可能由其事业产生的损害而根据其事业的性质安装了相应的设备,即使偶尔给他人造成损害也不应以此为侵权行为而使其负损害赔偿之责。这是因为,在这种场合下不能说从事上述工业的人有民法第 709 条的所谓故意或过失”(大审院 1916 年 12 月 22 日判决,载《大审院民事判决录》第 22 辑第 2474 页)。

5. 医疗事故的场合

在 A 住进 C 经营的医院中,输血时被该医院医师 B 输入了患有梅毒的职业性供血者 D 的血液感染了梅毒的事件(输血梅毒事件)中,对医师的过失法院作出了如下的认定,“原判决的判断……应该说是正当的,关于有无梅毒感染的危险,对最清楚了解其有无的供血者自身,诊断询问足以推知有无梅毒感染危险的事项,在确认了该危险的情况下,只要情况允许就应该由被认定为没有该危险的供血者输血,作为医师这是当然的义务。所论(上告理由)虽然主张医师之间的惯例[6],一直都是输血者持上述证明书、会员证等时省略问诊,因此,医师 B 在上述场合也省略了问诊没有懈怠注意义务的责任。但注意义务的存否本来就应该是由法律决定的事项,即使确实实际上实行着那种惯例,那也只不过是可以作为判定过失的轻重程度时加以参考斟酌的事项,不能因为有这一情况就立即否定注意义务”(最高裁判所 1961 年 2 月 16 日判决,载《最高裁判所民事判例集》第 15 卷第 2 号第 244 页;最高裁判所 1995 年 7 月 7 日判决,载《最高裁判所民事判例集》第 49 卷第 7 号第 1870 页)。

6. 执行事故的场合

在 B 根据对 E 饭店的债权扣押动产时,收到了 E 的雇佣人 C,A 的律师 D 发来的该动产为 A 的物品的通告,但 A 并未提起异议之诉也未申请下达停止强制执行命令,因此 B 实施了拍卖的事件中,法院作出如下判断,“即使被告知是第三者的所有物,该通告参照当时的情况也是正当的,但只要没有能够推断债权人无视这一通告就是有过失的特别情况,而债务人或第三者又没有根据该通告提出任何证据资料时……也不能仅以此为依据就认定债权人负有应该调查该通告真伪的义务……”(最高裁判所 1955 年 2 月 11 日判决,载《最高裁判所民事判例集》第 9 卷第 2 号第 164 页)。

7. 新闻媒体事故的场合

对 B 在报道 A 的婴儿因畸形死亡的情况时,B 报社的新闻给人一种好像 A 的家庭中有人被杀害了的印象,A 因此而起诉 B 的事件,最高裁判所认为,根据从解剖医师和刑事警官“取材得到的信息所作报道,该刑事警官与署长共同负有发表搜查经过等广告的职责,即使其对于上述报道给予了谅解,但作为 B,也应该再次采访 A 进行取材等,应该更进一步慎重地进行取材以得到可靠根据。B 的各担当者不这样做,而是轻易地相信本案新闻内容是真实的,因此,这不

---

⑥ 这里日文原文为“惯习”,即“惯例”。日本法中“惯习”的意义、由来和内容,请参照本书第 174 页脚注 9 中的相关说明。

能说是有相当理由的，不能说 B 是没有过失的”（最高裁判所 1972 年 11 月 16 日判决，载《最高裁判所民事判例集》第 26 卷第 9 号第 1633 页）。

8. 制造物责任事故的场合

对 A 食用了 B 制造的鸡蛋豆腐，由于该鸡蛋豆腐上附着的沙门氏菌而中毒死亡的事件，法院论述道“作为鸡蛋豆腐的制造业者，B 应该预想到未做严格卫生处理的液体鸡蛋被沙门氏菌等细菌污染的情况，采取不把它作为鸡蛋豆腐的原料或使用时也在鸡蛋豆腐的制造过程中彻底进行杀菌等措施。但 B 却懈怠了采取该措施的义务，在使用购入之前或购入后的保管中已被沙门氏菌 C1 群污染的液体鸡蛋为原料制造鸡蛋豆腐时，未采取足以彻底杀灭沙门氏菌 C1 群的措施，致使被沙门氏菌 C1 群污染的本案鸡蛋豆腐被制造出来，并被置于流通过程中这一点上是有过失的。对于本案因食品中毒使 A 等遭受的损害负有依据侵权行为（民法第 709 条）的损害赔偿义务”（岐阜地方裁判所大垣支部 1973 年 12 月 27 日判决，载《判例时报》第 725 号第 19 页。另外，还有横滨地方裁判所 1975 年 2 月 4 日判决，载《判例 TIMES》第 324 号第 268 页；东京地方裁判所 1978 年 8 月 3 日判决，载《判例 TIMES》第 365 号第 99 页；最高裁判所 1983 年 10 月 20 日判决，载《最高裁判所民事判例集》第 37 卷第 8 号第 1148 页）。

在以上这些具有代表性的过失类型的判例中，无论哪个事件，从其判决主文来看，判例对所谓“过失”的意义，都是从没有为回避“权利侵害”的结果采取应有的处置出发，并将其作为义务违反来加以把握的，也就是说可以认为，违反回避“权利侵害”这一结果的“注意 = 行为”义务即为过失。

三、对通说的批判——客观性过失概念

20 世纪 60 年代末 70 年代初，有学说开始对这种实际上依据客观性注意义务违反的有无来判断过失的同时，而在概念上却把过失

定义为心理状态的通说进行了批判。具体来说,一方面过失被判断为客观的注意义务违反,另一方面加害人的行为样态被作为违法性的判断要素,通过使过失概念客观化、高度抽象化的方法,使在民法第709条之下尽可能宽泛地认定加害人的损害赔偿责任这一实践性要求,与如何区别过失概念和违法性概念这一理论性的问题意识相交错,从而对从心理上定义过失的通说加以修正。

对通说的批判在公害的场合最为强烈。例如,野村好弘教授指出,判例在现实中并不把心理状态作为过失,而是以违反防止义务为问题的,"借用主观性要件的过失概念,在其中论述的却是是否采取了相当的防止措施这样的问题。因此,过失已经脱离了主观性心理状态成为客观性的问题,即作为为防止超过忍受限度的侵害是否采取了相当的措施的问题加以考虑了"。

泽井裕教授认为,过失就是违反损害回避义务。在现在的侵权行为法意识中,以客观的抽象性注意能力为基准衡量违反损害的回避义务是责难原因。这只能是预见可能性(如果是能够预见的,则通过不实施该行为,不持有该物就可以回避)。换言之,注意能力低下者,欠缺应有的能力却要实施不尽通常人的注意就会发生损害的行为本身就应该受到法律的责难,从而试图明确抽象性过失的归责根据。

平井教授从对理论上的关心出发,认为通过判例的分析已经非常明确,过失并不是作为与违法性严格区别的主观性要件的心理状态,而是作为客观的违反损害回避义务来把握的。并且,认为在该判断框架内区别违法性与过失是困难的,过失本身也是高度的政策性价值判断,日本在法技术上没有必要保留违法性概念。

前田达明教授与平井教授同样通过判例分析,指出了过失是未尽为回避结果的行为义务。并且,关于把违反客观义务作为归责事由的根据举出了"信赖原则"。即在社会生活的场合,从受害人方面来看,在与成为加害人的行为人相接触的场合,如果不能期待信赖该行为人在该状况下实施与一般标准人同样的行为,社会生活就无法圆满地进行。在现代的高度技术社会中,我们的生活建立在那种信赖之上的情况越来越多。当然,在多数场合下,都是通过裁判得以设定的,但是,在社会生活中,实际上已经预先分别对各个行为人设定了行为义务,那是对社会成员的行为义务的分配,并且那也是危险的分配。而且,各人,在其他社会成员背叛了对遵守其行为义务的信赖时,被允许以"有过失的侵权行为"请求损害赔偿。因此,"有过失的侵权行为"的归责根据是"信赖原则"⑦。在不从加害人方观察,而是从受害人和社会方面把握归责根据这一点上,是观念上的转换。以前的通说也为了受害人的保护采用抽象性过失,还有,泽井说向不具有通常人的能力者实施超过自己能力的行为本身寻求归责根据,而前田说则是试图使用信赖原则这一概念为那些主张提供根据的理论。

最近的学说批判通说以心理状态定义过失,主张应该作为客观的违反损害回避义务来把握过失。但是,正如从以上论述中看到的,通说也并不是完全地把过失作为心理的、意思的概念,而是已经通过采用抽象性过失,使违反客观性义务的情况得到明确。因此,森岛教授不同意最近的学说所强调的通说＝心理状态,判例＝结果回避义务违反的主张。认为过失这一术语本身是作为心理上、意思上的概念加以使用的,判例中也常常使用"继续漫然(满不在乎)地"等语言。但实际状态是无论加害人的个人意思如何过失的判断基准早已经规定好了,因此,作为法律概念,使用心理状态这一术语是不适当的。另外,森岛教授认为,对关于如果不能根据加害人的意思决定损害赔偿责任,违反客观行为义务的场合为什么让行为人负担责任的问题,有必要明确其归责根据。并认为前田说给予了一贯(系统)的理论性说明,现在是最具说服力的见解。⑧

⑦　前田达明:《民法Ⅵ2侵权行为法》,青林书院新社1980年版,第45~47页。
⑧　森岛昭夫:《侵权行为法讲义》,有斐阁1987年版,第178页。

四、向具体性过失的复归

在20世纪70年代末的学说中,与上述多数说相对,出现过采用以行为人的注意能力为基准,将欠缺自己平常的精神上的紧张的情况作为过失的具体性过失说,从而向意思责任寻求归责根据的见解。

石田穰教授将侵权行为区分为意思责任性侵权行为与行为责任性侵权行为两种类型,认为在以行为人个人的行为为对象的意思责任性侵权行为中,应该把行为人个人的责难可能性作为归责的根据,以行为人个人的能力为基准判断过失(具体的过失)。并认为《民法》第709条规定的过失就是那样的过失。与此相对,对危险波及社会的业务行为和特别的危险行为的责任作为行为责任性侵权行为,条理上⑨,可以认定对危险的客观责任(抽象的过失及无过失责任)。

对于这种见解,森岛教授评价道,民法起草者设想的是抽象性过失,并且姑且不论理论框架上的问题,在解释论上使迄今为止在《民法》第709条之下处理的对各种各样的行为的责任与《民法》第709条相脱离,认定"条理上"的责任着实过于大胆。对于其他主张具体过失的见解,森岛教授指出,那种学说与"迄今为止的学说、判例相违背,使人感觉到导入了对受害人不利的解释论(加害人的注意能

⑨ "条理",日语中指事物的本质性法则。亦称理法或者事物的自然。在所谓道理上,也以社会共通理念、公序良俗、诚实信用的原则等名称表现。最广义上也被与自然法同义地使用,被作为实定法存在成立的根据、评价尺度的意义,狭义上也与启蒙主义、合理主义的自然论中的普遍性、演绎性、体系性的自然法相对,被在称谓试图从具体生活关系的特殊性中寻找出个别客观性规范的立场设想的事物的内在性规范上使用。在技术上,意味着补充法的欠缺的解释上和裁判上的基准。日本旧的司法文件中曾经规定"民事裁判上无成文法律者从习惯,无习惯者应推考条理进行裁判"(明治8年太告103《裁判实务心得》第3条)。关于这一规定现在是否仍然有效,承认条理为一般性法源是否妥当存在着争论。若承认其为法源,则置于成文法、惯习(日本近代曾称"习惯",现在称为"惯习"。英文为"custom",惯例、习惯、常规等之意,是在一定范围的人们之间社会生活上多少共通反复进行,因此,在他们之间可以感觉到拘束力的定型的行为类型。一种社会规范。具有实定法上的拘束力。不具有实定法上拘束力的,称"事实性惯习"。另外,日本法中与"惯习"相近,但比"惯习"范围更宽的是"惯行")法(英文"customary",惯例法、习惯法)、判例法之后。

力低下的场合受害人得不到救济)。因而,作为日本的解释论从前景来看,是不能予以赞同的。[10]

第 2 节　过失与预见可能性
——过失的构造

一、作为过失要件的预见可能性

根据通说的见解,《民法》第 709 条规定中的过失被定义为"应该知道结果的发生,但因不注意未能知道该结果的发生,实施了某行为的心理状态"。不过,是否应该知道结果发生,并非以行为人个人的注意能力为基准,而应该以"作为普通人的基准的注意"为基准进行判断(抽象的过失)。并且,无论以加害人个人的注意能力为基准还是以普通人的注意能力为基准,在通说中,对结果发生的预见可能性构成定义上过失概念的中心要素。逻辑上对于预见可能的结果有防止结果发生的义务(正是由于对某结果的预见是可能的,所以对未防止该结果的发生有可责难性),所以预见可能性的存在构成注意义务的当然前提。换言之,在通说中,对结果的预见性构成过失的要件,在加害行为时没有对结果的预见可能性就不发生过失责任。

但是,有些见解则认为,过失并不是意味着行为人心理状态的概念,而是违反客观的结果回避义务的行为。因此,产生出结果回避义务以什么为基准加以确定的问题。

首先,如果认为有结果回避义务,那么对结果是否就必须有预见可能性的问题。

即使在反对将过失定义为心理状态的学说中,一般也都认为在加害行为时需要存在对结果的预见可能性。在客观地理解过失的见解中,作出的说明是尽管能够回避结果而没有回避的情况构成责难

⑩　森岛昭夫:《侵权行为法讲义》,有斐阁 1987 年版,第 178 页。

原因 = 归责事由,但在损害无法预见的场合,本来对行为人就无法说应该防止损害,或者应该能够回避损害。换言之,结果回避义务是对可能预见的结果而发生的,是对本来结果的发生是可能预见的却没有采取应该采取的措施的加害人施加的法律上的责难(损害赔偿义务)。判例将过失视为违反结果回避义务,也将对结果的预见性作为结果回避义务的当然前提。东京地方裁判所的判决(1978 年 8 月 3 日判决,载《判例时报》第 899 号第 289 页)就明确判示道,"《民法》第 709 条规定的所谓'过失',最终是指对结果回避义务的违反,而且,在具体的状况之下,应该解释为作为得以期待的适当的回避措施的前提,预见可能性的存在是发生预见义务的必要条件"。

其次,关于如果有预见可能性能否立即认定有过失这一点,存在着两种意见的对立。一种意见认为,当存在结果预见可能性时,通过不实施使那种结果发生的行为自身能够回避结果,所以预见可能性存在时可以立即认定存在结果回避义务因而有过失;另一种见解则认为,在以预见可能性为前提的基础上还要有回避结果的可能性才能认定过失。

与作为过失的要件要求结果的预见可能性说相对,存在着即使无预见可能性的场合过失也成立的学说。根据新忍受限度论,在过失概念客观化的今天,不必将过失与违法性区别开,而应作一元化的判断,应该作为"违反结果回避义务"加以把握。在以违反结果回避义务为过失这一点上,看起来新忍受限度论与客观性过失论并没有什么不同,但在对有无违反结果回避义务,是通过损害是否超过"忍受限度"来加以判断这一点上,新忍受限度论是有其特色的。即新忍受限度论认为,要对"受害人方面所遭受损害的种类、程度,与加害行为的样态、损害的回避措施等加害人方面的各种要素,再加上地域性等其他的各种要素进行相关的衡量,在认定损害超过'忍受限度'的场合,与有无预见可能性无关应该认定加害人的责任"。换言之,这里不以加害人能否预见结果为问题,只要发生了超过某种限度的损害、结果就立即构成过失。

新忍受限度论是在对应进入 20 世纪 60 年代中期以后频繁发生的公害纠纷,为更加容易地认定公害企业的过失和责任,以谋求公害受害人的救济这一意图之下产生出来的见解。特别是在公害事件中,有像水俣病事件那样的要证明加害行为时受害的预见可能性的情况极其困难的例子,这时,预见可能性的要件,对受害人救济来说就构成重大障碍。

由于侵权行为的成立,除故意、过失之外还必须论证加害行为的违法性,而从"权利的行使无不法"的法理来看,要认定事业活动等日常活动的违法性并不是一件容易的事。一部分见解认为,只有在加害行为违反具体的法令时才能认定其违法性。但是,通说则不采用这种见解,认为事业活动引起了超过忍受限度的损害时,就是权利滥用从而构成违法。并就受害人方面的损害的性质(健康损害、精神损害、财产损害)及其轻重等情况,加害人方面的加害行为的社会评价(公共性、有用性)、设置防止消除损害设施的状况、是否遵守管制法规等各方面情况进行比较衡量,并对客观方面的工厂所在场所的状况、先住后住关系等周边情况进行综合性考察,从而个别地具体地判定损害的忍受限度,认定损害超过忍受限度时加害行为就是违法的。这种违法性的判定方法被称为忍受限度论,现在的判例几乎都是依据这一方法认定违法性的。

问题是怎样看待违法性与过失之间的关系。理论上前者是基于加害行为的客观评价的归责事由,后者是着眼于加害人心理方面的主观性归责事由,两者是不同的判断要素。即违法性是从加害状况是否超越了前述的忍受限度的角度作出的判断,过失是依据加害人有无违反损害预见义务乃至结果回避义务作出的判断。通说是站在二元论的立场上将两者分别加以论述的。

但是,在现实的公害审判中要明确地将两者加以区别并不是件容易的事情,因而在学说中出现了主张违法性与过失一元论的观点,认为综合来看被认定为超过忍受限度构成违法的加害行为引起公害时,不必再去找寻加害人的过失,就可以认定侵权行为的成立。这种见解被称为新忍受限度论。依据新忍受限度论的判例也不少(例如东京地方裁判所1970年5月27日判决,《判例时报》第605号第74页;1973年4月20日判决、《判例时报》第701号第31页等)。

另外,在依据通说站在二元论观点上的判例中,也都严格地追究企业的注意义务,对过失做相当宽缓的解释,对违法的加害行为几乎都认定其有过失。在著名的四日市哮喘事件判决(津地方裁判所1972年7月24日判决,《判例时报》第672号第30页)中,法院虽然考虑到事业的公共性、企业遵守了排放基准等因素,但仍然在认为只要已给人的生命、身体带来损害,就是企业在选址、作业方面超过了忍受限度,因而存在违法的同时,认为企业有在工厂建设之际事先研究煤烟排出量、气象条件等,选址不给居民带来健康损害的义务;在作业开始后仍有注意这些事项的义务,但却懈怠了这些义务,因而不得不说企业在选址、作业两个方面均存在过失,从而认定了企业方面侵权行为的成立。

这样,判例的大多数都宽缓地解释过失要件,表示出违法之处即有过失的见解,特别是对于因公害引起的健康损害,均谋求运用无过失责任和结果责任来推进公害救济的进行。在这种判例的大趋势的基础之上,在1972年的第68次国会上《大气污染防止法》(第25条)和《水质污染防止法》(第19条)得到改正,在因大气和水质中的有害物质引起的健康损害方面,使从事构成损害原因活动的事业者负担无过失损害赔偿责任。从此,对以大气和水的污染这两种公害为主要原因造成的损害,适用无过失责任的原则(尽管只是限定性的)终于以明文的形式确立下来,从而消除了公害诉讼中的一个困难。这两个法的改正在公害救济的发展上具有划时代的意义。但是,这些规定是对过去的立足于忍受限度论的学说和判例的确认,因此也可以理解为它表明了关于公害健康损害救济的一般原则。即对于人的健康方面的损害,鉴于其严重性也都比较容易地运用了接近无过失责任的原则。因此,对于所有的有关人的健康损害问题的处理,基本上都排除了与无过失责任相反的做法。

但是,在就财产上的损害认定侵权行为的成立时,企业的过失依然是重要的因素,企业方面的损害预见等结果回避义务在某种程度上是严格地加以认定的。在这一点上,还不能说现行法对公害的救济完全摆脱了过失责任主义的影响实现了无过失责任化。[11]

如上所述,作为即使无预见可能性也可以认定企业的责任的论据之一,新忍受限度论指出,在围绕噪音、日照妨害等的一些下级审判决中,已经存在着不涉及受害的预见可能性只认定存在超过忍受限度的损害,从而认定加害人的责任的事实。但是,森岛教授却认为,在噪音和日照妨害的事件中,结果发生当然能够预见(在这个意义上,说是故意也可以),本来就没有将预见可能性作为问题的必要,而且,预见可能性也没有成为诉讼的争点,所以把这些判决作为新忍受限度论得到适用的根据是不适当的。另外,在四日市哮喘事件和水俣病事件(新泻地方裁判所 1971 年 9 月 29 日判决,《判例时报》第 642 号第 96 页;熊本地方裁判所 1973 年 3 月 20 日判决,《判例时报》第 696 号第 15 页)中,结果的预见可能性成为诉讼上的重大争点,法院在研究了这些之后认定了过失,所以想通过判例使新忍受限度论正当化是勉强的。

再有,新忍受限度论主张,作为过失的要件要求预见可能性的见解已经丧失正当性,以此为自己的见解奠定基础。即第一,预见可能性说立足于近代市民社会中仅限于对有预见可能性的损害负责任是适合正义、衡平的见解,但对今天的公害事件这样的加害人与受害人之间无立场互换性的场合也要求有预见可能性就与不正义、不衡平相联系了。第二,虽然应该通过预见可能的范围限制企业的责任以保障企业的计算可能性,但从基于预见可能性的过失论的实质来看,其实际状态已经不再是(通过宽泛地认定预见可能性)保证企业的计算可能性的手段。企业的计算可能性的要求,现在已经不能以预见可能性来加以贯彻,今后应该谋求保险和基金这种形式的危险分

---

[11] 原田尚彦:《环境法》,弘文堂 1994 年版,第 33 页以下。

担来保证企业的计算可能性。第三,在预见可能性说中,虽然只要加害人无责难性就不应该负责任,从尽管有预见可能性却未回避损害这一点上寻求责难性,但(通过宽泛地认定预见可能性)预见可能性已经形式化,已经失去了通过预见可能性作为道德上责难的过失的责难性。并且,从侵权行为法的目的性考虑,应该第一义地考虑对受害人损害的填补,对加害人的责难、制裁应该是第二义的,在这个意义上构成损害填补的障碍的预见可能性说也丧失了妥当性。[12]

但是,森岛教授认为,上述情况中无论哪种,即使作为对过失责任主义这一立法政策的批判是妥当的,也无法构成在过失责任框架之内不需要预见可能性要件的解释论上的根据。在以预见可能性为前提的过失责任主义之下,受害人的损害的确有不能得到充分的填补的情况。因此,对因企业活动产生的损害,不以对加害人的责难性为问题,应该首先考虑受害人遭受的损害的填补的主张是可以理解的。但是,为此作为解释论也立即认为过失的成立不需要预见可能性这就是逻辑上的跳跃。上述见解与其作为预见可能性不要说的根据,倒不如说是为导入无过失责任的根据。并且,在新忍受限度论中,违反结果回避义务也作为过失的内容,对连预见都不可能的结果却负有回避"义务"这不是奇谈怪论吗?在行为时不能预见,因此无法期待采取回避措施的场合,却要考虑回避"义务"在逻辑上是矛盾的。将过失作为违反结果回避义务来把握,只要采用义务违反的构成,预见可能性在逻辑上就不能不构成过失的要件。从逻辑上区别过失责任与无过失责任的,正是在于是否以结果的预见可能性为要件这一点。新忍受限度论从实现受害人的救济这一结论出发,在解释论上并未出示具有说服力的根据就主张如果以预见可能性为要件对受害人的救济就是不合适的,要从过失概念中放逐预见可能性,这

---

[12] 倡导"新忍受限度论的主要代表者"是淡路刚久教授和野村好弘教授。相关的著述有淡路刚久:"公害中的故意·过失和违法性",载《法学家》杂志第458期(1979年);野村好弘:"故意·过失及违法性",载加藤一郎编:《公害法的生成与展开》,岩波书店1978年版等。

是在本来应该主张导入无过失责任之处,试图通过过失概念的操作来加以处理。但是,即使从立法论来说,过失责任原则作为调整企业活动的责任的原则也已经不妥当了,也不能说对迄今为止依据第 709 条处理的各种各样的行为类型全部取消预见可能性要件课以实质上的无过失责任是妥当的。即使对公害排除预见可能性的要件是最理想的,而要对所有的侵权行为事例都不要预见可能性的做法,也是无视民法关于侵权行为对加害人责任采用的过失责任这一形式的框架。

森岛教授认为,这种主张的出现,是由于在日本对新的社会现象很少采取立法上的对应,所以,不少情况下不得不对现有的条文勉强地进行操作试图得出理想的结论的结果。围绕《民法》第 709 条展开的各种解释论就是其典型表现。因此,在这个意义上说,新忍受限度论作为一种希望纠正过失责任带来的不公正的尝试,可以给予一定的评价。但是,把过失作为义务违反同时又要排除预见可能性的要件,在逻辑上是一种跳跃。并且,森岛教授还指出了“忍受限度”这一术语会使人产生让受害人忍受损害的疑问的问题。[13]

二、预见可能性与结果回避可能性

作为过失的要件要求结果预见可能性时,接下来的问题就是,如果存在预见可能性就可以说有过失,还是对于预见可能的结果有回避可能性或回避义务的场合才能说是有过失。有学者认为,预见可能性存在时应该停止伴随危险的活动(存在包含不作为义务的损害回避义务),只把预见可能性作为过失的内容。但是,如果在有预见可能性的场合就立即认为有过失,对现代社会几乎所有的活动都能预见到危险,因此,大致上在所有的场合只要发生了结果就会被认定为有过失。例如,对机动车的驾驶,因驾驶能发生人身损害的情况是预见可能的,所以,如果事故发生就经常地会有过失。还有,医疗行

⑬　森岛昭夫:《侵权行为法讲义》,有斐阁 1987 年版,第 185 ~ 187 页。

为,在判明某种手术有多少百分比的死亡事例的场合,如果手术不成功就经常有过失。对能够预见到危险的行为,就应该以经常地不实施该行为来回避危险,而且负有这种回避义务。这种见解是缺乏常识的。对能够预见的危险,不采取通常人应采取的回避措施的场合(例如,在前边的例子中,注视前方降低速度,手术之前切实地进行检查等,不注意这些事项的场合)才应该追究行为人的责任。当然,也有在受害重大且频繁发生的场合,负有危险活动本身应该停止的义务的情况。但是,一般来说,应该认为在现在的社会中即使是能够预见危险的场合,只要为回避结果采取了一定的切实措施危险活动是应该得到允许的。因此,过失的有无不是仅以预见可能性的存否加以判断,而是以此为前提,设定对应危险的损害回避义务,通过加害行为是否违反了该损害回避义务进行判断。

对上述作为过失的内容,在预见可能性要件之上(以此为前提)再加上追究有无违反回避义务的见解,有学说批判道,通过采取回避义务的方法(只要回避义务中不包含行为停止义务),可以狭窄地限定过失的范围,因此带有浓厚的产业保护色彩。通过确定何种回避义务的内容,的确存在着使过失的成立变得狭窄的可能性,而且毫无疑问,历史上过失责任主义确实发挥过减轻企业的损害赔偿负担的功能。但是,现在的判例认为,对危险的企业活动应该构成包含停止作业在内的严格的结果回避义务(防止义务),另外,在医疗行为等中,对于即使尽高度的注意也无法回避的结果,也有认定无过失而免责的情况(不过,也有主张对医疗行为,应该认定无过失责任的见解)。无论怎样,作为逻辑上的过失构造,应该解释为只有结果的预见可能性还不能充足,需要以此为前提,在构成对应行为的危险性、行为类型确定结果回避义务的基础之上,当违反这种结果回避义务时,该行为才被认定为有过失。并非因行为类型只要是预见可能的,结果的发生就经常地受到社会的责难,因此,通过上述解释在实际上引导出符合社会常识的结论是可能的,而且,从逻辑上看今天社会的多种多样的活动依据统一构造的过失概念加以处理也是可能的(再有,认为无论预见可能性与加害人的行为如何,对发生的结果均应填补受害人的损失的场合,这已经超出了过失责任的框架,对于那种损害,应该作为立法论,或者从解释论上正面地实现无过失责任)。

三、预见的对象

采取要求以预见可能性作为过失成立要件的立场时,会发生对什么有预见必要的问题。如果要求在行为时就能够预见今后现实地发生的具体的受害,就会出现认定预见可能性困难的事例。在公害、药害事件中,这已经成为现实的问题。例如,在斯蒙诉讼中,受害人对具体的斯蒙病的发生,对企业在制造出售奎诺仿剂(chinoform)时是否预见到了的情况作证明,追究企业的过失责任就曾经是非常困难的。因此,通过这些事件,讨论了对何种程度的具体的结果要求有预见可能性的问题。并且,如果以行为时所具有知识为前提处理预见可能性,那么就会发生在加害企业及加害企业所属的行业界一直就懈怠对安全性进行调查研究的情形下,因缺少关于从企业活动发生危险性的知识,所以企业方面越是怠慢对安全性的调查研究,预见可能性就越难成立,从而无法追究加害企业责任的怪现象。因此,出现了不是以行为时现实地存在的知识为前提,而是以如果进行了充分的调查研究,就可能预见结果,即以调查研究义务和预见义务为前提判断预见可能性的主张,判例也采纳了这种见解。

关于预见对象的问题,有学者认为,预见可能性不需要预见存在具体的特定的损害,而以抽象地能够预见到会发生某种损害为充足。就是说,正是由于行为人不应该实施危险行为,所以认定可能预见某种损害的场合实施了危险行为本身具有可责难性。

森岛教授认为,如果以某种损害是预见可能的为充足,可以说今天的社会活动几乎都可能发生某种损害,所以最终预见可能性要件就会被架空,与采用无过失责任无异。而且,单纯地、抽象地说某种损害是预见可能的,无法判明行为人为回避损害应该采取那种措施,也不可能责难其未能回避损害。在今天的社会中,不能预见某种损害的情况几乎不存在。交通工具、医院、百货商店、饭馆、旅馆、学校、工厂等,均可预见由其活动发生抽象的危险,但不能说这些活动本身就应该停止。不过,可以使这些活动按照预见可能的损害或危险负担一定的具体的回避义务,在违反那种回避义务的场合认定其具有可责难性。例如,食品要求绝对安全,所以,无论何种食品在能够预见对人身体健康的危险时,就不准生产出售那种食品。因而,对于食品,在预见到摄取之后人体会受害的场合,就发生停止制造出售的结果回避义务,而不必要求对具体危险的预见可能性。但是,对医药品,则存在即使是能够预见人体受害的情形出现,由于有对重大疾病有治疗效果也被允许制造、出售的情况。因而,在虽然不能预见到医药品的副作用的具体症状、疾病(例如,斯蒙病),但能够预见某种关联障碍(例如,神经障碍)时,发生可以设定禁忌症、限制适应症、限制服用量(有时需中止服用)等对关联障碍(神经障碍)的具体的回避义务,可能通过这种措施就能够回避该障碍(斯蒙病)。因此,这里所要求的预见可能性,有必要具有至少是能够引导出具体内容的回避义务那样一种程度的具体性,即对关联障碍的义务。这样,应该解释为,构成预见对象的危险,必须具有与回避措施相结合的具体性,且以此为充足。因此,一般而言,必须说作为过失要件要求何种程度的具体危险的预见可能性,应该依据所实施行为的性质,危险的种类、程度,能够预想到的回避措施的性质等各种情况而各不相同。⑭

但是,如果以行为时具有上述程度的具体性危险是可能预见的为必要,那么,对因化学物质的受害等新出现的危险的预见就会有不少困难。特别是,存在以由于安全性没有得到充分确认而开发的产品和制造方法等为原因,制造出来之后发现重大危险的场合。在那种事例中,以没有预见危险的可能,免除未确认安全性的企业的过失

---

⑭ 森岛昭夫:《侵权行为法讲义》,有斐阁1987年版,第191页以下。

责任是不合适的。因此,出现了应该预见危险性的调查研究义务和预见义务的见解。这一见解对实施了安全性尚未得到确认的活动的行为人,应该使其负担事前实施充分的调查研究,确认该行为内在的危险的义务,而当实际上行为时具体的危险未能预见的场合,则可以发挥以行为人如果进行了充分的调查研究,就可能预见到能够引导出具体的结果回避义务程度的具体性危险为由,使预见可能性容易地得到认定的功能。其结果,以对危险活动的预见义务这一观念为媒介,使如果结果上有对抽象的一般危险的预见可能性,那么作为过失要件的预见可能性就可以得到认定。

预见可能性作为过失认定的要素,具有非常重要的意义,有学者从侵权行为法研究会的《日本侵权行为法重述》中将过失改写成"实施该种类行为者通常可以期待的预见义务或者结果回避义务的违反"的做法得到启示,考虑到学说上认为,过失是行为义务违反,解释为该实施的行为没有实施,不该实施行为实施了的情况,建议将"通常能够期待的注意义务违反"作为过失的定义性规定补充到民法典中。⑮

第3节　结果回避义务

一、判断结果回避义务的诸要素

以上,关于过失概念展开了各种各样的见解,可以说,最终过失是尽管结果的发生是可能预见的但却没有采取应该采取的防止措施,换言之,违反了对可能预见的结果的回避义务。

那么,在何种场合下可以认定何种内容的结果回避义务呢?通说认为,以在与该行为实施相同的具体状况的场合下,以作为通常人

⑮　蒲川道太郎:"重新考虑一般侵权行为责任的成立要件",载椿寿夫等编:《法律时报增刊·思考民法的改正》日本评论社2008年版,第340页以下。

会实施的行为为基准来决定结果回避义务的存否。但是,这里的所谓通常人(reasonable man[16]),是指与作为该行为人处于同样职业、地位、立场上的标准人。因此,如果以那样的通常人如何行动为前提考虑,结果回避义务的存否及其内容,就应该依作为行为的结果预见得到的危险的程度,以及存在受到侵害危险的某种利益的重大程度来决定。因此,交通运输事业者、医师、食品制造销售业者等担当这类职业的人,比起担当比那些危险性小的职业的人就要负担更重的结果回避义务。不仅所从事职业,在实施危险性大的行为的场合,也要比危险性小的场合负担更高的注意义务。

与这种见解相对,平井教授举出了如下三项判例中规定结果回避义务存否时运用的要素,[17](1)由被告行为所生损害发生危险的程度或盖然性的大小;(2)被侵害利益的重大程度;(3)因负担损害(结果)回避义务所牺牲利益。首先,关于结果回避义务的存否的决定,要素(1)与要素(2)处于相关关系中。即从一定的行为人的一定的行为所生损害发生危险的盖然性越高被侵害利益即使是轻微的,对行为人要求的结果回避义务的程度也越高;反之,被侵害利益越重大,即使损害发生的危险的盖然性很低,结果回避义务的程度也越高。因此,一旦从该行为发生了损害,被判断为"过失"=有结果回避义务违反的可能性就大。并且,不限于只以要素(1)(2)决定结果回避义务的有无,判例中也有不少将要素(1)(2)与要素(3)进行比较衡量的场合。即也有在即使通过要素(1)(2)的相关关系判断,危险达到了要求结果回避的程度的场合,由于负担结果回避义务所牺牲的行为人或社会的利益过大时,作为比较衡量的结果,被判断为没有回避义务的情况。但是,与要素(1)(2)在与判决的具体事实关系

[16] reasonable man,日本侵权行为法中借用英美法的概念,"通常人"指通常的人,普通的人。最近,欧美等国法律界多用 reasonable person,在我国有"理性人"、"合理人"等多种译法。笔者以为作为侵权行为法中判断行为人过失的有无与程度的基准时,以"通常人"或"合理人"的译法更为适当。

[17] 平井宜雄:《损害赔偿法的理论》,东京大学出版会1971年版,第402页以下。

的关联上被决定的程度较高相对，要素(3)由更高度的价值判断来决定这一点上性质是不同的。

前田教授则列举了如下四项决定结果回避义务存否时应加以衡量的要素，⑱(1)该权利侵害发生的危险是在谁的行为支配范围之内。其中，受到重视的要素，是危险伴随谁的行为发生，谁能够更容易地防止危险。(2)事故发生可能性的大小。(3)因该行为发生的受害法益的重大程度。(4)因行为义务(结果回避义务)的设定而受到限制的利益(例如，对负有公共性使命的高速公共交通工具，因义务设定受到公共性便捷需求的限制所以注意义务降低)。并且，这些要素分别有多少机遇，最终是价值判断的问题，而这种判断不得不说只能依据于人格化为担当法官的时代精神。森岛教授认为，在前田教授举出的四项要素中，第一项要素作为立法政策在发生的损害由谁集中负担这一点上构成非常重要的要素，但有关是否还有其他的对同样的损害负有更高的结果回避义务者这一点，与决定某行为人是否存在结果回避义务并没有直接关系。在某行为人使损害发生的场合下，解决是否可以说该行为人存在结果回避义务违反的问题时，可以依要素(2)(3)(4)项着眼于该行为人进行衡量。因此，第一项要素可以不作为结果回避义务存否的判断要素。⑲

上述观点中，将因负担义务就要牺牲的利益(3)与被侵害利益的重大性(1)(2)进行比较衡量的见解受到了学者们的批判。认为这种比较给人一种将行为时现实的防止措施的难易与发生了的损害进行衡量的印象，与停止侵害请求的场合不同，就损害赔偿责任来说，多为即使现实的防止措施是极其困难的也必须赔偿所发生损害的场合。并且，第三项要素成为专门在加害人的责任减免上发挥功能的要素，而损害赔偿的本质在于受害人的保护，将要素(3)与要素(1)(2)进行无限度的衡量本身就会“加重一方的价值判断”(加害

⑱ 前田达明：《民法Ⅵ2侵权行为法》，青林书院新社1980年版，第40～41页。

⑲ 森岛昭夫：《侵权行为法讲义》，有斐阁1987年版，第198页。

人保护的价值判断)。从判例的分析中导出过失判断要素的平井教授也指出,过去的判决中虽然有受要素(3)影响的例子(特别是大阪碱事件),但最近的判决并不采用这种衡量,并且不应该受其影响,主张不应该衡量第三项要素。因此,可以说,将因负担义务就要牺牲的利益与被侵害利益的重大性进行比较衡量的见解也不为日本法律界的通说所采纳。

二、结果回避义务与行政法规、行业惯例基准之间的关系

当具体判断侵权行为上的结果回避义务的存否以及其内容时,存在着与行政上的管制法规、行业界的惯例等其他行为基准和行为规范的关系问题。

(一)结果回避义务与行政上的管制法规

管制法规,是从行政上的目的出发,命令实施一定的行为,或者禁止实施一定行为的法规,行政上的管制法规与侵权行为法在法律规制的对象和评价的观点上是不同的,所以不能说有违反管制法规的情况就一定存在侵权行为法上结果回避义务的违反(过失)。但实际上,一般来说,违反了管制法规时也就违反了结果回避义务,因此,违反了管制法规时可以大致推定是有过失的。反之,也不能说遵守了管制法规就没有过失。这是因为,行政上的管制法规只不过规定了所谓一般地、定型地要求的事项,并未完全包含为回避结果所必要的所有事项。但是,行政法规的具体内容中也有直接地以确保人的生命、健康和财产安全为目的的规定,这些与以受害人的安全为目的的侵权行为法要求的结果回避义务当然是共同的(例如,道路交通法对驾驶人要求的各种注意义务,食品卫生法、药品事业法对从业者要求的确保安全义务)。不过,管制法规正如其名称所示多以最小限度的警察性管制为目的,并不仅限于以确保国民的安全为直接目的。而且倒不如说,迄今为止,由于政府作为加害人的从业者的监督部门,在管制法规的运用方面,一直考虑的是保护和培养从业者,所以具有一种设定也能适合于资力和技术水准低下的从业者的安全

基准的倾向。在这个意义上,可以说在行政管制规定中曾经对结果回避成本做过过度的衡量。但是,最近,日本国民对安全性的关心不断提高,安全管制正在逐渐得到强化。如果照这样发展下去,存在对安全规定的违反(只要与损害之间有因果关系),就可以直接认定有过失,反之,如果符合规定也可以推定为无过失(当然,在现在的不完全的各种安全规制之下,是不能进行无过失的推定的)。将来行政上的各种安全基准能够从确保国民安全的观点出发得到完善是最理想的,那样就能够将行政上的安全规定看作是侵权行为法上的结果回避义务的具体化(至少行政上的规定可以给予侵权行为法上的过失判断以强烈的影响)。但是,即使是在那样的场合下,也不可能存在毫无遗漏地能够对应所有状况的管制法规,因此,对于行政规定涵盖不了的领域,仍然要从侵权行为法的观点作出独立的过失判断。

(二)结果回避义务与行业界惯例等

关于行业界的惯例和基准与侵权行为法上的过失判断之间的关系,通说一般认为,结果回避义务的存否,以与该行为人处于同样职业、地位、立场上的"通常人(reasonable man)",处于与实施该行为同样的具体状况之下时,实施的行为为基准决定。如果是这样,那么,作为行业界的惯例和行业基准、行业界的通常人所实施的基准行为,就成为侵权行为法上判断结果回避义务的基准。但是,如果以行业界的惯例为基准判断过失,在行业界对确保安全不热心的场合下,就会以低水准的安全惯例为基准进行过失判断,而这是不合适的。这里虽然称为"通常人",但并不是现实中存在的标准的人,而是高度规范性的概念,因此,在危险大的场合下,当然会有要求采取现实中从来没有采取过的结果回避措施的情况(例如,在前述梅毒输血事件中,法院就否定了被告以自己遵守了行业惯例没有过失的辩解,可以说日本法院对以行业惯例为过失判断基准的见解是持否定态度的)。有学者认为,从"通常人"这个概念的暧昧程度来看,为了避免误解还是以不使用为好。[20]

第4节 过失的证明(故意、过失的证明)

一、过失的举证责任与问题

传统的见解认为,主张加害行为(或者是不作为的加害)是由于被告的过失引起的证明责任,在原告=受害人。即认为原告依据《民法》第709条,主张被告有过失因此发生了损害,所以被告要对原告支付损害赔偿金从而谋求权利状态的变动,因此,对构成权利变动根据的事由(权利根据事由)的过失,原告负有举证责任(依据法律要件的规定方法决定举证责任的分配的见解称为法律要件分类说)。判例也解释为过失的举证责任在作为受害人的原告方。

但是,在由受害人负担举证责任的场合,对受害人产生过分苛刻结果的情况并不少见。正如"有举证责任之处败诉"这一法律格言所示,受害人作为原告面对过失不仅背负着败诉的危险,例如,机动车事故之际,在冲撞之前加害人是以何种状态驾驶机动车的,一般来说受害人方面是无法知道的,而且,在受害人死亡的事例中,由受害人方面证明加害人的过失=违反结果回避义务是极其困难的。所以,如果要受害人负担过失的举证责任受害人的救济就常常被否定。还有,在医疗过错事件和公害、药害事件那样的通过高度科学性、技术性过程发生损害的场合,要外行的受害人证明损害到底是否是可能预见的,对于预见到的危险加害人负有何种结果回避义务,并且,是否可以说加害人已尽结果回避义务,这些对受害人来说简直就是强人所难。在这种场合下,与作为专门家、事业者的被告相比,作为

[20] 森岛昭夫:《侵权行为法讲义》,有斐阁1987年版,第207页。

受害人的原告,在科学的专门知识、理解能力上均处于劣势,并且根本谈不上准备证据的经济上的资力。

当然,因危险的社会活动发生的损害应该由加害人负担,通过立法或者解释论采用实体法上无过失责任原则时,过失本来就不是责任要件,因此自然就不存在过失举证的问题,所以可以从根本上解除上述困难。但是,现在通过立法采用无过失责任的例子并不多,并且,学说的大部分踌躇于不是通过立法而是依靠解释认定无过失责任,所以,这就不得不在以过失责任主义为前提的基础上进行探讨。但总的来说,在以保护受害人为主要目的的侵权行为法中,日本的判例、学说一直都在致力于改善举证责任上对受害人不利的状态。

为免除受害人的举证负担,有主张要加害人负担过失的举证责任的见解。例如,像机动车损害赔偿保障法第 3 条那样,通过立法使得驾驶人及运行供用人只要不能就自己的无过失举证就不能免责的场合。但是,这种通过立法解决问题的例子极少,所以,可以考虑在解释上使加害人负过失的举证责任的方向。在举证责任的转换上,石田穰教授全面地批判了以实体法的规定为基准分配举证责任的通说(法律要件分类说),阐述了应该通过如下的基准分配举证责任的主张。即当立法者的见解不明确时,以(1)与证据的距离(使容易得到证据者负担举证责任),(2)证明的难易(通常证明某事实的存在比证明不存在容易,所以,证明容易方,即主张事实存在的一方要负证明责任),(3)事实的盖然性(使主张盖然性低的一方负担证明责任)的基准,按照(1)、(2)、(3)的顺序进行对比,在当事人之间分配证明责任。这样,产生出代替以法律条文规定的形式的基准,“返回到证明责任的基本理念的原点,把利益衡量推到正面,从与其对抗中构成证明责任分配的明确基准”的新的方向。对于这种新方向,有不少民诉法学者也表示赞成。另外,认为以上阐述的抽象基准,依解释者(法官)不同而发生举证责任的不同的可能性是很多的,这样反倒会引起混乱的批判依然很强烈,可以说至少在裁判实务上法律要件分类说依然占据着支配的地位。

以法律条文规定过失举证责任的转换,即由被告方举证故意、过失不存在的,除《机动车损害赔偿保障法》第 3 条那样的规定之外,还有《民法》第 714 条、第 715 条等。但是,在第 709 条中,就条文的行文方式来说,作那样的解释是勉强的。

二、过失的事实上的推定

由于以上原因,出现了在法律条文上由作为受害人的原告负担过失的举证责任的基础上,而从实质上减轻原告所负担过失举证责任的内容的见解。所谓过失的“大致推定”,过失的“事实上的推定”均属这种见解。即造成作为原告提出各种证据,只要能使法院感到“非常像是有过失”就可以,而被告方面则必须要使法院确信“没有过失”这样一种状况。这种过失的大致推定的逻辑,是判例为从实质上减轻原告的举证责任所一直采用的手法,例如,对没有任何权限就将他人的树木采伐了的场合(大审院 1924 年 4 月 8 日判决,载《大审院民事判决录》第 26 辑第 482 页),没有权利却作了临时处分的场合(大审院 1925 年 4 月 4 日判决,载《大审院民事判决录》第 27 辑第 682 页),由于医疗行为那样的高度的专门技术行为的侵权行为的场合(最高裁判所 1976 年 9 月 30 日判决,载《最高裁判所民事判例集》第 30 卷第 8 号第 816 页),法院均进行了这种过失推定的操作。

关于这些判例中出现的“大致的推定”是具有何种法律性质的概念,根据学者的归纳,存在着三种学说。[21]

第一,因为称为事实上推定说,所以过失的大致推定可以说是事实上推定的一种适用。我们从经验法则上看,例如大面积的地面被弄湿的场合,可以推定下过雨了,这种推定就称为事实上的推定。关于过失,在从一定的状况看经验法则上可以说确实有某种过失的场

---

[21] 系统论述过失推定问题的专著有中野贞一郎:《过失的推认》,弘文堂 1978 年版。

合，在案件中即使过失行为的具体内容并不明确，也可以从损害发生的状况推定事实上过失的存在，关于相反的盖然性，只要被告的反证不能成立，过失即被认定。这里，过失的举证责任虽然最终是在原告，但是，从经验法则上一定的状况可以推定某种过失存在的场合，只要那种一定的状况存在，法官即可采用过失的心证，即可以认为原告的证明是存在的。所以，事实上的推定是自由心证框架内的一种手段。

第二，证明责任负担说，是主张原告大致负担过失的举证责任，但通过“大致的推定”构成原告已尽举证责任，这时关于无过失的举证责任即转换至被告的见解。末川博博士曾采用这种见解。在这里，关于过失的举证责任由受害人、加害人双方负担，通过“大致的推定”举证责任被转换给被告。这种举证责任的分配纠正了从过失责任主义产生的对受害人的不公平，被视为成为适合正义衡平的一个有力手段。但是，对于这种学说，有学者认为，举证责任最终是要决定在要件事实真伪不明的场合下该不利益归属于哪一方当事人的问题，即使是“大致的推定”，只要是在过失能够认定，不存在真伪不明的场合，本来就不存在举证责任的问题，不应该是原告方的证明举证责任从中途转换到被告方的问题。

第三，证明程度减轻说，即认为在“大致的推定”中不要求通常的认定要求的那种强度的心证，而是通过盖然性的心证认定过失的手段的见解。之所以盖然性的心证可以得到许可，是因为如果对方有足以推翻上述薄弱的盖然性的心证的反证，那么就会提出来，提不出来恐怕是没有反证。因此，在这种场合下，尽管是通过盖然性心证认定过失，但比起判断为没有过失的情况来，符合事实的比例反而会更高。但也有学者认为，如果依据盖然性心证程度的低证明程度认定过失，使无举证责任的对方负担过失事实真伪不明的不利益是不合适的。并指出，在具有高度确率的情况下使用“大致的推定”的经验法则时，大致的推定也并不一定就是以比一般的事实认定时低的证明程度推定过失，也可以有依据比通常高的证明程度加以认定的情况。

三、作为法的价值判断的过失推定

过失并不是事实本身,而是衡量各种各样的要素,判定是否要被告赔偿损害的高度的政策性判断。毋宁说为过失判断奠定基础的各种事实(例如,机动车驾驶人的不注意前方、超速行驶等)的存在构成了上述判断的前提。因此,法官的过失认定,虽然采用的是事实认定的形式,但实际上表明的不过是被告应该赔偿损害这一法律上的价值判断。

例如,判例认为,在临时处分命令被取消,或者在本案诉讼中原告败诉的判决得到确定的场合,原告的过失被推定的情况并不能说是依据于经验法则。这是因为债权人大致说明了临时处分的要件,在得到该命令的基础上实施,只要债权人是善意的,从常识上看应该推测为无过失,只要不是造假取得临时处分命令,依据临时处分命令执行的债权人有过失的盖然性是极小的。因此,应该考虑尽管不存在关于过失的盖然性的经验法则也另有认定过失推定的根据。有学者指出,临时处分、临时扣押,是在通过裁判确定权利的存在之前允许执行的对债权人极其有利的手段,所以对一旦行使了这种有利手段的人,在实施之后被判明没有权利的场合下,只要不能证明自己无过失就不能免除责任,以此来抑制债权人滥用执行,同时也是由于谋求对受到不当执行的债务人的保护的政策性考虑(公平的原理)带来了过失的推定。并且,可以理解为通过推定过失,对临时处分、临时扣押也可以认定与关于宣布临时执行的《民诉法》第 198 条第 2 款的无过失责任同样的责任。

这种出于政策性考虑认定推定过失,从而实现对加害人的严格责任的倾向在药害判决等中以明确的形式表现出来。其典型是斯蒙(SMON 病;亚急性脊髓视神经症)金泽判决(金泽地方裁判所 1978 年 3 月 1 日,载《判例时报》第 879 号第 26 页)。该判决论述了斯蒙受害的预见是否是可能的,(1)从医药品具有“双刃剑”的危险性,以及一般消费者对此无防备的立场出发，使医药品的制造业者负担依据最高的学术水准确保安全的义务；(2)制造业者能够很容易地得到有关医药品的知识、信息，并且有为进行调查研究的技术人员组织和物的设备；(3)相反的，消费者缺乏科学上、财政上的能力，无法自己确保医药品的安全性，所以只有信赖产品是有效安全的而购买；(4)能说绝对安全的医药品应该说是没有的，所以，因特定医药品发生重大受害的场合，推定制药业者对该受害的预见为可能，不能说是违背经验法则上的原理，以这些情况为根据，"推定"关于受害发生的预见可能性。并且，这样的情况发生时，只要制药业者方面不能就没有预见可能性举出反证，就不能推翻上述的推定，这是"符合公平理念的"。

对法院的上述判决，森岛教授评价道，第(1)至(3)项的情况是为要制药业者举证预见不可能是公平的提供根据的论据，并不是出示受害是预见可能的盖然性的基准。判决第(4)项中推定对医药品受害有预见可能性不是违背经验法则上的原理，但即使以制药业者的高度注意义务为前提，现实中也不一定可以说通常是有受害的预见可能性的。

关于医药品，出售以前进行的临床实验在技术上仍然是有一定局限的，而且，由于人的个体差异很大，迄今为止的例子之中广泛地普遍投入使用之后才能发现副作用的场合并不少见。因此，关于医药品，如果一般的受害是预见可能的这一经验法则存在反倒是值得疑虑的事。总之，应该注意到法院的判决已从正面将政策性考虑提出来进行过失的推定。因为法院本身也认识到，并不是为了单纯的事实证明，而是作为为了实现受害人救济的法律价值判断的工具来使用"过失的推定"的。[22]

如上所述，过失的推定与作为某"事实"的证明问题的事实上的推定是不同性质的概念，从政策性的考虑出发，只要被告方面没有相

---

[22] 森岛昭夫：《侵权行为法讲义》，有斐阁 1987 年版，第 217 页以下。

反证明就“判断”为被告有过失,这样就将过失的举证责任转嫁给了被告。因为只要被告方未能在证明各种各样事实的基础之上请求法院对这些事实作衡量评价从而得到无过失的判断,被告就必须负担责任。于是,存在着对法院通过政策性判断使被告负担举证责任的做法进行严厉批判的见解,即认为举证责任的分配,应该是由立法者依据法律作为法律上的推定加以规定的事项,而由法官通过裁量进行判断的场合,在司法的权限中就将法规(《民法》第709条)要求的侵权行为责任要件除外了,这是司法权对立法权的侵害。但是,在使加害人方负担证明责任是公平的场合下,在负担着应该使法律适合社会变化的任务的司法的创造性功能的范围内,法院应该积极地进行过失的推定。

四、使过失认定容易的手段

再有,如果将构成过失前提的行为义务作为非常高程度的义务进行分析,也能够比较容易地认定过失。例如,在大阪碱事件中,被大审院判决作出发回重审处理的大阪控诉审法院判决,以加害方实施的防止措施不充分,应该采取更高程度的防止措施,但却没有采取这种措施为理由认定了企业的过失(大阪控诉审裁判所1924年12月27日判决,《法律新闻》第1659号第11页)。通过这样的操作,从第709条“过失”中的标准人的行为义务违反=过失这一概念规定出发,几乎可以包含能够看作是无过失的场合,事实上,第709条也能够成为使加害人负无过失责任的规定。这可以与法国法学界对faute所做努力相对比,这样做具有不必等待迟缓的立法就能救济受害人的好处。另外,这种做法就构成了法院的立法,而从三权分立的关系(《宪法》第41条)、法的安定性来看又存在着疑问。㉓

另外,把构成过失前提的行为义务视为在某种程度上宽泛的不

㉓ 远藤浩等:《民法(7)》(第4版),有斐阁1997年版,第121页。

确定的概念,也可以比较容易地认定过失。但是,这从行为义务提示行为基准的功能来看,过分不明确的概念也很麻烦(例如,《道路交通法》第 70 条[24],直接不能说是构成过失前提的行为义务。因此,有具体化的必要)。

[24] 日本《道路交通法》第 70 条"车辆等的驾驶者,必须确实地操作其车辆的方向盘、制动器及其他装置,而且要适应道路、交通以及其车辆的状况,以不给他人造成危害的速度和方法进行驾驶"。这一规定直接作为裁判规范虽然欠缺明确性,但它是对机动车驾驶人规范驾驶、遇情况采取妥当措施的驾驶人注意义务等的行为规范性的规定,与行为人的具体行为相结合就可以发挥过失判断基准的作用,因为作为道路交通法规不可能把纷繁复杂的交通动态中的每一个情况都无一遗漏地加以规定,机动车驾驶规则更多地被规定在机动车操作规程、驾驶规章等具体的业务行为额规范性文件中。而交通法规的规定,只能是在一旦发生事故时,具体指出驾驶人"速度"、"方法"等方面的不当,从而认定其过失。从某种意义上说,这种规定也同日本《民法》第 709 条中关于过失的规定同样,是在具体的机动车损害赔偿的领域中,认定驾驶人过失的一种概括性的基准。它既是机动车驾驶人的行为规范(具体要求在机动车驾驶人业务上的注意义务中,即机动车操作规程中),又是事故发生时判断驾驶人有无过失的判断基准(操作的"速度"、"方法"等的当否依事故时的具体行为作出)。

第6章 加害行为的违法性

第1节 违法性的概念

一、民法起草者的见解——“权利侵害”的要件

《民法》第709条规定“因故意或过失侵害他人权利者负赔偿因此所生损害之责”,在这里根本没有出现“违法性”、“违法”这样的术语,与“故意或过失”要件相并列,只有侵害他人的“权利”构成要件。而在旧民法财产编中,相当于现行《民法》第370条规定的是“因过失或懈怠给他人造成损害者负其赔偿之责”,那里对他人“权利”的侵害未构成要件。因此,规定的像是因“过失或懈怠”使他人产生的所有的损害均能得到赔偿。

将旧《民法》第370条的规定修改为现行第709条这样的规定,是由于立法者认为如果在对买卖上通常的竞争中竞争对手蒙受的损害等,所有的损害都要予以赔偿,侵权行为责任就会被过分扩大,所以为要限定责任范围,只对权利侵害的结果产生的损害认定损害赔偿债务。

在1895年的法典调查会上,议论集中在“侵害他人的权利”的部分上,由于感觉到这样规定过于狭窄,所以有人提出了是否将这部分删掉,只规定“因故意或过失给他人造成损害者”的提案。对此,起草者反论道,这里所说的“权利”不仅是财产上的权利,也包括广泛的生命、身体、名誉、自由,侵权行为法是保护已经存在的权利的法

律,并不是由此创设新的权利,并且,社会生活上损害涉及他人的情况时有发生,如果删除该部分就会完全“没有边际”(得以认定的侵权行为责任的范围过于宽泛),所以不能删除。于是完全按照原案,通过了现在的第 709 条。因此,即使侵害了尚未确定为权利的利益,也不构成侵权行为,那只能任凭自由竞争。这样一来,权利侵害这一要件就与故意、过失同样,具有了从背后保障活动自由(自由竞争)的功能。①

二、判例的动向——从云右卫门事件到大学浴池事件

民法制定初期的判例,当然将《民法》第 709 条规定上的“权利”受到侵害解释为侵权行为责任成立所不可或缺的要件。其结果,侵权行为的结果发生的损害是否符合权利侵害自然成为需要探讨的问题,但是,这里的所谓“权利”并不要求是法令以明文规定的权利,对关于田地的农业水利的惯例上的权利(分水权)的侵害也认定了侵权行为的成立(大审院 1906 年 3 月 23 日判决,载《大审院民事判决录》第 12 辑第 445 页)等,可以看到一些比较稳妥地解释“权利”的例子。并且,也出现了下述的下级审判决的例子,即在加害人虽然了解情况,却仍然将取得的已经支付的支票背书转让给第三者,结果使支票发行人构成二重支付的事件中,法院判示道,“这里所谓的权利……应该广义地解释为依照法律受到保护的利益,而不应解释为仅指例如所有权、质权、著作权那样的特定的权利”,并就上述情况下的支票背书转让行为论述道,“不得不说这是违反善良风俗的行为……被控诉人(背书转让人)实施的背书侵害了控诉人(发行人)的权利是明白的”。虽然并未明示到底何种权利受到侵害但最终认定了侵权行为责任(东京控诉院 1912 年月日不详,《法律新闻》第 806 号第 23 页)。另外,也出现了严格运用立法者宗旨的判决,这就

① 关于民法起草过程中围绕权利侵害的议论,平井宜雄:《损害赔偿法的理论》,东京大学出版会 1971 年版,第 356 页以下;森岛昭夫:《侵权行为法讲义》,第 224 页以下均有论述。

是著名的被称为云右卫门浪曲唱片事件判决(大审院 1914 年 7 月 4 日判决,载《大审院刑事判决录》第 20 辑第 1360 页)。当时有名的浪曲师桃中轩云右卫门的浪曲由 A 灌成唱片(蜡盘),B 在没有取得任何权利的情况下将其复制出售,因此,A 以侵害著作权为理由提起了侵权行为诉讼。对此,大审院认为,浪曲这样的"低级音乐""在演奏之际会多少使共同的音阶曲节发生一些变化……通常均临机应变地进行瞬间创作,其旋律也不经常是一定的,对这种瞬间创作——承认其著作权,绝不是著作权法的精神",从而以浪曲没有著作权,所以复制出售该唱片也不构成著作权侵害,即以 B 的行为不能称为"权利侵害"不是侵权行为为由,未认可 A 的损害赔偿请求权。但是,大审院也承认这种行为"违反正义的性质是不言而喻的"。这种认为即使被告的行为是违反正义的不正当的行为,但只要原告没有"权利",也没有成立侵权行为的余地的解释在当时的判例中也是非常狭义的解释。在那之后,大审院于 1918 年在同样的事件中,也以未充足权利侵害的要件为由,否定了侵权行为(大审院 1918 年 9 月 18 日判决,载《大审院民事判决录》第 24 辑第 1710 页)。在这种场合下,著作权得不到承认是成问题的,这就更促使人们对侵害了具有"某某权"的名称的对象为要件的规定本身提出了疑问。

与上述各判决在解释上无论广义狭义均以"权利"的侵害的有无为问题的态度相对,在大审院 1925 年作出的所谓"大学浴池事件"判决(1925 年 11 月 28 日判决,载《大审院民事判例集》第 4 卷第 670 页)中,抛弃了过去的态度,作出了即使不能称为法律上的权利,但只要有"法律上应该予以保护的利益"受到侵害,也成立侵权行为的解释。这一判决被学说评价为代替权利侵害要件建立了违法性要件的具有划时代意义的判决。这一事件及判决的概要如下述。

根据 A 的主张,A 用 950 圆从 B 购买了"大学浴池"这一老字号,并以每月 160 圆的租金租借了该建筑经营浴室业,6 年之后合意解除了该建筑物的租赁合同。B 就该老字号未对 A 给予任何补偿,就以每月 380 圆的租金将该建筑租赁给第三者，仍以“大学浴池”这一名称经营浴室业。因此，A 对 B 提起了损害赔偿请求。大阪控诉审法院按照过去的判例，以老字号不是“权利”为由认为该侵害不构成侵权行为。对此，大审院作出了撤销重审的判决。该判决作为一般论，论述了“正如《民法》第 709 条所规定的那样，因故意或过失以违反法规的行为侵害他人者负赔偿因此所生损害之责具有广泛的意义。其侵害的对象，有的可以是其所有权、地上权、债权、无体财产权、名誉权等所谓一个具体的权利，有的则可以是尽管尚未与这些对象在同一程度的严密意义上被视为权利，但亦应给予法律上保护的一种利益，具体地说，是一种我们法律观念上认为对其所受侵害有必要依据侵权行为法的规定给予救济的利益。像所谓权利这样的名词，因其用法有精粗广狭的不同，本来就不应该只有一种意义。应该参照各规定的宗旨加以理解才能了解其真意。以该法条有‘他人的权利’就解释为是指与该具体的权利的场合同样意义上的权利，凡是侵权行为先要穿凿附会于何种权利而忘记了参照我们的法律观念从大局上加以考察，作茧自缚地限制对侵权行为受害的救济应该说这是极其不适当的”。具体地，对于本案作出了老字号当然可以成为买卖、赠与及进行其他交易的对象，B 以法规违反的行为妨碍该出售，B 就侵害了由出售应得的利益，因此侵权行为成立的判决。

前述判例中大审院认为该加害行为是“违反法规的行为”，但 B 的行为违反了何种法规并不明确，结果学说认为是违反公序良俗的行为。尽管如此，自这一判决之后，法院在认定侵权行为时，就不再严密地穿凿附会什么权利受到侵害的问题了。因此，学说称赞这一判决实现了侵权行为责任要件从“权利侵害”到“法规违反 = 违法性”的转变。

三、学说的展开——从权利侵害到违法性

与判例的这一动向同时，学说上也展示了从“权利侵害”向“违法性”的变更。学说开始也与最初的判例相同，认为作为侵权行为

的客观要件,"权利"侵害是必要的。因此,通常是探讨法律上的利益是否符合《民法》第709条规定的"权利"。其中,鸠山秀夫博士在德国学说的影响下,认为得以认定侵权行为责任的是"违法",所以,违法的不仅是权利侵害而且也应该包含违反公序良俗。从而,在立法论上指出,《民法》第709条只将权利侵害作为侵权行为责任的要件是有问题的。但是,作为解释论,鸠山博士仍然只停留在主张应该尽量广义地解释权利的做法是正当的见解上,并以"权利侵害"构成侵权行为的成立要件为前提,对各种利益进行是否能够视为"权利"的个别性探讨。

末川博士进一步发展了鸠山博士的见解,认为《民法》第709条规定的权利侵害要件不过是构成侵权行为制度本质要件的违法性的表象之一,主张即使未构成"权利"侵害,但存在"违法性"时也可以认定侵权行为的成立,在解释论上提倡将权利侵害看作违法。即与鸠山博士作为立法论认为权利侵害要件过窄,但在解释论上以权利侵害要件为前提尽量广泛地认定"权利"的主张相对,末川博士主张的是,作为解释论"权利"的侵害并不是绝对的要件。

末川博士在1930年出版的《权利侵害论》一书中展开了上述的违法性理论。采取的方法,是对罗马法以来欧洲各国的侵权行为制度进行比较研究,得出了包含罗马法在内的这些法律制度中的侵权行为责任均未将权利侵害作为绝对要件,而是广泛地赔偿因违法而遭受的损害的制度这一结论。当然,在当时德国学说的影响占压倒优势的情况下,末川博士的学说中也详细地参照了德国的学说。

末川博士的解释论提出了如下的主张。日本《民法》关于一般侵权行为的原则规定,是第709条。该条规定的是"因故意或过失侵害他人权利者负赔偿因此所生损害之责",以权利侵害这一情况为侵权行为成立的要件。并且,那里并未特别地提到违法。但是,权利侵害本身一般地应该评价为违法,所以毫无疑问,即使原原本本地解释第709条,在这个范围内侵权行为也必定是违法的。

不过,问题发生在如果只提权利侵害,并不能毫无遗漏地将所有的违法行为都包括无余这一点上。换言之,未以权利侵害的形式出现的违法行为,是否应该解释为不能构成民法上的侵权行为。这是不可以的。因为民法之所以设置侵权行为制度给予受害人以损害赔偿请求权,就是出于要平等地保护遭受基于故意或过失的违法行为的损害的人这一宗旨的,不能解释为它是要认可这中间有能够得到保护的受害人和不能得到保护的受害人的差别的制度。这一点,无论从对今天侵权行为法的历史发展过程的回顾来看,还是参照已经在立法上由法典确立了侵权行为法制度的近代各国的立法例来看,都是能够非常容易地知晓的。《民法》第 709 条之所以举出了权利侵害,是为了以此来表现不能得到法律认可的行为,即破坏了法律秩序的行为,应该被评价为违法行为的。在这个意义上说,这里所说的权利侵害只是违法行为的表象。那么,民法为什么要选择这样的表象呢?这是因为正如反复论述的那样,在破坏法律秩序这一点上,被评价为法律不能认可的行为中,权利侵害占有最大部分。就是说,在立足于所谓权利本位的基础之上的今天的私法制度之下,以权利侵害的形式表现行为的违法性是最适当的。并且,作为违法行为,除侵权行为外还有违反法规的行为、违反公序良俗的行为,因此,出现未构成权利侵害而其被评价为违法的行为时,应该认定其侵权行为责任。

如上所述,末川博士提倡《民法》第 709 条以行为的违法性为本质要件,因此,应该不以“权利”侵害的有无,而以“违法性”的有无为基准认定侵权行为责任的解释论,从而给此后的学说指出了“从权利侵害到违法性”的发展方向。

进一步使这种学说上的发展具有决定性意义的是我妻荣博士。[②] 我妻荣博士认为民法的“权利侵害”要件基于保证个人自由活动的个人主义民法的思想,在只要不侵害他人的权利就不负赔偿责

② “从权利侵害到违法性”的学说上的发展,许多专著均有阐述,本章的介绍主要根据森岛昭夫:《侵权行为法讲义》,有斐阁 1987 年版,第 225 页以下;远藤浩等:《民法(7)》(第 4 版),有斐阁 1997 年版,第 125 页以下。

任的侵权行为制度之下,个人的自由活动只受到最小限度的制约,这样,就明确了作为“权利侵害”要件根据的法律思想背景。但是,我妻博士批判道,由于在这种思想之下,能够被认定为权利的对象狭窄,所以即使是加害行为违反道义,扰乱社会秩序的场合,也会被以未发生权利侵害为理由否定侵权行为的成立,这就阻碍了社会的提高与发展。并主张“必须说即使未侵害个人的权利,背离社会规范的加害行为仍然构成侵权行为。并且,不仅是单纯的违反法律规范的场合,违反公序良俗的场合也必须认定侵权行为的成立”,主张必须从“权利侵害”这一固定的观念向“违法的行为”这样的流动性观念转变。

这样,我妻荣博士也将“权利侵害”这一要件视为“违法性”,并尽可能宽泛地认定侵权行为责任,另外,警戒将违法性这一一般条款性概念作为要件恣意地进行判断,给判断违法性设定了大致的基准。这就是将被侵害利益的种类与侵害行为的样态相关地加以考虑的学说,即所谓相关关系说。其主张的要点如下。

首先,就被侵害利益来看,在各种生活利益中,依据法律作为权利加以保护的利益,随着社会生活关系的推移和时代的法律理念的进展不断地发生变迁,应该承认权利的生成与衰灭。因此,可以说在被侵害的利益之中,存在着从被认定为确实的权利的利益到新的将要给予侵权行为法上的保护的利益,这种等级性强弱的情况。一般认为对权利性强的利益的侵害比对权利性弱的利益的侵害违法性更强。

其次,就我们的行动来说,可以对我们的行动给予各种各样的评价,如作为权利的行使得到确认的行动,作为自救行为得到公认的行动,作为自由活动的范围可以放任的行动,作为违反公序良俗遭到排斥的行动,作为违反法规遭到禁止的行动,等等。因此,必须承认,侵害他人权利的场合,其行为样态,也有从权利的行使到违反法规的行为等各种各样的场合,行为的违法性应该按照上述顺序的强度加以认定。

在分析了上述两种情况的基础之上，认为应该对该加害行为在被侵害利益中违法性的强弱和在加害行为样态中违法性的强弱进行相关的、综合的考察，从而判断有无作为侵权行为要件的违法性。例如，被认定为绝对性权利的利益受到违反法规行为的侵害时违法性最强，反之，正在得到承认的新的法律保护利益受到被认定为是行使权利的行为样态的侵害时其违法性最弱，并且，对于权利中那些对世性效力较弱的利益或者权利内容不明确的利益来说，侵权行为的样态在违法性判断上具有特别重要的意义。

我妻荣博士以上述违法性判断的相关关系说为前提，进一步具体地探讨了对物权、债权、营业权、社员权③、身体、自由、名誉、生命、贞操④、其他的人格权等的被侵害利益的侵害违法性的强度，接着还探讨了违反刑罚法规的违法行为，违反其他的禁止法规、管制法规的行为，违反公序良俗的行为，权利滥用，还有正当防卫等相当于所谓违法性阻却事由的行为的违法性。

在那以前的学说中，关于各种被侵害利益，也曾以那些利益是否相当于权利的形式进行过探讨，关于被侵害利益，我妻博士论述的"权利"与"违法性"的强度的不同，与以前的学说论述的没有很大差异。但是，关于客观性要件的权利侵害和违法性，在把违反公序良俗、违反法规行为等侵权行为的样态作为衡量对象这一点上是带有新意的理论，同时也成为后来产生新的批判的原因。我妻博士关于违法性的相关关系说为后来的加藤一郎教授等众多的学说所继承，

③　所谓社员权（德文 Mitgliedschaftsrecht），是指构成社团法人成员的社员，基于其社员的地位对于法人所享有的全部权利。股份公司中的股东权就是其例。包含在社员权中的各种权利可以大致分为两种。其一为共同收益权，这是指为达到法人自身的目的所赋予社员的，以参与法人活动为内容的权利，例如，有审议表决权、少数社员权（少数股东权）、各种监督权、业务执行权等。其二为自己收益权，这是指为达到社员自身的目的所赋予社员的，以社员从法人获得经济利益为内容的权利，例如营利法人中的利益分红请求权、剩余财产分配请求权，非营利法人中的利用社团设施的权利等。社员权一直被认为是一种既不属于财产权，又不属于人格权的依据团体性法律的完全特殊的权利。

④　日本民法中传统的"贞操"观念，存在着单方面对女性要求的要素，因而受到现代学说的批判。今天一般以"性的自主"替换。对性的自主权的侵犯是严重的侵权行为。

现在仍然占有通说的地位。

有一种解释论认为,即使不是代替“权利侵害”要件,特意地提出“违法性”这一《民法》第709条未作规定的概念,广义地解释“权利”也可以达到目的。加藤教授与之相对,支持依据相关关系说的违法性理论。其理由如下,第一,与“权利”概念容易固定化相对,“违法性”的内容具有相当的灵活性、流动性。就是说即使广泛地认定权利,为认定侵权行为专门制造出各种权利的名称,在进行认定侵权行为的实质性的判断之后,仍然会发生不过是穿凿附会的倾向,再者,反之,一旦成为第709条的“权利”又有使侵权行为的范围过宽的危险。并且,会形成侵害了作为“权利的”利益时构成侵权行为,而对不是“权利”的利益无论怎样侵害也不构成侵权行为那样一种黑白划一的解决方法。与此相反,当依据被侵害利益的性质与侵害行为的样态之间的相关关系判断违法性的见解时,就有可能进行具有具体妥当性的灵活的解决。第二,从权利生成的过程看,大多数情况是首先以认定因侵权行为的损害赔偿的形式得到消极的保护,之后逐渐成长起来从而作为权利的积极主张才得到承认,因此,在侵权行为的阶段上拘泥于一律作为权利加以认定是不适当的。⑤

这种作为违法性判断的基准,对被侵害利益的种类、性质与加害行为的样态进行相关的衡量的相关关系学说成为民法学界的通说,并且,通说一直对这种被侵害利益与侵害行为的类型化倾注了努力。但是,在采用相关关系说的场合下,存在着与故意、过失这种其他要件处于何种关系的问题。在相关关系说中考虑的违反法规和违反公序良俗等加害行为样态,已经包含在行为人对加害的害意和恶意等作为故意、过失的要件对待的各种要素中。并且,最近的过失论并不是将过失看作单纯的心理状态而是作为违反客观的注意义务,因此,在判断有无注意义务的违反时进行衡量的诸要素(被侵害利益的种类、程度,结果回避的可能性等),也存在与违法性说(相关关系说)

⑤ 加藤一郎:《侵权行为》,有斐阁1974年版,第36页以下。

加以衡量的诸要素相重复和交错的问题。

关于判例、学说中涉及的受法律保护的利益的问题,2004年现代语化改革中,《民法》第709条修改为"因故意或过失侵害他人权利或法律上受保护利益者,负赔偿因此所生损害的责任",即在权利之后与之并列,增加了"法律上受保护利益"。对这一点,学界认识也有不同,有学者认为,"可以考虑这是体现了违法性说的变更"⑥,也有学者在指出侵权行为法研究会的《日本侵权行为法重述》中,学者起草的条文是将原有条文中的"权利"改为"法律上应受保护的他人的利益"⑦的基础上,认为,"'权利'的意义未专门论述(未进行关于'权利'侵害意义的探讨)就在'权利'之外,将基础置于并非'权利'侵害的有'法益'侵害的思维方式之上进行立法这一点上是不适当贴切的。""但是,从因为在这次修改中,关于'权利'的学说,实务的理解也是多样的,所以设置了无论站在哪种权利观之下,以条文的文言为根据都不会在结论上带来差异地与'权利'侵害相并列的'法益'侵害来看,立法上虽然有当否的问题,但这次修改并未否定'权利'的一元化"。⑧

第2节　对通说(相关关系说)的批判

一、权利扩大说

与前述占压倒多数的通说的潮流相对,反对说也很有力。其中

---

⑥　圆谷峻:《侵权行为法、无因管理、不当得利》(第2版),成文堂2010年版,第59页以下。

⑦　星野英一教授起草的重述条文:"第709条[过失一般]行为人,因违法实施该种类行为者通常可以期待的预见义务或者结果回避义务,侵害了他人应当受法律保护的利益的场合,负赔偿该损害的责任。"(星野英一:"权利侵害",载侵权行为法研究会编:《日本侵权行为法重述》,法学家杂志No.882,(1987年4月15日),第64页。

⑧　潮见佳男:《侵权行为法Ⅰ》,信山社2013年3月第2版第3次印刷发行,第78～82页。

之一是认为条文中规定有“权利”,所以通说的解释脱离了条文,因此,可以将适合于给予侵权行为法上保护的利益当作“权利”的学说(权利扩大说)。对此,通说作出了反批判,指出所谓“权利”是固定的概念,而“违法性”则是灵活的、流动的,因此更加适合于侵权行为法谋求具体妥当性啊的目的。再者,立法者所考虑的“权利”是相当宽泛的概念,个人的某种“利益”先应该成为新的在社会秩序中得到保护的对象,当法律上也在除侵权行为法以外的领域,得到了与已经存在的“权利”相类似的保护之后,对它的侵害才实施侵权行为法上的保护,这就是立法者的意图,因此,“权利扩大说”如果要将侵权行为法上的保护作为权利确立的先驱,那就违反了立法者的意图。不过,虽然从法的安定性方面看,要求尽量尊重立法者的意思和民法典本来的立场,但也不能忘记,有时会有从社会发展的理由来看,不得不有所突破的情况。还有,这派学者中有不少人主张,“从权利侵害到违法性”这一通说的动向担当着扩大“权利侵害”要件的功能,今天,这种“权利侵害”的要件并非限定性概念的见解已在判例、学说中得到承认并确立下来,在这种的情况下,逻辑上已经失去了置换“权利侵害”使用“违法性”这一法律条文上原本没有的概念的必要性,现在,判例明示地以“违法性”作为理由的场合也是极少的。

其次,另外一种对通说的攻击认为,若根据通说,如果有了值得法律保护的利益侵害就使要件得到充足,这的确拓宽了依据侵权行为法请求损害赔偿的道路,但是,恰恰由于如此才懈怠了形成新的“权利”的作业。例如,对“人格权”(Persönlichkeitsrecht, droit de personnalité)这一权利,现在许多国家的研究都很先进,都是得到承认的权利。而日本,由于即使“人格权”未形成“权利”,也能够给予侵权行为法上的保护(原则上是金钱赔偿。但《民法》第723条也规定了对名誉权的侵害可以同时适用为恢复名誉的适当的处分),所以该研究无法发展,在这一点上,致使很难承认排除妨害请求权,这样一种对人格利益侵害的重要救济手段。对于这一批判,通说的辩护论是:《民法》第709条的规定是“权利”还是“违法性”的争论是损害赔偿法的问题,关于其他的法律效果是另外的理论。

再者,通说所谓加害行为的样态不是指故意、过失这样的样态(这种样态是作为“有责性”的问题处理,而不是违法性的问题)。但是,正如公害审判中的“忍受限度论”表现出来的那样,故意、过失与违法性处于无法进行区别的状态,从这一点出发通说也受到了批判(并且指出,以法典中不存在的忍受限度概念代替法典中的违法性概念是不妥当的)。⑨

二、违法性要件不要说

在对通说的批判中,存在着从认为在逻辑上和法律技术上本来就没有必要将“违法性”作为侵权行为成立要件的立场出发作出的批判。这种学说以平井宜雄教授为代表。

首先,通说主张的见解在实际上并没有作为判例的理由被采用。作为违法性的决定基准之一,通说举出了违反刑罚法规等行为样态,但是,几乎找不到这些行为样态在判例上被作为引导出违法性判断理由的例子。并且,在判决中虽然也有使用“违法性”这一术语的,但却不多见将“违法性”与“故意、过失”作对比,并以其不同的判断基准提供这样做的理由的情况,可以说“违法性”大多是为表现肯定或否定侵权行为责任的判断本身而使用的情况。因此,那里的“违法性”具有也包含着“故意、过失”的意义,并未作为与“故意、过失”对置的概念来使用。另外,即使是承认“违法性”与“故意、过失”相区别的场合,判决在判断两者的存否时,所考虑到的情况有不少是完全同样地予以认定的。因此,尽管通说提倡违法性概念,但却并未被实务所采纳。平井教授认为,这是由于本来违法性概念一直是德国民法中使用的概念,在德国民法中,“违法性”是与“过错”严格区别、对置着的一个侵权行为的成立要件。但是,日本的通说,其违法性概念与其理论构成是从德国法学借用来,从而试图通过违法性概念来

⑨　远藤浩等:《民法(7)》(第 4 版),有斐阁 1997 年版,第 128 页以下。

扩大《民法》第709条的“权利侵害”,更加广泛地认可侵权行为的成立的。因此,侵权行为规定的构造在逻辑上缺乏将“违法性”作为与“过错”不同的另外的成立要件的必要性,在日本民法典之下,即使是在法院从没有条文线索的“违法性”概念出发,为依据第709条的要件事实提供判决理由,或者是使用“违法性”这一术语的场合,那也是作为表现判断侵权行为本身是否成立的概念来使用的。因此,通说提倡的违法性概念及其判断基准在实务上不具有影响力。

其次,通说在逻辑构造上也表现出不协调。作为违法性判断的基准,通说举出了违反刑罚法规、管制法规,但这是模仿德国《民法》第823条第2款的概念,该款与同条第1款相对应构成独立的构成要件,与第1款以对权利侵害的违法性为要件相对,第2款依违反保护法规自身使违法性得到充足,这里如果存在违反该保护法规的过错,即成立第2款的侵权行为。但是,尽管日本《民法》第709条是统一的侵权行为要件,通说却无视与德国民法侵权行为要件采用第823条第1款、同条第2款、第826条的个别性要件这种构造上的不同,将第823条第1款的过错与同条第2款和第826条的违法性结合在一起了。这样一来,通说在将违反管制法规作为违法性的问题处理的同时,另外,又发生了违反法规是否构成过失的问题,从而未能将违法性与过错的逻辑关系置于清楚的位置之上。并且,通说将违反刑罚法规作为决定违法性的基准,但刑罚法规原则上是以故意为要件的,所以又发生了违反刑罚法规的违法性与作为过错要件的故意处于何种逻辑关系的问题。而通说并未弄清这一点。也就是说,相关关系说列举出侵害行为样态(违反刑罚法规、违反管制法规、违反公序良俗),把这些作为该说的衡量要素之一,而这是在无批判地引进与日本侵权行为责任构造不同的德国民法典构成上的概念,以此作为日本《民法》第709条的解释论是错误的。

平井教授在对通说作了如上的批判之后指出,日本的“违法性”概念,发挥了扩大“权利侵害”要件,从德国《民法》第823条第1款的权利概念的制约下解放日本《民法》第709条,使之复归于统一的侵权行为要件的功能。日本的“违法性”的特殊功能正在于此。即虽然同样是“违法性”这一术语,但与德国民法上的违法性完全不同,日本的违法性是更加精密地划定法律上的认定对象的概念。但是,当“权利侵害”要件的扩大得到判例、学说毫无疑义的承认之时,“违法性”的这一功能就完成了它的使命。这是因为“权利侵害”是限定性的概念这一信念(delief)一旦在判例、学说中消失,以“违法性”概念代替“权利侵害”提供理由的必要也就符合逻辑地消失了。“从权利侵害到违法性”这一命题,在日本侵权行为法中所具有的实际意义就在于此,而且仅在于此。[⑩]

据此,平井教授提出了他的“过失要件一元化说”。

第 3 节　过失概念与违法性概念的交错

一、依据过失要件的一元化说

今天的“过失”概念,一方面,虽然作为主观性要件,但并不单纯地探讨加害人的心理状态,而是解释为以通常人的能力为基准,违反应该回避的有预见可能性的受害的客观性注意义务。另外,关于“违法性”,作为客观要件虽然与故意、过失是不同的要件,但实际上被考虑到的是加害行为的样态和行为人的故意、过失等主观性要素。其结果,产生了这两个概念在内容上、功能上相互交错的现象。因此,出现了各种不同的学说。

平井教授将过失作为违反客观的结果回避义务,作为判断该义务存否的要素列举了以下三项,即(1)由被告的行为产生的损害发生的危险程度或盖然性的大小;(2)被侵害利益的重大性;(3)负担损害回避义务所牺牲的利益。通过对这些要素进行相关的衡量来决定结果回避义务的存否。通说中作为违法性判断基准要素的被侵害

---

⑩　平井宜雄:《损害赔偿法的理论》,东京大学出版会 1971 年版,第 376 ~ 383 页。

利益,这里编在(2)的判断要素中,但不包含通说中作为违法性判断要素的侵害行为样态。不过,过失要件将加害人的行为能否称为过失(注意义务违反)作为问题,行为样态正是评价的对象而不是逻辑上评价的基准要素,所以当然侵害行为的样态本身不构成评价基准。与此相对,最近的违法性理论,作为行为样态,加害人有无注意义务,以及其程度如何的情况构成判断要素,最终也只能是进行客观过失的评价,因此,在违法性评价中也进行着与过失一元化论中同样的评价。

这样,以违法性进行的评价操作,与过失判断时的评价操作类似以致重复,因此,"过失"能够包含"违法性",这样就应该抛弃《民法》第709条规定的条文语言中不存在的"违法性"这一要件,而一元化为"过失"要件。而且,作为侵权行为成立要件排除"违法性"的结果,迄今为止作为违法性阻却事由的正当防卫、紧急避险等也就构成"过失的阻却"。并且,虽然违法性这一术语不仅《民法》第709条作了规定,而且也构成物权性请求权的成立要件和《国家赔偿法》第1条的成立要件,但作为物权性请求权和《国家赔偿法》第1条的要件可以另作考虑。此外,过失一元化论虽然反对将"违法性"概念作为与过失(过错)要件对置的独立的要件使用,但也认为作为法律上将发生某种效果的要件,一般地构成"违法"的情况另当别论。例如,作为一般(笼统)地指为肯定或否定侵权行为责任的判断基准的概念,使用违法性这一术语本身当然是应该允许的。[11]

淡路刚久教授的新忍受限度论亦采用侵权行为成立要件过失一元化论。作为过失判断的要素,举出了被侵害利益与加害行为的样态,这些要素近似于上述平井教授的(2)被侵害利益的重大性,(1)损害发生的危险程度或盖然性的大小。

---

⑪ 平井宜雄:《损害赔偿法的理论》,东京大学出版会1971年版,第397~420页。

二、重视违法性要件说

在行为状态不法理论中，加害人的行为状态违反规范是不法的本质。这种观点认为违法的对象不是结果，而是追究行为自身，违法性判断就只能是对行为是否违反客观行为规范进行判断。并且，行为规范根据于“对构成受到威胁的损害的盖然性的程度及范围、构成问题的行为的意义与受到危险的利益的重大性进行的利益衡量”，因此，关于有无违反行为规范的判断与过失一元化论中的过失判断相同。换言之，这种学说将过去责任论中讨论的客观性过失置于违法性之下加以论述。因此，如果将这种理论贯彻到底，就成为将过失要件归于违法性要件的一元化。但是，在侵权行为责任必须与行为人的有责相结合的前提下，仍然要维持以行为人的具体过失为基准的过失要件。

前田达明教授认为，“法从存在于社会生活中的社会价值中抽出值得保护的价值，禁止侵害这些价值。并且，该法律命令主要是针对人的，而且是以标准人为对象的，这种标准人的可能性就是尺度，那就构成依据法律命令的注意义务。因此，违反这种注意义务时，就构成法律规范的违反，被判断为违法”，从而以违反客观性注意义务为违法。主张过失侵权行为中的责任根据，不是在于行为人的“意思”，而是寻求依照客观性注意义务的各人的行动这种对于他人的“信赖”的违背，注意义务违反不是作为过错的问题，而是作为违法性的问题来把握的见解，与在信赖原则上寻求责任根据之间是有逻辑联系的。[12]

三、维持权利侵害、违法性要件说

尽管过失一元化论提出了作为侵权行为成立要件抛弃违法性要件的主张，但是，主张维持二元论的见解仍然很强。但值得注意的是，即使是维持二元说的学说，也并不是在与过去的通说同样意义上

---

⑫　前田达明：《侵权行为归责论》，创文社 1978 年版，第 185 页以下。

使用违法性概念的。

几代通教授虽然认为以故意、过失为主观要件,以违法性为客观要件的过去的通说是不妥当的,但对因此就将侵权行为的成立要件综合起来一元化地加以把握的做法仍感踌躇。并指出,“故意、过失”与“权利侵害”分别作为侵权行为的成立要件,把它们作为“侵权行为的成立与否的判断作用中的一个线索,或者为便于整理那里的见解,存在对这两个方面的大致区分也是可以的”。[13]

森岛教授也认为,在今天以“故意、过失”为主观要件,以“权利侵害和违法性”为客观要件,对两者作严格的区分已经是不可能的了。因此,依据日本民法侵权行为规定的条文,在“过失”要件中设定侵权行为责任的框架(责任限定)的方向是妥当的(因此,不应采用违法性一元化说)。但是,也不应该完全抛弃“权利侵害和违法性”要件,而应该在与过去具有不同地位的基础上维持“违法性”要件。首先,作为关于被侵害利益的要件来把握违法性(结果不法)。《民法》第709条以“权利”的侵害为要件,但现在不仅是有某某权的名称的权利,而且应该保护更加广泛的“利益”。但是,并不是对任何利益侵害都必须认定损害赔偿。例如,生活的宁静安稳、日照等,实际情况是只有在受到超过某种限度的侵害的场合才能得到保护。那是因为如果超过某种限度,社会就会意识到侵害这些利益的情况是不能允许(违法)的。那么,由什么来决定违法呢?就被侵害利益来说,不得不说最终是由社会性的法律感情来决定的。例如,认为应该保护何种程度的生活环境,因时代、地域等的不同而社会意识各异。而且,对正在实施加害行为人的利益、受害人已承诺受侵害情况下的利益(正当防卫、受害人的承诺),这些从公平的观点出发,也无法认为是应该受到保护的。以违法、合法的社会意识为根据的情况各种各样,并没有何种利益应该得到保护这样的以一种意义加以决定的基准。但是,我们的法感情和正义感自己在区分着应该受到保

⑬ 几代通、德本伸一:《侵权行为法》,有斐阁1993年版,第114页以下。

护的利益和不应受保护的利益。原则上所有的被侵害利益都应该受到保护,但是,对于感到即使是受到侵害也没有特别地给予保护之必要的程度的利益侵害,以不具违法性来加以说明比作没有过失的说明更为合适。

另外,有学说将是否应该保护的利益的判断用该利益是否包含在注意义务规范中来加以区别,但是,森岛教授认为,如果将划定应该受保护的被侵害利益的界限放在注意义务违反=过失的框架中进行处理,那么,在过失不构成要件的侵权行为类型(无过失责任)中划定侵权行为责任的要素就只有因果关系了。即使在无过失责任中,也并非所有种类的利益都成为保护对象。对某种利益,只是在意识到该侵害被放置不管是违法时才适用无过失责任。

维持权利侵害、违法性要件的学说在这种意义上使用的违法性术语,与过去的用法是明显不同的。但是,作为从被侵害利益的侧面为侵权行为责任的成立划定界限的概念,违法性也仍然具有一定的有用性[14]。

第4节　权利理论与侵权行为法的再构成

权利的保护始终是侵权行为法的中心课题,在学说发展的进程中,对权利概念的作用又有了许多新的认识,山本敬三教授依据基本法的权利保障说具有一定代表性。[15]

一、依据基本法的权利保障与侵权行为法的再构成

(一)宪法的私人间适用与侵权行为法的定位

1. 宪法的私人间适用——保护义务构成

所谓山本理论的出发点是,侵权行为法作为问题的是财产权、人

---

⑭　森岛昭夫:《侵权行为法讲义》,有斐阁1987年版,第251页以下。

⑮　山本敬三:"根据基本法的权利保障与侵权行为法的再构成",载《企业与法创造》第7卷第3号(2011年11月),第70页以下。

格权,精神性自由和经济性自由等这种个人的基本权不受他人侵害,在这里也有宪法在私人之间适用的问题。由此产生国家的基本权保护义务:

(1)这种国家的基本权保护义务,是指国家为保护个人的基本权不受他人的侵害,必须采取积极措施的义务。这种义务得到承认的理由与国家存在的必要性问题相关。例如,杀人和盗窃、暴行、放火那样的,个人被他人侵害了基本权,如果国家可以看着不管,承认国家就没有意义。若承认国家存在的意义,就要命令国家依宪法基本权的保障,保护个人的基本权不受他人的侵害,属于国家最低限度的任务。

并且,现代国家原则上禁止自力救济。即不得以实力对抗,就是把个人暴露在对他人的侵害无防备的状态下。这样的国家,必须负保护个人的基本权不受他人侵害的义务,毋宁说是必然的。

(2)根据这些,在X的基本权受到Y侵害的场合,国家就负有保护X的基本权不受Y侵害的义务。这里国家通过立法采取了充分的保护措施时没有问题。但是,立法准备的保护措施,不能给予X最低限度的保护时,法院就负有作为国家机关给予保护的职责任务。

不过,这里法院给予X保护的话,这回又发生了Y的基本权受到侵害的危险。法院作为国家机关也被禁止介入,即存在着只要没有正当理由,不得侵害个人的基本权这一制约。因此,不允许法院在给予X保护时,过度地侵害Y的基本权。

就是说,第一,国家至少必须对X给予宪法上要求的最低限度的保护。并且,第二,不得因给予这样的保护而对对方当事人Y的基本权造成过度的介入。在遵守这种过少保护的禁止与过剩介入的禁止的同时,衡量双方的基本权导出解决方法。这就是私人间适用的基本构成。

2. 侵权行为法的定位

这样考虑的话,侵权行为法的确可以定位为是个人的基本权受到他人侵害的场合,国家为履行其基本权保护义务准备的一个保护制度。

根据这些,为使通过侵权行为法的保护得到承认,首先,属于受害人的基本权的权利受到侵害成为必要。

不过,那里国家若给予这种权利保护,这回国家又因此被课以对加害人的属于基本权的权利的制约。恰恰可以把过失责任原理和危险责任原理看作使这种给予保护的行为不构成对加害人基本权的过剩介入的原则。

(二)权利观的转换与侵权行为法的构成

要重新把握侵权行为法,无法回避的是对权利如何把握的问题。

1. "权利"的意义

在民法中,传统上,权利一直是作为人支配客体和利益的权利把握的。自不待言,所有权是其典型。但是,如果将"权利"作为这种支配权把握的话,侵权行为中作为问题的对象无法把所有的都只作为这种"权利"把握。尤其是现代性的问题,例如关于环境的问题等,就不能以支配权来把握。

但是,认真思考一下,宪法上的基本权,本来是保障自由的权利,不妨碍做与不做是其核心。这种谋求做与不做的权利,即属于防御权的权利,所有权那样的客体和利益的支配构成问题自不待言,表现的自由等那样的,不构成客体和利益支配问题的场合也应得到承认。毋宁说包含那种场合,主体决定做与不做的可能性得到保障之处,应该考虑为承认"权利"的主要着眼点。

2. 侵权行为法的构成

这样把握权利的话,在侵权行为法中,就可以把个人对什么可以在什么程度上做决定的事情,看作通过那样的双方的"权利"的衡量来确定的问题。

(1)权利的类型

不过,常常被误解的是,这种思维方式属于支配权的权利也得到承认。衡量双方"权利"的结果,对一定的事情原则上可以只由自己决定。因此,若其受到侵害的话,原则上可以作为给停止侵害请求和损害赔偿请求提供基础的规则确立起来的,能够考虑的只有支配权。

作为这种支配权,一般是得到承认的“权利”,因为其外延明确,所以权利是否受到侵害能够比较单纯地做出判断。因此,另外还有故意、过失的问题。关于所有权和生命、身体的权利等是其典型。

与此相对,关于没有作为在那种意义上的支配权确立起来的权利,在各种各样的层面上与其他的“权利”进行衡量,判断什么在什么程度上可以决定。即这种“权利”的内容与射程,要在与其他“权利”的相关上加以决定。

对这种意义上的相关性权利,权利人在确定什么程度上可以的同时,他人对权利人在什么程度可以得到允许,就是说他人能做的事情的确定也必须同时进行。为此,权利侵害的判断与过失的判断重合。即不是权利侵害和故意、过失的二层构造,而容易成为权利侵害与过失融合的一元性判断。在实际的裁判例中,这种场合“违法性”被讨论得较多,就是这个原因。

(2)侵害的类型

无论怎样说,以上那样的“权利”是可以决定做与不做的决定权,所以若违反这样的权利人的意思有害于其实现,就构成“侵害”。其代表性的例子是物理性侵害。

与此相对,客观上看起来好像权利人受到了不利益,但权利人自身认为可以的场合,作为权利的行使不构成权利侵害。不过,在认为可以的权利人的意思是错误地形成的场合,就构成未根据权利人的意思有害于权利的实现。以这种对受害人意思的形式实施的侵害,作为结果除受害人的身体和财产,即在支配权受到侵害这个侧面之外,还有受害人的自己决定权也遭到侵害的侧面。这恰恰相当于前面所说相关性权利。即这种类型的“侵害”的特征是,对相关性权利的侵害和通过这种侵害对支配权的侵害复合性地构成问题。

根据这种“权利”的类型与“侵害”的类型,使为进行受害人方面的权利与加害人方面的权利的衡量的理论框架明确起来。

这就是山本敬三教授的以宪法为核心的国家基本权保护义务体

系和以决定权为核心的作为侵权行为法构成的权利体系的理论基础。山本教授以此为出发点，从基本权保护义务构成和决定权的权力观，这两个方面展开了他的理论。通过.基本权保护义务构成中义务论规范和价值论规范、主观法与客观法的概念运用，决定权的权力观中支配权权力观、依秩序的补充完善和权利构成的贯彻的分析探讨。最终得出了权利构成的意义——权利间衡量的方法的结论，并进一步地指出了过少保护的禁止和过剩介入的禁止这样两条原则。⑯

二、"基本权保护义务论"的讨论与完善

松元和彦教授阐述了自己对上述"基本权保护义务"理论的见解，这里仅就基本认识部分做一简略介绍。⑰

上述学说的特色，一言以蔽之，在于侵权行为法的定位。山本教授把侵权行为法制度定位为国家为履行基本权保护义务准备的一个保护制度。换言之，是作为为达到基本权保护目的的一个手段把握侵权行为法制度的。并且侵权行为法，一方面，为保护受害人的基本权要求过少保护的禁止；另一方面，为不侵害加害人的基本权要求过剩介入的禁止。这种思维方式，给人一种眼前一亮的冲击。

但是，基本权保护义务这一概念，在宪法学中也是讨论的目标之一，但是，宪法学中的基本权保护义务的存在不是自明的。宪法学者对基本权保护义务采取什么态度，如何认识讨论起来需要费很长的时间。无法从是否承认基本权保护义务论谈起，姑且以基本权保护义务的存在为前提，阐述了如下的见解。

国家的基本权保护义务的概念，不是由国家进行的基本权保护的义务，而应该是由国家进行的基本权"法益"的保护义务。因为基

⑯　山本敬三："根据基本法的权利保障与侵权行为法的再构成"，载《企业与法创造》第 7 卷第 3 号(2011 年 11 月)，第 85 页以下。

⑰　松本和彦："基本权保护义务与侵权行为法制度"，载《企业与法创造》第 7 卷第 3 号(2011 年 11 月)，第 90 页以下。

本权和基本权法益是不同的,例如,对人的生命这一基本权法益,可以产生出请求国家保护不被侵害的基本权。而死刑被称为侵害生命的基本权时,确实也是在这个意义上被想定为基本权。尊严死说不定也可以作为基本权,等等可以有各种各样的基本权。

不区别基本权和基本权法益,把基本权保护的对象作为基本权本身把握的发想恐怕是由来于取名为决定权性权利观的山本教授的权利观。根据那种权利观,权利的主要着眼点在于"主体决定做还是不做的可能性得到保障"。决定权性权利观,虽然说是由支配权性权利与相关性权利构成的,但这里被称作支配权性权利的权利,绝不是把重点置于支配利益上,根本上重点是置于个人的自己决定之上的。所以,即使对所有权那样的典型的支配权性权利,比起自己的财产的支配的观点来,恐怕追求的还是可以自由地使用、收益、处分自己的财产这一决定的契机上的权利性。这如果是人格权那样的相关性权利,则其作为权利的具体性确实只有通过与其他考虑要素相关才能加以决定,"主体决定自己的应有状态的权利"这一特性可以推到前面来。

山本说中,应受国家保护的,恐怕也不是客观性的法益,而是个人的自己决定的可能性。如果这样的话,国家的基本权保护义务,岂不成了给国家课以排除个人的自己决定的现实性障害的义务吗?国家应当排除的,根本上虽然是基本权"侵害",但保护的对象却不是客观性法益,而仍然置于自己决定可能性上的话,实际上,不就是不得不把自己决定的现实性障害其自身收入排除的射程吗?自己决定的现实性障害可以考虑到的情况非常多,而且若将其排除作为国家的义务,结局上,不就与国家家长式制度(paternalism)的发想无限接近了吗?当然,山本说在那种场合,准备了国家不得过剩介入的制动器,不会招来无限的家长式制度。即使如此,说起来把国家性保护对象置于个人的自己决定可能性上,就扩大了国家性介入的范围,等于把对个人的自己决定有障碍的事态大致所有的都成为对象。那不是过分扩大了国家介入的战线吗?这种战线扩大仅以国家的过剩介入禁止能否防止,使人产生挥之不去的不安感。

松本教授还就侵权行为法的目的是否只有基本权保护,所谓基本权法益以外的权利如何解决?例如,“景观利益”这样的带有公共性质的利益的处理;特别法上的侵权行为法是否也是基本权保护制度?例如,大阪地方裁判所 2010 年 5 月 19 日判决(载《判例时报》第 2093 号第 3 页)对石棉损害中的国家赔偿责任等多方面的复杂问题的解决;与侵权行为法以外的基本权保护制度的关系等问题进行了探讨。

最后,松元教授认为基本权保护义务这一思维方式可以在各种场合使用,泛用性(通用性)极高,所以不慎重使用的话有什么都被正当化的危险性。在这一点上,基本权保护义务是一个需要谨慎操作的概念。⑱

三、侵权行为法中权利侵害要件的“再生”

日本侵权行为法一般规定《民法》第 709 条,将权利侵害作为侵权行为成立要件“现代汉语化修改”之前的旧规定。如前所述,大正时期以后的判例、学说,在“从权利侵害到违法性”的命题之下,一直没有给予权利侵害独立的要件地位。某种意义上说,也是当时受害人救济的历史需要。但是,重视权利侵害要件的学说一直存在,违法性论中,绝对权侵害即违法,给予权利侵害固有意义的学说也有力地得到主张。再加上,近时关于“内心的静稳”这一新的精神性、情绪性人格利益的权利和过平稳生活的权利 = “平稳生活权”成为在裁判例和学说中讨论的问题,环境权和景观权等具有公共性格的权利也得到主张。进一步地,出现了一系列的以权利侵害(包括法益侵害)为固有要件的一系列最高裁判所判决,并且,还出现了从宪法与民法的问题视角作为权利保护试图重构侵权行为法的主张。因此,

⑱　松本和彦:“基本权保护义务与侵权行为法制度”,载《企业与法创造》第 7 卷第 3 号(2011 年 11 月),第 97 页。

权利侵害要件并没有被废止,不仅存在,而且是与“法律上受保护的利益侵害”并置的。吉村良一教授整理这些动向,结合立法史上的资料对权利侵害要件和权利概念在侵权行为法上具有的意义进行了考察。⑲

(一)权利侵害要件的历史沿革

1. 立法史的新发现

权利侵害要件是以什么意图,作为什么样的内容引进民法典的?回答这个问题,必须从立法的情况谈起。在普阿索那德的草案和旧民法的侵权行为规定中,没有规定权利侵害要件。其导入是在明治民法的起草阶段。围绕着侵权行为法自身的起草方针,出现了梅谦次郎的“实害主义”与穗积陈重的“权利侵犯主义”之争。所谓“权利侵犯主义”,采取只要有权利侵害即使没有发生损害也成立损害赔偿责任的立场,这种立场,追求的是通过以法律上受保护的权利的侵害为要件明确行为基准维持法秩序的目的。与此相对,所谓“实害主义”,将侵权行为的目的置于损害的赔偿上,权利侵害之外以损害(实害,包括所有“有形无形的损害”)的发生为必要。据说这场争论,以梅谦次郎的胜利而告终,但这样一来,作为侵权行为的要件,为什么除损害之外权利侵害成为必要的反倒成问题了。

根据学者的研究,设置权利侵害要件的意义和理由,有如下一些,通过以权利侵害为要件确保个人活动的自由。明治民法中损害未限定在“金钱上的损害”,也包含“无形损害”,为使赔偿对象明确化,所以在损害之上加上了以权利侵害为要件。起草者考虑的是既存的权利的侵权行为上的保护,否定通过侵权行为上的保护形成新的权利。另外,这种权利侵害要件的采用,一般认为是德国民法的影响大,但从“问题的实质”看未必如此,即第709条的权利比德国民法的权利广泛,“将权利侵害作为要件,在当时的欧洲各国的侵权行

⑲ 吉村良一:“侵权行为法中权利侵害要件的‘再生’”,载《立命馆法学》2008年5·6号,第569页以下。

为法中是共通的”。从当时关于第 709 条和第 720 条的讨论分析，“通过权利侵害这一要件的采用基本上将德国法上的违法性——有责性摄入日本民法的侵权行为法中”是起草者的基本见解。“起草者给权利侵害附加规范性评价必要的‘不法’，有意识地回避不确实性要件”。

2. 民法典施行之后的判例和学说的少数说

如前所述，从云右卫门事件判决到大学浴池事件判决是从权利侵害到违法性的标志性判例，成为转折点的是大学浴池事件判决，但这个判决并未将权利侵害置换成违法性，是指出所谓侵权行为是指因法规违反行为侵害了法律上受保护的利益的场合，对老字号的利益（实际状态是逸失利益）侵害给予了侵权行为上保护的判决。但是，据学者（大河纯夫：“《民法》第 709 条‘权利侵害’再考”，载河内宏等编：《市民法学的历史性、思想性展开》，信山社 2006 年版，第 537 页以下）考察，对这个判决，（大审院第三民事部的）判决理由与（大审院判例审查会民事部制作的）判示事项、判决要旨中有差异：在与大审院第三民事部通过“法规违反的行为”把权利侵害置换成“侵害了他人的行为”的基础上，试图从权利侵害要件的“脱离”相对，大审院判例审查会民事部，将判示事项作为“因侵权行为受到侵害的权利”，在判决要旨中，显示出通过浴室业的老字号本身或者将其出售得到的利益相当于所谓权利的整理，实现权利的“扩张”的做法。这是在民事判例集中出现的“从权利侵害要件‘脱离’与其‘扩张’相克的现象”。

在这种“相克”中，后来的学说和判例的主流，如前两节中介绍的那样，向着将权利侵害置换成违法性要件的方向发展，即选择了从权利侵害要件‘脱离’的道路。

即使在上述主流学说的方向之下，也有不同的见解，例如，来栖三郎教授（来栖三郎：《债权各论第二分册》，东京大学出版会 1953 年版，第 226 页以下）就认为起草者如果宽泛地解释《民法》第 709 条的“权利”的话就没有必要将权利侵害要件置换成违法性，“权利”

是广义的概念,是"能够随着社会的发展而发展的概念","如果发生了社会秩序上应该保护的新的个人利益,就应当作为权利概念的扩大……沐浴到侵权行为制度的保护"。五十岚清教授(五十岚清:"违法性",载柚木馨等编《判例演习(债权法2)》,有斐阁1964年版,第198页以下)也曾指出,若保护"达到在社会类型上应该得到保护程度的利益",本来就没有必要将权利侵害置换成违法性,将焦点置于人格权保护时,"权利侵害的类型化"的道路也是值得加以探讨的。

(二)权利侵害要件的"再生"

1. 重视权利侵害要件理论的兴起

最近,要以某种形式重振权利侵害要件的立场的势头正在不断增强,大塚直教授(大塚直:"权利侵害论"载《民法的争点》有斐阁2007年版,第266页以下)对此整理出四种理论动向。

第一,权利中重视绝对权,对其侵害承认侵权行为法上,固有的意义,与其以外的利益侵害相区别的立场。继受以权利侵害为违法性的表征,与其以外的违法相区别的末川博的思维方式(违法性二元论),这里,批判忍受限度论,将停止侵害也纳入视野。

不把权利侵害置换成违法性,而是将违法大致分为有权利侵害的场合和无权利侵害的场合,权利侵害这一判断标识是活的。将权利侵害置换成违法性的做法带来权利观念的稀释化。权利论没有确立的情况,意味着"个人自由的根据地"没有确立。"权利侵害,只要没有违法性阻却事由,直接就是违法的,构成停止侵害请求的理由。并且,加害人有故意或者过失时,构成损害赔偿请求的理由",给予"没有权利侵害也违法的场合,与权利侵害同样的救济"。

采用违法性概念的同时,通过将其与权利侵害的场合(原则上违法)与其以外的场合二元性区别的方法,给予权利侵害固有的意义。

第二,不采用违法性概念,直截了当地在条文中给权利侵害要件以积极的位置的学说。"作为《民法》第709条的要件,按照条文考虑故意、过失和权利侵害,分别探讨其内容足矣"并且,对"权利侵害的要件,加害行为的结果的问题,故意、过失的要件,分别处理加害行为本身的问题更为直接。即我妻说所指符合'被侵害利益的样态'的情况构成'权利侵害',符合'侵害行为的样态'的情况与同说所指包含故意过失的情况构成'故意过失'"。这样考虑的话,"完全没有将'权利侵害'置换成'违法性'的必要"违法性概念的采用,反倒背负起违法性是什么的难题。这样不采用违法性概念,将侵权行为要件直接限定在"权利侵害"上的话,又构成权利侵害是什么的问题,根据现代社会中利益的多样化,其内容(自不待言不能限定在绝对权中),必须是相当广阔灵活的。

第三,20 世纪 80 年代末以后,"无害内心静稳感情的利益"是否值得法律上的保护成为讨论的问题,期间出现了活用权利侵害要件的判例,从而出现了积极评价这些判例的动向,以达到权利侵害要件"再生"目的的主张。

第四,将侵权行为法定位为通过以宪法为顶点的法秩序得到保障的个人的权利的保护制度,从这种立场出发主张权利侵害要件再生的立场。这种立场上一节及本书其他地方已有很多介绍,此处不再赘述。

2. 社会背景

产生这种权利侵害要件的"再生"的原因,可以考虑有如下几点:

第一,侵权行为法上受保护利益的扩大、多样化,同时,这些利益很多都可以举出有作为权利得到主张的情况。现代侵权行为法学中,被侵害利益的扩大、变化有主观化和客观化两个方向。所谓被侵害利益的主观化,是指性骚扰在侵权行为法上的救济,所谓被侵害利益的客观化是指对国立景观诉讼中那样的,也带有公共性格的景观利益侵害的侵权行为法上的救济。并且,在被侵害利益的主观化、公共化的同时,在"风险社会"化的进程中,对不确实的风险的人们的安心、安全感成为通过侵权行为和进一步地通过停止侵害的法律保护的课题的情况,也推进了保护利益的扩大、多样化。例如,在对建筑物作为暴力团事务所使用请求停止侵害的诉讼中,法院认为“有生命、身体、财产等不受侵害地过平稳的日常生活的自由和权利”(静冈地方裁判所浜松支部1987年10月9日判决,载《判例时报》第1254号第45页),还有因废弃物处理场水质污浊危险问题的诉讼等。这些权利包括人格权、景观权、平稳生活权、环境权等。

第二,与被侵害利益的主观化相重叠,在裁判例中,与违法性不同地论述被侵害利益和权利的要保护性的案件增多,这构成权利侵害要件“再生”的直接要因。

第三,侵权行为的目的,过去的理解是受害人的救济和损害的填补,现在从加害人与受害人的公平确保,受害人的权利保障,加害行为的抑止和制裁也纳入视野产生的扩大、变化也成为权利侵害要件“再生”的重要原因。

(三)侵权行为法中权利侵害的意义

1. 权利侵害要件在侵权行为法中的位置

权利侵害要件“再生”的场合,发生该要件在与其他的侵权行为要件的关系上怎样定位的问题。尤其重要的是与违法性的关系。有以下一些见解。

(1)在区别作为事后性评价的法秩序违反的违法性和,作为同时性评价的行为规范违反的有责性的基础上,在违法性中给权利(这个场合是绝对权)侵害定位。即把侵权行为分为“绝对权类型”“衡量类型”“行为类型”这三种类型,这些是违法性的类型,其中,“绝对权侵害和人的生命、身体等应当绝对性地受到保护的法益被侵害时直接构成违法”。

(2)与上述将权利侵害定位在违法性中的见解不同,将权利侵害与违法性分开,并且,保留违法性的见解。在行为不法论中,在违法性判断上发挥作用的要因,是对“权利”侵害的危险性及受侵害的危险威胁的法益的重要性,而不是“权利”侵害自身。因此,“权利”侵害自身作为不能被违法性吸收尽的要因,作为与故意、过失的“连结点”,“权利侵害成为侵权行为成立的必要的构成要件之一”。

(3)不采用违法性概念,将其置换成权利侵害要件的一系列主张。其中包括我们已经介绍的山本教授的学说,此处不再赘述。

2. 权利侵害、法益侵害作为独立要件的裁判例

(1)最高裁判所对自卫队合祈诉讼判决[20]

因事故殉职的自卫官之妻,对违反其意县队友会申请亡夫被县护国神社合祈的行为,以国家和队友会为被告,提起了合祈申请程序的取消和损害赔偿的案件。原告在诉讼中主张,与被合祈“被祭神者有密切生活关系生活感情密切性浓的配偶,作为自己固有的宗教性人格利益,条理上当然享有亡夫不在按照其意思的情况下不被作为祭神祈祷的自由”,被告的合祈行为“侵害了原告的宗教上的自由乃至人格权”,“原告得知尽管拒绝但亡夫仍被县护国神社合祈的情况……感觉到极度的悲伤,其精神性痛苦具有无法忍耐的性质”。这个事件中,故人的父亲和兄弟不反对合祈。对此,原告这种“关于死者的宗教上的行为最应当受到尊重的人格性利益,是参照条理以对死者深深的精神性纽带为基本有最浓的实际生活感情者即配偶的人格利益”。

对此,一审(山口地方裁判所 1979 年 3 月 22 日判决,载《判例时报》第 921 号第 44 页)和二审(广岛高等裁判所 1982 年 6 月 1 日判决,载《判例时报》第 1046 号第 3 页),承认了原告的损害赔偿请求,其中关于被侵害利益的看法,一审判决阐述了如下的见解(二审也支持这种看法)。

“一般解释为把人对自己或者亲人的死,不受他人干涉的静谧中围绕着宗教上的感情和思考,实施行为的利益作为宗教上的人格权的一个内容是可以的。人对自己的死享有这种人格权可以认为是明确的,而对他人的死是否也能肯定这种权利暂且还是个问题。但

---

[20] 吉村良一:“关于故人的追悼、慰灵的遗属的权利、利益的侵权行为法上的保护——以靖国合祈取消诉讼为线索——”,载《立命馆法学》2009 年 5·6 号,第 968 页以下。

是,人在现世作为最亲近者与配偶进行共同生活,共同进行精神生活,所以通常对配偶的死抱有准于自己的死程度的关心,因此,不被他人干涉宗教性地对待故人的利益允许考虑为上述那样的人格权"。所以,探讨本件合祈申请行为是否侵害了原告的信教自由乃至人格权:"对于作为妻想要从基督教信仰的立场加深夫的死的意义的原告来说,应当在静谧的宗教性环境之下过信仰生活的法上的利益——人格权——有受到了妨害的一面的情况这是不能否定的"。

国家提起上告,最高裁判所(最高裁判所大法庭 1988 年 6 月 1 日判决,载《最高裁判所民事集》第 42 卷第 5 号第 277 页)驳回了原告的请求。理由是"关于死去的配偶的追慕、慰灵等即使因私人实施的宗教上的行为信仰生活的静谧受了害,那相当于信仰自由的侵害,其样态、程度只要没有超出社会上能够容许的限度的场合,就不能说法的利益受害了"。

不过,这个判决有伊藤正己法官的反对意见:"现代社会中,不被因来自他人的自己所不欲刺激的扰乱,即所谓心的静稳的利益,在侵权行为法上,也可以承认能够成为被侵害利益。"[21]

自卫队合祈事件和靖国参拜包括对总理大臣的参拜的诉讼事件,最高裁判所所做一系列判决中,虽然都驳回了原告的诉讼请求,但似乎没有明确否定原告权利本身不存在。另外,值得注目的是,也有法官的"假如从对曾经共同紧密生活过的人的敬慕思念出发,尊重该人的意思,关于该人的灵怎样祭祀各人所抱有感情等能够成为法律上应受保护的利益"(滝井繁男法官)的补足意见。而且,学者也认为"例如,违反遗属的意思,国家参与了靖国神社合祈战没者的活动的话就有损害赔偿请求得到承认的可能性(渡边康行一桥大学教授)等。"[22]

㉑ 吉村良一:"侵权行为法中权利侵害要件的'再生'",载《立命馆法学》2008 年5·6 号,第 973 页。

㉒ 吉村良一:"关于故人的追悼、慰灵的遗属的权利、利益的侵权行为法上的保护——以靖国合祈取消诉讼为线索——",载《立命馆法学》2009 年 5·6 号,第 977 页。

(2)关于景观利益的最高裁判所2006年3月30日判决(载《最高裁判所民事集》第60卷第3号第948页)具有重要意义。

[事案概要]

国立大学路[幅宽44m南北1.2km及步车道、自行车道、树木绿地。周边地域大部分第一种低层住居专用地域(限高10m)]位置的南端是本件土地(本件建筑物建筑确认当时,第二种中高层住居专用地域无绝对限高度(建蔽率60%容积率200%限制))建筑了本件建筑物(地上14层总住户353户最高地点约43.5m建筑面积6,401.98m^2的公寓),周边居民X等,以侵害了大学路周边的景观,向建筑物主人、设计施工者和公寓居民基于侵权行为,请求拆除超过20m的建筑物部分及损害赔偿(抚慰金、律师费用的相当费用,一审承认请求。二审驳回,原告上告)。

[判决要旨]

"都市的景观作为良好风景,是人们的历史性和文化性环境的造型,构成丰富生活环境的场合,可以说是有客观价值的。"本件建筑物着手建筑时存在的国立市景观条例、东京都景观条例、景观法是以"保护良好景观具有的价值为目的的"。"这样的话,居住在接近良好景观地域内,日常享受着其恩泽的人,应该说是与对良好景观具有的客观性价值的侵害有密切关系的人,这些人享有良好景观的恩泽的利益(以下简称景观利益),解释为值得法律上的保护是相当的。"

不过,景观利益的内容依景观的性质、样态等会有不同,依社会变化而变化,所以现时点私权的明确的实体无法承认,"无法超过景观利益承认具有权利性质的'景观权'"。

《民法》第709条不仅私权的侵害,法律上受保护利益的侵害也成立,但本件这样的建筑物的建筑是否对第三者的景观利益构成违法侵害,"应当综合考虑被侵害景观利益的性质和内容、该景观的所在地的地域环境、侵害行为的样态、程度、侵害的经过等进行判断。"并且,景观利益被侵害的场合性质上不会造成对被侵害人的生活妨害和健康伤害,景观利益的保护,对该地域中的土地、建筑物的财产权进行限制,围绕着其范围、内容等在周边的居民相互间和财产权人之间产生意见对立的情况可以预想得到,所以景观利益的保护和伴随此的财产权等的规制,从第一次性地通过民主程序制定的行政法规和该地域的条例等进行规制可以说是预定的情况来看,为能说某行为相当于对景观利益的违法侵害,至少该侵害行为是违反刑罚法规和行政法规的规制的,或者是公序良俗的违反和相当于权利滥用等,解释为向侵害行为的样态和程度方面作为欠缺社会上容许的行为的相当性是相当的。

本件建筑物的建筑在确认当时尚不存在本件改正条例的限高规制,并且本件建筑物没有违反其他的行政法规和都条例,是有相当容积和高度的建筑物,除去这一点很难认定本件建筑物的外观扰乱了周围的景观的调和。其他,根据原审确定的事实,本件建筑物的建筑,没有听到有违反当时的刑罚法规和行政法规的规制,公序良俗的违反和相当于权利滥用等事情。参照以上诸点,本件建筑物,在行为的样态及其他的方面很难认定为欠缺作为社会上容许的行为的相对性,上告人等的景观利益很难说遭遇了违法的侵害行为。

学者认为,最高裁判所的这一判决阐述了景观利益的意义及其内容、范围,出示了景观利益的容许和景观侵害的违法性判断的基准。㉓

第5节 违法性概念与侵权行为要件的再构成

在近年来关于侵权行为机能、目的的讨论中,学者们对新法益与侵权行为法的课题进行了深入的探讨,违法性的问题再次成为讨论

㉓ 蓑轮靖博:“论景观的民事法的保护”,载《福冈大学法学论丛》第53卷第1·2号,第1页以下。

的核心。以下以能见善久教授的见解[24]为中心,介绍一下学界的讨论情况。

一、"新法益"的侵害与违法性

将新的法益侵害作为侵权行为把握时的问题之一,是仅以其形式上的侵害并不当然满足《民法》第709条的法益侵害要件,只有加上了侵害行为的"违法性"这一附加性要素,才构成法益侵害,判例一直是这样处理的。怎样理解这个问题。有必要探讨一下作为附加性要素所要求"违法性"的内容是什么,其理论根据、定位如何。那是关于"行为容许性"的界限的问题。就经济性损失来说,经济性损失在各种各样的状况下发生,假使行为人认识到会给他人造成经济性损失的情况,使经济性损失发生的行为也并不当然构成侵权行为(比如,在小卖店旁边开设百货商店等)。使这种经济性损失发生的行为以他人的所有权等的"权利"侵害的形式发生的场合,侵害者才对由权利侵害发生的经济性损失负赔偿责任。但是,对不能说有"权利"侵害的"纯粹经济损失",只是那种损失发生时侵权行为并不当然成立,经过该经济性损失是否是法律上值得保护的利益的判断之后,侵权行为的成立才能被肯定。这种法律价值判断的内容,在纯粹经济损失的各种事件中是不同的,在一些类型中,受害人的经济性利益的确保与加害人经济性利益的追求相冲突,其中,何种场合,保护哪一方的利益,就要求做出法律上的判断。这之所以是法律上的价值判断,是因为这种利害冲突的利益会有各方都有一定正当性的场合(侵害者的行为是完全不被社会容许的行为的情况明确的话,肯定侵权行为的成立没有问题),高度的法律、政策性判断是必要的。作为进行这种利害调整的判断工具,就可以灵活运用"违法性"概念。不过,为什么以一定的违法性为必要,是因为纯粹经济损失发

[24] 能见善久:"侵权行为的机能、要件的再构成",载NBL No.937(2010年9月15日),第18页以下。

生的各种各样类型不同。作为法律判断的结果,某场合可能以害意为必要,其他场合可能违反保护法规即可。关于这一点,还有进一步讨论的必要。

私生活权利侵害的场合和环境利益(特别是景观利益)侵害的场合也有类似的利益调整问题,因此,即使形式上有利益侵害也不能仅依此认定侵权行为的成立,这里有附加性要素被要求的理由。

不过,这种利益冲突的调整得到承认是必要的,但以“违法性”这一概念进行是否适当呢?以别的概念(“权利”和“法律上受保护的利益”进行调整也不是不可以考虑)和在作为过失判断前提的注意义务设定的阶段进行判断是否适当,还存在着应当进行探讨的问题。

二、违法性概念的内容

(一)违法性概念机能的多样性

过去的讨论中违法性,在各种各样的场合作为不同机能的概念被使用。即(1)没有权利侵害,也在肯定侵权行为成立的场合(大学浴室事件那样的通过附加违法性使老铺利益升格为保护利益),(2)形式上权利和利益未受侵害,仅依此不足以肯定侵权行为,只有公序良俗违反和害意等行为的违法性大的要素,才能肯定侵权行为的成立的场合(第三者的债权侵害),(3)作为停止侵害请求权的根据仅以所有权和人格权受到侵害尚不足,其侵害程度重大到使停止侵害请求正当化时,作为违法侵害承认停止侵害请求的场合(停止侵害请求场合的“忍受限度论”),(4)公害及其他的生活利益侵害构成问题的场合,对损害赔偿请求,也是仅以单纯的损害发生尚不足,从侵害的程度和侵害行为的样态认定具有违法性以承认损害赔偿的场合(损害赔偿请求场合的忍受限度论),(5)对违法性阻却事由进行说明的场合(名誉侵害场合的“真实性证明”)等,违法性在各种各样的场合被讨论着。

这些情形下的违法性的内容,未必是相同的。但是,舍弃细微的差异,可以分为以下3类。

1. 行为结果的重大性和结果发生的危险性的关联上其行为评价为违法的场合。对有了生活利益侵害的场合的停止侵害请求和损害赔偿请求,有一定程度的重大侵害及其危险性时,该行为才判断为违法的忍受限度论就是其例(忍受限度论,不仅受侵害利益的性质、程度,而且要通过侵害行为的样态及其他各种情况进行综合性评价,但侵害的程度及其危险性构成最大的要素)。

2. 比起结果的发生来焦点更照准行为的样态评论违法的情况,大学浴室事件的一般论和第三者的债权侵害等以行为样态为问题的情形就是这种违法性。但是,实际上在裁判中发生问题的情况不多。因为构成诉讼的通常是因为发生了那种严重侵害的场合,侵害的程度很小却以侵害行为的样态为理由肯定侵权行为的情况通常并不多见。第三者的债权侵害等,相当于这种类型,但实际上这些情况并不是以单纯的侵害行为的样态为问题,应该说是以被侵害利益与行为人的利益调整为问题的。

3. 作为利益调整的违法性的例子容易理解的是名誉侵害中真实性的证明。这是以违法性阻却事由的形式处理的,但这里的实质性问题是,作为被侵害利益的名誉和行为人的言论自由的冲突这两种权利和利益的调整。这种作为利益调整的违法性,在过去的侵权行为论中也并不是没有意识到,但在侵权行为要件论中未必给予了明确的定位。

(二)称呼的利益+违法性=法益侵害

关于将称呼的利益作为法益把握的基础之上,其侵害带有违法性的场合侵权行为成立时的违法性的意义,一看好像是适用了我妻荣博士的相关关系说,但实际上与不把权利、法益侵害作为独立要件在违法性上消解的我妻荣说是不同的。毋宁说是为将“弱的利益”(主观性利益)升格为“法律上受保护的利益”的违法性。这里“法益侵害”作为独立的要件得到维持。因此,是与相关关系说和忍受限度论都不同的违法性的使用方法,是为利益冲突调整的违法性。

(三)与我妻荣相关关系说的不同

在纯粹经济损失、主观性利益、环境利益等侵害的场合那样的,被侵害利益与行为人的利益等冲突,必须在其间调整时,某种"政策性的价值判断"就成为必要,这些政策性的价值判断,单从被侵害权利、利益来看无法明确。并且,没有与加害行为的非难性和恶性相关的内容。因为必须描绘的完全是作为被侵害利益的保护和与其冲突的行为人利益的保护的调整而进行价值选择的构造。

三、与权利论的关系

首先,确认一下基于权利论的侵权行为论的主张。其内容依论者未必相同,大致可以做如下整理。

第一,权利的重要性的再确认。并且,侵权行为法的目的不是法秩序的维持,而是把握为保护各人的权利。不过,怎样说明作为侵权行为法的保护目的权利的根据,是否基于宪法性基本权进行说明依论者而不同(山本敬三教授从宪法奠定基础,其他论者毋宁说是传统性权利论)。

第二,从将侵权行为法的目的把握为权利保护的立场出发,就侵权行为而言,"权利侵害"的要件是绝对重要的。末川、我妻两博士那样的将权利侵害要件消解置换成违法性要件的做法是将"权利、自由相对化"的概念,作为从"权利、自由的保护与其调整"的当初的民法构想相脱离的概念,对此予以反对。

第三,重视权利的思维,也是尊重个人自由的立场(liberalism)。不过,权利论与自由之间的关系如何把握,自由主义的视点强调到什么程度依论者而不同。

第四,权利论一般强调矫正正义(corrective justice),反对从功利主义的思维(utilitarian)和"法与经济学"出发的侵权行为法的议论(日本的权利论者的议论也是同样,英美的权利论者特别地将焦点对准这一点进行讨论)。

以上这样的权利论和基于此的侵权行为法论,可以赞成的部分很多，也有问题点。

第一点，关于尊重权利，将侵权行为法的目的作为权利保护把握的思维方式，原则上予以赞成。对所有权和人格权的中心性部分，权利人的排他性、优先性的利益是得到保证的，因为侵权行为法，对权利侵害者科以损害赔偿责任，保护这些权利。各人的权利（但以侵害者方面没有应当得到同等保护的权利和利益为前提）。但是，只要该行为不构成侵权行为，考虑到行为人的行动自由（利益追求的自由等）是得到保证（这种"行动的自由"也是重要的"权利"）的，侵权行为法就要把握行为人的利益（行动的自由）与受害人的利益（该保护法益和权利）的平衡。什么构成侵权行为，简直就是将这"行动的自由"与"权利"的境界线划在何处的问题。权利论者认为这种权利间的调整问题以权利自身的考察来决定（权利间的优先劣后的关系），或者以过失责任主义得到调整，所以，可能没有考虑要通过违法性等决定，但到底那是不是适当的想法呢？权利与自由的冲突，权利与权利的冲突，在各人谋求多样性价值，行使权利，或者追求利益的社会中是不可避免的现象，可以说其调整正是侵权行为法最大的目的。问题是，到哪里去寻求其调整的理念。这是要从"法秩序"加以说明（违法性论），还是从"权利"进行说明（对这是否可能持有疑问），或者基于其他的原理进行说明的问题。

第二点，关于对侵权行为而言，权利侵害要件的重要性，可以套用上述理论。从权利论的立场出发，把侵权行为法的目的作为秩序维持进行说明的立场（违法性论）会带来"权利、自由的保护"相对化和权利侵害要件的相对化因此而受到批判。不过，"权利、自由的保护的相对化"，实际上会从以下两个方向发生，权利论以哪个为问题，未必是明确的。

权利侵害要件相对化的方向之一，是即使没有权利侵害也承认侵权行为的成立的方向，即若有一定的利益的侵害，就要对此予以保护的方向。末川、我妻荣两博士的违法性论主要的追求目标，就是这个方向。这个方向的权利侵害要件的相对化，并非必定与权利论者主张的重视权利保护的思维方式相矛盾。这是因为,这种立场,若有权利侵害就肯定侵权行为是自不待言的,没有权利侵害若有一定的利益的侵害也要予以保护,只是扩大侵权行为法的保护范围。只是没有权利侵害根据侵害行为的样态也承认侵权行为的情况,虽然是部分性的也承认违法性论,所以,从维持权利论理论上的纯洁性的观点来看是成问题的。

权利侵害要件的相对化的另一个方向,即使有权利侵害从各种理由出发不承认侵权行为的成立的情况。从权利论出发的话,这就是使权利侵害要件丧失,应当作为权利侵害要件的相对化的最大问题加以批判。但是,“权利与自由的冲突”和“权利与权利的冲突”的情形,形式上即使有权利侵害加害人的行为的优先性价值得到承认侵权行为受到限制的情况也是会有的。这种权利与权利的冲突的调整,正是侵权行为法的中心性课题。

第三点,是权利论的弱点之一。权利论者若将其主张保护的自由考虑为“行动的自由”其自身就已经在权利论中自相矛盾了。可能会做出行为人的自由不是作为权利与权利的冲突的问题,而是作为过失的问题考虑的所以作为权利论没有矛盾的回答,但是,即使遁逃到过失论,权利与权利的冲突的实质并没有变化。或者权利论者考虑的自由可能是权利人自身的自由(权利的行使、不行使的自由)。这样的话,根据权利论的权利、自由的保护就成为强力的保护,仅仅如此在受害人的权利与行为人的权利冲突的情形下仍然会出现破绽。因此,某种调整原理就成为必要,但却具有若承认这一点就会削弱权利论的矛盾。侵权行为法以“行动的自由”与“权利和利益”的对立构造为前提,以调整其对立,规定自由的领域和不自由的领域的境界为目的。这是社会的制度性问题,但绝不是由秩序强加给作为社会成员的个人的,反倒是由我们选择的。可以说是某种社会契约。

第四点,作为侵权行为的基本思想意义深刻,涉及法哲学的理论。矫正性正义的议论想定的批判对象,是功利主义的思维方式和追求效率性的法与经济学的立场。从功利主义的思维方式和追求效率性的思维方式出发的话，某个危险行为的社会性便益大的场合，即使赔偿了作为由其行为所发生危险的具体化的损害（个别的损害），容许社会性便益大的危险行为也会成为社会上希望的。但是，矫正的正义的思想，认为这种思维方式是反正义的予以强烈反对。因为实施了加害行为的人填补受害人的损害才是回复正义的矫正正义的思维方式。还有一点应当注意，权利论与矫正正义的逻辑上的前后关系。权利的成立一旦得到承认，对其侵害可以成立给予基于矫正正义的保护的关系，但不能从矫正正义出发使权利的成立正当化。

四、权利利益冲突的调整与侵权行为法

日本的侵权行为法论中的违法性，有一些不同的机能。即（1）表示权利侵害程度及其危险性的违法性，（2）表示行为的反秩序性的违法性，（3）作为权利和利益冲突的调整工具的违法性。以下着重分析作为权利和利益冲突的调整工具的违法性。

作为这种调整工具的违法性，首先，有必要注意是制度性的问题。即本来就不是可以通过个别的案例得到解决的，而是应该作为该社会的法制度加以决定的问题。例如，“言论自由”和“名誉”这两个权利和利益的调整应当向哪里寻找的问题，即使制度性的问题（并不是单纯的过失的问题）。其权利调整的境界线，是向“事实的真实性证明”寻求，还是向“现实性恶意”寻求，或者向其他别的地方寻求的问题。这是决定“言论自由”的权利和利益的界限和，名誉这一人格权的保护的界限的问题，“言论自由”在何种程度得到容许的由制度性决定的问题。在这个意义上，这不是过失的问题，考虑为违法性的问题是适当的。

纯粹经济损失的赔偿成问题的经济性利益冲突中也同样。并且，为了给“称呼的利益”以侵权行为上的保护要求“违法性”的判例的立场，实际上也可以通过上述思维方式说明。即称呼的利益是“弱法益”乃至“主观性法益”，因此，与此利益冲突的他人的行动自

由相对地得到宽泛的保护。汉字表记的外国人的姓名用日语发音的行为,原则上也属于那种自由的范围内。但是,依据判例,行为人有害意等其行为有强违法性的场合,其自由受到限制。

五、违法性与过失

与以上的思维方式相对,侵权行为中的过失的问题,即注意义务设定的问题自身,是行为人的自由与受害人的权利利益侵害的调整问题。关于违法性与过失的区别,可以做如下分析。无论是交通事故,还是公害,在有权利侵害的受害发生危险的场合,考虑给行为人设定什么样的注意义务的问题之际,应该有区别开来的两个层面的判断。

第一,是基本性思维方式的问题,有必要从“自由与权利”的调整视点出发设定注意义务这一抽象性判断(以名誉毁损的例子来说,相当于是否设定“真实性证明”的基准的问题)。这是制度的问题,是违法性的问题。但是,这种自由与权利的调整的必要性一般是得到承认的,没有质疑这种抽象意义上的调整基准的可否的问题,所以这种意义上的违法性在法院发生争议的情况通常是没有的(作为忍受限度进行争论是一种例外)。

第二,一旦这种思维方式得到承认,在具体状况下,衡量其行动的危险性、权利侵害的危险性,设定具体的行为义务、注意义务,有将义务违反的有无作为问题的必要性时,这就是过失的问题。并且,与“真实性证明”的明确基准不同,这一场合,按照危险性程度设定具体性行为义务、注意义务,在只在个别具体的状况下能够进行判断的意义上,与其作为违法性问题比如作为过失问题处理更为适当(在以过失判断为前提的注意义务设定的层面进行判断)。

第6节　侵权行为的类型

以上,就违法性的概念以及与违法性相关的理论问题,权利论和违法性与侵权行为法的再构成等作了介绍，本节根据日本实务与学说对侵权行为的类型划分，从整体上介绍与违法性相关的问题。

一、根据受侵害利益种类的侵权行为的类型

如上所述，在学说上实现了从“权利侵害”到“违法性”的转变，以下，沿着通说的成果看一下“权利侵害”是怎样具体地加以运用的。[25] 近年来，虽然学界的研究对权利侵害概念的作用又有了新的认识和评价，但对实务中权利侵害类型分类的现实未发现否定和质疑的见解。

（一）对物权方面权利的侵害

对物或拟制为物的对象的直接支配，物权性权利在对所有的人的关系上受到保护，对这些权利的侵害，原则上具有强度的违法性，无论侵害样态如何都具有适合给予侵权行为法上保护的违法性。

1. 所有权侵害

（1）所有权作为私权中最强力的权利，以对物的全面支配为内容，所谓对它的侵害，是指对他人所有物的使用、收益、处分、灭失、毁损等。即侵害所有权的圆满的享有状态。因此，因有害气体、臭气、煤烟、热、音响、振动等妨害他人的土地的充分使用的情况（公害的典型例子）也可以构成对所有权的侵害（这样的构成，使认可提起排除妨害和为预防的物权性请求权的途径变得容易起来）。但是，应该注意的是，这里是否具有适合给予侵权行为法上保护的程度的违法性（判例、学说与此相反地使用了“忍受限度”这一术语）这一情况，也要考虑侵害行为的样态（加害行为的动机和有无防止、减轻损害发生的处置等）加以确定。不过，对这种事件的类型与其作为所有权侵害，倒不如以人格权侵害或者直接叫作生活妨害这样的构成

㉕ 这里主要依据远藤浩等：《民法（7）》（第 4 版），有斐阁 1997 年版，第 130 页以下。在新的侵权行为法专著中，有学者根据这种受侵害权利和利益的类型详细介绍了判例的情况，对理论研究与实务中案件性质的分析与责任认定均有借鉴意义（例如，平野裕之：《民法综合 6 侵权行为法》（第 3 版），信山社 2013 年 6 月版），值得予以关注。

进行救济的见解更为有力(详见第13章第2节公害责任)。

(2)妨害他人对所有物的使用、收益,作为所有权侵害,如果构成侵权行为,如租赁了他人(A)的房屋的人(B),在租赁合同终了之后仍然不法占据该房屋,A就能够依据第709条向B请求损害赔偿。

1918年5月18日的大审院联合部判决就是针对那种事件的判决(《大审院民事判决录》第24辑第976页——租赁人不法占据事件)。因为B没有交还房屋,A提起交还之诉,这时B交还了该房屋,A撤诉并依据《民法》第709条向B请求诉讼所支付的费用。这时,B对此进行争辩,主张自己是恶意占有人,所以依据《民法》第190条规定负有偿还果实(相当于房租额的金钱)的义务,因此这里发生竞合,对于《民法》第709条的诉讼费用没有赔偿义务。在此案判决中,大审院改变了过去的判例,认为《民法》第190条规定的是特殊场合的占有人赔偿责任,并不具有占有人的赔偿责任只有这些的限制性意义,第709条也有适用的可能性,从而打开了对果实以外的损害也要赔偿的道路。并且,在这样的事件类型中,也可以构成债务不履行责任。

(3)再有,应该注意的是,《民法》第177条规定了不动产物权的丧失、变更如果不登记不能对抗第三者,所以,如果A把卖给B的土地卖给C,C履行了所有权取得登记,B虽然可以追究A的债务不履行责任,但对C(即使该人是故意)就无法追究侵权行为责任(大审院1911年12月25日判决,载《大审院民事判决录》第17辑第909页;最高裁判所1955年5月31日判决,载《最高裁判所民事集》第9卷第6号第774页)。因为此时C的行为被认为没有违法性。不过,根据C的行为样态,也有成立侵权行为的可能性(《不动产登记法》第4条、第5条[26])。

---

[26] 日本《不动产登记法》第4条〔不得主张登记欠缺者〕:"因欺诈或强迫妨碍登记的第三者不得主张登记欠缺。"第5条〔不得主张登记欠缺者〕:"有为他人申请登记义务者不得主张其登记欠缺。但其登记原因发生于自己的登记原因之后者不在此限。"

2. 占有权侵害

日本民法在所谓占有诉权的规定中,也涉及了关于损害赔偿的请求(《民法》第198~第200条)。判例、学说认为这种损害赔偿也是依据侵权行为的损害赔偿,条文中虽然没有写,但以故意、过失等一般侵权行为的要件为必要(大审院1920年10月19日判决,载《大审院民事判例集》第13卷第1940页——稻屋宅地占有妨害事件。不过,本案系争中心为损害赔偿的范围,要件论为旁论),但说明了在有1年的提出诉讼期间(除斥期间)的规定(《民法》第201条)这一点上与《民法》第3编第5章的侵权行为不同(参照《民法》第724条关于损害赔偿请求权的消灭时效的规定)。这种"占有之诉"是具有如下这样的一脉相承关系的制度,即由来于法国民事诉讼法,为(普阿索那德起草的)日本旧民法所采用,再到为日本现行民法所继受,所以上述解释还有进一步研究的余地。

3. 用益物权侵害

对地上权、永佃权、地益权、入会权[27]的侵害,通说认为也可以作为准所有权侵害加以考虑。

4. 担保物权侵害

担保物权是通过留置性权能、使用·收益权能、折价·优先偿还权能发挥债权担保功能的物权,所以,侵害这一担保功能的行为能够构成侵权行为。因此,即使抵押权的标的物的价值因侵权行为减少,但只要残存价格对于被担保债权的清偿是充分的,就不发生损害赔偿责任(大审院1928年8月1日判决,载《大审院民事判例集》第7卷第671页——旁论)。担保物权(特别是抵押权)侵害中经常出现问题的是损害赔偿的范围和能够请求的时期。

---

[27] 所谓入会权,是指一定区域内的居民对一定的山林、原野共同享有收益(主要是采取用于基肥、家畜饲料、燃料等草木)的权利。这是日本历史上根据律令制(受中国隋、唐时代法律体系影响于公元7世纪中叶开始形成的法律制度)的一种惯习性的权利。"入会"这种称呼始于镰仓时代,入会的形态后世又有一些变化。近代直至现在,入会权为日本民法所采用。

5. 特别法上的物权侵害

对矿业权、采石权、渔业权这样的特别法上的物权的侵害,也可以考虑准于用益物权的场合处理。并且,水利权和温泉权,即使不作为物权(日本《民法》第175条规定了物权法定主义的原则),也可以确定其利益内容,研究法律保护的妥当性,规定对其侵害的损害赔偿的许可、程度等。

6. 无体财产权的侵害

所谓无体财产权,是指作为人的精神活动的产物的创作物的排他性支配权的总称。对这种权利的侵害,当然构成侵权行为,但在与对精神活动的自由和经济活动的自由的保护的关系上存在着困难的问题,而且,由于在现代这样的信息化社会中,完全依靠民法的一般侵权行为法无法得到充分的解决,对著作者人格权、著作权、出版权、著作邻接权,还有所谓工业所有权(专利权、实用新型权、外观设计权、商标权)以及其专有实施权(或者称专有使用权)等的侵害,分别在特别法中设置了类似的保护规定(《著作权法》第6章、《专利法》第4章第2节、《实用新型法》第4章第2节、《外观设计法》第4章第2节、《商标法》第4章第2节)。

在上述法规规定中,首先,在各个权利侵害或者有侵害危险的场合,可以请求其停止侵害和预防,并且可以请求排除关系到该侵害行为的物。其次,关于所谓间接侵害,作出了视为对各权利的侵害的规定,关于损害赔偿请求,作出了推定损害额的规定。最后,除著作权法以外的其他法律,均设置了推定过失的规定,从而使受害人的救济容易进行。其他的,为各权利人的信用和名誉等的恢复还可以请求采取适当的措施。[28] 应该注意的是,对于著作者死亡后的著作者人格权侵害,遗属等可以请求停止侵害和请求恢复名誉等。

㉘ 这里是指金钱以外的救济方式。

(二)对债权方面权利的侵害

1. 债权侵害

对债权的侵害可以考虑到有由债务人自身的侵害和由第三者的侵害这样两种类型。

(1)由债务人实施的侵害

由债务人实施侵害的场合,发生债务不履行责任是很明确的,但还存在与侵权行为责任是否竞合的问题。判例的状况是,自从大审院联合部在 1912 年 3 月 23 日判决(《大审院民事判决录》第 18 辑第 315 页)中认为房屋的租赁人放火使该房屋烧毁,租赁人对出租人同时负有债务不履行责任与侵权行为责任,从而采用竞合说以来,一直坚持着这一立场〔最高裁判所(1958 年 4 月 11 日判决,载《最高裁判所民事判例集》第 12 卷 5 号第 789 页)认为,对于内缘的不当抛弃即既可以不履行婚约为理由请求损害赔偿,也可以侵权行为为理由请求损害赔偿〕。多数学说也赞成这种立场,但也有有力的少数说认为,应该采用只适用债务不履行责任的非竞合说(法条竞合说)。即两个责任虽然有各种各样的差别(过失的证明责任、过失相抵、连带责任、时效期间等),一般来说,债务不履行责任对债权人有利,并且,从理论上看,非竞合说的道理是合乎逻辑的。这个问题与诉讼物理论也相关联,因此诉讼法上存在着主张请求权二重构造说、属性规范统合说、全规范统合说(以上都是以请求权和诉讼物为一个)的见解。

(2)由第三者的侵害

由第三者的侵害是侵权行为中的一个重要问题。本来,一般认为债权是连接债权人与债务人的法锁,与物权作为绝对权和对世权,可以对所有的人主张其权利内容相对,债权被称为相对权,对债务人以外的第三者不能请求任何内容,第三者对债权的侵害没有得到过承认。与此相对,1914 年有力说从权利的不可侵犯性出发,主张应该承认第三者的债权侵害,翌年 1915 年大审院在判决中采用了该学说。

该案件的情况如下,所有人A委托C、D、E等以最低2万圆出售木材林,C、D、E等接受委托后,与要以2万7千圆购买该木材林的F的代理人B共谋,欺骗A以2万1千圆售出,贪污了其余6千圆,为此,A对B、C、D、E等提起背信罪公诉的附带私诉(附带民事诉讼),对B以债权侵害,即"以故意"参加C、D、E等的违反"以善良管理人之注意处理委任事务的义务"的活动为理由,追究其侵权行为责任。大审院认为"对世性权利不可侵犯的效力实际上具有权利的通有性不能将债权除外",将第三者的债权侵害作为侵权行为来把握(大审院1915年3月10日判决,载《大审院刑事判决录》第21辑第279页——波合村木材林买卖背信事件)。现在日本的大多数学说都承认这种观点。

这种第三者对债权的侵害一般地分为三种类型。第一,侵害了债权归属自身的场合。例如,第三者窃取债权人的收取证书接受了清偿的事件〔民法第478条、第480条。大审院(1933年3月14日判决,载《法律新闻》第3531号第12页旁论)主张这种理论〕。第二,侵害债权标的给付使债权消灭的场合。例如,第三者明知艺妓签订了职业合同,仍然诱拐艺妓出走使其不能履行合同的场合(大审院1918年10月12日判决,载《大审院民事判决录》第24辑第1954页)。或者第三者将债权标的林木伪装成是自己所有的并出售给他人,该他人采伐了林木的场合(大审院1922年8月7日判决,载《大审院刑事判例集》第1卷第410页)。第三,侵害债权标的给付,但债权未消灭的场合。例如,前述大审院1915年3月10日判决的事件。作为这种类型的变型,还有第三者使债务人的一般财产减少的场合。

例如,C接受了财产赠与,但C因有票据债权人A,为避免扣押,第三者B让C放弃了该请求的事件,与原审以票据债权未消灭不承认侵权行为的成立相对,大审院认为,"放弃的目的在于妨害第三者的权利行使给其带来损害,应该说放弃只是为达到这种目的的手段的场合为违法",一定的人与C通谋(串通)或者教唆C进行这种行为时，该第三者负侵权行为责任（大审院 1933 年 12 月 14 日判决，载《大审院民事判例集》第 22 卷第 1239 页）。

以上，我们看了关于各种类型的判例，哪种类型中，该第三者都具有债权侵害的故意，即容许侵害他人债权的情况。这里，有力的学说认为，第三者的债权侵害构成侵权行为，要以故意为要件，过失不构成侵权行为。这表示出，债权是建立在自由竞争的原理之上的，在这一原理之内的相互侵害是不得已的，而在超出了这一原理时侵权行为法就发动的情况。即在这种权利侵害中，如果不是故意行为，就没有适合给予侵权行为法上的保护的程度的违法性。

2. 营业自身的侵害

（1）营业权侵害的例子

A 在 B 所有的房屋内以 B 的名义经营茶店，但 B 却违反约定不准变更营业名义，不协助办理继续手续，致使营业许可失效，并且，擅自将该房屋加以改造使 A 的营业不能重新开始。A 对 B 提起了损害赔偿请求诉讼，最高裁判所在对该事件的判决中，肯定了 B 的侵权行为（最高裁判所 1957 年 2 月 7 日判决，载《法学家杂志》第 129 号第 74 页）。

（2）抵制营业的例子

在一手出售台湾香蕉等的中介购入工会对某水果业主停止其交易的事件中，大审院以作为中介购入人滥用其垄断地位，确认了其具有违法性（大审院 1930 年 8 月 30 日判决，载《大审院民事判例集》第 19 卷第 1531 页——台湾香蕉出售抵制事件）。

值得注意的是，在这种营业权的侵害中，也是以故意行为为要件的。

对营业本身的侵害中，还有其他样态。例如，关于不正当竞争行为，在《商法》第 20 条、第 21 条、第 22 条、《不正当竞争防止法》第 1 条等中均规定了特别的构成要件，在这种场合下不仅故意行为，有过失行为也成立侵权行为。

关于私人垄断、限制交易、不公正交易方法，《垄断禁止法》第 25

条规定了无过失责任。不过现在的有力学说认为,这一规定并不是闭锁依据民法侵权行为的规定提起损害赔偿请求的途径的规定。

(三)对人格权方面权利的侵害

1. 总说

《民法》第 710 条规定,身体、自由、名誉的侵害也构成侵权行为,立法者认为这些也是第 709 条所谓的"权利"。近时的学说不认为这是限定性规定,从例示可以看到,贞操、姓名、肖像这样的对象也包括在其中。正如前述,在外国(特别是在法国、德国)这样的对象总括起来叫作人格权,给予侵权行为法上的保护。与此相对,日本的通说过去曾否定人格权概念,认为有人格性利益的违法侵害概念就可以。另外,有力的主张认为,最近对名誉和私生活秘密的侵害的可能性正在逐渐增大,有必要承认包括这些内容在内的所谓一般人格权,通过这一"权利"宣言,表明其为稳固性的保护法益。这种一般的人格权(das allgemeine Persönlichkeitsrecht)通常被定义为"以尊重和保护人的尊严、尊重人格为目的的权利",其功能主要是依靠美国法中的私生活秘密权(the right of privacy)加以保护的利益,即在于保护"安静生活不受干扰的利益"。关于通说的方向与承认(一般的)人格权的方向哪一方比较好,存在着各种问题,但无论怎样,在尚未确定利益的明确内容及界限的领域,只有通过给予侵权行为法上的保护,才能给这种利益赋予内容、界限,这种赋予权利性质的作用不能否定,对于后一种从正面承认侵权行为法所具有的确认"权利"和生成权能的发展方向,必须给予充分的评价。

2. 分论

以下结合裁判中出现的具体事件进行考察。

(1)身体

人的身体当然是重要的保护法益,所以对身体的侵害具备违法性是能够很容易地理解的。对丈夫把性病感染给妻子的事件,也能够作为身体侵害允许请求抚慰金(大审院 1940 年 2 月 16 日判决,载《法律新闻》第 4536 号第 10 页)。

(2)自由

关于自由,可以考虑的有不法逮捕、监禁或者妨害通行这样的对身体自由的侵害和欺诈、威胁或者共同绝交[29]这样的对精神自由的侵害。

在A等使用的村道上,B堆放石块栅栏建筑建筑物妨害通行,A等对B提起诉讼。对本案,最高裁判所判决(1964年1月16日,载《最高裁判所民事判例集》第18卷第1号第1页)指出,"对于地方公共团体开设的村道,村民各自在不侵害其他村民对该道路享有的利益和自由的限度内,均享有在自由地进行自己的生活所必需的活动中加以使用的自由权(参照《民法》第710条)",认为"这一权利遭到妨害时当然发生民法上侵权行为的问题,这种妨害继续时,享有请求加以排除的权利是自不待言的"。

(3)名誉

①所谓名誉,是指"个人应该得到的世人对其品性德行名声信用的声价"(大审院1906年2月19日判决,载《大审院民事判决录》第12辑第226页),即人格价值的社会承认或评价,这种意义上的名誉权叫作外部名誉,是与人格的内部价值本身即内部名誉相对比的,后者在性质上不是能够受到他人侵害的对象,所以不能构成法的保护对象(最高裁判所1970年12月18日第二小法庭判决,载《最高裁判所民事判例集》第24卷第13号第315页)。因此,所谓名誉侵害,就是使对他人的社会评价低下的行为。作为其归结,该人的名誉感情的侵害虽然不构成名誉毁损,但该侵害在很多场合构成后述的对私生活秘密权的侵害。

在某事件中,B新闻社以"深夜,300名警官包围,动手解决'多摩的上海',检举台湾人的麻药集团"为题,登载了"据调查建筑在田野中的建筑被称为三多摩的上海,台湾人63户167人居住,一贯以

[29] "共同绝交"是指在部落、村镇内,为制裁特定的人将其从共同生活中排除出去而共同与之绝交的行为。在维护社会秩序的国家制度不完备的时代,作为村落自治的制裁,某种程度上曾有过存在的意义,但现在原则上构成对人权的侵害。

纤维、麻药等的经纪人为业,附近的人们通过严密的监视网禁止进入切断了与其的交际”的新闻报道。居住在该处的 A 等对 B 提起了侵权行为诉讼。对该事件,最高裁判所判决(1956 年 7 月 20 日,载《最高裁判所民事判例集》第 10 卷第 8 号第 1059 页——“多摩的上海”事件)判定这一部分毁损了居住在那里的 A 等的名誉,认可了对该报道的取消处分(依据《民法》第 723 条关于侵害名誉权的规定)。

②对法人及其他团体,当然存在其社会评价问题,所以法人的名誉毁损也是存在的。但是,法人没有精神上的痛苦,所以不承认抚慰金,谢罪广告得到认可是以前的下级审法院的立场,但最高裁判所认为,在这种场合未必绝对不会发生能够作金钱评价的无形损害,因此,法人提起抚慰金请求也是可能的(最高裁判所 1964 年 1 月 28 日判决,载《最高裁判所民事判例集》第 18 卷第 1 号第 136 页)。

(4)生命侵害

①对世界上最重要的法益生命的侵害是违法行为,这一点再清楚不过了(《机动车损害赔偿保障法》第 3 条,只有生命和身体受到侵害的场合可以适用),但其损害赔偿存在着复杂的问题。首先,因死亡受害人不再是权利主体,所以该人发生因死亡的赔偿请求权(由其继承人继承)稍稍有些奇怪。从《民法》第 711 条承认受害人的父母、配偶及子女的财产损害和精神损害的赔偿,可以推测立法者将生命侵害作为对该人的侵权行为来把握,认为死者本人不存在损害赔偿请求权(因此,也不存在其继承),但构成对这些人们的扶养请求权侵害和继承权侵害。赔偿额的算定不容易,并且,由于担心金额过低,判例、通说以种种法律构成(“时间性间隔”说、极限概念说、人格存续说、人格继承说、家团论、原始取得说等)使死亡的损害的赔偿请求权首先发生于受害人然后由其继承人继承。不过,近时非继承说(固有损害说 = 继承期待侵害说、扶养请求权侵害说)在学说和下级审判决中是有力的。

例如,如下的判例,重太郎在信越线与列车接触当即死亡,这是由于铁道口看守的过失造成的损害,因此,重太郎的子女 A 以国家为对方提起了财产损害的赔偿请求，大审院判决以即使是立即死亡的场合，伤害和死亡之间也存在观念上时间的间隔，所以伤害的瞬间发生赔偿请求权，死亡之时继承人得以继承。并以此为理由，命令国家予以赔偿（大审院 1926 年 2 月 16 日判决，载《大审院民事判例集》第 5 卷第 150 页）。

在某事件中，交通事故的受害人 10 天之后死亡，其妹主张继承了受害人的抚慰金请求权提起了赔偿请求。对此，最高裁判所认为，"只要没有能够解释为放弃了请求权的情况"，"解释为该继承人当然继承抚慰金请求权"（最高裁判所 1967 年 11 月 1 日判决，载《最高裁判所民事判例集》第 21 卷第 9 号第 2249 页）。

另外，关于请求权人的范围问题，大审院 1932 年 10 月 6 日判决（《大审院民事判例集》第 11 卷第 2023 页）对死者与内缘妻子之间生育的子女（尚未确认亲子关系），认为有对接受扶养利益的侵害，从而认定了损害赔偿。

②关于对精神损害的抚慰金请求权，存在着对除第 711 条规定的场合以外能否也予以认可的问题。

第一，能够请求抚慰金者是否只有第 711 条所定者。在这一点上，判例对从该社会实际状态来看能够认定为"父母、配偶及子女"者，一直允许抚慰金请求。

作为类似于"父母"者，有祖父母（东京地方裁判所 1967 年 11 月 20 日判决，载《判例时报》第 499 号第 219 页等）、舅舅（大阪地方裁判所 1966 年 5 月 31 日判决，载《判例时报》第 465 号第 52 页）、兄弟姐妹（东京地方裁判所 1970 年 8 月 17 日判决，载《判例 TIMES》第 254 号第 190 页）、养育了丈夫与其他女人生育的子女的妻子（大阪地方裁判所 1966 年 8 月 20 日判决，载《下级裁判所民事判例集》第 17 卷 7—8 号第 709 页）等。作为类似于"配偶"者，有内缘的丈夫死亡时的内缘妻子（东京地方裁判所 1961 年 4 月 25 日判决，载《下级裁判所民事判例集》第 12 卷第 4 号第 866 页）。作为类似于"子女"者，有婆母死亡时的儿媳（大阪地方裁判所 1967 年 5 月 26 日判决，载《判例时报》第486号第64页),妻子死亡时的丈夫的妹妹(最高裁判所1974年12月17日判决,载《最高裁判所民事判例集》第28卷第10号第2040页)。

第二,第三者能够请求抚慰金是否仅限于近亲属死亡的场合。

在C(10岁的女孩)被B驾驶的机动三轮车撞倒,造成从颜面嘴角到下颚角1厘米的地方的颚下7厘米的贯穿裂伤,遗留下挛缩瘢痕及神经麻痹的后遗症的事件中,对丈夫战死,由自己一手将C养大的C的母亲A,最高裁判所认定"受到了与子女死亡时同样的精神上的痛苦",作为类似于《民法》第711条的对象,依据第709条、第710条许可抚慰金请求〔最高裁判所1958年8月5日判决,《最高裁判所民事判例集》第12卷第12号第1901页——一次颜面负伤事件。作为与此同一宗旨的判决,有最高裁判所1964年1月24日判决,《最高裁判所民事判例集》第18卷第1号第121页;最高裁判所1967年1月31日判决,《最高裁判所民事判例集》第21卷第1号第61页;最高裁判所1967年5月30日判决,《最高裁判所民事判例集》第21卷第4号第961页(作为具体的解决否定抚慰金);最高裁判所1967年6月13日判决,《最高裁判所民事判例集》第21卷第6号第1447页(作为具体的解决否定抚慰金)〕。

对于判例的这种动向,学说采取欢迎的态度,甚至主张在第710条中,以"受伤内容和近亲程度的相关关系"加以类型化,分别地算定合适的金额。与此相对,有力的反对说认为,在死亡以外的场合下,受害人本人享有抚慰金请求权,对受害人方面并不缺乏保护,批判了这种扩大。但是,确实存在由于某人负重伤,一定范围的近亲属受到很大的打击,遭受到可以与死亡时相类比的精神痛苦的事实(最高裁判所承认扩大,就是基于这种量的比较论),这正是受害人的近亲属自身的法益遭受侵害,如果认为应该把它放置,那么即使不论立法者的意思,也是非常有疑问的。顺便说一下,就连宠物爱猫被杀的场合,也有承认其饲养者的抚慰金请求的判决(东京地方裁判所1961年2月1日判决,载《判例时报》第248号第15页)。不过,确定抚慰金的范围是必要的，所以，该近亲属必须依第709条、第710条，就自身“身体、自由或者名誉（或者也可以是财产上的法益）”受到侵害进行主张、证明。

（5）贞操侵害[30]

实施暴行（东京地方裁判所1957年7月26日判决，载侵权行为《下级裁判所民事判例集》1957年下卷第731页），威胁、欺诈（大审院1911年1月26日判决，载《大审院民事判决录》第17辑第16页），利用服务关系（大分地方裁判所1926年10月23日判决，载《法律新闻》第2648号第7页）结成暧昧关系，构成对对方的贞操侵害（参照德国《民法》第825条〔诱使同居〕的规定）。这里构成问题的有以下两点，第一，尽管知道一方（几乎都是男性）有配偶仍然结成暧昧关系的对方（几乎都是女性）能否请求抚慰金。曾经有过主张鉴于《民法》第708条（不法原因给付的规定）的精神，不能请求的判决（大审院1940年7月6日判决，载《大审院民事判例集》第19卷第1143页）。但现在，最高裁判所对这样的场合则作出了如下的判决，即“在女性结成该暧昧关系的主要动机是以相信了男性的欺诈为原因的场合，斟酌男性方面的结成暧昧关系的动机及其欺诈的内容以及女性对该内容的认识等各种情况……与女性方面的该动机内在的不法程度相比，男性方面的违法性可以评价为显著大时，女性对男性以贞操权等的侵害为理由提起的抚慰金请求可以得到容许”（最高裁判所1969年9月26日判决，载《最高裁判所民事判例集》第23卷第9号第1727页）。第二，配偶者的贞操要求权的侵害，有认可了由内缘丈夫提出的对与内缘的妻子私通的男性的抚慰金的判决（大审院1919年5月12日判决，载《大审院民事判决录》第25辑第760页），并且，还有丈夫对妻子负有贞操义务的判决（大审院

[30] 判例在这里处理的“贞操侵害”，正如以下看到的，已不仅是单独对女性的，也出现了男性（丈夫）对女性（妻子）负有贞操义务的判决。的确如学者认为的那样，将这种类型考虑为亲属权的侵害或者家庭侵害更为妥当，但即使没有改变名称，如果贞操侵害能够对男女两性均加以认定，就说明这里的贞操概念的内涵已经发生了本质上的变化。

1926年7月20日判决,载《大审院刑事判决录》第5卷第318页)。有学者认为应该将这种类型考虑为亲属权的侵害(或者家庭侵害)。

(6)有责离婚与内缘[31]的不当抛弃

有责离婚者负侵权行为责任(最高裁判所1962年3月15日判决,载《最高裁判所裁判集》民事第59号第229页),内缘的不当抛弃者负侵权行为责任(最高裁判所1958年4月11日判决,载《最高裁判所民事判例集》第12卷第5号第789页)均不存在问题,但前者存在与财产分割、扶养费的关系的问题,后者存在与债务不履行的关系的问题。

(7)亲子关系侵害

当父或母放弃对子女的监护、教育的场合,有子女对父母追究侵权行为责任的可能性。但是,判例上构成问题的是,在父或母与他人私通弃置家庭的场合,子女对父母的私通对象能否追究侵权行为责任。关于这一点,最高裁判所认为,只要该私通对象没有以害意积极地阻止父母对子女的监护等特别的情节,不能追究侵权行为责任(前引最高裁判所1979年3月30日判决)。这是一种有故意才成立侵权行为的加害行为类型(参见第4章故意)。

---

[31] 所谓"内缘",是指虽然在社会上被评价为正当的婚姻,但由于没有进行婚姻登记所以不具法律婚姻效力的男女关系。日本采用法律婚主义,故未登记的婚姻不具法律效力。但"内缘"关系的概念中不包含纳妾关系,亦与姘居关系不同。判例一直努力尽量给予内缘(在某种意义上或许可以认为是近似于我国曾经称为"事实婚"的情况,但我国的所谓"事实婚"往往只是没有履行登记手续,而日本的"内缘"也作"外缘"的对称,而"外缘"是指履行了登记程序的法律婚,有当事人还有"外缘"的情况)关系以接近于法律婚姻的法律保护。法律上的婚姻在离婚的场合受到法律的保护,而内缘在事实上被抛弃的场合则得不到法律上的保障,鉴于这种情况,判例视内缘关系为"婚约",将不当抛弃作为不履行婚约,认定不当抛弃者的损害赔偿责任。关于内缘关系所生子女的地位,内缘关系所生子女法律上称为非嫡出子女(或称"婚外子女"),在继承的场合,继承份为嫡出子女(婚生子女)的二分之一(《民法》第900条〔法定继承份〕第4项)。内缘配偶者无继承权,但在无继承人的场合下,可以作为"特别缘故者"继承财产(《民法》第958条之3〔给特别缘故者的分与〕);作为事实上处于与夫妇同样关系上的同居者可以继承借房权(《借房法》第7条之2〔内缘妻子等的居住权〕)。在社会保障的给付等方面,内缘的配偶者大多作为"虽然未进行婚姻登记但事实上处于与婚姻同样的关系上者",享受与法律上的配偶者同样的待遇(《劳动基准法》第79条等)。

(8)私生活秘密权侵害

在某事件中,作家 B 以落选的东京都知事候选人 A 和他的妻子为模特,写作了题为《宴会之后》的小说,A 以该小说是侵害了自己的私生活秘密权的作品为由,以 B 和出版社为对方,提起诉讼,请求刊登谢罪广告和抚慰金。对这一案件,东京地方裁判所论述道,该模特小说由事实和想象混合而成,但其界限很难判别,认为读者会推测作品中全部或者一部分关于人物私生活的事件的叙述实际上就是发生在原告身上的事实,因此,A 就成为好奇心的对象,从而扰乱了原告心情的平稳,感觉到精神的痛苦并不过分,这里的私生活秘密权(私生活不被随便地公开的法律保障的权利)的侵害可以予以认定,从而承认了损害赔偿的请求。但认为“私生活(私事)被公开的场合,要被恢复到未公开的状态,也就是恢复原状是不可能的,所以只要不是以名誉的毁损、信用的低下为理由的诉讼,就不得依《民法》第 723 条请求谢罪广告”(东京地方裁判所 1964 年 9 月 28 日判决,《下级裁判所民事判例集》第 15 卷第 9 号第 2317 页——“宴会之后”判决)。该事件在控诉审时得到和解。

上述判决,从日本国《宪法》第 13 条“个人的尊严的思想”,《轻犯罪法》第 1 条第 1 款第 23 项、《民法》第 235 条第 1 款、《刑法》第 133 条这样的成文法中为私生活秘密权找出了根据(东京地方裁判所 1970 年 2 月 27 日判决,载《判例 TIMES》第 251 号第 298 页;东京地方裁判所 1974 年 7 月 15 日判决,载《判例时报》第 777 号第 60 页)。但是,私生活秘密权侵害与名誉毁损往往是互为表里的,其差别主要存在于如下两点上,第一,后者以社会评价的低下为要件,前者不要;第二,后者的场合下,谢罪广告等原状恢复是可能的,而前者原则上不承认该种救济。关于第二种差别存在反对说。另外,私生活秘密权如前所述通说将其定义为“安静地不受干扰的权利”,但也有有力的学说将其定义为“自己控制有关自己的情报的权利”。

(9)其他

关于其他方面的侵害,姓名权(最高裁判所 1988 年 2 月 16 日判决,载《最高裁判所民事判例集》第 42 卷第 2 号第 27 页)、肖像权(最高裁判所 1969 年 12 月 24 日判决,载《最高裁判所民事判例集》第 23 卷第 12 号第 1625 页)、信用权等作为人格权的一种,具有受到保护的可能性。

二、根据侵害行为样态的侵权行为类型

(一)违反刑罚法规

通说认为,当符合刑罚法规的构成要件时,该行为的违法性是非常强的,即使该被侵害利益并不是能够称为“权利”那种程度的稳固的对象也能够成立侵权行为。因此,下述的场合,不必要专门确定“信用权”。

B 等共谋将写有官厅的御用商人 A 有不正当的盘剥暴利行为的诬告信,以不同名义多次邮送给 A 的交易地的官厅。在这一事件中,B 等被追究了刑法第 233 条(信用毁损、业务妨害罪)的责任,因此 A 以附带私诉向 B 等请求损害赔偿。对此,大审院并未专门使用信用“权”这一术语,认可了因信用毁损的抚慰金(大审院 1911 年 4 月 13 日判决,载《大审院刑事判决录》第 17 辑第 557 页)。

另外,在通过使用伪造文书获得胜诉判决(既判力的诈取),从而由此侵害他人权利的场合,法院认为即使介入了胜诉判决,也构成侵权行为(大审院联合部 1913 年 3 月 31 日判决,载《大审院刑事判决录》第 19 辑第 430 页)。

(二)违反管制法规

从行政上的目的出发禁止一定的行为,或命令实施一定的行为的规定叫作管制法规,在这种行政上的目的是为一般私人利益的保护的场合,违反该规定侵害该受保护利益者,其行为构成侵权行为。

在某一事件中,银行经理 B、审计员 C 过失违反商法上的借贷对照表公告义务(《商法》第 282 条、第 498 条 1 款第 2 项)作出了虚伪的公告,之后该银行破产,A 未能取回自己的存款,于是 A 提起诉讼,向 B、C 请求损害赔偿。对此事件,大审院认为“命令公告借贷对

照表的商法的规定……对一般公众的利益也必须给予保护”,“因为一般公众享有信赖依据上述规定经常公告正确的借贷对照表从而受到保护的利益”,“以经理和审计员的过失为原因违反上述规定作出虚伪公告致使他人遭受损害时,即因过失侵害他人权利”的行为,从而认定该经理及审计员负担第 709 条的侵权行为责任(大审院 1912 年 5 月 6 日判决,载《大审院民事判决录》第 18 辑第 454 页)。

(三)违反公序良俗

不是直接违反法规的行为,也与《民法》第 90 条所说违反公序良俗不属于同一范围,而是在判断侵权行为违法性的基础上,作为社会上不能允许(unerlaubt)的行为。因此,这是一种非常笼统的类型,需要进一步具体化。学说举出:1. 不法执行、破产申请、担保权实行,2. 提起不当的民事诉讼、应诉、控诉,3. 不当拍卖等。并且,在这种类型中,判例也不太追究“权利”侵害,可以说大多以加害人的主观为问题。

大审院联合部 1943 年 11 月 2 日判决(载《大审院民事判例集》第 22 卷第 1179 页)指出,“被不当地提起诉讼而不得已地委任律师应诉的被告,对该诉的目的及其他方面违反公共秩序和善良风俗,构成侵权行为之处,在与之相当的范围内,为应诉而委托律师所支付的报酬、手续费及其他费用,得依据民法有关侵权行为的规定请求原告予以赔偿”(最高裁判所 1969 年 7 月 8 日判决,载《最高裁判所民事判例集》第 23 卷第 8 号第 1407 页——加害人怀有侵害受害人权利意图的场合)。

(四)权利滥用

这与(三)可以说是一种类型。本来,权利的行使不应该是违法的,但该行使从社会来看难以容许时,作为权利滥用,该权利行使的效果被否定(《民法》第 1 条第 3 款)。该情况从侵权行为法来看被评价为违法。何时可以说是滥用,必须从各具体事例来考虑。

A 所有的名树“信玄公旗挂松”因火车的煤烟枯死了。因此,A 以 B(国家)为对方请求损害赔偿。对该事件,大审院认为“B 没有为预防烟害而设置相当的设备是懈怠其注意义务应认定其行为有过失”,并指出“权利的行使也必须在法律上认可的适当的范围内实施,在行使权利的场合因故意或过失超过其适当的范围以失当的方法实施而侵害了他人的权利”时构成侵权行为,这被认为是“超越了社会观念上受害人应该容忍的一般能够认可的程度”(大审院 1919 年 3 月 3 日判决,载《大审院刑事判决录》第 25 辑第 356 页——信玄公旗挂松事件。同样宗旨的判决还有最高裁判所 1972 年 6 月 27 日判决,载《最高裁判所民事判例集》第 26 卷第 5 号第 1067 页)。

(五)因不作为的侵权行为

在这种类型的侵权行为中,有三个问题:第一,“行为”存否;第二,作为义务的意义;第三,因果关系的有无。第一,姑且先把它作为“行为”。第二,关于作为义务存在的必要性没有争议,这样就大致可以考虑到以下一些类型,即(1)基于法令的作为义务(《民法》第 820 条、第 877 条等),(2)基于契约(《民法》第 623 条等)、无因管理(《民法》第 697 条)的作为义务,(3)来自公序良俗的作为义务(例如,被用人患应该扶助的疾病时,使用人有发生保护义务的可能性)。应该注意的是,过分容易地认定作为义务,从私法自治原则来看并不是理想的状态(最高裁判所 1987 年 1 月 22 日判决,载《最高裁判所民事判例集》第 41 卷第 1 号第 17 页,该事件是一个基于先行行为肯定了作为义务的事件)。第三,因果关系的问题,实际上不存在因果关系。但是,要问如果有上述义务内容的作为,“权利侵害”的结果是否就不会发生?以作为的侵权行为中的因果关系问题来映衬。即进行将该“权利侵害”的结果归属于该不作为的操作。并且,将该不作为归属于该“人”的根据就是作为义务的存在。

第 7 节 违法性阻却事由(正当化事由)

符合以上的类型时,通常该行为被评价为违法,但是,有时有由于加上一些其他事由就被认为没有违法性的场合。这些被叫作违法性阻却事由，该事由的证明责任由加害人（被告）负担。

一、正当防卫

暴力团员A用日本刀来砍B和B的孩子，迫于不得已B或者杀伤A，或者为逃到C的家里去而毁坏C的围墙和盆景时，依据《民法》第720条第1款的规定，B没有赔偿A和C的必要，但是，C对A就围墙和盆景的损害提起的赔偿请求得到许可。应该注意的有如下三点，B"为了防卫"这一意思是必要的；受到威胁的利益与因防卫行为受到侵害的利益要有某种程度的平衡（如果不是这样就构成防卫过当。这时，有适用第722条第2款过失相抵规定的可能性）；他人的侵权行为是紧迫的。通说认为所谓"他人的侵权行为"（《民法》第720条第1款）的场合，该他人可以没有故意、过失和责任能力。

二、紧急避险

B因遭到A饲养的狗的袭击，用拐杖打伤了那条狗。依据《民法》第720条第2款规定，这时，狗的袭来是具有紧迫性的，B对A不负损害赔偿责任。

判例对为躲避洪水的紧迫危难，村民们决开了堤防的事件，未承认该行为为紧急避险（大审院1914年10月2日判决，《大审院刑事判决录》第20辑第1764页——千代川堤防决开事件）。

应该注意的是，以上的正当防卫、紧急避难都与刑法上的正当防卫、紧急避难未必一致。

三、自力救济

在现代法中，权利被侵害时，该侵害状态的消除，原则上应该依靠国家权力，不允许自己加以实现（例如，房主以实力将在合同终了之后仍然住着不走的租房人赶出去的事例）。但是，在被认为是如果等待国家权力的介入，对维持违法侵害的现状是不可能的或者是显着困难的迫不得已的紧急的特别情况时,私的力量的行使才在必要的限度内,例外地得到许可(最高裁判所1965年12月7日判决,载《最高裁判所民事判例集》第19卷第9号第2101页。但作为具体事件的解决,未承认该案的违法性阻却)。

四、正当业务行为

1. 依据法规,承担犯人的逮捕(《刑诉法》第213条)和刑的执行(监狱法等),劳动组合的正当的争议行为(《劳动组合法》第8条),亲权者的惩戒权行使(《民法》第822条),教员的惩戒权行使(《学校教育法》第11条),无因管理行为(《民法》第697条以下)等,违法性被阻却(《刑法》第35条)。另外,即使得到行政上的特许和批准,违法性也并不一定被阻却。

2. 即使法令没有规定,正当的业务行为也有违法性被阻却的场合。例如,医师的手术治疗行为(也有已经连违法性都不推定的见解),体育运动中的加害(最高裁判所1962年2月27日判决,载《最高裁判所民事判例集》第16卷第2号第407页)或者新闻业务(在与名誉毁损和私生活秘密权侵害的关系上)的执行〔最高裁判所1966年6月23日判决(载《最高裁判所民事判例集》第20卷第5号第1118页)认为,如果"关系到公共利害的事实专门以谋求公益为目的",登载报道"揭示的事实是真实的得到证明"时,违法性被阻却(参照《刑法》第230条之2)〕而构成正当业务行为的问题,但在这里要考虑该行为的公序良俗性问题。

五、受害人的承诺

加害行为时以前,受害人以自由意思承诺了加害时,只要该承诺不违反公序良俗,违法性即被阻却(献血等属于此类)。这里成问题的是,机动车事故中的"好意同乘"的场合。从比较法上来看,对于无偿同乘者,曾经是采用承诺了万一的加害的法律行为的构成,但现在注意义务的减轻说是有力的。[32] 但是,这里存在由无偿性产生的特殊问题。再有,对游戏行为中的加害也有困难的问题(最高裁判所 1962 年 2 月 27 日判决,载《最高裁判所民事判例集》第 16 卷第 2 号第 407 页)。另外,事后的承诺构成损害赔偿请求权的放弃。

㉜　学说上虽然有把"好意同乘"作为受害人的承诺问题处理的,但多数学说主张"在没有设置在好意同乘的场合限制赔偿的明文规定的日本,应当解释为不能因为是好意同乘者就当然地被从机动车损害赔偿保障法的保护下排除出去"(例如,井上健一、加藤一郎、野村好弘等众多学者即采取这种立场)。判例大多数都是将"无偿·好意同乘机动车"作为机动车损害赔偿保障法第 3 条的"他人"对待,从而得到救济。也有作减额处理的判例。最高裁判所 1967 年 9 月 29 日第二小法庭判决明确判示,机动车损害赔偿保障法 3 条所定他人是指"除运行供用人和该机动车的驾驶人以外的其他人",被称为"最先肯定好意同乘者的他人性的最高裁判所判决"(山下理惠子:"好意同乘者",载《交通事故判例百选》(第 3 版),有斐阁 1999 年版,第 74 页以下)。2001 年德国第二损害赔偿法改正法将机动车保有人责任扩张到被无偿运送的乘客之后,进一步引起了学界对"好意同乘者"被减额等的质疑,现在否定减额的主张已成主流(潮见佳男:"德国损害赔偿法规定的改正与交通事故赔偿法的课题",载《民商法杂志》第 125 号(有斐阁 2001 年版),第 165 页)。

第7章 因果关系

第1节 因果关系的意义

一、通说——责任成立的因果关系与赔偿范围的因果关系

《民法》第709条规定了"因"故意或过失侵害了他人权利者,赔偿"因"之而产生的损害的宗旨。在作为损害填补制度的侵权行为法中,加害行为的实施者应该填补受害人的损失,所以,作为填补损失(损害赔偿)的条件,加害行为与发生的损害之间必须有因果关系(侵权行为制度以外的损失填补制度,例如,在社会补偿中,只要有损失发生即可。但是,在社会补偿中,政策上对能够填补的损失加以限定)。

迄今为止的通说,将因果关系区别为两种,即《民法》第709条规定中前面的"因"是作为侵权行为成立要件的因果关系;后面的"因"是侵权行为的成立认定之后,应该填补何种范围的损失,这样一种关于加害人应该赔偿损害的范围的因果关系。但是,实际上,关于作为侵权行为成立要件的因果关系,不太为人们所议论,在以损害赔偿为目的的侵权行为中,没有任何损害侵权行为就不成立,如果认定了由加害行为产生出的某种损害,侵权行为就可以成立。可以说关于因果关系,是围绕着应该赔偿的范围进行讨论的。即让加害人赔偿可以认定为由加害行为产生的所有的损害,换言之,赔偿处于没有加害行为将不会发生这样一种关系上的所有的损害(这称为条件

性因果关系、自然性因果关系、事实性因果关系），但因损害有波及意外之处的情况，这对加害人就欠缺公平，所以应该将应该赔偿的损害限定在某种范围内，在通说中，应该赔偿的损害的范围，限定在与加害行为处于“相当因果关系”上的损害。

并且，通说对作为侵权行为成立要件的因果关系，也使用相当因果关系一词。但是，作为侵权行为成立要件只要因加害行为产生某种损害即为充足，所以，关于侵权行为的成立，没有必须特别地以“相当”因果关系为问题的必要性。

正如平井宜雄教授指出的那样，将因果关系区别为侵权行为成立要件与损害赔偿的范围的问题进行议论，是受德国学说的影响的产物，最近的学说也在这种区别的前提下，批判了过去的通说性见解，提示了与通说不同的见解。

石田穰教授的见解承认作为成立要件的因果关系的概念，但是，认为对此没有必要讨论相当因果关系的问题，主张行为与权利侵害（称为第一次损害）之间如果有条件关系作为成立要件的因果关系就是充分的，作为成立要件的限定，以故意、过失的要件进行判断即可。并且，德国相当因果关系的主要问题，也并不在行为与第一次损害之间，而是对行为与后续损害（权利侵害后接续发生的损害）之间的情况进行讨论的。并且认为，对于所谓以第一次损害为起点发生的后续损害，发生应该赔偿何种范围的损害的问题，关于这个问题是无法以有无故意、过失加以限定的，因此有必要以代替它的某种基准加以限定。所以，提倡作为限定损害赔偿的框架，不使用相当因果关系的概念，而使用危险性关联的概念，只要所发生后续损害与加害人的行为之间有危险性关联就应该予以赔偿。①

森岛教授认为，石田说与通说在使用的概念和说明的方法上有很大的不同，但基本的思维方式则与通说并没有很大不同。即在通说中，关于作为侵权行为成立要件的因果关系，虽然使用相当因果关

① 石田穰：《损害赔偿法的再构成》，东京大学出版会 1977 年版，第 39 页以下。

系这一术语,但实际上探讨的是加害行为与权利侵害之间有无事实性和条件性因果关系的问题,通过相当因果关系的概念受到限定的责任,是关于应该赔偿的损害范围。而石田说代替相当因果关系的概念使用了危险性关联的概念,但两者共同的功能都在于限定损害赔偿的范围,问题在于为使对某种损害应该予以赔偿而对其他的损害没有赔偿的必要的判断正当化,使用那一种概念更具有说服力。并不会因为新使用了危险性关联这一术语,判断的状态本身也发生变化。危险性关联这一术语是不太合适的术语,很难理解某一种后续损害与加害人的行为之间有无危险关联性。倒不如说,赔偿某种损害以从社会角度来看是否相当更为容易理解。②

二、平井教授所作因果关系论的再构成

对于上述通说,平井教授进行了根本性的批判。平井教授在其专着《损害赔偿法的理论》(东京大学出版会 1971 年)一书中指出,通说采用的“相当因果关系”的概念,是为了回避作为德国损害赔偿法的基本构造的完全赔偿原则产生的不适当的情况的概念,在与德国基本构造不同,从最初就采用限制赔偿原则的日本损害赔偿法中,导入相当因果关系的概念,反倒带来了各种理论上的混乱。平井教授的见解概要如下述。

在德国,是以完全赔偿的原则为基本原则的。即损害赔偿责任的成立以过错(故意、过失)为要件,只要责任要件得到充足,必须赔偿发生的所有损害。在这里,责任原因与损害赔偿的范围被切断了,只要“条件性因果关系”被认定,损害就必须赔偿。“损害赔偿的范围依因果关系,并且仅依因果关系而定”这一命题是以完全赔偿原则为前提的概念。而日本通说也采用的责任成立的因果关系与作为损害赔偿范围的因果关系之间的区分,在这里意味着对前者作为责任原因的一部分要求有过错,但对后者则不要求有过错。因此可以

② 森岛昭夫:《侵权行为法讲义》,有斐阁 1987 年版,第 275 页。

说,两者的区别在于是否以德国的完全赔偿的原则为前提。同时,如果只要有因果关系对所有的损害都必须赔偿,那么从逻辑上来看,由构成损害赔偿原因的事实产生的结果就会被无限地扩大下去,债务人就必须赔偿可能发生的所有的损害。因此,德国民法学为回避那样的不合适状态,对损害赔偿范围的因果关系进行解释,认为这里所谓的因果关系是指符合法律目的的法律上的因果关系,以便为因果关系概念划定界限。并且想要通过界定因果关系概念,使在结果上限制赔偿的范围成为可能。作为法律上因果关系的见解,存在着各种各样的学说,相当因果关系说就是其中之一。换言之,相当因果关系说逻辑上是以完全赔偿原则为前提的。随着完全赔偿原则未必能适合社会、经济状况的事实得到明确,德国对这一原则的批判趋于表面化,并且,作为为界定责任的概念而提倡的相当因果关系说也受到了没有充分地发挥功能的批判。

平井教授通过上述对德国损害赔偿法中相当因果关系的概念的成立、展开及功能的分析,弄清了这一概念的前提,即它是建立在德国损害赔偿法采用完全赔偿原则这一特殊情况的基础之上的,主张在本来就不采用完全赔偿原则的日本损害赔偿法中,逻辑上没有通过相当因果关系的概念界定责任的必要。并且主张,应该取代相当因果关系概念,使用符合日本民法典构造的概念界定责任。试图通过提倡使用事实性因果关系、保护范围、损害的金钱评价这三个概念,建立损害赔偿法理论的体系。

首先,所谓"事实性因果关系",是指加害行为这一事实与被评价为损害的事实之间存在的"无彼,即无此"(conditio sine qua non)的关系。亦称为条件性因果关系、自然性因果关系。在侵权行为制度中,负担损失的是造成损失者,所以负担损害赔偿义务者的行为与损害之间必须有事实性因果关系。但是,如果对被认定为与加害行为之间有事实性因果关系的所有损害都让加害人赔偿,就有使责任无限扩大的危险。因此,就要作出对存在于事实性因果关系的损害,要赔偿到何种程度是妥当的这样一种政策性判断,这种决定应该赔偿范围宽窄的,政策性价值判断的框架称为“保护范围”(scope of protection)。保护范围这一概念,是过去的学说在相当因果关系的概念之下论述的问题,即处理责任界定的概念。但是,平井教授认为,关于何种程度的损害应认定责任这一价值判断,虽然以事实性因果关系的存在为前提(对于事实性因果关系未得到认定的损害不发生赔偿义务),但并非关于因果关系存否本身的判断,为避免讨论的混乱,不应该使用“相当因果关系”的概念。

其次,对处于保护范围内的损害,依据金钱赔偿的原则,必须将它们评价为金钱,但平井教授认为,关于应得到赔偿的损害的范围的判断,与将其评价为金钱逻辑上是不同的对象,并给后者取名为“损害的金钱性评价”,在这一过程中认可法官享有很宽的裁量权。

这样就搞清了在一直通过相当因果关系处理的问题之中,包含着性质不同的问题,并且,通过“事实性因果关系”、“保护范围”、“损害的金钱性评价”这样的不同概念,弄清了各自为性质不同的判断过程。森岛教授认为,在这一点上,平井教授的功绩是很大的,可以毫不夸张地说,那之后的学说几乎都依据于平井说。③

三、对平井说的若干疑问

对于受到高度评价的平井教授的上述见解,学界也提出了一些疑问,森岛教授指出,例如在因机动车事故负重伤住院的受害人最终死亡的场合下,发生负伤,住院费、治疗费、看护费用的支出,住院中收入的丧失,死亡,殡葬仪式费用、墓碑建设费用的支出,将来收入的丧失等各种各样的损害,在这些与加害行为当然处于事实性因果关系上的损害之中,平井教授认为,在判断某损害是否构成处于“保护范围”内的应该赔偿的对象时,应考虑的损害,是将诸损害按照被侵

③ 森岛昭夫:《侵权行为法讲义》,有斐阁1987年版,第278页。

害利益的重大程度划分等级，被认定为处于最上位的损害（上例中是死亡）。并且，最上位损害以下的损害事实被包括在作为“社会性地看的一个损害”的死亡这一利益侵害中，只不过构成以金钱评价死亡这一损害时的资料之一。

但是，对构成保护范围对象的损害概念如果作如此狭窄解释，那么迄今为止，在相当因果关系之下论述的各种问题几乎都成了损害的金钱性评价的问题。迄今为止在相当因果关系概念中探讨的派生性损害中对于何种范围的损害应该予以赔偿，在有其他对损害的发生发挥了作用的原因事实的场合，当算定损害额时这种情况是否予以考虑，以什么时间为基准算定损害等性质不同的各种问题，在平井教授的体系下，这些问题全部变成了在金钱性评价的名目之下委任给法官的自由裁量的事项。如果这样，那么金钱性评价的问题就包含了过于多样的问题，这就不能不使人担心，与迄今为止的通说使用相当因果关系的概念陷于混乱同样，今后也会因使用损害的金钱性评价这一概念陷入混乱。再有，作为判断最上位损害（死亡）处于保护范围之内的基准，提倡“义务射程”这一概念，但是，这与通说作为侵权行为成立要件论述的（相当）因果关系（在那里，作为行为与权利侵害的事实之间的相当因果关系问题，探讨受到侵害的权利 = 利益是否在预见可能的范围内），作为结论性的判断框架并没有什么不同。④

几代通教授也对将保护范围与损害的金钱性评价加以严格区别表示了疑虑。几代通教授认为，因某加害行为使他人的生活利益整体发生了大小不等的各种“负面变化”，我们把这些大致地加以类型化，例如，使用所有权的侵害这样的适宜的名称，而实际存在的不过是上述大小不等的各种损害 = 负面变化而已。如果这样，即使在某处建立起一个“社会性地看的一个损害”的框架，在对其进行金钱性评价的场合，仍然残存着在何种程度上将上述各种“负面变化”的哪

④　森岛昭夫：《侵权行为法讲义》，有斐阁 1987 年版，第 279 页以下。

些内容纳入视野加以考虑的问题。这里,就不得不说实质上的问题,是各个“负面变化”与被告的行为和样态之间存在的使被告负担赔偿责任正当化的联系,即是否存在保护范围的关系(所谓“相当因果关系”)。因此,将损害的金钱性评价这一场合与决定责任的成立和范围的场合严格地截然区分的设想,除非是两者所进行的各自场合的判定由完全不同的国家机关担当,建立起审理判断程序完全不同的制度,否则,作那样的区别是没有实益的。[⑤]

关于因果关系的讨论,都是学者从学理角度做出的解释,在修改民法的讨论中,也有学者认为[⑥],关于一般侵权行为责任的要件,设置若干定义性规定是必要的。并认为日本侵权行为法研究会编《日本侵权行为法重述》中有关因果关系的规定仍然值得参考。

关于因果关系,该重述采用了条件关系原则,在条件关系上,构成问题的三个原因竞合(即原因的共働、原因的重复和附加性原因),重述也做了解释。[⑦] 因果关系问题,有因与共同侵权行为责任相关的部分,近年来,受害人的素因处理也成为一个讨论较多的问题,所以,是否设置与一般侵权行为相关联的定义,仍然有探讨的余地。

---

⑤ 几代通、德本伸一:《侵权行为法》,有斐阁1993年版,第132~134页。

⑥ 蒲川道太郎:“一般侵权行为责任成立要件重构的必要性”,载椿寿夫等编:《法律时报增刊·思考民法的改正》,日本评论社2008年9月10日,第340页以下。

⑦ 森岛昭夫:《日本侵权行为法重述》(6)因果关系,载法学家杂志883号(1987年5月),第64页以下。森岛教授的阐述如下,第709条　因果关系(事实性因果关系)(1)[条件关系]若无某事实损害就可能不会发生的关系被认定时,为该事实与损害之间有因果关系。(2)[原因竞合——原因的共働]复数的事实相重叠的结果,这些事实与损害之间的前款规定的关系得到认定时,为各个事实与损害之间有因果关系。(3)[原因竞合——原因的重复]复数的事实中,有只要因它就能使该损害发生的事实时,无论其他事实与损害之间的关系如何,为该事实与损害之间有因果关系。但是,因某事实损害发生之前,因其他事实该损害已经发生时,为前一事实与损害之间无因果关系。(4)[原因竞合——附加性原因]第1款规定的事实和同种的其他事实与损害的发生相关联时,即使是没有其他事实损害也会发生的场合,亦为其他的事实与损害之间有因果关系。

第 2 节　事实性因果关系

一、无彼，即无此

在侵权行为法制度中，为使加害人负担损害赔偿义务，加害人的行为与被请求的赔偿之间必须存在事实性因果关系。原则上，存在“无彼，即无此”(conditio sine qua non)的关系是认定事实性因果关系的要件。也可以说存在条件关系。当然，某损害事实的发生，不仅加害行为，还有其他多数条件竞合存在。例如，骑自行车在被雨淋湿的道路上行走的人自行车打滑撞倒了另一个人，另一个人被经常从该处通过的机动车轧死的场合下，在可以考虑对死亡而言构成原因的事实中，除加害人用自行车撞了受害人外，下雨路滑，受害人偶尔在该处，该机动车从那里经过等很多要素共存。并且，这些事实均在死亡事故中处于“无彼，即无此”的关系上。就骑自行车人而言，不撞倒受害人(无彼)，就不会有受害人摔倒致死(无此)，因此，加害人的行为与死亡之间存在事实性因果关系。换言之，加害人的行为对于结果发生构成必要条件即可，不必要是唯一的原因，即充分条件。

二、原因事实的竞合

只要“无彼，即无此”的关系得到认定，就可以认定事实性因果关系。但是，如果有其他的原因存在，并且比起加害人的行为来其他竞合的原因对结果发生发挥更大作用的场合，或者其他竞合的原因大到不可忽视的场合，问题常常以加害人的行为与有“因果关系”的损害波及何处这样一种形式提出。例如，所谓飞驒川公共汽车翻车事件第一审判决，就是这样的例子。该判决认定泥石流这一不可抗力对损害发生的作用率为四成，只认定了全部损害的六成为国道的管理瑕疵的损害赔偿。另外，加治川水害诉讼第一审判决，对于因暴雨引起甲乙两河泛滥泥水淹没了田地带来的损害，只对甲河认定了国家的河川管理瑕疵,而且只对被认定的因甲河川泛滥造成的全部损害的三成认定了国家的赔偿义务。

这些例子当中,看起来好像正是采用了某原因与事实性因果关系上的损害只涉及全部损害中的一部分(即对其他损害不存在事实性因果关系)的见解,但是,实际上对于公共汽车翻车和田地被淹没这一事实的发生,因为国道和河川的管理瑕疵构成不可或缺的条件,所以公共工作物的管理瑕疵与结果发生之间是存在事实性因果关系的。但是,因为与其他原因共存,法院判断使赔偿全部损害不妥当,因而政策性地减轻了责任。因此,这里的问题不是有关事实性因果关系的问题,而属于应该赔偿的损害(损害额)的范围的问题。

关于复数原因的竞合,有学者参照法国的判例理论,提倡部分性因果关系的见解。部分性因果关系理论认为,损害的发生很少有产生于一个原因的情况,而复数原因在因果关系上竞合是普通现象,在这种场合,各个加害原因并不一定等价地具有条件性因果关系上的影响力,而是以各自所固有的因果关系上的影响力,与全体损害连结着的,因此,是对全体损害只具有部分性因果关系的原因,所以在责任上也只发生部分性的责任。这里所说的因果关系虽然不是事实性因果关系所意味“无彼,即无此”的关系(条件关系),但在对全部损害的现实的作用程度这一意义上,是作为事实平面的问题加以把握的。即致使损害发生的各种原因,依各自对结果的发生在何种程度上发挥了作用的事实为证据加以确定,受到损害赔偿请求的侵权行为发挥的“部分性”因果关系得到认定,加害人对该部分相应地负担分割责任(但是,在加害人对全体因果关系发挥作用的部分无法确定的场合,发动“因果关系不可分割的推定”,推定为加害人的行为对损害全体有因果关系)。这里,加害人应该负担的责任范围不是通过政策性的价值评价加以决定,而是考虑为认定加害行为对损害全体发挥作用的因果关系的“部分”这样一种事实平面的问题。并且,采用的是在加害行为(部分性地)未涉及之处,当然不发生加害人的责任,所以不是对所发生损害的全额,而是只赔偿与部分性因果关系相应的额度这样一种逻辑构造。

对此,提倡因果关系这一术语只在事实性因果关系的意义上使用的平井教授批判道,在通常的意义上证明部分性因果关系是不可能的,部分性因果关系只能是由法官的一种感觉决定的,如果是这样,那就不是把部分性因果关系的判断作为因果关系的问题,而是作为金钱评价的问题,委任给法官的裁量判断,这样可以防止因果关系认定的简单化,回避诉讼的不当延期,而且问题的性质得到明确等,诉讼政策上是极为适当的。森岛教授也认为,确定作为事实问题的某种原因事实的"因果关系上的影响力"是困难的。这个问题,在存在复数原因事实的场合,是使加害人对全部损害负担责任是否妥当这样一种包含着政策性的价值评价的问题。[⑧]

三、特殊情形与事实性因果关系

如果以"无彼,即无此"作为判断事实性因果关系存否的基准,那么作为原因竞合的特殊例子,在两个(以上)的事实都可以单独地使结果发生的场合,即使某个事实 A(或者 B)不存在,只有其他事实 B(或者 A)结果 C 发生,所以在逻辑上会发生 A 与 C 之间无事实性因果关系,或者 B 与 C 之间无事实性因果关系的情况。但是,那是不合适的,一般认为例外地对 A 与 B,均应该认定与 C 之间的事实性因果关系。

现实中有这样的情形,即 C 的损害 D 只是因 A 的行为发生的,但如果假定没有 A 的行为,因与 A 的行为毫无关系的别的情况 B 也会产生同样的结果 D 的场合。例如,A 用枪打死了 C 的狗,但实际上狗在此前一两分钟已被 B 灌了毒药,即使 A 不射击,一两分钟之后狗也会死的场合。这种场合下,A 与 D 之间的关系明显地存在着事实性因果关系,而 B 与 D 之间的关系认定为"假定性因果关系",这种情况下发生对 A 的责任有无影响的问题。此属保护范围的

---

⑧　森岛昭夫:《侵权行为法讲义》,有斐阁 1987 年版,第 285 页以下。

问题。

与上述情况相反,在本来 A 发挥作用,但在 A 尚未使 C 发生时,B 使 C 发生了的场合下,因 A—C 最终未能实现,所以 A—C 之间无事实性因果关系。这种情况称为“因果关系的中断”但是,对在 B 发挥作用直至实现了 C 之间的这部分损害,可以考虑关于 A 事实对这部分损害的责任。

第 3 节 事实性因果关系的证明

一、因果关系证明的困难性

被告的行为与原告的损害之间是否存在事实性因果关系在裁判上构成主要争点的事例,迄今为止并不很多。因此,学说对于事实性因果关系如何加以证明的问题也没有给予很大的关心。但是,由于 20 世纪 60 年代末 70 年代初开始出现了医疗过错诉讼和公害、药害诉讼等医学上、科学上复杂的事件,在这些事件中,关于原告的疾病原因是否由于被告的行为出现了争执,于是,事实性因果关系的证明问题,一下子吸引了实务界和理论界的注意力。

一般地,在侵权行为的损害赔偿请求中,关于因果关系的举证责任在原告 = 受害人方。但是,例如在公害事件中,因被告工厂排放的有害物质引起了原告的疾病这一事实由原告证明是显着困难的。第一,有些场合,某种疾病由什么引起,是怎样引起的,即对病因与发病的机制,现在的医学水准尚未充分解释明白。第二,即使能够确定构成疾病病因的物质,该物质是通过何种路径到达受害人的,特别是那种以大气等为媒介有害物质被稀释扩散的场合,要查明该污染源也是显着困难的。第三,即使能查明污染源是被告工厂,但到底是否在被告工厂中制造、排放了该有害物质,不了解工厂的制造过程的原告方进行证明也是困难的。其中,工厂以企业秘密为盾牌拒绝向外部提供信息时,上述证明是不可能的。

这样，由于受害人缺乏科学知识和资力，不仅证明复杂的因果关系是困难的，而且，本来就存在着以现在的科学知识水准，受害人的疾病原因不可能确实地解释清楚的场合。在这种场合下，仍然要求受害人证明严格的事实性因果关系，最终就很容易出现封闭受害人救济的途径的状况。因此，为消除受害人证明负担的不公平，实务界和学者提出了各种各样的见解。

二、所谓盖然性说

关于与矿害赔偿的关联，德本镇教授认为对受害人要求的因果关系的证明，应该是只要就因果关系的存在表示出相当程度的盖然性的程度即为充分，主张在结果上，应是将实质上的证明责任从受害人转换到加害人。那是因为，在矿业损害中，由于地下矿物的开采这一企业活动的特殊情况，在很多场合下加害行为与损害之间的因果关系是不明确的，并且，要受害人加以证明在技术上、经济上伴随着很大的困难，因此，如果严密的证明责任由受害人负担，那么采用企业的无过失责任的矿业法的宗旨就会丧失殆尽。德本教授指出，在德国的矿害赔偿制度中，为进行公平的赔偿，对因果关系，采用事实上将证明程度由确定的证明放宽为盖然的证明的做法，认为在日本也应该放宽因果关系证明的程度。⑨

进一步地，德本教授主张将上述见解扩展到公害事件，因为由受害人作因果关系证明的困难程度，不仅矿害，在大气污染、水质污染等公害中也同样存在，所以，在公害受害中作为解释论也应该采用关于因果关系证明的盖然性说。关于盖然性说理论的具体要点如下，第一，因果关系的举证责任，形式上仍然要由原告受害人负担。第二，但是，为实质上转换举证责任，应采用德国矿害赔偿法中的 Prima-facie-Beweis（精确的专业证明）的法理，只要被告不能证明因果

⑨　关于盖然性理论，详细可参照德本镇：《企业侵权行为责任研究》（一粒社 1974 年版），牛山积：《公害裁判的展开与法理论》（日本评论社 1976 年版），加藤一郎编：《公害法的生成与展开》（岩波书店 1968 年版）等著作中的有关部分。

关系不存在,因果关系就应该被认定。并且,上述见解虽然可以说是过去日本称为事实上的推定或者大致的推定方法的一种应用,但与事实上的推定理论中,解释为被告的反证可以推翻事实上的推定相对,盖然性说在要求被告必须证明因果关系不存在这一点上,可以说是近似于法律上的推定。第三,在盖然性说中虽然要求"表示相当程度的盖然性的证明",但那是指"虽然超越了大致明确的领域,但尚未到达证明的程度的举证"。

德本教授提倡的上述盖然性见解,围绕着公害诉讼得到了众多学者的支持。牛山积教授认为,要求受害人对事实性因果关系作严格的证明,对受害人来说过分苛刻,并且,举出企业就其生产活动拥有众多的技术人员,而且为提出反证所必要费用的负担能力强,并可以通过加重企业方面的责任期待其努力防止公害等理由,主张应该事实上转换因果关系的举证责任。

与此相对,加藤教授在采用盖然性见解的同时,对盖然性说试图从"证据的优越"的观点加以说明。认为一般地说,民事事件的证明与有关人权的刑事事件不同,是关于使原告和被告哪一方胜诉的问题,因此,能够说哪一方主张的事实达到确切(盖然性大)的程度就可以,从数学上来说,存在超过50%的盖然性的场合就可以得出存在因果关系的结论。并且,从常识上来看如果达到可以判断为有因果关系的程度,即使没有严密的证明也可以认定有因果关系,如果对方认为从常识上来看好像有因果关系,但实际上并非如此,那么他可以就其主张作证明。

加藤教授的主张,实质上与采用"事实上的推定"构成的学说不同,是在英美法上所谓"证据的优越"(preponderance of evidence)的见解影响之下提出的理论,在民事事件中,即使没有达到"不掺杂合理的怀疑的程度"(beyond a reasonable doubt)的心证程度,但在得到与不存在因果关系相比,存在因果关系的盖然性大(more likely than not)这一程度的心证时,也可以认定因果关系。

三、对盖然性说的批判

鉴于 20 世纪 60 年代中期构成重大社会问题的公害、药害等实际状况，盖然性说所追求的方向是正确的。对由于高度科学技术的发展在社会上引起的复杂的多样化形态的受害，让缺乏科学知识和资力的受害人负担所有的事实性因果关系的证明是不公平的，并且，尽管有发达的科学，但现时的科学水准尚未解释清楚的现象大量存在，在这种场合下要受害人负担严密的证明就是强迫其作不可能的事情。在这种意义上，盖然性说主张作为请求损害赔偿的前提，当判断事实性因果关系的存否时，不必要科学的严密证明是正确的。

但是，从法律技术的角度来看，作为盖然性说的内容加以主张的法律构成未必是成功的。首先，关于把盖然性说的内容作为“降低证明度”的构成。盖然性说认为，所谓表示相当程度的盖然性证明，是指虽然超过了大致明确的领域但尚未到达证明的程度的举证，采用了论述在证明中降低心证程度的表现形式。对此，实务家提出了为什么只有公害诉讼降低证明程度得到公正化的疑问。即在日本所谓裁判上的证明，是指使法官抱有通常人能够安心行动程度的确信的证明，与确信性的境界相接的盖然性构成证明程度的基准。在这一点上证明与大致明确相区别。但是，为什么在公害诉讼中可以无视这样的证明程度，不明确。

其次，对“证据的优越”的见解，有批判认为这是无视美国审判制度与日本审判制度在性质上的不同的见解。在美国法中以证据的优越作为判断基准，是以对没有对诉讼发挥积极作用的权限，只能默默地观看法庭上的攻防的陪审员无法期待具有高度的确信这一事实为前提的，而在职业法官积极地对审判发挥作用，能够审理到双方服从的大陆法型事实审的构造之下，通过证据的优越认定事实的做法不应该得到允许。但另一方面，其他的实务家则认为，民事诉讼中的事实认定的心证的程度以比刑事事件中轻的心证为充足，日本的民事诉讼中过去就一直是以“证据的优越”作为有证明的（不过，从数学上看要求80%的盖然性)。承认这种证据的优越的证明的学说也认为,证据的优越毋宁说是民事诉讼的一般规则,所以并非只是对公害事件作了特别的处理。另外,对盖然性说发挥的把法院从超出必要的科学争论的危险中解救出来的重大作用应该给予高度评价。

在民事诉讼中,法官是在得到何种程度的心证时认定事实的存否的,外部的人是很难得知的。并且,从证明度的百分比来看,不过是感觉性的表现,数字除比喻外毫无意义。因此,主张降低心证的程度和证明程度的做法,除对担当事实审理时的法官的心理准备产生影响外没有任何意义。尤其是正如实务家所批判的那样,只在公害及其他复杂的诉讼中主张一般地降低心证的程度缺乏理论上的根据。倒不如说,证明程度的问题,是应该依据各个诉讼的不同个性相对地加以决定的事,客观地看是证明困难的,并且关于该方面的证据收集是困难的场合,相对地提高提出的各证据的证明力,并且允许拓宽适用经验法则的幅度。公害正是这种一般原则得到适用的场合之一。

最后,关于作为适用事实上的推定的场合之一来把握盖然性说的见解,盖然性说大多认为,因果关系的举证责任仍然由原告负担,但原告没有必要作严格的证明,能够证明盖然性即为充足,只要被告对此不能举出反证就不得免责。

本来所谓事实上的推定,是指在一般的事实A存在的场合下事实B也存在这样的"经验法则"的场合,通过B事实得到证明能够推定A事实的存在。例如,如果下雨则周围的道路一般被淋湿,所以在经验法则上可以从道路被淋湿的事实推测下雨了(不过,通过询问气象台得到没有降雨的报告,洒水车通过的事实得到证明时就推翻了该事实证明)。但是,在A、B之间不存在上述一般的经验法则的场合下,当然无论应该怎样进行"政策性考虑"也不能进行事实上的推定。盖然性说主张应该以受害人缺乏证明因果关系的能力和资力为根据进行事实上的推定,但在公害事件等中,有不少以场合可能进行事实上推定的经验法则自身是不确定的。实务家对事实上的推定自身并不限于公害等特殊事例,而是什么样的民事诉讼中均可适用的一般规则进行了批判,并指出盖然性说对应不了当为进行事实上的推定的经验法则自身不确实的场合应该怎样处理的问题。

四、间接反证的理论

盖然性说,是作为单一的要素把握因果关系这一要件事实,主张对此降低证明的心证程度,或者试图事实上转换举证责任的见解。与此相对,有见解主张通过分析构成因果关系的事实把它作为复合的要件事实加以把握,对各个事实和过程分别地考虑证明,于是,出现了适用间接反证理论的见解。[10]

竹下守夫教授以痛痛病判决(富山地方裁判所 1971 年 6 月 30 日判决,载《判例时报》第 635 号第 21 页)和新泻水俣病判决(新泻地方裁判所 1971 年 9 月 29 日判决,载《判例时报》第 642 号第 96 页)中法院的见解为基础,将公害事件的因果关系分解为如下的证明主题,分别探讨其中的证明状态。首先,将因果关系这一要件事实分解为被告企业的生产过程中特定物质的发生(A),向外部的排放(B),通过媒体的扩散(C),达到原告的身体、财产(D),损害的发生(E)这样的各个事实。接着将 A—B—C—D—E 这样的从前者到后者的过程作为一个复合性证明主题加以把握。然后,因为原告对因果关系的存在负有证明责任,所以要对 A—B—C—D—E 的过程全体进行证明,但是,这一要求并不意味着原告必须对所有的各个阶段上的事实和过程进行证明,而是原告能证明某事实、过程的存在时,在经验法则上就可以推认其他事实、过程存在的情况,在这种场合下,被告方只要未就存在不能适用经验法则的特别情况进行证明,因果关系就得到认定。

例如,对河川污浊的场合,原告证明了上流的被告企业有排放有

[10] 关于间接反证的理论,详细可参照好美清光 · 竹下守夫:“关于痛痛病第一次诉讼第一审判决的法律探讨”,载《判例时报》第 646 期(1971 年),第 108 页以下。

毒物质的事实(B),处于下流的原告发生了能够因该物质发生的损害(E),或者该物质已经到达原告的事实(D)的场合,B—C—D—E(或者B—C—D)的过程的存在就可以通过经验法则得到推定。但是,如果被告就存在“特别的情况”(例如,达到原告的有毒物质是从其他的排放源排放的)作出证明,就可以主张上述经验法则没有适用的余地。此时,因为可以适用经验法则的事实已经得到证明,所以,为推翻上述认定被告必须积极地证明“特别的情况”。

另外,如果从被告企业所在地排放出某种物质的事实(B)得到确定,那么在经验法则上就可以推认该物质是从被告企业的生产活动的过程中发生(A),由被告排放出来的(A—B)。因此,如果被告主张并非如此,被告就要对不存在A或者A—B这一事实或过程作积极的证明。

上述见解称为“间接反证”。即在对主要事实(X)的存在负有证明责任的当事人(甲)证明了存在得以推定X的事实(x)的场合,对方当事人(乙)反之通过证明得以推定X不存在的别的事实(y),以使X的存否不明的活动就是间接反证。如果就主要事实X全体的证明来看,乙的反证活动仍然是一部分,因为间接事实x已经得到证明,所以,对阻碍x—X的推认的间接事实y,乙就必须作积极的证明(本证)。乙要使x本身真否不明的场合以反证为充足,这称为直接反证。与此相对,乙证明y的场合称为间接反证。

进一步地,通过积累间接事实,借助于经验法则证明主要事实(间接证明),可以使因果关系存在的证明上的困难得到缓和。虽然提出直接地证明主要事实的适当的证据是非常困难的,但对推认主要事实有用的间接事实决不是固定的,由于在各种各样的场合中存在着复数的可能性,所以,原告是可以选择证明主题的。并且,在依据原告选择的数个间接事实以及与之结合的经验法则可以推定某主要事实存在的场合下,被告为主张“该场合下存在特别的情况,因此不应该适用经验法则”,或者“存在能够推定该主要事实不存在的别的间接事实”,就必须对这些情况的存在负证明责任(间接反证)。

五、经验法则与证明

因果关系证明困难的场合有两种，一种是证明具体的“事实”的存否困难的场合；另一种是构成因果关系判断前提的“因果法则”或“经验法则”不明的场合。民事诉讼中对事实的证明，是称为历史性证明的关于过去事实的证明，所以证明事实存否困难的例子很多。例如，造成受害的物质是否是被告工厂制造、排放的这一具体的“事实”不明就属于这种场合。在这种场合下，间接反证的见解是有效的。

但是，当从某事实推定其他事实之际，构成其前提的“经验法则”自身是暧昧的场合，上述的事实判断就不可能进行。特别是称为医学上的因果关系的医学性经验法则，由于患者存在个体差异，不可能进行人体实验，所以经常是不明确的。例如，存在着发现了从某物质发生某症状但其机制不明的情况，对某症状除某种物质以外还可以考虑众多原因的情况，在极端的场合下，甚至有对某症状的原因完全没有把握的情况等，这样一些无论关于症状和物质等的事实的证明如何确实地进行，由于客观的经验法则不明因果关系也无法清楚地认定的场合。这里确认困难的与其说是过去的事实的存否本身，倒不如说是构成因果判断前提的“经验法则”。间接反证理论在经验法则自身不明的场合也无法起作用。

公害、药害事件和医疗过失事件中所指因果关系的证明困难，多数场合是由于关于因果关系的经验法则不明。特别是很多关于自然科学的因果关系法则并未得到充分的明确解释。在这样的场合下，以自然科学上尚未得到明确解释为理由否定因果关系的存在是不妥当的。这样就会把因自然科学的落后存在的不利推卸给受害人。经验法则中，存在着各种各样的类型，从来自人的日常生活经验的常识性的东西，到极其高度的科学性法则；还有，可信赖程度也是五花八门，从像逻辑法则那样确实的东西，到例外很多因而盖然性相当低等各种情况。但是，即使是没有高度确实性经验法则的场合，也应该对一些间接事实适用经验法则推定因果关系，并且把从各自的间接事实得到的推定作为相互补充的材料使用,以更高的盖然性推定因果关系(间接证明)。

最高裁判所曾经在某事件的判决中就因果关系的证明判示道,“诉讼上的因果关系证明,并不是不允许有一点疑义的自然科学性证明,是参照经验法则综合探讨全部证据,证明能够认定特定的事实招致特定的结果的关系的高度的盖然性,该判定以能够具有通常人不存疑义那样一种程度的真实性的确信为必要,且以此为充足”(最高裁判所 1975 年 10 月 24 日判决,载《最高裁判所民事判例集》第 29 卷第 9 号第 1417 页)。

再有,客观的经验法则与个别的具体事实不同,是法院的职权调查事项,即使没有当事人的主张、证明,法院也应该发现并适用经验法则。不过,实际上法官并非对所有的经验法则尽知无遗,因此,一般是由通过经验法则的适用得到利益的诉讼当事人给法院提供关于经验法则的知识。但同时,当事人并不对经验法则负有举证责任,所以法院应该不受当事人主张的左右,而积极地使用全部的经验法则进行因果关系存否的判断。

六、流行病学与因果关系的证明

在痛痛病、水俣病、四日市哮喘病等公害诉讼和斯蒙诉讼中,作为证明手段流行病学得到大量运用。并且,流行病学性因果关系论与盖然性说相结合,以此来减轻证明责任。

流行病学在以下四个条件得到充足的场合,就可以认定该因素与疾病之间的因果关系。这四个条件是:(1)某种因素在某种疾病发生的一定期间前存在着;(2)该因素发挥作用的程度越显着该疾病的罹患率就越高(量与效果的关系);(3)该因素被消除的场合该疾病的罹患率就降低,并且在没有该因素的群体中该疾病的罹患率是极低的;(4)该因素作为原因其作用机制能够无矛盾地得到生物学上的说明。这种思维方式作为逻辑上的推定是妥当的。但是,为采用流行病学方法,就必须收集适于统计学处理的足够的大量资料。

并且，因为流行病学是群体现象中的原因探求方法，所以即使可以说群体性存在的某种因素是某种疾病的原因，也不能说每个患者的病因全都是该因素。因为在也有由该因素以外的原因造成疾病可能性的场合（非特异性疾患），某患者也有可能是因其他原因罹患疾病的。但同时，某患者作为群体的一员，在其受到了该因素的作用的场合下，大致可以"推定"患者的病因是该因素。

在上述列举的公害、药害事件中，偶尔也有通过政府机关的广泛调查收集了流行病学性判断资料的，但不见得所有的事件都能收集到那样的资料。并且，在一般的医疗过错诉讼那样的只以个别患者的病因为系争对象，而且患者的特异性因素构成问题的事件中，就不能使用流行病学性方法。

因此，流行病学性方法作为认定因果关系的经验法则之一是非常有用的，但有一定的界限，仅依据流行病学性因果关系论主张减轻因果关系的证明负担仍然过于狭窄，应该使用包含流行病学在内的所有的经验法则。

七、因果关系的比例性（确率性）认定

盖然性说主张应该通过流行病学性方法认定因果关系的见解，有学者主张，流行病学是通过群体现象的分析推定统计上的因果关系的方法，但是，对个人也应该推定疾病原因的一定比率是起因于污染物质的，所以应该对全部损害中与该比率相对应的金额认定赔偿。

将这种见解进一步一般化的理论，是按照对因果关系的心证程度，比例性地决定赔偿额的见解。换言之，是依据因果关系存在的盖然性程度（确率）认定赔偿额的见解（确率性心证说）。东京地方裁判所在对当事人系争复发的后遗症与以前的交通事故之间的因果关系的事件所作判决（东京地方裁判所 1970 年 6 月 29 日判决，载《判例时报》第 615 号第 38 页）中，明确地采用了这种见解，对损害的 70% 认定了赔偿。学说也肯定这种做法，即认为在承认因果关系的确率性认定的场合下，虽然尚未得到充分确认就作出和解性、调解性

判决的例子增多,存在草率地进行事实认定的危险,但鉴于在民事事件中存在着极少有法官认为原告胜诉绝对没问题,或认为驳回请求绝对没关系而作出判决的例子,几乎所有的事件都是残留着相当的疑惑作出判决的实际情况,还是通过确率性心证认定赔偿较为妥当。

但同时,也有学者不同意这种见解,认为如果依据心证确率进行认定,那就完全没有必要再作在认定主要事实上没有100%的证明也可以,仅以盖然性证明为充足的说明。所谓讨论证明程度,也包括讨论舍弃未达证明程度的证据。尽管如此,在未达证明程度的场合,却应该认可对应盖然性的请求的主张,非常明显是矛盾的。进一步地,在采用确率性心证说时,法院就必须经常地明确心证程度,而这几乎是不可能的。

对于这种反论,森岛教授认为这可以通过举证责任的负担来解决,并不无幽默地指出,这不禁引起了人们对不得不在尚未抱有确定的确信就作出结论的法官的同情,但是,只得说在那种场合下不得不依据举证责任之所在来加以决定。如果不是那样,那么法官就必须经常地表明心证程度并按照心证程度减少赔偿额,而那样当然是不合适的。⑪

第4节 决定损害赔偿范围的因果关系

一、应赔偿损害的界定

假设因Y的过失X负了轻伤。可以考虑X为了处理伤口去医院而未能赶上预定的列车乘上了下一趟列车,运气不好X乘坐的列车遭遇事故致使X死亡的情况。或者也可以考虑X因没能赶上预定的列车耽误了时间,从而错过了重大的交易的情况。在这种场合下,如果没有Y的过失行为,X的死亡和交易上的损失是不会发生

⑪ 森岛昭夫:《侵权行为法讲义》,有斐阁1987年版,第302页。关于各种学说,各专著均有概括性阐述,有些地方不尽相同,本书对各种问题的介绍均遵师说,即依森岛教授的归纳评述或者依据森岛教授认为评述妥当的著述。

的，因此，可以说 Y 的行为与 X 的损害之间是存在事实性因果关系（“无彼，即无此”的关系）的。但是，能不能说 Y 连 X 的死亡和交易上的损失都必须负担损害赔偿责任呢？并且，因 X 的死亡 X 担任董事长的公司的经营未能顺利进行而破产的情况也可能发生，最初的交易的失败也可能影响到今后的资金积累损失接踵而来。这样，因某事实发生的波纹会无限地扩大下去，如果对与某加害行为之间的事实性因果关系得到认定的所有的损害均由加害人负担赔偿责任，那么加害人就有被迫负担无限责任的危险。因此，除德国那样的特别的立法例（完全赔偿主义）之外，一般认为与加害行为有事实性因果关系的损害中，只对某种范围内的损害负担赔偿责任是公平的（限制赔偿主义）。在德国法中学说也通过相当因果关系论努力使责任不要无限地扩大下去。

但是，因一个加害行为现实地会发生各种各样的损害，因此，即使限制赔偿责任范围，具体地应该让加害人赔偿何种范围的损害的问题，反面地，也会出现使加害人负担受害人不能得到赔偿的损害的情况，构成关系到受害人与加害人之间的损失分担的政策性价值判断。这样，是采用应该尽量宽泛地填补受害人的损害的见解，还是采用使加害人避免过大的负担的见解，由于采用的见解不同具体的判断就不同，这里探讨的问题是，为使这种判断合理化，能否通过某种概念将作为根据的一般基准加以定型化。

迄今为止的判例、通说试图运用“相当因果关系”的概念划定应该赔偿的损害的范围。即在加害行为与损害之间的“相当因果关系”得到认定的场合，就应该赔偿该损害。但是，在侵权行为制度之下，首先，在该损害与加害行为之间必须存在（事实上的）因果关系，在认定（事实上的）因果关系的存在的基础之上，再进一步地探讨“相当因果关系”是否存在，并划定责任界限。这种做法在概念上有些混乱。并且，在迄今为止的判例中，既存在着在构成有无事实性因果关系的问题时使用相当因果关系这一术语的例子；反之，也存在实际上是在相当因果关系（限制责任）的意义上使用因果关系这一术语等情况,相当因果关系的概念被在多种意义上使用从而产生了混乱。

这样,出现了为避免因果关系这一术语的多义使用而产生混乱,认为对应该赔偿的损害的范围使用"保护范围"这一其他的术语,应该明确地意识到这一问题不是因果关系存否的问题,而是要划定责任界限的政策性价值判断的问题的见解。并且,有不少学者使用"保护范围"这一术语。此外,还有的学者将侵权行为中的因果关系分为事实性因果关系和法律上的因果关系,使用"法律上的因果关系"这一术语论述应该赔偿的损害的范围问题。

有学者认为,论述应该赔偿的损害的范围的问题,使用相当因果关系或法律上的因果关系的概念,还是使用保护范围的概念,某种程度上可以说是语言问题。总之,只要是能够表示在无限延续下去的事实性因果关系上的连锁中,限于某种范围的损害使加害人负担赔偿责任的法律性评价、判断即可。因此,相当因果关系这一术语,如果作为将有因果关系的损害限制在相当范围内予以赔偿的意义上使用,也不能认为是完全不适当的术语。不过,正如批判说指出的那样,迄今为止,相当因果关系的概念一直也被在应该赔偿的损害的范围的意义之外混乱地加以使用,所以为了避免更加混乱还是使用别的术语为好。在这一点上,通过使用新的"保护范围"这一术语可以避免无谓的混乱。但是,保护范围一词只是一个新的术语不为人们所熟悉,单纯的保护范围这一术语到底指的是什么问题也有不清楚的地方。索性直截了当地使用表示问题实质的"应该赔偿的损害的范围"一词。⑫

二、通说——相当因果关系说

民法对债务不履行以第416条规定了应该赔偿的损害的范围,但对侵权行为发生的损害未作那样的规定。不过民法起草者也并非认为应该无限制地赔偿损害,只是侵权行为与债务不履行不同,存在各种各样的样态,什么是通常的损害并不明确,并且加害人事前预见

⑫ 森岛昭夫:《侵权行为法讲义》,有斐阁1987年版,第307页以下。

特别损害也是困难的，所以对责任界限的划定，未设置第416条那样的特别基准而是委任给法官的判断，个案性地划定损害赔偿的范围。

初期的学说[13]解释为，从关于侵权行为责任未设置债务不履行中的《民法》第416条那样的规定来看，关于侵权行为的损害的范围未作特别限定。但是，不久出现了认为没有在债务不履行与侵权行为之间设置理论上差别的理由，对侵权行为的损害也应该类推适用《民法》第416条的主张。其中，鸠山博士主张，因为关于侵权行为没有第416条那样的规定，所以只有依据理论来规定应该赔偿的损害的范围，赔偿责任的范围依据学习德国民法的相当因果关系加以规定是正当的。之后又指出日本《民法》第416条是规定上述相当因果关系的条文，因此，划定侵权行为中的损害赔偿范围的基准与第416条相同。

鸠山博士不仅认为应该类推适用《民法》第416条，而且作为规定损害赔偿范围的基准采用相当因果关系说，在此基础上，主张因为第416条的内容与相当因果关系说是同一的，所以侵权行为中也应该适用与第416条同一的判断基准。那之后的学说继承了这种观点，认为对于侵权行为的损害也应该以第416条为基准判断应赔偿的范围。

民法公布之初，判例曾否定对侵权行为损害适用《民法》第416条，不论是通常可能发生的损害还是因特别的情况所发生损害，加害人对与其行为有因果关系的损害都要负赔偿义务。但是，与这种学说上的展开相适应，判例也开始利用《民法》第416条划定侵权行为损害的界限了。1926年5月22日的大审院民刑事联合部判决（载《大审院民事判例集》第5卷第386页）变更了判例，判示道："《民法》第416条的规定不过是明确了处于共同生活关系中的人的行为与其结果之间存在的相当因果关系的范围的条文，并非仅限于债务不履行的场合，在决定基于侵权行为的损害赔偿的范围时也应类推同条的规定以决定其因果律。"该判决被称为富喜丸事件判决，事实

⑬　关于民法制定初期的学说，各侵权行为法专著中均有论述，这里遵森岛昭夫教授的总结，见森岛昭夫：《侵权行为法讲义》，有斐阁1987年版，第308页以下。

概要如下。

X所有的船只富喜丸与Y所有的船只,因Y船长的过失相撞富喜丸沉没,因此,X向Y提起了损害赔偿请求。原审法院除富喜丸的船价之外,认定了如果富喜丸未沉没将会得到的租船佣金。对此,大审院认为,船价的赔偿中也包含了通常由船的使用收益的可得利益,因此,没有在船的价格之上再附加租船佣金赔偿的必要。并且,如果X请求的租船佣金相当于依富喜丸的特殊使用收益的可得利益,存在不应该包含在船的价格之内的“特别情况”,那么该情况必须是事故当事人可能预见的,但是,(原审判决)却没有对这一点的认定,从而认定了Y的上告,撤销原判决退回重审。

以此判决为契机,侵权行为也应该适用第416条的相当因果关系说不仅占据了学说上通说的地位,而且在判例上也成为得到确立的判例法。⑭ 例如,在为看护因交通事故身负重伤生命垂危的母亲,留学途中的女儿紧急回国,然后再次赴外国,受害人方请求损害赔偿的事件中,法院认为,对不得不追加支出的旅费,从受害人的伤害程度、近亲属承担看护的必要性等各种情况来看,近亲属为看护等奔赴受害人之处的情况从一般社会观念上看是相当的,在认定受害人应该偿还近亲属支出了的上述旅费时,相当于本案交通事故通常应该发生的损害,判决命令加害人赔偿了该旅费(最高裁判所1974年4月25日判决,载《最高裁判所民事判例集》第26卷第3号第447页)。

三、对通说的批判

对以《民法》第416条为基准划定应该赔偿的损害的范围的通说、判例,以前就曾有过批判,认为对不存在特定债权关系在当事人之间突发性地发生的侵权行为,以第416条第2款规定的那种以有无当事人的预见可能性为基准的见解是不妥当的。并且还出现了虽然采用相当因果关系说,但认为日本《民法》第416条并不一定是与

⑭ 远藤浩等:《民法(7)》(第4版),有斐阁1997年版,第156页。

德国法中的相当因果关系说具有同一内容的规定，应该仿照德国的相当因果关系说，不论是通常损害还是特别损害，不问当事人的预见可能性问题，对因加害行为“一般地”有可能招致的损害均应赔偿的见解。

平井教授批判道，在下级审判例中，《民法》第 416 条并没有发挥现实地界定损害赔偿范围基准的功能，反对以第 416 条为基准。⑮ 例如，因对方的侵权行为发生对抗不得已提起诉讼的场合，最高裁判所认为一般人如果不依赖律师就无法很好地进行诉讼活动，所以斟酌事件的难易等各种情况将被认为相当范围的律师费用作为与对方的侵权行为处于相当因果关系上的损害，认可了其损害赔偿请求（最高裁判所 1969 年 2 月 27 日判决，载《最高裁判所民事判例集》第 23 卷第 2 号第 441 页）。对此，平井教授批评说，上述判决只不过是被认定为相当的范围内的损害是处于相当因果关系上的损害这样的同义反复，本案中应该以与《民法》第 416 条无关的别的实质性考虑决定应该赔偿的范围。并且指出，在其他的判例中，例如，当判断能否认定殡葬费用和住院费等为应该赔偿的范围时，预见可能性也已经丧失了作为判断基准的功能，相当因果关系概念只是给结论提供了单纯的正当化的理由。

从以上论述来看，平井教授理解为在通过债务人的预见可能性来限制赔偿范围方面，《民法》第 416 条仍然发挥着功能，关于第 416 条第 2 款，无疑在规定上也是以当事人的预见可能性为基准的。但是，关于该条第 1 款只构成损害是否是“通常应该发生”的问题，当事人的预见可能性并未构成要件。森岛教授认为，的确，当判断是否为“通常损害”时，该损害对一般人来说是不是预见可能的也可以构成判断要素，但预见可能性并非全部。在判断某损害是否为“通常”时，也要考虑到对通常人来说是否可以认为是意外程度的例外的损害，或者偶发性的损害等要素（与预见可能性无直接关联）。因此，

---

⑮ 此处及下述四中所述平井教授的见解，主要发表在平井宜雄：“侵权行为中损害赔偿的范围”，载有泉亨主编：《现代损害赔偿法讲座》，日本评论社 1974 年版，第 97 页以下；平井宜雄：《损害赔偿法的理论》，东京大学出版会 1971 年版，第 90 页以下。

在这个意义上,平井教授认为预见可能性的基准已经不起作用,第416条已丧失了作为划定基准的功能是不适当的。但是,这个问题另说,在判断某损害是否相当于“通常应该发生的损害”的场合下,实质上,对照具体事件,首先进行的是要加害人赔偿的系争损害是否妥当这一价值判断。并且,对是否相当于《民法》第416条对所谓“通常”损害所作说明,只是为使结论正当化的解释。在这种意义上说,平井教授认为第416条丧失了赔偿范围划定功能的批判是符合实际的。

但是,反过来看,就排斥以《民法》第416条为基准,提倡其他判断基准的各种学说来看,最终在具体的事件之下,也都不过是以是否应该赔偿某损害这样的具体性判断先行,试图提示能够更有说服力地说明该判断的概念而已。这是因为,应该赔偿何种范围的损害这一实质性判断自身并不是由那些概念引导出来的,而是适应各个时代的经济关系、生活水准等而不断变化的。

从对上述关于应该赔偿的损害的范围的各种概念的功能所作考察,可以看到,以审判实务为中心,相当因果关系说 =《民法》第416条适用说依然是很稳固的见解。存在这种情况并不难理解,这是因为,在日本的审判实务中,始终存在着一种尽可能地以实定法上的规定为依据使结论正当化的倾向,而适用第416条正是符合这种倾向的。另外,虽然以相当因果关系说为前提,论述赔偿某损害是“相当”的,实质上不过是同义反复,但这样就能够将社会上公平妥当的结论,放在拥有《民法》第416条这一实定法上的根据的相当因果关系的判断框架内加以说明。既然是这样,可以说相当因果关系这一概念,且不论其作为划定应该赔偿的损害范围的基准的功能如何,作为说明或者为说服人的工具尚未丧失其有用性。[16]

四、义务射程说

如上所述,关于侵权行为中的“应该赔偿的损害的范围”,通说、

---

⑯ 森岛昭夫:《侵权行为法讲义》,有斐阁1987年版,第313页以下。

判例采用应该类推适用《民法》第 416 条的见解，即所谓相当因果关系说。但是，学者们对将《民法》第 416 条适用于侵权行为责任的见解进行的批判是相当强烈的。其主要理由是，当依据第 416 条划定应该赔偿的损害的范围时，以当事人对损害的预见可能性的有无为基准的做法，如果是对在事前缔结了契约的场合以当事人的预见可能性作为问题进行探讨的情况另当别论，在被卷入突然事故的侵权行为的场合，以当事人，特别是以债务人有无预见可能性为基准决定损害赔偿的范围，这种做法在逻辑上是不正常的。

这样，认为不应适用《民法》第 416 条的学说提出了新的划定损害赔偿范围的基准。代表新的见解的平井教授所提倡的法律构成如下。

平井教授将决定损害赔偿的范围作为使加害人在何种程度上负担所发生损害的政策性价值判断，在表示应该赔偿的损害的范围时，避免使用因果关系这一术语而使用“保护范围”的术语。并且，认为当界定保护范围时，必须认识到“现代社会生活中交通工具、企业设备、工作物等的发展及巨大化与人口的集中，显著地提高了损害发生的危险性和扩大化的可能性，其结果，使得既要将损害赔偿的范围限制在确切妥当的范围内，其反面又要通过危险分散的法律技术谋求损害填补可能性的切实化和广泛化成为现代损害赔偿法的课题”，在这种认识的基础上，认为应该将责任原因和赔偿范围结合起来考虑。

作为责任原因，分为两种类型，即以（1）“故意”为中心的“意思”性侵权行为，（2）“过失”侵权行为。首先，关于“意思”性侵权行为，判断应该给予制裁的程度极高，因此，不仅对意图的结果，而且与“意思”性行为处于事实性因果关系上的所有损害，原则上均应包含在“保护范围”之内（换言之，是应该予以赔偿的）。不过，与被告意图的结果有显着矛盾的结果得到实现的场合，基于该结果的损害处于保护范围之外。

与此相对，对“过失”侵权行为，保护范围的界定，应该依据在过失判断之际予以考虑时同样的要素加以决定。予以考虑的第一的要素是被侵害利益的重大性。即被侵害利益越重大，保护范围就应该越扩大。第二,使损害发生的行为的危险性和社会上的有用性之间的比较衡量也要予以考虑。即比起行为的社会上的有用性来被判断的危险的程度越高,保护范围也相应地扩大。并且,第一要素与第二要素处于相关关系中,被侵害利益大,且危险性大,则保护范围就大。

根据上述见解,界定保护范围时的相关性衡量,是与过失判断时的相关性衡量完全同样的,保护范围的问题由"过失"=损害回避义务加以决定。换言之,要认定某损害应该得到赔偿,就必须是加害人被判断为对该损害负有回避义务的场合。这种通过某损害是否能够被判断为处于回避义务所及射程距离之内来界定保护范围的见解称为"义务射程说"。

对这种学说,也有学者持反对意见,认为如果采用通过义务射程说划定应赔偿损害范围的见解,就要追究对某损害加害人是否有注意义务,所以,在进行"过失"=违反损害回避义务的判断的同时也就进行了赔偿范围(保护范围)的判断,论述与过失判断相区别的保护范围就没有任何意义。并且,在许多场合(例如下述存在复数加害人时,判断最初的加害人的赔偿义务的场合)下是不能解决问题的。

五、危险性关联说

假如在因 A 的过失使 B 受了轻伤在去医院的途中又被 C 的机动车撞死了这样的场合下,存在着从 A 的加害行为产生出各种各样结果的可能性,对其中作为界定 A 的应赔偿损害的范围的基准,存在着认为应该使用危险性关联这一术语的见解。这种观点的主要倡导者,是石田穰教授。[17]

危险性关联说首先区别"第一次损害"与"后续损害"。实施了某侵权行为,从该行为产生出第一次损害(上例中是负伤),接着,以第一次损害为起点发生后续损害(因 C 的冲撞死亡)。对第一次损

⑰ 此处以及下述各项中石田教授的见解,主要发表在石田穰:《损害赔偿法的再构成》,东京大学出版会 1977 年版,第 48 页以下。

害,依据对于该损害加害人有无故意、过失可以决定应该赔偿与否。在这种意义上,第一次损害的问题不是应该赔偿的损害的范围的问题,而是侵权行为成立要件的问题。与此相对,何种后续损害能够构成损害赔偿的对象的问题,是已经成立的侵权行为责任涉及的范围的问题,所以不能依故意、过失加以限定,必须依据其他基准来界定。并且,承担这种后续损害的界定,即划定损害赔偿的范围作用的是"危险性关联"这一概念。

依据石田说,在作为第一次损害的危险性的现实化发生的后续损害中,也包含着由第一次损害偶然地发生的损害,而连这种偶然性的损害也纳入损害赔偿的范围是不妥当的。因此,有必要从与第一次损害所具有危险性之间的关系来看,何种后续损害应该得到赔偿,这样一种视点来考察问题。这里所说第一次损害在与何种后续损害之间的关系中具有危险性的评价关系,就是危险性关联的问题。

在判断第一次损害与后续损害之间有无危险性关联时,有两种场合是重要的。

首先,第一次损害与后续损害的结合是偶然的场合。在那种场合下第一次损害与后续损害之间没有危险性关联。并且,这种两者的偶然结合有三种场合。(1)自然现象或社会现象介入到第一次损害与后续损害之间的场合。例如,负伤者住院时遭遇雷击,或者是罹患感冒之类疾病的场合。(2)第三者介入的场合。例如,负伤者住院期间因第三者放火被烧死的场合。(3)其他偶然的场合。例如,财产毁损之际依受害人的异常的才能应该发生巨大的转卖利益这样的场合。这些是第一次损害与后续损害的结合可以评价为偶然的场合,在这些场合下不能说两者之间存在危险性关联,因此,后续损害不得纳入应该赔偿的范围。

其次,作为危险性关联不予承认的第二种场合,有受害人的危险行为参与了后续损害发生的场合。例如,因事故失去了一只脚的受害人滑冰时摔倒死亡的场合,那种受害人的行为危险性大的场合,负伤与死亡之间的危险性关联被否定。

第一次损害与后续损害之间的危险性关联,除上述只有偶然性结合的场合和受害人自身的危险行为介入的场合之外,一般地不妨碍予以肯定。并且,即使在上述例外的场合,例如因负伤抵抗力下降而罹患感冒的场合,加害人有了解受害人的异常才能和特异体质可能性的场合,危险性关联仍然可以得到肯定。

进一步地,石田教授认为,通过危险性关联说可以说明《民法》第416条的内容,从而把第416条解释为规定危险性关联的条文,认可将该条导入侵权行为法。即第416条第1款所谓"通常损害",不是以关于某情况下行为人的认识为问题,而是意味着第一次损害与后续损害之间的危险性关联得到认定的场合下的后续损害;同条第2款的所谓"特别损害",意味着前面所涉及受害人的特异体质那样的,行为人对于某种情况有认识可能性时,危险性关联才能得到认定的场合的后续损害。

前田达明教授同意危险性关联说[⑱],但不赞成是将《民法》第416条类推适用于侵权行为法,认为在将第416条导入侵权行为法见解的背后,实际上是认为在对某事件,作为债务不履行请求赔偿的场合与作为侵权行为请求赔偿的场合,应该赔偿的损害的范围不同是不正常的这样一种利益衡量在发挥作用,因而赞成的是认为应该同样处理债务不履行与侵权行为中的应该赔偿的范围这一《民法》第416条导入说的实质性结论本身。但是,作为形式上的条文解释,可以了解到,在侵权行为中,立法者是不承认存在通常损害与特别损害的区别的,并且不是以预见可能性的基准界定赔偿范围,而是认为关于应该赔偿的损害的范围,应该委任给明智的法官的裁量,所以未作第416条那样的特别规定。因此,对照立法者的这一意图,主张不必要特意地对侵权行为类推适用《民法》第416条,而可以直截了当地以危险性关联的判断基准决定赔偿范围。这样,对于加害行为与

---

⑱ 前田达明:《民法Ⅵ2 侵权行为法》,青林书院新社1980年版,第299页以下。

应该予以赔偿的损害之间的关系就可以用下图[19]来表示：

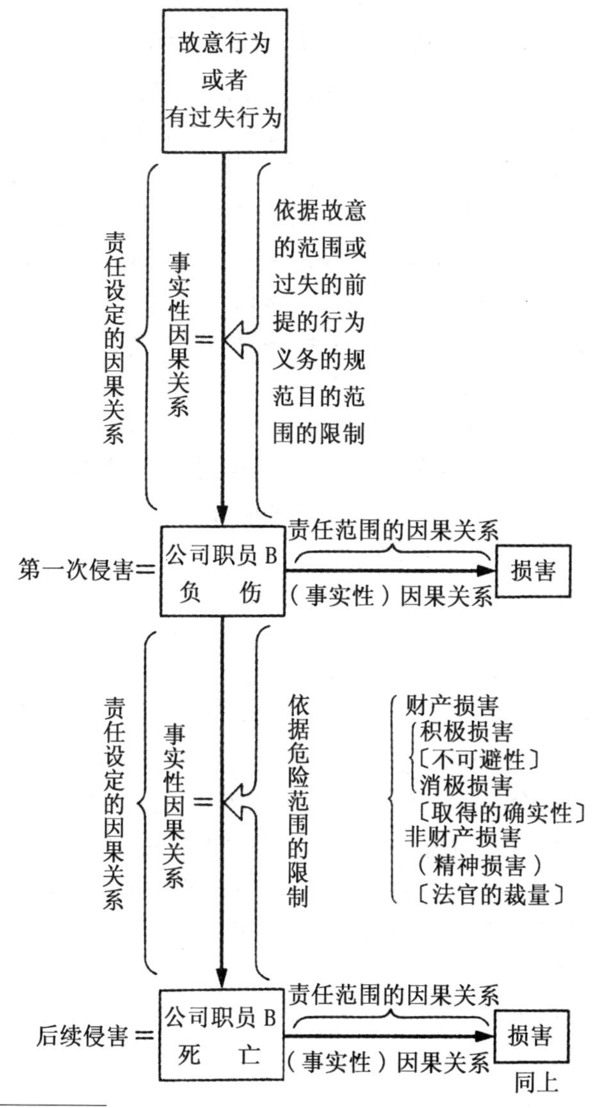

⑲　远藤浩等：《民法(7)》(第 4 版)，有斐阁 1997 年版，第 157 页。

对于上述见解,存在着不同看法,首先,一种批判意见认为,第一次损害与后续损害是连续的,其区别不过是程度之差的场合为多,不可能将第一次损害作为故意、过失的问题,即侵权行为成立要件的问题,而将后续损害作为以危险性关联为基准决定赔偿范围的问题,那样简单地对两者作严格区别。的确,在交通事故等场合下,最初首先发生可以极单纯明快地称为"直接性"(第一次性)的损害,接着,以该损害的存在为原因之一发生后续的"间接性"损害(后续损害)的情况为多,但就侵权行为的一般情况来看,并非仅限于那种样态。还存在着最初发生的损害本身,就是从被认定为加害人的行为人开始,经过非直线性的复杂的事实性因果关系的连锁才发生的场合,因此,当把这种场合也纳入视野进行考察时,就会对"第一次损害"或直接损害与"后续损害"或间接损害这种区分在实用法学上的有用性产生疑问。例如,公害、药害那样长期的,不仅因加害人的行为,而且各种各样的要素结合在一起而发生了某损害的场合,就不一定能够严格地区分第一次损害与后续损害。

其次,对"危险性关联"一词作为划定应该赔偿的损害的范围的基准,到底是否有效存在的疑问。有学说运用德国的危险范围说指出,在因行为人给受害人造成的第一次损害,将受害人被违反本意地卷入了危险领域之中,从而使得由该行为设置的危险实现了的场合,换言之,后续损害能够评价为"得到实现的由第一次损害特别设置的危险"的损害的场合,该损害就成为应赔偿损害。但是,石田教授认为,本来,是不是"由第一次损害特别设置的危险的实现",最终只能由第一次损害所具有危险性与后续损害之间的评价关系,即危险性关联来决定。因此,即使根据上述基准,使用危险性关联的基准也是妥当的。[20]

森岛教授认为,某后续损害能否评价为"由第一次损害特别设置的危险的实现"的问题,与能否评价为"第一次损害与后续损害之

---

[20] 石田穰:《损害赔偿法的再构成》,东京大学出版会1977年版,第55页以下。

间有危险性关联”的问题，两种说法只是表现或使用的概念不同，完全是同一个层次上的问题。某损害是否应该赔偿，不是以上述某一个概念为基准就能决定的。倒不如说，任何一个词都不过是通过有无“特别设置的危险的实现”或“危险性关联”，发挥使某损害应该赔偿（或者不应该赔偿）这一已经得出的结论合理化的功能。换言之，通过其自身高度评价性的“危险”“实现”“关联”这样的术语，并不是就能依一种道理决定某损害是否应予以赔偿的，不如说是作为结论的说明或说服工具来使用的。虽然这些概念的使用并非没有意义，但应该注意以这些概念为线索并不能直接地得出结论。㉑

六、是否存在赔偿范围的决定基准

以上，作为界定应赔偿损害的范围的基准，介绍了相当因果关系说、义务射程说、危险性关联说，并对各自存在的问题和疑问作了探讨。森岛教授指出，应该注意的是，各说作为主要对象的事实类型是不同的。首先，在义务射程说中，从某加害行为使同一个受害人可能一个接一个地产生的个别具体的损失应该赔偿到哪里的问题，被作为损害的金钱评价问题，从而脱离了赔偿范围的问题。这一点应该注意。因此，在此说中，设想了与加害行为直接指向的主体不同的主体发生损害的事例（姑且称之为异主体问题）。这里是以加害人实施了某加害行为时，对加害人来说意外地使 A 发生了损害的场合；对 B 实施加害行为的结果，不仅 B，而且 A 也发生了损害的场合等加害人对 A 的赔偿义务为问题的。后面的例子是所谓间接受害人问题的例子。对于这种事例，义务射程说在主张依据能否认定加害人对损失发生的主体负有注意义务，来决定加害人对该损害的赔偿义务这一点上是正确的。

与此相对，危险性关联说探讨的主要对象，是某加害行为的结果，对同一的受害一个接一个发生的个别具体的损害应该赔偿到哪

㉑　森岛昭夫：《侵权行为法讲义》，有斐阁 1987 年版，第 322 页。

里的问题(称之为同一主体的问题)。再有,相当因果关系说不区别异主体的问题和同一主体的问题以同样的见解(相当性)加以处理,这被认为是其他学说批评相当因果关系说引起混乱的原因。

森岛教授通过以上论述,对各学说作出了如下的简单评价。

首先,义务射程说,正如已经在第1节三、第2节四、第4节四论述过的,该说理论框架的整理是很出色的,但是,由于过分狭窄地把握损失概念与赔偿范围=保护范围的问题,使保护范围的问题完全被过失=注意义务违反的问题所置换了。好像除讨论加害人过失的有无之外,没有必要以保护范围为问题,因为加害人对结果的赔偿义务的有无已经由过失的有无决定了。并且,在此说中,迄今为止的学说作为赔偿范围问题论述的对象,几乎都被作为损害的金钱评价问题排除了。其结果,使得单独探讨赔偿范围或保护范围问题失去了法律技术上的意义。

其次,危险性关联说,作为说服工具另作别论,危险性关联的概念自身好像并不能构成决定赔偿范围的基准。相当因果关系说中也是同样,赔偿某损害是"相当"的,相当于"通常损害"之类的论述,只是说明了结论,而并非由这些术语导出了结论。

但是,如果反过来考虑,本来就是使用任何概念也不可能从那里直接导出是否应该赔偿某损害的结论。因为在可能无限继续下去的负面变化之中某一个别损害是否让加害人赔偿的问题,是与政策性判断相关的问题,是受当事人的地位、受到加害的社会关系的种类、损害的种类、社会的意识等影响而其判断发生变化的对象。因此,向抽象的概念寻求决定赔偿范围的基准,是徒劳的,根本就不可能从那里得出任何结论来,而只能综合上述那样的各种要素,从所谓"公平"的观念导出结论来。这样,如果想要发现某些决定基准,就只有从过去积累的判例的具体判断中分析用以决定各自判断的要素,并将其类型化。但那种作业说来容易做起来是极其困难的。[22]

---

[22] 森岛昭夫:《侵权行为法讲义》,有斐阁1987年版,第322页以下。

第3编　特殊侵权行为

日本学说上将基于《民法》第709条的侵权行为称为一般侵权行为，而将在特别要件下成立的侵权行为称为特殊侵权行为。特殊侵权行为又依法律根据不同而分为依据民法的特殊侵权行为和依据特别法的特殊侵权行为。

一、依据民法的特殊规定成立的特殊侵权行为

依据民法规定的特别要件成立的侵权行为，有民法规定的无责任能力人的监督义务人责任（第714条），使用人责任（第715条），工作物所有人、占有人责任（第717条），动物占有人、保管者责任（第718条）。这些责任并非直接地基于自己的加害行为，而是对他人的加害行为或对由物导致的加害的责任，所以称从属责任。另外，不以直接对加害自身发生的故意、过失为要件，所以可以说是一种无过失责任。但是，除工作物所有人责任（第717条第1款但书）以外，关于其他方面的侵权行为，过失仍然构成归责的要件，不过，也可以看到这里转换了证明责任，所以也可以称为处于无过失责任与过失责任之间的中间责任。在这些方面，与以自己责任、过失责任为原则的一般侵权行为不同。共同侵权行为（第719条），在认定共同行为人各人对损害的全额负连带责任这一点上，与以分割责任为原则的一般

侵权行为不同。并且,通说认为,关于存在复数参与者的侵权行为的成立,在当各行为人之间有共同关系时,不必要证明各人的个别的行为与损害之间存在因果关系这一点上,具有与一般侵权行为不同的特殊性。这些都是从受害人保护的角度出发加重了该侵权行为责任的规定。

不过,各项被作为特殊侵权行为的规定,如果从其与各自但书的关系来看,仍然可以理解为责任根据是置于自己过失之上的,而且,在对第715条的理解中也有承认企业责任的见解,所以对其与一般侵权行为能否作概念上的区别也存在着疑问。[①]

二、依据特别法成立的特殊侵权行为

1. 为保护某种法益,以特别法规定与一般侵权行为的成立要件不同的要件的场合很多。国家赔偿法对国家或者公共团体,明确规定了公务员的加害行为〔合众国军队成员等的加害行为也同样(《民事特别法》第1条)〕或者对由公共营造物的加害的赔偿责任。当加害发生时,不仅不以对发生加害本身的直接的故意、过失为要件,而且也不以其他方面的过失为要件(无免责事由),在这一点上是特殊的。

2. 对违反法律禁止的行为,或者由特别的权利侵害发生损害的场合,为加重该赔偿责任,有时也规定特殊的要件。因违反垄断禁止法的行为的赔偿责任是无过失责任(《垄断禁止法》第25条)。对工业所有权(专利权、实用新型权、外观设计权、商标权)侵害的场合,规定了对侵害者过失的推定(《专利法》第103条、《实用新型法》第30条、《外观设计法》第40条、《商标法》第39条)。

3. 产业、技术的发展制造出新的危险,为保护这些危险的受害人,个别地规定对应这种危险的赔偿责任成立要件的场合很多。在现行法中作为对企业外部(一般社会的人们)的责任,对矿害(《矿业

---

① 远藤浩等:《民法(7)》(第4版),有斐阁1997年版,第158页以下。

法》第 109 条)、煤炭矿害(《煤炭矿害赔偿法》)、原子能赔偿(《原子能赔偿法》)、工厂公害(《大气污染防止法》第 250 条以下,《水质污浊防止法》第 19 条以下)规定了无过失责任,对机动车造成的人身事故,加重应该举证的无过失的内容,转换该举证责任实行事实上的无过失责任(《机动车损害赔偿保障法》第 3 条)。对企业内部(劳动者及其他企业从业人员)的责任,作为劳动灾害采用无过失责任(《劳动基准法》第 75 ~ 88 条、《船员法》第 89 条、《矿业法》第 116 条、《劳动者灾害补偿保险法》、《国家公务员灾害补偿保险法》)。

再有,关于因制造物的缺陷造成的人身伤害,制定了采用无过失责任的特别法——制造物责任法。

4. 失火者的责任在依据"关于失火责任的法律"(《失火责任法》),只有重过失的场合责任得到认定这一点上,与不区别重过失、轻过失的一般侵权行为不同。

上述例举的各种特殊侵权行为中,关于无责任能力人的监督义务人的责任,已在第 2 编第 3 章第 2 节中作过探讨,对工业所有权和劳动法、劳动灾害保险法等问题,在日本一般也都作为专门领域进行论述。因此,以下仅就日本民法学界通常主要探讨的特殊侵权行为样态,分章介绍其学说、判例的现状及其发展。

日本侵权行为法的构成虽然学说上有许多分类方法,但通说仍然依据民法规定和特别法的体系进行解释,本书亦遵从日本学界的做法。

第 8 章　使用人责任

第 1 节　意义——使用人责任是否代位责任

一、使用人责任的根据

依据日本《民法》第 715 条的规定,所谓使用人责任,就是指被他人使用者(被用人),就执行该使用人的事业,违法地给他人造成损害时,由使用人或代替他的代理监督者负担赔偿责任。不过,这时就选任、监督尽了相当的注意时,或者即使尽了相当的注意损害仍然会发生时,得以免责(同条第 1 款但书)。这种责任,对使用人虽然不以其对各个加害行为自身有故意、过失为要件,但以其对选任、监督有过失为要件,并转换了该过失的举证责任,所以可以称为中间责任。不过,使用人的免责几乎得不到认可,实际上接近无过失责任。

关于对被用人的加害行为产生的损害,使用人为什么必须负担责任的问题,可以看到学说上的变迁。

民法起草者考虑的使用人责任,不是对他人的侵权行为的责任,而是使用人自身懈怠了对被用人的选任监督的过失责任,初期的学说也解释为第 715 条第 1 款但书有关于使用人对于被用人的选任监督已尽相当的注意时得以免责的规定,所以是使用人的过失责任。

但是,20 年代中期,鸠山教授批判上述过失责任说,我妻荣博士继承了这种见解,从而学说开始探究与使用人的过失不同的别的使用人责任的根据。我妻荣博士认为"可以说民法中的使用人责任也带有个人主义责任论的色彩,但与一般的侵权行为在两点上不同。第一个是其过失是对被用人的选任监督的,而不是对各个加害行为的;第二个是其举证责任存在于使用人",主张虽然使用人责任与通常的过失责任不同,是加重了的过失责任,但却是尚未达到无过失责任的中间责任。这就是今天的通说。关于这种加重责任的根据,通说认为,通过使用他人扩张自己的活动范围,增加了获取利益的可能性,那么,也应该负担伴随着获取利益的可能性发生的损害,这是报偿责任的原理所要求的。与此相对,还有危险责任说,或者认为没有必要要求统一根据的学说。最近,将使用人责任理解为代位责任的上述见解,与报偿责任一起以危险责任为依据的学说逐渐成为今天学说的主流。①

二、被用人的有责性

使用人是对被用人的加害行为负责任的,那么是否被用人必须具有故意、过失和责任能力,《民法》第 715 条并未明确地加以规定,只规定了"被用人就其事业的执行给第三者造成了损害"。因此,将使用人责任作为使用人的过失责任(自己责任)把握的见解认为,即使被用人无过失等,使用人也要对自己的过失负责任所以并不违反民法的过失责任原则。但是,似乎是受旧民法的母法法国法的影响,在法典调查会的审议中,要求被用人有过失是被作为当然的前提的。在那之后,采用过失责任说的大多数见解仍然把被用人的故意过失等有责性作为使用人责任的要件。其理由是,第 715 条第 3 款规定使用人的追偿权就是以被用人的有责为前提的。

在采用向报偿责任和危险责任寻求使用人责任根据的学说的情况下,按说逻辑上并不一定要以被用人的有责性为前提。但是,这些

① 关于学说上的变迁和今天通说的形成,可参照田上富信:〈使用者责任〉,载星野英一编集:《民法讲座(6)》,有斐阁 1985 年版,第 459 页以下等。

学说一般地也以被用人的有责性为要件。例如,我妻荣博士论述到"从企业者的责任来看时应该以无过失责任最为适当",但是,因为本条是对一时性的各个使用关系也能适用的规定,所以,作为本条的要件不一律以加害人的故意过失为必要就会使使用人的责任不当地加重"。今天的通说将使用人责任解释为使用人对被用人的"侵权行为"的代位责任,所以被用人的有责性是作为当然要件考虑的。

三、通说②的问题及对它的修正解释

根据通说,使用人责任以被用人的侵权行为(有责性)为前提,使用人除在被用人的选任监督上不存在过失的场合外,代替被用人负责任。并且,代位负担了被用人的侵权行为责任的使用人,最终可以向侵权行为人的被用人进行追偿。这种结论存在着一些不适当之处。

首先,由于以被用人的侵权行为为前提,所以,受害人除对使用人追究责任外,还可以对被用人个人追究侵权行为责任。并且,由于被用人的过失是以使用人责任为前提的,所以为认定使用人责任就要对被用人追究比一般人的注意义务高的注意义务。但是,在考虑被用人个人责任的场合,基于那种高度注意义务违反来认定过失,对于被用人来说是过于苛刻的。其次,以被用人的侵权行为责任为理由,承认使用人的追偿权,这从通说采用的报偿责任的见解来看,通过被用人的行为获得利益的使用人,对事业活动产生的损失可以向被用人追偿,是不合逻辑的。无论从以上哪种情况来看,让在使用人的指挥监督下,未从使用人的事业活动得到独自利益的被用人负担损失都是不公平的。还有,作为逻辑上的问题,存在着以报偿责任和

② 本节所介绍的通说的见解,均出自加藤一郎:《侵权行为》(有斐阁 1974 年版),几代通、德本伸一:《侵权行为法》(有斐阁 1993 年版),远藤浩等:《民法(7)》(有斐阁 1997 年版),前田达明:《民法Ⅵ2 侵权行为法》(青林书院 1980 年版),森岛昭夫:《侵权行为法讲义》(有斐阁 1987 年版)等日本具代表性的侵权行为法专著中有关使用人责任的部分。为避免繁琐,以下不一一加注。

危险责任为使用人责任的根据时,为什么仅以第 1 款但书就可以认定使用人的免责等问题。最后,依据通说时,对受害人也会产生不适当的结果。即受害人为了追究使用人责任必须证明特定的加害被用人的过失,但是,对于受害人来说,要对在企业内部哪个被用人存在着何种过失作证明是困难的,所以,只要以对个别的被用人的具体过失的证明为要件,受害人的救济就会是困难的,如果这样,反倒会产生与把使用人责任理解为加重了责任的中间责任的通说的立场相反的结果。

对于上述问题,通说自身也一直在努力加以克服。首先,关于被用人对受害人的侵权行为责任,前田达明教授主张作为《民法》第 715 条的特别法的《国家赔偿法》第 1 条的解释而形成的公务员个人对受害人不负直接责任的判例法,也应该在对第 715 条的解释上予以参考,被用人的行为埋没在企业活动中时被用人对受害人不负直接责任,在未埋没时(被用人有故意重过失时)应该负直接责任。其次,关于使用人的追偿权问题,有主张解释为以危险的企业获取利益的使用人的追偿权行使相当于权利滥用的见解,我妻荣博士提出了考虑工资低廉,劳动强度过大,企业设施的不完善和纪律的混乱构成加害行为的原因等各种情况,适用过失相抵的解释方法。还有,加藤教授阐述了在使用人与被用人的责任被认定构成共同侵权行为时,以共同侵权行为人的负担部分的限度,使用人、被用人可以相互行使追偿权的解释。并且,作为立法论,认为只有在被用人有故意或重过失时才认可追偿权的《国家赔偿法》第 1 条第 2 款的规定是妥当的。最后,关于受害人证明被用人的过失困难的问题,几代通教授认为,该行为属于社会危险性大的类型时,过失就比较容易得到认定,作为直接行为人的被用人的过失之有无也应该以这种观点加以判断,试图使被用人的过失容易得到认定。

但是,尽管通说作了以上一些修正性解释,但并不是在寻求被指出的问题的全面解决。被用人仍然要独自地对受害人负担侵权行为责任,并且未对使用人的追偿权加以全面的限制。证明被用人的过失时的困难问题亦未得到解决。这样在解释论上就出现了全面否定关于使用人责任的通说的新见解。

四、新学说的展开

以从根本上解决通说存在的问题为目的展开的学说分为两个方向。其一,是作为《民法》第715条的解释论,认为不要被用人的有责性要件的见解。其二,是对某种事业活动产生的损害,不适用《民法》第715条,而认定企业自身的《民法》第709条责任的见解。

主张不需要被用人的有责性的学说(简称被用人有责不要说),一方面批判通说,认为以被用人的有责性为使用人责任的要件会发生各种各样的问题;但另一方面,又认为将使用人自身的过失理解为使用人责任的根据(自己责任),依据不问被用人的有责性的德国民法式的见解进行解释时,反倒会在围绕着使用人在选任监督上有无过失的问题产生不必要的争端,所以,也不能采用自己责任说。这样,在与通说同样,把使用人责任的法律性质理解为基于报偿责任和危险责任的代位责任的基础上,与通说不同地,不以被用人的主观性归责事由(有责性)为要件。即认为在对自己行为的责任中,以行为人的故意过失为要件是有充分理由的,但在使用人责任那样的对他人行为的责任中,因其责任自身被客观化,所以,以行为人的故意过失为问题的做法,是与对他人的行为认定责任的根本宗旨相违背的。但是,《民法》第715条不仅适用于企业的使用关系,而且适用于家务事使用和一时性使用等凡是实质上具有指挥监督关系的所有场合。这样一来,如果认为有责性不要说应该适用于所有的使用关系,就会成为无限度的受害人保护论,从而产生对使用人过于苛刻的结果的问题。为防止这种情况,有学说提倡应该按照类型来考虑要还是不要有责性的问题。[③] 依据这种见解,首先把使用人责任的适用

③ 田上富信:"使用者责任",载星野英一编集:《民法讲座(6)》,有斐阁1985年版,第502页以下。

领域加以类型化，分为(1)非营利事业，(2)营利事业，(3)危险事业(无论营利、非营利)这样三种。然后，被用人的责任能力并非均作为各种类型的要件，另外，被用人的故意、过失，在(1)的场合下作为要件，但在(2)(3)的场合下应该取消该要件。上述类型中，使用人免责可能性最高的是(1)那种类型。因为在这种类型中，成功地证明了被用人存在或者不存在故意、过失时，使用人均得以免责，而且在被用人有故意、过失时可以依据第 715 条但书进一步认定使用人的免责。虽然为什么可以从非营利事业(其典型是家务事使用和公益事业)引导出这种二重免责，理论上并非明确，但在明显地缓和了使用人的责任这一点上，与主要考虑企业责任的(2)(3)两种类型是不同的，也可以评价为在这种类型中，恢复了过失责任说。另外，关于追偿权，使用人能够证明被用人存在有责事由时，作为基于债务不履行或侵权行为的损害赔偿可以向被用人追偿，但可以追偿的范围，以被用人的有责性和责难可能性的程度为一般基准加以决定，并且，作为修正要素，过失相抵事由和被用人是否处于那种被强制犯过失的劳动条件之下这样一些使用人、被用人之间的压力状态必须予以考虑。还有，被用人虽然依据上述基准在与使用人之间避免了被全面追偿，但与受害人之间只要充足了《民法》第 709 条的要件就要全面地负责任也是有失平衡的，因此，主张被用人的责任范围应该按照有责性与压力状态之间的对比情况加以限制。

主张适用《民法》第 709 条的见解列举出如下一些情况，A. 是不是被用人在为使用人完成给予自己的职务的过程中产生的加害，B. 该被用人担当的职务是否任何人担当(换言之，性质上)均内藏着给第三者造成损害的危险，C. 即使具体的被用人的过失构成加害的契机，但作为损害发生扩大到广泛的范围整个损害额巨额化的原因，由人的、物的各种要素构成的企业组织自身是否构成发生的媒介等，在考虑所有这些各方面情况的基础之上，当可以评价为企业自身的侵权行为的场合，应该不依据基于被用人侵权行为的《民法》第 715

条责任,而依据《民法》第709条使企业直接负担责任。[④] 如果这样处理,的确与适用第715条的场合不同,不会构成被用人个人对受害人的责任和使用人、被用人之间的追偿关系问题。但是,却产生了能否在认定企业的第709条责任的同时,认定被用人的侵权行为责任的问题。如果按照这种学说,在被评价为企业的侵权行为的场合下,当缺乏上述要件时(例如,A要件中,被用人不是为使用人完成给予自己的职务的过程中产生的损害,而是故意加害的场合),即使应该判断为该被用人固有的侵权行为,也因被用人个人的责任为企业责任所吸收而被否定。并且,即使不是从这种情况逻辑上当然地推出的结论,依这种见解在上述场合下企业对被用人的内部追偿权也将被否定。

五、新学说的作用

上述两学说虽然解释方法不同,但在无论被用人的行为是否具备侵权行为的要件均可以认定使用人(企业)的责任,使用人的追偿权并非当然得到认可,这一结论性见解上都纠正了通说的缺点,因此得到好评。由于现代的大企业,通过有机地组织众多的被用人进行活动而获取巨大利益。因此,主张在被用人执行该职务时使他人发生损害的场合下,使由此获取利益的企业负担全部责任的企业责任的意见非常强烈。这样,为解决这一使用人责任的课题,出现了各种各样的见解,除上述主张适用《民法》第715条时不要被用人的有责性要件的见解,主张被用人的加害行为自身应作为企业组织自身的侵权行为来把握,应该依《民法》第709条处理的见解之外,还有不把被用人的加害行为自身作为问题,而将其作为因企业组织的瑕疵的加害来把握,类推适用《民法》第717条的见解;或者把《民法》第717条和第715条对比着加以把握,理解为前者规定了因企业的物

---

④ 神田孝夫:“论企业的侵权行为责任”,载《北大法学论集》第21卷第3期,第61页以下。

的设施的瑕疵责任,后者规定了因企业的人的组织的瑕疵责任,被用人的加害行为是由于企业组织自身的瑕疵的加害,所以依据第 715 条企业就是负担自己责任的见解等。[5]

判例中也同样,为克服在使用人责任中存在的以使损害现实地发生的被用人有责任为前提,并承认对被用人的追偿权,或者承认使用人的免责事由这样一种脱离企业责任的情况,向企业责任靠近,在解释上作出了严格地理解选任、监督上的懈怠,限制追偿权的行使等努力。并且,不仅限于一个企业内部的问题,对事实上存在支配关系的企业(母子公司),还有处于康采恩关系上的企业的被用人的行为,也显示出了要求追究企业责任的倾向,最高裁判所 1967 年 11 月 9 日判决(载《大审院民事判例集》第 21 卷第 9 号第 2336 页)就作出了反映这种倾向的解说。因此,由于法律界的努力,第 715 条第 1 款但书自大正中期(20 世纪 20 年代)以来,从未适用过,学者评价说,该条第 1 款但书已成一纸空文,作为法律规定已经死亡了[6]。

在近年来的修改民法的讨论中,学者明确指出,规定使用人免责可能性的《民法》第 715 条第 1 款但书应当废止。其理由是,日本的本条规定是模仿德国民法草案引进了免责规定的。而德国民法的这个免责规定,发挥了有利于大企业不利于中小微企业的作用,是给实务带来了弊害的制度,这一点有必要留意。第 715 条第 1 款但书在日本已经"死亡"了,这种"空文化"现象作为"通过解释实现的使用人责任的无过失责任化",是一个外国研究者以奇异的目光看待的法现象,对于没有重蹈德国覆辙的日本实务而言,的确是一个贤明的

---

⑤ 远藤浩等:《民法(7)》(第 4 版),有斐阁 1997 年版,第 66 页。

⑥ 这里引用的是森岛昭夫教授授课时的说法。其他学者也有同样的看法,例如加藤一郎教授指出:"承认免责的大审院判例终止于大正 10(1925)年"(见加藤一郎:《侵权行为》,有斐阁 1974 年版,第 186 页注 2);几代通教授也指出:"选任、监督上的无过失,虽然是作为被告的使用人方面经常提出的抗辩,但是,可以说在过去约半个世纪中,承认这种抗辩的判例是没有的,学说也支持判例的这种解释态度。这样一来,实际情况是,民法第 715 条第 1 款但书的免责规定就成为有名无实的规定(几代通、德本伸一:《侵权行为法》,有斐阁 1993 年版,第 209 页)。"

选择。但是,对于废止该规定,日本立法论中,从来就有主张设置免责规定有意义的强烈反对意见。这一点与德国同样。但是,如果使用人责任的根据也像德国那样向使用人的选任监督上的过失寻求根据的话另说,从日本的通说是向报偿责任寻求根据的情况来看,使用他人扩展活动范围者,无论是小规模事业者还是家事使用人,应当对被用人的侵权行为承担责任的考虑方式一般性地得到承认。毋宁说,必须回避漫无边际的受害人保护论,在废止免责规定的同时对被用人的加害行为要求故意或过失。⑦

同时,森岛教授认为,在承认所有的个人的法律主体性(个人责任)的现行法律体系下,即使是被评价为企业自身的侵权行为的场合,仍然同时残留着被用人个人的行为的法律评价的问题。也就是说,即使是被用人作为企业组织的一员实施行为的场合,在该状况下,其未采取一般地处于该立场的个人能够期待的损害回避措施时,作为该被用人个人是应该负《民法》第709条责任的,隐藏在组织背后的,如果不是存在于该组织内就应该负担的责任也被免责是不正常的。但是,要求被用人个人的注意义务与对企业本身所要求的极高度的注意义务不同,依该个人所处职务上的地位、权限、知识等,其内容、程度是不同的。如果这样来考虑,就不是采用对某种事例只适用《民法》第715条,对其他事例只适用《民法》第709条的做法,受害人对同一事件,如果是能够证明存在可以评价为企业自身的侵权行为的情况的场合,就可以追究企业的《民法》第709条责任,同时,如果是能确定特定的被用人,能够证明作为被用人个人的过失的场合,就可以追究被用人个人的责任,并且,也可以以此为前提追究使用人的《民法》第715条责任。如果采用这种作为追究使用人责任的根据,只要充足了各自的要件,《民法》第715条与第709条可以竞合适用的解释,这样就可以避免发生事前确定可以适用《民法》第

⑦ 田上富信:“如何考虑使用人的免责规定?”,载椿寿夫等编:《法律时报增刊·考虑民法改正》,日本评论社2008年9月,第356页以下。

709条的使用关系,当存在那种使用关系的场合只能追究《民法》第709条责任,对此外的使用关系就不得不选择《民法》第715条的事态。

并且,森岛教授还指出,批判通说的各学说都是以对被用人的公平这一观点为中心展开讨论的。但是,必须解决的是受害人保护的重大问题。迄今为止,诉讼和判例为救济从企业外部不可能知道被用人活动的受害人,并不探讨被用人的特定和个别的过失行为的问题,而是去追究企业自身的回避义务违反问题,从而使企业的民法第709条责任得到认定的。因此,学说应该进一步深入探讨企业责任这一关系到使受害人得到切实救济的问题。[⑧]

第2节 使用关系

一、使用关系的成立要件

使用关系的存在是使用人责任成立的前提,依据日本《民法》第715条第1款规定,"为某事业使用他人"构成使用关系的成立要件。

关于事业,这种场合一般考虑的是以营利为目的,继续性的活动,但非营利的、家庭的、一时性的活动也视为这里所谓"事业"。所以,可以看作是与通常所说工作同样的意义广泛的概念。

关于使用他人,这种场合通常多为基于雇佣、委任及其他合同的情况,但事实上,也包括不过是请人做事的场合。比如像使用店员做家务事的场合那样的,在本来的使用关系以外的事情上的使用也是使用他人。不过,使用人责任的中心,在于支配他人的劳动这一点上,所以,使用人和被用人之间必须有实质性的指挥监督关系(服从关系、指挥命令也是同样意义),但是,并不以有偿的关系、选任的关系为必要。

⑧ 森岛昭夫:《侵权行为法讲义》,有斐阁1987年版,第33页以下。

最初,判例在运输公司使用的转运船的船头毁损了其他船只的运输物品的事件中判示道,只要有“因使用人的选任及其指挥监督”这一事实,就存在使用关系(大审院1917年2月27日判决,载《大审院民事判决录》第23辑第212页)。但后来,在铁道院(日本大正时期担当管理国有铁道业务的国家机关)选任、雇佣的铁道口值班员也兼任民营铁道公司的铁道口值班员,发生事故的事件中,当认定与民营铁道公司的使用关系时判示道,并非“以选任关系为必须的要件”,有指挥监督关系即可(大审院1917年4月16日判决,载《大审院刑事判决录》第23辑第321页)。

二、使用关系的具体例

1. 律师、医师、出租汽车司机、船舶租赁人等那样的独立地进行工作的人,原则上应该视为不存在指挥监督,因此,在与依赖者的关系上没有使用关系。但是,也有认为诉讼行为的代理人经常处于本人的指挥监督之下的判例,如下判例。

在被委任办理拍卖手续的律师,又将其复委任给他人,在该拍卖进行时给第三者造成了损害的事件中,判例承认了复委任者与本人之间的使用关系,使本人负担了使用人责任(大审院1923年6月7日判决,载《大审院民事判例集》第2卷第386页)。

2. 父亲雇用的女佣该同居家庭也使用,哥哥临时地使用一下弟弟那样的场合,事实上与被用人之间也存在使用关系。如下判例。

在医师委托父亲雇用的女佣将药瓶交给患者,由于女佣转交错了,患者死亡的事件中,判例认为只要女佣服从医师的意思就存在使用关系,但对具体事件,大审院以不能作出这种认定而驳回了该诉讼(大审院1927年6月15日判决,载《大审院民事判例集》第6卷第403页——石炭酸投药事件)。

对哥哥让弟弟用机动车接自己回家的途中,发生事故的事件,判例以哥哥让驾驶经验不丰富的弟弟驾驶并给予指示的场合,即使是一时性的,也是进行指挥监督,视为使其从事送自己回家去的工作,从而认定了使用关系(最高裁判所 1981 年 11 月 27 日判决,载《最高裁判所民事判例集》第 35 卷第 8 号第 1271 页)。

3. 在使用人使用他人雇用的人于自己的事业的竞合使用关系的场合,处于事实上的指挥监督关系上的人之间存在使用关系。租赁带从业员的机动车与船舶的场合和前述民营铁道公司与铁道院雇佣铁道口值班员的关系的场合就是这种关系的表现。

判例对由 C 雇佣的 A 引起了事故的事件,根据该 A 是从 C 与 C 所有的卡车一起被派遣到 B 公司的工作现场的,并受 B 公司的指挥,帮助工作,与 B 公司的从业员共同生活的关系,使 B 公司负担了使用人责任(最高裁判所 1966 年 7 月 21 日判决,载《最高裁判所民事判例集》第 20 卷第 6 号第 1235 页)。

4. 在相当于被用人的人为该事业使用第三者的重叠使用关系的场合,对于这种使用,在得到使用人的许诺,使用人也处于能够监督的立场时,使用人与第三者之间也存在使用关系,如下判例。

在相互(合伙)组织的出租汽车公司的司机,因受到了就业停止处分,于是自己雇用了第三者驾驶时发生事故的事件中,判例撤销了未对司机使用第三者是否得到出租汽车公司的许诺,是否处于能够予以监督的关系作任何说明,就认为与出租汽车公司之间存在使用关系的原审判决(大审院 1922 年 11 月 1 日判决,载《大审院民事判例集》第 11 卷第 2067 页)。

不过,这种场合,在并不是由于相当于被用人的人从事的事业自身,而是由于附随于该事业的行为,或者不过是外形上被包含在该人的事业的范围内的行为引起的事故中,能够认定使用关系的情况,仅限于使用人与该加害人之间存在直接、间接的指挥监督关系之时。

例如,在转包人临时雇用的人为转包人的私用驾驶汽车之后,又顺便地完成了第三者委托的工作回家途中发生了事故的事件中,原审判决认为,承包人和转包人之间存在与被用人同样的关系,命承包人负担责任,但是,判例[9]则以该行为即使包含在转包人的事业范围中,因为不是转包事业自身的执行,只要承包人与临时雇佣者之间不存在指挥监督关系承包人也没有责任,从而撤销了原审判决(最高裁判所1962年12月14日判决,载《最高裁判所民事判例集》第16卷第12号第2368页)。

5. 使用人指挥监督被用人之际,加入了第三者的指挥,也不影响使用关系的认定,如下判例。

近海转运业者根据委托派出被用人遵照船长及其代理人的指挥在货物的装卸作业中,该被用人使同伴的被用人死亡。对此事件,判例判示道,即使遵从船长或其代理人的指挥,也不能免除作为使用人的近海转运业者的责任(大审院1941年12月27日判决,载《大审院民事判例集》第20卷第1467页)。

6. 关于转包的场合,因为承包人原则上是独立于定作人进行活动的,所以并不发生使用关系(民法第716条)。但是,在转包的场合下,承包人派遣现场监督,接受工程上的指示,或者使用承包人所有的机械等保持与被用人同样的关系进行工作的情况很多。这样,承包人对转包人进行指挥监督时,对该工程上发生的事故应视为有使用关系。并且,那时的指挥监督关系的有无应从转包关系的具体事实进行判断,如下判例。

在因转包人开掘隧道的作业给他人的土地、房屋带来损害的事件中,判例也从由承包人派遣了现场监督者的情况出发,认定了承包人的使用人责任(大审院1936年2月12日判决,载《法律新闻》第3956号第17页)。

7. 将营业上的名义借给他人的名义出借人,发生对名义借用者的侵权行为是否负担使用人责任的问题。判例认可名义出借人的责任,作为其理由,有依据表见代理法理的(大审院1929年5月3日判决,载《大审院民事判例集》第8卷第447页),也有依据由名义借出

⑨ 日本法律界,在只称“判例”时,一般是指最高裁判所作判决。

推定的责任接受论的（大审院1933年7月31日判决，载《大审院民事判例集》第12卷第2421页），还有依据使用人责任的（大审院1936年11月13日判决，载《大审院民事判例集》第15卷第202页）等等，各种各样并不一致。但是，通说认为，在表见代理中，名义借用者实施了机动车事故等事实行为的侵权行为时不能适用，责任接受论不过是拟制。因此，对名义借出者，认定对外应该实施指挥监督的使用人责任是妥当的。[10]

第3节　"就事业的执行"与外形标准说

一、"就事业的执行"的意义

依据日本《民法》第715条第1款的规定，作为发生使用人责任的要件，以被用人"就其事业的执行"给第三者造成损害为必要。这个成立要件的目的，是为将使用人对因被用人的加害行为所负责任，限制在得到认可的使用人的活动能够扩张得到的范围内。为此，被用人的侵权行为限于被视为使用人的事业范围内的场合。在对此进行判断时，以该行为是否处于使用人的事业自身的范围内的判断和是否是被用人的职务范围内的判断为必要。

关于使用人的事业范围，不仅使用人的事业自身，而且处于密不可分的关系上的业务及附随的业务也包括在内。

例如，对旅馆的值班经理受旅客委托托收汇兑款项，将其贪污的事件，判例以托收汇兑款项行为是为旅客服务的旅馆业务之一种为由，认定了旅馆的使用人责任（大审院1923年7月10日判决，载《大审院刑事判例集》第2卷第643页）。对耕地整理组合的被用人错误地在整理区域外的土地上进行施工造成损害（大审院1926年5月10日判决，载《大审院民事判例集》第19卷第810页），社交茶馆的

---

⑩　远藤浩等：《民法（7）》（第4版），有斐阁1997年版，第167页以下。

被用人因饮食费的纠纷殴打顾客致伤的案件(最高裁判所 1956 年 11 月 1 日判决,载《最高裁判所民事判例集》第 10 卷第 11 号第 1403 页)等事件,判例也都作为附随的业务判示属于事业的范围内。

关于被用人的职务范围,抽象的判断基准认为,这个范围通常应该根据内部规则等以使用人与被用人的内部关系来决定。但是,如果这样,那么被用人的不当的业务执行或者利用职权图谋私利的行为造成的损害,经常处于职务的范围外,就不能追究使用人的责任。要克服这一不足,就必须不问使用人、被用人的内部关系,或者主观的意图如何,而以客观的行为的外形为基准进行判断(外形标准说)。判例也脱离了只限于事业自身及与其一体不可分的行为(一体不可分说)的立场,首先,在股票、支票的伪造、挪用等交易行为上的侵权行为中承认了外形标准说。

二、判例中的外形标准说

大审院最初狭窄地解释"就事业的执行"这一要件,以被用人的侵权行为必须是使用人命令实施的工作本身及与之处于一体不可分关系上的行为为必要。例如,对处理一切股份事务的被用人伪造股票的事件,大审院认为被用人的行为具体地并不存在应该执行的职务,但却为了自己的利益而实施,因此只不过是滥用地位,从而作出了不符合事业的执行的判断(大审院 1916 年 7 月 29 日判决,载《大审院刑事判决录》第 22 辑第 1240 页)。

但是,学说在应该加强企业责任的见解之下,强烈地批判了法院采用的所谓一体不可分说,主张应该广义地解释"就事业的执行"这一要件。这样,判例由于受到学说主张的影响,在 1926 年 10 月 13 日的大审院联合部判决(载《大审院民事判例集》第 5 卷第 796 页——大阪电轨事务科长伪造股票事件)中,终于改变了过去的狭窄解释。该事件的概要是,使用人股份公司的担当发行股票事务的事务科长,为个人搞金融交易,利用所保管的空白股票和公司印章,伪造股票,致使以这种伪造股票作为担保的第三者蒙受了损害。判决虽然认定该行为为滥用其地位,脱离权限的行为,但认为从“外形上”看与使用人的事业执行并没有什么不同,所以应该从其外形客观地进行判断来决定是否处于职务的范围内,从而撤销了基于一体不可分说的原审判决。该判决被认为是判例采用“外形标准说”的开始。但是,当时的判例并未明示地指出要以被用人的行为的外形是否符合事业的执行作为判断基准。在判决正文上也明确地采用了外形标准说的是最高裁判所于战后作出的判决。例如,1961 年 6 月 9 日的最高裁判所判决(《最高裁判所民事判例集》第 15 卷第 6 号第 1546 页)对行业协会秘书使用理事长的印章以理事长的名义伪造期票的事例,指出对“民法第 715 条所谓‘事业的执行’,应该解释为虽然不属于被用人的职务执行本身,但从该行为的外形观察,恰似属于被包含在被用人的职务的范围内的行为”。根据该案中秘书是行业协会唯一的被用人,担当着行业协会的交易及金融方面的事务和期票事务,并且管理着理事长的印章的事实,认定其符合外形上被用人的职务的执行。

进一步地,在 1967 年 11 月 2 日最高裁判所的判决(载《最高裁判所民事判例集》第 21 卷第 9 号第 2278 页——幸福相互银行支店长事件)中,对相互银行的支店长 A 考虑到 B 开票的票据的折扣实现时可以在该银行存款,从而接受了在其他的银行的票据折扣的斡旋但没有达到目的,存储的支票在委托票据经纪人折扣斡旋时被骗取,使 B 蒙受了损害的事件,最高裁判所认为应该认定在 B 身上存在着或者已经知道 A 脱离了作为支店长的职务权限,或者因为有重大过失未能知道的疑问,而原审对于这一点没有进行审理就确定为属于事业范围内,对此,最高裁判所作出撤销原审判决发回重判的判决。最高裁判所在阐述判决理由时指出,“被用人实施的交易行为,从其外形看,即使能够认定为属于使用人事业范围内的场合,但其行为不是在被用人的职务权限范围内合法地进行的,而且,该行为的对方了解上述情况,或者,至少因重大过失不知道上述情况,而承认该交易时,基于该行为的损害不能称为‘被用人就其事业的执行给第三者造成的损害',因此,解释为作为该交易的对方的受害人对使用人不能请求该损害的赔偿是相当的"。不仅被用人行为的外形,而且交易对方的主观性要素(恶意、重大过失)也纳入到事业执行中加以判断。外形标准说的目的在于对对方当事人的信赖保护,而对方当事人已知不是合法的职务权限内的行为时,或者有重大过失未能知道时,就不能追究使用人责任。这一判决,说明判例明确地意识到,交易性侵权行为中的外形理论发挥着外观信赖保护的功能。这种外形标准说的出现,可以说就是为了保护信赖被用人的行为而进行交易的对方当事人的。也有见解认为,在交易行为上的侵权行为的场合,对出于对对方当事人的信赖保护,以外形标准说使使用人负担责任的做法,也是通过表见代理的法理进行说明为妥当。不过,也可以承认依据表见代理本来的效力来请求和依据使用人责任进行请求损害赔偿的竞合。[11]

另外,关于排除恶意的受害人的根据,出现了各种学说,多数采用诚信原则。并且,关于重过失者能否排除,学说上存在着肯定说与根据过失相抵的学说的对立。对事实行为性侵权行为场合的适用也出现了对立。

有见解认为,上述见解对于交易行为性侵权行为是妥当的,但对于事实行为性侵权行为就不妥当,因为在这种场合下是通过使用外形标准说使使用人负担危险责任。但是,在那之后,与交易行为相关联,宽缓地解释事业的执行的判例,也推及了机动车事故那样的事实行为性侵权行为。大审院的判例,最初也与对交易行为同样,以有无使用人的命令、委任为基准判断事业的执行。但不久,判例阐述了"只要被用人的行为属于该事业的范围,即使有违背使用人的指挥命令的行为,也应该将该行为发生的损害称之为就事业的执行造成的损害"的见解,对机动车驾驶助手违背使用人命令单独驾驶机动车引起事故的事例,认定了使用人责任(大审院 1932 年 9 月 12 日判

---

⑪ 远藤浩等:《民法(7)》(第 4 版),有斐阁 1997 年版,第 172 页以下。

决,载《大审院民事判例集》第11卷第1765页)。之后的大审院判决也采用了同样的见解,但未必以被用人的行为的"外形"为问题,无论被用人的具体职务内容如何,只要被用人的行为处于"使用人的事业的范围内"使用人责任就得到认定。判决正文上明确指出应该以被用人的加害行为从外形上或客观上看是否包含在被用人的职务权限内为基准认定事业的执行的,是最高裁判所作出的即使是擅自私用驾驶,但从外形上看也符合事业的执行的判决。例如,对被允许在工作上使用机动车的推销员下班之后,出去玩时驾驶公司的机动车发生了事故的事件,最高裁判所作出了无论内部关系怎样,从外形上看其为职务行为的范围之内的判示(最高裁判所1962年11月8日判决,载《最高裁判所民事判例集》第16卷第11号第2255页)。

三、学说中有关外形标准说的评价

判例作为关于职务范围的抽象的判断基准,采用的外形标准说的态度,受到学说的欢迎和支持。但判例自身并不认为这是终极的基准,与此同时,随着判例将外形标准说推及事实行为性侵权行为,学说中,出现了对这种外形标准说的两种批判。其一,出现了认为仅仅说是应该视为外形上的客观的事业执行行为,其本身就过于概括、抽象,因而提示出新的判断基准的见解。例如,以"使用他人的危险的实现"为基准,以作为使用人方面的情况将被用人置于容易给第三者造成损害的危险性的地位和状况,而没有采取防止损害发生措施的情况和受害人的主观情况为基准等。其二,另一种见解将交易行为性侵权行为与事实行为性侵权行为相区别,对前者依据为保护对方对行为外形的信赖的外形标准说,而认为在后者中,如果依据外形标准说就会使使用人负担危险责任是不妥当的,并以此为前提,主张应该以客观地看被用人的行为是否可以认定为在"使用人的支配领域内"为基准。

这样,出现了试图提示关于事业的执行的实质性基准的学说。几代通教授主张,应该通过(1)被用人的地位与侵权行为之间是否可以说有相当因果关系(通常的预见可能性),(2)该被用人在事业体内的职务与加害行为的关系如何,(3)加害所使用的危险工具(机动车、股票等)是否是为完成职务由使用人提供的,(4)加害行为实施的场所是否处于使用人的支配领域之内等诸要素进行综合的判断。⑫ 判例中解决行为的外形问题的场合,经常考虑到(2)(3)(4)等项要素,从明示了这些各种要素这一点上该学说是有益的。

另外,还有认为外形标准说作为事业执行的判断基准不具有有效的说服力,也没有提供判断的实质性的理由,主张摒弃外形标准说提倡新的基准的见解。这种见解认为,首先,作为使用人方面的情况,以使用人是否有一方面把被用人置于容易给第三者造成损害的具有危险性的地位或状况(危险的制造),另一方面,对防止损害的发生又未采取相当的措施(防止措施的欠缺)为基准;作为受害人方面的事由,了解的是受害人的主观性情况。即受害人已知被用人的行为是职务权限外的场合,作为基于诚实信用原则的一般恶意抗辩不发生使用人责任,另外,因过失的善意的场合使用人责任成立,但构成过失相抵事由。⑬

与上述采用统一判断基准的见解相对,存在着区别交易行为性侵权行为与事实行为性侵权行为,对前者采用外形说理论,对后者提倡别的基准的依行为的性质考虑两元基准的学说。例如,加藤教授认为被用人的行为是交易行为的场合,对方对行为外形信赖的保护被纳入考虑,依据外形标准说进行判断,以此认定事业的执行,但是,在机动车事故那样的事实行为的场合,对方对行为的外形信赖的保护的考虑是不必要的,应该以客观地看被用人的行为是否能够认定在"使用人的支配领域内"为基准进行判断。⑭

判例在从行为的外形判断被用人的行为是否相当于职务执行

---

⑫ 详细可参照几代通等:《民法基础知识(1)》,有斐阁 1975 年版,第 160 页。

⑬ 详细可参照田上富信:"使用者责任中'就事业的执行'的意义",载《现代损害赔偿法讲座(6)》,日本评论社 1974 年版,第 58 页以下。

⑭ 加藤一郎:《侵权行为》,有斐阁 1974 年版,第 182 页以下。

时,要考虑被用人日常的职务权限和使用人采取的防止措施等多种情况,对交易行为,就是从以这些情况来看,能否说行为涉及的对方足以相信被用人有实施该行为的职务权限作为实质性判断基准的。但对于被用人招致的机动车事故等,则只要被用人处于能够驾驶使用人的机动车的立场,使用人具体地采取何种防止措施一般不太考虑。可以说只要使用人利用机动车这一危险物品进行营业,那么如果没有什么特别的情况,使用人就经常地负有责任。在这个意义上,可以说交易行为与事实行为,实质上判断基准是不同的。但也有学者从判例所谓"外形理论",是在被用人滥用或者脱离其职务权限实施加害行为的场合,划定使用人责任在什么范围内成立的要件。因此,无论交易性侵权行为和事实性侵权行为都是共通妥当的,在构成事业执行性要件问题的事例类型中,应当作为被用人滥用或者脱离其职务权限实施加害行为共通的判断框架加以定位。⑮

四、交易行为中的使用人责任与表见代理

关于使用人责任中的"就事业的执行"这一要件,采用所谓外形标准说,对交易行为性侵权行为,外形标准说可以发挥对交易对方的外观信赖保护的功能。判例上,最初曾理解为《民法》第 715 条不是交易保护的规定(最高裁判所 1962 年 3 月 20 日判决,载《最高裁判所民事判例集》第 16 卷第 3 号第 578 页)。不久,明确地认识到关于交易行为,外形标准说具有保护对方对行为外形信赖的功能(最高裁判所 1967 年 4 月 20 日判决,载《最高裁判所民事判例集》第 21 卷第 3 号第 697 页),并且认为,对方了解被用人的行为是职务权限外,或者,至少因重大过失不知道时,对方就不能对使用人追究《民法》第 715 条的责任。并且,对从知道了伪造事实取得了伪造票据的票据取得人处善意地接收了背书转让的票据取得者,判例认定,该善意

⑮ 森田宏树:"论使用人责任中'外形理论'的意义",载大塚直等编:《社会的发展与权利的创造》,有斐阁 2012 年版,第 458 页以下。

票据取得者对作为该伪造者的使用人的发行人可以追究使用人责任(最高裁判所 1970 年 2 月 26 日判决,载《最高裁判所民事判例集》第 24 卷第 2 号第 109 页)。

这样,在交易行为性侵权行为中,使用人责任发挥对交易对方的信赖保护功能,于是以同样的对交易对方的信赖保护为目的的表见代理制度(《民法》第 109 条以下)与使用人责任发挥着极类似的功能,从而两者之间的关系发生了问题。

判例关于《民法》第 110 条的逾越权限的表见代理的成立,认为必须有某种法律行为的授权(基本代理权),对单纯地实施了事实行为的有权限的被用人,不成立《民法》第 110 条的表见代理。但是,构成表见代理前提的基本代理权并非严格意义的代理权授予,并且,可以对与基本代理权不同种类的行为认定逾越权限的表见代理等,判例的倾向是比较宽缓地认定表见代理的成立。进一步地,1971 年 6 月 3 日的最高裁判所判决(《最高裁判所民事判例集》第 24 卷第 7 号第 1203 页),对偶然地利用别的交易交付的空白委任状,没有任何代理权,自称该人的代理人与第三者进行交易的事例,认可了《民法》第 109 条与第 110 条的重复适用,并认为,如果有了外观上代理权授予的表示,即使实际上没有基本代理权,也成立逾越权限的表见代理,从而大幅度地拓宽了能够认定表见代理成立的余地。还有,对不是以代理形式,而是伪造了本人名义的署名伪造票据的事例,最高裁判所"类推"适用了表见代理规定(《民法》第 110 条)(最高裁判所 1964 年 9 月 15 日判决,载《最高裁判所民事判例集》第 18 卷第 7 号第 1435 页)。

如上所述,在判例法上,一方面比较宽缓地认定表见代理的成立,另一方面在使用人责任中外观信赖保护的见解从正面得到承认,于是,尽管在民法上两者的规定不同,但仍然构成了竞合关系。首先,在要件方面,与使用人责任中以"被用人"的"行为"(不限于法律行为)为对象相对,表见代理中以"代理人"的"代理行为"为对象。并且,在使用人责任中仅以实施了"就事业的执行"的行为为该责任的对象,而表见代理的场合则以“应该相信有权限的正当事由”(善意无过失)的存在为必要。但是,在使用人责任中,就事业的执行采用外形标准说,并且以受害人的善意轻过失为要件时,“就事业的执行”与“应该相信有权限的正当事由”之间几乎是没有差别的。其次,在效果方面,与表见代理中契约自身为有效相对,使用人责任产生的是损害赔偿这一点不同。但是,在以金钱债权的实现为目的的契约中,基于契约自身有效谋求本来的给付与请求损害赔偿之间没有太大区别。

例如,在某事件中,本来大学出版局总务科长规则中没有与外部缔结契约和支付金钱的权限,但行为人为牟取自己的利益,缔结了购入优等纸的契约接收了货物,从而给卖主造成损害。原审以完全没有基本代理权为由否定了《民法》第 110 条的适用,又以不是外形上业务的执行为由否定了《民法》第 715 条的适用。对此,最高裁判所(最高裁判所 1960 年 6 月 9 日判决,载《最高裁判所民事判例集》第 14 卷第 7 号第 1304 页)阐述了如下的见解,“关于《民法》第 110 条适用的前提的代理权,对事业内容及其机构,不应该仅从单纯的制度上的规则出发判断其有无,必须说应该按照该事业的实际运营状况的实体进行判断”,关于《民法》第 715 条阐述道“是否业务执行范围内的行为,也应该按照运营的实际进行判断……始终基于机构制度上的规则进行认定,关于运营状况实体的审理尚有未完成之处”从而明确了《民法》第 110 条和第 715 条的判断中是有共同之处的。

但是,也有否定适用表见代理规定的判例。例如,对市长未经市议会的议决(超越权限)以市的名义实施债务负担行为的事例,最高裁判所判决(最高裁判所 1966 年 6 月 21 日判决,载《最高裁判所民事判例集》第 20 卷第 5 号第 1052 页)以市长的行为是否经过市议会的议决对方未作调查缺乏“正当事由”,否认了《民法》第 110 条的适用,但与此同时,却以市长的行为相当于外形上事业的执行,适用《民法》第 44 条认定了损害赔偿(但是,作了过失相抵)。这是即使《民法》第 110 条不能成立,也可以适用《民法》第 44 条(第 715 条)

的例子。

学说以对这些判例的评释的形式展开,大多数学说采用对交易行为应该适用(或类推适用)表见代理的法理,以谋求作为对方的受害人的外观信赖的保护的见解。有学说认为对市长逾越权限的行为,应该类推适用《民法》第 110 条,在不能准用第 110 条的场合下不得已可以通过第 44 条的适用谋求第三者的救济,但被认定的赔偿责任的范围,当然应该局限在与能够类推适用第 110 条的范围一致的程度。还有学说认为,问题的实质是在一定状况下应否保护交易对方,并未因法院给那种解决提供了侵权行为的条文而使问题的实质有所变化,主张不是适用《民法》第 44 条(第 715 条),而是应该依据《民法》第 110 条解决。平井教授也认为,对于交易行为,应该依据《民法》第 110 条解决,但如果依据第 110 条对方有过失时被视为没有“正当事由”,这样对方就完全得不到保护,所以法官可以依据侵权行为规定给予受害人以保护,同时通过过失相抵减少赔偿金额以谋求衡平,并建议对《民法》第 110 条也认可一种过失相抵。⑯

第 4 节　使用人责任中的其他问题

一、第三者

对第三者的加害也是使用人责任的成立要件。这里所指的第三者,其范围包括除使用人及实施了加害的被用人以外的,其他所有的人。被同一使用人雇用的司机和司机助手等共同被用人相互之间亦为第三者。在司机和司机助手共同从事驾驶机动车等共同担当职务的场合亦同(大审院 1921 年 5 月 7 日判决,载《大审院民事判决录》第 27 辑第 887 页)。司机、司机助手的共同过失造成事故的场合,司机助手也是共同侵权行为人,但也是受害人时算作这里所说第三者

⑯　转引自森岛昭夫:《侵权行为法讲义》,有斐阁 1987 年版,第 47 页以下。

(这种场合剩下的问题是过失相抵)。

例如,在机动车销售公司的司机 A 接受公司的命令在让本公司的新车运送员 B 坐在助手席位上自己驾驶时发生事故,使 B 死亡的事件中,最高裁判所判示认为,事故不仅是司机的过失,受害人 B 坐着睡着了没有提醒司机的过失也是事故发生的原因,本案是基于共同过失的事故,但受害人 B 仍然是第三者(最高裁判所 1957 年 4 月 30 日判决,载《最高裁判所民事判例集》第 11 卷第 4 号第 646 页)。

二、被用人的故意过失等

关于使用人责任是否应以被用人的行为已构成一般侵权行为为成立要件,正如以上看到的,存在着从企业责任出发认为不以被用人的故意、过失为必要的见解,但通说、判例认为,从承认向被用人追偿(第 715 条第 3 款)和本条也适用于小企业和家务事使用人的雇主的规定来看,可以说以这些为要件的意义仍然存在。因此,在对被用人引起的失火认定使用人责任时,被用人存在故意或重过失(失火责任法)是必要的(最高裁判所 1967 年 6 月 30 日判决,载《最高裁判所民事判例集》第 21 卷第 6 号第 1526 页)。有学者从使用人责任的根据和比较法研究的视角出发,建议作为使用人的责任要件在条文上明确规定“被用人的故意或过失”。这样,法官可以在考虑被用人加害行为的种类与样态,使用人及被用人的赔偿能力,被用人所处利益状况及其他一切事情,来决定被用人的责任范围。[17]

再有,关于被用人的责任能力,从通说的立场来看也同样是必要的,有力说则认为应该与此无关地认定使用人责任。

---

⑰　田上富信:“如何考虑作为使用人责任要件的被用人的故意、过失,被用人的损害赔偿责任”,载椿寿夫等编:《法律时报增刊 · 考虑民法改正》,日本评论社 2008 年 9 月,第 358 页以下。

三、选任与监督

使用人未能证明对被用人的选任、监督尽了相当注意,或者即使尽了相当注意损害仍然发生,也是成立要件(第715条第1款但书)。这一证明在对被用人的选任和事业的监督两方面都是必要的,哪一方不能证明时都不能免责。

是否已尽相当的注意,家务事使用与大企业,交通工具那样的危险企业与不是那样的企业等,依业务种类的不同而不同,需要具体地进行判断。

例如,关于选任,光是选任了有驾驶执照、执照鉴定、海上技术执照者是不够的,对有无适合于所从事的事业的技术和本人的性格等必须进行必要的调查(大审院1907年10月29日判决,载《大审院民事判决录》第13辑第1031页)。

关于监督,通说认为,只是订立就业规则等内部纪律,进行平素的概括性的训诫、说教是不够的。并且,在像现在的企业那样设置工厂厂长、现场监督、支店长、人事管理员等的金字塔型的指挥监督体系的场合,如果代替使用人进行监督的人有监督上的过失,就当然应该认定为使用人的过失。

所谓即使已尽相当注意损害仍然发生了的场合,意味着处于使用人应尽的注意义务的射程之外的损害。判例认为意味着使用人未尽注意义务与损害的发生之间没有因果关系的场合(最高裁判所1961年1月24日判决,载《最高裁判所民事判例集》第15卷第1号第35页)。

例如,对机动车租赁公司的司机发生事故的事件,公司主张从出借机动车的经常状态来看,机动车完全委任给司机,公司没有防止损害发生的方法,是不可避免的事故。大审院认为机动车事故只不过是"损害有可能发生但不能认为是必然发生"的场合,所以不能适用《民法》第715条第1款末段的规定(大审院1915年4月29日判决,载《大审院民事判决录》第21辑第606页)。

四、使用人责任的负担

使用人(第 715 条第 1 款)与工厂厂长、支店长、现场监督者等代替使用人实施选任、监督的代理监督者(第 715 条第 2 款)是责任负担者。公司的总经理那样的法人的理事,是法人的机关,其行为一般视为法人的行为,但这里,判例(大审院 1921 年 6 月 7 日判决,载《大审院刑事判决录》第 27 辑第 506 页)、有力说均主张作为代理监督者负责任。因为这样就可以向法人和理事双方追究责任,从而加强了对受害人的保护。

被用人独立地负担一般的侵权行为责任。这种被用人的责任与使用人、代理监督者的责任是不真正连带债务。

五、追偿权问题

(一)使用人对被用人的追偿

《民法》第 715 条第 3 款规定,使用人和代理监督者赔偿了受害人的损害时,可以向被用人追偿。因为本来责任就是被用人的行为造成的,所以这是当然的。但是,正如前述,学说中认为被用人作为企业的一部分进行活动,企业获取了很大的利益,因而,以即使向没有资力的被用人追偿实际上也缺乏实益的理由,或者如果彻底贯彻报偿责任,以使用人责任应该是独立于被用人的单独的责任(自己责任)的理论上的理由,努力从立法论、解释论上限制这一追偿权的行使。作为解释论,提出了大企业的追偿权是权利滥用,而以选任、监督上的过失通过过失相抵谋求适当。在被用人的加害行为中加入使用人的选任、监督上的过失,这样就形成了共同侵权行为,所以可以考虑作部分限制负担的处理等理论。

判例也与学说采取同样立场,例如,在油罐车引起物损的事故中,公司作为使用人向受害人支付了赔偿金之后,对驾驶油罐车的从业员提起赔偿请求和追偿权的行使。对该事件,最高裁判所将可以赔偿及追偿的范围限制在使用人所蒙受损害的 1/4 以内(最高裁判所1976年7月8日判决,载《最高裁判所民事判例集》第30卷第7号第689页)。

(二)使用人等相互间的追偿

对同一的被用人存在复数使用人的场合,一方使用人所作的赔偿,超过了考虑加害行为的样态,以及其与各使用人的事业执行之间的关联性,各使用人的指挥监督的强弱等情况被认定的负担部分时,可以向其他的使用人追偿。并且,复数的被用人的共同侵权行为中使用人各自不同的场合,对于已支付的赔偿中超过了按照各自指挥监督的被用人的过失的比例认定的负担部分,也可以向其他的使用人追偿(最高裁判所1992年10月25日判决,载《最高裁判所民事判例集》第45卷第7号第1173页)。还有,由于被用人与第三者的共同侵权行为造成损害的场合,第三者可以在被用人的负担范围之内向使用人追偿(最高裁判所1988年7月1日判决,载《最高裁判所民事判例集》第42卷第6号第451页)。[18]

(三)被用人对使用人的追偿

关于被用人支付了赔偿金的场合,是否认可对使用人追偿的问题,如果将使用人责任解释为代位责任,就很难予以肯定。但是,也有予以肯定的见解。肯定被用人对使用人的追偿的学说分为如下两种。

1. 肯定说

肯定说认为,如果将被用人责任与使用人责任解释为与通常的不真正连带债务的场合同样,那么就应该对此加以肯定,并且,从报偿责任的宗旨来看,也应该认定代清偿请求(类推适用《民法》第650条第2款)。

2. 抗辩说

在受害人向被用人请求损害赔偿的场合,在使用人加入了损害保险时,被用人基于诚实信用原则提出“保险抗辩”,在该限定内可

---

⑱ 远藤浩等:《民法(7)》(第4版),有斐阁1997年版,第174页以下。

以拒绝支付。因为在可以通过保险处理的状况下，受害人却特别要加害人直接支付全额损害是不妥当的。

对于该余额，也可以基于诚实信用原则提出“追偿权限制抗辩”。即受害人向使用人请求赔偿，使用人支付了赔偿之后如果向被用人清偿，则被用人可以提出在应该负担的金额的限度内支付的抗辩。被用人主张的金额是否妥当，最终只能由法院决定。通过这样的解释，就可以回避形成由被用人提出反追偿的构成。承认被用人提起的反追偿的做法意味着认可受害人向被用人请求全额赔偿，而这从损害额巨大的今天的情况来看，那样的请求是不应该承认的。以这种理论构成为前提，被用人实际上已经支付了全额的场合，就可以以不当得利向使用人提起返还请求。[19]

[19] 田山辉明：《侵权行为法》，青林书院 1996 年版，第 158 页。

第9章 安全照料义务的法理与实务

安全照料义务①,是实务中由判例法创造出来,进而在立法上确立了一定地位的义务。由于其核心内容涉及人身安全,因此,在责任构成上,与侵权行为法有着某些共通之处,从而产生与侵权行为责任

① 安全照料义务,日文原文是"安全配慮義務",配慮,日语辞典中的解释是:(名)スル心をくばること。他人や他の事のために気をつかうこと。意思是:分心;为他人和其他的事情用心的情况([日]松村明编:《大辞林》,三省堂1988年11月,第1919页)。还有的辞典解释为"想定されるいろいろな場合に対する対処の方法を考えて何かをすること"/对想定的各种各样场合考虑对应处理的方法实施相应的作为(见网络词典沪江小d http://dict. hjenglish. com/)。从辞典的解释和在各种场合下的使用来看,日语"配慮"的词义是"用心……安排、采取措施"的意思。在日英辞典中,与"配慮"对应的英语词汇是consideration(讲谈社:《现代实用辞典》,讲谈社1989年10月,第663页)。从与汉语词汇词义内涵的接近出发,笔者曾考虑过使用"保障"一词。但如本章第1节四中介绍的,日本下级审法院在审判实务中就曾经使用过"安全保障義務"的说法,但,约定俗成也好,最高裁判所的选择也好,日本法律界最终选择了"安全配慮義務",既然如此,我们就没有理由把人家不用了的"保障"再塞给人家。而且还有一个更重要的理由,那就是容易与我国侵权责任法第37条规定的安全保障义务相混淆。中国法中的安全保障义务规定的内容与日本法中的安全配虑义务并不是一回事。如本章第2节二中所述,日本学者认为德国民法第618条规定的是"安全配慮義務",但我国法学界对该条的中译文是"采取安全措施义务"。日本学者认为与日文"配慮義務"相对应的德语是Fürsorgepflicht,其中的Fürsorge德汉词典解释:(1)救济,(2)救济金,(3)救济机构,(4)照顾、关怀、帮助(《新德汉词典》第3版,上海译文出版社2012年版,第189页)。从本章第2节二日本学者的考察中可以得知,Fürsorgepflicht是学术用语。这样的话,德语中的"Fürsorgepflicht"与日本判例中运用的及劳动契约法第5条法文规定的"配慮"能否对应,笔者不敢轻下断言。考虑到现实生活中,日语中的汉语词汇经常不知不觉中就成了现代汉语词汇的现象,也曾考虑使用现代汉语"安全配虑义务"表示。但"配虑"一词对现在的中国人而言,毕竟无法马上形成一个清晰的概念。综合各种情况考虑,最终,本书仍然使用1998年本书初版时曾经使用过的"安全照料义务"一词。因为照料是需要作为的,能够说明使用人对被用人的生命、健康采取安全措施的义务。

交错的问题。同时,也是由于这一点,作为契约关系中的附随义务、保护义务中的事项,在契约责任的定位中也存在着特殊性,所以在契约责任领域内也有许多理论上的问题需要解决。这样,安全照料义务成为民法中争论比较多的问题,学界关于安全照料义务的讨论一直没有停止。而且,由于所谓安全照料义务的问题涉及民事责任中的契约责任与侵权行为责任这两大责任领域,因此,对安全照料义务问题的探讨,其意义实际上已经超出了该义务本身,对民事责任和债权法的立法与司法都有一定意义。由于安全照料义务在人身损害救济方面的重要性和与侵权行为法的密切关系,所以有必要在此做一些介绍。同时考虑到安全照料义务与使用人责任有着紧密联系,所以将其放在使用人责任之后予以探讨。

第 1 节　安全照料义务的概念

一、安全照料义务的出现

安全照料义务是从司法实务中产生出的概念,20 世纪 70 年代前后开始,日本法院在裁判中做出了许多以安全照料义务的违反为理由认定赔偿责任的判决,宛如一股潮流,逐渐在实务中固定下来。日本民法学界一般也认为安全照料义务是由判例开发的新义务。[②]自从《劳动契约法》(2007 年 12 月 5 日法律第 128 号)第 5 条明文规定了安全照料义务之后,这一义务有了实定法上的依据。

“安全照料义务”的概念是日本最高裁判所 1975 年 2 月 25 日判决(载《最高裁判所民事判例集》第 29 卷第 2 号第 143 页)中明确提出的。该判决涉及一起由殉职的自卫官遗属对国家提起的损害赔偿请求诉讼,在该案的判决中最高裁判所指出:“应该说,国家对公务

② 国井和郎:“由裁判例出现的安全照料义务”,载下森定编:《安全照料义务法理的形成与展开》,日本评论社 1988 年版,第 5 页以下。

员,在设置和管理其为执行公务的场所、设施和器具等时,负有应照料保护国家公务员的生命及健康免遭危险的义务。"这一判决,认可了与发生于侵权行为规范的注意义务不同的,置于契约规范基础之上的"安全照料义务",围绕着其法律性质、内容,学说、判例展开了活跃的讨论。

与此前为解决环境污染和交通事故等社会问题而触发的对侵权行为法学的研究带来了侵权行为法学的"隆盛"同样,安全照料义务法理的形成与展开,也是围绕着受害人的救济展开的。不同的是这种安全照料义务,虽然以人身安全,即人的生命、健康为基本内容,但却不是以侵权行为责任的构成出现,而是以契约关系中的附随义务中的事项之一的角色出现,所以,在契约责任中的地位比较特殊,同时,也恰恰是由于这一点,所以与侵权行为责任有着密切的关系。

二、最高裁判所判决前的判例动向

安全照料义务是判例开发、确定下来的义务范畴,因此,要理解该义务,对该义务形成期间的判例进行考察是不可或缺的。虽然最高裁判所 1975 年 2 月 25 日判决对安全照料义务的形成和理论问题的提出具有划时代的意义,但是,考察在此之前出现的下级审法院的判例可以看出这一义务的形成是实务要求的必然。③

据学者考察,最初从正面提出与安全照料义务类似的义务的是东京地方裁判所 1970 年 1 月 27 日判决(《劳动法律旬报 · 别册》第 736 = 737 号第 5 页),该判决对劳动者在贮沙场被活埋的事故,指出了使用人"依据契约作为附随义务,当然对忠臣负有采取措施改善物质上的设备、环境等条件以不使忠臣在提供劳务的过程中生命及健康等受到损害等的义务",但又以"仅以单纯的劳动上发生的事故就直接解释为是使用人在劳动契约上的债务不履行,存在着跨阶段

③ 见国井和郎:"由裁判例出现的安全照料义务",载下森定编:《安全照顾义务法理的形成与展开》,日本评论社 1988 年版,第 5 页以下。

的理论飞跃”的理由(原告应当主张证明具体的上述义务违反),否定了使用人的债务不履行责任。但该案通过《民法》717 条“土地工作物的占有人及所有人的责任”达到了救济的目的。

之后,出现了将劳动灾害作为使用人的债务不履行的判例。福冈地方裁判所小仓支部1972 年11 月27 日判决(载《判例TIMES》第289 号第273 页)和东京地方裁判所1972 年11 月30 日判决(载《判例TIMES》第288 号第267 页)就是被公布出来的判例中的两个。小仓支部的判决认为“使用人作为与劳动者之间的雇佣契约上的义务,应当负有针对该契约关系特有的劳动灾害危险使劳动者安全就劳的安全保证义务”,对在船舱内处理货物的劳动者滚落到船底的事故,认定在欠缺达到船底的安全通行设备这一点上,存在上述的义务违反。东京地方裁判所的判决对在熔解炉的炉底作业中的劳动者被落下物击中,造成劳动者死亡的事故,认为,“雇佣契约是以劳务提供和报酬支付为其基本内容的双务有偿契约,通常场合的劳动者被配置在使用人指定的劳务给付场所,同样地使用该使用人提供的设备、机械、器具等进行劳务给付,所以,雇佣契约包含的使用人的义务,绝不仅限于单纯的支付报酬,还包含着劳动者不受上述各种设施发生的危险损害的保护劳动者安全的义务”,并将没有配备并使劳动者佩戴安全头盔这一点,作为使用人存在“雇佣契约上的保护义务”违反。

关于这几个判决,学者认为,前一个判决虽然一定程度上认定了安全照料义务,但未能达到肯定债务不履行的成立。与此相对,后两个判决在认定债务不履行责任这一点上,显示出一定的阶段性飞跃。同时,与前一个判决拿出的是“对忠臣的安全照料”这种带有中世纪韵味的义务相对,后两个判决中的“安全保证义务”、“安全保护义务”是可以与作为诚信原则上的附随义务得到认可的“保护义务”同视的概念。

前几个判决之后,出现了相反的判决,例如,京都地方裁判所1973 年2 月27 日判决(载《判例TIMES》第292 号第295 页)表现出消极的态度。认为在使用人和被佣者的雇佣契约中,没有以使被佣者特别地安全地进行作业的事项为契约内容的证据,并且,没有给使用人具体地课以安全义务的法律规定,无法判断使用人具体负有什么样的债务(给付),从而否定了债务不履行的成立。但是,后继的前桥地方裁判所1974年3月27日判决(载《判例时报》第748号第119页)和广岛地方裁判所1974年7月19日判决(载《判例TIMES》第322号第268页),均与前述后两个判决的宗旨同样,从而使这一立场成为判例的主流。

在以上评价中,应当留意的是,最早的安全照料义务,是将劳动灾害事故作为雇主的债务不履行责任的逻辑前提的。并且,围绕劳动灾害事故的债务不履行责任的追究,是作为填补劳动灾害补偿不够完善的缺陷编织出来的方式,在这种场合,一般是着眼于消灭时效的期间和原告不需要过失证明这一点,而采用了债务不履行构成。④

三、最高裁判所判决的内容

就在这种下级审裁判所通过“安全保证义务”和“安全保护义务”等概念,逐渐使劳动灾害事故的债务不履行构成确定下来的时期,最高裁判所1975年2月25日判决对自卫队员在自卫队内车辆保养工厂车辆保养中,被同事驾驶的车辆碾压致死的事件,以安全照料义务的违反为理由,认定了国家的债务不履行责任。其判决主旨及意义如下:

(一)关于安全照料义务

国家对公务员的义务不只是工资给付义务,“应当解释为,国家对公务员,在对为执行公务应设置的场所、设施和器具等进行设置管理时,或者在管理公务员基于国家或者上司的指示执行的公务时,是负有应照料保护公务员的生命及健康免遭危险的义务(以下称‘安

④ 国井和郎:“由裁判例出现的安全照料义务”,载下森定编:《安全照顾义务法理的形成与展开》,日本评论社1988年版,第7页。

全照料义务')的。本来,上述安全照料义务的具体内容,应当依公务员的职务种类、地位及发生其安全照料义务问题的该具体情况而有所不同……上述安全照料义务,在基于某种法律关系进入特别的社会性接触关系中的当事人之间,作为该法律关系的附随义务,当事人的一方或者双方对对方作为诚信原则上负有的义务,一般是应当得到承认的,国家与公务员之间,也没有解释为与其他不同的论据,为使公务员安心诚实地履行前记义务,国家对公务员负有安全照料义务,并尽到该义务是必要不可或缺的"。⑤

本判决的意义,首先在于,对作为雇主的国家的责任采取了债务不履行的构成,这一点在由最高裁判所肯定下级审判例的动向上是非常重要的。判决的债务不履行构成,起因是为了回避侵权行为的短期消灭时效带来的不方便,按照事件的具体事实,除了有消灭时效的起算点的问题之外,还存在着公法上的债权消灭时效期间如何处理等问题。但不管怎样,从所面临问题来看,这种劳动灾害的债务不履行处理通过最高裁判所的这一判决在判例中得到稳固、并确立下来。

其次,就明确了安全照料义务的法律意义而言,本判决的重要性在于,它把安全照料义务定义为在对为执行公务应设置的场所、设施和器具等进行设置管理时,"应当照料保护公务员的生命及健康免遭危险的义务"。这只是义务的称呼不同而已,与下级审判决的所谓"安全保证义务"、"安全保护义务"等,可以看作是同样内容的义务。并且,该判决将安全照料义务作为诚信原则上的附随义务这一点也值得注目。还有重要的一点是,判决阐述道"基于某种法律关系而进入特别的社会接触关系中的当事人之间"一般应当得到承认的义务。根据这种见解,安全照料义务就不仅限于雇佣契约和劳动契约这一个种类,而是可以涉及其他契约关系,进一步地还可窥见对

---

⑤　日本最高裁判所此判决中最后的国家"负有、并尽到……是必要不可或缺"的判决语言非常精彩。对负有、并尽到,的标准,从必要的不可或缺的正反两个方面强调。

没有契约关系的场合也有得到承认的可能性。

(二)关于消灭时效

"《会计法》第30条关于以金钱给付为目的的国家的权利及对国家的权利规定5年的消灭时效期间,是基于国家的权利义务有必要早期实现等主要出于行政上的便宜的考虑,因此同条5年消灭时效期间的规定,应该解释为是考虑上述行政上的便宜有必要的金钱债权,是对没有其他关于时效期间特别规定的情况适用的规定。并且,国家懈怠对公务员的安全照料义务违法侵害公务员的生命、健康等,对受到损害的公务员负有损害赔偿义务的事态,其发生是偶发性的不能说是多发的,所以对上述义务没有考虑前述那种便宜的必要,并且,即使国家是义务人,应当赔偿受害人损害的关系,在基于公平的理念以受害人所生损害的公正填补为目的这一点上,与私人相互间的损害赔偿关系的目的性质并无不同,所以对国家的上述损害赔偿请求权的消灭时效期间,不应解释为《会计法》第50条所定5年,而应依据《民法》第167条第1款解释为10年。"

关于时效期间问题判旨的意义在于,把安全照料义务看作与劳动契约关系上的义务相同,实质上就是看作民事法律性的义务,从而使《民法》第167条第1款[⑥]的适用更加容易。关于与会计法第30条的关系,指出,同条是"考虑行政上的便宜有必要的金钱债权"对没有其他特别规定的情况适用的规定。这一点值得注目。[⑦]

四、安全照料义务的定位

在较早时期,有学者指出,这一义务在实定法上没有根据,判例、学说上尚未形成成熟的法理。一般来说,实定法上没有根据的法理,都是在下级审判决和学说有了某种程度的积蓄之后,再通过最高裁判所的判例出现的情形比较多,但这个判例没有经过这样的过程,所

⑥ 日本《民法》第167条(债权等的消灭时效)(1)债权,10年间不行使时,消灭。

⑦ 奥田昌道:"国家的安全照料义务违反与消灭时效",载下森定编:《安全照顾义务法理的形成与展开》,日本评论社1988年版,第318页以下。

以存在着很多尚未解决的问题。⑧

关于"安全照料义务"的称呼，自从最高裁判所使用此称呼之后，并不是所有下级审裁判所"一刀切"似地都使用这个称呼了，除前述"安全保证义务"、"安全保护义务"的称呼之外，还有一些裁判所曾使用过"安全管理义务"、"安全保障义务"等称呼。但这些只不过是文字使用的不同而已，内涵与"安全照料义务"并没有大的差别。不仅称呼，理论根据也基本上都采用了最高裁判所的特别的社会接触关系说、诚信原则说和附随义务说等。⑨

例如，山形地方裁判所 1976 年 2 月 9 日判决（载《判例时报》第 844 号第 72 页）对被用人被卷进面类制造用的搅拌机导致死亡的事故，对使用人认定了安全照料义务的违反。判决的理由如下：

"应照料保护生命及健康等免遭危险的义务，即所谓安全照料义务，是在基于某种法律关系而进入特别的社会接触关系中的当事人之间，作为该法律关系的附随义务，当事人的一方或者双方对对方作为诚信原则上负有的义务，一般是应当得到承认的，在本案中，X（死亡被佣人）与被告公司缔结了雇佣契约进入了特别的社会接触关系，所以被告公司作为雇主是负有应照料保护被佣者 X 的生命及健康等免遭危险的安全照料义务的。"

鸟取地方裁判所 1978 年 6 月 22 日判决（载《判例时报》第 920 号第 198 页）对在高压电线铁塔作业中的电力公司作业员活线闪络坠落死亡的事故，对安全照料义务做出如下解释，认定了电力公司的义务违反："应当解释为，使用人在诚信原则上，作为附随于劳动契约的义务，对劳动者，在业务的执行时，负有根据具体状况实施照料使其生命及健康不生危险的义务是相当的。"

这两个判决中出现的安全照料义务的定义，综合二者的判旨，几

---

⑧　饭原一乘："侵权行为责任与基于安全照料义务违反的损害赔偿责任间的关系"，载下森定编：《安全照顾义务法理的形成与展开》，日本评论社 1988 年版，第 83 页。

⑨　国井和郎："由裁判例出现的安全照料义务"，载下森定编：《安全照顾义务法理的形成与展开》，日本评论社 1988 年版，第 9 页。

乎与最高裁判所判决的定义完全一致。这些安全照料义务的定义性宣示放在裁判例中基本上是妥当的。还有关于雇佣契约和劳动契约采用其他称呼的裁判例,在一般意义上可以和上述安全照料义务同样理解。例如,札幌地方裁判所 1978 年 3 月 30 日判决(载《判例时报》第 923 号第 104 页),指出"雇佣契约中,雇主对被佣者,在诚信原则上,作为雇佣契约的附随义务,该被佣者在服劳务过程中,对不危害生命及健康的劳务场所及其他环境,负照料的义务。即负安全照料义务或者安全保证义务"。

关于安全照料义务的性质及其存在意义,下森定教授有比较精辟的分析:这个问题基本上属于被称为契约关系中的附随义务、注意义务或者保护义务问题群的事项,是与缔约过失理论和积极债权侵害论或者不完全履行论具有密切关联性的概念。而且,由于这种义务,既可以因契约的性质上(例如诊疗契约、寄托契约、管理契约),或者根据特约,构成与本来的给付契约相关的契约责任问题,也可以看作与侵权行为责任不同的契约责任,围绕着因履行辅助人行为的责任、归责事由的举证责任、抚慰金请求权、律师费用、损害赔偿债务的迟滞时期、消灭时效的起算点和时效期间、相抵等问题,在要件论、效果论上表现出差异,提起了各种各样的问题。并且从当初的以劳动契约为中心提出的安全照料义务问题,发展到后来,对承包、借贷、买卖契约以及学校事故等提起了很多诉讼。

深入挖掘这种问题群发生的原因,就会发现这是由来于传统的民事责任体系只包含契约责任和侵权行为责任两种类型,这样的体系上的狭隘性,由于有关债权法上各种义务的法律规范深化的结果,产生出单纯的依特殊契约关系的义务并不能穷尽本来的给付义务的共同认识,从而使除既存的法定责任外,以诚信原则为媒介各种附随义务群得到了肯定。这种法律现象出现的社会背景正是现代社会的变迁。[⑩]

第2节　解释论上的比较法研究

1975年2月25日最高裁判所判决之后,学者们从与德国法的比较的视角开始进行安全照料义务的解释工作。这种解释工作从契约责任的扩张和德国《民法》第618条等条文的考察这两方面展开。

一、德国的契约责任扩张论[⑪]

(一)德国民法比较解释的可能与必要

德国在契约责任论的领域,自1900年以后,以缔约过失和积极的债权侵害为中心,宏大的附随义务论得以展开。此外,现契约终了后的过失、附保护第三人效果的契约等理论,也通过判例、学说得到承认。这些理论在给付义务违反之外也认可契约责任这一点上是共通的。从将契约责任限定在给付义务的德国民法的立场来看,可以将这些现象作为契约责任的扩张化来把握。

德国的这种契约责任的扩张化即附随义务论的展开,被认为主要是由于侵权行为法规定的不完备。德国民法典(以下简称BGB)中没有日本《民法》第709条那种一般性的侵权行为规定,其要件是类型化的。并且,大多数场合以现存法益的减少这一意义上的损害的发生为要件,一般性的财产损害不受保护。因此,假若所希望契约未能缔结,或者为无效时,当事人的损害不成立侵权行为。还有,最成问题的是,BGB第831条在使用人对被用人的选任、监督已尽相当注意,或者即使已尽相当注意损害仍然会发生的场合,认可使用人

⑩　下森定编:《安全照顾义务法理的形成与展开》,日本评论社1988年版,编者前言。

⑪　宫本健藏教授的《安全照料义务与契约责任的扩张》是从契约责任扩张角度展开安全照料义务解释论的代表作。此处介绍根据宫本健藏:《安全照料义务与契约责任的扩张》,信山社1993年版,第1页以下。

的免责。而且过去在实务中这种免责的举证常常很容易地得到承认。与此相对,在契约法中,对履行辅助人的过失,债务人被要求在与自己过失相同的范围内负责任,债务人的免责可能性得不到承认(BGB 第 278 条)。所以,为了回避这种不完善的侵权行为法的适用以救济受害人,从而有了扩张契约责任的必要。通过编入契约责任,进一步地举证责任的转换(BGB 第 282 条、第 285 条)以及 30 年的消灭时效(BGB 第 195 条)的适用也成为可能。通过这种契约法上的处理使受害人的救济变得容易起来,所以说是与受害人保护的理念相吻合的。

但是,如果契约责任的扩张化只是简单地归结为由来于侵权行为规定的不完备,那么通过侵权行为法的改正或者解释理论的发展,契约责任的扩张化及与此相关的附随义务论就失去了其存在的意义。现实中,由于最成问题的 BGB 第 831 条在判例法上,一直没有容易地得到认可,可以说实际上并未出现严重的不适当,而且立法论上也意图对此加以改正。再有,关于举证责任,由于大致的证明和危险范围说等一般性证明法的发展,适当正确地分配证明责任成为可能。因此,举证责任的转换、减轻的利益已经并非只能是赋予契约法的措施。这样一来,也出现了一些没有必要扩张契约责任的见解。但是,契约责任的扩张化不应该只单纯地认为是由来于侵权行为法规定的不完备的。实际上,那是由来于传统的民事责任法只包含契约责任和不法行为责任这两种类型的狭隘性,作为债权法上有关各种义务的法理论深化的表现,可以说具有积极的意义。并且,在债务构造论上,具有对德国民法采用的严正契约型的契约责任体系的部分性进行批判的理论上的意义。契约责任的扩张化就是对将契约责任严格限定在给付义务的否定,对给付义务之外契约责任的肯定。

如果这样,那么这种契约责任的扩张化,就不只是德国法上的特殊现象,可以说在继受德国民法的日本法体系中基本上也存在着性质同一的问题。众所周知,在日本判例、学说也已在各种领域承认了契约责任的扩张化。具体来说,缔约过失及积极的债权侵害理论,在比较早的时期就被介绍到日本,学说上得到肯定(舟桥谆一 1953 年,我妻荣 1954 年等)。还有,近时,出现了为第三者的伴随保护效果的契约理论在日本也应当得到承认的见解(船越隆司 1976 年等)。另外,最高裁判所 1975 年判决,在雇佣契约的事例中,认定了作为使用人的国家负有契约法上的安全照料义务。之后以安全照料义务违反为理由肯定债务不履行的下级审判决大量出现。这种安全照料义务有与本来的给付义务不同的方面,毋宁把它考虑为一种附随义务。现在,最高裁判所也将诚信原则作为该义务的基础。

正是大陆法系的共通性和裁判实务中判例理论发展与法律体系理论完善的需要使日本针对自己国家的现象通过对德国的比较法考察进行解释成为可能,并且我们在下面学者的研究中可以看到也有此必要。

在承认德国和日本两个法律体系中所存在问题具有同一性的基础之上,从理论上对日本的契约责任扩张化现象进行明确的解释时,参照德国的附随义务论就是有益的。不过,日本的侵权行为法没有德国法中的不完备。因此,原封不动地导入德国的附随义务论,不仅没有必要也是不妥当的。但是,在意识到日本法与德国法体系上的差异的同时,明确德国的附随义务论在日本的有用性及其界限,对日本民法理论的发展是极为有益的。⑫

(二)契约责任的扩张与统一性保护

1. 契约责任的客观性扩张与主观性扩张

契约责任的扩张化在种种领域得到承认,从契约当事人之间,除给付义务以外什么样的契约法上的义务何时得到承认(契约责任的客观性、时间性扩张)到对契约当事人以外的一定的第三者是否可以承认契约法上的保护(契约责任的主观性扩张)均得到扩张。我们仅就其中与安全照料义务相关的主要内容来看,有如下一些:

⑫ 宫本健藏:《安全照料义务与契约责任的扩张》,信山社 1993 年版,第 3 页。

缔约过失中有:(1)保护义务。例如百货商店的所有人负有维持营业场所正常状态,不使顾客摔倒的注意义务。因此,在顾客被落在地板上的香蕉皮滑倒受伤的场合,百货商店的所有人对受害人负契约法上的损害赔偿义务。(2)通知及说明义务。在契约交涉之际,产生向对方当事人说明所有对契约缔结的判断特别重要的事情的义务。具体说,例如关于妨害契约有效性的事情,对于对方当事人缔结契约的决断来说决定性的事情,契约标的物特别危险的性质等必须进行说明。

积极的债权侵害中有:(1)不完全给付,超过履行利益即给付利益的附加性损害,正是由于给付自身的不注意履行引起的。(2)违反契约的行为,因与适合契约的行为相矛盾的所有行为的加害均包含在内,具体的如保护义务、说明义务等。

附保护第三人效果的契约,这种对不是契约当事人的第三者承认契约法上的保护的概念,被称为契约责任主观范围的扩张。例如,因出租人的过失致使租借人的家庭蒙受损害的场合,尽管其并非租赁契约的当事人,也要对出租人认定契约法上的损害赔偿义务。这种场合,对第三者并不是给付的履行,考虑的是使第三者的生命、身体、财产的损害得到赔偿。具体的,如旅客运送得到承认,并扩大到医疗契约、租赁契约、承包契约。进一步地又扩大到了买卖契约,到了现在已经与契约的种类无关,在所有的契约均得到承认。

制造物责任,消费者因商品的瑕疵遭受损害的场合,根据判例、通说,制造者只负担因侵权行为产生的损害赔偿责任。但是,与通常的侵权行为不同,引起损害的瑕疵存在于制造物上时,转换举证责任,制造者对过失的不存在负举证责任。对此,学说上将制造物责任作为契约责任加以构成的见解也是有力的。这些学说大致可以分为(1)保证契约说,(2)附保护第三人效果的契约说,(3)第三者损害说。

其他的,作为侵权行为责任、契约责任以外的第三种构成,拉仑茨(Larenz)和迪德里希森(Diederichsen)等学者一直坚持从信赖责任的观点加以解决的见解。拉仑茨认为,消费者对制造物,首先信赖制造者,制造者努力通过宣传使消费者直接得到其信赖。并且,卖主基本上只不过是信赖的“通过站”。从这种情况出发,制造者必须依据BGB第122条(以错误为理由撤销者的损害赔偿义务)对消费者信赖的类推负责任。迪德里希森虽然也同样主张信赖责任说,将从制造者经商人到消费者这样一连串的商品流通作为“连锁的商品买卖”的独立类型加以理解。由于法律上对这种类型未作规定,所以关于这种规范,可以通过由法官进行法创造的方法制造出一种形式。在进行这种创造之际,信赖关系应当作为决定性的因素加以考虑。[13]

契约责任的扩张,无论在时间性、客观性方面还是在主观性方面,讨论的既不是基于当事人之间合意的本来的契约上的给付义务,也不是服务于本来的给付义务履行的附随义务(除积极的债权侵害和一部分后契约过失之外)的问题,而是探讨在契约的接触关系方面,不得伤害对方当事人及第三者的生命、身体、财产这样一种契约法上的义务问题。就是说,契约责任的扩张,在所有的契约法上的义务的客观性扩张,都伴随着本来的给付义务以外的契约法上的义务这一点上是共通的。[14]

契约当事人之间不得伤害对方的生命、身体、财产这样一种契约法上的义务,即保护义务根据过去的判例、通说,在契约缔结前的阶段,已经基于诚信原则建立在法定债务关系的基础之上。与此相对,在契约缔结后的阶段,其基础置于当事人的合意之上。并且,在契约终了后的阶段,其再次以诚信原则为根据。但是,在同一当事人之间,同一内容的义务在契约缔结前及契约终了后和契约缔结后的阶段,其根据不同,这不太具有说服力。对未处于直接

---

⑬　宫本健藏:《安全照料义务与契约责任的扩张》,信山社1993年版,第6页以下。

⑭　宫本健藏:《安全照料义务与契约责任的扩张》,信山社1993年版,第13页以下。

的契约关系中的第三者的保护义务(附保护第三人效果的契约),一直是以有效契约为前提考虑的。但是,第三者的保护的必要性,在无效的或者被撤销的契约的场合,契约缔结前及契约终了后的阶段,都会存在。如果是这样的话,对此就不能依补充性契约解释来奠定基础。与契约当事人之间同样,应当给契约展开的各个阶段建立统一的基础,做同样的处理。于是,统一性保护关系论就应运而生了。

2. 统一性保护关系论

卡纳里斯(Canaris)向保护义务的违反寻求缔约过失责任的根据,认为这种保护义务产生于给对方当事人法益影响的可能性,从基于当事人事实上关联的信赖关系产生。所有的保护义务都在统一性保护关系中有其基础,这种统一性保护关系自法律行为性接触的开始起,经过许多的阶段——契约交涉的开始、契约缔结、履行阶段——逐渐加强。这种保护关系与当事人的意思无关地成立,因此具有"法定性"的性质。并且,其正当性在信赖思想,实定法上的根据置于 BGB 第 242 条(诚信原则)之上。这种保护关系与给付关系共同构成单一的债务关系。就是说债务关系不过只是各个义务的总体,只是给付关系和保护关系的总体。但是,这种单一的债务关系内部,这两个义务集团应当是相区别的。因为各个义务集团相互间无关地发生、存续、消灭。

通过这样理解保护义务乃至保护关系,可以明确以下事项,即在契约缔结前的阶段对附保护第三人效果的承认;缔约过失规制对契约缔结后的保护义务违反的转用(具体的,在积极的债权侵害场合的第三者,例如代理人或者履行辅助人自身责任的肯定);积极的债权侵害承认的举证责任的转换对缔约过失和附保护第三人效果的契约的适用;法律上的责任限制向契约前阶段的扩张;对缔约过失和积极的债权侵害的无效原因的意义的统一评价(例如,无法定代理人的同意实施行为的无行为能力人,不仅给付义务,关于保护义务违反也不负责任)。根据统一性保护关系论,这些问题都可以找到理论基础。这种保护义务的思维方法也可以适用于制造物责任的领域。即通过制造者自始就以消费者为目标的“契约构造”，就取得了对消费者的法益被升高的影响的可能性。并且，基于这种事实上的关系，就可以确立制造者与消费者之间的直接性信赖关系。这种场合，中间商人作为“信赖的单纯通过场所”只是接触的媒介。消费者可以以基于这种信赖关系的保护义务违反为理由，直接向制造者请求损害赔偿。

卡纳里斯尝试通过将保护关系的基础置于基于事实上接触的当事人的信赖，来统一地处理契约责任扩张的各个领域。

这种统一性保护关系论，对置给付义务与保护义务，将保护义务作为由当事人之间的信赖发生的基于 BGB 第 242 条的法定债务关系加以理解，该保护义务以与给付义务不同的，独立发生、存续、消灭的债务构造为基础。并且，认为缔约过失责任的根据就在这种保护义务违反中。统一性保护关系论就是将给付义务与保护义务对置的思维方法扩张到了契约缔结后及契约责任的主观性范围内，并加以贯彻的见解。⑮

3. 保护义务与社会生活保安义务

依据德国法的判例、学说考察保护义务与作为侵权行为法上的义务，所谓社会生活保安的义务的异同，有以下一些见解。⑯

所谓社会生活保安的义务，是不给他人造成损害或者使不当地使他人陷入危险地谨慎注意地实施行为的一般性的注意义务，对他人制造出或者维持危险源者，为不使该危险现实化必须采取必要且期待可能的预防措施的义务。这种义务，首先，对任意地开设一般交通者予以承认。即提供土地、道路、公园、港湾设施、桥梁等一般交通

---

⑮ 宫本健藏：《安全照料义务与契约责任的扩张》，信山社 1993 年版，第 22 页。

⑯ 学者还对保护义务与侵权行为法上的保护义务的理论基础、保护义务对给付义务的独立性、作为保护义务成立要件的信赖、保护义务违反与代理人的责任、后契约义务与统一性保护关系、法律上及契约上的责任限制与保护义务等等诸多方面的问题进行了全面的考察，限于纸面关系，本书不再详述。

者,他们对交通安全状态必须予以考虑。其次,旅馆、百货商店的所有人,必须保持其开设的一般出入场所和出入口没有危险的状态。再次,对不是自身开设的但其行为对交通有影响者,也被课以这一义务。例如,在公共道路上进行建设作业者,必须采取措施保护通行人。最后,即使在没有构成移动和运送事业,所以不存在通常意义上的"交通"的场所,判例法上也承认这一义务。例如,对商品的制造者和供给者、接受建筑工程和机动车等的修缮工作者、医师、药剂师、建筑师等专门性职业者,承认其社会生活保安的义务。就是说,只要开始进行以被允许的方法会对他人造成危险的活动,或者制造出那种状态者,为回避第三者的损害必须采取必要的保护措施、安全措施。这样一来,今天在社会生活保安的义务之下,所有种类的注意义务都可以得到理解。

这种侵权行为法上的社会生活保安的义务与契约法上的保护义务,在考虑不给对方造成损害的一般性注意义务这一点上,内容上没有不同。但是,蒂勒(W. Thiele)认为,两者有以下不同。即契约法上的保护义务,不是对所有的人都承认的,只在进入了契约性接触关系的当事人之间得到承认。就是说,在特定人之间,存在有意欲且作为目的的特别关系时,按照所造成影响的可能性,对一方或者双方的当事人课以就对方的身体和财货应当履行被提高了的注意义务。与此相对,侵权行为法上的社会生活保安的义务,在不存在这种特别关系的场所也得到承认。这就是所谓抽象的注意义务,自始没有以特定的人作为目标、目的的注意义务。在这一点上,侵权行为法上的社会生活保安的义务与契约法上的保护义务之间存在差异。

迄今为止,在判例法上对附保护第三人效果都是只有在契约有效存在的场合才能予以承认。但是,卡纳里斯的见解并非对联邦最高法院没有影响,德国联邦最高法院在 1976 年 1 月 28 日的判决[17]中,首次肯定了契约缔结前的为第三者保护的效果。这个判决不仅是承认契约缔结前的为第三者保护效果的最早的判决,而且在成为促进对过去的缔约过失和附保护第三人效果的契约的理论发展,甚至促进对全部附随义务的再探讨的契机这一点上,也是一个非常重要的判决。[18]

(三)考察的总结与日本法的课题

在德国民法之下,在时间性、客观性方面以及主观性方面,契约责任的扩张得到承认。因此,除积极的债权侵害及契约终了后的过失的一部分之外,与本来的契约上的给付义务没有关系的保护义务成为共通的问题。尽管如此,可以说过去的判例、通说未认识到这种共通性,契约责任的扩张一直在所出现问题的各领域被个别性地加以处理。因此,带来了各领域相互之间寻找根据的差异及法律处理的不同。这种情况,若从各领域相互问题的类似性来看是不太合理的。这种问题的类似性及基于这种类似性统一地把握契约责任扩张整个领域的必要性,是从由卡纳里斯提倡的统一性保护关系论之后

⑰ 该案[事实概要]:1963 年 11 月 2 日当时 14 岁的原告与母亲一起去被告的分店。在母亲站在收款台付款的时候,原告想帮助包装打算转过收款台去包装台,此时被掉在包装台附近的菜叶滑倒,受伤了。原告于 1970 年 3 月 5 日向被告提起因该受伤损害的赔偿之诉。被告主要以时效的抗辩进行对抗。原告胜诉。[判旨]:(1)缔约过失责任,在买卖契约的场合,经常以受害人缔结契约的目的或者交易上接触开始的目的——就是说即使没有确定的购买意思也有成为顾客可能性的人(möglicher Kunde)去卖场为要件。本案事例中,原告自始就没有自己与被告缔结买卖契约的意思,只是单纯地陪着母亲,打算帮助母亲购物的情况非常明确。因此,被告对原告不直接负依缔约过失的责任。(2)但是,被告与原告的母亲之间,事故当时既已成立使缔约过失责任正当化的法定债务关系。为使原告契约上的损害赔偿请求权正当化,可以援用这个法定债务关系。过去,判例在契约的一方当事人对第三者的"祸福"负有责任时,一直承认契约上保护效果的扩张。并且,关于这种契约上保护效果的扩张,事故当时,买卖契约尚未缔结的情况不具有法律上重要的意义。确实是将保护及照料的义务(Schutz-und Füersorgepflicht)视为依契约交涉的开始奠定基础的法定债务关系的标准性内容,从契约当事人无论契约缔结前还是缔结后,都同样地负这一责任的情况看,在将值得保护的第三者包含在这一法定债务关系之中这一点上首尾是一贯的。并且,使契约上的责任依存于在加害的时点最终的契约缔结是否已经达到这样一种完全偶然的情况的处理是不正当的。(宫本健藏:《安全照料义务与契约责任的扩张》,信山社 1993 年版,第 27 页以下。)

⑱ 宫本健藏:《安全照料义务与契约责任的扩张》,信山社 1993 年版,第 24~27 页。

才开始被明确认识到。

保护义务是基于当事人的信赖发生的具有法定性质的义务,其实定法上的根据置于 BGB 第 242 条。这种保护义务关系,虽然与给付关系一起构成单一的债务关系,但各个义务集团是相互间无关地发生、存续、消灭的。就是说,保护关系是从契约缔结前到缔结后,并且与契约的有效性无关地存续的。缔约过失、积极的财产损害及附保护第三人效果的契约的责任和制造物责任,都是基于这种保护义务违反的。这种统一性保护关系论,几乎受到其之后的所有学说的欢迎,并由其支持者详细地展开。其结果,统一性保护关系论的体系构造不断地明确起来。其要点整理如下:

1. 从给付义务的意义在于符合目的地享受主给付这一点上,服务于履行利益的确保。与此相对,保护义务则指向不给对方造成超出履行利益侵害的损害这样一种保持利益。

2. 保护义务在考虑不给对方造成损害这种一般性注意义务这一点上,与侵权行为法上的社会生活保安的义务在内容上没有差异。但是,保护义务只存在于意欲、并且目的指向存在特别关系的特定人之间,这一点与侵权行为法不同。

3. 作为保护义务成立根据的信赖,单纯的事实上的信赖不充足,必须是客观性、类型性的信赖。

4. 附保护第三人效果的契约,过去一直是在契约有效存在的场合才予以承认的。但是依据统一性保护关系论,这种效果在契约缔结前及契约缔结后的阶段均予以承认。这是由统一性保护关系论才奠定了理论基础,而后这种契约缔结前的为第三者保护的效果,是由联邦最高法院予以承认的。并且,拉仑茨等一部分学者的学说,也在结果上予以了肯定。

5. 关于代理人的固有责任,判例对缔约过失的场合,根据代理人自身在契约缔结上是否有利害关系,其是否从交易获得个人利益的情况;代理人特别程度上利用契约对方当事人的信赖时,例外地承认代理人自身的责任。但是,在积极的债权侵害的场合,否定代理人的责任。与此相对,米勒(Müeller)认为应该只在代理人特别程度上利用契约对方当事人的信赖时承认代理人的缔约过失责任。并且,在积极的债权侵害的场合也与缔约过失的场合同样解释。

6. 关于所谓余后效果性义务是否也适用统一性保护关系论,卡纳里斯未必加以明确。施特莱茨(H. W. Straetz)认为在过去作为余后效果性义务得到承认的义务中,存在着余后性效果从给付义务和伴随性保护义务这两种不同的类型。前者自契约缔结时成立,只不过在狭义的契约上的义务消灭的场合才有履行的可能这一点上与通常的给付义务不同。与此相对,后者以保护义务为问题,主张统一性保护关系论对此也应当可以适用。

7. 卡纳里斯考虑法律上的责任限制对保护义务似乎也可以适用,这一点被其后的学说做了修正。即法律上的责任限制,对与契约标的物无关连的一般性保护义务,契约展开的所有阶段均不得适用。与此相对,对与契约标的物相关联的保护义务,仅在契约有效成立的场合得适用法律上的责任限制,此外的场合均不得适用。再有,关于契约上的责任限制,在对保护义务也得适用这一点上,迄今为止学说的见解是一致的。但是,这种见解与将保护义务作为与当事人的意思无关的统一性保护关系论的基本理解是否相符,还是个疑问。

这些情况主要是根据卡纳里斯以后的学说展开的。当然,并不是说这些所有问题都只能有统一性保护关系论这个唯一的归结。

可以说由于这种统一性保护关系论的出现,德国法上的附随义务迎来了新的发展阶段。在考察这种德国法上的讨论的基础之上,下一个课题就是要明确这些对日本法具有什么样的意义。特别是统一性保护关系论具有何种有用性,或者说在日本的民事责任体系下,应当如何认识这种理论,对这些问题有必要(结合德国法)进行具体的探讨。[19]

---

⑲　宫本健藏:《安全照料义务与契约责任的扩张》,信山社1993年版,第52页以下。

二、德国民法中使用人的安全照料义务

(一)作为基本义务的照料义务[20]

日本学者认为,德国民法(以下简称BGB)第617条至第619条[21],规定了使用人的安全照料义务。但是,BGB第618条"Pflicht zu Schutzmaßnahmen"是"采取保护措施的义务"[22]。实际上这里没有出现"照料义务"(Fürsorgepflicht)的词语。原来是"劳动法学说从这些规定中导出了照料义务(Fürsorgepflicht)这一具有包括性质的义务。据此,照料义务就是以给予劳动者保护与照料(Schutz und Fürsorge),不做一切有害劳动者利益的事情为内容。这是使用人的基本性义务,与劳动者的忠实义务相对应。作为这一基本性义务的照料义务,在劳动法学上发挥着与诚信原则同样的一般性条款的机能,各种各样的个别义务基于此而生。这些义务,通常可以分为以下三种类型。(1)有法律上规定的义务。例如,BGB第617条、第618条及商法(HGB)第62条规定的安全照料义务。(2)由照料义务思想导出,逐渐发展成具有特别性质的独立性义务,以至要由特别条款处理。具体来说有,带薪休假的给付义务。(3)由一般性照料思想导出,没有特别的法律上规定的义务。例如,对劳动者所有物的照料义务、履行公法上劳动者保护规定的义务、遵守社会保险法上规定的义务、能够就劳的义务、在伴随危险的劳动之际的劳动者责任的减

---

[20] 宫本健藏:《安全照料义务与契约责任的扩张》,信山社1993年版,第120页以下。

[21] 日本学者对GBG第618条、第619条的法条翻译与我国学者翻译的有差异,现收录于此,以作对比。第618条"(1)劳务权利人,在劳务给付的性质许可限度内,当为他执行劳务设置、维持领域、设备、器具时,或者当管理在自己的指示或指导之下的劳务给付时,应保护义务人的生命、健康不遭受危险地实施。(2)义务人在家庭同居的场合,劳务权利人对居室及寝室,饮食,以及劳动时间和休息时间,必须从义务人的健康、道德和宗教上进行必要的设备和安排。(3)劳务权利人不履行自己的关于义务人的生命和健康方面义务的得准用适用于侵权行为的第842条至第846条的规定"。第619条规定,"依第617条、第618条劳动权利人所负义务,不得预先依契约排除或者限制之"。(高桥真:《安全照料义务研究》,成文堂1992年版,第7页以下。)

[22] 见陈卫佐:《德国民法》(第2版),法律出版社2006年版,第235页。

轻、平等对待原则等等。”[23]

安全照料义务，依据通说，被定位为人格法的共同体论之下的包括性的基本照料义务的一个内容。但是，安全照料义务与这种人格法的共同体关系论 = 包括性的基本照料义务并没有直接结合。民法典施行后的判例、通说，限定性地解释 BGB 第 617 条、第 618 条，不承认其扩张。使用人的照料义务得到扩张的是在 1934 年 1 月 20 日的国民劳动秩序法之下。并且，在立法史上与 BGB 第 617 条不同，BGB 第 618 条是基于安东·门格尔(Anton. Menger)对民法典第一草案的批判规定的。门格尔的批判在于，劳务不能与被用人的人格脱离，被用人最高价的财产人自身不得不置于危险之下，所以不使这种人的财货受到侵害的照料义务就应该课给雇主。那里并没有包括性照料义务的提案。并且，也并没有主张将雇佣、劳动关系作为人格法的共同体关系的见解。就是说安全照料义务是与人格法的共同体关系 = 包括性照料义务无关地，作为正当地认识与物的给付契约和雇用契约的差异的结果加以规定的。[24]

安全照料义务为什么规定在民法典中，而且是规定在契约节中，并与劳动法学有着密切的关系？原因在于，民法典继受法典成立前后的法制状态，并且，由于保险制度的发展，魏玛时期以后劳动法学的建立、发展，关于劳动灾害、职业病的法律问题在劳动保护法的各种制度、劳动关系的本质等的研究中得到探讨，以至这些探讨大大超出了民法规定的解释论的框架。[25] 考察这些法律沿革的状况在比较法上具有非常重要的意义，但限于纸面，只能留待其他课题进行。以下仅对德国的安全照料义务的现状做一简略考察。

---

[23] 宫本健藏：《安全照料义务与契约责任的扩张》，信山社 1993 年版，第 120 页以下。

[24] 宫本健藏：《安全照料义务与契约责任的扩张》，信山社 1993 年版，第 122 页。

[25] 高桥真：《安全照料义务研究》，成文堂 1992 年版，第 25 页。

(二)适用领域与法律性质

1. 适用领域

《民法》第 618 条,只要没有特则限制所有种类的雇佣、劳动关系均妥当。

公法上雇佣的劳动关系也妥当,但对官吏关系,关于雇佣契约的规定无论直接,还是类推均不得适用,因此,没有同条的适用是联邦最高法院的确定判例。在没有对官吏的照料规定的时期,判例、学说通过"第 618 条的基础存在的一般性法思想"补充实定法的欠缺,通过这种方法使对官吏的公法上的照料义务得以形成,对其有责的违反被课以损害赔偿义务。这样形成的公法上的照料义务,在 1937 年的德国官吏法中被明文化,由现在的《联邦官吏法》第 79 条所继承。在有责的照料义务违反之际根据同条行使损害赔偿请求权,对此归属行政法院的管辖。

关于承包契约,判例不是基于第 157 条、第 242 条(诚信原则的规定)认定发包人对承包人的安全照料义务,而是通过直接类推适用第 618 条加以认定。这样一来,第 618 条第 3 款(侵权行为规定的准用)的适用就成为可能。但是,同条能够类推适用的是,承包人基于契约,在发包人的领域内,或者是使用发包人的设备进行工作的场合,发包人或者其履行辅助人违反契约上的义务对上述领域、设备没有采取实施可能的危险防止措施的场合。但是考虑到承包人的独立性地位,发包人的安全照料义务,依比雇佣契约的场合有所减轻的基准进行判断。承包人的过失在第 254 条中加以考虑。

在委任中,若有支付报酬的合意,则在与雇佣契约中同样性质的给付得到实施的场合,应当类推适用第 618 条。

2. 法律性质

基于第 618 条的安全照料义务,是强行性的(第 619 条)私法上的契约义务,对此关于义务履行的债务法上的所有规定均可以适用(因此,关于履行辅助人的过失责任的规定也有适用)。

上述义务是以雇佣契约为根据的使用人的义务,但是与工资支付义务不同地独立并存的。即不是处于雇佣契约上的双务关系，最终的根据是向诚信原则（第 242 条）寻求。但是，劳务给付是与被用人的人格不可分开的，所以安全照料义务（及一般性照料义务）具有雇佣契约上特别重要的意义。并且有诉求可能性的履行请求权，义务未得到履行场合的劳务给付拒绝权得到承认，在此限度内得以被评价为具有给付义务性格的义务。理论上，或者作为基于雇佣关系的一系列附随义务之一，或者作为与工资支付义务并列的第二主义务被定位的，但只要把一般性契约上的义务构造论置之度外专门就基于第 618 条的安全照料义务的性质来看，其意义如上所述。

通说认为，第 618 条，不是第 823 条（侵权行为构成要件）意义中的保护法规。因此，契约上的义务违反并不直接被评价为侵权行为。但是，在上述义务违反满足了侵权行为的要件时，被认定为同时成立侵权行为。

（三）基于第 618 条第 1 款的安全照料义务的内容

1. 内容与界限

第 618 条第 1 款的保护法益，是被用人的生命及健康（不过，良俗、品性 gute Sitte und Anstand）的保护也构成同条的扩大或者一般性照料义务的对象。并且，根据同条的类推适用或者一般性照料义务，被带进职场的被用人的一定的所有物（衣类、携带品、自行车等）得到保护不遭受盗难的义务得到承认。

同条寻求的保护，不是绝对性的保护。被用人在一定范围内必须以自己的注意保护身体。并且用社会上通常的注意仍无法除去的危险，或者该劳务给付的性质上无法除去的危险的完全除去，不能基于同条让使用人负担义务。但同时，在这种场合为缓和由此产生的危险，使用人必须采取尽所有可能的保护措施。

当义务定立之时，在各个场合什么保护措施是可能的，对谨慎注意的使用人要求做这些是重要的。但与此同时，健康侵害的危险的重大性是必须加以考虑的。

若有健康侵害之虞的危险是可能除去的，就不得以该措施要支付费用,或者因该措施事业上会发生不便为理由推脱这样做。并且为防止危险所必要,期待可能的措施,不得以通常没有实施,或者同种事业中尚未实施的情况,作为不采取这些措施的理由。而且使用人被要求,必须在将被用人的一定的不注意纳入考虑的基础之上采取措施。

2. 劳务领域、设备、器具的安全

第618条第1款规定的第一个安全照料义务,使用人应当能够保护劳动者的生命及健康不遭受危险地,设置、维持为执行劳务的领域、设备、器具。

这里所说领域,意味着与本来的劳务领域并列的,被用人与他的劳务给付相关联而逗留的所有的领域。因此不仅公司住宅、宿舍,卫生间,楼梯,通往工作场所的通路等,而且,道路建设作业中的公共道路,庭院工作中的庭园,工厂内的道路等均包含在内。但是,被用人从自家到工作场所的公共道路不包含在内。并且基于同条的保护义务,对被用人禁止入内的场所,与他应该做的工作无关的场所,不在内。

并且基于同条的保护义务,对能够进入劳务领域、工厂领域的被用人的家庭成员也是妥当的。

还有,这里所谓设备、器具的概念,被解释得比词语本来的意义要广。劳务领域的环境完善(充分宽阔、暖气、清洁度、照明、换气、防火等),为了卫生、事故防止在机械上设置必要的设备等,基于同条由使用人承担义务。并且,还有为工具,原材料,安全应当穿着的身体上的装备、衣料等,为实现劳务结果的所有必要的物,都相当于这里所谓设备、器具。

3. 劳务给付的规律

作为第618条第1款规定的第二个安全照料义务,使用人必须保护被用人的生命、健康地管理在应当其指挥之下进行的劳务给付。上述管理,可以依一般性规则(就业规则),也可以依个别性指示实施。依据就业规则进行安全管理的场合,产生共同决定的程序问题。

作为上述管理内容,可以举出以下一些:关于作业方法的指示,危险作业方法的禁止,对应被用人健康状况的作业上的指示和根据场合的配置转换,防止被用人之间的感染疾病的措施,禁止侵害健康的过剩劳动的内容,并且,对被用人使用本条所称领域、设备、器具(无论是使用人提供的,还是被用人自己准备的)时的适当贴切的指示等。

4. 关于第618条第2款

与第618条第1款规定的关于劳务给付被用人逗留的领域,使用的设备、器具,及关于劳动管理的照料义务相对,第2款意味着在被用人被编入使用人的家庭共同体的场合,照料义务被扩大到了被用人的居住、生活空间。伴随着进入20世纪以后的经济、社会状况的变化,本条的家庭共同体得到比第617条规定的更为广义的解释。即不必要与使用人共同生活。基于使用人的指示与其他被用人共同生活的场合也包含在其中,因此,对宿舍也适用。

这种场合的使用人的义务,对被用人的居室、寝室,用餐,劳动时间、休息时间,被用人的健康,风纪,宗教上必要的规则及实施完善均作为其内容。具体地可以举出以下一些:劳动时间的适当正确管理,健康的寝室的提供,提供饮食的场合在健康方面是适当贴切的,天主教信徒的断食日的饮食安排,教会参谒时间的保障,提供男女分别的寝室;等等。在决定这些内容时要考虑诚信原则,必须注意因地域、职业种类、习惯等产生的差异。

5. 不履行场合的法律手段

(1)履行请求权

使用人不履行基于第618条的义务的场合,解释为被用人原则上可以诉求其履行。关于这一点曾经有过争论。否定说以被用人没有就劳请求权为前提,主张因为被用人不能对使用人请求提供劳务领域自身,所以就更不能请求使上述劳务领域的状况适当贴切。但现在的判例、通说均采用原则上承认使用人的劳务受领义务、被用人的就劳请求权的立场,所以安全照料义务的履行请求权也原则上得到承认。但是,在使用人有拒绝就劳的正当理由,而且实际上也没有让被用人就劳的场合,上述履行请求权就不存在。

不过由于通过诉讼实现太费时间,所以承认这种履行请求权的诉求可能性在实际上没有重要的意义。因此,作为被用人,可以通过即时解约和伴随解约的损害赔偿请求(第626条、第628条第2款),给付拒绝权的行使和伴随使用人的受领迟滞的工资支付请求(第615条)这一私法上的手段,或者向营业监督官厅投诉这一公法上的手段解决。

(2)给付拒绝权

使用人不履行基于第618条的义务的场合,被用人得拒绝劳务的给付。通说解释为,上述劳务给付的拒绝是第273条第1款的留置权的行使(但上述留置权不能通过担保的提供(同条第3款)消灭)。解释为由于安全照料义务与就劳义务不存在双务关系,所以不是依据同时履行的抗辩权(第320条)的事项。

对其行使必须顾及诚信原则,没有充足的违反为理由不能拒绝给付。并且在多数人行使给付拒绝权的场合,发生与劳动争议的关系的问题。

由于使用人不履行基于第618条的义务被用人行使了给付拒绝权的场合,作为被用人给付的实现没有使用人方面的配合行为的情况,使用人陷入受领迟滞,不是对价劳务的跟随给付,而是必须继续工资的支付(第615条)。

(3)损害赔偿请求权

A 请求权的性质

在因第618条的义务的不履行被用人发生损害的场合,使用人负担从积极的债权侵害观点出发的赔偿责任。被用人的损害赔偿请求权不是侵权行为法上的权利而是契约上的权利,所以以此为前提,准用第618条第3款中侵权行为法的若干规定。

这种损害赔偿请求权是雇佣契约上的权利,但报酬请求权是另外的权利所以不服从短期时效(第196条第8项、第9项),服从通常的 30 年的消灭时效(第 195 条)。

B 要件

作为损害赔偿的要件,可以举出义务违反与损害之间的相当因果关系,使用人或者其履行辅助人的过失责任。因此,在第 618 条框架内使用人的危险责任得不到承认。但在该框架内,谋求证明责任的减轻。

使用人过失责任有无的判断,多数场合与义务界限的判断一致。即这里什么样的作为、不作为在第 618 条中是必要的,构成是否是应当对使用人要求的问题。

C 赔偿范围

基于第 618 条的场合,除被用人的直接损害外,生产、生活上的不利益,遗属的扶养请求权、因劳动请求权丧失造成的损害的也应当赔偿(准用第 3 款的侵权行为法的规定)。

与此相对,第 3 款没有准用关于抚慰金请求权的第 847 条(现在,第 847 条已于债务法修改地抚慰金请求的扩大中被废止),所以作为基于第 618 条的契约上的责任的内容抚慰金请求权得不到承认是通说。但第 618 条违反的事实同时满足侵权行为的构成要件的场合,作为侵权行为的效果能够请求抚慰金。这种归结,是对应基于契约的法律效果与基于侵权行为的法律效果独立又能够并存的现行规定的处理。

D 关于履行辅助人的过失责任

使用人对履行辅助人的过失责任,基于第 278 条负责任。即使证明了他对事业的指导和对危险的防护措施委托给了能够信赖的人的情况,也不能免除这一责任。

因履行辅助人的加害,不仅是履行的机会产生的,还必须是关于照料义务的履行发生的。

安全照料义务的履行辅助人,只意味着基于在其营业体中的地位和关于对危险的防护措施的特别指示负有责任的被用人。因此并不意味着对某被用人来说所有的同事被用人都对自己成为安全照料义务的履行辅助人。因不相当于安全照料义务的履行辅助人的同事被用人的过失责任某被用人受到侵害的场合,使用人可以有基于监督、人员配置的不适当贴切,对危险说明的不充分等,自己的过失责任负责任的情况。这种场合,不是基于第278条负责任。

E 过失相抵

依据本条的损害赔偿,有通过过失相抵进行减额的情况(第254条)。在第254条中衡量两当事人的过失责任的场合,必须注意以下三点:第一,在使用人让使用危险的领域、设备、器具,或者容许使用的场合,通常以使用人负主要的过失责任。第二,应当考虑到被用人,一般地将劳务的危险的判断、回避委托给使用人或者其代理人。第三,被用人处于一定的拘束状态,所以虽然认识到危险仍然接受危险的工作。因此,以接受了危险工作的情况,立即就看作是被用人的过失责任是不应当的。

另外,被用人必须主动注意防范损害。因此,对使用人无法认识,被用人能够认识的危险,被用人应当向使用人或者其代理人指出,并且对劳动强度高的劳务,有被用人必须以自己的责任判断自己的健康状态是否能够耐受得了的场合。

F 证明责任

为找到损害赔偿责任的根据,第一,使用人或者其履行辅助人对照料义务的有责违反的情况;第二,必须证明上述义务违反与被用人发生的损害之间的相当因果关系。从很早的帝国最高法院、帝国劳动法院的判例就在以其证明责任属于被用人的原则为前提的同时,对各方面,都考虑到第618条的社会性保护的性格显著地减轻了上述证明责任。

据此,被用人只要证明若依事物的自然经过造成实际上发生了那样的损害是相当的,秩序违反状态事故以前曾经存在即可。若这一点得到确定,则使用人要免责,就必须出示自己和自己的履行辅助人没有过失责任,或者秩序违反的状态不是该损害的原因等,这些特别的情况。这一反对证明奏效,则返回到证明责任的一般原则。

上述通过判例形成的证明责任减轻的做法，得到学说的支持。不过，关于义务违反与损害之间的因果关系的存否，判例关于是将其确定的责任转换给使用人，还是通过"大致的证明"解决，解释上有分歧。并且，关于使用人的归责事由，适用与积极的债权侵害中的证明责任规则同样的规则。

6. 与公法上被用人保护规定的关系

第 618 条是私法规定，与规定使用人对被用人的义务的规定相对，公法上的被用人保护规定，虽然以被用人的保护为目的，但规定的是对国家的使用人的义务。但被认为两者之间有着密切的关系。即根据现在的劳动法学中的通说性见解，被用人保护法规，限于其在对使用人课以作为义务、不作为义务的问题上，具有公法上意义的同时也具有私法上的意义，是使第 618 条及一般性照料义务的内容充实、具体化的规定。因此，使用人没有遵守公法上的被用人保护规定的场合，只要上述规定适合第 618 条的内容被用人就可以运用不履行场合的各种法律手段。[26]

(四)与日本安全照料义务论的比较

以上对德国的安全照料义务进行了考察。以此为前提，对日本的安全照料义务论，进一步关于债务不履行法体系的再构成做若干比较。[27]

应当照料不给契约对方当事人的生命、身体、财产造成损害的安全照料义务，债务构造上可以属于任何一个阶段。无论在主给付义务的场合，从给付义务的场合，以及其他继续性义务的场合都可以考虑。按照属于哪个阶段其法理处理也有不同，所以，应该分别各个场合考虑安全照料义务的规范适用。

1. 作为主给付义务的安全照料义务

应当照料不给契约对方当事人的生命、身体、财产造成损害作为

㉖ 高桥真：《安全照料义务研究》，成文堂 1992 年版，第 7 页以下。

㉗ 宫本健藏：《安全照料义务与契约责任的扩张》，信山社 1993 年版，第 165 页以下。

契约目的或者与此密不可分的关系的场合的契约。在寄托契约、运输契约、医疗契约等中,可以考虑债务人的给付义务包含这样的内容。债务人违反了这些义务的场合,契约法规范可以全面地适用。

2. 作为从给付义务的安全照料义务

这是基于当事人的合意或者诚信原则的义务。在是给付义务这一点上与1的场合没有不同。作为从给付义务的安全照料义务,全面地服从契约法规范。因此,承认债权人享有履行请求权、解除及损害赔偿请求权。关于同时履行抗辩权,存在若干问题。之所以这样说,是因为进行主给付义务与从给付义务的分类,与双务契约的牵连性的有无没有关系。并非因为是从给付义务就可以直接归结出同时履行抗辩权的有无。必须基于公平观念判断牵连性的有无。与此不同,主给付义务的场合,牵连性的存在是当然得到肯定的。

3. 作为其他继续性义务的安全照料义务(保护义务)

这种保护义务,是属于契约责任与侵权行为责任之间的中间领域的义务。契约法规范,本来就是关于给付义务的规定,所以没有将这种规范全面适用于保护义务的必然性。因此,不构成请求权竞合问题。关于保护义务违反的法理处理,不应该以"因为是契约责任"、"因为是侵权行为责任"这样的发想,而应当直视事态,发现(创造)最适合该事态的规范。具体地,可以做如下考虑。履行请求权及同时履行抗辩权原则上不予承认。不是给付利益的侵害,所以也不发生解除权。但是,在保护义务违反的事实被在给付关系的平面上评价,信赖关系遭到无法期待契约关系的继续程度的破坏的场合,可以解除契约。这个情况虽然主要构成继续性契约关系上的问题,但在一次性契约关系中也会发生。因为两者在以信赖关系为基础这一点上是同样的,不过只是程度有所不同而已。

保护义务不能单纯地考虑为由来于德国侵权行为法规定的不完备。而是应当考虑为那是由来于传统的民事责任法只具有契约责任与侵权行为责任这两种类型的狭隘性,作为关于债权法上的各种义务法理论的深化现象有着积极意义的概念。可以说是现代社会的发展,催生了契约责任与侵权行为责任之间的中间领域。

第 3 节 安全照料义务的实务

一、安全照料义务的活用

以 1975 年最高法院判决阐述了特别的社会接触关系说、诚信原则说和附随义务说等判例理论为契机,许多地方法院做出了认定安全照料义务违反的判决。㉘ 沿着最高裁判所的裁判思路,将安全照料义务守备范围的妥当领域延长到了法律关系一般,并且进一步地涉及无法律关系的一定的社会性接触的场合。这样,从判例来看,实务中以下的场合,安全照料义务的存在得到肯定。

(一)承包契约

安全照料义务当初是被作为与劳动灾害事故斗争,追究雇主的债务不履行责任的武器开发出来,被适用于雇佣契约和劳动契约的情况的。但最高裁判所的判决之后,出现了一些超出了上述处理的裁判例。

山口地方法院下关支部 1975 年 5 月 22 日判决(载《劳动判例》228 号第 29 页)对一个 Y2 把从 Y1 承包的船舶的喷漆工程转包给了 X,X 在作业中受了烧伤的案件,认定了 Y1 的侵权行为责任,Y2 的债务不履行责任。相关判旨:根据 X 在 Y2 的指挥命令之下进行本案喷漆工程的实态来看,“不得不说,二者之间,不止是单纯的民法上的承包契约,而且成立了应该与劳动契约同视的契约”,Y2“负有防止劳动灾害避免该危险,保护原告生命及健康的类似于劳动契约上义务同样的义务是当然的”。

东京地方法院 1975 年 8 月 26 日判决(载《判例时报》809 号第

㉘ 国井和郎:“由裁判例出现的安全照料义务”,载下森定编:《安全照顾义务法理的形成与展开》,日本评论社 1988 年版,第 9 页。

64页)是一个Y2是楼房工程的原承包人,Y1是转包人的关系之下,Y1的被佣者A在进行上述工程作业中掉下,死亡,认定了Y2的债务不履行责任的案件。判旨:"原承包人虽然与转包人的从业员不存在雇佣契约,但转包人的从业员在原承包人的支配管理的设施内,在原承包人的直接指挥监督之下提供劳务的场合,应该说原承包人与转包人的从业员之间发生使用从属关系下的劳动关系,转包人的从业员对原承包人负有服从其指挥监督的义务的反面,原承包人对转包人的从业员,作为附随于上述劳动关系的义务,在其提供劳务的过程中诚信原则上负有防范危险保护其生命、健康不遭受损害的保证其安全的义务。"

(二)职业病业务外疾病

除劳动灾害事故之外,关于所谓职业病,也有以违背安全照料义务为理由,承认使用人的债务不履行责任的判例。

京都地方法院1975年12月23日判决(载《判例TIMES》第335号第304页),对长年在陶瓷器制造厂工作的人吸入粉尘罹患"尘肺"的案件,肯定了使用人的债务不履行责任。判旨:"原、被告之间有劳动契约,该契约的内容,有原告在被告提供的职场提供劳务接受工资的半面,还有被告按照劳动基准法,尘肺法、劳动安全规则等所要求整备符合保护劳动者健康的环境的义务,如果违反了这一义务,不得不说应当承担债务不履行的责任。"

高知地方法院1977年7月28日判决(载《判例TIMES》第351号第215页)对营林业署职员使用电锯、收割机,罹患"白蜡病(手足血管收缩引起的血管性运动神经障碍)"的案件,承认了雇主国家的债务不履行责任。判旨:"应当解释为,林野厅,只要为其事业的进行,对作业员提供机械让其操作接受其提供劳务,就不仅要求这种机械具有不因操作给操作员的身体带来障害的性能,而且,在进行该机械操作时,负有应为防范危险保护操作这个机械的操作员的生命、身体、健康等实施照料的义务。"在这种一般论的主张之后,具体地指出,林野厅在引进新机械之际,负有"事前当然要研究机械对人体的影响”的义务,新机械引进之后,“应当对振动障害调查研究,预防振动障害”的义务等,但却懈怠了这些,有“安全照料义务的不履行”。

上述两个判决,是关于作业场的环境和作业机械,指出雇主负担保护、照料劳动者安全义务的情况,与围绕劳动灾害的安全照料义务并没有什么不同。但职业病与劳动灾害问题状况有些微妙的差异,法理处理方式不同,职业病作为雇主责任也有困难的问题,需要区别处理。关于这些职业病的判决还有很多。

还有,对业务外疾病,东京地方裁判所1976年4月19日判决(载《判例时报》第822号第3页),对单身宿舍入住中的青年劳动者患感冒,在单身宿舍内死亡的案件,承认了雇主的安全照料义务。判旨:作为单身宿舍设置人的雇主的附随于雇佣契约的诚信原则上的义务,作为“负有应该进行入住者通常能够期待的可以接受疗养那样的照料的义务”,认定了这一义务违反。这个判决中,对感冒这种与职业完全没有关系的疾病,在与劳务提供的场所完全没有关系的宿舍,而且尽管宿舍管理人实施了一定的看护,甚至让雇主负担努力使之服用医师指示的药物等看护义务,这一点值得注意。

(三)学校事故、在学契约

最早的以安全照料义务认定幼儿园的设置人责任的是大阪地方裁判所1968年5月2日判决(载《判例TIMES》第222号第208页),对幼儿园中在园幼儿的事故,依据安全照料义务的违背肯定了债务不履行。

最初的对学校事故,认定安全照料义务的判决是山形地方裁判所1977年3月30日判决(载《判例时报》第873号第83页),对私立大学附属高中的体操俱乐部的俱乐部活动中,一年级学生成员在上级学生成员的指导之下进行吊环比赛的练习中,难的技术动作失败头朝下落下受伤后过着瘫痪在床的生活的案件,判决以高等中学的学生与高等中学之间的在学契约成立,认定“在学校教育的场所伴随危险的场合被告……作为附随其在学契约的事项,也负有保持原告……的生命、身体安全的义务是明白的”。

长野地方裁判所1979年10月29日判决(载《判例TIMES》第401号第110页)对在县高中校长主持的柔道比赛上负了重伤的学生和母亲向学校设置人提出的损害赔偿请求,对此虽然做出了否定,但关于在学契约上的安全照料义务,做出了如下的肯定“作为学校设置人的县,作为该在学契约附随的当然的义务,应当解释为,在教育条理及诚信原则上,负有在学校教育的场所为防范危险应采取措施保护学生的生命、身体等的义务”,因此,“认定本案事故当时,被告县对其所设置县立高等中学定时制课程在学的原告,负有为防范学校教育场所发生的危险应当照料同人的身体安全的义务是相当的”。

东京地方裁判所1980年3月25日判决(载《判例TIMES》第414号第83页)对国立大学学生宿舍的入学欢迎宴会上喝酒的学生酒精中毒死亡的事故,否定了大学当局的责任,但肯定了安全照料义务的存在。判决认为:“国立大学的在学关系可以解释为依行政处分而发生,但不能单从这一性质出发直接否定大学对学生的安全照料义务,应解释为,依行政处分发生的法律关系只要是伴随为达成一定目的(就大学而言教育、研究目的)的管理行为的,那么,依据诚信原则,实施管理人(大学当局)对被管理人(学生)的身体、生命、健康的安全照料义务,就内在于该法律关系,或者是作为附随的事项要负担的义务。因这一义务的不履行的损害赔偿责任,与依私法上的契约大学在学的法律关系成立的场合没有不同。”

这几个判决,关于国公立学校与学生之间的在学关系的法律构成,有看作契约关系的,也有解释为依行政处分发生的。对原告的损害赔偿请求,既有肯定的,也有否定的。但在肯定安全照料义务的存在,其义务违反均可构成“债务不履行”上是一致的。

(四)缺陷产品事故、买卖契约

国井教授认为,在缺陷产品事故、买卖契约中也可以发生安全照料义务的问题。举出的判例是神户地方法院1978年8月30日判决(载《判例TIMES》第371号第128页)和大阪高等裁判所1979年9

月 21 日判决(载《判例时报》第 952 号第 69 页)。该两案件详情请见第 14 章制造物责任的介绍。国井教授引用了神户地方法院判决中的一段论述,明确提到了安全照料义务。即“一般来说,卖主附随着契约上对买主的交付标的物的基本给付义务,负有应该照料买主的生命、身体、财产上的法益不受侵害的义务,这一安全照料义务解释为诚信原则上,买卖标的物的使用、消费能够合理预想的对买主的家族、同居者、接受买主的赠与者应负有的义务是相当的,被告公司自将本案球拍卖给买主时起,就对受到买主赠与的原告负有应当照料本案球拍不要给原告的生命、身体、财产上的法益不受侵害的义务”。[29]

(五)无契约关系

判例中还有对没有直接的契约关系的场合,也认定安全照料义务的。例如,福冈地方裁判所小仓支部 1974 年 3 月 14 日判决(载《判例时报》第 749 号第 109 页)否定了债务不履行责任的例子,但原承包人对转包人的被佣者也负担“安全保证义务”。判示如下:“使用人对劳动者的私法上的安全保证义务不是只有雇佣契约,即使那是部分性的,事实上发生类似雇佣契约的使用从属关系的某种承包契约,例如,像公司外工以及贷工那样的,法律形式上只是和承包人(转包人)缔结了雇佣契约,不是与发包人(原承包人)直接缔结契约,但是,以发包人与承包人之间的承包契约为媒介,事实上,从发包人接受,对作业、场所、设备、机器材料等的提供,以致接受指挥监督场合也内在于该承包契约中,相关契约至少在发包人对承包人的被用人,作为为第三者被用人的契约或者承包人的雇佣契约上的安全保证义务的重叠性承担,解释为包含着直接对其提供的设备等负担安全保证义务宗旨的约定是相当的。”判决在“有类似事实上雇佣契约的使用从属关系”的场合,原承包人与转包人的被用人之间有

---

[29] 国井和郎:“由裁判例出现的安全照料义务”,载下森定编:《安全照顾义务法理的形成与展开》,日本评论社 1988 年版,第 16 页。

"安全保证义务",为此,设置了"为第三者的契约"和"重叠性接受"这样的中间项。

神户地方裁判所1979年2月16日判决(载《判例时报》第941号第84页)也对转包人的被用人承认了责任,判决"被告黑崎功(转包人),作为事业者,应该说是有前述认定的安全保护义务的不完全履行的,被告黑崎产业(原承包人),作为黑崎功的商号续用的营业受让人,必须与同被告重叠性负被告黑崎功的上述债务不履行责任"。

广岛地方裁判所1978年2月28日判决(载《判例时报》第901号第93页)原承包人"在自己的作业场地,让被告宫地(转包人)的劳动者使用其作业地板进行前述的作业,所以在这样的场合,基于与被告宫地的责任的地方阐述过的同样的理由,或者亲自在开口部安装防护网或者让作业员使用安全带,或者对被告宫地及其作业员进行指导、监督让他们采取上述措施,由于懈怠这些,未采取任何措施,致使本案事故发生,所以应当负侵权行为的责任"。转包人的债务不履行责任原承包人的侵权行为,但构成其责任前提的注意义务违反的事实是同一内容,值得注目。[30]

二、安全照料义务的新发展

安全照料义务这一判例创造的规范,其发展由判例来加以说明最为恰当。这里选取两个本世纪以来的典型判例,从中可以看到安全照料义务的成立要件在构造上的更新与完善。

(一)最高裁判所2000年3月24日判决(载《最高裁判所民事判例集》第54卷第2号第1155页)

[事实概要]

A于1990年4月进入Y公司,6月被分配在该公司的广播推进

㉚ 国井和郎:"由裁判例出现的安全照料义务",载下森定编:《安全照顾义务法理的形成与展开》,日本评论社1988年版,第20页。

部、所属于同部两个班中的一个。当时在 Y 公司,从业员长时间加班是恒常性现象,并且对加班时间的申报比现实中实际做的少也是常态化的。Y 公司对从下午 10 点到凌晨 5 点从事业务的从业员除设置了承认对所定劳动时间的例外对待的制度外,还为凌晨零点以后业务终了的从业员中第二天还要定时出勤的人以公司的费用确保了可以有住宿的旅馆房间,但是由于公司未能使所有人员周知,这些条件没有被新加入公司的公司职员很好地利用。

A 几乎整天都在推销地的企业和公司的其他部署,为制作产品等的联络、商谈而忙碌,下午 7 点左右吃过晚饭后开始进行企划书的起草和资料的制作。A 积极地进行工作,但 A 的申报加班时间比实际情况少得多,A 为业务的完成彻夜工作的状态(特别是 1991 年 7 月、8 月屡屡彻夜工作)。同居的 A 的双亲,担心 A 因过劳而损害健康,曾劝其请带薪休假,但 A 回答说,自己休息的话没有代替的人,之后反倒是自己受苦,跟上司说了请假的意思时,会被问及工作会不会受影响等很难请假,没有听取意见。

从 1991 年 1 月 1 日起,A 业务的 7 成是自己单独完成的。广播推进部的部长 B,同年 3 月对 A 所属班的班长 C 指出 A 在公司内彻夜加班,C 对 A 进行了回家好好补充睡眠,如果工作没有干完的话第二天早上早上班的指导。同年 7 月以后,A 从班里独立出来单独完成业务,这时,A 出勤后就不回家的日子增多,即使回家也是第二天早上 6 点 30 分到 7 点左右,而到了上午 8 点左右就再次从自家出去上班,A 处于身心疲惫困乏的状态,在执行业务中也没有精神,郁郁不快,眼神恍惚注意力不能集中。这时 C 注意到 A 的健康状态不好,并且到了 8 月,A 对 C 说自己没有自信,自己连自己说什么都不知道等。

1991 年 8 月 23 日,A 下午 6 点左右回了一趟家,晚上 10 点左右开自家用车从自家出发,因为第二天开始要在交易地企业的长野县内进行活动,去在同县的 C 的别墅。这时 C 注意到 A 的言行有异常。A 从 24 日到 26 日之间,实施了上述活动之后,于 27 日早上 6

点左右回家了。并且跟弟弟说了要到医院去看病等话,上午9点左右给职场打电话告知自己身体不适请假,但在上午10点左右,被发现在自家的浴室内自杀了。

X等对Y,以通过继承取得了因侵权行为或者安全照料义务违反造成A的损害赔偿请求权,提起了本案诉讼。一审中,以A从事了超过被社会通念上容许范围的过剩劳动,进一步认定了长时间劳动与A罹患抑郁症及自杀之间的因果关系。并且,以Y的履行辅助人B、C知道A的长时间劳动及健康状态的恶化,但没有采取减轻其劳动时间的具体措施是有过失的,而且,认定在Y准备的健康管理措施实质上没有发挥机能的状况下,仅以健康管理中心的设置和出租车乘车券的无限制配给的措施,不能说已尽履行把握公司职员的劳动时间,避免因过剩的长时间劳动使公司职员的健康受到侵害的照料义务,以Y的侵权行为及违反安全照料义务为理由,命令125,000,000余日元的损害赔偿。

与此相对,二审中,以A的认真责任感强,完美主义的性格结果造成了自己工作量的增加,并且不适当的时间分配方面的问题也不能否定的情况;A实际上的加班时间比申报的长使上司把握A的勤务情况变得困难,并且A并不是没有向上司诉说过剩劳动要求改善勤务状况的途径的情况;A在一定范围内劳动时间的分配、使用由自己决定时,也有A没有以适当贴切的使用方法使用时间持续深夜劳动的方面;还有,罹患抑郁症前、刚得病时,能够期待A采取去医院看病或者从公司休假等合理性行动的情况;X等在大致把握着A的勤务状况、生活状况的同时没有采取为改善这些状况的适当贴切措施的情况等理由,适用《民法》第722条第2款的过失相抵规定,对Y命令负担损害额的7成。双方上告。

最高裁判所认定了前述事实,并在出示了关于罹患抑郁症与自杀的关系及有抑郁症亲和性性格的医学性见识的基础之上,做出了判旨记载的论述,驳回了Y的上告,另外撤销了X等败诉部分,对上述部分本件发回原审重审。

[判旨]

(关于 Y 的责任)

“1 劳动者在劳动日长时间地从事业务的状况继续等,疲劳和心理负荷过度积蓄的话,有损害劳动者的身心健康的危险的情况是众所周知的。劳动基本法规定了有关劳动时间的限制,《劳动安全卫生法》第 65 条之 3,没有对作业的内容等做特别规定,但同法规定了所定事业者应努力照料劳动者的健康,适当贴切地管理劳动者从事的作业的宗旨,其可以解释为是以防止上述那样的危险为目的的。从这些情况出发,解释为使用人在决定让其所雇用劳动者从事的业务对此进行管理之际,负有注意不要使伴随业务执行的疲劳和心理负荷等过度积蓄以致有损害劳动者的身心健康的义务。代替使用人享有对劳动者行使业务上的指挥监督权限者,应当依照使用人的上述注意义务的内容,行使其权限。

2 被配属在 Y 的广播局广播推进部之后 A 从事的业务的内容,主要是由与关系人的联络、商谈等和企划书和资料等的起草、制作等构成的,所定劳动时间内被联络、商谈等业务占用,所定劳动时间经过之后才能开始起草等工作,因此,长时间进行加班才成为常态。关于起草等业务的进行,看起来对时间的分配 A 并不是没有某种程度上的裁量余地,但对照上司 B 等人对 A 强调要遵守关于业务完成的权限的情况,可以解释为,当 A 执行该业务时,是在业务要在所定期限前完成这种一般性、包括性的业务上的指挥或者命令之下的,所以,上述继续性的长时间加班状态是不得已造成的。但是,Y 曾经有过因从业员进行长时间加班的状况出现问题的情况,并且虽然认识到从业员自己申报的相关加班时间未必是实际情况,B 等人至迟在 1992 年 3 月左右知晓,A 所申报加班时间比实情是相当少的,A 为业务的完成处于彻夜工作的状态是知道的,同年 7 月前后,C 注意到了 A 的健康状态恶化的情况。尽管如此,B 及 C,在同年 3 月左右,接受了 B 的指示的 C,对 A 只是做出了以业务应在所定权限完成为前提,回家好好补充睡眠,如果工作没有干完的话第二天早晨早上班来干等的指导,不但没有适当贴切地采取调整A的业务量等措施,同年7月以后,A的业务负担反倒比从前更增加了。其结果,使得A身心都处于疲惫困乏的状态,这些构成诱因,至迟在同年8月上旬左右罹患抑郁症,同月27日,因抑郁症的抑郁状态加重,从而导致了冲动性、突发性自杀。

原审,在上述经过的基础上,考虑关于抑郁症发病等前述的见识,在认为A的业务执行与其因罹患抑郁症自杀之间存在相当因果关系的基础之上,对A的上司B及C,认识到A恒常地在显著的长时间内从事业务的情况及其健康状态恶化的情况,却没有为使其负担减轻采取措施有过失,是肯定了Y的基于《民法》第715条的损害赔偿责任的,其判断是正当的可以予以认定。"

(关于过失相抵规定的类推适用)

1. 原审在决定Y的应赔偿额时,适用和类推适用《民法》第722条第2款的规定,减少了除律师费用之外的损害额中的3成

但是,上述判断中以下各点,不能认可。

2. 关于以A的性格为理由的减额

(1)原审在认为A有前述抑郁症亲和性和病前性格的地方指出,这样的性格,在一般社会上是被作为美德称赞的,但不能否定,其结果,增加了A的业务,迟缓了其处理,致使发生了作为有关其执行的时间分配认为是不适当贴切的,对不是A的责任的业务结果也认为就是自己的责任的烦恼状况等方面的情况,应该说前述性格及基于这一性格的A的业务执行的样态等,对因罹患抑郁症发生自杀的损害的发生及扩大是发挥了作用的,所以在决定Y的应赔偿额时,类推适用《民法》第722条第2款的规定,判断这些作为A的心因性要因是应当加以斟酌的。

(2)在以对身体的加害行为为原因的受害人的损害赔偿请求中,法院在决定加害人的应赔偿额时,参照公平负担损害的损害赔偿法的理念,可以类推适用《民法》第722条第2款的过失相抵规定,对损害的发生和扩大发挥作用的受害人的性格等心因性要因可以在

一定限度内进行斟酌(参照最高裁判所 1984 年(O)第 33 号同 88 年 4 月21 日第一小法庭判决,载《最高裁判所民事判例集》第 42 卷第 4 号第 243 页)。这一宗旨,在以劳动者的业务负担过重为原因的损害赔偿请求中,基本上也应当作同样的解释。但同时,被企业等雇用的劳动者的性格是多样的情况自不待言,只要从事某业务的特定的劳动者的性格没有脱离作为从事同种业务的劳动者的个性的多样性的通常所想定范围,即使其性格及基于此性格的业务执行样态对以过重负担为起因发生在该劳动者的损害的发生和扩大发挥了作用,可以说这种事态作为使用人也是应当预想到的。并且,使用人或者代替其执行对劳动者进行业务上的指挥监督的人,应当对各劳动者是否适合其所从事业务进行判断,决定其所配置岗位、应执行业务的内容等,届时,也是能够考虑各劳动者的性格的。因此,在劳动者的性格并非脱离前述范围的场合,当法院在以劳动者的业务负担过重为原因的损害赔偿请求中决定使用人的应赔偿额时,将其性格及基于此性格的业务执行样态,作为心因性要因进行斟酌应该说是不可以的。

3. 关于以 X 等的失误为理由的减额

(1)原审以 X 等作为 A 的双亲与 A 同居,大致把握着 A 的勤务状况和生活状况,所以不能预见 A 罹患抑郁症以致自杀,并且,能够采取改善 A 的上述状况等措施明确的情况下,没有采取具体性措施,判断这些在决定 Y 的应赔偿额时应进行斟酌。

(2)但同时,A 的前述损害,是业务负担过重而发生的,A 大学毕业成为 Y 公司的从业员,是作为独立的社会人基于自己的意思和判断从事 Y 的业务的。X 等作为双亲的确与 A 同居,但处于能够采取改善 A 的勤务状况的措施的立场,还不能轻易地那样说。

学者对最高裁判所的这一判决,做出了如下评释。

1. 最高裁判所在出示了相关医学性见识,认为原审认定事实和考虑上述医学见识与 A 的业务执行与其因罹患抑郁症自杀之间的相当因果关系的判断,是正当的。在此基础之上,认定了过重劳动与罹患抑郁症,抑郁症与自杀之间的因果关系这一点具有非常重要的意义。

2. 判决指出,对上述危险,使用人"在决定让其所雇用劳动者从事的业务对此进行管理之际,负有注意不要使伴随业务执行的疲劳和心理负荷等过度积蓄以致有损害劳动者的身心健康的义务",并且具体地认定了 B 及 C 在"没有采取为调整 A 的业务量等适当贴切措施"这一点上认定了其过失。这可以说是安全照料义务的一个具体内容。本判决的一个意义在于,在过去处理的安全照料义务的事故和职业病的事例之上,又加上了明示的不受因疲劳和心理上的负荷造成的侵害的保护义务这一点。这恰恰是过去的判例中并非一个个具体性安全措施的问题,作为更加基本的劳动条件设定上的不适当的问题具有重要的意义,在这一点上,也发挥了扩展围绕劳动灾害的安全照料义务违反和侵权行为责任的构造论的视野的作用。

3. 本判决从《民法》第 722 条第 2 款的类推适用,认为受害人的心因性要因在一定限度内可以进行斟酌的 1984 年最高裁判所判决的宗旨是妥当的同时,没有认定本案中 A 的性格的斟酌,在认定 A 的性格没有脱离作为劳动者的个性通常所想定范围的情况之上,又加上了从雇用关系存在的这一特性,把这作为使用人要能够考虑劳动者的性格配置岗位等的理由这一点,也是本判决的特征。

4. 本判决没有承认 A 的双亲 X 等有失误。理由是 A 作为独立的社会人基于自己的意思从事 Y 的业务的事实;并且 A 的损害的发生原因是 Y 的业务负担过重。也就是说,关于劳动者的健康管理使用人方面的照料,并不是因在公司的时间长,还是在家庭的时间长的事情,而是基于使用人将劳动者暴露于伴随业务的健康侵害危险这一事实的。因此,这一判断促进了人们重新考虑,一部分认为劳动者的健康管理其本质上是"私事",是劳动者自身和其家庭的责任这样的定式的机械性适用的观念是否正确。[31]

---

[31] 高桥真:《续·安全照料义务研究》,成文堂 2013 年版,第 24 页。

（二）最高裁判所 2006 年 3 月 13 日判决（载《判例时报》第 1929 号第 41 页）

在作为课外活动的足球比赛中，关于高中学生因雷击负伤的事件，对学校“不能说有债务不履行责任和侵权行为责任”的原判决，在认定了担当教师的“应保护学生的注意义务”之上，对事故回避的可能性应进一步审理，发回原审重审的案件。

这一事件是所属于 Y 高中的足球俱乐部的 X，在足球比赛中遭遇雷击残留了严重的后遗症的事件。学者整理的最高裁判所判决的主要内容如下。[32]

1. 事实概要

“Y 高中的第一次比赛开始的 1996 年 8 月 13 日下午 1 时 50 分左右，本案运动场上空出现雷云，开始下小雨，时时可以听到远处的雷声的状态。从上述比赛结束的同日下午 2 时 55 分左右开始，上空乌云笼罩天黑下来，持续下起像断了线的珠子一样的豪雨。同日下午 3 时 15 分左右，大阪管区气象台发出了雷注意警报，本案大会的相关人员，不知道这件事情。同日下午 4 时 30 分前左右，雨停了，上空大部分明亮了起来，但本案运动场西南方向上空仍然被黑压压一片凝聚的乌云笼罩，听得见雷鸣，可以目击到云间引起的放电。雷鸣的声音不是很大，考虑的是远处的空中发生的闪电的程度。

（率领者兼教练）A 教谕认识到闪电四五秒之后听得见雷声的状况是雷在接近，间隔长于这个时间时雷击的可能性几乎没有，所以，同日下午 4 时 30 分前没有考虑到会有发生雷击事故的可能性，”但是，比赛开始了的时候，下午 4 时 35 分左右 X 遭到雷击，立即倒地。

2. 一、二审的审理情况

X 等向 Y 请求损害赔偿，一审、原审否定了 Y 的责任，驳回了 X

---

[32] 高桥真：《续・安全照料义务研究》，成文堂 2013 年版，第 56 页。

等的请求。关于Y的责任,原审(高松高等裁判所2004年10月29日判决,载《判例时报》第1913号第66页)做出如下论述:“Y(教师是其履行辅助人)作为在学契约的附随义务,对在校学生X负有安全照料义务是自不待言的(……),那应当解释为即使在课外活动的俱乐部活动中也是同样的。”“特别是俱乐部活动是在屋外进行的体育竞技的场合,从其内容等来看危险是必然存在的,所以进行指导的教员,要酌量学生的能力预见可能发生的危险,必须采取能够回避这些危险的适当贴切的防止措施,懈怠了这一职责的场合,作为履行辅助人未尽安全照料的情况,Y负债务不履行责任的同时,还必须负作为《民法》第715条的使用人责任的侵权行为责任。”

“探讨Y对本案雷击事故的危险性是否有预见可能性或者预见义务违反”,原判决引用了复数的以一般民众为对象的有关气象的文献,“从自然科学的观点来说”,在本案事故前的状况下,“作为有雷击危险性的预兆,应当立即中止足球比赛,到安全空间去避难”。但是,“雷注意警报的发出和远处雷鸣,其自身并不意味着具体的雷击损害发生的当然性,在社会通念上也不能说因为有雷注意警报的发出和听到远处的雷声就当然地要求立即中止或者中断一切社会性活动,所以,为说Y有安全照料义务违反,只从自然科学的观点出发有对雷击受害结果的回避可能性还不充足,作为其前提,在具体的事实关系之下,A教师有关于雷击受害的预见可能性和作为平均的体育指导者的预见义务违反是必要的”。这一点,Y的安全照料义务违反的有无,应该依能否认定相当于Y有关于雷击事故预防的见识判断的X等的主张被驳回,认为应依A教师是否懈怠了取得作为平均的体育指导者应当具有的一般性知识进行判断。

在这些基础之上,原判决以“在1997年12月发行的《详解足球规则与审判法(1999年版)》中,关于主审的任务,对‘台风和大雪、强风等比赛不能进行的条件时不应该强行比赛’,也仍然只是认为‘雷雨等能够预计回复时,可以暂时中断看看情况’,对想定雷击危险性情况丝毫没有涉及,雷击受害,与雷注意警报的发生件数相比较,相对地死伤事故的发生件数是少的得到认定,从这种状况来看,在体育指导者之间,对雷击受害的危险性的认识并不那么强的情况得到认定",关于根据雷击事故的文献等的见识(上空云消散,雷鸣听不见后最低也有必要退避 20 分钟)作为一般人的行动基准不适当,以"毋宁说,雨停,空中变明亮,随着雷鸣远去,雷击的危险性减弱的认识被认为是一般性的,在平均性的体育指导者中,也不能承认超过这种认识应该具有上述见识",判示:不能承认认识雷击事故发生的具体危险性是可能的。

原审判决关于法人 Y,将 A 教师选任为率领者兼教练的行为,以及"没有让 A 教师进行关于因气象条件危险发生的原因与对策的学习、研究的安全照料义务违反"这一 X 等的主张,认为,A 教师有长年的足球比赛经验,有教练经验,"即使没有关于天候,特别是雷的专门知识,也是有关于野外体育的危险性的一般性知识的,所以不能从 B 校长将 A 教师选作率领者的人选和没让 A 教师接受关于天候(雷)的教育的情况就直接说是 Y 的安全照料义务违反"。承认了关于雷击危险的自然科学性见识的存在的同时,却又对教师没有接受关于这些知识的教育的行为不构成安全照料义务违反这一点值得注目。

3. 最高裁判所的理由

对此最高裁判所做出以下阐述撤销了原判决,发回原审法院重审。

"在作为体育活动的一环进行的学校的课外俱乐部活动中,学生听从担当教师的指导行动,应该说担当教师负有尽可能具体地预见涉及学生安全事故的危险性,基于该预见采取防止该事故的发生于未然的措施,保护俱乐部活动中学生的注意义务。

根据前述事实关系,因雷击的死伤事故,1993 年到 1995 年全国每年发生 5 ~ 11 件,每年死亡 3 ~ 6 人,并且,关于为了预防雷击事故的警告,截至 1996 年事故本件各文献上存在很多记载。根据前述事实关系,Y 高校的第二次比赛刚要开始前,本案运动场西南方向上空仍然被黑压压一片凝聚的乌云笼罩,听得见雷鸣,可以目击到云间引起的放电。那样的话,即使上述雷鸣声音不是很大,作为同校足球部率领者兼教练的 A 教师,直至上述时点具体地预见雷击事故发生的危险在迫近的情况应该说是可能的,并且,应该说是懈怠了应当预见的注意义务。这种情况,即使在平均的体育指导者,雷击事故发生的危险性的认识薄弱,雨停,空中变明亮,随着雷鸣远去,雷击的危险性减弱的认识是一般性的,也不能左右事件的性质。之所以这样说,是因为上述那样的认识,是与截至 1996 年很多存在的关于为预防雷击事故的提醒的本件各记载内容不相符的,是与当时的科学性见识相反的,不能构成使应当保护听从其指导监督实施行动的生徒的担当教谕逃脱注意义务的事由。”㉝

上述“电通过劳自杀事件上告审判决”和“高中体育活动雷击事件的上告审判决”这两个最高裁判所判决,对安全照料义务的发展具有非常重要的意义。最初的 1975 年最高裁判所安全照料义务判决,是对有关车辆保养工厂的机动车事故的案件,判例和学说多从与侵权行为责任交错的视角进行探讨,以现场担当者的过失为出发点,讨论的是把它作为契约责任构成,还是作为侵权行为责任的构成,以此为前提如何考虑事故的预见可能性等问题。而在电通事件中,事业者负有“考虑劳动者的健康尽力适当贴切地管理劳动者从事的作业”的义务,替代使用人持有指挥监督权限者被作为“应当依照使用人的上述注意义务的内容,行使其权限”的人。学校的教师作为履行辅助人,学校对教师的管理培训等,这种处理是使用人在组织运营上,负有采取确保安全措施的义务,以指挥监督者为首的履行辅助人具体地策划其实现,这样就不是从现场担当者过失的视角,而是从使用人自身的组织运营(management)上的义务的视角把握问题,直接地做出因使用人责任的判断的事例。这些在明确安全照料义务的构造上发挥了重大作用。㉞

㉝　高桥真:《续·安全照料义务研究》,成文堂 2013 年版,第 56 页。

㉞　高桥真:《续·安全照料义务研究》,成文堂 2013 年版,第 56 页以下,第 123 页。

第4节　安全照料义务的理论学说

一、理论概况

自日本最高裁判所1975年2月25日初次承认了安全照料义务之后，可以说安全照料义务已经在判例、学说上得到确立。通过为数众多的判决，安全照料义务的要件及效果也已经在判例中明确起来了。[35] 根据学说现状和存在问题，可以概括出如下几点：

1. 安全照料义务在体系上给予什么样的位置的问题，现在仍然没有得到解决。关于安全照料义务存在的意义提起的疑问依然没有得到解决，并且，有立场认为，契约责任的本质是动态利益保护，侵权行为责任的本质是静态利益保护，基于依据安全照料义务的法律构成谋求保护的完全性利益是静态利益这一责任的本质论，不应当承认安全照料义务，应当依据侵权行为加以解决。这样，民法上展开的议论，可以称之为安全照料义务。

2. 安全照料义务得到主张，劳动灾害案件占据着构成问题案件的核心。《劳动基准法》第84条第2款，被学者解释为"未采用业务灾害、职业病的场合原则上只适用劳动保险制度和劳动补偿制度，排除民事责任的一般法这样一种在德国和法国出现的立法政策，而是以事业主(使用人)在履行了基于无过失责任原则的灾害补偿责任时，在该限度内免除损害赔偿责任(就是说，关于同一事由，课以从使用人应当支付的损害赔偿的额度中扣除灾害补偿的额度)的形式，谋求灾害补偿责任与民事责任的一般法的调整"，关于劳动保险

---

[35] 伊藤教授是一直关注安全照料义务判例、学说发展的学者，其对学界状况的总结客观全面地反映了安全照料义务理论的全貌和发展方向。本节主要依据伊藤教授的总结。参见伊藤浩："安全照料义务论与劳动契约中的安全照料义务论"，载大塚值等编：《社会的发展与权利的创造——民法、环境法的最前线》，有斐阁2012年版，第97页以下。

给付也类推适用本款,在劳动灾害保险给付与损害赔偿之间进行调整。[36] 因此,在劳动灾害的案件中主张安全照料义务,为的是谋求劳动灾害补偿制度和劳动灾害保险给付未能解决的损害的赔偿,作为损害赔偿的实益得到承认。

3. 关于劳动契约,制定了《劳动契约法》。该法第5条设置了关于安全照料义务的规定,这样,安全照料义务就不仅有判例的根据,而且也被赋予了制定法的根据。从这一情况来看,劳动法上的学说,正在展开新的讨论。我们把劳动法上展开的讨论,称为劳动契约中的安全照料义务论。

4. 劳动法上的学说,对怎样把握安全照料义务,即安全照料义务在体系上如何定位的问题将会提示一些新的局势。为明确这些问题,虽然民法上的讨论与劳动法上的讨论未必能够严格地加以区分,但是以下大致分别对二者进行考察,之后进行若干探讨。

二、民法中的安全照料义务

最高裁判所最早承认安全照料义务的是最高裁判所1975年2月25日判决,这成为安全照料义务的转机,具有重要的历史意义。以下概观其前后的学说。

(一)最高裁判所1975年判决以前的学说

很早以前,鸠山教授就对雇用契约中使用人的义务,作为"附说"介绍了德国民法的情况。"使用人在劳务提供的场所,应该提供设备和器具的场合,于在劳务性质允许的范围内对劳动者的生命及健康要不发生危险"(德国《民法》第618条第1款、第619条)。并且谈道:"那样的制度在日本也有予以承认的必要,所以在此加以阐述。"但是,没有谈到是准备作为解释论予以承认,还是作为立法论予以承认。

---

[36] 日本《劳动基准法》第84条第2款原文:"使用者在依本法进行补偿的场合,对同一事由,在其价额的限度上免除依民法的损害赔偿之责。"关于此条款解释见东京大学劳动法研究会编《注释劳动基本法(下)》,2003年版,第931~932页。

我妻荣教授引用德国《民法》第618条第1款、第3款及第619条，还有瑞士《债务法》第393条，认为这些规定"是劳动者保护政策上特别课以的义务"，"雇佣契约的内容，使用人要设置这些设备，在将劳动者的劳务配置于这些设备实现劳务的场合，使用人负有上述义务不得不说是当然的事情"。认为"上述规定，解释为是使用人发生义务违反的责任作为归责事由是必要的"，这对于今天的企业劳动关系来说是不完善的，根据劳动基本法的灾害补偿制度的使用人无过失责任的增强是"极其适合的态度"。并且，"对没有劳动基本法适用余地的家事使用人等，……使用人也不仅负有按照劳动的性质尽可能地照料不造成劳动者的生命、健康的危险的义务，而且对劳动者与劳务的给付相关联蒙受的损害也应当负无过失责任。这是因为，使用人依靠自己的指挥命令实现劳务，只支付一定的报酬就取得所有的劳务结果，这里无过失责任的报偿责任的原理当然得到适用"。作为雇佣契约的解释论承认使用人的义务，并且，其义务违反是无过失责任的性质得到明确。但是，关于其要件并不是非常明确。

川岛武宜教授关于所谓请求权竞合的问题，在明确法条竞合的立场的基础之上，指出"契约法是对契约关系的特别法，属于契约特别关系的事实要求适合它的契约法，所以在没有明示的意思表示、规定的场合契约法的范围应当解释为属于契约特别关系的范围。这样契约特别关系就是'依契约必然地带来的场所的，该契约关系中只要存在特殊危险的关系'，这一关系中的事实，就要求与一般标准的侵权行为法不同的契约法"，"关于该事实没有明示的意思表示、规定的场合，首先应当明确该事实是否属于上述范围，如果这一点被否定时则无契约法的适用，应该单纯地依侵权行为法决定责任的有无；而当这一点得到肯定时，应当进一步探究该契约法的内容。在许多典型契约中，法对契约特别关系设置规定，所以不会发生问题，但在非典型性契约中应该通过意思表示来明确其内容（是否有责任，如果有是在何种要件之下），不能因为契约法没有明示，就直接适用侵权行为法。在这一意义上，对工厂灾害应该解释为雇主是负契约责任的,没有一般的侵权行为责任”。而且,还指出,“关于契约义务内容的规定及关于债务不履行规定明了地属于德国《民法》第 618 条规定的被佣者的健康保护义务,被佣者是基于依雇佣契约被强制起居于佣主指定的场所(所谓契约特别关系)的,应当解释为契约特别关系的内容是明确的。因此,在缺乏这种明文规定的日本《民法》中对保姆等也应当承认同样(或者类似)的契约义务。关于工厂灾害的《工厂法》的规定(第 15 条)也应当作同样解释(因此,工厂主的责任的时效也不是依据民法第 724 条而应当依据第 167 条)”。

(二)最高裁判所 1975 年判决以后的学说

1. 适用范围

(1)日本最高裁判所 1975 年 2 月 25 日判决认为“安全照料义务,在基于某种法律关系而进入特别的社会接触关系中的当事人之间,作为该法律关系的附随义务,当事人的一方或者双方对对方作为诚信原则上负有的义务一般是应当得到承认的”。并且,这个案例是最高裁判所承认国家与公务员之间,国家负有安全照料义务。之后,最高裁判所在劳动契约(最高裁判所 1980 年 12 月 18 日判决)、船舶的运航委托契约的受托者与船长的关系(最高裁判所 1990 年 11 月 8 日判决)、再承包企业的劳动者与原承包企业的关系(最高裁判所 1990 年 4 月 11 日判决)中,均认定了安全照料义务。

(2)对安全照料义务问题最早进行研究的国井教授,把安全照料义务定义为“基于一定的契约关系进入特别的社会接触中的当事人一方或者双方,防止在其法律关系中可能会发生损害的危险,确保他方当事人生命、身体安全的包括性义务”,本来的给付或者履行义务的场合也存在,伴随契约义务的场合也存在。这样,后者场合的安全照料义务作为根据的实质性基础,是基于一定契约关系的特别社会接触的存在相关联的契约性接触伴随的事故发生的危险性。如果站在即使不存在明文规定和合意的场合也有必要承认这种法律需要的评价视点上的话,在法理论上将其基础置于诚信原则之上的说明是可能的。还有,其妥当领域,应当按照上述实质性根据加以确定。

之后,在研讨了最高裁判所 1975 年判决之后的判例的基础之上,指出“1975 年判决之下,出现了安全照料义务的适用领域极其广泛的现象,没有错误。安全照料义务在雇佣或者劳动契约的场合容易得到认定,不问契约的种类,公法上的法律关系也得到适用。并且,出现了不存在直接的契约关系的场合安全照料义务的成立也得到肯定的事例。但是,如果认为那个场合契约关系的存否可以完全被无视的话还为时过早,应该说,从实质上看与契约关系类似或者准契约关系的存在应被视为必要。如果不是这样,债务不履行的构成就不妥当”。

(3)淡路教授在将裁判例做了“雇佣或者劳动契约关系”,“自卫队员及其他国家公务员、地方公务员与国家、自治体之间的关系”,“私立学校的在学契约及国公立学校的在学关系”,“宿泊契约,各种设施的利用契约”,“其他”这样的分类整理的基础之上,认为关于安全照料义务的适用领域只能等待今后判例的推移,同时对这些判例的情况评价道,“大致上,作为最高裁判所的所谓‘基于某种法律关系而进入特别的社会接触关系中’的情况,即作为处于超出了侵权行为法规律的个人之间的关系的特别的契约关系乃至法律关系的情况,也可以涉及不履行责任的规律”。

(4)北川教授认为“安全照料义务是在劳动灾害事故中显现其发展的概念,但问题是断言这是劳动法固有的义务是否可以?毋宁说,考虑为与……安全义务乃至保护义务(即保护债权关系对方当事人的生命、身体、人格和财产的义务)在法律上是具有相同性质概念的看法,从法体系全体的整合性(为什么只有劳动灾害事故有相关的特别义务,例如,与缺陷商品的被害在法律上是否能够区别的问题)看来是妥当的”,“对未立足于直接的契约关系者的安全照料义务的人的扩张,例如,与因缺陷商品买主的家族成员发生受害的场合就可以以同样的构成加以理解”。可以说北川教授的见解,并未停留在安全照料义务的适用范围的问题上,而是也包含了安全照料义务的体系性位置的问题。

(5)再有,最高裁判所特定了安全照料义务的内容,且明确了该义务违反事实的主张、举证责任,在主张国家的义务违反的原告方面(最高裁判所1981年2月16日判决)这个问题重要且重大,需要另做进一步的研究。

2. 体系上的定位

(1)关于安全照料义务不履行的效果,最高裁判所明确了以下事项。即,A损害赔偿请求权的消灭时效期间根据《民法》第167条第1款应解释为10年(最高裁判所1975年2月25日判决)。关于尘肺考虑到其病理上的特性,以因雇佣者的安全照料义务违反而罹患尘肺为理由的损害赔偿请求权的消灭时效,自接受最终的行政上的决定时起进行(最高裁判所1994年2月22日判决),以因雇佣者的安全照料义务违反在矿井罹患尘肺而死亡为理由的损害赔偿请求权的消灭时效的起算点为死亡时(最高裁判所2004年4月27日判决)。损害赔偿债务,是无期限规定的债务,其迟延损害金自接受履行请求之日的翌日起算(最高裁判所1980年12月18日判决)。C遗属不享有固有的抚慰金请求权(同判决)。

最高裁判所对安全照料义务的不履行,几乎可以评价为达到机械程度的直接地认定债务不履行。淡路教授推测除由契约乃至特别法律关系产生的本来的债权、债务关系外,其违反使损害赔偿责任产生,从而使作为附随义务的安全照料义务得到了承认。时效、不履行构成迟滞的时期、近亲者固有的抚慰金请求权的法律处理表现出这种立场。如果是这样,关于安全照料义务,在某种契约或者法律关系中,依该契约或者法律关系的性质产生作为附随义务的应当保护安全的义务,这种一般论得到承认的话,那么安全照料义务成为作为附随义务的安全保护义务,就可以通过债务不履行的一般论得到解消。判例朝向的正是这个方向。

(2)奥田教授在时间上早于最高裁判所1975年判决,关于损害超过履行利益的额度或者与履行利益不同的别的利益侵害的形式发生时,“从侵害样态和不履行形态来说,所谓积极的债权侵害乃至不完全履行的场合”问题,做出了以下的设定,即“这些场合的被侵害利益,是一般侵权行为法上的保护利益。它不是由第三者,而正是由契约当事人,并且在契约关系的场所受到侵害时,对此是应该只作为侵权行为责任处理,或者反之,应该只作为契约责任处理,还是应该承认两种责任的并存的问题。近似的契约责任法的适用范围的扩大倾向,对将上述场合作为契约责任来把握不会有异议。问题是,这种场合排除侵权行为责任,还是不排除而使其并存(竞合)”。这样的话,“就不是进行或者适用契约法规范,或者适用侵权行为法规范,一律只在既存的规范做择一性选择——所谓勉强地套用某一个规范——的处理,而是采取在那里发现(创造)适合该具体事例(能够得到类型化处理是最理想的)的规范,去谋求依其处理的方法是最好的”。

四宫教授认为,关于债务不履行与侵权行为构成请求权规范调整问题的,基本限定在对“他人的人格权、财产权的安全应该照料的义务”上,这个义务被认为是“安全义务”。这样的话,“在‘安全义务’构成契约本来的给付义务(医疗契约和事务处理契约等的场合),或者副次性给付义务(运输契约、寄托契约等的场合)的场合,依据契约责任规范的风险分配涉及何处,是法规范解释的问题,特别是契约解释的问题”,“依据契约责任规范的风险分配,原则上只涉及因与该契约的履行有‘内在关联’的行为安全义务受到侵害的场合(便宜上称为‘因内在关联行为的场合’),不涉及因与契约的履行无内在关联的行为产生的安全义务违反的场合(便宜上称为‘因游离行为的场合’)”。但是,依契约责任规范的风险分配中不利地作用于契约上的债务人的风险分配对因游离行为的场合也得适用,与侵权行为规范相比好像构成责任减轻的契约责任规范在因内在关联行为的场合受侵权行为规范的权利保护机能的制约。

安全照料义务的问题在于,处于债务不履行责任与侵权行为责任之间的所谓中间性的场合。可以说这是将安全照料义务违反的责任定位为谋求两种责任的调整的一种场合的立场。

(3)下森教授指出向诚信原则寻求使用人对劳动者的安全照料义务的根据,有如下一些问题点。使用人、国家的安全照料义务"单纯地采用基于诚信原则的雇佣契约上的附随义务的构成是存在问题的,本来诚信原则是立足于市民法的财产法原理,只是以发挥对等当事人之间的意思补充乃至调整机能为其主要机能的,这样就使问题之所在暧昧起来,并且,可以说包藏着使劳动者的法律保护只停留在市民法原理即使用人的过失责任原理的程度的危险性"。并且,在补充性契约责任的扩大化现象这一框架内把握安全照料义务的基础上,"今天的补充性契约责任的扩大化现象意味的只能是债权关系中社会性关系要素所具有比重的重大化,因此,安全照料义务的具体性内容、注意义务的程度,就会因买卖、借贷、承包、劳动契约等各契约类型背后社会性关系的差异,对应这些差异法律保护的社会性要求的差异,或者特别保护立法的有无,内容的不同,必然地会出现差异"。因此,关于使用人对劳动者的安全照料义务,下森教授主张,讨论雇佣契约中的安全照料义务,就是讨论劳动契约中的安全照料义务,安全照料义务的具体内容的探讨,抽掉了劳动法原理、劳动者保护立法是不可想象的。讨论作为劳动契约中诚信原则上的附随义务的安全照料义务的场合的诚信原则的具体内容,其定位,应当是发挥实现劳动法原理机能的。

承认安全照料义务违反的责任是债务不履行责任,同时,也承认安全照料义务的特殊性。这种认识的特殊性在于,站在不仅一般性地承认安全照料义务,而且要分别地对买卖契约中的安全照料义务、借贷契约中的安全照料义务、劳动契约中的安全照料义务等在各种契约中的安全照料义务都应当予以承认的立场。

宫本教授也基本上采取这种立场,关于劳动契约中的安全照料义务,既有与损害赔偿相结合的保护义务的场合,也有"从给付义务"的场合(这种场合的安全照料义务称为"安全确保义务")。"安全确保义务"作为给付义务履行请求权和劳务请求拒绝权都得到承认的情况,可以看出与作为保护义务的安全照料义务相区别的实益。

(4)从债务履行过程的分析,在保护义务中给安全照料义务定位的见解成为一种有力的主张。潮见教授首先将安全性利益的保护分为四个阶段。第一个是“安全性利益的保护,在以合意为基础作为准备实现的标的的给付结果正在形成的场合”,作为这个场合中的保护义务,例示了“警备契约、寄托契约、幼儿保护照管契约中的保护义务”。这一场合的保护义务是“主给付义务”。第二个是“以合意为基础应得到实现物的给付结果并非以完全性利益的保护自身为对象,但为给付结果符合契约目的地保持、利用完全性利益受到保护是必要的场合”。作为这个场合中的保护义务,举出了“运输契约、诊疗契约、宿泊契约、在学契约、运动设施利用契约中的保护义务”的例子。这一场合的保护义务是“为契约目的达成的从给付义务”。第三个是“完全性利益的保护不是为达成契约目的的必要条件,但在‘交易接触’即为实现给付结果的标的实施具体的行为之际,为防止可能发生的完全性利益侵害的发生,谋求保护对方当事人的保护义务”。第四个是以“凡是若有特别事实的接触存在,那里可能发生的完全性利益侵害”为保护对象的保护义务。关于这一场合,本质上应当作为侵权行为责任的问题处理,在完全性利益保护的侵害缺乏与契约的接点的情况寻求其根据。

其次,关于第三个阶段,完全性利益的侵害作为保护义务违反服从契约责任的规律,应当符合以下四个要件。A 为给付结果乃至契约目的的实现,债权人的完全性利益对债务人开示;B 为保持、管理债权人被开示的完全性利益所必要注意,要依赖对方当事人(债务人)的履行;C 债务人对完全性利益的侵害,是在向着给付结果乃至契约目的的达成实施的行为中发生的;D 该完全性利益的侵害,是伴随给付结果乃至契约目的的达成的特殊危险的实现。

这样的理论整理,使最高裁判所 1975 年判决“在基于某种法律关系而进入特别的社会接触关系中的当事人之间,作为该法律关系的附随义务当事人的一方或者双方对对方作为诚信原则上负有的义务一般是得到承认的"安全照料义务与完全性利益保护义务一致起来。并且,把同判决中"国家在对为执行公务应设置的场所、设施和器具等进行设置或者在对公务员基于国家或者上司的指示执行公务进行管理时,负有应采取措施保护公务员的生命及健康免遭危险的义务",或者最高裁判所1984年4月10日判决中"使用人有……在劳动者使用为提供劳务设置的场所、设施或器具等或者在按使用人的指示提供劳动的过程中,使劳动者的生命及身体等免受危险,应当采取保护措施的义务"。这一国家、使用人对公务员、劳动者的安全照料义务称为"狭义的安全照料义务",狭义的安全照料义务的问题是,"债务人在所负劳动给付义务的履行过程中出现的债务人的'给付行为'(作为社会现象的作为、不作为)和债权人的'协力行为'(同上)的共同作用中,债务人(劳动者)的完全性利益受到侵害的场合。若能将债务人的劳务给付义务的履行过程区分为劳务提供过程和劳务受领过程,则正好与在劳务提供过程中第三阶段的保护义务课给债务人的相同局面,在劳务受领过程中以所谓使义务负担者逆转的形式出现。这样来看,与第三阶段的保护义务即'为完全性利益保护的从给付义务'中论述的同样的理论构成,对狭义的安全照料义务也是可能的。这时,劳动者的劳务给付拒绝权能的问题,无债权人的协助能够自行行使的话,债务人不承担劳务给付义务的迟滞责任,以清偿提供的法理乃至受领迟滞的法理进行处理是可能的。并且,也可以通过把狭义的安全照料义务构成'从给付义务'(实效性另说)归结为安全照料措施请求权。"

三、劳动契约中的安全照料义务

(一)劳动契约法以前的学说

1. 和田教授在承认安全照料义务是在当事人之间未经特别合意的义务,所以不得不向诚信原则(《民法》第1条第2款)寻求其根据的同时,认为关于劳动契约中的安全照料义务,以下两点有必要加以留意。第一,使用人的安全照料义务是当然伴随劳务给付请求权或者劳务指挥权行使的义务。第二，依据《劳动安全卫生法》第 1 条及《劳动基准法》第 13 条，《劳动安全卫生法》的内容当然也构成劳动契约的内容，所以在劳动契约中使用人的安全照料义务依据《劳动安全卫生法》可以找到充分的根据。

2. 劳动（雇佣）契约中的"安全照料义务，可以说是与劳动者服劳务的义务相对应，使用人接受劳务的给付，作为附随于支配管理劳动者的劳务的法律关系的义务产生的义务。换句话说，是内在于劳务受领请求权或者劳务指挥权的义务"，"在劳动者与使用人之间，能够直视的是'劳务的管理'（最高裁判所 1975 年判决）或者接受'劳务的供给乃至业务的执行'这种事实关系介在的法律关系（鸟取地方裁判所 1978 年 6 月 22 日判决；东京地方裁判所 1977 年 8 月 26 日判决），可以说有了基于这种法律关系的社会性接触关系即足矣。因此，规范当事人之间关系的法律关系，就不应该以是雇佣契约或者劳动契约，或者无名的劳务供给契约这样的个别情况为问题，未必有必要的编入特定契约类型。

3. 劳动契约中的安全照料义务，基于"劳务给付请求权"、"劳务受领请求权"或者"劳务指挥权"这样的劳动契约的个性。不过，关于其是否构成劳动契约中诚信原则的内容，劳动契约中基于"劳务给付请求权"、"劳务受领请求权"或者"劳务指挥权"使用人的安全照料义务当然地得到承认，而诚信原则只是解释论上形式性的根据，这些原理未必得到了明确。

（二）劳动契约法以后的学说

1. 法律根据

（1）2007 年制定的《劳动契约法》，其第 5 条（对劳动者安全的照料）规定："使用人，应伴随劳动契约，采取必要的照料，使劳动者能够在确保生命、身体等安全之时进行劳动。"

学者认为，这一规定"虽然没有采用明定安全照料义务的要件、效果的体裁，但有判例所确立，以具有裁判规范性质的安全照料义务为前提，这是作为劳动契约中的基本性事项加以规定的"。

(2)可以说,在劳动契约中,安全照料义务被给予了《劳动契约法》第5条这样的制定法上的根据。山川教授指出"同条中'伴随劳动契约'的表述,明示了安全照料义务是从劳动契约当然发生的义务,表示出不待契约书和就业规则等中的根据规定成立的宗旨"。作为安全照料义务自身的要件事实,"只要主张举证劳动契约缔结的事实,根据该事实安全照料义务的发生也就具有了根据"。

(3)土田教授将规定劳动契约中的诚信原则的《劳动契约法》第3条第4款和《劳动契约法》第5条作为安全照料义务在实定法上的根据,甚至认为"安全照料义务的第一法源在《劳动契约法》第5条"。这样一来,"劳动契约上的安全照料义务,具有了比债权关系一般所具有保护义务更高的意义,即具有了伴随劳动指挥权的义务这一劳动法上独自的意义。就是说,具有从劳动者利用使用人提供的场所和设备,遵从其指挥命令进行劳动发生的义务这一独自的性格",可以说,"安全照料义务在以诚信原则上的保护义务为基础的同时,依劳动契约的特质转化成了更高度的义务"。

2. 适用范围

(1)最高裁判所1991年4月11日判决承认原承包企业对转包企业劳动者的安全照料义务。如果向《劳动契约法》第5条寻求安全照料义务的根据,那并非劳动契约当事人的人之间能否承认安全照料义务就存在问题。有见解认为,这种场合可以类推适用《劳动契约法》第5条。

(2)对并非严密的劳动契约的劳务供给契约,也可以类推适用。同条可以类推适用的范围虽然是个问题,关于"在什么样的契约中其是否可能,……根据在哪点上劳务受领者对劳务提供者实施着与劳动契约上的雇主同样的支配管理进行判断即可"。

(3)安全照料义务认可的所谓"基于某种法律关系而进入特别的社会接触关系中的当事人"是什么样的当事人,这一问题,可以说,由于《劳动契约法》的制定,变成了《劳动契约法》第5条能够类推适用的当事人是什么样的当事人的问题。

3. 内容

(1)《劳动契约法》制定以前,上田教授通过对抑郁症案件的探讨,做出过如下的指摘,“1975 年最高裁判所的判决对安全照料义务给出的定义,虽然是关于灾害事故与职业性疾病两方面的包括性定义,但之后的最高裁判所判决占压倒多数的是围绕灾害事故做出的判断。因此,可以说,在职业性疾病事件被注目的现在,那种判断框架也被要求重新加以探讨”。

(2)《劳动契约法》第 5 条的安全照料义务“不仅是物理性事故的防止,也要涉及劳动者的健康措施,职业病等的案件中有使用‘健康照料义务’的用语的”,在《劳动契约法》施行之际厚生劳动省劳动基准局长向都道府县劳动局长发出的通知“关于劳动契约法的施行”(基发第 0123004 号)中“5. 对劳动者的安全措施(法第 5 条关系)”明示了“法第 5 条的‘生命、身体等的安全’是心身的健康都包括在内的概念”。

(3)关于《劳动安全卫生法》,土田教授认为,该法“对使用人(事业者)课以应‘确保职场中的劳动者的安全与健康’的责务(第 3 条),详细规定了其内容。同法虽然是直接对使用人课以公法上义务的法律,但同时,补充完善了《劳动契约法》第 5 条、第 3 条第 4 款的规定,构成肯定《劳动契约法》上的安全照料义务的法律根据”。

与此相对,小畑教授认为,“《劳动安全卫生法》并不是给予法的受益者劳动者对法的义务主体进行私法性请求的权利的私法性的法规,而是纯粹公法性的法规”,“本法的种种规制,规定了多样的灵活的领域广阔的综合性行政的纯粹公法性质的事项,不是规范私人间的权利义务关系的私法性质的规定”。

小畑教授虽然指出《劳动安全卫生法》“不构成直接安全照料义务的具体内容”,但同时认为“本法以劳动者的安全与健康为其终极目的,为此,规定了行政上禁止什么样的行为,使之采取什么措施,所以在劳动灾害发生之后,其规定的基准,在判断什么行为应当谨慎、应当采取什么措施之际,作为斟酌的依据或者判断的基准是当然被允许的”。因此,两位教授的见解可以说实质上是没有差异的。

四、学说的总结与展望

1. 北川教授指出,安全照料义务“能否成为劳动契约固有的本质性义务。安全照料的问题,虽然在劳动契约关系中尖锐地表面化起来,但在此外的契约关系中也存在这个问题不是很自然的吗?”并且,“从这个意义上来看,毋宁说在判例中,安全照料义务的存在被扩大到劳动关系以外的法律关系上得到承认的处理是当然的”,“对未立足于直接的契约关系者的安全照料义务的人的扩张,例如,与因缺陷商品买主的家族成员发生受害的场合就可以通过同样的构成加以理解”。

把安全照料义务作为保护义务定位的见解,可以评价为处于北川教授见解的延长线上。这种见解,无论是把安全照料义务、保护义务设置成一些阶段,还是把安全照料义务定位为“从给付义务”,安全照料义务都是基于某一法律关系的社会性接触关系中的诚信原则(《民法》第2条)。《劳动契约法》制定之后劳动契约中的安全照料义务,基于《劳动契约法》第5条。同条是对劳动契约的内容做出了规定,所以被认为在劳动契约中安全照料义务是基于劳动契约的,但关于这一点未必是明确的。因为在同条类推适用的情况下,安全照料义务的当事人之间也可能会有没有直接契约关系的场合。无论怎样,也会提出向《劳动契约法》第5条寻求根据的安全照料义务如何在保护义务中定位的问题。

2. 将安全照料义务二分为作为从给付义务的安全确保义务和,作为效果限定在损害赔偿的保护义务的安全照料义务的思维方法,可以说是考虑到劳动契约中安全照料义务的特殊性的思维方法。还有更进一步的想法,例如,冈林教授认为,“劳动契约上的安全照料义务 = 是安全确保义务,这是与雇佣 = 劳动契约固有的义务相对地,作为保护义务的安全照料义务,其作为在劳动契约的场合也得到承认,是在社会性接触出现的两当事人之间得到承认的一般性义务,是与其他契约的场合出现的义务同质的义务”,“二者本来就是别个的义务,没有必要把二者合在一起称为安全照料义务”。

社会性接触关系中得到承认的安全照料义务,基于劳动契约得到承认的安全照料义务,是否有这样两种安全照料义务呢?关于劳动契约的研究有很多积累,也进行了立法,若可以有基于劳动契约得到承认的安全照料义务的话,那么,对其他契约的研究也通过积累,从而有其契约固有的安全照料义务的情况是可以想象的。

可以说,劳动契约中的安全照料义务论,把这样的问题摆在了民法上的安全照料义务论面前。

第10章 工作物责任

第1节 工作物责任的性质

一、无过失责任说

对因土地工作物的“设置或者保存上存在瑕疵”发生的损害,日本《民法》第717条规定,不论构成该加害原因的瑕疵是谁制造出来的,工作物的占有人或者所有人均负担责任。关于这种占有人与所有人的关系,占有人为第一次性责任者,当占有人为防止损害的发生采取了必要的措施得到证明时,占有人得以免责,由所有人负责任。

因此,这一责任不以占有人、所有人就加害事实本身存在故意、过失为要件。但是,对占有人以在防止措施上有过失为要件,从转换了该过失的举证责任来看,可以说是中间责任。对所有人,从不承认任何免责事由来看,是完全的无过失责任。但是,与此相对,也有认为所谓瑕疵,是将主观性的过失定型化了的客观性概念,如果瑕疵得到证明,就可以推定有注意义务违反,应该解释为依据过失责任的学说(详见下述)。

关于与瑕疵的制造的有无无关,使占有人、所有人负担责任的根据,存在着认为从为防止土地工作物内在的危险这一政策性考虑出发加重了该责任,认为通过工作物的利用获得利益所以是报偿责任等学说,但多数学说认为所谓工作物责任,是只要支配着带有会给他人造成损害的危险性的有瑕疵工作物,对于该危险就负有责任的危险责任。

在现代社会中,除土地工作物的瑕疵这一静的危险之外,工厂内的机器的运转,机动车、铁道、飞机等高速交通工具,电气、煤气、原子能等的能源这样一些动态的危险大量存在。并且在近代的企业中,设施自身内涵着给他人造成损害的危险性。因此,对于由这些危险产生的损害,适用以危险责任为依据的工作物责任的见解得到强烈的主张。甚至出现了不仅物的瑕疵,对由企业的被用人的行动发生的损害,也应该作为由来于企业设施的所谓人的瑕疵的损害,类推适用第 717 条使企业所有人负担无过失责任的解释论。这样,工作物责任的现代的意义,就在于作为无过失责任的实定法上的根据的规定,取代以故意过失为责任要件的《民法》第 709 条和第 715 条,填补伴随着企业活动的危险发生的损害。在判例中也已经出现了将第 717 条适用于铁道路口等的交通事故、因工厂排放的废液造成的公害、煤气罐爆炸事故等领域的例子。

但是,《民法》第 717 条仅限于土地工作物与竹木的瑕疵,有一定的界限。作为解释论,试图通过扩张"土地的工作物"概念来达到上述目的,但要适用于现在的所有的危险稍觉勉强。

为弥补这一缺点,对机动车,制定了被视为实质上采用无过失责任的机动车损害赔偿保障法,对原子能,制定了关于原子能损害的赔偿的法律,并且对其他的新的危险物均呈现出个别地实现立法化的倾向。另外,关于公共营造物,国家、公共团体的责任已由国家赔偿法明文作出了规定。

但是,在土地工作物损害的场合,以制造出这种瑕疵的故意、过失为问题,依据《民法》第 709 条追究一般侵权行为责任也是可能的。特别是不相当于土地工作物的物,对于没有接受前述特别法的适用的物,就不得不依据一般侵权行为规定。[①]

① 远藤浩等:《民法(7)》(第 4 版),有斐阁 1997 年版,第 179 页以下。

二、过失责任说

上述见解是今天的通说,但民法起草者考虑的工作物责任的性质却与今天的通说不同。民法起草者穗积陈重阐述道"对土地工作物的设置或保存,必须有人存在过失,总之这种侵权行为是以过失构成的",认为工作物责任也是基于过失责任原则的责任。只是认为,例如,像承包人对工作物的设置有过失而占有人(民法起草者的原案中只将工作物的占有人作为责任人)没有过失的事例那样,即使工作物的责任人没有直接的过失的场合,占有人也会被迫对他人的过失负责任,从这种意义上可以考虑为"稍稍扩展了过失原则"。并且,扩展过失原则的理由是"公益上"的便利的需要,并对此作了如下的说明。即第一,为尽量不使受害发生,并且把对损害的发生最有可能存在过失的人作为责任人,所以规定占有人是责任人;第二,在受害人很难证明占有人有过失的场合,实际上使有过失的占有人免除责任是不合适的,所以设置了这样的规定。

在今天的学说当中也有将《民法》第 717 条责任作为过失责任理解的见解。加藤教授认为,工作物责任也是以在工作物的设置或保存上有"瑕疵"为要件的,所以,应该说这是从客观的瑕疵推定主观的过失的责任,或者以客观的瑕疵的形式将主观的过失定型化了的责任。但是,加藤教授同时认为,在责任的法律性质上,第 717 条大致上是可以与第 709 条相区别的一种无过失责任。[②] 与此相对,泽井教授把第 717 条的所有人责任作为工作物所有人的高度注意义务违反来把握,认为第 717 条责任与第 709 条责任有连续性。认为这里的所谓过失,是指尽管危险是预见可能的却未采取回避措施,即意味着损害回避义务违反,把作为违反损害回避义务的过失视为违法要素的过失,进一步地,特别是在能够预见危险的场合,最终可以通过停止危险行为,或者不保存危险物来回避损害,并根据这种理

② 加藤一郎:《侵权行为》,有斐阁 1974 年版,第 20 页以下。

由,主张有以预见可能性作为归责原因的过失。泽井教授以这种过失概念为前提,展开了其第 717 条的功能在于推定违反损害回避义务的解释论。能够证明工作物在物方面的瑕疵,就可以大致推定占有人有该损害回避义务的违反,但占有人如能证明无义务违反,违反损害回避义务的推定就转嫁给所有人(第 717 条第 1 款但书)。条文上虽然规定所有人即使证明不存在设置保存上的义务违反也不得免责,但如果能够证明对工作物内在的危险性无预见可能性则应可以免除责任。这是因为,在这种场合下已经不存在作为归责原因的过失。第 717 条的所有人责任当然包含所有人处于其地位上的设置、管理上的注意义务违反,但是,本质上应解释为是以危险物所有人的损害担保责任为核心的责任。[③] 实际上是一种对危险性高的物,即使没有能够修缮的可能性,在可以预想到危险性的基础上,只有担保损害赔偿才能允许对该物的所有的观念。

三、判例对成立要件的认定[④]

(一)土地工作物

不仅房屋、桥梁那样的建筑物,道路、地窖、井、隧道、自来水管道设施、电杆、游动圆棒等接着在土地上的人工制造出来的一切设备,都是土地工作物。并且,判例逐渐在扩大工作物的范围。

大审院将灌溉用水泵也作为土地的工作物(大审院 1924 年 6 月 19 日判决,载《大审院民事判例集》第 3 卷第 295 页),最高裁判所也把卷扬机及钢缆作为土地的工作物,支持了认定民法第 717 条责任的原审判决(最高裁判所 1962 年 4 月 26 日判决,载《最高裁判所民事判例集》第 16 卷第 4 号第 975 页)。在那之后,铁路道口的轨道设施整体(最高裁判所 1971 年 4 月 23 日判决,载《最高裁判所民事判例集》第 25 卷第 3 号第 351 页),包含高压瓦斯软管的液化天然气消

③　泽井裕教授的见解,详细可参照泽井裕:《公害的私法研究》,一粒社 1969 年版,第 207 页以下。

④　远藤浩等:《民法(7)》(第 4 版),有斐阁 1997 年版,第 181 页以下。

费设施(最高裁判所1990年11月6日判决,载《判例时报》第1407号第67页)也认定为土地工作物。另外,在下级审判决中,屋顶、地板、电梯(东京地方裁判所1955年5月6日判决,载《下级裁判所民事判例集》第6卷第5号第295页)、滚动电梯(东京高等裁判所1954年9月30日判决,载《下级裁判所民事判例集》第5卷第9号第1645页)等建筑物内部设施、构成建筑物一部分的设施,还有,滑雪练习场(长野地方裁判所1970年3月24日判决,《判例时报》第607号第62页),高尔夫球场(横滨地方裁判所1992年8月21日判决,《判例TIMES》第797号第23页)等均作为土地工作物。

关于工厂内的机器是否土地的工作物,判例(大审院1911年12月6日判决,载《大审院民事判决录》第18辑第1022页)以未附着于土地的理由加以否定。多数学说以与建筑物实质上构成一体予以肯定。再有,《国家赔偿法》(第2条⑤)扩展了作为"公共营造物"的加害物的范围。

(二)土地工作物设置、保存的瑕疵

关于土地工作物的瑕疵,有与设置、保存行为相脱离,将重点置于作为工作物的客观性状的危险性的客观说,和将重点置于设置、保存的行为方面的义务违反说。通说、判例解释为具体地考虑土地工作物设置场所的环境、通常的利用者的判断能力和行为能力等,欠缺本来应该具备的安全性的状态。为此,并不是要求防止可以想象得到的所有危险的发生,在具体的与通常可以预定的利用者的通常用法和行动的关系上防止危险的发生即为充足。并且,虽然危险从当初就存在的场合是设置的瑕疵,事后发生的场合是保存的瑕疵,但没有必要决定属哪种瑕疵。

在电气事业者依照电气工作物规则架设了通过桑树林之间的通

⑤ 日本《国家赔偿法》第2条〔营造物设置管理的瑕疵与赔偿责任、追偿权〕:"因道路、河川及其他公的营造物的设置或管理上有瑕疵使他人发生损害时,国家或公共团体负赔偿该损害之责(第1款)。在前款场合下,另有应对损害的原因负责任者时,国家或公共团体对其有追偿权(第2款)。"

高压电流的电线，之后由于桑树生长起来，爬树的人触电死亡的事件中，判例的见解是，在没有对应随着桑树的生长所发生的危险而采取安全措施这一点上存在瑕疵（大审院 1937 年 7 月 17 日判决，载《法律新闻》第 4172 号第 15 页——桑树触电死亡事件）。

对 B 在购买了 C 的有钢筋水泥围墙的土地时，该钢筋水泥围墙坍塌破坏了 A 所有的房屋的事件，判例认为，即使在工作物的所有人自己不是设置人，瑕疵在前所有人所有时已经发生的场合，只要现在为自己所有就有责任（大审院 1928 年 6 月 7 日判决，载《大审院民事判例集》第 7 卷第 443 页——钢筋水泥围墙坍塌事件）。

依据管制法规设置的工作物也不能说没有瑕疵，设置后，必须是能够伴随着周围情况的变化对应处理所发生危险性的工作物。

关于工作物与自然力竞合产生损害的场合，有的判例对台风之际堤防被高潮所决坏发生损害的事件作出判示，认为尽管不堪预想之外的异常自然力的冲击，在堤防的设置、管理上也没有瑕疵（名古屋地方裁判所 1962 年 10 月 12 日判决，载《下级裁判所民事判例集》第 13 卷第 10 号第 2059 页）。还有的判例对由于集中的大暴雨造成的泥石流把公共汽车冲到河里的事件作出判示，认为虽然防止泥石流是困难的，但因为没有实施禁止通行的事前限制来防止事故，所以在道路的管理上是有瑕疵的（名古屋高等裁判所 1974 年 11 月 20 日判决，载《高等裁判所民事判例集》第 27 卷第 6 号第 395 页）。

工作物的瑕疵的举证责任在受害人。不过，从事故的发生能够推定瑕疵的存在，所以反倒是占有人、所有人方面必须证明瑕疵的不存在的情况为多。

（三）因工作物的瑕疵发生的损害

工作物责任的成立，工作物必须有损害的发生及与其有因果关系的在设置或保存上的瑕疵。由于完全预想不到的强风、暴雨这样的不可抗力工作物遭到破坏，由此而发生损害时，属于工作物没有瑕疵损害也会发生的情况，因为没有因果关系所以就不发生工作物责任。

例如,对因屋顶盖瓦有被楼房形成的风刮掉的危险而实施了预防施工的事件,判例以"尽管现实地没有发生损害,但却以为了预防将来发生受害的危险为由进行了施工,只要没有不得不进行上述施工的特别情况,就不能将为该施工支出的费用视为发生了的损害"为由,作出撤销原判发回重审的判决(最高裁判所1984年12月21日判决,载《判例时报》第1145号第46页)。

再有,只要工作物存在瑕疵,损害的发生是由此引起的,即使有自然力或第三者、受害人的行为与之竞合,工作物的瑕疵与损害的发生之间也仍然存在因果关系。

(四)占有人无免责事由

依据日本《民法》第717条第1款的规定,占有人证明为防止损害的发生已尽必要注意的免除责任。这种注意必须是对现实地防止损害的发生采取能够做到的所有措施,如果只是将危险的情况加以公告、通知是不够的。因此,从这个意义上说,占有人无免责事由。

判例认为,在小学校的游动圆棒的支柱腐朽出现危险时,只是立了一块牌子写上不能3人以上乘玩,以此告诉儿童,这不能说已尽相当的注意(大审院1916年6月1日判决,载《大审院民事判决录》第22辑第1088页——德岛市立小学校游动圆棒事件)。

四、与失火责任法的关系

在由烟囱、电气设施等土地工作物引发火灾的场合,存在适用《失火责任法》中关于没有故意或重过失可以不负责任的规定,还是依据工作物责任承担责任的问题。对此,有失火责任法适用说、第717条适用说,还有作为折衷在第717条中加入失火责任,要求工作物的设置、保存上存在重过失的学说等。判例也有分歧,失火自身的重过失,或者设置、保存上的重过失均比较容易认定,所以这些说法实际上并没有产生多大的差异。

采用第717条适用说的判例——在高压电线与树木接触起火,造成民房失火的事件中,配电公司主张不存在依据《失火责任法》的重过失，与此相对，法院判决指出，因工作物瑕疵发生火灾的场合不适用《失火责任法》（东京高等裁判所1956年2月28日判决，载《高等裁判所民事判例集》第9卷第3号第130页）。

采用折衷说（适用否定说）的判例——在高压线与杉树接触散落的火花引起火灾，烧毁了房屋的事件中，与不是适用第717条应该适用《失火责任法》的主张相对，判例支持了原审判决认定对高压线的保存存在重过失，依据《民法》第717条使加害人负责任的主张（大审院1932年4月11日判决，载《大审院民事判例集》第11卷第609页）。

但是，一方面运用《失火责任法》的精神，另一方面为与试图扩张工作物责任的倾向相一致，有判决认为，对于直接产生的火灾追究工作物责任，对于扩展延烧的部分作为一般火灾适用《失火责任法》是妥当的（横滨地方裁判所1991年3月25日判决，《判例时报》第1395号第105页）。[⑥]

第2节　设置、保存的"瑕疵"

一、所谓客观说

今天的通说将《民法》第717条的所有人责任的法律性质理解为无过失责任，但这里所说的无过失责任与矿害赔偿责任（《矿业法》第109条）和原子能损害赔偿（《原子能损害赔偿法》第3条）中的无过失责任不同。这是因为在第717条中，故意、过失虽然不构成直接的要件，但土地工作物的"设置或者保存上存在瑕疵"构成责任成立要件。而在矿害赔偿责任等中，不要说故意、过失，就连瑕疵的存在也并不构成该责任成立的要件。即使将第717条责任视为无过失责任，也是与作为制造物责任所主张的严格责任相同，是一种以

⑥　远藤浩等：《民法(7)》（第4版），有斐阁1997年版，第184页。

"瑕疵"(或缺陷)的存在为要件的特殊责任形态。

通说以《民法》第717条是无过失责任为前提,主张所谓"瑕疵"是指工作物欠缺按照其种类经常应该具备的安全性状态或者欠缺设备的情况,认为其有无应该客观地加以判定。这里所说的客观性,是指不问瑕疵发生的原因,并且不要求基于占有人、所有人的故意、过失这样一种意义,是对在工作物自身的物理性状态中有无危险性所作判断。

但是,问题并非仅以工作物中是否有物理上的危险性就能解决。还有是否欠缺"通常应该具备"的安全性的问题,所以,并不能因为危险性大就立即构成瑕疵。瑕疵不仅要从物的物理性状态进行判断,而且要考虑物的用途、用法等其他各种要素进行相关性的判断。而且,《民法》第717条规定了在"设置或保存"上存在瑕疵,所以,应该在工作物设置时,或者保存时,参照工作物的用途、用法等,探讨是否欠缺同种物通常所应具备的安全性的问题。换言之,当设置或保存时,是否实施了为确保安全通常应该实施的行为这一情况,构成决定有无瑕疵的要素。因此,加藤教授从所谓客观说的立场出发,认为应该说第717条是一种从客观的瑕疵推定主观的过失的责任,或者说是以客观的瑕疵的形式将主观的过失定型化了的责任。最终,设置、保存的瑕疵并不仅是物理上的危险性,而是意味着因为在设置、保存时存在着某人的过失(注意义务违反)所以发生了危险的情况。

这种不是从工作物的物理性状态本身,而是通过设置、保存行为的样态判断"瑕疵"的见解逐渐加强,进一步地,出现了认为民法第717条规定的设置、保存的瑕疵直接地说,就是行为义务违反的学说。

二、义务违反说的展开

主张义务违反说的代表学者是国井和郎教授与植木哲教授。

国井教授以飞驒川公共汽车坠落事件控诉审判决(前引名古屋高等裁判所1974年11月20日)为素材展开了论述,认为该判决一开头虽然冠以表现出客观说的瑕疵的抽象定义，但实际上设想了切实妥当的道路管理，并以此为基准以欠缺必要的措施为理由认定了瑕疵的存在，这样在将管理人的作为不作为视为瑕疵这一点上，该判决与从道路自身的物理性状态判断瑕疵的存否的客观说是不同的。倒不如说，本判决表现出的对瑕疵的理解应该解释为义务违反，判决正文的瑕疵认定的构造与过失的认定构造是相似的，因此，可以指出瑕疵与过失的类似性和连续性。进一步地，国井教授分析了采用客观说的其他各判决，指出在这些判决中也都将违反安全确保义务作为瑕疵加以认定。特别是道路的障害完全起因于自然现象或第三者行为的场合（道路上的塌陷、落石，路面冻结，第三者放置障碍物等），都是以道路管理人通过通行管制等应该能够回避损害，但却未采取切实的防止措施而认定"瑕疵"的。

根据这种判例分析得出的结论，国井教授提倡从营造物管理人的义务违反的观点出发，构成《国家赔偿法》第 2 条的设置管理"瑕疵"的解释论。认为"《国家赔偿法》第 2 条所谓瑕疵，当然包含营造物本身的性质状态上存在缺陷的场合，但不限于此，也包括为防止危险所采取措施方面的不备和缺陷，最终可以从理论上构成设置、管理人违反应该负担的确保安全义务"。并且，采用这样的将瑕疵解释为义务违反的构成，具有如下多种积极意义：第一，即使是像飞驒川那样的事件，对因自然现象发生的不可避免的交通障害本身（物理性状态）不能说欠缺"通常"应该具备的安全性的场合，也可以把不实施避难对策考虑为义务违反，认定管理的瑕疵。也就是说，义务违反说具有消除客观说的制约，扩大瑕疵认定的实践性意义。第二，因管理人的作为、不作为的瑕疵符合《国家赔偿法》第 2 条的法律条文，并且以义务违反作为责任根据还具有与侵权行为法的体系相协调的理论上的意义。第三，对因不可避免的自然现象发生的事故，如果依据着眼于物的设施的客观说，就不得不说是不可抗力，但是，依据义务违反说时并非立即构成不可抗力，管理人通过采取避难对策等就可能回避损害的发生时，就可以认定管理人因不作为存在的瑕疵。第四,通过义务违反性构成认定瑕疵还可以指出管理上的漏洞提示道路行政的应有状态,从而带来道路行政上的改善。⑦

植木哲教授也与国井教授同样,分析了众多的营造物责任判例的瑕疵认定理论。裁判例的大部分,判决正文中均有道路管理人违反损害防止义务,懈怠放置损害防止措施之类的判示,这些判例可以评价为采用违反损害回避义务说的判例。并且,以道路欠缺安全性为理由认定瑕疵的裁判例中,即使在判决正文中完全没有涉及义务违反的问题,但如果探讨事件内容也都是因道路管理人懈怠采取损害防止措施而发生了事故的例子,因此,认为从义务违反说的立场出发对所有的裁判例作统一的把握是可能的。并认为客观说符合逻辑地当然为义务违反说所吸收。⑧

三、义务违反说的探讨

所谓客观说在判断瑕疵有无之际,客观地判定工作物是否欠缺通常应该具备的安全性,但"通常应该具备"、"客观地"之类的术语过分抽象,在具体的瑕疵认定时无法构成直接的线索。迄今为止,客观说虽然一直在按照具体的事件提示瑕疵认定时的判断要素,但也存在未能明确一般的瑕疵认定这一理论构造上的不足。但是,客观说的有利之处在于与占有人和所有人的意思无关,尽可能宽泛地认定对危险的工作物的责任这一点上。客观说通过强调物的瑕疵,认定了迄今为止依《民法》第709条责任所无法涵盖的广泛的责任的事实必须给予正确的评价。

与此相对,义务违反说以义务违反来把握瑕疵,当瑕疵认定时就要界定损害发生回避义务,所以,危险的性质、程度、回避措施的困难程度等在认定过失的有无时要考虑的各种判断基准要素也要作为判

⑦ 国井和郎:"论道路的设置、管理的瑕疵——义务违反性构成的尝试——(1)~(16)",载《判例TIMES》1975~1983年第326~481期。

⑧ 植木哲:"灾害与营造物责任——以加治川水害为契机(1)~(9)",载《判例时报》1976~1977年第810~865期。

断瑕疵有无的要素加以考虑,瑕疵认定的理论构造是明确的。并且,具有即使在仅从物理性状态(危险性)不能认定瑕疵的场合(例如,地面滑坡、泥石流等自然现象发生的危险),也可以依据义务违反说通过将不实施避难对策这一回避措施视为管理瑕疵(义务违反),保持一贯的瑕疵认定理论构造的优点。这样,义务违反说在将《民法》第 717 条责任作为与第 709 条责任在法律性质上相连续的责任加以把握,从违反损害回避义务这一观点出发提示瑕疵认定的判断基准这一点上,保持了逻辑上明快的理论构造。

但是,对义务违反说,森岛教授提出了两点疑问。⑨

第一,义务违反说激烈地批判客观说,认为客观说是仅从物理性状态认定瑕疵的学说,但是,虽然称为客观说,可是《民法》第 717 条及《国家赔偿法》第 2 条"设置或保存(管理)"的瑕疵的责任要件是当然的前提,所以,客观说到底是否像义务违反说批判的那样完全不考虑其他要素,而仅从工作物的物理性状态认定瑕疵,这一点值得重新审视。实际上,客观说之所以要主张在瑕疵认定中着眼于物理性状态,只不过是为了强调应该不考虑占有人、所有人的主观性意思而客观地判断瑕疵的有无。

第二,义务违反说认为所有的判例均界定了损害回避"义务",但是,损害回避措施的存否的问题与管理人采取该措施是否负有"法律上"的义务的问题,是两个不同的问题。在以道路瑕疵的营造物责任为中心的事例中,法院把重点放在受害人的救济上,因此,在考虑能够采取什么回避措施的场合,尽可能以存在管理瑕疵来广泛地认定国家的责任。换言之,回避措施的存在是瑕疵认定的理由(正当化),而不是认定基准。在考虑营造物责任,特别是在工作物责任瑕疵的场合,对任何情况都要考虑回避措施,经常负有回避义务的见解是不现实的。而且不利于受害人的保护。例如,在前所有人造出了瑕疵现所有人不可能知道该瑕疵的场合,或他人造出了瑕疵

⑨ 森岛昭夫:《侵权行为法讲义》,有斐阁 1987 年版,第 64 页以下。

所有人没有加以修补的时间的场合,就不能说所有人有损害回避义务,但仍然要认定设置或管理的瑕疵。因此,在这一点上,所谓客观说之所以主张“瑕疵的发生是有某种原因的,并且不问所有人的故意过失”的见解,就是考虑到即使是依迄今为止对《民法》第709条的解释不能认定损害回避义务的场合,也应该尽量宽泛地认定瑕疵。并且,对于那种只要以传统的对第709条过失的解释,即严格地认定对危险的预见可能性,并且不承认高度注意义务的解释为前提,受害人的救济就是困难的事例,客观说依据《民法》第717条使其救济成为可能。可以说,第717条正是在不采用第709条的过失框架这一意义上可以称之为无过失责任。

不过,可能有见解会认为,像今天这样对国家和大企业,要求其为确保安全尽高度注意义务,能够容易地认定损害回避义务的情况下,不以专门的“欠缺通常应该具备的安全性”这种过于抽象的瑕疵概念认定责任,也能够以高度预见义务、损害回避义务为前提,作为义务违反来把握瑕疵,并且如果那样,法律责难的根据也是明确的,还能够期待对将来的损害防止发挥作用。如果采取上述立场,从基本原理上说,工作物责任和营造物责任就与《民法》第709条的侵权行为责任没有什么不同,即使是这种场合,由于高度注意义务构成这些责任的前提,所以也不妨把这些责任作为特别类型处理,而且这样做也符合(立法者)设置了特别条文(危险责任)的宗旨。

但实际上,只要作为过失责任的界限残留着预见可能性的有无,要依据义务违反说,即过失责任说,去处理民法起草者预测的,前所有人造出了瑕疵现所有人是预见不可能的那样的事例,就是不可能的。

还应注意的是,尽管过失责任与无过失责任在是否以预见可能性为要件这一点上是不同的责任,但在考虑作为关于工作物的无过失责任要件的“瑕疵”时,仍然是以危险的性质、重大性、危险发生的频度、回避措施的困难性等这样一些与在设定过失责任的注意义务时应该考虑的诸要素同样的要素作为基准判断瑕疵的,而这并不违背过失责任与无过失责任相区别的原理。

法官从实务的角度出发认为，在诉讼程序上，依据义务违反说与依据客观说的场合不同，原告必须对管理人（占有人、所有人）的回避义务的存在与义务违反的事实主张证明。即发生证明责任的问题。从诉讼技术上来说，在义务违反构成请求原因事实的场合，被告得以不存在义务违反加以否认，在这种场合下，原告就必须证明具体的义务违反。

森岛教授指出，关于工作物责任的瑕疵认定的理论构造，义务违反说提起的问题意识应该予以评价，但是，不应该忘记由于《民法》第717条和《国家赔偿法》第2条以"瑕疵"为责任要件，而并非以"过失"为责任要件，所以，法院能够比较容易地认定责任这一方面。义务违反说是站在自己的逻辑体系之上，按照自己的观念规定进行逻辑推理批判客观说的。的确，法解释中的逻辑整体的重要性绝不能轻视，但是，毋宁说问题是在现实的瑕疵认定和义务违反认定中，以什么样的要素进行什么样的衡量，并且，应该怎样进行衡量这一点上，而并不在于以义务违反这一术语能否说明这一结论。⑩

第3节　设置、保存的"瑕疵"与不可抗力

一、"瑕疵"的判断基准

工作物责任的成立，必须有土地工作物在"设置或保存上的瑕

⑩　森岛昭夫：《侵权行为法讲义》，有斐阁1987年版，第66页以下。森岛教授对各种学说的评价中均体现了这种既要重视概念的准确性，更要搞清需要解决的问题是什么，一切从解决问题出发的思想。这恐怕与先生年轻时代曾在哈佛大学法学院留学，受美国法思维方法影响不无关系。先生对日本民法的审视并不囿于日本民法本身，而是采取立足于日本民法之外的超越国界的法的角度客观地进行考察，并且理论探讨完全是为了实际问题的解决。另外，不务空谈似乎可以说也是日本民法学界特别是侵权行为法研究领域的一大特色。在学界，理论问题的提起完全源于实务，没有问题意识的"理论"几乎是不被理会的。

疵”。通说,即客观说认为“所谓瑕疵,是指该物欠缺本来应该具有的性质和设备”,这里的“瑕疵”概念与《民法》第570条的卖主瑕疵担保责任中的瑕疵大致是同样的概念。但是,实际上《民法》第717条和《国家赔偿法》第2条中的“瑕疵”仅仅是单纯的性能低劣并不充分,必须是由于欠缺本来应该具有的性质、设备因而带有危险性的瑕疵,所以与《民法》第570条的瑕疵稍有不同,是“指欠缺本来的安全性的状态”。

但同时,反过来,并不一定能说有危险性就经常有瑕疵。工作物并非必须是绝对性安全的。是否欠缺“本来的”或者“通常的”安全性,决定“瑕疵”的存否。那么,在何种场合下可以说“欠缺本来的安全性”呢? 关于这一点,从迄今为止的通说的立场出发,提示如何判断在何种场合欠缺本来的安全性,这样的一般性判断基准的见解并不多见。加藤教授、野村好弘教授认为“最终是足以防止损害发生的相当的设备,而是否相当要依据地域性(环境)、技术上、经济上的可能性等一系列要素来判断”。⑪ 例如,乡村的沙粒道路与干线道路,在关于是否需要护栏上就是不同的。

德本镇教授认为,作为工作物责任的成立要件的“瑕疵”,应该从工作物自身内在的、外在的情况的不完全性,即依据危险性的程度和对应处理该危险性的设置、保存行为的样态,进行所谓相关的考察。⑫

与通说的上述主张相对,在义务违反说中,“瑕疵”判断成为对工作物占有人(所有人)、管理人的行为是否相当于违反损害回避义务的判断,因此,过失判断的基准也被用于瑕疵判断。植木哲教授认为,⑬营造物设置、管理人的损害回避义务,是作为在营造物的危险

---

⑪ 森岛昭夫:《侵权行为法讲义》,有斐阁1987年版,第70页。

⑫ 德本镇教授的见解,详细可参照德本镇:《企业侵权行为责任研究》,一粒社1974年版一书中的有关论述。

⑬ 植木哲教授的主张,详细可参照植木哲:《灾害与法》,一粒社1983年版中的有关部分。

性程度与被侵害利益的重大性程度之间的相关关系之下客观地决定其违法性要素的客观性注意义务，因此，应该依据营造物的危险性程度与被侵害利益的重大性程度之间的相关关系，判断注意义务违反即“瑕疵”。

二、不可抗力的概念

工作物责任的积极要件是工作物在设置或保存上的“瑕疵”。判例中，有以损害发生起因于不可抗力否定“瑕疵”的存在，不认定工作物责任的情况。关于工作物责任中，作为肯定责任的积极要件的“瑕疵”与作为否定责任的消极要件的“不可抗力”这两个概念的关系，学说中也存在着不同看法。

实定法上广泛地使用着“不可抗力”这一概念。《民法》第 274 条、第 275 条、第 348 条、第 419 条、第 609 条、第 610 条均使用了不可抗力一词。商法上使用得也很多，特别是《商法》第 594 条作为免责要件的不可抗力为公众所熟知。但是，作为不可抗力概念的内容，依据各自的条文未必一致。不仅包含暴风雨、地震等天灾和战争、暴动等社会性动乱，第三者的行为等超过人所预期的，即使尽了最大的注意也无法防止有害结果发生的情况，甚至还有解释为大凡无法归责于债务人的情况都可以包含在不可抗力一词之中，即几乎是以与不应归责于债务人的事由同样的意义加以使用的例子（例如《民法》第 419 条第 2 款、第 274 条、第 609 条等）。[14] 因此，有学者认为，不可抗力的观念，就是使如果根据一般原则必须负担责任者从该责任下解放出来，或者对某人当然将要丧失的利益予以救济不使其丧失，以这种处理使必须实现的针对各个具体场合的公平得到承认的观念。因此，在性质上其本来就不可能是一定不变的观念。[15]

加藤教授认为，不可抗力的概念主要地作为损害赔偿的免责事

⑭　远藤浩等编：《民事法小辞典》，一粒社 1982 年版，第 506 页。

⑮　“不可抗力”见伊泽孝平：《民事法学辞典下卷》，有斐阁 1960 年版，第 1705 页；转引自森岛昭夫：《侵权行为法讲义》，有斐阁 1987 年版，第 77 页。

由加以使用,但其意义按照损害赔偿的内容有宽有窄。并且,在过失责任中,"不可抗力"一词意味着加害人没有过失的情况,或者(例如交通事故中,完全是由于受害人突然跑出来无论驾驶人有无违反徐行义务事故都会发生那样的场合[16])过失与损害的发生之间不存在因果关系的情况,没有特别地将不可抗力作为免责事由的必要。[17]在工作物责任中,以设置、保存的"瑕疵"为责任要件,所以,探讨瑕疵的存否问题即可,特别地把不可抗力作为问题是没有必要的。不可抗力能够具有免责事由的意义的,只限于矿害赔偿责任(《矿业法》第109条)那样的构成完全的无过失责任的场合。

还有的学者认为,在土地工作物责任中,损害以自然力为契机发生时,第一,在与自然力的关系上构成工作物是否有"瑕疵"的问题;第二,在认定了工作物有"瑕疵"的场合下,构成损害是因"瑕疵"发生的,还是与"瑕疵"的有无无关而因自然力发生的,这样一个"瑕疵"与损害之间是否存在事实性因果关系的问题;第三,假如能够肯定"瑕疵"与损害之间的因果关系,那么就是自然力与瑕疵的竞合发生了损害,在这种场合下,发生能否减轻占有人、所有人责任的问题。[18]

三、自然力与瑕疵

名古屋地方裁判所1961年10月12日判决(《下级裁判所民事判例集》第13卷第10号第2059页)对伊势湾台风时堤坝决口事件,认定了因台风造成的狂潮是不可抗力,但法院并未以不可抗力自身

---

⑯ 同法国、德国以及欧美各国同样,在今天的日本,这种情况已不能再作为"不可抗力"加以主张。详见于敏:《机动车损害赔偿责任与过失相抵——法律公平的本质及其实现过程》,法律出版社2004年版,第159页以下。

⑰ 例如,在《侵权行为》一书中,加藤教授就未把不可抗力作为违法性阻却事由(参见加藤一郎:《侵权行为》(增补版),有斐阁1974年版,第135页以下)。加藤教授的见解,详细可参照加藤一郎:"论'不可抗力'",载《法学教室》第1期,有斐阁1980年版,第48页以下。另外,平井宜雄教授也不把不可抗力作为侵权行为成立的阻却事由见平井宜雄:《债权各论Ⅱ侵权行为》,弘文堂1992年版,第91页以下。

⑱ 森岛昭夫:《侵权行为法讲义》,有斐阁1987年版,第77页以下。

为免责事由，而是判示道“计划堤坝时决定高度及堤坝的其他设计都是妥当的，如果按照设计建造了堤坝并且其后的修补等管理上也不存在欠缺，就应该说堤坝保持着通常应该具备的安全性，即使堤坝为建造当时不能预见的狂潮所决溃，也不得不承认那是由于不可抗力的灾害，而不能说堤坝的设置或管理存在瑕疵”，认为即使未能承受预想之外的异常自然力的冲击，堤坝在设置、管理上也无瑕疵。

在判断“瑕疵”时，自然力是否不可能预见不是直接的问题，回避异常巨大的自然力的危险的成本是否过大，一般人能否期待回避危险等要素也应该予以考虑。名古屋高等裁判所1974年11月20日判决，对因连日集中降暴雨发生泥石流将两台在国道上的公共汽车冲进飞驒川的事件，认为以现在的科学技术水准依靠防护设施防止本案泥石流是困难的，但是指出，通过停止交通等事前限制就能够防止事故发生，从而认定了道路管理的瑕疵。因泥石流产生的结果的损害是重大的，与此相对，通过事前限制回避损害能够比较容易地做到，这就可以认定管理的“瑕疵”。瑕疵概念是社会性和法律性概念，所以，在工作物（营造物）与一般所期待情况相反存在危险的场合，所有人和管理人有可能回避危险（成本相对低廉）但却将危险放置时，就可以将其作为工作物（营造物）的保存（管理）瑕疵来把握。

受害人如果能够证明因通常应该是安全的工作物而蒙受了损害，瑕疵即被推定，只要所有人（管理人）不能对此举出反证，证明没有可以采取的能够回避由自然力发生的危险的措施就要负责任。

在工作物被判断为存在“瑕疵”，瑕疵与自然力竞合的场合，存在着工作物的占有人（所有人）应该对所发生损害的全额负担责任，还是应该限制在除去自然力发生作用的部分的问题。上述飞驒川公共汽车坠落事件第一审判决（名古屋地方裁判所1972年3月30日，载《判例时报》第700号第3页）以泥石流的作用部分为四，道路管理人的管理瑕疵为六，限定在全赔偿额的六成认定了损害赔偿。对此判决,有见解将其作为认定比例因果关系的判例,或者作为按照道路管理人的违法性程度进行责任限定的判例,赞成这种限制损害赔偿额的考虑;也有见解认为,即使将上述判决未说明为什么把泥石流的作用程度判定为四成的理由这一点撇开不谈,分配给自然现象泥石流的那一部分四成分割责任,最终要由受害人来负担,这样就成了以受害人的负担来减轻存在瑕疵的道路管理人的责任,而这是不公平的。当然,如果发生的结果是超出因道路管理人的管理瑕疵通常可能产生的范围的损害时,依损害超出了相当因果关系的范围的逻辑来限制赔偿责任的范围是可能的。但是,像飞驒川公共汽车坠落事故这样的场合,停止交通是有相当因果关系的,而公共汽车坠落河中不能说是相当的,要切分损害范围是困难的。[19]

四、第三者的行为与瑕疵

工作物责任(营造物责任)中,有以第三者的行为结果为不可抗力的事例。例如,对道路上设置的施工标志板、路障以及红灯标志柱被其他的车辆撞倒,随后通过现场的车辆为避免冲入施工现场掉到道路旁边坡下的事件,最高裁判所 1975 年 6 月 26 日判决(《最高裁判所民事判例集》第 29 卷第 6 号第 851 页)认为,不得不说道路的安全性是欠缺的,但是,本案中,却以在时间上道路管理人毫不迟延地将道路修复到安全良好的状态是不可能的为理由,认定在道路“管理”上没有瑕疵。这个判例并未特别地使用“不可抗力”一词,有的见解把它理解为认定时间性不可抗力的判例。但是,判例是以管理人使道路恢复安全良好状态不可能为由,认定没有“管理瑕疵”的。与此同时,义务违反说认为本案没有避免损害的可能性,所以没有认定义务违反,证明了义务违反说的有效性。

但是,森岛教授认为,也可以考虑在为使通行车辆能够识别施工现场,设置公示标志板、路障、红灯等时,如果采取不会被通行车辆一

---

⑲ 森岛昭夫:《侵权行为法讲义》,有斐阁 1987 年版,第 80 页。

下子全部撞倒的措施，就有可能回避损害，损害回避的成本也不会很高。并且，损害回避的可能性和成本不过是与其他的各种要素一起进行相关衡量的要素之一，因此，对道路使用人高度期待道路具有安全性的场合，道路管理人的损害回避即使是困难的，在有些场合下也可以认定设置、管理上的瑕疵。[20]

五、预算上的制约与瑕疵

虽然预算上的制约与不可抗力的问题不同，但在营造物管理中，经常遇到预算上的制约的问题，在由于预算上的制约无法消除营造物的危险性的场合下，营造物管理人方面多以这种情况为一种不可抗力，主张在社会条件上、经济条件上没有回避损害的可能性。但是，最高裁判所 1970 年 8 月 20 日判决（《最高裁判所民事判例集》第 24 卷第 9 号第 1268 页——高知落石事件判决）中明确判示道，即使为回避损害的费用相当高，道路管理人的预算筹措有困难，也不能从这种情况就立即得出对因道路瑕疵产生的损害可以免除赔偿责任的结论。与此同时，值得注意的是，关于河川的管理，最高裁判所 1984 年 1 月 26 日判决（《最高裁判所民事判例集》第 38 卷第 2 号第 53 页）虽然附加限定于改建修缮中的河川这一条件，但最终是在瑕疵的判断中考虑到了预算的制约。

就一般论而言，当进行瑕疵判断时，不能一概排除将为回避损害的成本作为进行利益衡量时的要素之一的做法，但是，在道路瑕疵那样的关系到人身损害，而且人们对其安全性有着高度期待的场合，防止损害的成本不应该作为有分量的要素。与此同时，在带有危险性但一般人的安全性期待并不很高的个人所有的建筑物的场合，防止损害的成本这一要素在瑕疵判断之际可以给予某种程度的重视。[21]

---

⑳ 森岛昭夫：《侵权行为法讲义》，有斐阁 1987 年版，第 81 页。
㉑ 森岛昭夫：《侵权行为法讲义》，有斐阁 1987 年版，第 82 页。

第4节　工作物责任中的若干问题

一、对工作物责任的总体把握

如前所述,根据日本《民法》第717条,土地工作物的瑕疵给他人造成损害时,工作物的占有人对受害人负损害赔偿责任。但是,在占有人"为防止损害的发生已尽必要注意"时,工作物的所有人必须对受害人赔偿损害。无论哪种场合,作出赔偿的占有人或者所有人,在关于损害的原因另外存在有责任的人时,对该人可以行使求偿权。

(一)工作物事故的两种类型

关于工作物责任的性质,在前述理论学说的基础之上,有学者认为,这是一种不是以"人的行为"为理由,而是以物的客观"状态"为理由,发生损害责任的场合。因此,工作物的事故可以被看成是一种由于物存在瑕疵、缺陷,从而使某人的权利、法益受到侵害,由此发生损害的场合之一。㉒

最典型的有关物的危险责任是第717条的工作物责任。工作物的事故类型从理念上可分为两种,一种是所谓攻击型的(例如,X正走着的时候,Y所有的楼房的外墙壁脱落,X被其碎片击中负了伤);另一种是所谓守备失误型(例如,X在蓄水池钓鱼游玩,由于脚下滑倒翻落水中溺水身亡)。前者被称为攻击型,是因为工作物对什么都没做的受害人进行了攻击。后者被称为守备失误型则是因为工作物的本身状态并不会积极地带来危险,危险是通过受害人的干预才得以实现的。像蓄水池和水渠这样的工作物,其本身状态并不是特别危险,但在儿童接近那里翻落其中时,其危险性就显现出来了。在此情况下,我们虽然不能从物理属性上使这种危险性完全消

㉒　潮见佳男:《侵权行为法Ⅱ》(第2版),信山社2012年版第2次印刷发行,第226页。

失,但是却可以通过防止受害人的干预和接近的形式使危险的出现被阻止。正是在这种因防止措施不充分而使危险得以实现的意义上,相关事故才被称为守备失误型。

当然,也存在二者的区别并不明确的场合。例如,在广阔的宅基地中伫立着一栋已腐朽了的房屋时,即使该房屋倒塌(倒塌本身具有攻击型的性格),行人等也不会受害。毋宁说,这里存在不使他人接近该房屋,不使他人进入该宅基地的守备义务。因此,属于哪种类型本身并不重要,关键是它可以成为考虑工作物责任的要件时的有效线索。㉓

(二)工作物责任性质的再认识与立法史考察

土地工作物责任采用的是占有人的第一次性责任,所有人的补充责任(第二次性责任)的构造。其中,关于占有人的第一次性责任,以工作物的设置、保存的瑕疵为前提,并且要求有未采取防止损害发生的必要措施的过失,同时将这种过失不存在的证明责任以占有人负担的形式谋求证明责任的转换(这里占有人责任是作为一种过失责任存在的,但却是一种不以危险的预见可能性和回避可能性为问题的安全性具备义务的违反)。㉔

从法条的规定来看,工作物责任中的所有人责任有两个特征:一个是所有人的责任是限于占有人不负责任的场合才成立的补充性责任。另一个是与占有人的责任不同,关于所有人责任的免责,法律没有做任何规定。就是说工作物有瑕疵发生的事故,占有人尽了充分注意的场合可以免责,而对所有人,无论其注意的情况如何,责任都要被认定。如果采取关于瑕疵的结果回避义务违反说,这种场合,只要作为前提瑕疵构成要件,就具有过失责任的性格,但如果以客观说为前提的话,这种场合所有人的责任就是无过失责任。民法特别规定的责任中,无责任能力人的监督义务人责任和使用人责任是以中

㉓ 窪田充见:《侵权行为法》,有斐阁 2013 年版第 6 次印刷发行,第 218 页以下。

㉔ 潮见佳男:《侵权行为法 Ⅱ》(第 2 版),信山社 2012 年版第 2 次印刷发行,第 227 ~ 228 页。

间责任为中心的。不设置免责规定,形式上采取完全的无过失责任构成,这一点是工作物责任中所有人责任的特征。㉕

这种占有人负第一次性责任,所有人负补充责任(第二次性责任)的构造,在其他国家未见其例。民法典起草之际,与德国法式的只让占有人负责任的原案相对,有人提出了应该像法国法式地让所有人负责任的异议,作为一种妥协的产物,成为现行法这样一种规律构造。具体情况如下:

旧《民法》财产编第 375 条——现行《民法》第 717 条前身的规定是:

1. 建筑物及其他工作物的所有人,在此等工作物的倒塌是因欠缺修缮或者因建筑的瑕疵造成时,负因其倒塌带来的损害的责任,但在此赔偿之后不影响对施工承包人的求偿权。

2. 因堤防的垮塌,因投锚或系缆的粗疏,或者因树木、竹竿、屏风、广告牌、屋瓦及其他欠坚固的建筑物的部分崩裂坠落造成的损害亦同。

旧《民法》财产编第 375 条的特征如下:

第一,同条由来于法国民法第 1386 条。不过,关于工作物的范围,比法国民法第 1386 条更宽,并未限定在建筑物。

第二,责任主体是工作物的所有人。

第三,旧《民法》财产编第 375 条的明文中没有列出由工作物的所有人承担责任的理由,但依司法省的《再阅修正民法草案注释〈第 2 编人权〉》(第 378 页)和"Code civil de l'Empire du Japon, accompagne d'un Expose des motifs"(art. 375)所述,工作物责任的根据应从建筑物及其他工作物的所有人是否存在"懈怠"这一点上来寻求,即与使用人责任的场合同样,所有人的责任也是被作为过失责任来把握的。但是,不存在以无过失为理由承认所有人免责的规定,这是由于起草者对此未予承认。

㉕ 窪田充见:《侵权行为法》,有斐阁 2013 年版第 6 次印刷发行,第 222 页。

旧《民法》财产编第 375 条是由来于法国民法第 1386 条"建筑物的倒塌作为保存、修缮(entretien)欠缺的结果,或者因建筑构造、建筑的瑕疵发生时,建筑物的所有人对由此发生的损害负责任"的规定。法国民法第 1386 条立足于建筑物有瑕疵的场合建筑物的所有人在法律上当然有过错的理解之上(因此,不是在不要过错要件的责任这一意义上的无过失责任),并且,在那里采用的是不承认所有人免责的思路。以这种思路为基础,将法国民法的建筑物的瑕疵扩张到一般工作物的瑕疵的,就是旧《民法》财产编第 375 条。

与此相对,为进行旧民法修正向法典调查会提出的原案第 725 条的规定如下:

1. 因土地工作物的设置或者保存有瑕疵而给他人造成损害时,其工作物的占有人对受害人负损害赔偿之责。

2. 前项规定准用于竹木的栽培或者支持有瑕疵的场合。

3. 在前 2 项的场合,有其他应对损害的原因负其责任者时,占有人可以对之行使求偿权。

将此原案第 725 条与旧民法财产编第 375 条进行比较时,可以看出,原案第 725 条除对工作物做了"土地的"工作物这一限定之外,还具有如下特征:

第一,受德国民法第二草案第 759 条(现在的德国民法第 836 条)的影响,原案第 725 条将工作物责任的主体由所有人变更为占有人。

第二,如前文第 1 节二所述,根据起草担当委员(穗积陈重)的说明,工作物责任是被作为以某人的过失(占有人的过失或其他人的过失)为理由的责任把握的。这里考虑的是,瑕疵的存在也可能不是因负损害赔偿责任的占有人的过失引起的(占有人没有过失场合的例子,可以举出设置瑕疵的场合),但以某人对瑕疵有过失为必要。并且,考虑的是对瑕疵,占有人没有过失,而其他人有过失时,占有人可以对有过失的人行使求偿权以谋求调整。

第三,起草担当委员考虑的是,当他人有过失时,在阻挡损害发生上会有直接有关系的人,在阻挡损害发生上让占有人负责任的做法是最有效果的,从而使占有人的责任得以正当化。

第四,原案与德国民法不同,没有设置占有人免责的规定。根据起草担当委员的意见,如此处理,主要是出于公益上的理由才这样处理的(如前文第1节二所述)。在这里,关于对工作物设置、保存的瑕疵,现行《民法》第717条第1款但书想定的意义上的占有人的过失,尚未作为必须。

承继这种原案的提示,在法典调查会的审议过程中,对工作物的设置、保存的瑕疵应负责任的不是占有人,而是所有人的意见被提出,并且,不应该让占有人和所有人两者负责任的提案也出现了。承继这些议论,作为妥协案:(1)责任主体第一次性的是占有人,第二次性的是所有人;(2)对占有人承认免责的余地;(3)占有人被免责时,以所有人负责任谋求调整。在此基础之上,在有其他原因的场合,以作出赔偿的占有人、所有人可以进行求偿来谋求调整。作为其结果得出来的就是现行《民法》第717条。

通览这一起草过程,起草当时,《民法》第717条的基础可以看作是置于如下的一些考虑之上的:

第一,对工作物的设置、保存瑕疵的占有人的责任是过失责任,但关于过失的主张、证明责任,从受害人向占有人转换。

第二,在对工作物的设置、保存瑕疵的所有人的责任中,所有人无法提出自己没有过失的抗辩。这是由受害人保护的精神做出的规定(与之后的通说不同,没有加上根据危险责任的理由,更没有表明是无过失责任)。同时也是考虑到这种所有人的责任是第二次性的责任,在占有人对工作物的设置、保存的瑕疵负责任时,所有人可以不负担工作物责任。

第三,负工作物责任的占有人、所有人,在有其他原因者的场合,

可以对该人进行求偿。㉖

二、瑕疵判断的标准时

研究者认为，在上述原案审议之际谋求妥协的过程中遗漏了一个需要讨论的问题，这就是当要责任人（所有人）承担对工作物设置、保存的瑕疵的"所有人"的责任时，关于工作物设置、保存的瑕疵以谁的"过失"为必要这一点，以及工作物所有人的责任，是否是以所有人的"过失"为理由的责任的问题。由于这个问题没有明确，引起了前述学界关于工作物责任是过失责任，还是无过失责任等一系列争论。从本章各部分中学者讨论的内容来看，设置、保存的瑕疵，是工作物责任认定时讨论的中心。瑕疵判断的相关问题已经有过较为详尽的讨论，最近有学者在分析瑕疵判断的方法时，谈到了瑕疵判断的标准时问题。㉗

所谓瑕疵判断标准时，就是指工作物设置、保存的瑕疵之有无，应当以何时点的评价作为标准进行判断的问题。在科学技术取得巨大进步，社会情况、生活环境发生变化时，标准时就成为非常重要的问题。

关于这一点，以事故发生时的科学技术的水准为标准，就可以判断出对通常能够预想得到的危险是否欠缺通常应当具备的安全性。

在有关公共营造物的事例中，最高裁判所在判断旧国家铁路的车站月台未设置供视力障害者使用的凸点预制板等安全设备的情况是否相当于存在营造物设置、管理瑕疵问题的案件时，做出了如下判断（最高裁判所 1987 年 3 月 25 日判决，载《最高裁判所民事判例集》第 40 卷第 2 号第 472 页）："在依据凸点预制板等诸如此类的新开发的供视力障害者使用的安全设备没有设置在车站月台的事实来

㉖　潮见佳男：《侵权行为法Ⅱ》（第 2 版），信山社 2012 年版第 2 次印刷发行，第 227 页以下。

㉗　潮见佳男：《侵权行为法Ⅱ》（第 2 版），信山社 2012 年版第 2 次印刷发行，第 259～260 页。

判断本案所涉车站月台是否欠缺通常应当具有的安全性时,解释上应认为,这需要综合考虑作为在视力障害者的事故防止上有效的设备,其在材质、形状及铺设方法等方面是否在相当程度上已经标准化并已在全国乃至该地域的道路及车站月台普及了,从该车站月台的构造和视力障害者的利用度预测的视力障害者的事故发生的危险性的程度,为防患上述事故于未然设置上述安全设备的必要性程度及上述安全设备设置的困难性之有无等诸方面情况进行判断是相当的。"

在这里,法院并没有从未设置新开发的安全设备的事实就立即认定相关工作物存在设置、管理上的瑕疵,而是认为,在判断未设置此类安全设备的事实是否构成设置、管理(保存)的瑕疵时,应当将新技术的有效性,新技术(在全国乃至在该地域)的普及度,从该营造物(工作物)的构造、利用度预测出的事故发生的危险性程度,设置该安全设备的必要性程度,设置的困难性等因素一并均纳入考虑的范围。

在最高裁判所这一判决之后的下级审判决中,更进一步地,出现了将营造物设置之后没有设置在事故当时技术性上已经可能设置的安全设备的情况认定为"瑕疵"的判决。即日本坂隧道东京诉讼的控诉审判决(东京高等裁判所 1993 年 6 月 24 日判决,载《判例时报》第 1462 号第 46 页),关于这一点做出如下判示:"对在供用开始时并未设置,但随着之后技术的进步等其标准式样及设备要领上规定了其设置的物的设备等,不把这些设备立即设置在所有隧道虽然不能一律地说构成了欠缺法律上要求的安全体制,但也不能以其设置基准的规定具有原则性、标准性的性格的理由,就可以将是否设置这些设备完全任凭一审被告的安排,从各方面的情况来看对为达成防灾目的被判断为有高度有用性的设备,应当说迅速地设置这些设备以谋求合理的运用是必要的。"因此,不及时设置新的安全设备的行为,构成了营造物(工作物)设置、管理(保存)上的瑕疵。

三、所有权的放弃与所有者的责任[28]

日本《民法》第717条规定的所有人的责任虽然是补充性责任，但并不备有通过证明无过失来免责的规定，因此，只要不把《民法》第717条的瑕疵改读为过失，该条就是日本民法规定的侵权行为类型中唯一的无过失责任。在这个意义上，所有人负担的是严格责任。那么，所有人能否通过放弃所有权来免除这一责任呢？例如，A在自己所有的甲建筑物上贴了一张纸，写上"放弃这个建筑物的所有权"，离开了房屋。数日后，房瓦掉落下来，砸伤了由此处通行的B。在这个例子中，应怎样处理A对B的基于《民法》第717条的责任呢？

关于所有权等物权的放弃，原则上说是可能的（依单方意思表示进行），例外地可以依据：(1)关于不动产不登记不得对抗第三人（但是，并不备有关于所有权放弃的登记程序）；(2)侵害他人利益的场合不得承认（关于地上权的第268条第1款、第398条）。

另外，作为伴随所有人的义务，除基于第717条的赔偿义务之外，还可以举出第216条（预防施工义务）、第225条（费用负担义务）、第233条（竹木的剪除义务），民法之外，还有《建筑基本法》第8条（维持保全义务）等规定。进一步地，所有权的所在，还有物权性请求权的对方当事人是谁的问题。

无论怎样，若A贴上一张纸即可免责的话那可就真是奇妙的结论了。把焦点对准第717条，分析所有权放弃与伴随所有人地位的义务之间的关系时，在这种场合也要维持所有人的责任，可以从以下方面进行说明。

---

[28] 窪田充见：《侵权行为法》，有斐阁2013年版第6次印刷发行，第223页。

1. 作为物权法问题的解决

把这种情况作为物权法问题时,依据所有权放弃的例外规则可以通过以下两个途径进行处理:

(1)不动产所有权的放弃,依不登记不得对抗第三人的规则处理。关于他人土地上建筑物的拆除、土地清空交付,最高裁判所1994年2月8日判决(载《最高裁判所民事判例集》第25卷第3号第351页)认为,只要没有登记就不得以建筑物的所有权丧失对抗土地所有人。这一原则如果适用在A、B之间的关系上,对于B基于第717条的责任追究,A就不得以放弃而使所有权丧失来对抗。

不过,这一说明也有许多难点。首先,这种问题是否是对抗问题很值得怀疑。最高裁判所1994年判决是对土地所有人与建筑物名义人之间关系做出的判断,而A、B之间的关系不能不说与对抗问题还是相差很远的。其次,如果只是不得对抗,那么,只要承认A放弃所有权的行为使甲建筑物成为无主物从而归属于国库的关系,B就能够以国家为被告来追究责任(依据《民法》第717条、《国家赔偿法》第2条),如此一来,要否定B的责任追究就变得非常困难。这种处理方法虽然可能有助于B的救济,但这种承认A通过其单方行为可以将工作物责任的主体变更为他人(可以推卸工作物责任)的做法,终归还是残留着不妥。最后,在甲建筑物本来就并未登记的场合,登记对抗规则对问题的解决就不能发挥任何机能。

(2)不得通过权利放弃侵害第三者的原则是可以考虑的另一个通过例外规则解决的途径。不过,《民法》第268条第1款和第398条业已是以某种形式保护与相应权利的存续有利害关系的当事人(标的物的所有人和抵押权人)的规定,因此,以这些条文为线索谋求B的保护是困难的。

2. 作为责任法问题的解决

围绕着《民法》第717条的所有人的问题,并不是在物权法层面的规定,就是说,可以考虑与物权法层面上所有权在何处的问题分开讨论解决的途径。在责任法层面上，实质上的含义是不承认通过所有权的放弃免责的主张。

以此为前提，"所有权的放弃不登记不得对抗"的原则，就不是物权法层次的不得对抗的问题，而只是单纯的"不得以不是第 717 条的所有人主张对抗 B"的问题。该不动产作为无主物是否归属国库，与 A 的所有人责任的有无分别是两个问题。并且，关于未登记建筑物的所有人的问题，也可作为与登记无必然链接的第 717 条的所有人的问题来考虑。关于这一途径，在几个层面上观念"所有人"的做法，其妥当性很成问题。

当然，作为 B 谋求救济的手段，不仅有第 717 条的所有人责任和依据同条规定承担第一次性责任的占有人，而且还有《民法》第 709 条规定的一般侵权行为。只不过，在依据第 709 条谋求救济时，过失的证明是必要的（在《侵权行为法》上，第 717 条的所有人责任是唯一的一个连间接的过失都不要求作为构成要件的责任）。在这个意义上，可以说，在责任法的世界中讨论"所有人"的情况，依然是有意义的。

以上说明的焦点对准的是不动产所有权的放弃与第 717 条的责任，同种问题，也会发生在本来就没有登记制度的动产上面（围绕废弃物的法律关系）。并且，在与物权性请求权的关系上也会发生。

在这种背景之下，存在着如何认识权利放弃可能的原则（焦点只瞄准作为权利的利益方面的原则）与基于权利人地位的责任这样一种一般性的问题。在债权层面，即使债权的放弃是可能的，也并不能直接从中引导出作为契约当事人地位的放弃（包括债务的放弃）的可能性。因为作为契约当事人的地位是包含债权与债务两个方面内容的，只要债务不能通过单方的意思表示放弃，就不可能通过单方的意思表示放弃作为契约当事人的地位。金钱消费借贷的借主地位当然不能通过单方的意思表示放弃。关于物权，也可以认为存在同样的问题。就是说，放弃权利的行为，即使根据权利的一般性质原则上得到承认，但作为所有人的法律地位，并不意味着仅仅是单纯的作为所有权的权利方面的内容,而是伴随着各种各样的法律义务的地位(第717条第1款但书也是这种定位性的规定)。这种以作为权利的所有权放弃是可能的一个命题,使伴随这样的法律义务的法律地位自身的放弃也成为可能,再通过这种推理使所有的责任的免除正当化的理解自身就是不适当的。

所有权的放弃对责任法会给予何种影响的问题,是与围绕着关于废弃物等的责任的一般性问题有着密切关联的。

第 11 章　共同侵权行为[①]

第 1 节　作为特殊侵权行为的共同侵权行为的意义

一、问题之所在

日本《民法》第 719 条第 1 款前段规定，数人因共同的侵权行为给他人造成损害时，各自连带地负损害赔偿责任。同款后段规定，共

① 关于共同侵权行为，我国学者着眼于其行为人通常具备一般侵权行为责任要件的情况，多把共同侵权行为作为一般侵权行为问题加以考察。日本民法界将日本《民法》第 709 条以外的侵权行为规定均作为特殊的侵权行为规定。学说着眼于共同侵权行为在认定共同行为人个人对损害的全额负连带责任，当各行为人之间有共同关系时侵权行为的成立不必要证明各人的个别行为与损害之间的因果关系这两个方面与一般侵权行为的不同，将共同侵权行为（《民法》第 719 条）视为特殊的侵权行为。认为是一种从受害人保护的角度出发加重了该侵权行为责任的规定。日本的侵权行为法专著也都将共同侵权行为作为特殊侵权行为处理，因此，本书亦保持日本侵权行为法的原有体例，将共同侵权行为放在特殊侵权行为部分中加以介绍。

另外，近年来，我国学者常常在"数人侵权"，或者"多数人侵权"的题目之下，讨论责任连带的问题，实际上问题的核心还是共同侵权行为。从数量的角度分述侵权行为主体也是日本侵权行为法学界通说的做法。比如，平井宜雄教授指出，认为日本侵权行为法受德国民法学说影响的认识不十分准确，在对比了德国侵权行为法与法国侵权行为法的差异的基础之上，指出日本侵权行为法应该解释为属于法国侵权行为法的系谱，而与德国侵权行为法基本构造相异之后，对日本侵权行为理论进行了重构。平井教授将侵权行为分为基本型侵权行为和复合型侵权行为两种类型，在基本型侵权行为中分析侵权行为的要件和效果，在复合型侵权行为中探讨共同侵权行为、竞合的侵权行为、监护人责任和使用者责任。工作物责任作为基本型侵权行为的例外处理（平井宜雄：《债权各论Ⅱ侵权行为》，弘文堂 1992 年版，第 8 ~ 18 页）。几代通教授首先考察侵权行为的一般性成立要件，

同行为人中谁施加了损害不明时,也各自负连带责任,并且,以同条第2款规定,教唆者、帮助者视为共同行为人。这就是日本民法中有关共同侵权行为的规定。在这种场合下,各人要负担全额的连带责任。因此,在这里尽管也有各人的行为不是损害发生的直接原因的场合,并且,在个人责任主义的民法中,对责任的负担原则上是个别地负担责任(分割责任),但却仍然要负担全额连带责任这一点上与一般侵权行为不同,这种责任,一直是基于这样一种见解加以解释的,即因各行为人对损害的发生是直接、间接地关联共同的,所以对其结果也作为共同责任是妥当的。

这些规定都使共同行为人负担连带责任,因此,受害人无论对共同侵权行为人中的谁都可以请求赔偿,从而可以得到充分的保护。但是,这里所说的"共同的侵权行为","共同行为"具体地是指何种行为,规定上并未明确指出。并且,"共同的侵权行为"(第1款前段)者与"共同行为人"(第1款后段)是否不同概念,如果是不同的概念,双方有什么不同,这些方面也是不明确的。

然后分析为使侵权行为成立对行为人主观性要件认定特例的场合(各种特殊侵权行为成立的特殊要件)。之后,对当事人双方的情况进行了分析,即不仅分析加害人方有复数主体参与的侵权行为关系,也把受害人方有复数主体参与的侵权行为关系作为一章进行讨论(几代通、德本伸一著:《侵权行为法》,有斐阁1993年版)。前田达明教授在探讨侵权行为的归责时,首先分析过失与违法性的问题,然后考察的是日本《民法》第709条和第719条,即一般侵权行为和共同侵权行为(前田达明:《侵权行为归责论》,创文社1979年版)。神田孝夫教授在对侵权行为责任的研究中,将共同侵权行为与企业、使用人、法人等非一般个人的情况一起作为责任主体加以探讨(神田孝夫:《侵权行为研究》,一粒社1989年版)。也有学者把共同侵权行为与其他的特殊侵权行为并列进行研究,例如,川井健教授就是把交通事故、医疗事故和共同侵权行为作为现代侵权行为的主要类型进行研究的(川井健:《现代侵权行为法研究》,日本评论社1978年版)。这两种叙述方式并没有分歧,同属于通说的分类方法。近些年来的新成果也都承继了前辈学者的学说,例如,潮见佳男教授在复数行为人的侵权行为部分处理共同侵权行为与竞合的侵权行为的问题[潮见佳男:《侵权行为法Ⅱ》(第2版),信山社2012年版]。窪田充见教授在围绕复数的赔偿义务人的法律关系部分中分为基本思维方式和责任框架和共同侵权行为两章,并以后者为具体问题的核心进行分析(窪田充见:《侵权行为法》,有斐阁2013年版)等。

于是,围绕着在何种要件之下认定"共同"侵权行为的成立,能够适用《民法》第 719 条第 1 款前段或者后段之类的问题,学说和判例展开了各种各样的解释论。并且,由于对以《民法》第 719 条为前提的共同侵权行为的性质存在着对立的见解,其结果则呈现出对共同侵权行为责任的责任根据和第 719 条的存在理由也发生了疑问的现状。特别是在 20 世纪 50 年代中期交通事故损害赔偿诉讼的增加中,针对复数的加害人造成的加害事例,对第 719 条的适用进行了论述。例如,对因机动车相撞事故受害的乘客,相撞机动车的运行供用人是否依据第 719 条各自对全损害额负责任的问题,医师对机动车事故的负伤者犯医疗过错的场合,对运行供用人与医师是否成立第 719 条责任,并且该责任范围如何确定这样的问题进行了讨论。接着,进入 60 年代中期公害诉讼提起以后,对由复数污染源发生的公害能否适用第 719 条,并且污染者的责任范围是否各自涉及损害的全额等问题进行了议论,直至那时关于很少进行认真讨论的共同侵权行为的要件和效果,发表了数量众多的论文,呈现出百花齐放的景观。

今天的共同侵权行为论,可以评价为即使在争论很多的侵权行为法的理论中也是一个特别混乱的问题。这不仅由来于《民法》第 719 条规定的条文语言暧昧这一逻辑上形式上的问题,还有如下一些非常难以解决和调整的实质性问题。例如,存在于解释论背后的受害人保护或者对共同行为人的公平等政策性判断,各种主张有相当的差异;构成共同侵权行为的适用问题的事例中包含着极其多样的情况,对某种类型的事例非常理想的解决方法对其他类型就成了未必妥当的模式而无法套用。某种见解在应该尽量对受害人有利,从而容易地认定《民法》第 719 条责任的成立这一政策性判断之下,宽缓地解释行为的"共同性"要件;某种见解则在使对损害发生作用小的加害人负担全部损害额是苛刻的这一政策性判断之下,收紧"共同性"要件,或者展开限定责任额的解释论。但是,无论采用何种政策性态度的见解,共同侵权行为论的共通之处,是均采用试图按照事件的类型构成共同侵权行为的要件及效果的类型论的解释方法。例如,认为对骚乱事件、机动车事故、公害事件中的复数的加害人,能够适用完全同一的判断模式是不可想象的。森岛教授认为,类型论的共同侵权行为论的方向是正确的。[②]

二、民法起草者的见解

首先,相当于现行《民法》第719条的民法草案第717条,是改变旧《民法》财产篇第378条,模仿德国《民法》第二次草案第753条(现行德国《民法》第730条)起草的,但民法起草者曾把这一规定与旧《民法》财产篇第378条同样考虑为规定债务性质的规定。即在因数人的行为发生了某权利侵害的事实的场合,关于数人的共同侵权行为,无法知道其各自行为的损害部分和权利侵害部分时,数人的行为视为一个,因此,损害赔偿债务也必须是一个。起草委员穗积陈重博士对第1款前段阐述道,"就一个义务的请求方法与通常的义务不同……并且如果其债务也只是一个,那么依前面的连带债务的规定对双方是最便利的"。与此相对,对第1款后段的加害人不明的场合说明道,"若要求指出其加害人,直接地指出某个加害人,那么在很多的场合,如多人实施暴力那样的场合,如果要求实际证明加害人,受害人就只能因此而受损害,就会造成没有法律上保护的情况,因此出于公益上的考虑作出这样的规定是相当的"。并且,对教唆者、帮助者,如果没有明文的规定就会发生这些人的行为不是损害的直接原因的疑虑,所以作出规定,明确了作为共同行为人要负连带债务。但是,大概是由于将本条考虑为规定债务性质的规定的原因,作为债务发生的前提,对构成第1款前段的"共同的侵权行为"必须满足何种要件的问题,以及前段的"共同"与后段的"共同"行为有何不同的问题好像没有进行充分的研究,起草委员的说明也未必清楚。穗积博士论述了"所谓共同的侵权行为,是指数人实施某行为,而且其行为的目的和其结果是同一个权利侵害,视为其权利侵害就是由

② 森岛昭夫:《侵权行为法讲义》,有斐阁1987年版,第87页。

此而发生的场合”。但是,构成共同侵权行为,共谋未必必要,“某种场合下有共谋,或者某种场合下有过失。即所谓多人同时实施的侵害权利的行为,也可以是大家集中到一起形成的”。但是,法典调查会的实际议论中却只议论了共谋的事例。[③]

其次,关于第 1 款后段的“共同行为”与前段的“共同的侵权行为”的区别,穗积博士认为“后段的共同行为没有前段那种共谋的关系,大家一起,例如相当于为某事所刺激大家无共谋地一起打起来那样的时候……不相当于大家一同下手之类的情况”。另一位起草委员梅谦次郎博士认为,数人的行为是侵害的原因得到证明的场合相当于前段的共同侵权行为,只不过是数人同时实施了同样行为的场合相当于后段的共同行为。另外,共谋殴打他人时某人的棍子打到了,还有没打的人时也可以适用后段等等十分混乱。

森岛教授认为,如果断定起草委员的见解为第 1 款前段是指共同行为人对直接的加害行为进行某种合作的场合,因此,设想了即使没达到共谋的程度但有某种主观共同性的情况;后段预定的是独立行为同时共存的情况,就会减少混乱。不过,即使如此,第 719 条第 1 款前段的“共同的侵权行为”与后段的“共同行为”的意义、内容仍然不清楚。这种情况自然影响到后来的学说与法律实务。[④]

三、共同侵权行为的概况

为以下叙述方便起见,首先对日本有关共同侵权行为的判例、学说情况作一概略介绍。

1. 狭义的共同侵权行为

狭义的共同侵权行为的成立要件有如下一些:

③　关于日本《民法》第 719 条的立法史,可参考前田达明:《侵权行为归责论》,创文社 1978 年版,第 251 页以下;平井宜雄:《债权各论Ⅱ侵权行为》,弘文堂 1992 年版,第 190 页以下;森岛昭夫:《侵权行为法讲义》,有斐阁 1987 年版,第 87 页以下。

④　森岛昭夫:《侵权行为法讲义》,有斐阁 1987 年版,第 89 ~90 页。

(1)各人的行为独立地具备侵权行为的要件。

狭义的共同侵权行为是以各人各自分别地有责任的场合为前提的,迄今为止的通说、判例均以这一要件为必要。不过,现在的学说中,关于因果关系的不同理论很多。

①各人的行为是独立的行为。

与不法占据房屋者A同住的被用人、内缘的妻子、家属等对该不法占据不具独立性。并且,只有在妻子被视为参与丈夫的不法占据时,才构成共同侵权行为人。

对丈夫、妻子、孩子三人没有任何权利根据地占据他人购买了的三栋房屋的事件,判例虽然否定了妻子独立占有的成立,但认定妻子参与丈夫的不法占据,使其负连带责任(大审院1935年6月10日判决,载《大审院民事判例集》第14卷第1077页)。

被用人实施加害行为之际,使用人的一般侵权行为也成立时,被用人、使用人构成共同侵权行为人。不过,不适用于使用人只承担使用人责任的场合。

②各人的行为存在故意过失、违法性、责任能力、因果关系等。

在各人有责任能力,对其行为必须存在故意过失及违法性这一点上,没有什么不同理论。不过,存在着应该从与"共同"事由的存在这一具体状况的关联上进行过失和违法性判断的学说。并且,通说、判例解释为各人的行为与损害都必须以因果关系相联结。

例如,在B春天让C承包在悬崖上采掘岩石的作业时,岩石崩落毁坏了A的房屋。之后,秋天C从新的经营者D承包了同样的工程,A的房屋受到越来越重的损坏。因此,A以B、D相当于共同侵权行为人为由提起赔偿请求的事件中,判例论述道,加害人各人的行为必须与因此而发生的损害之间有因果关系,从而否定了本案中因果关系的存在(大审院1919年11月22日判决,载《大审院民事判决录》第25辑第2068页)。

在这种见解中,该因果关系的判断虽然是关系到共同侵权行为的成立与否的重要问题,但因为与其他行为的关系,很多场合下不得不以此为媒介进行判断,所以那是非常困难的工作。判例中,既有作出宽松的解释,对在作出了骚扰决议之后却没有到现场的人,认定了其与作为骚扰行为的杀伤行为之间的因果关系的判决(大审院 1934 年 10 月 15 日判决,载《大审院民事判例集》第 13 卷第 1874 页),也有稍稍严格地加以解释,否定了土地的不法占有与其土地上建筑物的一部分租借人之间的因果关系的判决(最高裁判所 1956 年 10 月 23 日判决,载《最高裁判所民事判例集》第 10 卷第 10 号第 1275 页),从而动摇了该见解。有力说认为,如果各人的行为与直接加害行为有因果关系,并且其共同性得到认定,那么依靠通过共同的行为这一中间项,就可以认定与损害之间的因果关系。⑤

例如,上述否定了土地不法占有人之间的因果关系的事件的案情是,土地的地上权人 A 所有的建筑物因战争灾害灭失后,B 从土地所有人 C 接受了地上权的设定,建筑了百货店,其各个部分作为店铺租赁给 D 等 20 人。A 主张 B、C、D 等 20 人为共同侵权行为人。对此,最高裁判所判示道,D 等 20 人占有使用建筑物的一部分的情况与 A 无法使用、收益土地之间,只要没有特别的情况就没有相当因果关系。

与此相对,学说中出现了批判的意见,认为公害事件表现出来的那种要证明各个企业的煤烟和污水排放行为与损害之间的因果关系是非常困难的,如果像通说、判例那样考虑,结果就只是对各人成立一般的侵权行为责任,这样就失掉了《民法》第 719 条专门规定共同侵权行为制度的意义,“关联共同”这一要件也就失去了存在的意义。并且,认为只要存在关联共同,如果共同行为与损害之间有因果关系,即使各人的行为与损害之间没有因果关系也可以认定共同侵权行为的成立。判例中也有从这种见解出发认定共同侵权行为的成立的事例。例如,在因被告六公司排放的煤烟给附近的居民造成了患哮喘病的损害,居民对此提起损害赔偿请求的事件中,法院认为,在各人的行为单独地虽然不发生结果,但与其他行为合在一起就使结果发生的场合,

⑤ 远藤浩等:《民法(7)》(第 4 版),有斐阁 1997 年版,第 192 页。

成立共同侵权行为,各企业"密不可分地与其他生产活动相互利用进行各自的操作,伴随着这些活动排放煤烟","不仅可以认定强的关联共同性,并且还可以认定其在设立过程及资本上的关联,从这些情况来看","即使在自己公司排放的煤烟量少,仅此不能认定与结果的发生之间有因果关系的场合,在与其他公司的煤烟排放的关系上,也不能免除对于结果的责任"(津地方裁判所四日市支部 1972 年 7 月 24 日判决,《判例时报》第 672 号第 30 页——四日市哮喘事件)。

(2)各行为人之间有共同关系。

这里有共同侵权行为的特别性质,是最重要的问题。关于这种共同关系,至今有以主观认识为必要的学说(主观共同说)和认为只要 A 的侵权行为与 B 的侵权行为等是客观地关联共同的即可成立的学说(客观关联共同说),后者一直为通说、判例所采纳。两者之间存在着以下的差异,即在后说中,共同侵权行为的成立较为容易,对受害人的救济充分,但加害人则有被迫负担不测的赔偿的可能;在前说中,行为人没有负担未预料的损害的沉重责任的情况,但共同侵权行为的成立是困难的。

在采用客观性关联共同说的判例中,有对 B 仓库公司应 C 的请求发行仓库证券时,因过失发行了与受托物不同记载的仓库证券,C 使用该证券从 A 诈取了现金的场合,认定了 B、C 之间的共同关系(大审院 1913 年 4 月 26 日判决,载《大审院民事判决录》第 19 辑第 281 页)的情况。还有对 B 盗窃了 A 的木材出售给 C,D 虽然知情却仍然购入并处分了该木材(窝藏、出售赃物)的场合,认定 B、C、D 之间存在共同关系(最高裁判所 1957 年 3 月 26 日判决,载《最高裁判所民事判例集》第 11 卷第 3 号第 543 页)的情况。

在 A 的行为是故意,B 是基于过失的场合等,那种权利侵害样态不同的情况在认定共同关系上也不成问题,过失与过失,过失与无过失的场合也可以认定共同关系。例如,在由于 A 号船长的过失与 B 号船长的过失两船相撞蒙受损失的货主向 A、B 两船的所有人提起赔偿请求的事件中,大审院判示道,即使是两船长的共同过失的场合也可以认定共同侵权行为的成立(大审院 1913 年 6 月 28 日判决,载《大审院民事判决录》第 19 辑第 560 页)。

与此相对,出现了新主观共同说和主观、客观并用说。这些见解认为通说、判例的客观的关联共同性的内容和定义不明确,认为"共同关系"这一要件,可以理解为是一种为了对即使与自己的行为无因果关系的结果也必须负赔偿责任的处理提供根据的概念。前说从寻求主观的共同关系来弥补各人的行为与损害之间因果关系的欠缺,后说是认定关于共同性的复数类型的学说。在这些学说中,按照这种"共同关系"的样态使共同侵权行为类型化,进行着使其与因果关系的问题相结合的作业,虽然有各种各样的见解,但不存在确定的体系。⑥

作为共同侵权行为类型化之一的学说,又分为意思性共同侵权行为、客观性共同侵权行为、独立性共同侵权行为的见解。

意思性共同侵权行为,是复数侵权行为人之间存在主观的共同关系的场合。这种场合,因为将各人的行为视为一体的要求特别强烈,所以,即使各人的行为与损害之间没有因果关系,但只要共同行为与损害之间有因果关系,就成立共同侵权行为,不承认共同侵权行为人方面提出的因果关系不存在的反证。

客观性共同侵权行为,是复数的侵权行为人之间存在主观要素之外的关联共同性的场合。这种关联共同性,例如,因复数工厂排放的废水招致损害那样的场合,在考虑工厂之间的物理上的接近,作业状态、地域性、排放的必要性等客观因素的同时,以社会上是否视为一体加以认定。在这种客观性共同侵权行为中,只要证明共同行为与损害之间的因果关系即为充足,但共同侵权行为人各人反证自己的行为与损害之间不存在因果关系可以免责。并且,也有认为这种场合相当于《民法》第 719 条第 1 款后段的学说。

独立性共同侵权行为,是指复数的侵权行为人各人一般的侵权行为成立,只不过是单纯的共存的场合。

---

⑥ 远藤浩等:《民法(7)》(第 4 版),有斐阁 1997 年版,第 194 页以下。

2. 加害人不明的共同侵权行为

依据《民法》第719条第1款后段的规定,数人相互殴打之中有人被刀子刺伤的场合那样的不知道谁是加害人时,就要对全体成员认定共同责任。在免除加害人的证明这一点上谋求对受害人的保护。其成立要件如下:

(1)是共同行为人。

所谓共同行为人,不是对用刀刺伤的直接的加害行为的共同行为,而是对其前提的一起殴打的集团行为存在客观的共同关系的场合而言。这一点是与狭义的共同侵权行为不同的。

(2)损害由共同行为人中的某人引起。

相当于这种情况的,是共同行为人中的一人是加害人但不知道是谁的场合,还有认为各行为人引起了损害的一部分而其范围不明的场合也属此类共同侵权行为的学说。

(3)各共同侵权行为人在因果关系以外满足一般侵权行为的成立要件。

以各人存在故意过失、违法性、责任能力等为必要。

这种场合,行为人中的一人证明自己未实施加害行为能否免责,是个问题。分为免责肯定说与免责否定说。不过,从将本规定看作因果关系的推定规定的立场出发,证明因果关系不存在得以免责的学说是有力说。

3. 教唆与帮助

依据《民法》第719条第2款的规定,唆使他人对第三者造成伤害等使其决定实施侵权行为意思的教唆者,以及望风,转移、出售赃物,出招、协助等辅助直接的侵权行为使之容易进行的帮助者,自己虽然未实行侵权行为,亦被视为共同侵权行为人。⑦

以上是关于共同侵权行为的理论和实务的概况,关于这种现状

---

⑦ 以上概况主要根据远藤浩等:《民法(7)》(第4版),有斐阁1997年版,第190页以下。

的形成及学说上的争论，以下分节，从要件论和效果论两个方面加以考察。

第 2 节　要件论——关联共同性

一、通说的见解——客观性共同说

由民法起草者在其意义并未十分明确的情况下作为现行《民法》第 719 条规定的共同侵权行为，过去判例的数量比较少，现实中也未曾提起过深刻的问题，因此，学界的议论过去也是很少的。

判例对共同行为性不需要主观性共同的见解一直是明确的，不久，客观性共同说得到鸠山秀夫博士等的支持，这种态度为我妻荣博士所继承，逐渐在学说中形成了通说。[8]

我妻博士认为，第 719 条规定的场合，都是数人的行为相关联共同构成损害的原因，因此，对结果也作为共同责任是极其妥当的，在各加害人关联共同地造成损害发生原因这一点上寻找共同侵权行为人责任的根据。作为第 1 款前段的所谓狭义共同侵权行为的要件，要求(1)数人的加害人各自均有故意或过失，(2)加害人各自均有责任能力，并且(3)各自的违法行为关联共同构成损害的原因，(4)关联共同的违法行为与损害处于相当因果关系之上。

并且，要认定上述的关联共同，并不以共同行为人主观性的联系为必要，只要在相当因果关系的范围内有关联共同的行为即可。其理由是，"由于狭义的侵权行为是数人的行为均构成该违法行为的原因的场合，所以，以该违法行为为原因客观地处于相当因果关系上的损害，当然应该由其行为人赔偿。因此，即使是与他人的行为竞合发生损害的场合，只要由该竞合发生的结果处于相当因果关系之上，

⑧　关于学说的发展过程，参见森岛昭夫：《侵权行为法讲义》，有斐阁 1987 年版，第 91 页以下。

就应该对其全部结果负责这应该说是当然的事情”。但是,也有尽管加害人各自的行为构成共同的违法行为的“原因”,但各行为人自身的行为并未与损害的全部处于相当因果关系上的场合,对某人的行为构成共同行为的原因(引起),但对与结果发生之间没有相当因果关系的场合,为什么超过侵权行为法一般的损害赔偿规则当然地要负全部责任这一点,上述说明并不充分。

对《民法》第 719 条第 1 款后段的共同侵权行为(加害人不明的共同侵权行为),我妻博士认为,这里所谓共同行为,是指数人实施的违法行为客观地构成共同实施有危险行为的情况,对共同行为人中的某人实施了上述违法行为是确实的,但其中谁实际地实施了加害行为不明的场合,可以适用第 1 款后段的规定。并认为本规定的宗旨是充分保护受害人惩戒共同行为人,行为人即使能够证明自己的行为未构成损害的原因,也不能免除连带责任。但是,这里关于实施违法行为的有危险行为竞合,在其中一个构成损害发生的原因的场合,对与结果发生未处于相当因果关系上的行为人也使其负担责任的根据,并未作出具有充分说服力的说明。既未充分地说明为什么要保护受害人,也不明白为什么在行为偶尔竞合的场合下必须惩戒共同行为人。

关于仅具有客观的关联共同性的共同行为人分别对全部损害负担责任的根据,未给予具有充分说服力的说明的我妻博士的见解为加藤教授所继承,巩固了其作为通说的地位。但是,加藤教授的见解中出现了一些变化。

对狭义的共同侵权行为(第 719 条第 1 款前段),各行为人之间有客观的共同关系即可,并且,各人各自必须独立地具备侵权行为的要件,关于各人与损害发生的关系,说明道“如果各人的行为与直接的加害行为之间有因果关系,那里的共同性就得到认定,通过共同的行为这一中间项,就可以说与损害的发生之间有因果关系”。其宗旨在于如果各人的行为与加害行为之间具有(客观上的)关联共同性,那么即使是各人的行为与损害发生之间的相当因果关系未得到认定的场合,对与共同行为有相当因果关系的损害,也可以拟制各人的行为与损害之间的因果关系的存在。对为什么要对与自己的行为无相当因果关系的损害负责任的问题,加藤教授不是从加害方共同行为的反伦理性寻找责任根据,而是向受害人方的救济这一政策性要求寻求责任根据,因此解释为有客观性共同关系即为充足。

关于加害人不明的共同侵权行为,不是对直接的加害行为,而是在构成其前提的集团行为有客观性共同关系的场合,对那种共同行为人中直接的加害人不明的情况加以适用的规定。并且,作为要负担这种责任的根据,认为是为防止因对加害人的举证困难受害人无法取得赔偿,所以政策性地扩大了责任者的范围。因此,在共同行为人能够举证未实施违法行为是否可以免除责任的问题上,与我妻说不同,主张加害人不明的共同侵权行为就是加害行为自身无共同性的场合,因此采用承认免责是适当的见解。根据这种见解,共同行为人中的一人,在能够证明自己确实未实施违法行为,损害发生是由于别的行为人的违法行为发生的事实的场合下,可以认可免责。

二、对通说的批判——责任范围的限定

通说就共同侵权行为的成立要件采用客观性共同说,并且作为其效果,采用各人的行为与损害之间即使没有直接的因果关系对与共同行为有相当因果关系的损害各自负全部责任的解释。与此相对,一部分学者担心这样会对只对损害发生发挥了很少作用的共同侵权行为人过于苛刻。川井健教授认为,在采用客观性共同说的判例中,在容易地认定共同侵权行为的成立的同时试图限定其效果涉及的范围的判例,就是以上述实质性判断为前提作出的,主张作为共同侵权行为的成立要件的共同性,采用与通说相同的客观性共同说,同时,各共同侵权行为人个人,不是对由共同行为产生的所有损害,而是应该按照各人的行为的违法性的范围负连带责任。以此展开了

其解释论。[⑨]

川井教授认为,今天,基于侵权行为的损害范围伴随着社会生活的多样化,能够涉及的范围广泛而深刻,因此,对一般侵权行为(《民法》第709条),依据相当因果关系说损害赔偿的范围得到限定,同样地对共同侵权行为,也有必要从行为人之间的公平这一角度出发限定共同侵权行为的成立范围。即一方面为受害人的救济对共同侵权行为人认定连带责任是必要的,另一方面,一部分行为人对共同侵权行为的成立只发挥了很少一点作用但却要负担全额的损害赔偿责任这是不公平的。

因此,即使在狭义的共同侵权行为中,也应该与一般侵权行为责任通过相当因果关系受到限制同样,行为人以自己造成的原因的限度负责任,这一原则并未被第719条所修正。《民法》第719条第1款前段只是以连带债务的形式强化了损害赔偿请求权的规定,并不是应该解释为可以使各行为人超过自己造成的原因负责任的根据,只是基于受害人的救济这一特殊立法政策,对行为的参与者中具体的加害人不明的共同侵权行为,依据第719条第1款后段可以认定全体行为人的连带责任。

这样,即使是共同侵权行为成立的场合,在判明了各行为人的加害程度时,各行为人以自己参与行为的限度负责任,以该限度承认共同加害人之间一部分连带,残余部分构成造成原因更多的行为人的个人性赔偿义务。在这种场合下,以各行为人的行为的违法性作为判断各行为人自己参与行为的限度的基准。因此,损害额并非在各行为人之间分割,各行为人的违法性为同程度的场合构成全部连带,违法性有差异时,例如一部分违法性大的行为人对全额负责任,违法性程度小的行为人只对一部分负连带债务(即各行为人负担的责任额的总和大于损害总额)。在举证责任方面,首先,受害人主张、证

⑨ 川井教授的见解,详细可参照川井健:《现代侵权行为法研究》,日本评论社1978年版,第220页以下。

明共同侵权行为的成立要件，如果其证明成功，那么依据《民法》第 719 条第 1 款后段各共同行为人负全部连带责任。其次，加害人方主张、证明各自的违法性存在强弱，如果其证明成功，则依据第 1 款前段构成一部分连带。

从使只对结果的发生发挥了一小部分作用的共同侵权行为人负担全部损害过分苛刻的观点来看，可以说这是保持平衡的常识性的见解。而且，从受害人方来看时，加害人方的违法性的强弱不明了时，可以依据第 719 条第 1 款后段对共同行为人分别请求全部损害，对受害人来说第 719 条也有效用。再者，从各行为人的责任根据这一观点来看时，也很好地解决了困扰通说的问题。即通说采用客观性共同说，并对狭义的共同侵权行为（第 1 款前段）认定各行为人的全部责任，但对各行为人对与自己的行为没有直接因果关系的结果为什么要负责任这一根本性疑问，只回答是为了受害人的保护。而川井健教授则认为，即使是共同侵权行为人也不应负担高于各自造成的原因的责任，共同侵权行为并未对侵权行为责任的一般原则作出修正。

但同时，由于川井说作为各自造成的原因程度的判断基准，带入了“违法性”概念，所以就使自己学说的逻辑根据遭到破坏。即这种学说主张，行为人对与自己的行为处于相当因果关系上的损害负责任是侵权行为法的原则，共同侵权行为中各行为人也应该按照各自造成的原因负责任，如果是这样，那么逻辑上就应该是各行为人以自己行为涉及的相当因果关系的范围负一部分连带责任，但是，却主张应该依据违法性的程度决定责任额。而根据侵权行为法的原则，侵权行为人无论其违法性多么大，也没有要对超过与自己的行为处于相当因果关系的损害负担责任的道理（抚慰金额的问题另说）。反之，无论违法性的程度多么小，只要侵权行为成立，原则上是在相当因果关系的范围内负责任。而依据违法性的程度来决定责任额是对侵权行为法原则的修正，因此，有必要在理论上对为什么能够以违法性为基准加以说明。

再者,比较各行为人的违法性的大小并不容易,并且,不是按照违法性的比例分配责任额,而是也有由违法性大的共同侵权行为人负担全部责任的情况,这使人担心,在对什么样的场合要负全部责任的问题上,责任额的认定会成为相当恣意性的。

20世纪60年代中期以后,公害成为重大的社会问题,构成污染源的企业的民事责任成为法律学的现实性课题,关于复数污染源问题的处理涉及了《民法》第719条的解释。可以说在从受害人救济的立场出发尽量广泛地认定共同侵权行为的成立的反面,为避免小的污染源受到受害人的追究蒙受不适当的负担能够构想何种解释论,这样一种极强的实践性考虑在发挥作用。

当时,最高裁判所对所谓山王川事件作出了判决(1968年4月23日,载《最高裁判所民事判例集》第22卷第4号第964页),并且,四日市哮喘事件的诉讼受到了重视,围绕着公害和共同侵权行为发表了许多论文,大多数学说阐述了预想污染物质的最大容许浓度(超过它就会发生损害的浓度)P,将情况分为只是共同污染源中单个的企业排放的物质不超过P合在一起才超过P的场合,只有某污染源的排放超过P而其他的不超过的场合,无论哪个污染源的排放都分别超过P的场合等,这样一些以共同污染源的排放量为基准的类型,分别类型按照污染源的排放量认定分割责任,或者认定全部责任等的见解。这种类型论的解释成为后来类型化的出发点。[10]

三、主观性共同说

通说、判例认为,狭义的侵权行为的成立,各行为人之间只要有“客观的关联共同性”即可。行为人之间存在客观的共同关系时,即使在各人的行为与损害之间的相当因果关系未得到认定的场合,只要共同侵权行为全体与损害之间存在相当因果关系,各人就要对全部损害负责。但是,对于各共同侵权行为人为何要对与个人的行为

---

⑩ 森岛昭夫:《侵权行为法讲义》,有斐阁1987年版,第98页。

无相当因果关系的损害负责任，并未作出具有说服力的说明。

因此，要使行为人对与个人的行为无相当因果关系的结果负责，单以客观性共同关系为要件是不充分的，从而以共谋及其他主观的关联共同性为必要的见解得到提倡。前田达明教授为主倡者。[11] 前田达明教授以近代私法把基于人的意思的“行为”作为侵权行为法的归责根据的理论为前提，认为为使加害人负担超过《民法》第 709 条责任的第 719 条责任，某种形式的行为人的“意思”发挥作用是必要的，要求共同行为之间存在主观关联性。这里的所谓主观性要件并非仅意味着“共谋”，而定义为“具有(各自)利用他人的行为，另一方面容许自己的行为为他人所利用的意思”，由于这样的容许(意思)，行为结果就可以作为各行为人个人的所为而归责于他，或者各人负有防止结果发生的注意义务，对该义务违反进行结果归责。所谓一方面有利用他人的行为，另一方面容许自己的行为被他人利用的意思，有三种情况:(1)其意思以该权利的侵害为目的的场合(有故意共同侵权行为)，(2)是为了实现该权利侵害以外的目的的场合(有过失共同侵权行为)，以及(3)一方以该权利侵害为目的，另一方则为了实现该权利侵害以外的目的的场合(单方共同侵权行为)。这三种类型无论哪种场合，在有上述的主观关联共同性时，各行为人都要对由共同行为发生的全部损害负责任，不允许予以免责减责[不过，对类型(3)的有过失行为人，因其被有故意行为人单方面地加以利用，所以，也有应该根据情况否定其共同侵权行为成立的场合]。

对不具备上述主观性要件的复数侵权行为人，原则上只对与自己的行为处于相当因果关系范围内的损害负责任，但在因加害人是复数的不容易确定各人的行为与结果之间的因果关系的场合，为受

---

[11] 前田达明:《民法Ⅵ2 侵权行为法》，青林书院 1980 年版，第 180 页以下。主张或赞同主观性共同说的还有几代通教授(见几代通、德本伸一:《侵权行为法》，有斐阁 1993 年版，第 224 页以下)、森岛昭夫教授(见森岛昭夫:《侵权行为法讲义》，有斐阁 1987 年版，第 104 页以下)等。

害人的救济,得依据第 719 条第 1 款后段推定因果关系,只要加害人未能证明全部或部分因果关系不存在,就要对全部损害负责。因此,复数的行为人个人之间,不具有上述的主观关联共同性,而且在能够确定因果关系的存否的场合下,就不能适用第 719 条第 1 款。例如,在机动车之间相撞使乘客或者通行的人发生损害时,关于两加害机动车的驾驶人(或者运行供用人)的责任,过去的判例、通说都认为第 719 条的共同侵权行为是当然成立的,而如果依据主观共同说,则上例中加害人之间前述的那种主观关联共同性得不到认定,所以不适用第 719 条第 1 款前段的规定。并且,各自的机动车驾驶人的驾驶行为(过失)与受害人发生的损害之间存在明确的因果关系,所以也不适用第 719 条第 1 款后段的规定。最终不过是各自的机动车驾驶人(及运行供用人)的独立的侵权行为责任的竞合。对公害的事例,要求污染企业之间存在主观要件时,污染企业构成联合厂的场合另说,一般不存在第 719 条第 1 款前段规定的适用,多数都是依据该款后段,推定从各污染源排放的污染物质与损害之间存在因果关系。并且,如果个别污染企业的全部或者一部分排放行为与损害之间不存在因果关系的情况由被告企业作出了证明,在该限度内各污染企业独立的侵权行为构成竞合。

但是,同时,对主观性共同说的批判也是很强烈的。主要集中在这样两点上,第一,要求主观关联共同性的见解,与迄今为止一直通过宽缓地解释关联共同性的要件从而容易地认定共同侵权行为成立的判例、学说的动向相逆行,使得共同侵权行为的成立要件狭窄起来。第二,由于将重点放在主观性情况的基准上,在共同侵权行为论逐渐带有现代意义的今天,作为基准能够发挥功能的程度将会降低。

对第一点批判,必须指出的是,迄今为止的判例、学说一直过于宽泛地认定客观关联共同性,这样做的结果,反而出现了一种在共同侵权行为成立的场合,试图限制损害赔偿责任范围的倾向。主观性共同说,试图在给关联共同性加上主观性共同这一“紧箍”的基础上,使共同侵权行为人超过各人行为所及范围,对与“共同行为”有因果关系的全部损害负责任。其结果,只不过是在要件领域加上“紧箍”,还是对某种共同行为在效果上加以限制的不同。虽然如此,学说中还存在着一种见解,主张即使是在没有主观的共同关联性的场合,当具有一定(强度的)客观的关联共同性时,适用《民法》第 719 条第 1 款前段,并且不承认责任的减免,因此,从逻辑上说,对这种场合还是会出现不同的情形。之所以这样说,是因为在主观性共同说中,对没有主观的关联共同性的场合,只是依据第 719 条第 1 款后段认可因果关系的推定,而当被告方能够证明全部或者一部分因果关系不存在时,责任的减免是可能的,与此相对,依据上述见解时,减免就得不到认可。

对第二点批判,可以作出如下的反论,即使认为共同侵权行为论逐渐带有现代意义,但为什么以将重点放在主观性情况上的基准,就不能很好发挥功能的理由未必明确。因为,尽管是主观性要件,最终也只能从各种客观性情况加以认定,所以,“具有共同的意识实施了集体行动”的情况,是从存在着的一定的客观要素认定的。例如,四日市哮喘事件判决(津地方裁判所四日市支部 1972 年 7 月 24 日判决,《判例时报》第 672 号第 30 页)中像三菱公司所属的三个公司那样,存在着原材料的相互供给、能源的供给、资本结合关系、人员方面技术方面的交流等各种情况的场合,认定主观性关联共同关系是很容易的。

总之,之所以主张主观性共同说,是因为迄今为止的所谓客观性共同说,一直依据客观的关联共同性广泛地认定关联共同性,使共同侵权行为的成立容易起来,而在那些所有的场合下,各共同侵权行为人个人都要对由共同行为产生的全部损害负责任是不妥当的。因此,应该限于一定类型,只对负担全部损害责任是妥当的共同行为认定其成立共同侵权行为,可以说这是为了给关联共同性的要件加上一个“紧箍”。主观性共同说主张依据主观性要素收紧判断基准,所要探讨的问题是有什么样的客观性情况可以评价为有共同的意思这一实质性判断,而并不是要舍弃具体的情况去探求共同意识的有无。从这种意义上来说,是把它称为共同的意思,还是称为强的关联共同性,或者叫做“关联性”共同侵权行为,都无关紧要,关键是有了何种具体情况就应该认定共同侵权行为成立。因此,按照具体的纠纷类型使其作为更加具体的基准巩固下去是今后学说的课题。⑫

四、共同侵权行为的类型化

主观性共同说,把共同侵权行为独自存在的理由,理解为需要一种对与各共同行为人个人的行为无因果关系的结果也要负责任的制度,因此,作为其成立要件要求行为人之间的主观关联共同性。换言之,复数的行为人之间有主观的关联共同性时,依据《民法》第 719 条第 1 款前段,各行为人对与共同行为有因果关系的结果负责任。并且进一步地,即使是复数的行为人之间无主观性共同关联的场合,在结果发生与各人的行为之间的全部或部分因果关系的存否不明确的场合下,也可以依据同条第 1 款后段推定因果关系,只要被告举不出反证,就要对与共同行为有因果关系的结果负责任。

这样,主观共同说将复数行为人的共同行为分为有主观性共同的场合和无主观性共同(客观性共同)的场合,解释为对前者适用第 719 条第 1 款前段,不承认减免责任,对后者适用同条第 1 款后段允许减免责任。

与此相对,出现了平井宜雄教授认为第 719 条第 1 款前段认定了“意思性”共同侵权行为与“关联性”共同侵权行为这样两种类型的见解。⑬

平井教授首先指出,在过去的有关共同侵权行为的判例、学说中,因果关系这一概念被多义地加以使用,某种场合在各行为人个人的行为与损害之间的“事实性因果关系”的意义上使用,其他场合又

---

⑫ 森岛昭夫:《侵权行为法讲义》,有斐阁 1987 年版,第 104 页以下。

⑬ 平井教授的见解,详细可参照平井宜雄:“关于共同侵权行为的考察”,载《民法学的现代课题》,岩波书店 1972 年版,第 301 页以下。

在作为共同行为加以把握的“范围”的意义上使用，或者在表示行为人之间的“关联共同性”的意义上使用。因此，最理想的是能够避免因同一概念被多义地适用所产生的无谓的误解。

平井说与主观性共同说同样，在修正以只对处于事实性因果关系上的损害负赔偿责任的《民法》第709条的原则，要各共同行为人个人超过其行为所发挥作用的程度赔偿这一点上，寻求《民法》第719条的存在理由。在这个意义上说，关联共同性的要件是为加重第709条责任原则的重要要件。因此，一方面，作为共同侵权行为成立的要件以客观性关联共同为充足，另一方面，认为承认被告的按照发挥作用的程度减责的抗辩的通说的立场实质上抽掉了第719条存在理由的根本，而试图将“关联共同性”限定为认定全部责任的充足要件。并且，认为积极地持有“意思”参与被社会上认为是一体的行为的人，对与自己的行为未处于事实性因果关系上的他人的行为也应该负责任，这种类型的共同侵权行为称为“意思性”共同侵权行为，即使没有事实性因果关系在关联共同性的所及范围（或者称与共同行为的因果关系得到认定的范围）内也要负责任。因此，被告即使证明自己的行为与损害之间无事实性因果关系也不得免责。

要求主观性要素以外的关联共同性的类型称为“关联性”共同侵权行为。在共同侵权行为法论带有现代意义的今天，仅依据将重点置于主观性情况的基准判断关联共同性是不妥当的，所以，应该承认“关联性”共同侵权行为这一类型。认为这种类型的共同侵权行为应该按照具体的纠纷类型建立具体的基准。在“关联性”的共同侵权行为类型中，原告必须对被告的行为与损害的事实性因果关系主张、证明，但被告不得行使证明作用程度而减责的抗辩。但是，在这种情况下，会产生当对该损害的发生，存在着自然力、受害人、第三者的行为等其他原因的竞合时，能否主张责任限定这样一种与共同侵权行为不同的其他原因竞合的问题。关于这一点，根据平井教授的理论，在与竞合的其他侵权行为人之间有关联共同性时，当算定损害赔偿额时，不得允许主张依据原因竞合减责。

以上两种是负担《民法》第 719 条的特别责任的共同侵权行为,除此之外,还有本来是独立的侵权行为(《民法》第 709 条)只不过单纯地“共同”实施了的情况,过去一直是作为共同侵权行为处理的事件,可以承认其为“独立的”共同侵权行为类型。对这种类型应该按照第 709 条的原则处理,在各侵权行为人的事实性因果关系所及范围(按照作用程度)内负担赔偿责任。因此,被告可以行使证明自己的作用程度而减责的抗辩。

五、关联共同性的相关性判断

构成共同侵权行为的对象的事例极多,如不法占据、交通事故、公害、医疗过错、制造物责任等,但作为使复数加害人负担全部责任的根据的《民法》第 719 条第 1 款前段的规定却只提出了“共同的侵权行为”。由此开始了使共同侵权行为类型化,按照纠纷类型再构成其要件、效果的尝试。主观性共同说也主张应该只对有主观关联共同性的共同行为适用第 719 条第 1 款前段,使其负担超过第 709 条的一般原则的全部责任,这也可以说是一种类型化。还有上述各说提示的“意思性”、“关联性”、“独立性”共同侵权行为,“强关联共同性(强主观共同性、强客观关联性)”、“弱关联共同性”等共同侵权行为类型。

在这些类型化论中,提示了“关联共同性”,即着眼于复数行为人行为的结合状态的类型。换言之,找出判断在复数的共同者之间能否认定从社会上来看可以考虑使其负担全部责任的程度的一体性、结合性的类型的基准,对依据该基准能够判断为具有社会上一体性的共同行为,各行为人对与各行为人个人的行为无事实性因果关系的损害也要负责任。

对此,有学者提出了对共同行为的结合性与侵权行为性进行综合性、相关性判断的新思考。即首先,《民法》第 719 条第 1 款前段在规定的文言上没有按照要件事实的具体内容预定效果不同的共同侵权行为;其次,同条第 1 款后段规定“亦同”也是规定的与前段同一的效果，所以，第719条的要件、效果必须是单一的、一元的；最后，作为第719条要件的"关联共同性"，不应仅从行为的结合判断，应该在行为的结合性之上参照各行为的侵权行为性进行判断。

这种见解[14]考虑的是，不能从《民法》第719条第1款前段的条文语言认定要件、效果不同的共同侵权行为，并且认为要件本身是单一的，而对象的多样性要通过认定具体内容上的差异来解决。对第719条第1款前段的"关联共同性"要件，不仅要以原因行为的结合性为基准进行判断，而且要考虑围绕共同行为人的所有情况（共同行为的侵权行为性）进行综合性的判断。即相关地考虑原因行为的结合性的强度与各行为的有责、违法性，在即使前者的结合性比较松弛而后者的责难可能性较强的场合，也应该肯定关联共同性。其理由是，"关联共同性"是作为共同侵权行为人要负全部责任的要件，所以作为行为评价的问题，考虑共同行为的侵权行为性是必要的。并且，一旦通过上述相关性判断使关联共同性得到认定，就不允许被告行使免责、减责抗辩，而一律产生负担全部责任的效果。

具体来看，第一，关于判明了谁是原因者时的情况，首先，在有主观性共同的场合，仅此即可认定"关联共同性"。其次，在客观性结合被认定的场合，由于各行为的结合使损害的发生成为必然时（必然性结合，相当于强的关联共同性），仅此就可以评价为有"关联共同性"。再次，各行为相结合发生损害时（必要性结合，相当于弱的关联共同性），除客观结合性以外，只有附加了共同的侵权行为性才能认定"关联共同性"。但是，上述的侵权行为性不是各行为人个人的个别性责任法理，而是作为共同行为的责任法理。最后，各人的行为对结果发生处于条件关系时（条件的结合，偶然的竞合），对各行为除要求有责、违法性外，如果没有共同的认识或者认识的可能性，不能认定"关联共同性"。通过这样的方法，"关联共同性"得到认定

---

⑭ 这种见解以国井和郎教授为代表，详细可参照国井和郎："关于机动车事故中共同侵权行为的考察"，间隔连载于《民商法杂志》第71卷（1974年）第1期～第72卷（1975年）第1期。

的场合,得依据《民法》第719条第1款前段使各行为人负担全部责任。

第二,关于未判明谁是直接的加害人时的情况,只要行为人之间没有主观性共同,得以适用第719条第1款后段。再有,判明原因者的第一的场合,在"关联共同性"未得到认定的情形下,损害为不可分时,适用第1款后段,使其负担全部责任。但是,被告通过证明个别性因果关系的全部或部分不存在,在该限度内不适用第719条,结果上的全部责任被否定或者责任成立范围受到限制。

第3节　效　果　论

一、共同侵权行为人的责任范围

关于共同侵权行为的成立要件的关联共同性,无论采用以客观共同性为充足说,还是采用以主观共同性为必要说,一般都认为,《民法》第719条第1款前段存在的意义,在于超过个人行为的因果关系所及范围认定各行为人个人的责任。因此,根据这些学说,在各行为人之间的关联共同性得到认定的场合下,各行为人个人,各自对与共同侵权行为处于相当因果关系中的全部损害负责任,不承认责任的减免。

但是,为谋求加害人方面的公平,判例、学说中均出现了试图限制连带债务范围的倾向。例如,判例主张,在共同侵权行为产生的损害中,通常损害的部分作为连带债务,以特别情况产生的损害部分只由有可能预见该损害发生的人负责任(大审院1938年12月17日判决,载《大审院民事判例集》第17卷第2465页)。学说中,有见解认为,即使是共同侵权行为成立的场合,当判明了各行为人的加害程度时,应该使各行为人在自己行为参与的限度内负责任。也有见解主张因共同侵权行为产生的全部损害额不是以各行为人的加害参与程度来分割,而是以各行为人的行为的违法性为基准,各行为人的违法性是同程度的场合构成全部连带责任,违法性有差异时违法性小的行为人只对损害的一部分负连带责任。有学说认为,在公害的事例中,从公害的特殊性来看有不少要各原因者负全部义务欠缺具体性妥当的场合,不仅从加害人之间的衡平的角度出发,要对损害的发生仅具有少许作用程度和违法性的原因者负担过大的责任是不合理的,并且,要缺乏资力的原因者负担支付不完的赔偿义务对受害人未必有利,同时也会危及到原因者企业的生存。因此,在仅以各污染排放者各自排放的污染物质不会使损害发生,合在一起其质和量上才会发生损害的场合,各污染排放者应该按照各自的加害比例负担赔偿责任。当某污染排放者排放的污染物质单独能够使损害发生,因其他的污染排放者的排放行为加重了损害的场合,也可以考虑按比例分割责任。⑮

判例的处理是,就整个损害来说,对因共同侵权行为造成的那部分损害作为连带责任,其他部分只对负有作为一般侵权行为的责任者认定个人责任。例如,在某事件中,A所有的房屋,其租借人C随意地转借给B,B又随意地再次转借给D和E居住。A以不法占有为理由,向B、D、E请求连带支付相当于租金的损害金。对此,最高裁判所以不法占据者中的D、E不过是一部分占有人为由,撤销了要其负担相当房屋全部租金额的全额连带赔偿责任的原审判决(最高裁判所1954年4月2日判决,载《最高裁判所民事判例集》第8卷第4号第794页)。

此外,也有见解主张,在对损害的发生具有社会通常观念上作为整体加以认定的一个行为的程度的一体性,即所谓"弱的关联共同性"的场合可以认可分割责任;但在密不可分的作业等"强的关联共同性"的场合不得承认分割责任(例如,前述四日市哮喘事件判决)。

要共同侵权行为人负担责任,除关联共同性的要件之外,各共同侵权行为人还要具备过失、违法性等侵权行为的一般成立要件。因

⑮ 远藤浩等:《民法(7)》(第4版),有斐阁1997年版,第197页以下。

此,共同行为人中,可能会有以对结果的发生欠缺预见可能性等理由使过失得不到认定,结果上被免责的情况。在这种情况下,可以只对现实地发生的损害中包含着的小部分损害认定责任,使该行为人负担一种有限度的责任。

但是,因果关系的作用程度的证明、有无预见可能性(过失、违法性)的证明并不是容易的。在许多场合下,因共同行为造成的权利侵害是一个不可分割的整体,要明确各行为人个人的行为的部分性因果关系是相当困难的。而且,如果要比较违法性的大小,对其他的共同侵权行为人各自的行为的违法程度也必须进行评价,反而增加了证明的困难程度。因此,最终要从第 719 条规定的连带责任关系参照各种要素考虑共同行为人的责任范围。⑯

二、责任的连带性

《民法》第 719 条规定,因共同的侵权行为给他人造成损害时,"各自连带地"负损害赔偿责任。民法起草者将这一规定理解为与旧《民法》财产篇第 378 条同样是规定债务性质的规定,考虑的是因共同侵权行为发生的该行为人的损害赔偿债务是连带债务。但是,我妻博士主张,本条的所谓连带只不过是意味着对结果的全部责任,作为债务的性质可以说作为不真正连带不适用《民法》第 432 条以下(日本《民法》第 432 条至第 445 条是关于连带债务的规定)的条文是妥当的。之后的学说大多依据此见解。判例也是最初看作连带债务,逐渐地也采用不真正连带说,不承认《民法》第 432 条以下的绝对效力。例如,有判示在共谋实施侵权行为的场合,即使是与共谋相关联的场合,因共同侵权行为的损害赔偿债务是不真正连带债务,所以不适用《民法》第 434 条(关于请求的绝对效力的规定),因损害赔偿请求诉讼的提起而产生的时效中断的效果,在与其他的共同侵权行为的关系上不发生该效果的判例(最高裁判所 1983 年 3 月 4 日

⑯ 森岛昭夫:《侵权行为法讲义》,有斐阁 1987 年版,第 121 页以下。

判决,载《判例时报》第 1043 号第 87 页),还有否定了《民法》第 437 条(关于免除的绝对效力的规定)的适用的判例(最高裁判所 1994 年 11 月 24 日判决,载《判例时报》第 1514 号第 82 页)。

与此相对,川井健教授认为,⑰日本民法极为广泛地认定共同侵权行为的成立,因此,能否一概地将其称为不真正连带债务是个问题。日本的学说一直是把原原本本地适用连带债务的规定会产生不适当的场合作为不真正连带债务来处理的,但是,民法上的连带债务自身可以视为适应各种场合的实际情况的富于多样性的规定,因此,可以说民法规定的连带债务不过是基准性规定,适应各个场合可以对该规定加以修正,应该承认,结果上称为不真正连带债务的场合,因共同侵权行为发生的债务也被包含在广义的连带债务中,原则上《民法》第 432 条以下的条文是适用的,但基于共同侵权行为的性质,理解为是对适用条文的修正足矣,据此采用连带债务说。认为一方面,关于《民法》第 432 条、第 434 条当然可以适用于共同侵权行为,另一方面,关于第 437 条、第 439 条(关于时效的绝对效力的规定)共同侵权行为当然不能适用,第 434 条至第 439 条的规定不应该全面地看作不适用于共同侵权行为,需要对各个规定是否适合于共同侵权行为作慎重的探讨。

还有学者虽然认为连带债务规定不应该适用于共同侵权行为这一学说的方向是正确的并予以支持,但同时指出,只是说是不真正连带债务,问题并未因此而得到解决,毋宁摒弃过去的不真正连带债务概念,而规定各自领域中的法律效果,例如,对请求、免除、时效等事由是否承认绝对效力进行个别的探讨。⑱

这样,原则上适用民法连带债务的规定,但适应共同侵权行为的

⑰　川井健:"共同侵权行为的诸问题",载川井健:《现代侵权行为法研究》,日本评论社 1978 年版,第 258 页以下。

⑱　持这种主张的有淡路刚久教授(见淡路刚久:《连带债务的研究》,弘文堂 1975 年版,第 262 页以下)、前田达明教授(见前田达明:《民法Ⅵ2 侵权行为法》,青林书院 1980 年版,第 187 ~ 190 页)等。

性质对这些规定加以修正,其他的共同侵权行为人发生的事由原则上只具有相对的效力,但有的场合下具有绝对效力(连带债务的准用)等。这些见解进行说明的方法虽然不同,但在今天,这种认为不必严格区分是连带债务还是不真正连带债务,仅依据其中某一方处理共同侵权行为,而是应该适应共同侵权行为的内容,考虑个别具体性法律效果的发展方向的见解是有力的。

依据以上见解,关于就共同侵权行为人中的一人发生的事由的效力,分别简单考察一下各项事由。

第一,关于清偿、代物清偿、提存,在能够认定绝对效力这一点上是没有问题的。因为共同侵权行为人是对一个损害,分别对全额负担债务,如果共同侵权行为人中的一人实施了清偿等,债务即因此而归于消灭。

第二,关于请求,有认为《民法》第 434 条的类推适用对受害人来说是有利的,并且合于受害人的意思的见解,但因为共同侵权行为人之间通常均不具有能够看作连带债务人之间存在的那种紧密的共同事业关系,所以,还是认为一般地说不应该适用第 434 条的见解比较妥当。但是,在具有极强的主观关联共同性的情况下,也存在着应该适应共同侵权行为人之间的实体关系适用第 434 条的场合。

第三,关于免除,判例上构成问题的事例,多为受害人对共同侵权行为人中的一人免除债务的场合。最近的学说认为,免除的情况,有不仅被免除者在与受害人的关系上债务被免除,而且在共同侵权行为人之间的内部关系上也可以免除负担那样的场合(狭义的免除和绝对的免除),还有被免除者只在与受害人的关系上免除债务,而与共同侵权行为人之间的内部负担无关的场合(不诉求约束和相对的免除),对前者可以适用《民法》第 437 条,对后者不应该适用第 437 条。其理由是,在前者的场合下,免除者的免除左右共同侵权行为人之间的最终的负担关系,被免除部分的负担应该由作为免除者的受害人负担,但在后者的场合,因为不影响到其他共同侵权行为人的追偿权,所以以相对性效力为充足。关于如何判断在何种场合有绝对免除,或者有相对免除(不诉求约束)的问题,第一次性地依据免除者的意思决定。如果免除的宗旨不明确时,应该作如下考虑,即因故意的竞合发生共同侵权行为的场合,多为受害人想从被免除者以外的(故意的)共同侵权行为人得到全额赔偿的场合,所以免除的效力只具有相对的效力。并且,在故意与过失竞合的共同侵权行为中,免除过失者的场合也与上述场合同样,免除只具有相对的效力,但反之,免除故意者的场合,受害人知道被免除者是故意,或者应该知道是故意时可以承认绝对效力(免除的效力也涉及过失的共同侵权行为人)。与此相对,因过失的竞合发生共同侵权行为的场合,免除原则上只具有相对的效力。因为作为受害人的意思,一般都是要从其他的共同侵权行为人得到清偿。但是,受害人知道或者应该知道被免除者的负担部分与其他共同侵权行为人的负担部分相比显著巨大的情况,或者被免除者是受害人的亲戚时,绝对效力得到承认,受害人就被免除者的负担部分不得向其他共同侵权行为人请求。上述那样的场合,解释为受害人最终不想让被免除者负担该负担部分的赔偿而作出免除。

第四,时效的效力,《民法》第 439 条虽然规定了在连带债务的场合下,时效具有绝对效力,但应该解释为共同侵权行为人中的一人的赔偿债务即使时效消灭,对其他共同侵权行为人的债务不发生影响(相对的效力)。这是因为,一般共同侵权行为人之间的关系,不具有连带债务人之间的那种紧密的人的关系,所以,对债务人中的一人发生的事由,没有对其他债务人产生影响的必然性。与此相对,有见解认为,原则上时效只具有相对的效力,同时例外地存在有绝对效力的场合。即最终的负担部分显著巨大的共同侵权行为人(甲)的债务时效已消灭时,其他的共同侵权行为人(乙)被受害人起诉支付了全额,那之后乙向甲追偿是没有必要的,例外地对甲的时效消灭承认绝对效力。但是,这种见解是有问题的。乙对甲的追偿权,是从乙向受害人作了损害赔偿之后才发生的,即使在对受害人的关系上甲的损害赔偿时效消灭,但并未因此连乙对甲的追偿权都消灭。甲乙对受害人的债务的消灭时效,与甲乙之间的追偿关系是两个问题。因此,乙对甲的追偿权并未因甲对受害人的债务的时效消灭而消灭,乙仍然可以向甲追偿。[19]

三、共同侵权行为人之间的追偿关系

《民法》第442条规定了连带债务人之间的追偿权。共同侵权行为人中的一人支付了全部赔偿的场合,可以按照本来应该负担责任的比例(原则上平等地)向其他共同侵权行为人追偿。这一点,连带债务说没有问题。依据将共同侵权行为人的债务解释为不真正连带债务的通说认为,在连带债务关系中,存在着债务人之间的共同分担这一主观性关系,基于这种主观性关系可以考虑内部的结算清偿关系(追偿),但是,在不真正连带的场合,债务人之间没有那样的关系,所以,追偿权的根据与连带债务不同。学说中,有认为当然承认追偿权的见解,也有认为即使视为不真正连带债务,承认其内部的追偿关系的发生的可能性,在逻辑上也不会发生矛盾等各种见解,追偿权的法律性质未必明确。追偿权究竟是应该考虑为无因管理上的一种有益费偿还请求,还是应该考虑为具有不当得利返还请求的性质,并不一致。但是,无论哪种见解均认为应与连带债务同样享有追偿权。

判例也认可追偿,例如,在出租汽车公司的被用人A驾驶的机动车与B驾驶的机动车因双方的过失相撞,出租车的乘客负伤,出租汽车公司全额赔偿了乘客,对B追偿的事件中,最高裁判所认为,对以过失的比例决定的B的负担部分出租汽车公司可以行使追偿权。在该事件中,认定的过失比例为8:2(最高裁判所1966年11月18日判决,载《最高裁判所民事判例集》第20卷第9号第1886页)。

追偿按照各个共同侵权行为人的负担部分进行,关于负担部分的决定基准,有考虑公害的情况时那样的以污染物质的排放量为基

[19] 森岛昭夫:《侵权行为法讲义》,有斐阁1987年版,第124页以下。

础确定的对加害行为的作用程度为基准的方法，而学说中原则上依据过失的比例，但也有加害原因力的大小并不一定完全反映在过失上的场合，所以，也有依据包含过失的违法性的程度的见解。另外，还有对共同责任人，综合各行为人个人对加害是故意还是有过失，各行为人个人的故意、过失和违法性的强弱，在公害的场合原因物质的排放量等各种情况，从共同责任人之间的公平的角度出发判定作用程度，并以此为比例决定各行为人个人的负担部分的见解。

决定负担部分的要素，因共同侵权行为的类型不同会出现相当的差异，但必须考虑的只能是过失、违法性等各种情况。并且，在考虑各种情况，进行综合性判断仍不能决定的场合，负担部分由各行为人个人平等分担。

作为追偿权的要件，学说上就共同侵权行为人中的一人未支付赔偿额的全部不得行使追偿权，还是超过赔偿人的负担部分支付的场合，可以就该部分追偿，或者即使在负担部分以下支付了的场合，也可以按照负担部分的比例进行追偿等情况进行过讨论。

这个问题与如何把握追偿权的法律性质的问题相关联，但无论将追偿权作为对他人的负担部分的支付的无因管理来把握，还是考虑为本来自己应该支付的负担部分已由其他的共同侵权行为人支付的不当得利，依据对超过赔偿者负担部分支付的部分发生追偿权的见解，对在自己的负担部分以下的支付者均没有承认其追偿权的余地。

第 4 节　共同侵权行为责任的新思考[20]

一、立法提案

在民法修改的研究中，学者对侵权行为法制度中的许多问题都

[20] 新美育文："共同侵权行为的规定应全面地进行重新设计"，载椿寿夫等编：《法律时报增刊·思考民法的改正》，日本评论社 2008 年版，第 366 页以下。

提出了新的提案。其中,关于共同侵权行为,学者提案将行为人有主观性关联共同性的场合和无主观性关联共同性复数人的行为发生竞合的场合,这两种情况分开进行规定。关于后者,也可以考虑将有客观的关联共同性的场合与原因不明的场合分开,分别单独地做出规定的方案,但二者虽然在观念上能够区别,在现实中无法识别,所以本提案不区别二者。

对有主观性关联共同性的场合,建议对各人课以连带责任。在负担连带责任的场合,发生关于求偿的问题和各人中1人所发生事情对其他人是否有效力的问题有必要加以规定。也可以考虑放在不真正连带债务中规定,但不真正连带债务概念是多义性的,未必明确,因此,这里建议设置承认求偿权宗旨的规定;并设置了关于发生在1人的事由,除给予受害人满足的场合,只具有相对效力的宗旨的规定。并且也一并建议设置作用度的定义规定。

关于没有主观性关联共同性的复数人的行为发生竞合的场合,存在两种方案,一种是让各行为人负担连带责任的方案,另一种是让各行为人负担分割责任的方案,本提案支持后一个方案。作为分割责任的场合,提案规定根据对损害发生的作用度决定责任比例的内容。并且提案也规定作用度概念的定义,设置作用度的证明如何进行,没有证明的场合怎样进行处理等规定。

关于教唆和帮助,蹈袭现行法规定。

二、条文设计

上述提案整理成如下纲要。

A条(依共同意思实施的共同侵权行为)

(1)复数的人以共同的意思实施了侵权行为的场合或者准于此的情事被认定的场合,各行为人对所生全部损害各自负担连带责任。

(2)对教唆者或者帮助者亦同。

(3)超过自己的作用度作出赔偿的人,对其他的共同侵权行为人,可以按照对应各自作用度的金额进行求偿。

(4)作用度,依各行为人的行为使该损害发生危险的大小程度决定,只要没有特别的证明,推定各行为人的作用度相同。

(5)共同侵权行为人中的1人发生的事由,除给予赔偿权利人满足的情况外,对其他的共同侵权行为人不发生效力。

B条(因原因竞合的共同侵权行为)

(1)在所生损害为单一的不可分割的损害时,在对该损害的发生有能够造成危险的复数行为(含不作为)同时或者不同时地,承继性、重合性或者选择性地发生竞合,谁是加害人不能特定时,推定各行为人的行为与损害之间存在因果关系。

(2)适用前款规定,各行为人负侵权行为责任的场合,各行为人必须以其作用度的限度赔偿损害。

(3)各人的作用度,依各自的行为使该损害发生的危险大小的程度决定,只要没有特别的证明,推定各行为人的作用度相同。

三、理由及学说梳理

关于以往有关共同侵权行为的判例、学说的概况,学者在1988年的私法学会学术报告会上所做"侵权行为的改革方向"的报告、讨论和能见善久教授(代表日本私法学会民法部会)向会议提交的学术报告会资料中,以及在以此为基础整理而成的侵权行为法研究会报告《日本侵权行为法重述》的相关部分中已经进行了恰当的整理。并且,在那里也以这些为基础提出了侵权行为法改正的提案。以下以《日本侵权行为法重述》为基点,并根据那之后的判例、学说的展开,就改正提案的理由做一些说明。

1.依共同意思实施的共同侵权行为

在A条中,加害人以主观性关联共同实施了侵权行为的场合,规定对所有的加害干预者课以对全部损害的连带责任的宗旨。关于这一点,判例、学说没有出现异议。诸外国的做法亦同。

还有,关于在准于"以共同的意思"得到认定的场合的规定,这是总结了过去判例、学说的主张,本提案遵从之。

本条与现行民法的不同之处在于,准备了求偿的规定和关于共同侵权行为人中的1人发生的事由对其他的共同侵权行为人的效力的规定这一点上。这些问题,过去一直都是让给关于所谓不真正连带债务的解释论的。但是,不真正连带债务论的内容也是不断变化的。因此,提案根据最近的判例和学说的动向,对求偿权准备了明文的规定。同时,关于对在共同侵权行为人中的1人发生的事由,对除能够带来赔偿权利人满足的情况外,设置了只具有相对效力的条款。在《日本侵权行为法重述》中也提示了同样的规定,但解释上还不能说足够明确。以下说明提案的理由。

作为求偿得到认可的要件,存在着关于以有了一部分赔偿即可,还是以超过自己的负担部分做出了赔偿的情况为限的争论。遵从站在后者立场上的判例及多数说的见解,提案设置了3个条款。

关于各人的负担部分,判例主张根据过失的比例来决定。学说上,既有主张包含过失在内根据违法性的程度,与判例站在相近立场上的见解,也有根据"所给予原因的大小"的见解和根据"因果系列的轻重"的见解那样的,在因果关系的层面把握作用度的见解,意见存在着分歧。考虑到共同侵权行为规定也可以适用无过失责任的情况,根据过失比例的做法不是十分适当。一方面,根据违法性的程度的场合,在以同一被侵害利益为对象的共同侵权行为中,只要采用相关关系说,就只有侵害行为的样态在作用力判断上具有意义。但是,在以共同的意思实施的共同侵权行为中,怎样考虑侵害行为的样态并不明确。从其同质性出发也可以考虑均分。另一方面,在因果关系层面把握作用度的场合,其"所给予原因的大小"和"因果系列的轻重"就会成为根据各人的行为使该损害发生的危险性的确定率程度的大小。并且,鉴于有"以共同的意思"的共同侵权行为的事实,以各行为人的作用度为同程度的考虑也是可以的。

从以上情况出发,提案为:在以各人的行为的危险性的大小判定作用度的基础之上,推定是同等的作用度。

2. 原因竞合的共同侵权行为的要件

B 条 1 款,规定发生单一的不可分割的 1 个损害时,在复数行为以各种各样的形态竞合干预,谁是加害人不能特定时,推定各人的行为与该损害之间存在因果关系。若依条件关系使因果关系得到判定,则上述那种场合的因果关系受害人进行证明几近不可能。因此,为谋求受害人的公正救济,决定规定本项内容。在《日本侵权行为法重述》和私法学会学术研讨会中,有客观的关联共同性场合的共同侵权行为与原因不明场合的共同侵权行为是分别做出规定的,在本提案中,决定以一个条文加以对应。因为不仅作为有客观的关联共同性场合的共同侵权行为要件的"构成共同的原因"的内容未必是明确的,而且即使在道理上其内容得到了明确,在现实中,要区别是"构成了共同的原因",还是"不能特定原因者"是极其困难的。

3. 原因竞合的共同侵权行为的效果

B 条 2 款,提案的是在原因竞合场合的共同侵权行为中,各行为人负依其作用度的分割责任。

有客观的关联共同性的场合,各行为人与损害之间的因果关系被肯定,其侵权行为的成立和连带责任就得到肯定。

但是,在判例和多数说中,只要有复数人对损害发生发挥了作用就得出因果关系被肯定的结果,客观的关联共同性这一要件的意义被淡化。在这种稀薄化要件之下,对全损害额的连带责任这一效果的承认的问题性浮现出来。并且,原因者不明的场合,让全员对全损害额负连带责任的根据也不能说明确。因此,近时的学说,虽然有微妙的差异,多数的方向是承认按照作用度的分割责任或者部分性连带责任。在下级审裁判例中,也出现了一些按照作用度减少赔偿额的情况。认为在有客观的关联共同性的共同侵权行为中,对作用度显著小者应该认定分割责任,并且对加害人不明的共同侵权行为对证明了作用度的加害人应该承认按照作用度减免责任的《日本侵权行为法重述》的提案,可以说就是基于这种倾向。但是,关于把共同侵权行为区分为有客观的关联共同性的场合和加害人不明的场合的疑问如前所述,并且若对加害人中的1人承认了按照作用度的减额,减去的其作用度的部分当然就成了其他人的作用度。因此,索性直率地提案根据作用度的大小分割责任。

还有,关于对作用度真伪不明的场合,《日本侵权行为法重述》以全额赔偿为基本,在真伪不明的场合,以构成全额赔偿为前提。但是,进行那种处理的理由并不明确。共同侵权行为的场合,可以推测得到原则上的思维方式是连带责任。但是,鉴于恰恰是使行为人负连带责任的根据稀薄化了,所以才出现了按照作用度负责任的情况,在这种情况下承认全额赔偿责任的做法当然就感觉不是很协调。本来,作用度这一概念就是规范性的,其有无、程度的判断,与通常的事实认定是不同的。没有想定真伪不明(non-liquet)的必要,准备好法律上的切割乃至默认(default)规则就足够了。并且,对复数人的负担比例或者利益比例准备的是"均等"的原则。本提案遵从这一原则。

再有,关于作用度,可参照关于有主观的关联共同性的共同侵权行为的论述。

顺便地看一下外国的例子,近时,采用分割责任的倾向在逐渐增强。例如,在美国,以药害事例的DES事件为契机的所谓市场占有率责任得到承认,从正面论述分割责任的侵权行为法第三次重述(分割责任,1999年)也已出台。并且,在英国,关于石棉受害承认使用过石棉的事业者的分割责任的贵族院判决也已经做出。还有,在德国、美国的市场占有率责任受到注目,分割责任论正在抬头。这样一来,关于6名养蜂业者的蜜蜂因农药死亡的损害,认定了违反禁止喷洒农药规定地喷洒了农药的5名果树栽培者的分割责任的法院,被作为先驱性的判决对待。

第 12 章　动物占有人责任与失火责任

第 1 节　动物占有人责任①

一、意义

对于由动物的加害,依据《民法》第 718 条的规定,负担该责任的是动物的占有人或保管者,将所有人除外。这是出于使能够直接控制动物者负责任的宗旨的规定。这种动物占有人责任的性质,虽然不以对加害自身的故意、过失为要件,但以保管上的过失为归责要件,不过,转换了该举证责任,所以可以说是一种中间责任。并且,使占有人、保管者负责任的根据,是从动物发生的危险应该由持有这种危险物者负担这样一种危险责任的思维方式产生出来的。本来,本条是针对用于农业耕作的牛马那样的作为动力使用的动物的危险的规定。但现在,在处理因宠物引起的损害方面是重要的。

---

① 本节内容主要根据远藤浩等:《民法(7)》(第 4 版),有斐阁 1997 年版,第 185 页,并参照了前田达明:《民法Ⅵ2 侵权行为法》(青林书院 1980 年版),几代通、德本伸一:《侵权行为法》(有斐阁 1993 年版)等著述的有关部分。

二、成立要件

(一)因动物

这里所说的动物,不限于被人饲养生活的狗、猫、马等的家畜,也可以是家畜以外的动物,种类不成问题(甚至有学者主张对保管中的细菌、病毒也应该适用本条的见解②)。不过,必须是被某人占有或保管的动物。关于由逃跑的动物的加害,在该逃跑是一时性的场合时,很难说脱离了占有、保管关系因此不能免除责任。

(二)是动物施加的损害

必须是动物独立的动作产生的。该动作是动物自发的动作还是受到警笛惊吓等外界刺激的动作不影响责任的成立。

损害不限于因动物的动作造成的直接损害,该损害与动物的动作有因果关系即可。

对牵引着货物马车的马被机动车的警笛惊吓狂奔起来,致使车体脱离开马的身体撞进店铺里毁坏了物品的事件,判例指出,这种损害就是动物造成的损害(大审院1921年12月15日判决,载《大审院民事判决录》第27辑第2169页)。

骑着自行车的7岁儿童被狗吓得摔倒了的事件,判例认为7岁的儿童是有什么样的狗都害怕的人,养狗的人不会预测不到把狗撒开会发生本案这样的事故,认定了饲养者的赔偿责任。不过,也有认为不符合"动物施加的损害"的少数意见(最高裁判所1983年4月1日判决,载《判例时报》第1083号第83页)。

---

② 前田达明:《民法Ⅵ2侵权行为法》,青林书院1980年版,第170页。水户地方法院土浦分院1993年6月15日判决(《判例时报》第1467号第3页)就将本条作为要求停止P4阶段遗传因子转换实验及提起损害赔偿请求的法律根据之一(参见远藤浩编:《基本法评注 债权各论Ⅱ(无因管理、不当得利、侵权行为)》,日本评论社1996年版,第91页)。鉴于细菌与病毒是比家畜等动物的危险大得多的物质(按照现代生物学的分类,细菌和病毒各是一类微生物),因此,使造成细菌或病毒引起的损害的管理人负担比一般侵权行为(日本《民法》第709条)责任更重的责任是应该的。但是,由于日本民法侵权行为一章(《民法》第3编第5章)中,没有关于高度危险作业责任的规定,所以,判例、学说对细菌、病毒等造成的损害依据本条是可以理解的。

嗾使狗把人咬伤等情况，不是动物的独立动作，这时的动物只不过是加害工具，因此不能称为动物施加的损害。这种场合，对嗾使狗的人只发生第 709 条的问题。但是，也有主张此为第 709 条与第 718 条的竞合适用的见解。

给他人施加的损害，不仅限于咬人那样的直接施加给人体的损害，也可以有毁坏物品、杀伤他人的动物的场合。

（三）无免责事由

"依照动物的种类及性质，以相当的注意实施保管"时，得以免除责任（《民法》第 718 条第 1 款但书）。这种免责事由的存在，占有人、保管者有进行证明的必要。

这里的注意义务，意味着通常应尽的程度的注意义务，并不是应该能够对应处理异常事态的程度的注意义务。具体地说，考虑动物的种类、性质、癖好、加害前历、保管的样态（放养、系缚的程度），对保管的熟练程度等，进行常识性的判断。

对小个子男佣人牵着两头丹麦种看门犬在公路上运动时，犬受到少女尖叫声的惊吓，冲撞了少女使其负伤的事件，判例判示道，即使性情比较温顺，也和家里人都熟悉了，但让身材矮小而且尚未掌握犬的操作、控制方法的男子牵着两头个大力量强的犬一起运动，致使该人因力量不足没能控制住犬，这就懈怠了通常的注意义务（最高裁判所 1962 年 2 月 1 日判决，载《最高裁判所民事判例集》第 16 卷第 2 号第 143 页）。其他的，关于饲犬，虽然也有判示性情温顺的饲犬，即使饲主将其放置不管也未必构成对注意义务的违反（大审院 1913 年 6 月 9 日判决，载《大审院民事判决录》第 19 辑第 507 页）的判决，但多数判决则认为放置原则上应该解释为对注意义务的违反（东京地方裁判所 1927 年 7 月 2 日判决，载《法律新闻》第 4106 号第 4 页等）。

在受害人有过失（因自招行为）遭受由动物的加害时，构成过失相抵的问题，但不构成免责事由。但也有认为"应该解释为在某些（例如，能够证明损害因不可抗力，或者受害人的自招行为产生的）

场合下占有人也有可能被免责”的学说。③

三、责任负担者

动物的占有人与代替其进行管理的保管者,是责任的负担者(第718条第1款、第2款)。事实上支配着动物的人可以视为动物占有人,受托者、运送人那样的事实上保管动物的人可以视为保管者,但是,在占有理论中,受托者、保管者等通常被解释为也有为自己的意思,所以,这些人也被包含在动物占有人中。由此出发,有学说认为第2款为注意性规定。与此相对,存在着认为即使受托者、运送人等能够解释为占有人,大体上仍然应该视为保管者的学说。

对动物占有人的家属、佣人等那样的作为占有辅助人保管动物的人,基于要使能够直接控制动物者负责任的本条的立法宗旨,将他们看作保管者的见解曾经是有力的。但最近,从让单纯的动手脚的人负重责任是不适当的考虑出发予以否定的学说较多。还有学者从占有辅助人不是具有独立的法律地位进行动物管理的人,所以,占有人不能以已尽占有辅助人的选任、监督注意作为排除其危险责任的理由。④

关于选任代替自己保管动物者那样的间接占有人(代理占有人)的责任的问题,存在尊重物权法上的占有概念,而且从受害人保护的角度予以肯定的学说,同时也有从间接占有人不是可能进行直接控制的人出发,与立法宗旨相反予以否定的学说。在前说中,间接占有人、保管者依据第718条重复承担责任。在后说中,间接占有人的责任,依据第709条、第715条加以解决。并且,在根据前说的场合,间接占有人就保管者的选任、监督,如果已尽依照动物的种类、性质的相当的注意义务就可以免责。

在受B的委托C运送马,手牵着缰绳行走途中,马受外界声音

③ 几代通、德本伸一:《侵权行为法》,有斐阁1993年版,第177页。
④ 窪田充见:《侵权行为法》,有斐阁2013年版第6次印刷,第227页。

的惊吓狂奔起来使骑轻便摩托车的 A 受伤的事件中，最高裁判所判示道，此案中动物占有人的责任与保管者的责任重复发生，间接占有人如果能够就其“依动物的种类及性质以相当的注意”选任、监督“该保管”者的事实举证就得以免责（最高裁判所 1965 年 9 月 24 日判决，载《最高裁判所民事判例集》第 19 卷第 6 号第 1668 页）。

第 2 节　失 火 责 任⑤

失火责任是日本特有的一个特殊侵权行为法问题，由于它与其他的侵权行为法问题相关联，所以有必要对此作一简要介绍。日本的《失火责任法》，有的学者称之为“责任轻减的特别法”。⑥ 近年来，随着日本的住宅情况的根本性变化，火灾很少发生。失火责任问题好像不再被作为特殊的问题对待，许多侵权行为法专著，例如潮见教授、洼田教授和藤冈教授等的著作中就不再讨论这一问题。

一、失火责任法的意义

如果对因失火烧毁他人的财产者也使其负担通常的基于故意或过失的损害赔偿责任，在木造房屋很多的日本，其损害的范围就会被意外地扩大。并且，失火时通常失火者自身的财产也被烧毁，所以对其过失也有不少值得同情之处。因此，1899 年制定了关于失火责任的法律，规定在失火的场合，只要没有重大过失（故意的场合当然不适用），不负损害赔偿责任。判例指出，这是关于因侵权行为发生的损害赔偿责任的例外规定（大审院 1912 年 3 月 23 日判决，载《大审院民事判决录》第 18 辑第 315 页）。

《失火责任法》是出于即使因失火侵害了他人的权利，只要不是

---

⑤　本节内容主要根据田山辉明：《侵权行为法》，青林书院 1996 年版，第 204 页以下，并参照了前田达明：《民法Ⅵ2 侵权行为法》（青林书院 1980 年版），几代通、德本伸一：《侵权行为法》（有斐阁 1993 年版）等著述的有关部分。

⑥　平野裕之：《民法综合 6 侵权行为法》，信山社 2013 年版，第 217 页以下。

由于重大过失的场合也不负担损害赔偿义务的宗旨,减轻了侵权行为责任的规定。因此,在与邻人的关系上,主要地有重过失才构成损害赔偿的问题。所谓重过失,有两种解释,一种解释认为是显著懈怠作为轻过失前提的善管注意义务,另一种解释认为是从量上和质上看违反比该善管注意义务容易的注意义务。前一种解释是通说。

二、适用范围的限定

《失火责任法》,从其制定的宗旨来看,可以理解为是规定了免除侵权行为责任的法律。因失火同时产生的还有债务不履行责任,该责任不得免除。例如,因租借人 A 失火使房屋烧毁,并且把邻人 C 的房屋也烧毁了,房主 B 得以基于租房契约的返还义务不能(债务不履行)为由,向租房人请求损害赔偿。

由于该法的制定宗旨与债务不履行无关,所以,在失火者 A 的行为满足了债务不履行的要件的场合,A 就要负担基于债务不履行的损害赔偿责任。因此,在契约当事人 A、B 之间发生 A 的债务不履行责任的问题(大审院民刑联合部 1912 年 3 月 23 日判决;最高裁判所 1955 年 3 月 25 日判决,载《最高裁判所民事判例集》第 9 卷第 3 号第 385 页)。而 C、A 之间的法律关系是纯粹的侵权行为上的关系,A 只要没有重大的过失,依据失火责任法该责任被免除,所以 C 对 A 不能请求损害赔偿。

(一)与土地工作物责任之间的关系

《失火责任法》虽然免除了失火者的侵权行为责任,但是,在土地工作物的设置、保存上有瑕疵,因此而失火的场合,构成与规定无过失责任的《民法》第 717 条相关联的问题。关于《民法》第 717 条与失火责任法的适用,出现了如下一些分别运用其宗旨的学说。

1. 择一适用说

依照应该适用《民法》第 717 条或失火责任法中的一种,意见存在着不同。

(1)失火责任法优先说。该说认为只能适用作为特别法的失火责任法。战前的学说和明治时期的旧判例可以见到这种学说,《民法》第 717 条的宗旨未能得到运用,所以,现在已经见不到对这种见解的支持者。

(2)工作物责任优先说。该说认为失火者的责任只能适用根据特别规定加重的《民法》第 717 条。在蔓延燃烧部分过大的场合,可以通过相当因果关系加以调整。

2. 双方适用说

作为从试图调整双方的适用关系的观点出发的研究,有如下一些学说。

(1)加入失火责任法说。这是在第 717 条的适用中加入失火责任法的见解,当工作物的设置或保存有重过失的场合应该追究责任(大审院 1932 年 4 月 11 日判决,载《最高裁判所民事判例集》第 11 卷第 609 页;大审院 1933 年 5 月 16 日判决,载《最高裁判所民事判例集》第 12 卷第 1178 页)。对该说存在着批判意见,认为在失火的场合适用《民法》第 717 条就成了加重的过失责任。

(2)直接火灾、蔓延部分区别说。将直接的火灾部分与蔓延燃烧的部分分开,对前者适用第 717 条,对后者适用失火责任法。对此说的批判意见认为,如果以相当因果关系论为前提,就没有区别两种损害的合理性理由。

(3)蔓延部分加入失火责任法说。以前说为前提,对蔓延燃烧部分,将《失火责任法》加入第 717 条,认为应该只在就工作物的设置、保存有重过失的场合负担责任。

(4)危险工作物、通常工作物区别说。此说主张,对石油储藏罐、电杆电线等危险工作物,适用第 717 条,在一般住宅等的场合,应该适用失火责任法(前述大审院判决关于电杆、电线均认定了重过失)。根据此说,使对危险工作物直接适用第 717 条成为可能,但也有见解认为不容易区别对象范围。

3. 归纳

在考虑这一问题时,有必要在考虑不燃建筑物的增加等现在的建筑物的状况等的同时,重新探讨失火责任法自身的现代性意义。如果这样来考虑,上述1.中(1)的见解过分重视失火责任法的宗旨,1.中(2)则反之过分轻视了失火责任法的宗旨。因此,在现在的学说中,一般都在谋求适用上的调整,可以认为2.中的(2)、(3)是有力的学说。

(二)与无责任能力者的监督者责任之间的关系

九岁和十岁的未成年人,在附近的孩子们之间称为“妖怪屋”的弃置仓库中玩火,致使仓库烧毁。在这种场合下,关于如何处理《民法》第714条与《失火责任法》的关系,有如下一些学说。

(1)单纯适用《民法》第714条说。此说认为应该排除失火责任法的适用,只能单独适用民法第714条。

(2)加入《失火责任法》说。此说为在监督者对未成年人的监督有重过失的场合追究责任的学说(最高裁判所1996年1月24日判决,载《最高裁判所民事判例集》第49卷第1号第25页)。

(3)蔓延燃烧部分加入《失火责任法》说。对直接火灾的部分适用《民法》第714条,对蔓延燃烧部分加入《失火责任法》的适用。即只对蔓延燃烧的部分考察监督义务人在监督上是否存在重过失。

(4)无能力者要件说。无责任能力者的行为样态(以事理辨识能力为前提)有重过失的场合,解释为失火者有重过失,适用《民法》第714条的结果,如果监督者有过失就要负担责任。

(5)相关关系说。对直接火灾部分,与(3)同样认为只适用民法第714条,对蔓延燃烧部分,从无责任能力者的行为与监督义务人的义务违反的关联上判断责任的有无。

(6)归纳。作为逻辑上的问题,基本上可以与前述土地工作物责任的场合同样地加以考虑,有必要充分地考虑到无责任能力人的监督义务人所处的状况。在这个意义上说,(3)说或(5)说是妥当的,但直接火灾部分与蔓延燃烧部分的区别,应该以物上、法律上的单一性为基准。如果是区分所有建筑物,就应该解释为以专有部分为基准。

(三)与使用人责任之间的关系

在 Y 公司经营的公众浴池,发生了锅炉工 A 离开锅炉房时,从锅炉飞出的火花烧毁了与其邻接的 X 的住宅的事件,在这种场合下,发生失火责任法与第 715 条的适用关系问题。最高裁判所解释为失火责任法只适用于失火者 A,不得适用于使用人,因此,如果要使 A 负担责任,A 存在重过失是必要的(最高裁判所 1967 年 6 月 30 日判决,载《最高裁判所民事判例集》第 21 卷第 6 号第 1526 页)。因此,如果被用人有重过失,即使使用人在选任、监督义务上无重过失,依据《民法》第 715 条,使用人也要负担侵权行为责任。

(四)与《国家赔偿法》之间的关系

关于国家和公共团体的损害赔偿责任,《国家赔偿法》第 4 条明确规定,在适用本法第 1 条第 1 款规定的场合,也可以补充适用《民法》的规定。并且,《失火责任法》规定的失火者责任的条件,是关于作为《民法》第 709 条的特殊规则的规定,所以解释为包含在《国家赔偿法》第 4 条所指"民法"之中是适当的。再者,鉴于《失火责任法》的宗旨,也不存在只对因行使公权力的公务员造成失火发生的国家和公共团体的损害赔偿责任排除该法适用的合理性理由。因此,对因行使公权力的公务员造成失火发生的国家和公共团体的损害赔偿责任,通过依据《国家赔偿法》第 4 条适用《失火责任法》的结果,应该解释为以该公务员有重大过失为必要(最高裁判所 1978 年 7 月 17 日判决,载《最高裁判所民事判例集》第 32 卷第 5 号第 1000 页)。即使对于消防署的职员灭火活动不彻底残火再燃发生火灾的场合的公共团体的损害赔偿责任,也可以适用关于失火的责任的法律(最高裁判所 1989 年 3 月 28 日判决,载《判例时报》第 1311 号第 66 页)。但对此也有认为国家和公共团体所负责任与《失火责任法》的宗旨不符,即使有轻过失的场合也应该肯定其责任,从而反对适用《失火责任法》的见解。

第13章 机动车运行供用人责任[①]

第1节 序 说

一、内容、性质

《机动车损害赔偿保障法》为保护机动车事故的受害人,首先,以其第3条的规定强化了机动车运行供用人的赔偿责任;其次,在第5条以下的规定和第54条之2以下的规定中设置了机动车保有人的强制责任保险制度和责任共同救济制度;最后,为防备肇事逃匿等人身损害发生时保有人不明的情况,在第71条以下的规定中设置了政府的保障事业制度,在一定限度上加强了对人身事故受害的赔偿。其中,《机动车损害赔偿法》第3条规定的运行供用人责任,通过使运行供用人负担具有加重内容的无过失的证明责任,使其负担事实上的无过失责任。机动车供用者责任是采用过失责任主义的民法的特别规则。承认这种责任,可以说是基于由于运行供用人支配着由机动车的运行所必然产生的危险而发生的危险责任和享受着运行带

① 本章主要根据远藤浩等:《民法(7)》(第4版),有斐阁1997年版,第199页以下。机动车交通事故损害赔偿在日本侵权行为法中占有非常重要的位置。侵权行为法的许多问题都是在解决20世纪50年代后期猛增的机动车交通事故中得到深入细致讨论的,特别是人身损害算定的定额化,对其他领域的人身损害赔偿也具有相当重要的意义。日本对机动车交通事故损害赔偿问题的研究是相当细致的,并取得了相当丰富的成果。本章只是对日本机动车供用者责任制度的主要原则的简要介绍,有关机动车损害赔偿责任的具体制度,包括责任保险、政府的保障事业等,需要进行专门的研究。

来的利益的报偿责任的考虑。

二、与《民法》第 715 条的关系

在被用人驾驶公司的机动车引起事故的场合下,就人身方面的损害,有对公司追究《民法》第 715 条的使用人责任和运行供用人责任的可能性。对这种场合,虽然学说上有认为《民法》第 715 条在《机动车损害赔偿法》第 3 条得到适用的范围内被其吸收,否定其竞合的理论(法条竞合说),但通说、判例认为无论哪种请求都应该予以承认(请求权竞合说)。因此,即使当事人只主张了适用民法上的侵权行为规定,法院也可以适用《机动车损害赔偿保障法》(名古屋高等裁判所 1966 年 6 月 24 日判决,载《判例 TIMES》第 196 号第 163 页)。

在对 B 公司的被用人驾驶的卡车与 A 驾驶的小型摩托车相撞,A 负伤小型摩托车报废的事件所作判决中,法院判示道:1. 即使起诉没有依据《机动车损害赔偿法》,由于该法是民法的特别法,在符合该法的要件的场合也当然应该适用;2. 对生命、身体的伤害可以适用《机动车损害赔偿法》第 3 条,其他损害依据《民法》第 715 条(东京地方裁判所 1959 年 3 月 24 日判决,载《下级裁判所民事判例集》第 10 卷第 3 号第 545 页)。

关于《机动车损害赔偿保障法》第 3 条责任与使用人责任的不同,有学者指出了以下三点。第一个是,运行供用人责任不以驾驶人负《民法》第 709 条责任为前提,以机动车有构造上缺陷的场合而言,并不以驾驶人的客观性义务违反为要件。在使用人责任中,即使被用人自身的第 709 条责任不发生的场合,至少也要以被用人的行为客观上有可以评价为过失那样的行为义务违反的样态的情况为前提,这一点上不同。所以,在发生因机动车构造上的缺陷引起的事故的场合,不成立使用人责任,只成立运行供用人责任。第二个是,在交通事故中,有可能只成立使用人责任的情况。《机动车损害赔偿保障法》第 3 条作为对象的,仅限于人身损害。因此,对交通事故产

生的财物损害,就要由使用人责任来救济。第三个是,自不待言,运行供用人责任可以通过机动车损害赔偿责任保险得到救济的特点,是与使用人责任的最大差异。[②]

第2节 成立要件

一、因机动车的运行

依据《机动车损害赔偿法》第2条第1款的规定,所谓"机动车",是指包括除专门制造的小型农业专用特殊车辆以外的所有的机动车辆和带发动机的自行车。

依据《机动车损害赔偿法》第2条第2款的规定,所谓"运行",是指依照该装置的使用方法使用机动车。但是,作为"该装置"的解释存在着发动机说、行走装置说、固有装置说,物的危险性说。学说中,还有将从车库出来到返回车库看作运行的车库出入说,和以能否说将机动车置于与通常的行驶的场合具有同样的危险状态的行为来决定的危险性说是有力的见解。但是,最高裁判所却没有依据这种学说作出的判例。

关于机动车的运行,最高裁判所判例认为,特殊机动起重车处于停止行走状态,起重装置依其目的进行操作的场合(最高裁判所1977年11月24日判决,载《最高裁判所民事判例集》第31卷第6号第918页),用铲车从货物机动车卸货中被货物压在下面的场合(最高裁判所1988年6月16日判决,载《判例时报》第1298号第113页)相当于依固有装置的运行,而撞在正在进行从载货机动车上卸货作业的铲车上的事故就不属于因车辆的运行发生的事故(最高裁判所1988年6月16日判决,载《最高裁判所民事判例集》第42卷第5号第414页)。

② 窪田充见:《侵权行为法》,有斐阁2013年版第6次印刷,第235~236页。

二、侵害“他人”的生命身体

通说依据《机动车损害赔偿法》第 3 条、第 11 条的规定，认为事故机动车的运行供用人、驾驶人、驾驶辅助人是加害人一方，这些人以外的人为“他人”。与此相对，学说中认为除事故当时从事驾驶业务或应该从事驾驶业务的驾驶人、驾驶辅助人以外的所有的人均为“他人”的见解也是相当有力的。判例的态度如下。

在某事件中，A 公司所有的货物机动车在行驶中车轮陷进路面的坑洼，司机在设法将机动车开出坑洼时固定臂折断致使方向盘操作失去自由，机动车翻落河中司机死亡，共同继承人们依据《机动车损害赔偿法》第 3 条向机动车保有人 A 公司请求损害赔偿。判例对该事件判示道，事故机动车的司机不包括在“他人”中（最高裁判所 1962 年 12 月 14 日判决，载《最高裁判所民事判例集》第 16 卷第 12 号第 2407 页）。另外，最高裁判所在另一个事件中判示道，将自己所有的机动车委托给朋友驾驶，自己同乘在该车中的所有人也不相当于他人（最高裁判所 1982 年 11 月 26 日判决，载《最高裁判所民事判例集》第 36 卷第 11 号第 2318 页）。

这是基于因为运行供用人是处于应当控制、回避其机动车的事故的立场上者，是事故发生时应当负责任的定型性归责主体，因驾驶人、驾驶辅助人导致的事故相当于其主体本身，当因该事故遭受损害时，其并不处于能够进行责任追究的立场上，不符合《机动车损害赔偿保障法》作为法的保护主体的“他人”。日本《机动车损害赔偿保障法》采用的就是这样一种基本构造，判例也基本上维持着这一原则。但在审判实务中，也有对此进行修正的情况。例如，对长途运输过程中两位驾驶人交替驾驶轮流睡眠的情况，法院以睡眠一方“可以考虑为其间已脱离作为驾驶人的地位”为由，认定了其“他人性”（东京地方裁判所 1979 年 2 月 15 日判决，载《交通事故民事判例集》第 12 卷第 1 号第 220 页）。而对让无驾驶执照者驾驶、让被禁止驾驶的驾驶辅助人驾驶等场合，则被判例判定为“应该考虑为没有脱离作为驾驶人的地位”(最高裁判所1969年3月28日判决,载《最高裁判所民事判例集》第23卷第3号第680页)。很明显,实务中这样处理的目的在于抑制和减少交通事故。

但是,由于机动车保有量的猛增,驾驶执照人口的增加、机动车使用关系复杂化,受害人救济的要求进一步提高,法律界意识到,由于运行供用人概念的抽象化、扩大化,就一台机动车能够关联到复数运行供用人的场合增加,那种一旦被认定为运行供用人就一律从作为“他人”[③]的保护对象除外的做法是有问题的,于是,围绕着“共同运行供用人与他人性”的问题,学界发表了许多有利于受害人救济的见解。判例也判示道,当共同运行供用人的运行支配程度,“一方是直接的、显在的、具体的,而另一方是间接的、潜在的、抽象的时,前者不得对后者主张自己为他人”(最高裁判所1975年11月4日判决,载《最高裁判所民事判例集》第29卷第10号第1501页)。这样,反之就为后者向前者主张自己为他人的可能性开辟了道路。判例对两人共同租借机动车,A握有主导权,没有接受B的指示和交替驾驶指示余地的事件,认定了B的他人性(最高裁判所1992年4月24日判决,载《交通事故民事判例集》第25卷第2号第283页)。对公司所有的业务专用机动车并认可常用于私用者使用该车出外饮酒,委托驾驶代行业者负责归途驾驶,归途中因该驾驶人的过失发生事故该使用权人负伤的案件,最高裁判所判示道,“在机动车的使用权人同乘于驾驶代行业者派遣的代行驾驶人驾驶的上述机动车中因事故负伤的场合下,当存在代行委托人为回避自己醉酒驾驶机动车发生事故的危险而委托代行驾驶人代行驾驶,驾驶代行业者因接受驾驶代行业务对代行委托人负有安全驾驶上述机动车的义务等特殊

③ 我国随着机动车的猛增和保有人情况的复杂化,保有人和驾驶人人身损害救济的问题迟早会成为显在的问题,它关系到受害人的救济和交通事故的抑制,民法学界应当对此保有清醒的问题意识,现在就开始研究;实务界亦应对此有所准备。日本法律界讨论的“他人性”问题对我们会有启发,应当注意研究考察。限于篇幅,容另作探讨,本书这里仅指出问题。

情况时，代行委托人在对驾驶代行业者的关系上，符合《机动车损害赔偿保障法》第 3 条的他人”（最高裁判所 1997 年 10 月 31 日判决，载《最高裁判所民事判例集》第 51 卷第 9 号第 3962 页）。[④] 这样就为并未处于能够防止交通事故者地位时的机动车保有人损害救济开辟了道路。判例还对机动车所有人将机动车借给他人发生事故，同乘的机动车所有人的孩子遭受损害的案件，认定了所有人的孩子（一个案件中的受害人当时为 17 岁，另一案件中的受害人当时为 18 岁）符合《机动车损害赔偿保障法》第 3 条的“他人”（最高裁判所 1994 年 2 月 5 日判决，载《交通事故民事判例集》第 24 卷第 1 号第 1 页；最高裁判所 1994 年 11 月 22 日判决，载《交通事故民事判例集》第 27 卷第 6 号第 1541 页）。[⑤]

出于好意被允许同乘者（好意同乘者），配偶、子女等同居的近亲属为“他人”。在这种场合下，残留着在夫妇和父母子女这样的亲属之间的侵权行为中是否也可以对受害亲属认定赔偿请求权的问题。判例的处理如下。

在某事件中，妻子 A 同乘于丈夫所驾驶轿车的助手座席上出行郊游过程中，轿车从悬崖上翻落下去 A 负了重伤，于是 A 向 B 保险公司请求保险金，B 主张因生活共同体内部的一方的过失蒙受损害的也应该以内部关系来处理，所以 A 请求机动车损害赔偿法的保护是权利滥用。对这一事件，东京地方裁判所认为，作为领取保险金的前提，妻对夫请求损害赔偿是有实益的，构成对受害人妻的保护，符合《机动车损害赔偿法》的立法宗旨，从而肯定了妻的“他人性”（东京高等裁判所 1969 年 4 月 5 日判决，载《判例时报》第 552 号第 23 页），最高裁判所也以妻相当于“他人”肯定了该判决（最高裁判所 1972 年 5 月 30 日判决，载《最高裁判所民事判例集》第 26 卷第 4 号

---

④　伊藤文夫：“机动车损害赔偿保障法第 3 条‘他人’的意义”，载饭田敏明：《现代裁判法大系(6)交通事故》，新日本法规 1998 年版，第 110 页以下。

⑤　宫原守男、森岛昭夫、野村好弘：《交通事故判例百选》（第 4 版），有斐阁 1999 年版，第 70 页（判例 33、34）。

第898 页)。

三、无免责事由

依据《机动车损害赔偿保障法》第 3 条但书的规定,除非运行供用人全部证明以下三项免责事由,不得免责。

(1)自己及驾驶人没有懈怠关于机动车运行的注意。

(2)受害人或者驾驶人以外的第三者有故意或过失。

关于受害人的过失,有因受害人越过中央线发生相撞(东京地方裁判所 1963 年 3 月 13 日判决,载《下级裁判所民事判例集》第 14 卷第 3 号第 367 页),完全基于受害人的违反驾驶义务(禁止超车、车间距离违反,前方不注意等)在交叉路口发生追尾事故(大阪地方裁判所 1964 年 11 月 9 日判决,载《判例 TIMES》第 168 号第 28 页)等,那样的认定加害人没有应该受到责难之处的场合。还有,主张只要驾驶人是期待并信赖行人及其他的驾驶人也都遵守交通规则地行动,而行人或其他驾驶人却违反交通规则,就可以认定他们存在过失的见解。这是一种试图导入信赖原则⑥的见解,在判例中也可以看到它的影响(最高裁判所 1968 年 7 月 25 日判决,载《判例时报》第 530 号第 37 页)。不过,也有认为如果适用这种信赖原则驾驶人的过失就会被全面否定,运行供用人责任的宗旨就会被泯没,因而对其加以否定的见解。

---

⑥ 信赖原则是 20 世纪 30 年代在德国的交通事故刑事判例中确立起来的原则。在道路交通事故中,当机动车驾驶人的行为满足一定要件(符合信赖原则的要求)时,其刑事责任得到免除。但德国法律界非常明确:信赖原则的适用以法令的遵守为基础,它要求所有交通参与者都要遵守交通规则,只有在形成了全社会遵守交通规则形势的前提下,这一原则才能得到适用。后来,这一原则被在一定程度地适用在了民事责任的认定上。日本在 20 世纪 50 年代为交通事故审判实务的需要,在交通事故刑事责任的认定中也出现了适用这一原则的判例。在民事责任的认定上,也有一些适用信赖原则的判例。关于信赖原则,西原春夫教授曾专门著书进行研究(《交通事故与信赖原则》,成文堂 1969 年版)。中文介绍请参照于敏:《机动车损害赔偿责任与过失相抵——法律公平的本质及其实现过程》,法律出版社 2004 年版(第 8 章)。

(3)机动车没有构造上的缺陷或功能障害。

刹车的故障、车轮放炮等事故发生时,其原因与是否发生于运行供用人的过失无关,只要不是现在的工业科学技术水准上不可避免的现象不得免责(是所谓缺陷车时,也构成制造物责任的问题)。

第3节　运行供用人

《机动车损害赔偿法》第3条的责任,由“为自己将机动车供运行之用者”(运行供用人)负担。这比机动车的所有人、租借人等有正当的使用权限的保有人范围宽,也包括机动车盗贼那样的没有正当权限而使用机动车的人。即指支配机动车的运行和享受运行带来的利益的运行利益的归属者。因此,雇用的驾驶人,因为没有对机动车的独立的运行支配及直接的运行利益,不能称为运行供用人。

但是,在具体地因机动车的运行发生人身事故的场合,有必要决定谁作为运行供用人负担该责任。关于这一点,《机动车损害赔偿法》规定“为自己将机动车供运行之用者”对因“其运行”造成的人身事故负责任。责任主体与责任行为是分开的,依将“其运行”看作“该机动车的运行”,还是看作“为自己的运行”的不同,该事故现实地应该负责任的运行供用人的范围及逻辑构成也就不同,学说、判例中均存在着分歧。

一、二元说与一元说

关于责任判断的要件,二元说将“其运行”解释为“该机动车的运行”,责任主体与责任行为分开进行判断。这里,机动车的所有人、租借人取得对机动车的支配,所以抽象地看作责任主体,具体地是否负责任,由该机动车的运行(责任行为)之际,社会观念上是否有对机动车的支配来决定。即根据运行支配与运行利益这样两个基准进行判断。因此,对于并非该机动车的预定驾驶人的运行(盗贼驾驶等)造成的事故,因失去了支配,就不负责任。与此相对,一元说认为运行利益不过是运行支配的一个表象,应该只以运行支配为基准进行判断。一元说的见解是有力的。判例的态度如下。

最高裁判所的判决中,有依据二元说的(最高裁判所 1968 年 9 月 24 日判决,载《判例时报》第 539 号第 40 页;最高裁判所 1971 年 7 月 1 日判决,载《最高裁判所民事判例集》第 25 卷第 5 号第 727 页),也有依据以运行支配为基准的一元说的(最高裁判所 1969 年 9 月 12 日判决,载《最高裁判所民事判例集》第 23 卷第 9 号第 1654 页),判例并未作一种意义上的划分,而是针对具体的案件进行判断。

再有,也出现了不依据运行支配、运行利益这样的基准,而是以危险性关联和保有人的管理地位、在人员方面物的方面的管理责任、决定事故防止的可能性、控制的可能性等为基准进行判断的各种学说。

二、认定方法

(一)具体说

将"其运行"解释为"为自己的运行",责任行为的判断即视为责任主体的判断。并且,构成该事故原因的具体运行(责任行为)是否系为自己的运行,依据外形标准理论判断,这种证明由受害人进行。其结果,即使是由他人驾驶机动车运行的场合,与保有人(权利人)存在雇佣关系、亲属关系、熟人关系等特殊的关系,被认定为客观上、外形上是为机动车保有人的运行时,也由该人负责任。

(二)抗辩说

不是从责任行为,而是从责任主体来把握运行供用人,脱离具体的运行,机动车的所有人、租借权人等一般地视为处于运行供用人的地位。并且,直到足以评价该运行支配丧失的事实(消灭事由——

盗贼驾驶等)发生,持续地作为运行供用人负责任。只是如果以在事故发生时该运行支配已经丧失的事实作为抗辩进行主张、证明,得以免除运行供用人责任。

各说的特色及相互关系如下,与二元说以责任主体和责任行为两者为基准相对,具体说以责任行为,抗辩说以责任主体作为基准。并且,与具体说以人为中心加以把握相对,在抗辩说中以车为中心加以把握。再有,具体说的特色在于在《民法》第 715 条的延长线上把握《机动车损害赔偿法》,通过这里确立的理论判断运行供用人。抗辩说通过构成运行供用人判断基准的对运行支配的主张、证明的公平分配,谋求受害人救济的容易化。

三、判例中运行供用人的具体判断

(一)擅自驾驶

由该机动车的驾驶人实施的擅自驾驶(最高裁判所 1964 年 2 月 2 日判决,载《最高裁判所民事判例集》第 18 卷第 2 号第 315 页),以及虽然是驾驶人以外的人,但处于能够驾驶该机动车的立场的被用人的擅自驾驶(最高裁判所 1965 年 9 月 7 日判决,载《判例 TIMES》第 184 号第 146 页)的事件中,保有人被认定为运行供用人。

(二)盗贼驾驶

盗贼驾驶的场合,盗窃驾驶人负担运行供用人责任,所有人不负责任(最高裁判所 1973 年 12 月 20 日判决,载《最高裁判所民事判例集》第 27 卷第 11 号第 1611 页)。机动车钥匙放置车上被盗窃时,因保管上的过失构成一般侵权行为的问题(东京地方裁判所 1966 年 12 月 15 日判决,载《判例时报》第 467 号第 22 页)。

(三)机动车出借的场合

将机动车临时借给家属、朋友,运行利益、支配仍然存在的场合,出借人为运行供用人(名古屋高等裁判所 1966 年 10 月 27 日判决,载《判例 TIMES》第 202 号第 193 页)。驾驶俱乐部的场合,因为不涉及运行的直接支配,只有借用人为运行供用人(最高裁判所 1964

年12月4日判决,载《最高裁判所民事判例集》第18卷第10号第2043页);以即使是间接的支配也充足为由认定驾驶俱乐部也是运行供用人(东京地方裁判所1966年10月6日判决,载《判例时报》第459号第3页)。方向盘借出的场合,由出租汽车公司负责任(东京地方裁判所1966年2月22日判决,载《下级裁判所民事判例集》第17卷1—2号第80页)。

(四)名义出借的场合

将名义借给无执照经营运输事业者的场合(黑市运输),名义借出者也是运行供用人。依据的理由分别是事业协同说(东京地方裁判所1963年4月12日判决,载《判例时报》第145号第15页)和运行利益、运行支配理论(东京高等裁判所1963年5月15日判决,载《下级裁判所民事判例集》第14卷第5号第964页)。

(五)机动车所有权保留分期付款出售的场合

在机动车所有权保留分期付款出售场合下,买主进行使用、收益,所以卖主不是运行供用人(东京地方裁判所1964年10月29日判决,载《下级裁判所民事判例集》第15卷第10号第2588页)。

(六)机动车修理业者等

机动车修理业者是所修理机动车的运行供用人(最高裁判所1969年9月12日判决,载《判例时报》第572号第27页),另外,作为担保存放机动车者也是该机动车的运行供用人(最高裁判所1968年10月18日判决,载《判例时报》第540号第36页)。

(七)自己的机动车

对公司从业员使用自己的机动车上下班,发生事故的事件,最高裁判所以公司默认其使用,并获得事实上的利益等为由,认定公司为运行供用人(最高裁判所1989年6月6日判决,载《交通事故民事裁判例集》第22卷第3号第551页)。

本项探讨的问题,涉及机动车保有人对运行的"容认"。近时的判例(最高裁判所2008年9月12日判决,载《判例时报》第2021号第38页)的态度是,保有人容认该机动车的运行的意思的射程,对认定该运行中该人的运行供用人性方面具有决定性的意义。并且，在同判决中，尽管第三者作为驾驶人登场的情况被作为运行供用人者连其存在都没有认识到，仍然被认定为有认容意思，从这种情况可以了解到，这里作为问题的认容意思，不仅不必要是明示的意思，而且也不是单纯的事实性、心理性意思，而是被作为加入了规范性评价构成的意思来把握的。⑦

⑦ 潮见佳男：《侵权行为法Ⅱ》（第 2 版），信山社 2012 年版第 2 次印刷发行，第 313 页。

第14章 国家赔偿责任与环境污染责任

第1节 依据《国家赔偿法》的国家、公共团体的责任[①]

日本《国家赔偿法》规定,对公务员在公权力行使时的违法行为造成的损害,以及公共营造物的设置、管理的瑕疵造成的损害,国家或公共团体负有赔偿责任。该法是依据《宪法》第17条制定的。在《国家赔偿法》制定以前,对国有铁道等伴有民间性经济作用的工程、颠覆、轧死发生的损害,因公共工作物的瑕疵造成的损害,一直都是适用《民法》第715条、第717条的规定认定赔偿责任的,那样做对受害人的保护是不充分的。特别是对行使公权力的公务员的违法行为造成的损害,曾在国家无责任的原则之下否定其责任的存在,这是相当成问题的。《国家赔偿法》就是为了克服国家无责任原则而制定(1947年10月27日公布施行)的。

---

① 国家赔偿责任也是侵权行为法中的一个专门领域。关于国家赔偿责任,还有行政法学者从行政法学的角度所进行的研究。详细可参照下山瑛二:《国家补偿法》,筑摩书房1973年版,第1编损害赔偿法;远藤博也:《国家补偿法》(上·中·下)三卷,青林书院新社1981~1984年版等著述。关于国家补偿制度体系及国家的损害赔偿责任,较新的专著有西埜章:《国家补偿法概说》,劲草书房2008年版;同《国家补偿法·逐条解说》(第2版),劲草书房2014年版;新美隆:《国家的责任与人权》,桐原书店2006年版;冈田正则:《国家的侵权行为责任与公权力的概念史》,弘文堂2013年版等。

一、基于公权力行使的责任

(一)意义、性质

依据《国家赔偿法》第 1 条的规定,国家和公共团体,对公务员在公权力行使上造成的违法损害,负有责任。这一责任与《民法》第 715 条的使用人责任相类似。只是没有由于对选任、监督已尽相当注意时的免责事由,限制对公务员的追偿权的行使这一点上不同,责任得到强化。关于这一责任的法律性质,存在代位责任说、自己责任说、合并责任说之争。

(二)成立要件

1. 公权力的行使

公权力的行使是本条适用的重要基准。裁判、令状交付、强制执行等司法作用(依据违法性、故意或过失方面的理由,责任被否定的情况很多),警察权的行使(多为错逮捕人、逮捕时的暴行),租税的征收作用,大藏大臣的营业停止命令处分等的公权力作用,相当于这里所说的公权力的行使(狭义说限定于这种公权力作用)。例如,判例对农林大臣的渔业权执照取消处分,以其对事实关系的调查欠缺慎重,是违法的为由,认定了国家赔偿责任(东京地方裁判所 1959 年 4 月 15 日判决,载《下级裁判所民事判例集》第 10 卷第 4 号第 475 页)。

关于国公立学校教育的问题,存在着分歧。对在公立学校实施正课教授中发生的学生事故,有以学校教育的本质是人的教化、培养,是非权力作用为由加以否定的判例(东京高等裁判所 1954 年 9 月 15 日判决,载《高等裁判所民事判例集》第 7 卷第 2 号第 848 页),也有以非权力作用包括在公权力的行使中为由予以肯定的判例(津地方裁判所 1966 年 4 月 15 日判决,载《判例时报》第 446 号第 23 页)。在狭义说中虽然被否定,但依据以非权力的行政作用也包括在内的广义说(近时的多数说)可以得到肯定。例如,在上述津地方裁判所的判决中,对市立中学作为特别教育活动在教职员指导之下在津海岸进行游泳训练中33名女学生溺死的事件,法院判示道,公权力的行使包含权力作用、非权力作用(除民间性经济作用),对在公立学校的学生实施正课教育之际违反注意义务发生的事故,也可以适用《国家赔偿法》第1条的规定,认定了津市的责任。

国家、公共团体的民间性经济作用不包括在内(也有少数的包括在内的最广义说)。但是,有学说认为,关于公权力的行使范围的议论没有什么实益。即使不相当于公权力的行使,只要职务上的侵权行为被认定,国家、公共团体都要负民法上的使用人责任(第715条),因为在适用之际,免责事由、追偿权得到认可这一点上虽有不同,但从这些规定实际上已经有名无实的现状来看,不会产生实质上的差异。

2. 公务员的职务上的行为

(1)公务员。

并不限于依公务员法规定具有公务员身份的人。不论是一般职务还是特别职务,也包括官公厅的雇佣人员、执行官员,意味着一切受委托从事公务者。

(2)职务上的行为。

从其为与《民法》第715条的"就其事业的执行"同义的规定来看,依照外形标准理论加以决定是妥当的。因此,不仅公务员的职务执行行为自身,而且意味着与职务执行有密切关联的行为,以及从外形上可以认定为职务行为的所有行为。公务员主观上是否具有权限行使的意图,是否有为谋求自己利益的意图均不影响责任的成立。例如,对某警官在不当班的时候,身着制服携带枪支,询问A的可疑之处检查其所持物品,以行窃的嫌疑将A带到派出所,作为证据收取了A的现金,在其拿着钱想逃走时被A发觉,于是该警官用手枪射击致A死亡的事件,最高裁判所以该警官的行为是客观上具备职务执行的外形的行为为由,认定了东京都的赔偿责任(最高裁判所1956年11月30日判决,载《最高裁判所民事判例集》第10卷第11号第1502页)。

(3)加害行为基于公务员的故意、过失,且有违法性。

(三)效果

1. 责任主体

依据《国家赔偿法》的国家和公共团体责任的责任主体,是国家及公共团体。

2. 追偿关系

依据《国家赔偿法》第 1 条第 2 款的规定,国家、公共团体只限于其公务员有故意、重大过失时可以行使追偿权。这一点与轻过失也可行使追偿权的使用人责任不同。

3. 公务员的个人责任

通说认为,公务员无直接的个人责任。公务员个人亦不会被追究依据《民法》第 709 条的个人责任。判例也以未曾对轻过失认定追偿权为依据之一,对公务员的个人责任持否定态度。例如,在县知事对县农地委员会发布的解散命令违法的争议事件中,最高裁判所判决认为,知事个人没有责任(最高裁判所 1955 年 4 月 19 日判决,载《最高裁判所民事判例集》第 9 卷第 5 号第 534 页)。

二、公共营造物责任

(一)意义、性质

依据《国家赔偿法》第 2 条的规定,国家、公共团体对因公共营造物在设置、管理上的瑕疵发生的损害负有责任。这一责任是与《民法》第 717 条的工作物责任的立法宗旨相同的规定,是基于危险责任考虑的无过失责任。只是加害物的范围比工作物责任宽泛,并且,在即使国家、公共团体为占有人时也没有工作物责任那样的免责事由这一点上不同。

(二)成立要件

1. 公共营造物

公路、桥梁、堤坝、下水道、官公厅舍、公立学校、国家的工厂设施等,以及附属物,还有官厅用机动车、飞机、手枪等动产,警犬和马等动物也相当于此。这意味着供公共目的使用的有体物和物的设备。并且,即使是临时借用的有体物和物的设备,也不影响该责任的成立(东京高等裁判所 1954 年 9 月 15 日判决,载《下级裁判所民事判例集》第 5 卷第 9 号第 1523 页[②])。

河川、海岸、湖沼等,是自然状态也能够供公共使用的物,是否公共营造物,对此,学说上有分歧,通说持肯定态度。

2. 营造物在设置、管理上的瑕疵

本条的营造物在设置、管理上的瑕疵与《民法》第 717 条的"设置或保存的瑕疵"同义。意味着懈怠道路的修理,对桥梁的腐败搁置不管、未除去障碍物那样的,参照客观上的基准来看,有不完备、缺陷,欠缺安全性的场合。例如,在仙台市目拔大街水泥铺盖的道路上出现直径 1 米深 10 ~ 15 厘米的坑,由于搁置不管,致使发生事故的事件中,最高裁判所以道路管理人必须采取维护交通安全的各种措施但却搁置不管是有瑕疵的为由,认定了仙台市的赔偿责任(最高裁判所 1965 年 4 月 10 日判决,载《判例时报》第 406 号第 9 页)。

不过,该场合的安全性以足以防止通常预想得到的危险为必要且充分。因此,对不按照营造物的通常用法实施行动的结果发生的事故就不发生责任。例如,对 6 岁的幼儿背朝后地坐在道路防护栅栏上玩耍时摔下来的事件,最高裁判所判决认为,道路防护栅栏是为防止车辆驾驶不当发生翻落的设施,从其目的看没有缺乏安全性之处,所以对幼儿实施的未按照通常的用法行动的结果发生的事故,设置人、管理人没有责任(最高裁判所 1978 年 7 月 4 日判决,载《判例时报》第 904 号第 52 页)。

即使营造物自身没有缺陷,但当所设置场所不适当而搁置不管时,亦被认定为有设置、管理上的瑕疵(东京高等裁判所 1954 年 9 月 15 日判决,载《高等裁判所民事判例集》第 7 卷第 2 号第 848 页),或者尽管是最新设置的,但没有采取为防止受害的其他的手段时,亦被

---

② 转引自《简明六法》,三省堂 1995 年版,第 252 页。

认定有设置、管理上的瑕疵。例如,对国营酿酒厂设置了最新的曝气槽,通过曝气槽净化酒蒸馏废液后流到河里,排放的废液与其他原因共同造成农作物受害的事件,法院判示道,尽管是最新的设备,但在因流入井里等产生损害是可能的却没有采取为防止该受害的措施这一点上,存在着设置、管理上的瑕疵(东京高等裁判所 1964 年 4 月 27 日判决,载《下级裁判所民事判例集》第 15 卷第 9 号第 957 页——山王川事件。该判决得到最高裁判所判决的确认)。

无论导致缺乏安全性的原因如何,这里并不是管理人对此有无过失的问题。只要具备对能够预想得到的通常发生的外力的安全性即可。

关于这一点,法院对伊势湾因台风造成的堤坝决坏判示道,筑造当时无法预见的高海潮等造成的决堤,是不可抗力的灾害,在设置、管理上没有瑕疵(名古屋地方裁判所 1962 年 10 月 12 日判决,载《下级裁判所民事判例集》第 13 卷第 10 号 2059 页)。

3. 因瑕疵使他人发生损害

(三)效果

责任主体是国家及公共团体。依据《国家赔偿法》第 2 条第 2 款的规定,在有其他对损害的原因有责任的人时,可以对该人追偿。

三、国家补偿体制与国家赔偿

(一)国家补偿法体系

日本损害填补的法律体制中,涉及国家作为责任主体的制度,有国家赔偿(民事特别法)和损失补偿、刑事补偿以及由预防接种(接种疫苗)事故等诸多原因的损害填补制度。有学者将这些制度加以归纳,统称为"国家补偿法",虽然是否可以称为"国家补偿法的体系",仍然存在不同的看法,但对相关领域损害填补的制度说明却是眉目清晰的。③

③　西埜章:《国家补偿法概说》,劲草书房 2008 年版,第 2 页以下。

所谓国家补偿,是指因国家、公共团体的直接或者间接的作用而使个人受到损失(损害)的填补责任的总称。自 1957 年今村成和博士的《国家补偿法》(有斐阁 1957 年版)一书出版之后,这一术语逐渐为学界所接受,可以说现在已经成为固定的术语。国家补偿一词虽然基本上是一个学术上的术语,但也被使用于实定法中,初次被使用是在 1952 年的战伤病者战殁者遗族等援护法中。国家补偿之外,经常使用的还有"国家责任"一词,国家责任在广义上与国家补偿同义,在狭义上单指国家赔偿责任。

国家补偿由:A 国家、公共团体;B 直接、间接的作用;C 损失(损害)的填补这三要素构成。

国家补偿的类型与体系:

国家补偿,根据原因行为的适法与违法、结果发生的合法与不法的组合,可以区分为三种类型:A 基于适法行为的损失补偿,B 基于违法行为的损害赔偿,C 基于结果责任的国家补偿。具体而言除前面所述损失补偿外,还有国家赔偿和"公法上的危险责任"。

国家补偿的这三种类型,分别基于不同的责任根据。国家赔偿是以侵害行为的违法性或者营造物的设置、管理瑕疵为责任根据的,损失补偿是以特别的牺牲为根据的。公法上的危险责任是以特别的危险状态的形成为责任根据的。损失补偿与公法上的危险责任的责任根据上的不同,在于相对于前者以由意图性的财产侵害造成的特别牺牲的回复为责任根据,后者是以从特别的危险状态发生的偶然的损失、损害(包括生命、身体、健康上的损害)的回复为责任根据这一点。

这三种类型的国家补偿,也有包括性(共通)的责任根据。那就是公的负担平等的原则。公的负担平等的原则,对损失补偿是自不待言的事情,对其他两种类型也提供着根据。不过,公的负担平等的原则对其他两种类型而言,虽然是指导原理,但不能仅以此直接具体地作为责任的根据。④

(二)损失补偿与损害赔偿的异同与关联

以下,以损失补偿最为典型的土地征用为例,考察一下损害赔偿与损失补偿的异同及相互关联。根据日本《土地基本法》的指导思想,"土地与一般的财产不同,是现在及将来的国民的有限的重要资源,考虑到土地作为国民的各种活动不可或缺的基础底盘的特性,要明确土地利用得好坏的情况,比起其作为资产的一面更为重要这一政策目标。"⑤关于土地使用规制和损失补偿,以最高裁判所为首的学说、判例援用"内在性制约说"作为判断是否给予损失补偿一般基准的根据。但是,在做具体判断时,只能综合地考虑各个规制的目的、样态、程度,决定各种各样的土地使用规制和损失补偿的要否。有学者超出一般性基准,从财产权的视角出发考察财产权的保障与损失补偿要否的问题,通过当事人所负牺牲的实体与其所享有自由权的行使对为公共福祉利用的责任程度的相关关系加以决定。并且列举了一些认为依据相关法律规定,不需要补偿的情况,比如,其牺牲是负担基于自己招致的原因的情况(《高速机动车道法》第14条第2款、《砂防法》第30条、《海岸法》第12条第1款、《自然公园法》第21条等);履行预防起因于其所支配财产危害他人生命、身体及财产的职责的情况(《宅地造成等规制法》第8条、《建筑基准法》第10条、《泥石流等防止法》第18条等);履行防止基于其所支配财产侵害公共安全之职责的情况(《道路法》第44条第3款、《航空法》第49条第1款等);通过其所支配财产履行配合为维持公共安全和秩序的公权力活动职责的情况(《消防法》第27条、《水防法》第12条等)等等。对上述情况,也有学者指出其中《高速机动车道法》第14条第3款规定了需要补偿损失的情况。⑥ 考虑到有各种事件的不同,法律规定会有变化以及法官的解释适用和学者主张的视角,具体

④ 西埜章:《国家补偿法概说》,劲草书房2008年版,第7页以下。

⑤ 小高刚:《损失补偿研究》,成文堂2000年版,第3页。

⑥ 小高刚:《损失补偿研究》,成文堂2000年版,第4~6页。

判断不同和发生变化的情况是可以想象的。但是否给予损失补偿要依法进行判断是无疑的。

1. 损失补偿的根据

关于损失补偿请求权在实定法上的根据,曾经存在过"立法指针说"(宪法程序说)、"违宪无效说"及"补偿请求权发生说"这三种主张,今天向《宪法》第29条第3款寻求其根据的补偿请求权发生说成为学说和判例中的通说。这是一种认为征用等行为自身即使没有补偿也视为适法有效,通过另外的途径,使财产上受到特别牺牲者,发生基于《宪法》第29条第3款的补偿请求权的见解。最高裁判所对违反旧河川附近地限制令事件(最高裁判所大法庭1968年11月27日判决,载《最高裁判所刑事判例集》第22卷第12号第1402页)在旁论中表示出站在"对同限制令第4条第2项的限制,不能因为同条没有关于损失补偿的规定,就理解为其宗旨是连一切损失补偿都完全予以否定,本案被告人并非没有具体地主张证明其损失,通过别的途径,直接以《宪法》第29条第3款为根据,提起补偿请求的余地"这样一种见解上的判断以来,已经成为最高裁判所的判例的立场(最高裁判所1975年3月17日判决,载《判例时报》第771号第37页;最高裁判所1975年4月11日判决,载《判例时报》第777号第35页)。

损失补偿请求权的根据虽然是在《宪法》第29条第3款,但在法律上具体地设置了补偿规定的场合,可以解释为依《宪法》第29条第3款寻求损失补偿在实体上、程序上得到具体化的制度,所以应当依据该程序进行补偿请求,不依据该程序而直接基于《宪法》第29条第3款进行请求是不被允许的。与补偿请求权宪法上的根据相关联,围绕着《土地征用法》第133条的损失补偿请求诉讼的性质,存在着形成诉讼说与确认和给付诉讼说的对立。站在后者立场上,损失补偿请求权依《宪法》第29条第3款发生,这一诉讼只不过是确认已经确定了的补偿额,被征用者不是谋求裁决的取消、变更,而是可以直接请求增额部分的给付。下级审判决中有采形成诉讼说的,也有采确认和给付诉讼说的。

2. 损失补偿的原则与要件

损失补偿也以“完全补偿”为原则，而且也需要满足一定的要件。

损失补偿制度是基于财产权的补偿与公的负担的平等这一理念进行的填补财产上损失的法律制度，在这个意义上它是“财产补偿制度”。因此，通常的场合，主张依据《宪法》第29条第3款的“正当补偿”，必须根据被征用财产的客观价值（市场价格）完全地给予补偿的“完全补偿说”是妥当的。之所以这样，是因为补偿不完全，损失的全部未得到填补时，在该限度上仍然残留着不平等的负担，从而产生与损失补偿的制度目的不相容的结果。为使损失补偿成为完全补偿，要解决以下三个要件问题。

第一个是应当补偿的损失，现实地发生的损失必须全部得到补偿。不过，《土地征用法》采用在创业者与土地所有人等申诉的范围内裁决的“当事人主义”（同法第48条第3款、第49条第1款第1～2项），若在其申诉的范围内，作为正当的补偿就是妥当的。

第二个是损失额的算定基准，损失额必须依社会的客观性评价决定，财产权人的特殊事情和主观的感情价值不予考虑。从公的负担平等的观点来看，主观的情感被作为财产权人的忍受范围。

第三个是损失补偿的算定基准时，在旧土地征用法下的大审院判决有采取“征用的损失补偿额以在征用时期所征用土地的价格为标准决定之”（大审院1928年6月4日判决，载《大审院民事判决录》第7辑第428页）的“征用时主义”的，也有采取以征用裁决时为算定基准时的“裁决时主义”（1967年修改前的土地征用法）的，还有采取以事业认定时为基准的“事业认定时主义”的，现行土地征用法第71条采取事业认定时主义。

关于完全补偿，最高裁判所在已被课以都市计划限制的土地被征用的场合补偿额争议的事例中（最高裁判所1973年10月18日判决，载《最高裁判所民事判例集》第27卷第9号第1210页）阐述道：“《土地征用法》中损失的补偿，是在为特定的公益上必要的事业土地被征用的场合,以谋求回复因该征用致使该土地的所有人等所蒙受特别牺牲为目的的制度,所以应当给予完全的补偿,即进行使被征用者的财产价值在征用前后持平那样的补偿,在金钱补偿的场合,要足以使被征用者能够在近旁取得同等的代替土地的金额的补偿。”

3. 通常损失的补偿

伴随着供公共事业用土地等权利的取得,对财产权人附随地产生的损失的补偿,一般被称为“通损补偿”。《土地征用法》除对转移费的补偿(第 77 条)等做出规定外,还在第 88 条概括性地规定了“因土地的征用,或者使用土地所有人或者关系人通常所受损失,必须补偿”,并将其内容委任于解释。

关于《土地征用法》规定的损失补偿,为预期实务上的完全补偿,1962 年整理、统一了补偿项目、补偿额算定方法的《伴随公共用地取得的损失补偿基准纲要》由阁僚会议决定批准,依照这一纲要,作为创业者联络会的用地对策联络会制定了《伴随公共用地取得的损失补偿基准》、《伴随公共用地取得的损失补偿基准细则》等细目,基于这些规定各创业者规定了一个个补偿基准。本来补偿基准纲要只是规定了行政内部的解释基准,并不是具有“法规”性质的文件,但实际上受到了与法规几乎同样的对待。

关于这种通常损害的补偿,除去算定方法是概括性的之外,反映社会救济的变换和价值观的多样化,对其内容、范围也提起了种种新问题。其中之一是文化遗产价值的问题。在岐阜县下的轮中堤(过去,接近河川的人家为了防洪在高地的周围堆起堤防,中间的地域叫做轮中,周围的堤防叫做轮中堤,江户时代建筑的较多)用地被征用时,除土地的补偿金之外,轮中堤自身的文化遗产价值能否成为通常损失补偿对象的争议事例中,最高裁判所(最高裁判所 1988 年 1 月 21 日判决,载《判例时报》第 1270 号第 67 页)做出如下解释,“土地征用法所谓‘通常所受损失’,解释为从客观性社会性来看,考虑得到的基于征用被征用者当然会受到的经济性、财产性损失是相当的,应该说其宗旨并非连没有经济性价值的特殊价值也作为补偿对象”，因此，“主要是通过其理解国家的历史，得知往时的生活、文化等意义上的历史性、学术性价值，只要没有特别的情况，并不能使该土地作为不动产的经济性、财产性价值有任何提高，应该说不会对其市场价格的形成带来影响，这种意义上的文化遗产性价值，其自身并不适合做经济性评价，解释为不能构成上述《土地征用法》上损失补偿对象是相当的”，得出了轮中堤，并不在其历史性、社会性、学术性价值之上地还具有作为不动产的市场价格形成要素的价值，不能成为通常损失补偿对象的结论。

需要说明的本案背景情况是：此案二审时名古屋高等裁判所（名古屋高等裁判所1983年4月27日判决，载《判例时报》第1082号第24页）认定了该项补偿，于是，国家向最高裁判所提起了上告，这里援引的是最高裁判所判决对该上告案件中与征用土地相关的部分（另外还有与取消占有许可相关的部分）中争议的：本案堤防的适当正确价额是多少，与本案堤防的用地相区别堤体自身作为独立的工作物是补偿对象，但本案轮中堤的文化遗产性价值能否成为补偿对象？这几个事项中，文化遗产性价值能否成为补偿对象问题是最后一项见解。⑦

通常损失补偿是因土地等的征用或者使用发生的附随性损失，称为只要是被征用者无论谁，都能考虑得到的在通常情况下当然会受到的客观性的经济性损失，解释为不包含特别情况下发生的损失，这是学说、判例及行政实务的通说。

与权利补偿不同，构成通常损失补偿对象的损失是“通常会受到的损失”，不是实际损害。例如，建筑物的转移费补偿，是以将想定的“通常被认为是妥当的转移地点”和“通常被认为是妥当的转移方法”加以类型化的所谓“想定补偿”方式加以算定的（《补偿基准纲要》第24条）。在权利补偿中，伴随征用的财产丧失作为实际损害可以依市场价格客观地评价，附随性损失依个别性、主观性情况的不

⑦ 小高刚：《损失补偿研究》，成文堂2000年版，第57页。

同而各种各样。对附随性损失之所以限于通常会受到损失得到补偿,是因为考虑到其与财产权的丧失即与征用不同,是因包含着强制性契机而被观念性地认为的损失,所以在有合理性理由的场合可以基于法律要求其忍受。像轮中堤那样的,堤坝本身不相当于定着于土地的对象,也不能作为土地的附加物独立地进行财产性评价,并且,即使文化遗产性价值独立地存在过,只要那是历史性、学术性价值,不能进行经济性评价,就很难将文化遗产性价值作为通常损失补偿的对象。[⑧]

从以上简单考察我们看到,日本现在的损失补偿制度中,在因公共事业征用土地场合必要的损失补偿,即“征用损失的补偿”,大致由“权利补偿”与“通常损失补偿”构成。权利补偿是对与征用相关的土地等权利的补偿,可以考虑近旁种类地的交易价格算定相当的价格(《土地征用法》第71条),关于其算定在补偿实务中没有特别的问题。但是对“通损补偿”,近年来围绕着其内容和范围提出了种种新问题。损失补偿制度的内容不应固定地加以把握,而应随着社会的进展,从与宪法上诸原理的关联,伴随公用征用制度的变迁的诸问题等,作为具备多面性且复杂情况的问题进行研究。关于通损补偿,也只能对应社会救济的变换,价值观的多样化,不断进行再探讨。例如,“生活权补偿”、“事业损失补偿”[⑨]等等。关于对文化遗产性价值损失的补偿,虽然有前述最高裁判所的判决,但学说中并没有停止对此问题进行研究和探讨。对补偿消极态度的有所谓通损补偿不适用说、文化遗产性价值二分说、文化遗产性价值,即公共性价值说等。持积极态度的有所谓客观价值内在说、好感价值补偿说、精神性损失补偿说等。这些补偿消极说和补偿积极说的具体论述中,有主张采取在通损补偿之外另寻其他救济途径的所谓损失补偿二元性构成的见解。学说中广泛探讨了对精神性损失的补偿、感情价值、特殊

---

⑧ 小高刚:《损失补偿研究》,成文堂2000年版,第7页以下。

⑨ 小高刚:《损失补偿研究》,成文堂2000年版,第55页。

利用价值以及合作奖励金等诸多问题，还对恢复可能的文化遗产性价值及其补偿和恢复不可能的文化遗产性价值的补偿等问题进行了分析。实务中，也有鸟取地方裁判所判决（1972年3月17日，载《判例时报》第673号第74页）在算定损害赔偿额时，肯定“大鸟居”的历史性价值能够成为保护对象，对其认定了作为抚慰金性质损害的实例。⑩

损害赔偿与损失补偿，除了依据民事法律和依据行政法规这一根本不同外，在具体判断基准、损失评价等许多方面与民事责任的认定路径有许多相近之处，这是因为依据行政法规的损失补偿也不能违背社会公平、公正的基本理念，而民事法律的基本原则恰恰是公平、公正和等价、有偿。由于因征用等的补偿，除考虑到公共利益等特殊情况所必须之外，这些民事责任的基本原则也是具体行政措施必须依据的基本原则。所以，可以说损失补偿也是侵权行为法学应当给予必要关注的领域。

涉及损失补偿的领域，还有被毁坏土地的处理，为公共事业收购用地的土地补偿金的算定评价上的问题，根据《矿业法》第64条规定对矿业权行使的限制与根据《宪法》第29条第3款的损失补偿请求等问题。围绕空港噪音的行政上的问题由于涉及人身与健康，所以与《环境法》和《侵权行为法》有着更为密切的关系。⑪

（三）公法上的危险责任

1. 公法上的危险责任的性质与根据

公法上的危险责任的性质，学界一般认为是“基于结果责任的国家补偿”。实际上，基于结果责任的国家补偿是无过失责任的汇集，其中种类杂多性质不同的情况混在一起。在这个范畴中，能够以比较明确的性质归纳出来的，是公法上的危险责任的领域。

所谓公法上的危险责任，是对由国家、公共团体形成的特别危险

⑩　小高刚：《损失补偿研究》，成文堂2000年版，第84页以下。

⑪　小高刚：《损失补偿研究》，成文堂2000年版，第304页以下的相关章节。

状态产生的损失(损害)的填补责任的总称。其责任成立要件是侵害行为有缺失与特别危险状态的形成。这里所谓侵害行为,是指有意识地、意图地指向他人的法益的行为,在危险责任的场合,这种意义上的侵害行为有缺失。但是,损失(损害)是从由国家、公共团体形成的特别危险状态发生的,所以形成这种特别危险者应当负责任。

这种意义上的公法上的危险责任,类型化的事例并不很多,将其分类为刑事补偿、预防接种事故补偿和其他的补偿就能够充分涵盖各种事例。这一责任的根据,是"形成、支配危险状态,由此获得利益者,对由此发生的损害负责任是公平的"危险责任法理。不过,这只不过是合理的根据,进一步地其法律上的根据就会发生问题。虽然有刑事补偿法和预防接种法那样的,有补偿规定的场合,但更多的是没有明文规定的场合。这就要根据条理法的原则和宪法上的根据。

A 作为条理法的正义公平的原则

在公法上的危险责任的事例中,国家、公共团体形成特别的危险状态,由此发生损失(损害)。从危险状态形成的国家起因性与受害的重大性来看,国家、公共团体的责任为正义公平所要求。正义公平是不文的法律,作为一般性法律原则得到广泛的承认。不仅在立法之际作为法理念应当加以考虑,而且在法的解释适用的层次上作为基本原理也具有重要的意义。

B 宪法上的根据

在德国的宪法文献中,列举了平等原则、财产的价值及个人自由的保障、社会国家原理等内容。在日本,探讨这些宪法上的根据也是必要的。作为宪法上的根据,可以考虑日本《宪法》第 13 条和第 14 条第 1 款。作为法解释论,一般来说也与条理法同样,也应当在法解释适用上发挥重要作用。以法律上没有明文规定为理由解释为不发生国家、公共团体的责任,至少在关于公法上的危险责任的事例上,应该说是违反现行宪法的基本人权尊重主义的。[12]

2. 公法上的危险责任中的“其他的补偿”

公法上的危险责任的三种类型中的刑事补偿、预防接种事故补偿比较容易理解,其他的补偿需要通过具体的案例加以说明,并且与国家赔偿的关联也比较密切。这里根据学者从司法实务中选出的有代表性的“其他的补偿”的判例,[13]考察一下其责任的构成与法理。

A 协助警察官者蒙受伤害时的补偿

对根据警察官的要求合作协助逮捕现行犯的一般市民,被现行犯人刺伤那样的场合,《关于对警察官的职务予以合作协助者的灾害给付的法律》(1952 年)规定了补偿。因为在这种场合合作援助者和参与紧急救助者被置于国家或者都道府县形成的特别的危险状态之下,对由此发生的损害,形成了特别危险者应该负责任。

实际上,法律规定的情况不止协助逮捕现行犯人的情况,根据同法第 2 条,(1)警察官根据职务执行上的必要请求援助的场合及其他被认定为相当于对此予以合作援助的场合,对该警察官职务执行予以合作援助者因此遭受灾害时;(2)警察官等不在该现场的场合,杀人、伤害、强盗、盗窃等危害人的生命、身体或者财产以及犯罪的现行犯人的逮捕或者因救助该犯罪的被害人自己进行阻挡者因此遭受灾害时;(3)因水难、山岳中遭难、交通事故及其他的事变给人的生命带来危险或者将要带来危险的场合,不顾自己的安危,并非依职务地参与人命救助者由此遭受灾害时,国家或者都道府县,负给付之责。不以违法性和故意、过失为必要。

依据同法进行给付的种类有(1)疗养给付,(2)伤病给付,(3)残障给付,(4)护理给付,(5)遗族给付(合作援助者死亡的场合)、丧葬给付(第 5 条第 1 款)。此外,在合作援助者负伤,或者罹患疾病,因此不能得到从前得到的业务上的收入的场合,特别有必要时,可以

[12] 西埜章:《国家补偿法概说》,劲草书房 2008 年版,第 268 页以下。

[13] 西埜章:《国家补偿法概说》,劲草书房 2008 年版,第 283 页以下。

接受休业给付(第 5 条第 2 款)。对给付的金额不满时,可以基于《国家赔偿法》向国家或者都道府县提起赔偿请求(同法第 7 条),此场合必须证明违法性与故意、过失。

B 原子能关系设施引起的损害的赔偿

原子能损害涉及范围广泛的情况是可以预想得到的,因此预想了原子能事业者承担不完责任的事态。所以,关于原子能损害的赔偿的法律(1961 年)和关于原子能损害赔偿补偿契约的法律(1961 年)规定了如下一些内容。

因原子炉的运转等发生原子力损害的场合,负责该原子炉的运转的原子能事业者负赔偿该损害的责任(《原子能损害赔偿法》第 3 条第 1 款)。这一赔偿责任是无过失责任。原子能事业者未采取为赔偿原子能损害的措施(损害赔偿措施),不得进行原子炉的运转(《原子能损害赔偿法》第 6 条)。损害赔偿措施是原子能损害赔偿责任保险契约(民间契约)及原子能损害赔偿补偿契约(政府契约)的缔结或者提存(《原子能损害赔偿法》第 7 条第 1 款)。

这其中的所谓原子能损害赔偿补偿契约(政府契约),是"约定在原子能事业者的原子能损害赔偿责任发生的场合,原子能事业者因赔偿通过责任保险契约及其他为赔偿原子能损害的措施无法填补的原子能损害而发生的损失由政府给予补偿,约定原子能事业者缴纳补偿费的契约"(《原子能损害赔偿法》第 10 条第 1 款,《关于原子能损害赔偿补偿契约的法律》第 2 条)并且,政府在原子能损害发生的场合,原子能事业者应当负担的损害赔偿责任额超过赔偿措施额,且认为为达成该法律目的有必要时,要对原子能事业者,提供为原子能事业者进行赔偿的必要援助(《原子能损害赔偿法》第 16 条第 1 款)。

这种实定法的宗旨是,国家为社会发展允许事业者进行原子能事业这一异常危险的活动和设施的建设,国家参与了特别危险状态的形成,所以国家也有责任。国家的是补充性责任,但可以说规定的是公法上的危险责任。

C 因旧日本军毒气兵器遗弃造成损害的补偿

因旧日本军战败时在中国各地遗弃的毒气兵器，现在仍然在中国各地出现了多数的受害者。受害者（包括因此死亡者的遗族）对日本国提起了战后补偿诉讼。诉讼中的主要争点虽然是放置行为（不作为）的违法性，但若脱离原告、被告双方的主张与法院对此所作判断审视这种因遗弃兵器受害事件，就可以看出那里正是公法上危险责任的一个事例。

日本国内，居住在毒气制造所近旁的居民也发生过受害的事例。对这些受害人，虽然是不充分的国家采取了一定的救济措施。并且也并未以不作为的违法性和相关公务员的过失为要件。

诉讼有第一次诉讼和第二次诉讼。第一次诉讼的一审判决（东京地方裁判所 2003 年 9 月 29 日判决，载《判例时报》第 1843 号第 90 页）肯定了国家的损害赔偿责任，但控诉审判决（东京高等裁判所 2007 年 7 月 18 日判决，载《讼务月报》第 53 卷第 8 号第 2314 页）对此予以否定。第二次诉讼的一审判决（东京地方裁判所 2003 年 5 月 15 日判决，载《讼务月报》第 50 卷第 11 号第 3146 页）否定了国家的损害赔偿责任，其控诉审判决（东京高等裁判所 2007 年 3 月 13 日判决，载《讼务月报》第 53 卷第 8 号第 2251 页）也认可了原判决。

本案中，也可以认定侵害行为有缺失与特别的危险状态的形成。损害不是由有意识地、意图地指向受害人的行为所发生，所以侵害行为有缺失。并且，损害是由旧日本军形成的特别的危险状态发生的。第一次诉讼的一审判决也阐述了“被告国家自身积极地制造出了危险”。由于毒气兵器的遗弃，在其周边形成了特别的危险状态，所以，不问违法性和故意、过失，国家都是应当负责任的。

D 对中国残留孤儿（残留妇人）的补偿

本事例自身不是围绕公法上的危险责任成否的案件。但是，着眼其内容的实质，恰恰是公法上的危险责任的事例。

日本从 1937 年到“二战”结束之前，作为重要的国策，将大量日本人作为开拓民向中国东北地方移民。但是，随着战局恶化，开拓民唯一能够依赖的关东军,自1943年以后其大部分被转用到南方或者内地,其战力显著弱化。并且,关东军在1945年7月为强化防卫力量将在中国东北的18岁以上45岁以下的全部男性召集入伍,配置在国境附近。其结果,所谓"满州开拓团"只剩下高龄者、女性、儿童,1945年8月9日受到苏联红军的进攻,死伤惨重被迫开始避难。在中国东北各地避难所的多数日本难民,在中国东北极其寒冷的冬天在缺乏保暖和食物的状态下忍受着煎熬,为了在饥寒交迫的情况下活下来,众多的幼儿成为中国人的养子,不得不开始了进入中国人家庭的生活。

"二战"之后,集团撤回开始时,残留孤儿也加进来撤回是不可能的。并且,因为当时中日两国没有恢复邦交,众多残留孤儿的归国被推迟,1972年9月,根据日中共同宣言两国邦交正常化之后,残留孤儿的归国永住仍然迟迟没有进展。

残留孤儿们,由于相当大的年龄之后才回国,在日常生活方面就职就劳方面,都面临着很多的困难和障害,适应日本社会困难的人很多。很多残留孤儿的家庭,不得不靠接受生活保护过日子。因此,残留孤儿集体对国家以其早期归国实现义务违反和自立支持义务违反为理由,基于《国家赔偿法》第1条提起了损害赔偿请求诉讼。

诉讼是向日本全国的15个地方裁判所提起的。大阪地方裁判所2005年7月6日判决(载《判例TIMES》第1202号第125页),东京地方裁判所2006年2月15日判决(载《判例时报》第1920号第45页。中国残留妇人诉讼),神户地方裁判所2006年12月1日判决(载《判例时报》第1968号第18页),东京地方裁判所2007年1月30日判决(载《讼务月报》第53卷第4号第893页),德岛地方裁判所2007年3月23日判决(判例集未登载),名古屋地方裁判所2007年3月29日判决(判例集未登载),广岛地方裁判所2007年4月25日判决(判例集未登载),札幌地方裁判所2007年6月15日判决(判例集未登载),高知地方裁判所2007年6月15日判决(判例集未登载)等裁判所受理了案件。除对神户地方裁判所2006年12

月1 日判决的61 人承认了一部分请求,命令国家支付了约4 亿7 千万日元之外,所有的请求均被驳回。

这些之后,2007 年 11 月 28 日通过了《关于促进中国残留日本人等的顺利归国及永住归国后的自立支持的法律的一部分改正的法律案》。据此,实施了国民年金老龄基础年金的满额支给与社会保护制度不同的生活支持给付,因此,日本全国各地提起的诉讼,通过诉讼的撤回,而走向终结。

在本事例中,对残留孤儿国家有意识地、意图地侵害行为有缺失。但是,这一情况不是国家免责的理由,相反,倒是构成应当负公法上的作为第三种类型的公法上的危险责任的根据。

本事例中,由于国家的政策才形成了残留孤儿发生的特别的危险状态。即使战争前、战争中的国策当否另说,作为结果形成了危险的状态是明确的。中国残留孤儿诉讼的最早的判决大阪地方裁判所2005 年 7 月 6 日判决,虽说请求被驳回了,但关于这一点做出的如下判示值得注目。即"原告们残留孤儿,是基于日本政府的国策向旧满州地区送出的移民的子弟,在苏联的进攻和败战的混乱中成为孤儿,从中国依靠自力归国的困难得到承认,使原告们成为这样的孤儿的,是起因于根据国策向旧满州地区的移民、国防政策的执行这一日本政府的先行行为,所以,应当承认,被告基于这种先行行为,对希望归国的孤儿,是负有应当尽可能地采取早期实现归国的措施职责的"。承认了一部分请求的神户地方裁判所 2006 年 12 月 1 日判决,是当然地的事情,即使是驳回请求的其他判决,关于这一点,也都做出了大致相同宗旨的判断。

E 其他的事例

与毒气兵器遗弃被害事件类似的战争期间遗留的炸弹爆炸事件,在日本曾有发生。一些判决涉及了损害填补的性质问题。

a 新岛漂着炮弹爆炸事故诉讼

这是一个旧陆军在东京都新岛海域投弃在海中的炮弹被打捞上海滨,1969 年 6 月 29 日,中学生将该炮弹投入篝火中取暖中爆炸造成伤亡,为此向国家和东京都追究责任的事案。一审判决(东京高等裁判所1974年12月18日判决,载《讼务月报》第21卷第3号第598页)阐述了如下的理由,肯定了基于《民法》第709条的国家的责任。即"本案事故发生的当时,因在前滨海岸一带,有第二次世界大战结束之际被投弃在海中的日本陆军装备的前记炮弹类的存在,具有人身事故等惨事发生的危险性,这一点已如前述,……这样大量且危险的炸弹类投弃在上述场所,作为制造出危险性发生原因的当事人的被告国家,应该说在那之后,是负有不要把放置在海中的炮弹类打捞到海岸上来,或者即使打捞上来也要注意不要因此引起爆炸事故,及早地把这些炮弹回收,将事故的发生防范于未然的法律上的作为义务的"。该案控诉审判决(东京高等裁判所1980年10月23日判决,载《讼务月报》第27卷第3号第431页)不是根据《民法》第709条,而是基于《民法》第715条肯定了国家的赔偿责任,但理论上阐述了基本一致的宗旨。国家没有上告,所以上告审判决(最高裁判所1984年3月23日判决,载《最高裁判所民事审判集》第38卷第5号第475页)只对东京都的责任做出了判示,基本上都是相同的宗旨。

b 新泻港的疏浚作业船触雷爆炸事件

这是运输省(当时)第一港湾建设局所属疏浚作业船海麟丸1972年5月26日在新泻西港从事航路的疏浚施工中,接触了第二次世界大战中美军投下、铺设的残存机雷,因船的冲击引起了机雷的爆炸致使作业船浸水、沉没,乘务员(国家公务员)中2名死亡,轻重负伤者多人的事案。遗属和负伤的乘务员,以运输大臣相当于对乘务员命令以该作业船进行疏浚作业,事前没有采取确认疏浚区域没有残存机雷等为保证安全的具体措施是对国家公务员的安全照料义务的违反,并且,未采取任何具体的为保护乘务员的生命、健康等免遭危险的措施是运输大臣等的过失(《国家赔偿法》第1条第1款),对国家提起了损害赔偿请求。

新泻地方裁判所1980年7月18日判决(载《讼务月报》第26卷

第 11 号第 1970 页)引用最高裁判所 1975 年 2 月 25 日判决(载《最高裁判所民事审判集》第 29 卷第 2 号第 143 页),以国家的安全照料义务违反为理由肯定了损害赔偿责任,作为其理由做出如下阐述。"对新泻西港及附近海域,战争结束之后,海上保安厅等反复实施了机雷的扫海作业,通过这个作业并未从该实施区域完全除去了美军投下、铺设的机雷,根据防卫厅的调查,在 1969 年末新泻西港及附近海域仍然残存着 377 个机雷,这些机雷即使感应装置不能作动炸药仍然是完好的,受到冲击的话是有爆炸威力的。……海麟丸直接置于其支配管理之下,作为处于指挥监督乘务员地位的上述新泻港施工事务所所长,应当想定由海麟丸进行新泻西港航路的疏浚的场合也有因残存机雷触雷发生爆炸事故的可能,预先对包括航路法部一体的该疏浚区域实施磁探查确认残存机雷不存在的情况之后,再让乘务员驾驶海麟丸着手进行疏浚作业。因此,就是未履行这些职责的该施工工程事务所所长作为被告国家懈怠了对国家公务员海麟丸的乘务员负担的安全照料义务,被告国家的上述乘务员负有赔偿因此所发生损害的义务。"

c 关门航路机雷爆炸事件

1991 年 4 月 14 日,采砂船因在关门航路接触了第二次世界大战中美军铺设的磁机雷爆炸、破损,搁浅,对国家提起了基于《国家赔偿法》第 1 条及第 2 条的损害赔偿请求的事案。原告主张《自卫队法》第 99 条(现行法第 84 条之 2)规定了海上机雷等处理的权限,防卫厅(现防卫省)海上自卫队未行使为除去机雷的这一权限是违法的等。

东京地方裁判所 1994 年 4 月 16 日判决(载《判例 TIMES》第 878 号第 181 页),关于《国家赔偿法》第 1 条的责任,该裁判所从海上自卫队曾对本案海域进行过 3 次扫海作业的事实,磁机雷的寿命不过 10 数年,自被推认已铺设的时期起已经过了 40 多年,发火机构已经死灭的情况,1959 年 2 月内容是《(对附近海域的机雷)扫海已于 1958 年 11 月 25 日完了》的防卫厅告示之后,关门海峡船舶因通常通行发生触雷事故的没有得到确认的情况,做出如下判示否定了国家的责任。即“本件事故发生时,在本件海域中,即使通过扫海仍然残存着尚未爆炸的机雷,对其残存机雷缸体的冲击导致爆炸这一意义上的危险性即使可以抽象地说是有的,也只能说很难承认船舶进行通常的航行之际由于残存机雷爆炸,其船舶被爆破的具体的危险性。因此,在防卫厅、海上自卫队方面,对扫海完毕的本件海域,即使根据通过扫海仍然残存未爆炸机雷的情况,也不能认为航行本件海域的船舶的安全性不能得到确保的情况是以相当的盖然性能够预测得到的状况。……这样来看,在上述状况之下,在海上自卫队,对原告作为机雷的扫海业务,作为爆炸性危险物的除去、处理业务,也不能解释为负有行使其权限的义务”。并且,关于《国家赔偿法》第2条的责任,也是在申明了“北九州岛港湾是否符合公共营造物姑且不论”的基础之上,从几乎与上述同样的理由,以“本件港湾,在与船舶将本件海域作为常用航路加以利用的关联性上应该说也很难认为欠缺本来通常应有的安全性”,从而否定了国家的责任。

在本件诉讼中,关于《国家赔偿法》第1条的责任追究的是权限不行使的违法性,关于同法第2条的责任追究的是港湾管理瑕疵责任,同判决分别判示了上述的判断。原告做出了如此责任追究的立论,所以可能同判决也不得不加以对应,本件本来就是一个应该作为公法上的危险责任的事例加以把握的事例。磁机雷的铺设虽然是由美军实施的,但因日本挑起的战争才形成了在本件海域触雷这一特别的危险状态,本件损害已经发生,形成这种特别的危险状态的国家必须负责任。在这一场合,权限不行使的违法性和港湾的管理瑕疵,作为责任成立要件都是不必要的。正如原告在追究《国家赔偿法》第2条责任中主张的那样,只要国家尚未完成所有的机雷全部除去的作业,本件海域中就是存在着由机雷引发灾害的危险的,并且,埋在泥中的机雷是存在着由于潮汐海流和年月的经过等要因浮上海面,或者漂向关门港海域内的危险的。在这种危险现实化了的场合,其损害让毫无应当受到责备理由的受害人负担,是完全不合理的,只能招致不公平的结果。

d 爆雷爆炸事件

这是在废铁处理厂,将埋设在土地下面的旧海军的爆雷作为废料截断处理之际发生爆炸的事故,铁屑飞溅,除出现了负伤者外,工厂周边的民居等也受到损坏的事例。在对国家提起损害赔偿请求的诉讼中,横滨地方裁判所横须贺支部2003 年12 月15 日判决(载《判例时报》第1845 号第104 页)做出如下论述:"被告国家,负有保护国民的生命、身体及财产免遭灾害的使命(参照《灾害对策基本法》第1 条),作为爆雷的所有人,应解释为负有应当防范因爆雷的爆炸产生的对国民生命、身体及财产的损害于未然的条理上的作为义务。……被告国家,对上记作为义务发难说没有法令上的根据,但是,本件是在战争刚刚结束时混乱当中将爆雷埋设遗弃在本件土地中的。这是一种特殊例外的现象,是不可能期待制定想定这种事案的法令的,并且,再对照伴随建筑施工等的土地挖掘也有使爆雷的爆炸危险现实化之虞的情况,本件恰恰是在法律欠缺的场合,正需要谋求灾害对策基本法和火药类取缔法等彻底贯彻条理上的作为义务的根据。"

同判决在阐述这些理由的基础之上,基于《民法》第715 条肯定了国家的损害赔偿责任。本案在实质上也可以理解为是对公法上的危险责任的肯定。

e 与国际法相关联的国家的损害赔偿责任

以上这些法院和学者对战争"遗留"损害中,国家赔偿责任的判决与评价显示的法理,同样也应当适用于与此类似的,与国际法相关联的战争中受害人个人提起的损害赔偿请求事件。对此问题,侵权行为法学界也有研究。例如,有学者依据20 世纪90 年代联合国对日本军"慰安妇"问题的讨论等及2000 年联合国安理会1325 号决议等国际法原则,结合日本由原"慰安妇"提起的国内诉讼均被驳回原告败诉的现状,在阐述了基于侵权行为法的个人的损害赔偿请求权的适法性、对受害者个人救济措施的必要性的基础之上指出,"考虑到高龄的原‘慰安妇’受害人所处状况,日本政府有必要自发性地采取立法措施,以受害人能够接受的方式实施救济措施”。[14]

第2节 环境污染责任[15]

一、序说

伴随着近代企业活动的煤烟、臭气、振动、废水等的排放扩散,并且以市民的生活自身为原因,众多的市民,其健康和生活环境遭受了破坏,或者很多蒙受了财产上的损害。因此,对这样的公害,私法上的救济成为重要的问题。

依据《环境基本法》第2条第3款给公害所下定义,所谓“公害”,是指“因伴随着事业活动及其他人的活动在相当范围发生的大气污染、水质污染、土壤的污染、噪音、振动、地面下沉以及恶臭,使人的健康和生活环境发生的受害”。此外,同样的现象还有日照妨害、电波妨害、因放射性物质的环境污染,或者因设置水池而产生大量蚊蝇等。

在英美法中,作为 nuisance,采侵权行为法的构成。还有,公害原则上只构成刑罚制裁、行政规制的对象(例外地承认依据侵权行

---

⑭ 关本克良:“关于国际法与国家法律责任的考察——以日本军‘慰安妇’问题与受害人的损害赔偿请求权为焦点”,载《天理大学学报》2012年第63卷第2号,第109~122页。

⑮ 本节主要根据远藤浩等:《民法(7)》(第4版),有斐阁1997年版,第211页以下。公害责任问题与机动车交通事故损害赔偿问题同样,在日本侵权行为法中占有非常重要的位置。为对应和处理20世纪60年代后期大量出现的公害受害,学界与实务界进行了深入的研究,无论在要件论的领域,还是在赔偿论的领域都对传统的过失责任原则作出了重大的修改,极大地充实和发展了侵权行为法的理论。这些从对侵权行为的成立要件、侵权行为的效果,以及损害赔偿请求权的消灭时效等的论述中均可以清楚地了解到这一点。关于环境污染责任方面的新问题,本节选取了科学上的不确实性与法律对应的问题,做了一些介绍。日本民法学者发表了许多论述公害、环境保护领域的民法问题的专著,公害责任已经成为侵权行为法中的一个非常重要的领域。由于篇幅和本书目的的限制,本节仅从公害的特殊性出发概观日本侵权行为法中的公害责任问题。更加详细的专题性研究只能留待今后进行。需要细致研究者可参考国内已有的日本公害法、环境法著述中的有关部分。

为的救济)，私害看作对土地和土地上的或者与土地结合着的权利的享受的不法干涉，作为侵权行为的一种类型承认损害赔偿和停止侵害命令。在德国法中，作为 Immission 规定(德国民法第 906 条)，采用相邻关系法的构成。对通常从近邻散发、侵入的不可称量物(蒸汽、噪音、煤烟、振动等)，从相邻共同体关系出发，使土地所有人负担忍受义务，作为其代偿，与加害人有无故意、过失无关地认定补偿，并且承认在超过忍受限度时提起的行为停止请求。在日本，虽然也有依据相邻关系法理的见解，但通说、判例认为，看作对保护法益的侵害，作为一般侵权行为责任问题处理是妥当的。《大气污染防止法》(第 25 条)，《水质污浊防止法》(第 19 条)也只是以侵权行为责任为基础承认损害赔偿。但是，一般的侵权行为是以个别地、偶发地发生的个人的违法行为为对象的，而对于公害这样的在社会上必然地、大量地发生的事故是没有预期的，因此，在将其适用于公害引起的受害上时就产生了各种各样的问题。

二、成立要件及其问题

(一)故意、过失

虽然《大气污染防止法》(第 25 条)，《水质污浊防止法》(第 19 条)承认了事业者的无过失责任，但关于其他的公害，仍然依据侵权行为理论。但是，由于通常事业者大致都是设置了防止污染设备进行企业活动的，所以认定故意是困难的。因此，一般都是追究过失的问题。关于这种过失，过去一直都是在违反设置相当防止污染设备的义务使公害发生时才被认定，因此，在只要设置了相当的设备，但从技术上、经济上看加以防止为不可能时就可以说没有过失。例如，在前面多次出现过的大阪碱事件中，由于大阪制碱公司的工厂作业排放扩散的亚硫酸、硫酸气体，致使 37 名农民的稻、麦遭受了损害。原审判决认定，只要公司曾有过结果的预见或预见可能性就是有过失的。与此相对，大审院以原审法院对只要是按照事业的性质设置了相当的设备就没有故意、过失这一点，没有进行审理为由撤销了该判决(大审院 1916 年 12 月 22 日判决,载《大审院民事判决录》第 22 辑第2474 页)。

但是,如果这样就会发生非常欠缺对受害人的救济的问题,通过对于这样的过失论的反省,学说上展开了各种各样关于过失的见解。(1)在以高度的专门知识和复杂的装置大规模地经营的事业中,行为人负有为预知危险和防止危险发生于未然进行有组织的连续的调查的义务,懈怠这种调查的结果没能回避损害的发生时就应解释为有过失。(2)企业预见到损害的发生或者可能预见损害的发生时可以认定过失。(3)过失是指为防止超过客观的忍受限度的侵害是否采取了相当的手段,因此,给他人造成超过忍受限度的损害的场合就是有过失的。

另外,在众多的公害诉讼中,对过失都是采用预见可能性与违反结果回避义务这样两套逻辑构成进行判断的。即在企业准备把废水作排放到一般河流中去的处理的场合下,负有使用最高的分析、检测技术,调查、研究废水中含有的有害物质等的义务,并应该基于这种义务采取为回避结果发生的万全的措施,这当然可以包括要求企业缩短作业时间直至停止作业,违反了这些义务的场合即被视为有过失(新泻地方裁判所 1971 年 9 月 29 日判决,载《下级裁判所民事判例集》第 22 卷第 9—10 号别册,第 1 页)。

(二)违法性

违法性从被侵害利益的性质和侵害的样态这样两个方面综合地进行判断。在公害中,其被忍受限度这一新的概念所置换。因此,因公害引起的侵害也在社会生活上被认为属于应该忍受的范围内时不具违法性。是否超过了这种忍受限度的判断,与过去的决定违法性的要素基本上是一致的。在公害中特别地构成问题的是以下几点:

1. 忍受限度应该以通常人为基准进行判断,异常体质、需要安静的职业之类受害人方面的特殊情况,原则上不予考虑。但是,当加害人知道该特殊情况时则有加以考虑的余地。在关于工厂噪音的事件中,最高裁判所判决考虑到加害人方面知道受害人是轮换上夜班的巡警,其妻子是正在治疗的病人的情况,确认了认为超过了忍受限度的原审判决(此案中的行为是有故意才成立的侵权行为样态)。

2. 地域性、周围的环境是判断忍受限度的重要要素。例如,在三层建筑的所有人(居住中),对在其前面很近的地方建筑六层建筑的电信电话公司,以妨害日照为理由提起赔偿请求的事件中,法院重视该场所处于距新宿(东京的闹市区)中心地带仅 600 米的花园街商业地域,且该三层建筑以前就面对着干线道路等场所方面的情况判示道,这种情况属于忍受限度之内(东京地方裁判所 1966 年 10 月 1 日判决,载《判例时报》第 459 号第 60 页——电信电话公司建筑事件)。

3. 对原因已经发生了的邻接地带,受害人在那之后才搬进去居住的情况(接近损害)在判例中相当受重视。例如,有这样的判决,接近都营地铁工地现场的家庭等 9 人,对夜间施工的噪音向东京都提起了抚慰金请求。在该案件的处理中,对工程着手后入住的三名房屋使用人,法院指出,选定现在正在发生噪音的场所居住这一事实本身说明,只要没有特别的情况,就应该归责于受害人,阐述了斟酌过失相抵的宗旨,从而使东京都免除了责任(东京地方裁判所 1964 年 6 月 22 日判决,载《下级裁判所民事判例集》第 15 卷第 6 号第 1591 页)。

4. 违反了管制规则(行政基准)当然被推定为忍受限度之外,但并不能说只要遵守了规则就没有责任。

5. 有公共性、社会性的事业,对超过忍受限度的侵害也有责任。但是,这种情况对于是否能够认定停止侵害请求,具有相当大的影响。

但是,如前所述,最近出现了认为公害中的过失,可以依忍受限度论一元化地进行判断的学说。其理由如下,公害中的过失,意味着违反了必须采取不带来超过忍受限度的侵害的相当的防止措施的义务,所谓违法性,如果是超过忍受限度带来侵害的情况,那么就没有必要区别故意、过失与违法性。这种学说被称为新忍受限度论(详见第2编第6章中的有关介绍)。

(三)因果关系

过去的相当因果关系说采用的认定过程是,对与行为有事实性(自然性)因果关系的结果,加以法律上的价值判断,从而确立相当因果关系,确定归责范围。并且,对事实上的因果关系,要求有确定性的证明。在公害中,噪音、振动、日照妨害等直接的状况,其因果关系的证明也较为容易,但通过大气、水等自然媒介物的间接现象,以及对多数原因聚积、竞合使损害发生的情况,因果关系的证明就不容易。在新泻水俣病诉讼中,围绕着构成原因物质的有机汞的由来的纠纷,在四日市诉讼中,关于所谓四日市哮喘的原因物质是什么,个人的病症是否是由于工厂排放的废气造成的等纠纷,就是这种证明困难的例证。

因此,从受害人救济的角度出发,在公害中,一般的倾向是,当某种程度上的盖然性得以明确,从常识上来看达到了能够判断为有因果关系的程度就可以认定因果关系。这样,举证责任事实上的转换、流行病学性证明方法、间接证明的方法等得到灵活运用。

作为这种为减轻在因果关系证明上的负担的逻辑构成,如前所述,有学说主张证据优越性的见解,也有的学说主张事实上的推定的见解,进一步地,还有主张对因果关系的路径和过程,例如原因物质的发生、到达、损害发生等进行分解,将各个过程的证明责任分配给原告、被告双方这样一种间接反证说等的见解(详见本书第2编第7章因果关系中的有关部分)。

三、与共同侵权行为的关系

公害大多是由于多数加害人的参与而发生的。因此,各个加害行为单独地使损害发生时,共同侵权行为(第719条)的适用是妥当的。但是在各加害行为单独地不发生损害,只有在聚积、竞合时才发生损害的场合,存在是否构成共同侵权行为的问题。判例虽然一般地予以肯定,但也存在一些不妥之处。

例如，对国营酿酒厂的废液及其他数家工厂和都市下水的废水中含有的有害物质使农作物受害的事件，法院以酿酒厂以外的废水分别地不会使损害发生为前提，仍然将酿酒厂作为共同侵权行为人之一，对其认定了全额赔偿责任（前引最高裁判所1968年4月22日判决——山王川事件）。

共同侵权行为成立之时，共同侵权行为人各自对损害全额负连带责任。在公害中，有些程度轻微的加害人被迫负担全额赔偿责任，这种情况的存在是不妥当的。因此，按照对损害发生的作用程度分割责任的方法被加以考虑，但其理论构成是相当困难的。《大气污染防止法》第25条之2、《水质污染防止法》第20条作出规定，在两个以上事业者排放有害物质造成损害，对该损害的赔偿责任适用《民法》第719条第1款规定的场合下，存在着构成该损害发生的原因程度被认定为明显较小的事业者时，法院在决定该事业者的损害赔偿责任额之际可以斟酌这一情况。从而，从法规上解决了这个问题。

四日市哮喘事件中，对基于“强的客观关联”的共同侵权行为人不承认分割责任，但对基于“弱的客观关联”的场合，如果企业对自己的排放物对损害的作用程度能够主张、证明，就可以认可按照该程度的分割责任（津地方裁判所四日市支部1972年7月24日判决，载《判例时报》第672号第30页）。

四、与营造物责任的关系

由飞机场、基地、道路等公共营造物发出的噪音公害，可以考虑作为《国家赔偿法》第2条的营造物的瑕疵请求赔偿。关于这种场合下营造物的瑕疵，判例认为是指在与按照营造物的使用目的进行利用的关联上，存在给利用者以外的第三者造成危害的危险性的情况，是营造物提供使用的结果，给周边的居民造成了超过社会生活上忍受限度的受害，这样就将其解释为不是物的性状瑕疵，而是与提供使用相关联的瑕疵。例如，在有关国营飞机场噪音诉讼的判例（最高裁判所大法庭1981年12月16日判决,载《最高裁判所民事判例集》第35卷第10号第1369页——大阪国际机场事件上告审判决),有关道路噪音诉讼的判例(最高裁判所1995年7月7日判决,载《最高裁判所民事判例集》第49卷第7号第1870页——国道43号线事件上告审判决)中,法院均对国家认定了依据《国家赔偿法》第2条的责任。

五、效果

(一)赔偿请求

在公害中,首先构成基于该侵权行为发生的损害的赔偿问题。对此,当然可以一次性请求。因此,从因同一原因存在多数受害人的情况出发,发生了一律请求的问题。

并且,在公害中,只要原因没有消除,损害继续发生的情况很多。在这种场合下,产生对将来的损害是否也能够请求赔偿的问题。如果把侵权行为制度只适用于过去发生了的损害的赔偿,那么除重复请求每日所发生损害的赔偿之外就没有其他方法。所以,通说、判例认为,对将来损害的发生是确实的,而且赔偿内容能够确定的损害,可以予以肯定,或者也可以考虑通过定期金的方法予以赔偿。

(二)停止侵害请求

在公害中,出于公害发生的事前防止的必要性和抑制仍在继续的受害,存在着能否提起停止侵害请求(injunction)的问题。并且,关于日照、采光、通风等方面的生活妨害,判例、学说一般也都承认停止侵害请求。只是关于停止侵害请求的法律根据,学说上存在着争议。

作为停止侵害的法律根据,大致可以分为侵权行为说,以及物权性请求权说、人格权说、环境权说等依据其他法理的学说。侵权行为说是把停止侵害看作侵权行为的效果的见解,这又进一步地分为以下两种,一种是以新忍受限度论为依据承认停止侵害的见解;另一种是纯粹地看作侵权行为的效果的见解。即对停止侵害不必要有过失,以“不法行为对保护利益难以容许的侵害”作为停止侵害依据的见解。

另外,在判断是否认可停止侵害时,如果该事业活动具有较强的社会性、公共性就比较成问题。判例对其作出的判断也不相同。例如,对新建粪便处理设施的停止侵害请求,法院判示道,“该受害对象不具有以金钱性补偿能够恢复的性质,即使该构成公害发生原因的设施是公共性较高的设施,但只要没有其他的特别情况,仍然是超过忍受限度的损害行为,因此停止侵害请求可以得到许可”(广岛高等裁判所 1973 年 2 月 14 日判决,载《判例时报》第 693 号第 27 页);对大阪国际机场飞机起降的停止侵害请求,虽然公共事业性成为重要论点,但法院判决许可了关于晚间 9 时至翌日早晨 7 时的飞行禁止的请求(大阪高等裁判所 1975 年 11 月 27 日判决,载《判例时报》第 797 号第 36 页)。但是,与此相对,在东海道新干线列车减速运行的诉讼请求中,法院强调交通运输事业的公共性而否定了该请求(名古屋地方裁判所 1980 年 9 月 11 日判决,载《判例时报》第 976 号第 40 页)。

再有,对于机场、基地、道路等营造物产生的公害,判例中存在着两种情况。一种判例认为,停止侵害请求是内涵着公权力的发动的请求,从而判定民事上的停止侵害请求不合法(前引最高裁判所 1981 年 12 月 16 日判决),另一种判例则在允许民事上的停止侵害请求的基础之上,以为公共提供众多的方便利益所以不具有应该认可停止侵害的违法性的理由,否定停止侵害请求(前引最高裁判所 1995 年 7 月 7 日判决)。

六、科学技术中的不确实性与法律对应

现代日本环境法的发展,不仅是得益于上世纪以来侵权行为法研究和环境法的国际化,而且得益于学者对大量判例的深入研究和理论上的系统总结。这里仅就科学技术中不确实性的法律对应和环境污染的防范做一简略考察。

20世纪后半叶以后,飞跃发展的科学技术带来了人类历史上从未有过的物质丰富的反面,也对人的生命健康安全和自然环境的保全带来了科学自身没有预测到的各种各样的恶劣影响。革新性的科学技术的发展过程中,科学技术的认识日新月异地被更新,今天的科学技术与明天的科学技术不同。有些场合由今天的科学已认识、验证过的东西,说不定就会被明天的科学认识所推翻。对革新性的科学技术而言不确实性是不可避免的。

20世纪的公害、环境问题,是由于某一科学技术,只在就其有用性得到一定的科学认识的阶段,尽管关于对人的健康和环境带来的负面影响科学上的认识尚不确实,就被实用化而产生的。在这个意义上,公害、环境问题,可以看作是由急速发展、变化的现代科学技术的认识的不确实性带来的。科学技术的不确实性带来的问题,不限于公害、环境,在原子能、医药品、遗传基因技术、尖端医疗等各种各样的领域中亟待法律学予以对应。以下考察一下在公害、环境方面,日本在既存的法律体系之下,对科学技术的不确实性产生的具体问题的法思考与实务的对应。⑯

(一)对应科学技术不确实性的法思考

科学技术性认识不确实的场合,关于因某一事实会产生什么样的结果(因果关系)的情况,专家们之间意见也不相同。

损害赔偿诉讼和停止侵害诉讼中,作为请求权人的受害人对因果关系负担证明责任,但那样的话就等于是从开头就拒绝公害、环境裁判的受害人的救济,所以,法院将证明责任分配给了技术力、资力方面处于更容易得到科学知识立场上的事业者(包括行政)。由于这样,事业者在被提起诉讼的场合必须对因果关系提出证明资料,所以就必须预先调查研究事业对周边居民和环境的影响(危害),得到科学性的认识。法院通过对证明责任进行再分配,获得了促进事业

⑯ 森岛昭夫:“科学技术中的不确实性与法的对应”,载森岛昭夫、盐野宏编:《变动的日本社会与法》,有斐阁2011年版,第317页以下。

者科学性认识的取得的效果。并且,法院对事业者课以使用最高的知识和技术尽调查研究的义务(例如,熊本地方裁判所 1973 年 3 月 20 日判决,载《判例时报》第 969 号第 15 页,《判例 TIMES》第 294 号第 108 页),还在承认停止侵害请求时将环境评价的实施作为违法性判断的要素加以考虑(名古屋地方裁判所 1984 年 4 月 6 日判决,载《判例时报》第 1115 号第 27 页)等等,实体法上也让事业者在事前进行调查研究,命令其取得更加确实的科学认识。

立法、行政在对科学技术的认识不确实的领域进行风险控制时,首先作为前提的是,让事业者采取预先彻底地调查研究,尽可能地解明有关危险等的因果关系以减少风险的对策。事业者具体地应该做什么的问题,很多是从有关公害、环境的损害赔偿诉讼和停止侵害诉讼的裁判例中学到的。要使用最高的知识和技术,就不只是内部的技术人员,外部的研究者、专家的认识也是必要的,对实验资料等要求应当经一定方式检验得清楚明确能够信赖的数据。此外,裁判例中,还有信息公开等要求事业者提供信息的措施。在立法之际,应当对容易接触科学认识的人课以信息提供义务,进行更高提升科学认识水准的制度设计。

在对某一事业提起停止侵害请求的场合,法院首先评价该事业可能产生的影响,在此基础之上进行是否应当停止该事业的政策性判断。科学技术性认识不确实的场合,不仅对某一事业产生影响的科学性认识不一致,对该认识进行评价的科学家、专家之间也不一致。并且,在公害、环境问题上,也有被称为科学家的专家对地域性问题缺乏科学性认识,反倒是有的市民对特定的问题,持有从长年的经验得来的珍贵认识与评价能力。

在停止侵害诉讼中,当进行认定停止侵害的违法性判断之际,要对被侵害利益和侵害行为的社会性价值(公共性)等各种情况进行利益衡量(利益衡量论),这种思维方式的基本,与行政法学的所谓比例原则有着共通之处。比例原则本来是抑制行政权力作用的原则,必须有规制必要性,并且规制的目的和手段必须成比例。

关于科学性认识不确实的公害、环境问题,要预测由于事业是谁和会遭到什么样的受害是困难的。因此,法院虽然受到诉讼程序法的制约,但都采取了尽可能地宽泛认定原告适格以防备预测困难的受害发生(例如,对废弃物处理场的生活静稳权侵害之虞的原告适格),把环境评价作为违法性判断的一个要素,使事业者尽量减少在科学性认识上的不确实性等各种各样方法的对应。并且,在利益衡量的方式上,也从过去的公共性优先,逐渐地转变成个人的权力(特别是健康)受到重视。

在公害、环境诉讼中,关于事业波及的影响(危害),基于什么样的证言、鉴定、证据等的信息进行事实认识,以什么方法对这些事实进行评价、做出利益衡量(政策判断)的问题,在有关公害、环境裁判的主要判决和公判记录中,存在着丰富的构筑新的风险管理制度方面应当探讨的课题和解决的开端。在裁判中,科学技术上外行的法官必须对科学性认识进行事实认定,进行评价。因此,法院要从以鉴定证人为首,原告方、被告方证人等意见不同的人们得到信息,在这个过程中通过询问、反询问、释明权的行使等方法确认各种各样信息、意见的信赖性。

裁判程序是公正评价各种信息和意见,并对此做出判断的过程。在进行风险管理法的制度设计时,事关各种对立信息和意见的评价的裁判经验当然也值得参考。为设置以公平立场判断对立意见的第三方机关,在公正分配提供信息的责任的基础之上,通过具有透明性的程序实施规制的结构设计上,很多东西可以从法院的实践经验中学到。

(二)为环境污染的事前防止的法院对应[17]

以1975年的公害对策基本法为首,20世纪70年代制定、修改了各种公害规制法,其结果是因工厂发出的极其浓烈的大气污染、水

[17] 森岛昭夫:“科学技术中的不确实性与法的对应”,载森岛昭夫、盐野宏编:《变动的日本社会与法》,有斐阁2011年版,第309~316页。

质污浊造成的深刻的人身受害问题被平息下来了。另外,由都市化产生的道路沿线的大气污染、噪音震动问题,垃圾处理问题,因都市开发产生的自然破坏问题等一些新的环境问题又显在化起来。关于诉讼,不仅是损害赔偿这种事后救济,也开始尝试通过直至那时法理论上尚未解明,很少得到利用的停止侵害诉讼这一事前救济的程序来防范公害、环境恶化于未然。

20 世纪 70 年代以后,停止侵害诉讼这一方法未然的手段逐渐得到利用。停止侵害诉讼中,除了通常的通过民事诉讼程序提起的停止侵害诉讼请求之外,还有行政事件诉讼法上的停止侵害请求。通过取消诉讼撤销对环境产生恶劣影响的许可处分停止该事业。

关于环境问题,要通过民事诉讼程序提起停止侵害请求,首先,必须明确的是,请求权人持有何种"诉讼上的利益"(自己利益的支配领域)的问题。例如,居民是否可以就街道的景观主张个人性利益的问题等。其次,通过停止侵害,对方当事人的利益支配也会因事业的停止而受到影响。因此,将若不停止侵害请求人方面可能发生的利益侵害,和在被停止侵害的场合对方当事人方面可能发生的负面影响等各种情况进行比较考虑,判断停止侵害的可否的利益衡量论得到提倡,并围绕此问题进行了讨论。

通过行政事件诉讼法上的程序谋求承认停止侵害请求,也必须明确与通过民事诉讼程序的场合同样的问题,这一点自不待言。在此之前,为使行政诉讼得到受理(不被驳回),必须明示请求满足了《行政事件诉讼法》规定的诉讼要件(第 3 条、第 9 条、第 13 条等)。在公告环境恶化的诉讼中,特别是作为取消诉讼的诉讼要件的"原告适格"最成问题。例如,关于垃圾焚烧场建设许可的处分,非行政处分对象的周边居民以环境恶化为理由谋求取消建设许可处分的场合,周边居民首先作为《行政事件诉讼法》第 9 条规定的"享有法律上的利益者",在取消诉讼中是否有原告适格。

无论民事停止侵害的场合,还是行政停止侵害的场合,关于因基于新开发的科学技术实施的事业,将来会发生什么样的复合性污染,其对人体和环境会造成什么样的影响的情况,科学技术的认识是不确实的。因此,在公害和环境问题上,无论民事停止侵害的场合,或者是行政停止侵害的场合,要预测作为问题的事业若得到实施周边居民的何种利益会受到何种侵害,还有,若停止事业的话,事业者和其他人(公共)的何种利益会受到何种侵害,都是不容易的。

1. 民事停止侵害诉讼中法院的对应

周边居民想要在废弃物处理场建设事业的计划阶段加以阻止时,居民必须对自己的权利、利益由于对方的事业受到侵害的事实主张、举证。

对什么样的权利、利益侵害可以承认停止侵害请求,首先的是事业与居民可能遭到的受害之间的因果关系的证明,作业前预测发生的证明,比起损害发生后的事后证明的损害赔偿请求更加困难。

关于因果关系的证明,法院以请求人有证明责任的原则为前提的同时,考虑科学性认识的不确实性,科学性认识偏在于事业者的情况,通过给事业者分配证明责任,即居民一旦对侵害发生的高度盖然性做出了大致的证明,事业者就必须对侵害发生的高度盖然性不存在进行证明(仙台地方裁判所 1992 年 2 月 28 日判决,载《判例时报》第 1429 号第 109 页),或者将证明责任的一部分课给事业者,即给事业者方面就其支配的事实——搬入垃圾处理场的有害物质不会流到处理场之外的情况——课以证明责任(千叶地方裁判所 2007 年 1 月 31 日判决,载《判例时报》第 1988 号第 66 页)等途径,减轻请求人的负担。法院与损害赔偿请求中的因果关系的证明同样地,在形式上依据传统的证明责任的思维方式以请求人有举证责任的同时,在科学上的不确实性之下,从公平的立场出发谋求实质上的证明责任的再分配,对事业者也课以证明上的负担。

关于当提起民事停止侵害请求时,请求者在什么样的权利、利益受到侵害的场合可以主张停止侵害的问题,对人身健康侵害,作为对“人格权”的侵害承认停止侵害没有问题。不过,在公害、环境停止侵害请求中,要证明从某一事业有发生什么样的人身健康受害的可能性并不容易。法院对道路和铁道等公共性较高的事业造成的侵害，以“公共性”为根据不承认停止侵害的处理是通例，但也有对作为重大法益与健康相关的侵害承认停止侵害的判决。例如，对因机动车排放废气造成的道路沿线居民发生支气管哮喘的案件，名古屋地方裁判所做出了禁止在国道 23 号线排出一点浓度以上的浮游粒子状物质的命令（名古屋地方裁判所 2000 年 11 月 27 日判决，载《判例时报》第 1746 号第 3 页）。

与此相对，对噪音、振动、日照等的生活妨害就不那么容易承认停止侵害。这些生活妨害，不仅给生活者带来精神上的痛苦，而且能够想象得到通过日常的压力也会对健康带来某些不良影响，也可能是因为对健康影响的医学性认识不够明确。法院以行政的规制基准为指标（行政上的规制基准不是医学性的阈值），违反了该指标的场合，承认抚慰金请求，不限于承认停止侵害，将规制基准违反作为判断停止侵害违法性（权利侵害）之际的“忍受限度”的一个要素（关于噪音的最高裁判所 1967 年 10 月 31 日判决，载《判例时报》第 499 号第 39 页）。

但是，关于对生命身体的影响在现时点的科学性认识中尚不能明确的场合，也有创造出“平稳生活权”这一新的人格权概念，承认停止侵害请求的判决（前引仙台地方裁判所 1992 年 2 月 28 日判决）。这一事件，是对产业废弃物最终处理场建设，附近居民，以垃圾填埋地落下的雨水从被填埋的废弃物间隙渗透出来有污染饮料水和生活用水的紧迫危险为由，谋求处理场的作业停止的假处分的案件。法院以“作为人格权之一种的平稳生活权之一环，适当贴切质量的生活用水，参照一般通常人的感觉可以解释为有确保供饮用、生活用的适当的水的权利”，承认了停止侵害。在科学的不确实性之下，对将来附近居民可能发生的健康受害在现时点科学地预测是困难的，所以，法院承认了平稳生活权这一新的权利概念尽可能地打开了停止侵害请求的门户。

与此相对，还没有以学说主张的环境权为根据，为保全历史性景观和自然环境等,承认停止侵害请求的裁判例。法院对很难与个人利益直接连接的历史性环境和自然环境之类的领域,好像认为是在私法的守备范围之外。

关于停止侵害的利益衡量,在停止侵害请求中,并不是因为请求人的权利利益有受到侵害的可能性停止侵害就直接得到承认。因停止侵害对方的事业也会受到限制,支配的利益会受到影响。特别是在公共事业的停止侵害的场合,其影响不仅是停止侵害的直接的对方当事人有涉及广大公共社会的可能性。因此,最终性地停止侵害能否得到承认,要通过请求人与对方当事人,因停止侵害的有无,各自可能受到的损失和利益,以及其他各种各样情况的比较衡量来决定。学说作为被衡量的事情,列举了被侵害利益的性质和程度相当的防卫措施,侵害行为的社会性价值及必要性,受害人方的特殊情况,地域性,先住关系等。这样,考虑双方的情况决定停止侵害的是非(违法性的有无)的思维方式称作利益衡量论(忍受限度论,即请求人忍受),法院采用这种思维方式。

迄今为止,法院关于交通设施等的公共事业,一般重视公共性并不容易地承认停止侵害(例如,名古屋高等裁判所 1985 年 4 月 12 日判决,载《判例时报》第 1150 号第 30 页)。但是,近年来有所改变,忍受限度判断的平衡更向请求者(一般市民)的利益方面倾斜,有健康受害的场合(原告患者一名),对有公共性的道路承认了一定浓度以下的浮游粒子状物质的排出的停止侵害(前引名古屋地方裁判所 2000 年 11 月 27 日判决)。

在废弃物处理场等的建设事前停止诉讼中,以健康受害的可能性为理由承认停止侵害的判决不少。作为承认(有违法性)的理由,有举出该事业给周边居民健康和环境的影响事业者预先没有进行充分的调查的判决(熊本地方裁判所 1975 年 2 月 27 日判决,载《判例时报》第 772 号第 22 页;名古屋地方裁判所 1984 年 4 月 6 日判决,载《判例时报》第 1115 号第 27 页)值得注目。这是通过将收集关于科学性认识的信息的负担课给事业者方面,减轻在科学性不确实性之下市民(居民)所生不利益的做法。过去熊本水俣病判决(前引熊本地方裁判所 1973 年 3 月 20 日判决)就在做出过失判断时,指出过化学工厂在进行作业前对安全性有进行调查研究的义务。

关于某一事业对人的健康和环境会带来什么影响,把预先进行充分的调查科学的评价称为环境影响评价。但是,在科学的不确实性之下,科学家之间对可能产生的影响的评价也可能有分歧。因此,事业者应当以市民为首,在基于反映各阶层人们的各自的评价的意见之上做出最终评价决定开始进行事业。这种组织进行调查与意见反映程序的制度就是环境影响评价制度。日本在 1984 年基于阁议决定的《关于环境影响评价的刚要》使之制度化,1997 年又制定了《环境影响评价法》。根据这一制度事业者尝试着尽可能地事前收集信息,尽可能地减少因事业发生危害的风险。

2. 行政停止侵害诉讼中法院的对应

对不是行政规制(处分)对象的一般居民,因事业给自己的生活和环境造成恶劣影响,通过行政诉讼请求某事业停止侵害的场合。法院有如下一些对应。

为通过行政诉讼请求事业的停止侵害,要基于行政事件诉讼法提起诉讼,大多使用的是取消诉讼。届时发生问题的是原告适格。对请求处分取消要求"有法律上的利益者"这一原告适格(《行政事件诉讼法》第 9 条)。当初,法院以该行政处分的根据规定是否直接保护请求人主张的利益(例如,居民的生命身体)为基准狭义地判断原告适格,不久以后进行扩大解释,以该行政法规与目的共通的关联法规保护请求人所主张利益的场合,其宗旨也予以参考判断原告适格。出现了关于航空器的路线许可取消,对蒙受飞机场严重噪音影响的周边居民承认了原告适格的判例(最高裁判所 1989 年 2 月 17 日判决,载《最高裁判所民事判例集》第 43 卷第 2 号第 56 页),关于基于原子炉规制法的文殊设置许可无效,确认承认了周边居民原告适格的最高裁判所判例(最高裁判所 1992 年 9 月 22 日判决,载《最高裁判所民事判例集》第 46 卷第 6 号第 517 页),关于都市计划上开发许可的取消承认了被暴露在泥石流崩塌危险下者的原告适格的最高裁判所判例(最高裁判所 1997 年 1 月 28 日判决,载《最高裁判所民事判例集》第 51 卷第 1 号第 250 页)等判例。

这种判例的趋势,带来了 2004 年的《行政事件诉讼法》的修改。关于取消诉讼的原告适格,法律文言上继续维持着"有法律上的利益者"的要件,同时将前述判例的解释内容作为第 9 条第 2 款加以条文化。法律修改之后,最高裁判所大法庭对因铁道线路的立体高架事业生活环境受到影响的周边居民承认了关于事业认可取消的原告适格(最高裁判所大法庭 2005 年 12 月 7 日判决,载《最高裁判所民事判例集》第 59 卷第 10 号第 2645 页)。这一事件的铁道高架建设事业认可,是根据都市计划法基于都市计划实施的,最高裁判所以同法中有都市计划决定必须适合公害防止计划进行的规定,所以同法的目的宗旨中包含着防止居民生活环境的受害发生,承认了周边居民的原告适格。这个判决的解释比迄今为止的判决更为扩大。

另一个是集团诉讼的问题。环境团体和学者们主张,行政处分有侵害地域居民利益可能性的场合(例如,包括大气污染的都市环境恶化),应当对代表集团利益的团体等承认原告适格,但这次的修改未被采用。

迄今为止,公害和环境的诉讼本来使用的是作为个人对个人的纠纷解决手段的民事裁判,行政诉讼,在取消诉讼中不仅课以原告适格、处分性等严格的诉讼要件,而且,在取消诉讼以外的抗告诉讼、居民诉讼的各个事项中,对于以居民健康和环境保全为目的的请求人来说明诉讼要件并不是容易的事情。

第 15 章　制造物责任

第 1 节　日本制造物责任的沿革[①]

一、日本制造物责任问题的发端

因由制造者制造通过零售商等出售的商品(制造物)有瑕疵,使消费者、利用者以及其他人的身体、生命、财产蒙受损害时,由制造者、销售者等负赔偿责任就是制造物责任(制造者责任)。

日本是在 20 世纪 70 年代中期以后提起制造物责任问题的,而其发端却是 60 年代末日本报界作为特别新闻报道公诸于世的,关于发现日本在美国的两大机动车厂家的轿车存在缺陷被命令召回的事件。在该新闻报道中,厂家对缺陷车的法律责任被作为重大的问题加以记述。

在那之前,日本也曾出现过不少因制造物的缺陷发生人身受害的例子。1955 年发生了因乳儿用奶粉中混入毒性物质(砒霜),1 万多名乳儿中毒,13 人死亡的森永砒霜牛奶事件。并且,在这段时间里,一部分区域内还出现了患有原因不明的神经麻痹症状的患者,其人数逐渐增加,1963 年前后开始,患者人数爆炸性地增加。但是,其原因的解明却很迟,直至 1970 年才终于搞清,一种叫做奎诺仿(chi-

① 本节内容主要根据竹内昭夫编:《日本的制造物责任法〈现状与立法论〉》,有斐阁 1990 年版,第 1 ~69 页。

noform)的肠胃药是这种疾病的原因。这种病被称为 SMON 病(亚急性脊髓视神经症),亚急性脊髓视神经症(以下简称斯蒙病)患者的人数仅厚生省的推定就超过了 1 万 1 千人。还有,从 1958 年到 1963 年之间,在欧洲曾经出现过构成重大社会问题的因服用了一种叫做酞胺哌啶酮(thalidomide)的镇静睡眠药生出了畸形儿的情况,在此期间那种情况又在日本大量发生。1965 年因安瓿(ampoule)装感冒药引起的休克死亡事件在报界引起了极大的反响。之后,1968 年又以西部日本为中心,发生了因食用米糠油混入聚氯联苯(PCB)造成的中毒患者大量出现的米糠油症事件。

尽管发生了这样大规模的缺陷产品事故,但是,直至 20 世纪 60 年代末,几乎没有作为法律问题正式讨论过缺陷产品厂家的责任问题。森永砒霜牛奶事件时,虽然给受害人支付了慰问金,但却没怎么涉及厂家的民事责任,并且,由于在 1963 年刑事事件的第一审判决中工厂厂长等受到了无罪判决,受其影响也被迫撤回了因对慰问金不服于 1956 年提起的损害赔偿诉讼。酞胺哌啶酮(thalidomide)事件,虽然对厂家和国家提起了损害赔偿诉讼,但由于看不到诉讼进行的前景在准备阶段上就停止了。

在这种状况之下,1969 年上述缺陷车的问题被提了出来,这个时期公害问题处于严重状态,通过反公害运动,在企业的法律责任受到追究的同时国民的安全意识也有了提高。在这样的社会背景之下,才开始从正面探讨制造业者对制造物的法律责任的问题。另外,1968 年制定了《消费者保护基本法》,这个法律中关于认可消费者的安全权利的规定也是不容忽视的。

当论述制造者的法律责任之时,在初期阶段,与对其他新领域中的法律问题的对应处理同样,也是对以美国为首的各外国的制造物责任法的法理进行了比较法上的研究,寻找将外国的法理运用于日本的法解释的途径。那时,虽然论述到了日本的制造者的法律责任,应该构成债务不履行责任,还是构成侵权行为责任的问题,但这里所关心的问题,集中于在债务不履行或侵权行为的规定之下,能否使制造者负担无过失责任这一点上。

二、制造物责任判例的展开

最早的酞胺哌啶酮诉讼提起于 1963 年,1965 年向东京地方裁判所提起了集团诉讼,但实际上,直至 1970 年一直没有进行口头辩论。因为那种事件是至那时为止从未经验过的新类型的事件,所以在事实关系的整理和证明计划上耗费了时间。关于 1968 年发生的米糠油症事件,最初的诉讼是第二年(1969 年)向福冈地方裁判所提起的,1970 年以后向福冈地方裁判所小仓支部提起了一个接一个的集团诉讼。关于斯蒙病,在 1970 年发表了该病因是奎诺仿之说的翌年,向东京地方裁判所提起了最初的关于斯蒙事件的诉讼,那之后向全国各地的地方裁判所提起了集团诉讼。在这些诉讼之中,被追究的是依据《民法》第 709 条的侵权行为责任,但不仅是制造者,而且,一起追究了监督医药品和食品制造、出售的国家和地方公共团体的《国家赔偿法》第 1 条的责任。并且,在米糠油症诉讼中还追究了在制造过程中所使用的热媒体 PCB(聚氯联苯)的供给者的侵权行为责任。在这些诉讼中,作为侵权行为要件的过失及因果关系成为争论的中心,并涉及责任主体、损害赔偿请求的期间限制的问题。

关于过失,例如对斯蒙病,法院采用作为过失的要件对预见可能性所要求的是,对预见可能的结果,发生应该回避其发生的法律义务,所以应该预见的对象只要是足以使结果回避义务发生的情况即可。因此,出现了尽管并非预见斯蒙病本身,但只要是能够预见像斯蒙那样的神经障碍即为充足的解释(东京地方裁判所 1978 年 8 月 3 日判决,载《判例时报》第 899 号第 48 页)。如果能够预见某种神经障碍,若进一步地进行安全确认的调查研究斯蒙病本身就有可能被预见。这样,法院在维持预见可能性这一过失要件的同时,扩大预见对象,进而通过加入预见义务或调查研究义务使预见可能性的存在较为容易地得到认定。并且,判决中转换了过失的举证责任。也就是说,如果医药品和食品那样的必须安全的产品处于危险状态,一般来说其制造者是有某种过失的,所以,产品有缺陷时可以推定制造者的过失。除认为从企业方在资力、技术能力等方面的情况看,优越于受害人应负担举证责任外,学说中还存在着认为过失举证转换的根据,在于过失的有无是处于制造者领域内的情况,因此,由距离证据近的制造者加以证明是公平的见解。

关于因果关系,法院对因果关系的证明,采用所谓盖然性说努力减轻受害人的证明负担。最高裁判所指出,法律上的因果关系与自然科学中的因果关系的场合不同,并不要求无可辩驳的严密的明确解释,"而是以参照经验法则综合研究全部证据,能够认定特定事实招致特定结果发生的关系的高度盖然性证明,该判定以能够使通常人不加怀疑地确信的程度为必要,且以此为充足"。这种见解为各地方法院在审理制造物责任事件时广泛采用(例如,札幌地方裁判所 1979 年 5 月 10 日判决,载《判例时报》第 950 号第 53 页)。

关于责任主体,不仅制造者,无论是出售者还是原材料供给者,只要有过失行为,在能够认定该行为与结果之间的因果关系的场合,也构成责任主体。一般地说,销售业者并不负制造业者那种程度的注意义务,所以对产品的缺陷即使在认定制造业者有过失的场合,销售业者也大多被判定为没有过失。例如,有判决认为,关于机动车的前部座席靠背的前倒防止装置的装备,销售业者没有与机动车厂家同一的注意义务,只要点检是否具备与产品的说明书同样的构造、装置即可,不负更多的应该预见危险的义务(横滨地方裁判所 1975 年 2 月 4 日判决,载《判例 TIMES》第 324 号第 268 页)。但是,在斯蒙病判决中,法院则认为作为销售点一手销售其他厂家生产的奎诺仿的制造业者,即使没有制造该产品,对该产品也负有与制造业者同一的安全照料义务。另外,在米糠油判决中法院判示道,为食用油的制造过程制造供给了作为热媒体使用的 PCB 的制造业者,没有警告食品制造业者 PCB 的金属腐蚀性和对人体的有害性是有过失的(例如,福冈地方裁判所小仓支部 1978 年 3 月 10 日判决,载《判例时报》第 881 号第 17 页)。此外,在日本,监督医药品和食品的国家和地方公共团体在国家赔偿法上的责任受到追究。例如,在斯蒙诉讼中,以在批准医药品的制造上,厚生大臣懈怠了对奎诺仿的安全确认为由,追究了国家的过失责任(前出东京地方裁判所 1978 年 8 月 3 日判决)。但是,在米糠油症事件中,法院则判示道,就食品卫生负有管理权限的国家和公共团体,不在迫于如果没有国家和公共团体的管制就没有其他有效的危险回避手段来回避食品对人体的危险的紧急场合下,不负管制义务(前出福冈地方裁判所小仓支部 1978 年 3 月 10 日判决)。

关于损害赔偿请求的期间限制,日本判例的倾向是通过不轻易地认定"知道损害及加害人时"尽量地推迟起算点,不承认时效的抗辩。

三、各类型判例概观

(一)医药品的副作用事故

在围绕医药品副作用的判决中,斯蒙、氯喹诉讼是最受重视的。这两个诉讼,是多数的原告以制药公司、国家为被告的诉讼。还有,氯霉素(streptomycin)诉讼也很重要。另外,提起诉讼,但没有进行判决的事件,有酞胺哌啶酮及 coralgil(治疗心绞痛等)心脏病药诉讼。

1. 斯蒙病判决

关于因服用奎诺仿发生的斯蒙病,全国有众多的人受害,当初原因不明。经厚生省的调查班进行调查,该原因查明之后,受害人以医药品制造业者的奎诺仿厂家、国内进口业者及批准制造奎诺仿的国家为被告,向各地方裁判所提起了损害赔偿请求之诉。从 1978 年 3 月 1 日的金泽地方裁判所判决开始,全国 9 个地方法院相继作出了判决。在 753 名原告中,有 556 名被认定为患者,最高的赔偿额为 2996 万日元(前桥地方裁判所判决),最低为 1651 万日元(金泽地方裁判所判决)。其中,最初的金泽判决未全部认定奎诺仿与斯蒙病的因果关系(认为奎诺仿不是斯蒙病的唯一原因,病毒的存在也不能忽视),国家与制药公司构成共同侵权行为人,作为不真正连带债务人之间的负担部分,国家为四成,制药公司为六成。东京地方裁判所的判决未全部肯定国家的责任(认为依据1967年9月13日的"药局长关于医药品的制造承认等的基本方针的通知"才使医药品的安全性的新思想以成文法的形式确定下来,"药事法改正"以前的药事法规不具有管制法规的性格,缺乏使作为承认权人的厚生大臣负担确保医药品安全性的法律义务的依据,以1967年11月1日该基本方针实施之日为基准时,认定国家在此时之后厚生大臣不行使管制权限为违法),认为国家与制药公司并不构成共同侵权行为人的关系,不过是两者的债务处于不真正连带债务的关系之上,认定国家的责任为全部义务的三分之一。福冈地方裁判所等的判决虽然在理论构成上有若干不同,但一致全面地认定了因果关系,并全面认定了国家的责任。其结果,国家应当与制药公司共同对全部损害负责任。但各法院均认为国家与制药公司是各自独立的侵权行为,处于不真正连带债务的关系上。

2. 氯喹诉讼

在因服用了用于治疗肾炎等症的氯喹,遭受到由其副作用发生的角膜症等引起的失明等损害的患者,对制药公司、国家、医师及医疗机关提起的请求损害赔偿的诉讼中,第一审东京地方裁判所1982年2月1日判决(载《判例时报》第1044号第19页),认可了原告的主张,认定制药公司在医药品的制造、进口、销售等的调查研究、副作用的警告等方面存在严重的义务不履行,是重大的职务执行上的过失。认定了国家为确保医药品安全负有调查义务和调查权,以及事后在判明副作用的场合下更正其有用性的权限,厚生大臣存在这些权限的不履行不行使以及职务上的义务违反。认为国家与制药公司的责任关系不是共同侵权行为,国家的责任"可以说是等于具有为制药公司的义务不履行造成的损害作担保的功能,所以两者的责任关系处于不真正连带债务的关系上"。但是,否定了原告主张的被告制药公司及国家的故意责任,并且否定了制裁性抚慰金的见解。

第二审东京高等法院 1988 年 3 月 11 日判决(载《判例时报》第 1271 号第 3 页)对制药公司责任的认定基本与一审相同,但以厚生大臣的作用是监护性的,医药品的副作用回避义务主要在制药公司等理由否定了国家的过失。

3. 氯霉素诉讼

关于氯霉素诉讼,在第一审东京地方裁判所 1978 年 9 月 25 日判决(载《判例时报》第 907 号第 24 页)中,认定了被告三个公司懈怠在使用上的注意事项中附加说明书等,未对所制造医药品的副作用进行说明以唤起医师注意的义务的过失。认定了被告三个公司的行为与所发现因氯霉素的副作用发生的后遗症之间存在相当因果关系。但是,以被告国家采取了发布为防止施用氯霉素产生的副作用的法令及其他的事前预防措施为理由否定了国家的责任。第二审判决也认定了制药公司的责任。

(二)食品事故

1. 森永砒霜牛奶事件

1955 年,关于因混入砒霜的奶粉乳幼儿受害的森永砒霜牛奶事件,对制造该奶粉的工厂厂长们追究了刑事责任,一审判决无罪,二审撤销原判发回重审,最高裁判所支持二审判决,再次审理时,厂长被判无罪,制造科长被判有罪(业务上过失致死罪)。民事事件虽然通过和解撤诉,但审理过程中涉及了工厂方面的结果回避义务、违反预见义务的过失问题。

2. 米糠油症判决

因食用油中混入了 PCB,造成食用了这种油的人们发生了中毒障碍。受害人当时不但追究了制造者的责任,而且向 PCB 的供应厂家提起了损害赔偿请求。判决(从 1977 年到 1982 年的三个判决)中食用油制造业者的责任均得到认定。PCB 是作为热媒体使用于食用油制造过程的,判决指出,PCB 的制造者"负有在将 PCB 作为热媒体出售之际,应该尽调查义务并将得到的结果,即关于其毒性和腐蚀性以及处理方法等充分地告知需要者的注意义务,但是,制造者不但没有尽这种调查义务,反倒强调宣传 PCB 虽然多少有些毒性但实用上是没有问题的,并且不必担心腐蚀装置,能够安全地使用”,从而认定了材料供给者的责任。在另有一些对 PCB 混入食品中的事件的判决(福冈高等法院 1986 年 5 月 15 日,载《判例时报》第 1191 号第 28 页)中,法院采用操作错误说,即认为是由于食品公司的从业人员进行作业时发生过失使得大量的 PCB 混入了食品,而未认定 PCB 提供者的责任,后来,在向最高裁判所提起上告的过程中,热媒体提供者与原告之间以原告不返还已支付的金钱,承认 PCB 提供者没有责任为条件达成了和解。

3. 鸡蛋豆腐事件

岐阜地方裁判所大垣支部 1973 年 12 月 27 日判决〔载《判例 TIMES》第 307 号第 87 页。判决主旨的内容见本书第 5 章第 1 节二、(二)、8〕认定了制造业者、批发业者、零售业者的赔偿责任。

(三)缺陷车

1. 助手座席靠背前倒防止装置的缺陷

坐在轻型 4 轮机动车的后部座席上的人在急刹车之际,因手扶在前边的助手座席上,该座席靠背前倒而受伤。受害人对机动车驾驶人、机动车的销售者、制造者提起了损害赔偿请求,一审判决(横滨地方裁判所 1975 年 2 月 4 日,载《判例 TIMES》第 324 号第 268 页),二审判决(东京高等法院 1977 年 7 月 4 日,载《判例时报》第 863 号第 47 页)均只认定了制造者的责任。

2. 二手翻斗车销售业者

名古屋高等裁判所金泽支部 1981 年 1 月 28 日判决(载《判例时报》第 1003 号第 104 页),对经改造并经整备点检的二手翻斗车,在接受了有效的机动车检查证八天之后,由于制动器管破损的原因发生机动车相撞事故,认可了对出售该机动车的公司的损害赔偿请求。其理由是,“从事机动车的出售、修理等业务者,当然对直接的契约当事人顾客负有应该供给无缺陷的机动车的契约上的义务”,而且,“在侵权行为法上负有回避起因于对该机动车处置上的缺陷的上述身体、财产受害的义务”等。对国家赔偿请求，在一审、二审中，机动车检查官均未被认定有故意过失，从而否定了国家的责任。

3. 大型车的死角

大阪地方裁判所1979年6月21日判决(载《判例时报》第949号第101页)，是针对以大型车(视线)的死角的存在为理由，驾驶人对国家及厂家请求因受到有罪判决的抚慰金的事件的判决。该判决否定了驾驶人的请求，理由主要是，该“有罪判决是在充分考虑到上述死角的存在的情况下作出的，因此，本案卡车死角的存在与上述原告主张的损害之间不存在因果关系是很明确的”。但是，在另一个刑事事件中，对因大型车左拐造成三人死亡的驾驶人作出的执行缓行的判决(东京高等法院1981年5月13日，载《判例时报》第1013号第7页)，涉及了制造者和国家的责任，指出“希望进一步致力于构造的改善等”。

(四)住宅

因住宅的瑕疵引起的损害，大多是作为民法上的买卖即承包中的瑕疵担保责任(《民法》第570条、第634条)的问题解决的。因生命、身体等重要的法益受侵害被追究制造物责任的情况，在住宅问题上尚不多见。东京高等法院1975年6月30日判决(载《判例TIMES》第330号第286页)虽然是否定了关于住宅的制造物责任的判决，但该判决较为详细地阐述了制造物责任与住宅这种商品的关系，认为有必要给予消费者以充分的保护。可以预想得到，将来在住宅方面也会发生制造物责任的问题。

(五)其他的制造物

1. 化妆品

关于17名受害人对化妆品厂家的1亿7千万日元的损害赔偿请求事件，厂家六个公司的一部分化妆品与颜面黑皮症之间的因果关系大致得到认定，1981年12月16日被告向原告一次性支付5000

万日元赔偿的和解成立。[②]

2. 煤气罐爆炸事故

关于煤气罐爆炸事故,有依据《民法》第717条规定的土地工作物责任的判决,也有以容器的设置保存有瑕疵而认定销售者责任的判决(长野地方裁判所松元支部1965年11月11日,载《判例时报》第427号第11页),还有通过适用《民法》第709条认定煤气罐销售者责任的判决(和歌山地方裁判所田边支部1966年12月5日,载《判例时报》第471号第6页;东京地方裁判所1968年4月10日,载《判例时报》第536号第61页)。

3. 进口羽毛球拍事件

在某事件中,兄妹两人用羽毛球拍玩耍之中,哥哥使用的拍子从手柄脱出打在妹妹的左眼上而受重伤,该羽毛球拍是香港制进口物品,因进口业者不明,而由神户海关长作为收容货物公开出售处理的,受害人向出售者和国家提出了损害赔偿请求。第一审判决(神户地方裁判所1978年8月30日,载《判例时报》第917号第103页)指出,首先,一般来说,卖主在附随着契约上对买主负有交付标的物的基本给付义务的同时,负有应该考虑买主(并包括买主的家人、同居者、接受买主的赠与的人)生命、身体、财产上的法益不受侵害的义务,而出售者违反了这一义务。其次,对神户海关关长,指出《海关法》第84条的公开出售处分,在对所有人的关系上来说虽然是海关关长实施的行政处分,但在对与买受人的关系上来说只能是私法上的买卖,作为一般的卖主将商品置于流通者,负有应该考虑不要因商品的缺陷使消费者的生命、身体、财产上的法益受到侵害的注意义务,以其侵权行为(第709条)为前提,认定了国家的使用人责任(第715条)。第二审判决(大阪高等法院1979年9月21日,载《判例时报》第952号第69页)支持了一审判决的立场,强调了鉴于玩具是

② 竹内昭夫编:《日本的制造物责任法〈现状与立法论〉》,有斐阁1990年版,第63页。

供给没有充分判断能力,缺乏自我防御能力的幼年者使用的物等情况,当设计、制造玩具时,负有在玩具经销售业者到达消费者的流通使用期间通常能够预想的状态之下,应该考虑到不要因玩具的重量、性质、状态、构造、性能自身的危险性或者因其缺陷发生的玩具的破损、毁坏等导致使用它的人的生命、身体、财产受到侵害的注意义务。对进口的外国设计、制造的玩具,在日本国内的销售者,当该玩具在日本国内开始流通之时视为与国内制造者处于同样的立场上,因此,应该说在国内出售玩具时,负有与制造者设计、制造时所负担安全照料义务同样的义务。关于被告国家的责任,判决以神户海关关长在本案中处于准进口业者的地位,认定了国家的责任。

4. 乳幼儿用防护栅栏

神户地方裁判所尼崎支部 1979 年 3 月 23 日判决(《判例时报》第 942 号第 87 页)关于 1 岁零 3 个月的女孩被设置在自己家的二层居室与台阶平台之间的乳儿用防护栅栏卡住颈部窒息而死的事件,对孩子的双亲就此向防护栅栏的制造者提起的损害赔偿请求,以系争防护栅栏没有固有的性能上的缺陷否定了制造物责任。但是,学者认为,从制造物责任的观点来看是有疑问的。从对乳儿用防护栅栏的安全性的信赖这一方面来看,制造者的责任正是应该得到认定的。至少使用方法的指示,警告的过失应该予以追究。本案已提起控诉,控诉审判决受到重视。③

判例、学说对制造物的缺陷造成的受害,一般分为该商品价值的下降造成的损害和以制造物缺陷为原因侵害受害人的生命、身体、财产而发生的损害。前者称为所谓品质损害或瑕疵损害,后者称为扩大损害。在品质损害的场合下,可以以不完全履行的债务不履行责任(《民法》第 415 条),如果该商品是基于买卖合同交付的物品则以卖主瑕疵担保责任(第 570 条),如果基于承包合同则以承包人的瑕

③　关于具体案件的解决,经查第一法规株式会社判例体系 CD－ROM,直至 1997 年该案仍"无审级关系",即未经二审(控诉审)审理。因此,不能排除当事人双方已在裁判外通过非讼程序就损害赔偿问题达成和解的可能。

疵担保责任(第 643 条以下),以及以侵权行为责任(第 709 条)为法律依据,追究事业者的责任。在扩大损害的场合下,迄今为止,一直被考虑的有作为债务不履行责任—不完全履行责任的构成,依据《民法》第 415 条处理的债务不履行构成,以制造物的瑕疵相当于《民法》第 570 条的隐蔽的瑕疵的瑕疵担保责任构成,制造者就其制造物的安全性对最终消费者负保证(或担保)责任的保证责任构成等契约法上的构成,解释上的无过失责任构成,对制造物责任作为危险责任的无过失责任类推适用《民法》第 717 条的工作物责任构成,《民法》第 709 条的一般侵权行为责任构成等等。但是,自 1995 年 7 月 1 日关于因制造物的缺陷造成受害人生命、身体、财产的扩大损害,作为《民法》的特别法制定出了《制造物责任法》(1996 年 7 月 1 日施行)。此后,关于除品质损害以外的扩大损害,都要依据该法规定的制造物责任。

再有,《制造物责任法》是以谋求保护因制造物的缺陷造成的受害人的法律,依据《制造物责任法》第 1 条,不限于处于使用或者消费制造物的最终性立场上的消费者的受害,对第三者遭受损害的场合也可以适用《制造物责任法》。

第 2 节　制造物责任法[④]

一、与《民法》上的侵权行为责任的关系

《制造物责任法》以侵权行为责任为前提,是将关于基于侵权行为的损害赔偿责任的基本原则的一部分内容立法化了的法规,是处于作为《民法》上的侵权行为责任(《民法》第 709 条)的特别规则的位置上的法规。

制造物责任是作为一般侵权行为责任的特别规则被制定出来

④ 本节主要根据远藤浩等:《民法(7)》(第 4 版),有斐阁 1997 年版,第 219 页以下。

的,其特殊性在于责任原理从民法上的“制造者等的过失”到“制造物的缺陷”的变更。因此,在不以制造业者等对产品缺陷的故意与过失为问题而使其负担责任这一点上采用的是无过失责任的理论。但同时,制造业者等在制造构成事故原因的产品的缺陷之处,本身就存在着制造业者等负担制造物责任这一严格的损害赔偿责任的根据。在这个意义上,并非仅以发生了因产品造成的损害就可以认定责任,所以并不是承认绝对责任或结果责任的规定。

但是,关键的问题是,作为责任要件“从过失责任向缺陷责任”变更的结果,对产品缺陷造成的受害人的救济有何不同。其具体的差异,当然要根据《制造物责任法》今后的适用、运用,但与过失责任相比,可以指出缺陷责任在理论上的如下一些差异。即作为一般的侵权行为的责任要件的过失,过去一直是被作为“应该认识到自己的行为会发生对他人权利、利益的侵害,却因不注意,没有认识到而实施了该行为的心理状态”,这样一种加害人的主观心理状态考虑的。但是现在,一般考虑的是以预见义务为前提的应该回避可能预见的危险的客观注意义务的违反,在产品事故中也是采用这种见解的。与此同时,在过失判断中,曾解释为依制造物类型的不同,构成其判断基准的前提的注意义务的内容、程度也不同。并且,首先,以一般地制造业者负有“应该注意不招致生命、身体危害的高度的注意义务”,例如,在食品中,是以停止制造销售义务和警告召回义务,在医药品中,是以关于副作用的指示警告义务,在机械产品和机动车中,是以利用者的注意义务和制造业者应该制造出何种程度上安全的产品这一结果回避义务为问题的。进一步地,一般在最近的判例中,将信息传递义务、警告义务、指示义务解释为特有的注意义务。其结果,出现了认为形式上虽然贯彻的是过失责任,但预见可能性被大幅度地扩张,通过结果回避义务的显著高度化,实质上实现了无过失责任的见解。通过这种过失的客观化、抽象化、高度化,使制造物事故在相当的程度上得到救济,这的确是实情。但是,这种努力大多表现在因制造物发生的重大事故的事件上,能否适用于所有的制造物事故没有任何保障,也很难说这种做法在实务上已经固定下来了,特别是关于过失判断的高度化,由于每个产品其程度不同所以尚处于缺乏法律的安定性的状态下。因此,通过以缺陷责任为责任要件,能够以所有的产品为对象,并且提高了责任要件判断在法律上的安定性,在这个意义上,可以作出在过失责任之下一直进行努力的救济方向又向前迈进了一步的评价。

二、制造物责任的要件

(一)因制造物产生的受害

依据《制造物责任法》第2条第1款的规定,本法律规定的所谓制造物,是指被制造或加工过的动产。土地、建筑物之类的不动产,未经加工的农林水产品,电,肉体的一部分(血液),因信息的受害等被除外。血液制剂造成的损害虽然也可以适用,但当其适用时是慎重的,要附加国会的附带决议。关于不动产的缺陷造成的损害,作为《民法》第717条的土地工作物责任有无过失责任的规定,所以只限于动产。

(二)制造物有缺陷

《制造物责任法》中,虽然不追究制造业者等就损害的发生有无故意、过失,但代替它的是以因制造物的缺陷造成的损害,依据缺陷责任的见解。在以制造业者等的故意、过失为问题的场合下,依据的是主观性的基准,因此确有要证明其存在并不是容易的一面。在以缺陷为问题的场合下,可以客观地进行判断,其判断就比较容易进行。在这种意义上说,因制造物发生的受害人的救济有了变得容易起来的余地。

依据《制造物责任法》第2条第2款的规定,所谓缺陷是指“制造物欠缺通常应有的安全性”。这种缺陷基准,是依据于消费者所期待的基准的。作为进行该判断的要素,可以考虑:(1)制造物的特性,(2)通常可以预见的使用形态,(3)被置于流通的时期,(4)其他与该制造物有关的情况等。

另外，作为缺陷的类型，可以考虑以下的一些样态：

(1)制造上的缺陷。与设计和样品不同的制造物，即是带瑕疵的商品。

(2)设计上的缺陷。因为在产品的设计阶段没有能适合科学上或技术上的要求而产生缺陷的场合。缺陷车就是典型。

(3)指示、警告上的缺陷。因未作适当的指示而发生的缺陷。因药品的副作用等的场合就是典型。

(三)侵害了生命、身体、财产

依据《制造物责任法》第 3 条的规定，限于因制造物的缺陷侵害了人的生命、身体、财产的场合。即只适用于因制造物的缺陷造成的损害中的所谓扩大损害的场合。不适用于制造物的缺陷造成的品质损害——瑕疵损害的赔偿(《制造物责任法》第 3 条但书)。

再有，如果是生命、身体、财产的损害，对由此而发生的损害不限于财产损害，也适用于作为精神损害的抚慰金的请求。例如对机动车的制动系统存在缺陷所遭受撞车的恐怖的"恐怖抚慰金"也可以适用。

不过，美国那样的为惩罚事业者的惩罚性损害赔偿尚未予以认可。

(四)缺陷与损害之间的因果关系得到证明

缺陷的存在以及该缺陷与损害之间的因果关系的证明，必须由受害人方面实施。关于这些没有设置推定的规定。这一点，从受害人救济的方面来看，是稍稍存在问题的地方。为解决这一问题，作为受害人保护的对策，期待着灵活地运用事实上的推定，或者完善充实事故原因调查机关。并且，作为缺陷的证明，最好能够依据证明了"从合理地预期的使用中发生了通常不应该发生的损害"，或者"欠缺同一生产过程的制造物所应具备的安全性"的情况，从事实上推定缺陷的存在。还有，作为因果关系的证明，应该解释为，如证明在电视机转换器的绝缘不良的缺陷的场合，电视机就会发生发火现象等那样，以证明如果因制造物的使用发生的是与有缺陷通常就会发生的损害同一的损害为充足。

(五)依据开发危险抗辩的免责

依据《制造物责任法》第4条第1项的规定,制造业者等证明了在制造物被置于流通领域时科学知识和技术知识的水准尚不能预见的危险,即开发危险的场合,可以免除赔偿责任。这是应不要妨害新产品的开发和技术的革新这一企业界的要求而加入的规定。

(六)零部件制造业者的免责

依据《制造物责任法》第4条第2项的规定,作为某商品的零部件或原材料被使用的物品有缺陷的场合,原则上也应认定该有缺陷零部件或原材料的制造业者等的制造物责任。不过,当该零部件或原材料的缺陷是依据该商品的制造业者作出的关于设计的指示产生的场合,如果零部件或原材料业者没有过失,得以免除制造物责任。例如,制造机动车制动零部件的事业者,按照机动车制造业者的设计、指示制造的时候,制动零部件发生的缺陷与事故相关的场合,如果制动零部件制造业者证明自己无过失可以免除责任。

三、制造物责任主体

依据《制造物责任法》第2条第3款、第3条的规定,负担制造物责任者,是制造业者、加工业者、进口业者和表示制造业者、实质上的制造业者。所谓表示制造业者,是指虽然不是实际制造该产品者,但表示了是该制造物的制造业者,或者使人误认为制造业者那样的姓名、商号、商标等的人或企业,是表示了与实质上的制造业者相比,从其他的情况来看可以认为是实质上的制造业者的姓名等。因此,制造物的销售业者和租赁出租业者不是基于本法的责任主体。对于这些人构成民法上的侵权行为责任的问题。不过,销售业者给予制造物的设计上或者制造上的指示等比较深地参与到制造和销售中的场合,作为实质上的制造业者构成本法的责任主体。

作为制造物责任主体的制造物的制造者,在对待制造物缺陷上,不只是义务人,有时也会成为权利人。例如,有学者就提出,为了避免给制造物的使用者带来人身或者财产损害,制造者发现其所制造产品有缺陷时,制造者自己主动采取除去危险措施时应当承认制造者的这种权利。[⑤] 这个问题之所以重要,是因为制造者在制造物进入流通之后,即使想采取除去危险的措施,如果得不到制造物所有人的协助,就不能实现除去危险的目的。其结果,在其所有人以外的人发生损害的场合,制造者尽管做出了除去危险的努力仍然要承担责任。制造物责任的制度设计使制造者承担无过失责任,最终是要减少损害的发生。为了得到这个目的,应当承认制造者的除去危险的权利。对于因侵害制造者这种权利,造成第三者损害的情形,制造者在对受害人的损害做出赔偿之后,可以向所有人及其他不协助制造者采取损害回避措施的人追偿。这种见解是非常有见地的,是符合《侵权行为法》的制度目的和机能理论的,对《制造物责任法》的完善非常重要,值得各国制造物责任法的立法与实务参考。

四、责任期间

依据《制造物责任法》第 5 条的规定,从交付制造物时起 10 年,但蓄积损害、迟发损害是从损害或症状出现时起 10 年,从知道损害及赔偿义务人之时起 3 年。与《民法》第 724 条相比,是考虑了早期安定的规定。

五、民法的适用

《制造物责任法》是民法侵权行为责任的特别规则。因此,《制造物责任法》第 6 条规定,关于因制造物的缺陷产生的制造业者等的损害赔偿责任,《制造物责任法》中未作规定者,依据《民法》的规定。例如,厂家和批发业者均负制造物责任的场合,两者的责任关系

⑤　畑中久弥:"制造物责任法与制造者除去危险的权利",载《福冈大学法学论丛》2009 年第 54 卷第 1 号,第 85 ~ 102 页。

如何,就要依据《民法》第 719 条的共同侵权行为的规定加以判断。此外,受害人和受害人方面有过失的场合的过失相抵问题、追偿关系的问题、证明责任的问题等,均依据民法中有关侵权行为的理论。并且,当适用这种民法的各种规定时,与侵权行为责任作同样处理。例如,禁止相抵的规定(《民法》第 509 条[6])等都要予以适用。

⑥ 日本《民法》第 509 条〔禁止将因侵权行为所生债权作为受动债权相抵〕:"债务因侵权行为所生时,其债务人不得以相抵对抗债权人。"

第 4 编　侵权行为的效果及相关问题

在日本侵权行为法中,作为侵权行为的效果,主要地发生受害人对加害人的损害赔偿请求权,与此相关的是损害赔偿请求权的消灭时效问题。作为侵权行为的效果中的问题,还有停止侵害请求、加害行为的排除、危险的除去等。本编先在第 16 章中概述侵权行为的效果,对损害赔偿请求权与停止侵害请求等的关系以及损害赔偿的范围及算定方法作一整体性介绍。然后在第 17 章中专门考察损害论的发展及其主要理论问题,最后在第 18 章中介绍损害赔偿请求权的消灭时效问题。

第16章 侵权行为的效果

第1节 损害赔偿请求权的发生

依据日本《民法》第709条的规定,侵权行为的成立被认定时,作为其效果,发生受害人对加害人的损害赔偿请求权。因此,侵权行为与无因管理、不当得利同样,被作为契约等法律行为以外的债权发生原因之一。

除损害赔偿请求权之外,关于作为侵权行为的效果,是否应该认可能够请求停止、排除侵害行为的停止侵害请求权,存在着对立的意见。

有学说认为,在构成侵权行为的侵害行为仍在继续的场合下,只承认对已经发生的损害的赔偿请求权,作为对受害人的救济是不充分的,这种见解是认可停止侵害请求权的立场的根据。但是,对在立法论上主张停止侵害请求权应该如何评价的问题另说,仅就解释论而言,通说对现行法上作为侵权行为的效果,是否应该认可停止侵害请求权的问题过去是持否定态度的。但是,近年来这一认识发生了变化。

在民法修改的讨论中,有学者基于学界的多年研究,并以1987年侵权法研究会的《侵权行为法重述》中的提案为基础,明确主张将停止侵害请求作为侵权行为的效果规定在民法之中。建议与恢复原状相统合,作为“损害赔偿的内容”加以规定。具体的步骤是,首先,作为侵权行为效果,承认恢复原状是损害赔偿的方法;其次,承认排除将来妨害的停止侵害请求的侵权行为的效果的地位。

在此基础之上,关于恢复原状的请求,修改规定金钱损害赔偿原则的第 722 条第 1 款,设置也承认回复原状请求的规定,并且将对名誉毁损承认恢复原状请求的第 723 条也吸收到这一规定中来。作为适用恢复原状请求的要件,规定"通过金钱赔偿无法得到适当贴切救济"这样一个一般条款性的要件,具体的判断交由法院在个案中进行处理。

关于停止侵害请求,因为是在损害未发生阶段的问题,所以,作为损害赔偿的方法加以规定是困难的。但是,在有因违法行为致使损害发生之虞的场合,为谋求预防,作为侵权法的规定不应有障碍,这一点,只要留意一下民法中对侵权行为的正当防卫和紧急避险的违法性阻却的规定就可以明白。停止侵害请求是为了谋求将来的侵权行为的中止,着眼于请求特定的行为这一类似性,可将其接在恢复原状的条款之后加以规定。此外,作为一个限定条件规定在"需要过分费用的场合"不得请求。①

一、停止侵害请求权

(一)停止侵害请求的法律依据

关于谋求停止正在进行中的加害行为和预防有加害危险的行为的停止侵害请求的法律依据,存在着权利说和侵权行为说的对立。权利说包含物权性请求权说、人格权说、环境权说。在《民法》的规定中,规定停止侵害请求权的只有关于占有诉权的《民法》第 198 条

---

① 新美育文:"如何考虑停止行为的立法",载椿寿夫等编:《法律时报增刊·思考民法的改正》,日本评论社 2008 年版,第 345 页以下。新美教授在建议案中设计了如下的条文草案:条题(损害赔偿内容)(1)损害赔偿,以金钱确定其数额。但在以金钱赔偿无法得到适当贴切救济的场合,可以代替金钱赔偿,或者与金钱赔偿同时,承认以原状回复作为损害赔偿的方法。(2)法益有受到违法侵害之虞明白的场合,可以请求停止可能构成侵害原因的违法行为。因违法行为迫近,无从容采取停止侵害请求程序的时间,迫不得已实施的防御行为是适法的行为。(3)前两款中,在要过分费用的场合,不能请求原状恢复和违法行为的停止行为。

(排除妨害请求权)和第199条(预防妨害请求权)。考虑到这些规定和法益尤其重要,所以,所有权、地上权等物权,基于具有对抗力的不动产租赁权的停止侵害请求权一直得到承认。在这一见解的延长线上,主张应当包含为保护身体的自由、精神的自由的人格利益的是人格说和环境权说。依据《民法》第709条侵权行为的效果是发生损害赔偿请求权。从民法的体系上看,停止侵害请求权,不以一般侵权行为的成立要件之一的故意、过失的存在为要件,而是客观地认定存在占有权及其他的物权的侵害或有侵害的危险,就能够得到承认,所以应该说,权利说在性质上是与民法的体系相一致的见解。

《民法》第709条规定了对已经发生的损害发生损害赔偿请求权,但对那种继续性的、使损害延续到将来发生的侵权行为发生什么样的责任却未作明确规定,而且,在继续性侵权行为中,认可停止侵害请求的行使现实上具有很大的必要性。以此为理由,与权利说相对,出现了侵权行为说。在侵权行为说中,存在着以包含故意、过失在内的《民法》第709条的要件得到充足为必要的纯粹侵权行为说,不以故意、过失要件为必要的违法侵害说,以及以忍受限度的概念一元化地置换故意、过失与违法性的新忍受限度论这样三种见解。

正如英美法中为对nuisance(不法妨害)的救济,与损害赔偿制度一起承认injunction(停止侵害命令)的制度那样,对于停止侵害请求的法律根据主张侵权行为说也是可能的。因此,也出现了依照侵权行为说的裁判例。但是,有学者认为,只要打破民法体系的现实的必要性没有得到论证,这种做法就无法予以支持。②

近年来,有学者从物权性请求权理论入手分析停止侵害请求的理论学说与判例的发展,得出的结论是"日本法中,停止侵害请求权,应当解释为,是为了排除违法侵害,实现本来应有的法律状态,基于停止侵害请求权制度发生的"。③

② 远藤浩等:《民法(7)》(第4版),有斐阁1997年版,第227页以下。

③ 根本尚德:"关于停止行为请求权发生根据的理论考察",载《明治学院大学法律科学研究年报》2010年第26号,第111页。

(二)裁判例

以下分析一下与停止侵害请求有关的裁判例。

1. 最高裁判所在对一起因村道的通行自由受到妨害提起诉讼的事件所作判决(1964 年 1 月 16 日,《最高裁判所民事判例集》第 18 卷第 1 号第 1 页)中判示道:“通行的自由虽然是由来于公法关系的权利,但却是人们各自行使日常生活上各种权利不可或缺的重要工具,对此应该给予民法上的保护是当然合乎逻辑的。因此,当一个村民的这种权利受到妨害时,当然地发生民法上侵权行为的问题,在这种妨害继续之时,有要求排除这种妨害的权利是不言而喻的。”这一判决虽然使人联想起侵权行为说,但将其解释为以通行自由权为依据认可了停止侵害请求也是可能的,例如,东京高等裁判所判决(1964 年 11 月 26 日载《判例时报》第 768 号第 323 页)就判示道,通行自由权在民法上是人格权。最高裁判所 1968 年 7 月 4 日判决(《最高裁判所裁判集民事》91 号第 567 页),否定了依据《民法》第 717 条对蓄水池的瑕疵提起的停止侵害请求,因此可以认为作为最高裁判所不采用侵权行为说。

2. 认可基于人格权的停止侵害请求的公害判决很多。大阪国际飞机场事件的第一审判决(大阪地方裁判所 1974 年 2 月 27 日,载《判例时报》第 729 号第 3 页),第二审判决(大阪高等裁判所 1975 年 11 月 27 日,载《判例时报》第 797 号第 36 页)是代表性的判决。但是,在上告审判决(最高裁判所 1981 年 12 月 16 日判决,载《最高裁判所民事判例集》第 35 卷第 10 号第 1369 页)中,最高裁判所以本案停止侵害请求不合法予以驳回。

在所谓“北方 journal(报刊)事件”中,法院为预防名誉权的侵害,对杂志的印刷、装订及发行,发出禁止命令的临时处分决定,被告以临时处分及其申请是违法的为理由请求损害赔偿。对此,最高裁判所大法庭 1986 年 6 月 11 日判决(《最高裁判所民事判例集》第 40 卷第 4 号第 872 页)肯定了基于人格权(名誉权)提起的停止侵害请求。

该判决的判示如下:"名誉被违法侵害者,除可以要求损害赔偿(《民法》第710条)和实施恢复名誉的处置(《民法》第723条)外,解释为对基于作为人格权的名誉权,为排除现实地进行着的侵害行为,或者预防将来会发生的侵害,可以要求加害人停止侵害行为是适当的。这是因为,名誉与生命、身体都是极其重大的保护法益,应该说,作为人格权的名誉权与物权的场合同样,也是具有排他性的权利。"

3. 在与公害、环境问题相关联的停止侵害请求诉讼中,主张环境权的事件很多。环境权定义为享受良好的环境,并且能够支配良好环境的权利。构成权利对象的良好环境,其素材包含自然环境、自然景观、文化遗产、社会环境。权利所及范围,考虑为人进行健康的文化的生活所必要的生活领域。

判例一直否定环境权。作为理由,举出了环境权的内容是不明确的,环境与社会的经济活动的自由之间的调和,最终应该是通过民主主义的机构由立法加以决定的问题(例如,名古屋高等裁判所1985年4月12日判决,载《判例时报》第1150号第30页),对居民的环境利益不过是反射性利益(例如,东京高等裁判所1978年9月18日判决,载《判例时报》第907号第61页),被当作环境权的依据的《宪法》第25条、第13条是纲领性的规定,并不是给予各个国民某种具体的请求权的规定(前引大阪地方裁判所1974年2月27日判决)等。学者认为,批判地研究这些理由是重要的课题。

4. 实践中也出现了以侵权行为为依据认可停止侵害请求的判决。公害事件中也出现了认可停止侵害请求的事件(例如,名古屋地方裁判所1972年10月19日判决,载《判例时报》第683号第21页),但该案内容本身是可能通过人格说加以解决的事件。

法院在禁止发行登载有关选举候选人丑闻的杂志的判决(仙台地方裁判所1974年7月20日,载《判例时报》第768号第80页)中判示道,选举活动不受不当侵害的利益是值得法律保护的利益,这种利益的侵害构成侵权行为的场合,即使是其侵害对象不能构成明确的权利的场合,也可以请求停止侵害。在某事件中,市场所有人在没有得到零售商业调整特别措施法规定的知事的许可的情况下,把市场内的店铺租赁给零售商,使得附近的零售商的顾客锐减,因而有关部门作出禁止店铺等的租赁的决定,受害人提起停止侵害请求诉讼。对此,大阪地方裁判所境支部 1977 年 4 月 7 日判决(载《判例时报》第 861 号第 54 页)判示道,已经设立的零售商店的零售商业者在营业上的利益,能否称为营业权另说,该违法侵害构成侵权行为,停止侵害请求权可以得到认可。这些判例都是值得注意的。这些事件如果依照权利说,受害人是无法得到救济的。因此,与权利说相并列,出现了对存在值得保护的受侵害利益的场合,应该考虑那些加害行为的样态,承认停止侵害请求权应该得到认可的类型的见解(二元说)。

5. 依据特别法,在行为样态中规定了违法行为的停止侵害请求权时,可以以该规定为依据请求停止侵害(例如,《不正当竞争防止法》第 3 条第 1 款、《专利法》第 100 条等的规定)。

(三)赔偿违法与停止侵害违法

如果对公害事件的裁判例进行探讨,就会发现,无论要认可损害赔偿请求,还是为认可停止侵害请求,哪种场合都必须满足加害行为是违法的这一要件。违法性的有无是通过是否超过了忍受限度加以判断的。在判断忍受限度时要考虑各种要素。如果作例示,有如下一些。即侵害行为的样态、被侵害利益的种类和程度、地域性、先住性、有无遵守行政性管制基准的情况、采取防止损害措施的难易、公共性等。

在这些要素中特别是公共性的评价,在对赔偿请求上的违法和停止侵害请求上的违法所作的判断中有所不同。这是因为在赔偿请求上的违法性判断中,因具有公共性的事业致使一部分居民受害,在公共的责任上应该给予赔偿的主张可以得到认可,但在停止侵害请求上的违法性判断中,作为为否认停止侵害请求的抗辩,公共性具有重大的意义。其结果,就出现了对同一个事件,赔偿请求得到认可,而停止侵害请求却被驳回这样一种类型的判决。例如,名古屋新干线事件的判决(前引名古屋高等裁判所1985年4月12日判决)就是这种类型的判决。还有,最高裁判所在国道43号事件中,对赔偿请求所作判断(最高裁判所1995年7月7日判决,载《最高裁判所民事判例集》第49卷第7号第1870页),与对停止侵害请求所作判断(最高裁判所同日判决,载《最高裁判所民事判例集》同卷同号第2599页)是不同的。这些判决在停止侵害违法的判断中过度重视公共性的态度应该加以批判,但作为一般论,两者在公共性的评价上存在差异的情况必须予以承认(还请参照本书第2编第13章第2节公害赔偿责任中的有关部分)。

前引最高裁判所1995年7月7日判决,在对停止侵害请求作出判断时阐述了如下理由:"在道路等设施的周边居民要求停止该设施使用的场合下,判断该设施有无应该认可停止侵害请求的违法性时所应考虑的要素,与周边居民要求损害赔偿的场合判断有无应该认可赔偿请求的违法性时所应考虑的要素基本上是共同的。但是,对应停止使用设施与由金钱所作的赔偿这种请求内容上的不同,在违法性的判断中各要素分别以何种程度的重要性加以考虑是有所不同的,因此,即使在上述两种场合关于有无违法性的判断产生差异也不能说是不合理的。"学者认为,这种见解是正当的。④

二、损害赔偿的方法

(一)金钱赔偿的原则

作为损害赔偿的方法,有金钱赔偿与原状恢复两种。⑤ 日本民

---

④ 远藤浩等:《民法(7)》(第4版),有斐阁1997年版,第233页。

⑤ 侵权的损害赔偿制度的根本目的在于"尽量使受害人回复到与未受到损害相同的经济地位",或者表述为"尽量使受害人恢复到与受到损害前相同的状态",这被称为"原状回复"。这就是侵权行为法的机能或者说是作用。在作这种回复原状的操作时,基本的方式有金钱赔偿和原状恢复两种。这里所指即这两种方式。为避免概念混乱,本书在论述侵权损害赔偿责任制度的根本目的的场合使用"原状回复",在论述损害赔偿具体方式的场合使用"原状恢复"。

法规定原则上应该通过金钱赔偿的方法(依据第 722 条第 1 款,准用第 417 条)。其结果,因侵权行为所生损害,无论是财产上的损害,还是精神上的损害,原则上就都要评价为金钱进行赔偿。即使对受害人来说恢复原状是有利的,但由于恢复原状需要高额的费用,会产生使加害人承受过于苛刻的负担的场合,并且,资本主义社会以商品的等价交换为基础,所以,可以认为,与其说被侵害利益的个别性质起着作用,不如说正是由于重视金钱价值的观念起着支配的作用等现实社会状况的存在,导致了金钱赔偿的原则得到采用。

在将损害评价为金钱予以赔偿的场合,通常的做法是,对请求赔偿的损害一次性地予以支付。但是,在像生命侵害那样的,赔偿金数额很大的场合下,如果以定期金的形式进行赔偿,从考虑加害人的资产状况来看是妥当的,而且不只于此,从为防止一次性地支付的赔偿金的浪费,以及保障受害人的生活来看,定期金方式也被认为是较为理想的。不过,由于受害人所取得的是对全部损害的赔偿请求权,所以法院不能随便地命令分割支付,但是,当受害人有请求时,应该解释为可以命令以定期金的方式赔偿。

(二)恢复原状

因为金钱赔偿是原则,所以只要不是法律上有特别的规定,或者当事人之间有特别的约定,作为损害赔偿的方法不能请求恢复原状。例如,在对越过地界实施挖掘侵害的矿业者,以侵权行为为理由对其请求填塞坑道的事件中,法院判示道,因为这是以金钱以外的给付为赔偿方法的请求,所以不能得到允许(大审院 1904 年 11 月 19 日判决,载《大审院民事判决录》第 10 辑第 1641 页)。

但是,也存在着主张即使是法律没有特别地认可的场合,具体地考虑受害人、加害人双方的利害得失,按照需要也可以认可原状恢复的学说。

作为依据法律特别地认可恢复原状的例子,有如下一些情况:

1.《民法》第 723 条规定,法院可以代替损害赔偿,或者与损害赔偿同时地命令实施恢复名誉的适当处置。《不正当竞争防止法》

也设置了类似的规定(第1条之2第3款。此外,还可参照《著作权法》第115条、第116条,《专利法》第106条等)。在名誉或信用遭到毁损的场合,不仅将损害评价为金钱是困难的,即使实施了金钱赔偿,受到伤害的名誉、信用也很难得到恢复。考虑到这种情况,对于名誉、信用的毁损,特别地认可了恢复原状的请求。

为名誉、信用的恢复可以命令实施的处置,通常采用在报纸上登载谢罪广告的方法。受到谢罪广告的命令而不遵守时,一般解释为可以代替执行。对于这种见解,也有反对意见认为,谢罪这一行为是伦理性判断、感情和意思的表露,对谢罪者本人是具有屈辱意味的行动,所以,命令谢罪广告不仅违反保障良心自由的《宪法》第19条,而且,脱离了作为近代社会中可以施加司法强制的事项的范围。

以刊登取消侵害名誉、信用的报道的广告或登载判决的方法也得到承认。例如,在众议院议员选举期间,被告在其发表的政见广播等中,攻击原告曾经在副知事任职期间受贿,对此,法院命令被告作出"上述广播及报道与事实不符,伤害了贵方的名誉给贵方添了麻烦。在此表示歉意"这样一种意思的谢罪广告。围绕着法院作出的谢罪命令发生了争执。对该事件,最高裁判所判决(最高裁判所1956年7月4日判决,载《最高裁判所民事判例集》第10卷第7号第785页)判示道,该命令是合宪的,但也有两位法官认为其为违宪。

2.《矿业法》规定,对因采掘矿物所发生损害的赔偿,以金钱赔偿为原则,但在比较赔偿金额来看,不需要显著的高额费用就可以恢复原状时,可以认可受害人的恢复原状请求权,并且,当赔偿义务人有申请时,在法官认为适当的情况下,也可以代替金钱赔偿命令恢复原状(《矿业法》第111条第2款但书、第3款)。由于采掘发生农地陷落的场合,考虑到增加农地的困难性和农民转行的困难,⑥应该解

⑥ 耕地的毁损是不可恢复的,永久性的损害,我国耕地奇缺,却不断遭到破坏,而在耕地保护中几乎看不到侵权行为法发挥任何作用,这一点值得法律界深思。

释为恢复原状是对这类案件最妥当的救济方法。

(三)特约的损害赔偿方法

如上所述,金钱赔偿是原则,但可以认可有特别约定的例外(《民法》第 722 条第 1 款、第 417 条)。因此,当事人双方特别约定了恢复原状的方法时,即使是法律没有认可的场合,加害人也要负担恢复原状的义务。

作为特殊的例子,[⑦]有如下的判决,"与他人的妻子通奸伤害了其夫的名誉的人,作为向受害人表示慎重谢罪的诚意,表示一段时间离开居住的村庄到他乡去,在这段时间内避免进出自己的家,这是有时作为抚慰受害人精神痛苦的一种手段,受害人不请求金钱赔偿代替赔偿缔结这种特约的场合,该缔约人对于其约定的承诺当然负有遵守之义务"(大审院 1924 年 5 月 3 日判决,载《法律新闻》第 292 号第 12 页)。

三、损害赔偿的请求权人

因侵权行为直接受到损害的本人,无论精神损害、财产损害,当然享有损害赔偿请求权。受害人是法人亦同。但是,法人与自然人不同,不可能感觉精神上的痛苦,所以存在着能否认可抚慰金请求权的问题。有学说以抚慰金不是精神上的痛苦的抚慰这样一种主观上的手段,而是客观上得到定型化了的规定为理由,承认法人的抚慰金请求权。不过,最高裁判所在判决(最高裁判所 1964 年 1 月 28 日,载《最高裁判所民事判例集》第 18 卷第 1 号第 136 页)中则认为,《民法》第 710 条的"财产以外的损害"即无形损害,应该解释为除精神痛苦外,也包括法人的名誉、信用遭到毁损的场合的无形损害,采用应该承认对这种无形损害的赔偿请求权的构成是妥当的。这种损害能否称为抚慰金是术语使用的问题(有关抚慰金问题的学说及其

⑦　此处例举的判例表现出那个时代在性别问题上的局限,但特约的损害赔偿方法却仍然是法官在裁判中可以根据具体个案情况考虑的损害赔偿责任负担方式的选择肢。

争论,详见第 16 章的有关章节)。关于无权利能力社团和财团,也与法人同样受到保护。

关于受害人的近亲属,存在着对何种范围的人,对财产损害、精神损害的哪一项目应该认可赔偿请求权的问题。在生命侵害的场合,构成由继承取得的损害赔偿请求权,关于继承见第 16 章中的有关论述,这里介绍固有请求权。

(一)胎儿

依据《民法》第 721 条的规定,关于损害赔偿请求权,胎儿被视为已经出生者,例如,在父亲因侵权行为死亡的场合下,享有对财产损害及精神损害固有的赔偿请求权。但是,一般解释为,这并不是承认胎儿直接行使损害赔偿请求权的规定。并且,通说、判例解释为胎儿状态无法定代理人,所以,任何人均不得行使胎儿的请求权。因此,母亲及其他的亲属就胎儿的损害赔偿请求权作出的和解不拘束胎儿(大审院 1932 年 10 月 6 日判决,载《大审院民事判例集》第 11 卷第 20 号第 23 页)。关于胎儿的能力,考虑的是以出生为停止条件,但如果考虑为解除条件就能够导出不同的结果。

(二)父母、配偶、子女

依据《民法》第 711 条的规定,因侵权行为生命受到侵害的受害人的父母、配偶者、子女当然取得财产损害的赔偿请求权(例如,对扶养请求权的侵害),对于精神损害,也取得赔偿请求权。

受伤害的受害人的治疗费已由他们的近亲属支付的场合,一般解释为近亲属、受害人的任何一方均可以提起该损害的赔偿请求。除治疗费以外,当近亲属为照顾受害人而请假,丧失应得利益时,在一般的照顾费用的限度内,可以认可对该损害赔偿的请求。

判例认可在子女为负伤的母亲支付住院费用的场合,由子女提起的损害赔偿请求(大审院 1937 年 2 月 12 日判决,载《大审院民事判例集》第 16 卷第 46 页)。另外,在子女负伤父母支出治疗费的场合,由子女提出的治疗费赔偿请求也得到认可(大审院 1943 年 4 月 9 日判决,载《大审院民事判例集》第 22 卷第 255 页;最高裁判所

1957 年 6 月 20 日判决，载《最高裁判所民事判例集》第 11 卷第 6 号第 1093 页）。在受害人本人、支出了治疗费的近亲属的任何一方都可以行使损害赔偿请求权时，两者的请求权，当对一方作了清偿时，另一方即归于消灭，所以可以解释为处于连带债权关系。

在受害人受到伤害的场合，对他们的近亲属是否享有对精神痛苦的抚慰金请求权，虽然存在着将《民法》第 711 条解释为只承认对生命侵害的适用予以否定的见解。但是，因为即使是伤害，也有近亲属遭受到与死亡相匹敌的程度的精神痛苦的场合，所以，现在认为应该依据《民法》第 709 条、第 710 条认可抚慰金请求权是占主导地位的见解。

明确地表示了最高裁判所见解的先例，是最高裁判所 1958 年 8 月 5 日判决（《最高裁判所民事判例集》第 12 卷第 12 号第 1901 页）。对 10 岁的女孩被三轮摩托车冲撞，从颜面口角至下颚负撕裂伤，遗留下瘢痕痉挛、神经麻痹的外伤后遗症，为此其母提起抚慰金请求的事件，最高裁判所排斥了加害人认为《民法》第 711 条的法意在于对生命受到侵害者的近亲属以外的人，不承认其抚慰金请求的主张，判断原告受到了与其子女死亡相匹敌的精神上的痛苦，解释为依据第 709 条、第 710 条，作为母亲的权利可以请求抚慰金是妥当的。那之后，最高裁判所设置了“受害人受到能够与生命受到侵害的场合相匹敌的，或者显著地不劣于上述场合的程度的精神痛苦时”这一判断基准，以此来判断近亲属固有的抚慰金请求权的有无（最高裁判所 1967 年 1 月 31 日判决，载《最高裁判所民事判例集》第 21 卷第 1 号第 61 页；最高裁判所 1967 年 6 月 13 日判决，载《最高裁判所民事判例集》第 21 卷第 6 号第 1447 页；最高裁判所 1968 年 9 月 19 日判决，载《最高裁判所民事判例集》第 22 卷第 9 号第 1923 页等）。

对内缘的妻子、未确认亲子关系的子女等，既有主张也应该类推《民法》第 711 条给予保护的见解，同时，也有认为对抚慰金请求应该加以限制的见解。

大审院1932年10月6日判决(载《大审院民事判例集》第11卷第2023页),对父亲死亡时未确认亲子关系的子女,作为对《民法》第711条的反对解释虽然否定了抚慰金请求权,但对由受害人的收入可能得到的利益的损害赔偿请求权,以《民法》第709条为依据予以肯定。也有对在尚未确认亲子关系期间子女因机动车事故死亡的父亲,作为处于准父子地位的人,类推适用《民法》第711条的规定,认可抚慰金请求的例子(东京高等裁判所1961年7月5日判决,载《高等裁判所民事判例集》第14卷第5号第309页)。

在民法修改的讨论中,学者从遗属扶养的实际出发认为,将现行《民法》第711条分为财产性损害赔偿请求权和抚慰金请求权,作为两款加以规定。条题为"因生命侵害的损害赔偿",明确规定"因受害人的死亡扶养受到侵害者,可以对加害人提起损害赔偿请求"(第1款);"因他人的死亡受到精神性损害者,可以对加害人提起抚慰金请求。死者的配偶、子女、父母推定为受精神性损害者"(第2款)。[⑧]

(三)祖父母、孙、兄弟姐妹

关于财产损害,扶养请求权受到侵害的场合,或者支出了殡葬仪式费用的场合,判例(大审院1911年4月13日判决,载《大审院刑事判决录》第17辑第56页)认定取得赔偿请求权。关于抚慰金请求权,通过第711条的反对解释,予以否定的见解较强。但是,也有见解将第711条解释为是对该条规定的亲属减轻了其精神损害的证明责任的规定,认为应该根据受害人与这些亲属之间的具体情况,承认其基于第709条、第710条的抚慰金请求。例如,最高裁判所对死亡了的受害人的妹妹,考虑到其为有明显跛行的残疾人,与受害人同居,在其庇护下生活,将来也期待着继续受到庇护等情况,类推适用《民法》第711条的规定,认定了该抚慰金的请求(最高裁判所1974年12月17日判决,载《最高裁判所民事判例集》第28卷第10号第2040页)。

---

⑧ 难波让治:"关于遗属的赔偿请求权规定有无必要明确化?",载椿寿夫等编:《法律时报增刊·思考民法的改正》,日本评论社2008年版,第349页。

（四）其他

此外，对形式上是有限公司，但实质上是受害人个人营业，离开了受害人的公司的存续是无法想象的这样一种情况的场合，判例认定侵权行为与公司的逸失利益之间的因果关系，承认了公司的损害赔偿请求权（最高裁判所1968年11月15日判决，载《最高裁判所民事判例集》第22卷第12号第2614页）。

四、请求权的发生时期

损害赔偿请求权发生的时期，原则上是损害现实地发生之时。作为例外，如果严格地解释，即使只是在损害的发生及损害额的预测阶段，也有能够认可损害赔偿请求的场合。以下说明的是一些诉讼中的主要系争事件。

（一）所有权的归属受到侵害的场合

对无权利者将他人的物品随便地转卖给第三者的场合，如果第三者基于即时取得已取得该物的所有权，那么权利人可以以标的物的价格为损害提起赔偿请求是没有问题的。第三者未取得所有权时，权利人享有标的物的返还请求权，所以发生是否能立即以标的物的价格请求赔偿的问题。曾经有过由受害人选择对第三者行使返还请求权，或者对转卖人行使损害赔偿请求权的判例（大审院1910年6月9日判决，载《大审院刑事判决录》第16辑第1125页），但现在，只要行使返还请求权是可能的，就可以否定损害赔偿请求权。[⑨]

（二）抵押权受到侵害的场合

例如，对山林设定了抵押权的人，采伐树木出售，使标的物的价值减少，从而使权利人没能得到清偿的场合，在这种情况下，受到了多少损害，在抵押权实行之前是不明确的。因此，也有主张以通过抵押权的实行损害额得到确定之时，为赔偿请求权发生的见解。但是，在那之前因抵押物的毁损无法接受清偿的损害额的计算并不是不可

⑨　远藤浩等：《民法（7）》（第4版），有斐阁1997年版，第240页。

能的,所以,只要是在抵押债权的清偿期以后,即使是抵押权实行之前赔偿请求权的行使也得到认可(大审院 1932 年 5 月 27 日判决,载《大审院民事判例集》第 11 卷第 1628 页)。

(三)有价证券受到侵害的场合

股票的名义被不法改写的场合,发生是否可以请求相当股票时价金额的损害赔偿的问题,在这种情况下,因为可以接受重新发行的股票,所以股东权并未丧失,除因无法行使股东权造成损害,或者未能接受到利益分红带来损害的情形之外,对此不能提起赔偿请求(大审院 1935 年 11 月 7 日判决,载《大审院民事判例集》第 14 卷第 1822 页)。但是,依据《商法》第 229 条的规定,[⑩]在使第三者即时取得股票的场合,可以认可相当于股票时价金额的赔偿请求。

所持有票据被不法剥夺的场合也同样,只要票据的返还请求是可能的,为恢复持有票据所需费用另说,相当于票据金额的赔偿请求不得允许(最高裁判所 1959 年 6 月 11 日判决,载《最高裁判所民事判例集》第 13 卷第 6 号第 683 页)。依据《票据法》第 16 条第 2 款、第 77 条第 1 款等的规定,在通过善意取得的票据归于第三者手中的场合,在票据被不法持有人丢失的场合,或者在票据被侵夺期间债务人完全丧失了支付能力的场合,可以说发生了相当于票据金额的损害,所以,可以请求该赔偿。

(四)连续性侵权行为的场合

随便地住进他人的土地这样的不法占据的场合,直至占据停止连续地侵害所有权。所有人因土地利用受到妨害遭受损害的赔偿请求权,由于占据在继续,所以构成是否涉及能够预料的将来发生的损害的问题。通说、判例均解释为损害在占据继续的日子里不断发生,时效就各个损害赔偿请求权单个地进行(大审院联合部 1940 年 12 月 14 日判决,载《大审院民事判例集》第 19 卷第 2325 页)。

只要把现在所发生损害的填补作为原则,就不得不像上述那样

---

⑩ 现行商法本条已修改为"股票准用《支票法》第 21 条的规定"。

考虑,虽然按月份、年份总合起来请求也是可能的,但不能否定的是,日常所发生损害必须届时请求这是一种不合适的情况。因此,出现了在遭受公害造成的连续性侵害,而停止侵害请求权的行使又未得到认可的场合下,为救济受害人,只要损害发生与损害额可以确定,对将来的损害也应该认可赔偿请求权的见解,并且,也出现了承认这种见解的判决(大阪高等裁判所1975年11月27日判决,载《判例时报》第797号第39页)。例如,在对不法占据者的腾空交出命令判决中,有很多同时命令赔偿至腾空交出期间的损害的例子。

第2节　损害赔偿的范围与金额的算定

一、损害金额算定的一般基准

侵权行为一经成立,加害人必须赔偿因加害行为发生的损害。但是,一个侵权行为所发生损害,有无限地扩展下去的可能性,所以就构成什么范围内的损害应该赔偿的问题。以生命受到侵害的场合为例加以考察,可以预想到发生以下一些损害,即除不能得到如果受害人生存着就能够得到的收入(应得利益)以外,还要支付尸体搬运费用、殡葬仪式费用,并且,为对加害人提起损害赔偿的诉讼支付的律师费用等。还有,对亲属受到的精神痛苦的抚慰金请求。以上这些损害,加害人是否都必须予以赔偿?关于这一点,一般解释为加害人不是对所有的损害负赔偿责任,而是只赔偿被认定为与加害行为之间有相当因果关系的损害即可。

处于相当因果关系上的损害的范围被确定之后,进一步的问题是如何将该损害评价为金钱。例如,因死亡丧失的应得利益以什么样的方法算定,还有,非财产的精神损害怎样评价为金额的问题。再有,在物灭失场合的问题是,物灭失后,发生价格高涨或下跌的情况时,存在以何时为基准算定由物的灭失造成的损害额的问题。即损害赔偿额算定的基准时的问题。首先,关于决定损害赔偿范围的相当因果关系的问题,已在第2编第7章第4节中作了探讨;其次,关于损害赔偿额的算定基准时的问题,以及对损害进行金钱评价中的各种理论问题及其发展状况,留待以下第16章的有关部分中作详细探讨,这里仅就损害的类别及损害算定的基本方法作一概括介绍。

二、损害的类别

对损害作大致区别,有财产损害与非财产损害(以精神损害为中心),财产损害包含积极损害(现实损害)与消极损害(应得利益的丧失)两者。各自的损害算定方法也不同。以下,首先分为财产损害与非财产损害,对前者,进一步地按照损害发生的原因(侵害)的样态进行区别,针对其存在特殊问题的场合,对损害额的算定方法加以说明。

三、财产损害的算定

(一)所有物的灭失、毁损

1. 物灭失的场合,原则上以灭失时的交换价格为损害额。在通过伪造文书等不法方法的移转登记的场合,虽然受害人已不是名义人,但所有权并未丧失,所以只要能够行使恢复请求权,就不能请求标的不动产价格的损害赔偿(大审院1926年5月28日判决,载《大审院民事判例集》第5卷第587页)。当然,为恢复利用所需费用,从因利用受到妨害直至恢复利用之间的损害,属于可以请求损害赔偿的范围。股票的名义被不法改写时也可作同样考虑。在不法采伐山林树木的场合,受害人把树木养育到适当的采伐期,以届时采伐这样一种通常的山林经营方法管理山林的情况是预见可能时,可以以适当的采伐期的价格算定损害额(最高裁判所1964年6月23日判决,载《最高裁判所民事判例集》第18卷第5号第842页)。适当的采伐期的价格是应得利益,所以从树木价格中减去到那时所需要的管理费用,再扣除中间利息算定损害额。

2. 在物受到毁损的场合,其修缮费构成通常的所发生损害额;不能修缮时,以减少了的价格算定损害额。

(二)租借权的侵害

在租借的土地被无权源(title 权利根据)地不法占据的场合,租借人因使用受到妨害所蒙受的损害,为与租金相当的金额(大审院 1932 年 7 月 7 日判决,载《大审院民事判例集》第 11 卷第 1498 页)。

(三)抵押权的侵害参照本章第 1 节四、(二)

(四)律师费用⑪

日本法律实务中,基于侵权的损害赔偿请求案件,特别是人身损害赔偿请求案件,加害人向受害人支付的损害赔偿额中均包含律师费用。但并非实际上支出的律师费用,一般的额度是法院所认定各种损害额总和的 10% 左右。这样加害人向受害人支付的赔偿额就是被认定的受害人各项损害相加的总额再加上约相当于该总额 10% 的律师费。并且,判例还指出,"与侵权行为处于相当因果关系上的律师费用损害,虽然是在受害人委托律师进行诉讼,并且只有胜诉的场合才被承认的,但在与其余费用项目的损害因同一侵权行为的身体障碍等基于同一利益侵害发生的场合,应当说构成的是一个损害赔偿债务,因此,对律师费用,解释为侵权行为的加害人应负担的损害赔偿债务也在该侵权行为时发生,并陷于迟延是相当的"(最高裁判所第三小法庭 1983 年 9 月 6 日判决,载《最高裁判所民事判例集》第 37 卷第 7 号第 901 页)。关于律师费用负担问题的处理,通过对过去判例的整理,可以看到如下一些见解。

---

⑪　这里考察的是侵权行为损害赔偿请求案件中的律师费用负担问题。关于整体上律师费用负担的发展动向,日本的司法改革正在探讨律师报酬的败诉方负担问题,由于与诉讼当事人双方的利益密切相关,并且涉及司法制度许多方面的问题,各种意见的争论非常激烈,恐怕不容易很快得出一致的意见。另外,2004 年 4 月 1 日起日本废止了法律实务中,律师费用由各律师会制定《报酬规定》,规定作为标准的报酬额的做法,原则上是可以在各律师与委托人之间自由地决定报酬额。但同时,日本律师联合会公布了《关于律师报酬的规程》(2004 年 2 月 26 日会规第 68 号),自 2004 年 4 月 1 日起施行,其中规定了有关律师报酬的基准、预算、契约书的制作及信息的提供等各事项。日本司法改革中的这些对律师报酬应然状态的探讨和对律师报酬规定的变更与法院判决处于平行线上,并不对法院命侵权行为的加害人向受害人支付的损害赔偿额中包含律师费用的现行做法构成障碍。

1. 为对抗对方当事人的不当诉讼、不当告诉、不当临时扣押而支付了律师费用时,这些场合作为相当于独立的侵权行为认定赔偿请求(大审院1900年5月31日判决,载《大审院刑事判决录》第6辑第5卷第84页)。与此相对,在为救济已经存在的侵权行为,对不当抗争提起诉讼或者告诉而支付了费用的场合,通常解释为该侵权行为具有强度的违法性时认可请求,不是这种场合则予以否定。

2. 现在,正如在交通事故和公害事件中所看到那样,在谋求对这些事故的救济而提起的诉讼当中,作为与被提起诉讼的侵权行为处于相当因果关系上的损害,律师费用的赔偿一般地均得到承认。学说认为,因为诉讼已经专门化、技术化,所以在为保护自己的权利,不得不提起诉讼的场合,如果不委托律师就无法顺利地进行诉讼活动。依据同样见解的判例,有最高裁判所1969年2月27日判决(《最高裁判所民事判例集》第23卷第2号第441页)。

3. 可以请求的律师费用,并非实际上所支付的金额,而是相当于作为对该事件处理的报酬及手续费的金额。并且,即使现实上未支付,只要发生了支付债务,就可以请求赔偿(大审院1941年9月30日判决,载《大审院民事判例集》第20卷第1243页)。

(五)生命侵害

1. 因生命侵害本人产生的财产损害,构成承认本人(被继承人)发生的损害赔偿请求权由继承人所继承的问题。这是因为,如果否定继承性,则实施赔偿请求的人就已经不存在了。但是,即使否定继承性,如果要使遗属回复到没有侵权行为时的状态,在损害额的算定中,也要采用与如下论述的内容相类似的方法。

2. 在死者所发生损害中,中心的是如果生存就能够得到的收入的丧失。这种应得利益(逸失利益)的算定方法是,先在计算本人的平均寿命(在决定平均寿命时,一般可以利用厚生省制作的生命表)的基础之上计算死亡后的就职就劳可能年数,再乘上死亡当时的年收入,算出应得收入总额。从中减去受害人本人一人的生活费(大审院1928年3月10日判决,载《大审院民事判例集》第7卷第152

页),算出应得纯利益。因为这种纯利益是将来应该能够得到的利益,所以在一次性请求时就要扣除中间利息。

判例认为,应该从总收入额中减去的生活费,只是本人(受害人)一人的生活费,因此,可以只减去就职就劳可能期间内的部分(最高裁判所 1964 年 6 月 24 日判决,载《最高裁判所民事判例集》第 18 卷第 5 号第 874 页)。

扣除中间利息的方法中,有若干方式。法院现在采用的方式,有霍夫曼方式与莱布尼茨方式。在扣除中间利息额时,采用单利计算的是霍夫曼方式,采用复利计算的是莱布尼茨方式。后述的单式的霍夫曼方式曾被采用过(大审院 1926 年 1 月 26 日判决,载《大审院民事判例集》第 5 卷第 71 页),但那之后,为复式的霍夫曼方式、复式的莱布尼茨方式所替代。

根据霍夫曼方式,扣除中间利息的损害额为 X,纯利益为 A,就职就劳可能年数为 n,年利率为 r(民法上的利率为年 5 分),其计算关系可以用以下数式表示:

$$X = \frac{A}{1 + nr}$$

这是将纯利益 A 假定为 n 年后的就职就劳可能期间的最终时取得的利益,算出的从其金额扣除中间利息的现在的请求额(单式霍夫曼方式)。

但是,实际上,最终时不是取得纯利益总额,每月或每年能够取得该期间的收入,所以如果不是至少对每年的收入,分别地扣除中间利益是不合理的。从这种考虑加以计算,现在的请求额就要用下面的数式计算。以年间纯利益为 B。

$$X = \frac{B}{1 + 1r} + \frac{B}{1 + 2r} + \frac{B}{1 + nr}$$

这种修改了的霍夫曼方式称为复式霍夫曼方式。最高裁判所判决(1962 年 12 月 14 日,《最高裁判所民事判例集》第 16 卷第 12 号第 2368 页)采用此种方式。

对复式霍夫曼方式,存在着一些批判的见解,认为现在一般都以复利计算资本,在长期的就职就劳可能年数的场合下,以赔偿金为本金的年间利益就会超过年间逸失利益,从而给予了受害人过分的利益等。由于这种见解发挥的作用,又出现了采用莱布尼茨方式(复式。单式扣除额成为高额未被采用)的判决(最高裁判所 1978 年 10 月 20 日判决,载《最高裁判所民事判例集》第 32 卷第 7 号第 1500 页)该判决同时阐述道,前述最高裁判所 1962 年 12 月 14 日判决,不是判示必须依据复式霍夫曼方式计算方法的判决,所以与采用莱布尼茨方式并不相抵触。莱布尼茨方式的赔偿额算定方式以以下的数式表示:

$$X = \frac{B}{1 + 1r} + \frac{B}{(1 + r)^2} + \cdots + \frac{B}{(1 + r)^n}$$

以下将纯利益 1 年 100 万,就职就劳可能期间 40 年,利率年 5 分,以三种方式计算如下:

单式霍夫曼方式　$X = \frac{4000\text{万元}}{1 + 40 \times 0.05} = 1333\text{万}3333\text{元}$

复式霍夫曼方式　$X = \frac{100\text{万元}}{1 + 1 \times 0.05} + \frac{100\text{万元}}{1 + 2 \times 0.05} + \cdots\cdots + \frac{100\text{万元}}{1 + 40 \times 0.05} = 2164\text{万}2165\text{元}$

复式莱布尼茨方式　$X = \frac{100\text{万元}}{1 + 0.05} + \frac{100\text{万元}}{(1 + 0.05)2} + \cdots + \frac{100\text{万元}}{(1 + 0.05)40} = 1715\text{万}9086\text{元}$

以死亡当时的年间收入为基础算出逸失利益的方法,由于没有考虑那之后的工资提升,所以受到了强烈的批判,最高裁判所 1968 年 8 月 27 日判决(载《最高裁判所民事判例集》第 22 卷第 8 号第 1404 页)就是在考虑到工资提升问题上值得重视的判决。并且,该判决还论及了考虑到将来的物价上升应该加算金额的问题。还有,东京高等裁判所 1982 年 5 月 11 日判决(载《判例时报》第 1041 号第

40 页),在算定交通事故受害人遗属的抚慰金时,还预测交通事故后 10 年的物价上升率,并在算定中考虑了这一因素。[12]

3. 对有收入的死亡者,可以使用上述方法算定逸失利益,但对死亡的当时无收入的专门从事家务的家庭主妇、幼儿或无职业者的逸失利益的算定就存在问题。判例对专业家庭主妇,采用了推定其直至平均的不能劳动年龄,得到相当于女子雇佣劳动者的平均工资的财产上的收益的处理方法(最高裁判所 1974 年 7 月 19 日判决,载《最高裁判所民事判例集》第 28 卷第 5 号第 872 页)。关于无收入的少年受害人,判例认为,应该采用对受害人适当控制的算定方法(最高裁判所 1964 年 6 月 24 日判决,载《最高裁判所民事判例集》第 18 卷第 5 号第 874 页),具体的方法,是以男女分别的全年龄劳动者的平均工资为基准(最高裁判所 1986 年 11 月 4 日判决,载《判例时报》第 1216 号第 74 页;最高裁判所 1991 年 3 月 23 日判决,载《判例 TIMES》第 31 号第 109 页),或者以男女区别的初任职工资为基准(最高裁判所 1979 年 6 月 26 日判决,载《判例时报》第 933 号第 59 页)加以算定。这种见解与算定有收入者丧失的所得方法不同,是站在着眼于劳动能力的丧失来把握损害的立场上的见解。

4. 死者的应得利益的算定,只看算式好像很缜密,但关于构成其基础的就职就劳可能年数、生活费、收入等所有内容,经常带有暧昧性。因为并非事实确实是那样,而是以暧昧的盖然性为基础加以算定的。并且,如果以死亡当时的年收入为基础计算,那么贫富的差别就会原封不动地反映在损害额上,无法避免形成显著个人差别的情况。对于这种情况,学说批判道,那是把人考虑为生钱机械的思想表现,违反人的平等、个人尊严的精神。

基于对过去的算定方法的这种批判,近年来,出现了认为在赔偿额的算定上产生过分极端的个人差别不是理想的状况,主张在生命和身体遭受侵害的场合,应该停止采用对财产损害和非财产损害个

---

[12] 远藤浩等:《民法(7)》(第 4 版),有斐阁 1997 年版,第 250 页以下。

别计算的方法,而把所有的损害综合起来,一体化地判断适当的赔偿额的见解。这就是所谓损害赔偿定额化论,包括一律请求等学说,这种学说亦为一些判例所采用(详见第16章中的有关部分)。

5.在生命侵害的场合,除应得利益之外,对受伤后至死亡时的治疗费、殡葬仪式费用(大审院1911年4月4日判决,载《大审院刑事判决录》第17辑第569页;最高裁判所1968年10月3日判决,载《判例时报》第540号第38页),尸体搬运费(大审院1924年12月2日判决,载《大审院民事判例集》第3卷第522页),墓碑建设费(最高裁判所1969年2月28日判决,载《最高裁判所民事判例集》第23卷第2号第525页)等积极的财产损害的赔偿请求,在被认为是合理的额度的范围内亦均得到认可。

(六)身体障碍(残疾)

治疗费、住院时的照看费、治疗期间因停业丧失的应得利益的赔偿请求得到认可。因成为残疾人丧失的生存中的应得利益,依霍夫曼方式等算出(大审院1926年1月26日判决,载《大审院民事判例集》第5卷第71页)。

这种应得利益虽然一般是以与尚未受伤害时的场合相比较,以现实地减少了多少收入为基础加以计算的(最高裁判所1967年11月10日判决,载《最高裁判所民事判例集》第21卷第9号第2352页),但将受害本身视为劳动能力的丧失,劳动能力的丧失率乘以事故前的收入或劳动者的平均工资加以算定的见解也逐渐为判例所接受(例如,津地方裁判所四日市支部1972年7月24日判决,载《判例时报》第672号第30页;东京高等裁判所1975年3月31日判决,载《判例时报》第781号第76页)。

四、非财产损害的算定

(一)抚慰金请求权的性质

非财产损害虽然包括名誉、信用的毁损产生的无形损害,但中心是精神损害。关于针对精神损害的抚慰金的性质应该怎样理解,其金额应该怎样算定,有多种见解。

1. 民法基于填补受害人蒙受的损害这一原则,为精神损害的填补规定了抚慰金请求权。但是,虽然将精神痛苦、肉体痛苦评价为金额,但在性质上,并不会有一个算定的绝对基准。并且,对感觉不到对父母的生命侵害的痛苦的胎儿也承认其抚慰金请求权(大审院 1922 年 5 月 13 日判决,载《大审院民事判例集》第 15 卷第 861 页),对精神障碍者也应该认可请求。从这种情况出发,出现了强调抚慰金作为对加害人的私法上的制裁的作用,认为应该通过全社会性的判断来决定适当的制裁额的主张(制裁性抚慰金论)。但是,判例以损害赔偿制度的目的是填补损害为理由否定了这种主张(东京高等裁判所 1988 年 3 月 31 日判决,载《判例时报》第 1271 号第 3 页)。

2. 完全不承认抚慰金请求权的见解另说,把抚慰金看作私法上的制裁的见解,不符合损害的填补这一民法原则。但是,当算定抚慰金时,加害人的资产、职业、地位也作为应该加以斟酌的情况,所以,单以损害的填补这一原则加以说明也是困难的。并且,也找不出抚慰金算定的绝对基准来。因此,抽象地论述抚慰金的性质,不见得有什么意义。必须说,倒不如在弄清抚慰金请求权在现实中所发挥功能的基础上,算定妥当的金额是最理想的做法。

近年来,抚慰金在使僵硬的法律解决具备具体的妥当性上发挥着重要的作用,附加在财产损害的赔偿、恢复原状措施上从而发挥着调整性功能的事实得到承认,因此,认为应该探讨其算定方法,以使受害人能够请求的赔偿总额得以妥当地加以决定的见解变得有力起来。

有判决认为,认定赔偿总额虽然不能超过原告的请求总额,但这并不妨碍对抚慰金的算定,其金额超过当事人的主张(东京地方裁判所 1967 年 10 月 18 日判决,载《下级裁判所民事判例集》第 18 卷第 9 ~ 10 号第 1017 页),这种判决也是使抚慰金发挥调整功能的事例。关于这样处理的理论根据,可以举出判例的如下见解,即以同一事故发生的同一身体伤害为原因的财产上的损害和精神上的损害,原因事实及被侵害利益是共同的,所以其赔偿请求权是一个,把两者合在一起请求的场合诉讼物也仍然是一个(最高裁判所 1973 年 4 月 5 日判决,载《最高裁判所民事判例集》第 27 卷第 3 号第 419 页)。

(二)抚慰金请求权的发生

依据《民法》第 710 条的规定,除生命、身体、名誉受到侵害的场合之外,对财产权的侵害也可以认可抚慰金请求权。财产权侵害发生时,也有不少能够视为通过金钱赔偿,精神损害可以得到回复的场合。

对财产权受侵害的场合认定抚慰金请求的判例不多。有对祖上传下的财产被犯罪行为欺诈侵夺者(大审院 1910 年 6 月 7 日判决,载《大审院刑事判决录》第 16 辑第 1121 页),喜爱的宠物猫被未用绳子拴着的狗咬死者(东京地方裁判所 1961 年 2 月 1 日判决,载《下级裁判所民事判例集》第 12 卷第 2 号第 203 页)承认了抚慰金请求的判例。

(三)抚慰金额的算定

1. 从性质上看抚慰金的算定是困难的。为此,一般认为应该由法院考虑加害程度、当事人双方的资产、年龄、职业、社会地位等各种情况加以决定。其结局,就只能等待通过判例的积累形成按照侵害类型区分的基准。⑬

关于非财产损害,即使没有损害额的证明,法院也应该斟酌各种情况加以决定(大审院 1901 年 12 月 20 日判决,载《大审院刑事判决录》第 7 辑第 11 卷第 105 页)。并且,抚慰金额应该由法官的自由心

---

⑬ 通过判例的积累,在抚慰金赔偿的算定方面已经形成了按照侵害类型区分的基准,如日本律师联合会交通事故相谈中心编:《交通事故损害赔偿算定基准》(简称蓝本)、东京三律师会交通事故处理委员会编:《民事交通事故诉讼损害赔偿额算定基准》(简称红本)中均将抚慰金分为伤害、后遗症(残疾)、死亡这样三种主要类型,在此基础之上考虑相关的各种因素予以适当修正。这两种算定基准均根据最新的主要判例制定,经常(一两年一次)进行修订。此外,还有第一法规株式会社出版的《裁判中的金额算定事例集》(此事例集为活页加除形式,定期更换变更了的判例)也按照上述侵权行为的样态出示了各种算定基准。以上这些算定基准成为法官、律师以及当事人进行民事诉讼时的重要参考,在人身损害赔偿额的算定中发挥着重要的作用。

证、自由裁量决定，所以可以不必出示金额的认定根据（大审院 1910 年 4 月 5 日判决，载《大审院民事判决录》第 16 辑第 273 页；同 1914 年 6 月 10 日判决，载《大审院刑事判决录》第 20 辑第 1157 页）。

2. 在因生命侵害取得抚慰金请求权者，有父母、配偶、子女那样的多数人存在的场合，发生金额如何加以确定的问题。如果按照各自的抚慰金请求权是个别的权利处理，因为人数多，那么应该赔偿的总额当然也就增多。判例在采用个别的请求权见解这一前提之下，实际上是以考虑赔偿总额来决定各个抚慰金额的。学说也支持这种做法。

3. 如果认为抚慰金请求权应该是对僵硬化的财产损害的赔偿额算定具有调整功能的制度，那么当抚慰金算定时，就必须斟酌对财产损害给予了多少赔偿。因此，抚慰金请求与财产损害的赔偿请求以同一诉讼进行最为理想。为使这种理想的处理成为经常可能实现的现实，有必要对诉讼方法加以探讨。

在一个诉讼中只请求抚慰金，而在别的诉讼中请求财产损害是不适当的，因此出现了主张应该通过释明权的行使尽量避免这种情况，或者由同一事实发生的损害的赔偿请求，不区分财产损害与非财产损害，使之在一次诉讼中得到处理的见解。

以上介绍的仅是关于抚慰金的判例和学说的基本概况，关于判例和学说的发展，详见第 16 章第 3 节及第 1 节中的有关部分。

五、损害算定中的其他问题

（一）损益相抵

在算定因生命侵害造成的逸失利益的场合，要从如果生存着则能够得到的利益中扣除生存中所需要生活费。这是因为，一方面受到了损害，另一方面应该支出的费用支出也应予以扣除，在这种由同一个原因受到利益的场合下，将这种利益从损害额中扣除出去来算定赔偿额的做法就是损益相抵。虽然民法欠缺对损益相抵的规定，但可以解释为《民法》第 709 条的“损害”意味着损益相抵之后的损害。

被扣除的利益只限于被认定为与侵权行为有相当因果关系的部分。

生活费的扣除,在一次性赔偿的场合下,中间利息的扣除相当于损益相抵。但是,在算定幼儿的逸失利益时,对扣除达到可能的劳动年龄之前的养育费的做法,法院以养育费是父母支出的费用为理由不予以承认(最高裁判所 1978 年 10 月 20 日判决,载《最高裁判所民事判例集》第 32 卷第 7 号第 1500 页)。

生命保险金不具有损害填补的意义,所以不能扣除(最高裁判所 1964 年 9 月 25 日判决,载《最高裁判所民事判例集》第 18 卷第 7 号第 1528 页);依据《恩给法》[14]的恩给目的也不是损害填补,所以不能扣除。但是,在遗属将死亡的受害人如果生存就应该取得的恩给利益作为损害请求赔偿的场合,遗属在取得接受扶助金支给的权利的同时,在扶助金的限度内缩减其受恩给利益(最高裁判所 1966 年 4 月 7 日判决,载《最高裁判所民事判例集》第 20 卷第 4 号第 499 页)。

祭奠香火、慰问金也不得从损害额中扣除(大审院 1930 年 5 月 12 日判决,载《法律新闻》第 3127 号第 9 页)。反之,把祭奠香火的回赠加入损害也得不到认可。

在劳动灾害的场合,依据《劳动灾害补偿保险法》的保险给付得到执行时,在该限度内使用人得以免除民法上的赔偿责任(依据类推适用《劳动基准法》第 84 条第 2 款的规定。最高裁判所 1977 年 10 月 25 日判决,载《最高裁判所民事判例集》第 31 卷第 6 号第 836

---

⑭ 所谓《恩给法》,是指为保障曾为公务员者(其范围由法律规定,详见《恩给法》第 19 条)或其遗属的生活,在公务员关系消灭之后,支付给本人或其遗属的年金或者一次性补助金。由于 1958 年国家公务员法的全部修改和 1959 年的部分修改,恩给制度发生了重大的变革,恩给只支付给已经发生受给权者及接受适用准用恩给法的法令者,对包括恩给法上的公务员的全体常勤国家公务员,依据《国家公务员等共同救济组合法》支给长期给付(其内容包括退职救济年金、障碍救济年金、障碍一次性补助金、遗属救济年金等种类)。

页）。在因第三者的侵权行为发生劳动灾害时，以给付的金额为限度，政府可以代位受害人向第三者行使损害赔偿请求权（依据《劳动灾害补偿保险法》第 12 条之 4 的规定。作为同样的制度，还有《国家公务员共济法》第 48 条，《保健法》第 67 条等的规定）。

依据《商法》第 662 条的规定，在得到损害保险金给付的场合，因为是以损害填补为目的，所以以给付金额为限度，损害赔偿请求权转移至保险者。

关于逸失利益的赔偿，是否扣除税金，存在着以《所得税法》第 9 条第 1 款第 16 号关于损害赔偿金作非课税处理的规定为理由的非扣除说和扣除说的对立，但最高裁判所采用非扣除说（最高裁判所 1970 年 7 月 24 日判决，载《最高裁判所民事判例集》第 24 卷第 7 号第 1177 页）。

（二）迟延利息的发生时期

因侵权行为的损害赔偿债务，从侵权行为时起陷入迟滞（大审院 1910 年 10 月 20 日判决，载《大审院民事判决录》第 16 辑第 719 页；最高裁判所 1962 年 9 月 4 日判决，载《最高裁判所民事判例集》第 16 卷第 9 号第 1834 页）。但是，依侵权行为之后的高涨价格予以赔偿时，假定至该时标的物存在加以计算，所以，算定的基准时是迟延利息的发生时期。依据《民法》第 404 条的规定，迟延利息以年 5 分的法定利率计算。

（三）确定判决、示谈⑮之后的情势变更（change of circumstance）

1. 因受伤蒙受的损害赔偿额，通过确定判决、和解、调解或者示谈加以决定，当接受赔偿之后，在因发生了当时预想不到的后遗症，不得不进一步支出了治疗费的场合下，发生能否再次请求这一损害

⑮　所谓示谈，是一种通过裁判外的协商解决民事上的纠纷的方法或者由该结果产生的合意。示谈即使成立也与裁判上的和解不同，只具有作为民法的和解契约的效力，但却是解决纠纷的最基本的方法之一。据说日本的交通事故损害赔偿纠纷的处理 95% 以上都是通过保险公司代行示谈的方式，在保险公司与受害人方之间解决的（加藤一郎代表编集：《关于交通灾害的抑制与补偿的跨学科研究〔报告书〕》，行政出版社 1988 年版，第 109 页）。

的赔偿的问题。一旦结案的纠纷再次重复不应该得到认可,但如果总是那样,对受害人来说就会产生过分苛刻的结果。关于这一点,最高裁判所不断作出认可因后遗症造成的损害提起赔偿请求的判例。

2. 关于确定判决后的再请求。在因受伤的损害赔偿请求的判决确定后提起的,因后遗症需要治疗费的赔偿请求事件中,最高裁判所依据关于一部分请求的确定判决的既判力不涉及对债权的残留部分请求的理论,作出了肯定后诉中赔偿请求的判决(最高裁判所 1967 年 7 月 18 日,载《最高裁判所民事判例集》第 21 卷第 6 号第 1559 页)。对这一判决,有一种意见认为,不是根据请求一部分债权的理论,前诉的请求是一个全部请求;后诉中的请求,应该以是否针对前诉的口头辩论终结后发生的损害为问题。

自上述判决之后,对以母亲受伤为理由的抚慰金请求等的调解成立之后,由于母亲因受伤的原因死亡,子女提起基于生命侵害的抚慰金请求的事件,最高裁判所判决(1968 年 4 月 11 日判决,载《最高裁判所民事判例集》第 22 卷第 4 号第 862 页)认为,因受伤的抚慰金请求与因生命侵害的抚慰金请求,各自的受侵害利益是不同的。

3. 关于示谈成立后的请求。与交通事故相关的损害赔偿,很多场合是通过示谈解决的。示谈书中,通常都含有受害人对加害人的其余一切请求权均予放弃这样意思的条款。围绕着示谈后的后遗症损害赔偿请求,发生这一放弃请求权条款的效力问题。过去,下级法院构成了各种各样的理论,一直在努力试图认可受害人提出的请求,最高裁判所终于也作出了如下的判示,即在很难正确地把握全部损害的状况之下,过急地达成了以少额赔偿金予以满足的合意的场合下,应该解释为受害人放弃了的损害赔偿请求权,只是关于在示谈的当时预想得到的损害的请求权(最高裁判所 1968 年 3 月 15 日判决,载《最高裁判所民事判例集》第 22 卷第 3 号第 587 页)。

上述判决的案情如下,因机动车事故左前腕骨复杂性骨折住院的受害人受伤后不到 10 日的时候,就仅以机动车损害保险金使示谈得到成立,但那之后因为判明了是与预测相反的重伤,所以接受了劳动灾害保险给付。基于《劳动灾害保险法》第 20 条的规定,国家对加害人行使取得的损害赔偿请求权的事件,最高裁判所认可了该请求。

4. 还有相反的情况,在命令赔偿因机动车事故丧失的应得利益的判决确定之后,受害人却伤愈堂堂地开始营业了,最高裁判所在确认了这种情势变更的事实后,作出了认定基于这一判决的强制执行相当于权利滥用的判决(最高裁判所 1962 年 5 月 24 日判决,载《最高裁判所民事判例集》第 16 卷第 5 号第 1157 页)。

(四)禁止相抵

依据《民法》第 509 条的规定,侵权行为损害赔偿债务的债务人,对受害人不得以其享有的债权与之相抵。这一规定的宗旨,是使受害人所蒙受损害现实地得到回复。并且包含着防止受害人对加害人进行报复的意义。但是,根据契约进行相抵得到认可(大审院 1911 年 12 月 16 日判决,载《大审院民事判决录》第 18 辑第 1038 页)。反之,受害人却可以将损害赔偿债权作为自动债权[16]与对加害人所负担债务相抵(最高裁判所 1967 年 11 月 30 日判决,载《最高裁判所民事判例集》第 21 卷第 9 号第 2477 页)。

(五)转让性

1. 依据《民法》第 466 条的规定,财产损害的赔偿请求权与一般债权同样,其转让性得到认可。因此,作为受害人的债权人将其扣押也是可能的。

2. 关于抚慰金的请求权,否定其转让性的学说占支配地位。但也有学说认为尽管抚慰金请求权被解释为一种行使与否完全依受害人意思的一身专属权,但一旦作出意思表示,就转化为通常的债权,所以转让性应该得到认可。抚慰金请求权在通过债务名义和示谈,确定了具体金额时,对承认其转让性不存在异议。最高裁判所判决

---

[16] 同德国法中的 Aktivforderung。指在相抵的场合下,进行相抵方的债权人的债权。德国法中与此相对的 Passivforderung,日本法称受动债权,指在相抵的场合下,受到相抵方的债权人的债权。

(1973年10月6日,载《最高裁判所民事判例集》第37卷第8号第1041页)判示道,破产者的名誉毁损的抚慰金请求权,依该破产确定而归属于破产财团。

(六)损害赔偿者的代位

对因侵权行为被毁损或者去向不明的物,其全额得到赔偿时,对该物的权利转移至赔偿者。对侵权行为,虽然没有赔偿者代位的规定,但通说认为应该类推适用关于债务不履行的《民法》第422条(损害赔偿者的代位)的规定。

第 17 章　损　害　论

第 1 节　损害论的动向与现状

如上所述,在日本,依据《民法》第 722 条第 1 款的规定,作为侵权行为的效果,是将因加害行为发生的损害评价为金钱,实施由金钱作出的赔偿。因此,什么样的“损害”构成赔偿的对象,何时、如何将应当赔偿的损害作出金钱性评价,即“赔偿额的算定”如何进行,损害赔偿请求权的主体是谁,特别是在受害人因侵权行为死亡的场合下谁取得损害赔偿请求权等,这样的各种问题是作为损害论进行议论的。但是,在侵权行为法的领域内,现实地论述损害论问题,还是 20 世纪 50 年代末的事。围绕着交通事故、公害、药害等伴随着战后经济社会的发展而广泛出现的人身事故的救济,损害论受到了重视。就损害论而言,虽然财产权侵害的问题也很重要,但是怎样把握不具有交换价格的人的生命、身体的损害,怎样对其进行金钱评价,解决这一问题是一个极其困难的课题。

一、个别损害项目累计方式——差额说的损害赔偿额算定

迄今为止,关于“损害”概念,日本的学说在德国民法学的影响下,采用了“所谓损害,就是如果未出现加害原因所应有的利益状态与遭到加害之后的现在的利益状态之间的差”这样一种见解,一般认为这里采用的是所谓差额说。可以说判例也同样处于差额说的影响之下。

如前所述,为了以金钱表示利益状态的差,通常是把损害区分为财产损害和精神损害,再对前者作出积极损害和消极损害的区别,然后分别地算定损害额。再有,这里的所谓“财产损害”并不意味着作为侵权行为的对象,被侵害的权利和法益是财产权性的表现,而意味着被侵害的法益无论是财产权对象还是人格权对象,损害的性质均为作为被侵害的结果所发生的经济上的不利益。并且,在财产损害中,将所有物的毁灭和对身体伤害的治疗费等,现实地遭受的不利益叫作“积极损害”,把妨害所有物的利用和因身体伤害造成的得不到将来应得收入的场合等,这些因该侵权行为妨害了财产增加的不利益叫作“消极损害”。与此相对,所谓“精神损害”是指因侵权行为受害人感受到的精神上、肉体上的痛苦等。而且,《民法》第 710 条规定了即使只是财产权性的权利和法益受到侵害的场合,也可以提起精神性损害的赔偿请求。

在日本,尤其是伴随着交通事故诉讼的增加,使得这种将损害分类为各种各样的项目,把每个项目的损害额相加,以算定由某一侵权行为发生的全部损害额的方式得到完善。这就是被称为个别损害项目累计方式的损害赔偿额算定方式。例如,在交通事故中受害人受伤留下了后遗症的场合下,作为“积极损害”,被认定为伤害的治疗所必需(换句话说,是被认定为与事故有相当因果关系)的住院治疗费、照料费、住院杂费、去医院治疗费、去医院交通费等分别加以算定,并且,作为“消极损害”,住院和去医院看病期间的停业损害额、按照后遗症造成的劳动能力丧失程度预想将来收入的减少额,这些构成算定对象。再有,作为“精神损害”,对住院和去医院时肉体上、精神上所受痛苦的抚慰金额和对后遗症的抚慰金额也要加以算定。而且,在那之后,总计这些个别的损害项目,以算出因该交通事故造成的人身受害的赔偿(另外,有损益相抵事由和过失相抵事由时,从上述算出的额度中减掉相当的额度)。

上述日本的通过个别损害累计方式的损害算定,与德国的差额说主张有何种程度的不同,并不是很明确的。在日本,例如,构成积极损害的治疗费、住院费等各个项目被认为是由伤害引起的“损害”,一直认为受害人对于各个损害负有证明责任。并且,认为法院超过原告对每个损害项目所主张请求额认定损害额的做法,违反《民事诉讼法》第186条(构成对当事人未起诉事项的判决)的见解曾经是很强的。因此,是否允许法院将原告所主张关于逸失利益的赔偿额以抚慰金的形式表示,认定比原告主张的金额更高的抚慰金额度成为很大的问题。与此相对,德国的差额说是在把如果没有加害行为场合下的利益状态与加害后的现实利益状态相比较,将其差作为“损害”来把握的,这种见解,在把受害人财产上的差作为问题的意义上,是抽象地把握着损害的,并且,在未对各个被侵害法益和财产价值分别做细致区分的意义上,可以说采用的是统一的损害概念。但是,在德国的差额说中,即使损害概念本身是抽象的一般的,但在实际地计算利益状态的差时,也要对受害人的各个损害项目进行具体的调查,因此,实质上与日本的个别损害累计方式并没有很大的不同。只是将具体的、个别的不利益分别地作为“损害”来考虑和把不利益全体定义为“损害”,这种在计算损害的方法上是否把握个别不利益的不同。在诉讼上,若以“损害”为主要事实,采用前者的见解时,受害人就要对各个损害项目负主张、证明责任,并且,因为损害额要针对每个损害项目加以主张,所以不能超过原告针对各个项目所主张的额度(即使从全体来看没有超过原告所主张的总损害额度)。另一方面,采用后者的见解时,个别的不利益不过是间接事实,因此就不一定要服从辩论主义。一般认为,差额说,总的说就是把各个损害项目累计起来算出损害总额的方法,因此从逻辑上说个别损害项目也并不一定必须构成主要事实,但是,在日本主张个别损害项目为主要事实的差额说曾经是强有力的学说。对于这种有关人身损害的个别损害累计方式,不仅从二以下论述的哲学性、实体性问题上提出了批判,而且,从损害项目的证明责任、可否在损害项目之间转用请求额等诉讼问题上也提出了批判。

二、定额化说的提倡——西原理论及其影响

战前,侵权行为中的损害论,尤其是关于损害赔偿额的算定问题,几乎没有进行过应有的讨论。末弘严太郎、鸠山秀夫、我妻荣博士等战前著名的民法学者的教科书,关于侵权行为导致的损害额算定的记述也明显地非常少。侵权行为诉讼很少,因此,在判例的数量也很少的当时,对于损害赔偿理论,恐怕也没有什么太大的社会需要。

然而,进入20世纪60年代以后,由于交通事故诉讼数量的增多,致使围绕着人身事故提起了各种各样关于损害赔偿的问题,从而在有关人身损害的理论方面,使损害论取得了迅速的进步。其结果,使得从战前开始的差额说的个别损害累计方式的每个项目都显著地实现了精密化,为解决实务性问题的解释论也得到展开。例如,逸失利益的算定、特别是家庭主妇和幼儿的逸失利益、生活费的扣除、中间利息的扣除、过失相抵、好意同乘、损益相抵、抚慰金的算定等,关于具体的损害赔偿额算定积累了许多下级法院判例,从而使解释论能够探讨这些问题。

但是,另外,对关于人身损害的个别损害累计方式的根本性批判也在加强。西原道雄教授提倡的定额化说①所代表的对通说的批判就是例证。

西原教授的批判涉及很多方面,第一项是关于"损害"的把握方法本身的见解。西原教授主张,迄今为止的学说、判例,一直认为可以发现因死伤而实际发生的财产损害额和精神损害额,特别重视以逸失利益为中心的财产性损害,但是,实际上在人死伤的时候与物的灭失时同样意义上的损害额是不存在的,主张应该将死伤本身作为

① 西原教授的见解,详细可参照西原道雄:"幼儿的死亡、伤害与损害赔偿",载《判例时报》1964年第389期;"人身事故中损害赔偿额的法理",载《法学家杂志》1966年第339期;"新泻水俣病诉讼中的一律请求",载《判例时报》1971年第642期;"从定型化、定额化论看逸失利益的问题",载《交通法研究》1982年第10、11期合刊。

损害加以把握(死伤损害说)。即在人身损害当中,实际上是在对本来就不可能用金钱换算的人的生命、身体勉强地进行金钱评价,因此必须认识到,不可能发现赔偿额,而只能是创造出赔偿额,批判过去的以财产损害为中心算定损害赔偿额的方法把人看作生产利益的工具,认为这种态度违背人类平等与尊重个人的精神。作为这种思考的逻辑归结,西原教授提倡实现死伤损害赔偿额的定额化。

第二项批判,是针对迄今为止构成损害赔偿中心的逸失利益的算定的见解。逸失利益,也就是应得利益,通常,在死者的场合是从其年收入中扣除生活费等,在此基础上乘以就职就劳可能年数算出的(关于伤害,年收入乘以劳动能力丧失率,再乘以就职就劳可能年数或者劳动能力丧失期间),西原教授批判这种算定是以极其暧昧的盖然性为基础的极其不正确的。即使对于现在得到比较安定收入的工薪阶层来说,也不能确实地断言将来的收入,对自营业主等事业所得者预测将来的收入就更是困难的,再者,关于现在没有收入的主妇、幼儿等,作为赔偿额算定的基础,以何种程度的确实性举出何种程度的预想得到的收入合适,是一个极其微妙的问题。进一步地,差额说将通过上述方法得来的不确实的年收入乘以就职就劳可能年数,算出终身的逸失利益,而关于该死伤者在该期间内实际上的劳动可能的盖然性程度也是不明确的。因此,以这种只有不确定的盖然性的数字为基础算出的逸失利益,尽管采用了表面上精密的外形,但实质上不过是极其不正确的算定而已。并且,抚慰金比起财产损害的场合不确定要素更多,如果考虑到这是参照各种情况由法院通过自由心证决定的事项,那么,倒不如看作是因生命、身体的侵害产生的一个非财产损害,应该作一体性的损害赔偿额评价。并且,西原教授从算定基础的不确实性这一点出发,主张赔偿额的定额化。

西原教授的第三项主张,是提出了在将不具有交换价值的人的生命、身体作金钱评价时,为使其具有具体的妥当性,依加害人的有责性程度(故意、过失的程度),即责难性的大小划分赔偿额的差的建议。该建议指出,看起来通过加害人的责难可能性的程度划分赔偿额的差,与赔偿额的定额化好像有矛盾,其实不然,之所以这样说,就是因为比起在暗中依据归责性的差左右"损害额"的认定来,还是从正面承认依据归责性的差来增减基本额的做法妥当些。

西原教授关于对人身损害的定额化主张,在1964年的私法学会上提出之后引起了巨大的反响。虽然作为定额化论基础的人的平等、个人尊严这些理念本身当然没有反对者,但由于定额化缺乏具体的内容,使人感到只是对当时人身事故的损害算定方式的尖锐批判。但是,不久之后,淡路刚久教授举出了以下一些理由,指出西原教授提出的问题基本上是正确的,从而支持西原教授的学说。这些理由是:(1)本来应该是平等的对侵害人的生命、身体的赔偿额产生极端的个人之间的差,从法的理想来看不是理想的状况;(2)当事人最关心的事,是作为整体的赔偿额;(3)为简易迅速地处理人身事故赔偿问题,谋求定型化、类型化是切实有效的。从此以后,学说的大多数开始支持西原说的基本观点。[②]

但是,淡路教授并非全面地支持西原说。淡路教授认为,虽然人的价值本来就没有大小这一哲学理念指示了一种正确的方向,但在现实的资本制社会中,人所具有造钱机械的侧面是不可否定的,因此主张应该基本上继续维持个别算定主义,通过定型化论和类型化论,对其作大幅度的修正。

西原教授的理论也给予实务界以很大影响。由于西原教授的理论指出了过去的算定方法的问题,使理论从"实费主义"[③]的羁绊下解放出来,实务界也开始从整体上重新考虑损害赔偿法。但是,西原教授强调的作为非财产损害的死亡损害整体的定额化未能得到实现。可以说实务界是以西原理论为理由,为简易迅速地处理事件,推进了住院费和殡葬仪式费用等,按费用种类的定型化、定额化。但

② 淡路刚久教授的见解,详细可参照淡路刚久:"损害赔偿额的定型化、类型化",载《法学家杂志》1969年第413期,第120页等。

③ 一种与以算定基准进行损害额计算相对,主张必须是支付实际上的支出额本身的见解。盖类似于我国损害赔偿请求案件处理中,过去一些地方的以"发票"为准的做法。

是，关于逸失利益，直至现在采用的仍然是原封不动地把受害人收入的差反映到赔偿额上去的方法。

三、对西原理论的批判

但是，对于西原教授的主张，实务家认为人的生命的价值虽然没有上下，但人的作用是有上下的，所以对生命、身体的损害规定定额是有疑问的，从而反对定额化说，并且，认为虽然从事件的迅速处理的要求来看定额化是理想的，但完全平等的定额化反倒是不合理的，主张选择能够修正个别情况要素的定型化方向的见解。[④] 其中，时任法官的楠本安雄先生以如下的理由强烈反对定额化说。(1)关于过去的算定方式的不确实性的指摘，即使对幼儿的逸失利益是贴切的，把这用到有职业成年人的事件中加以一般化的做法也有脱离现实的跳跃，没有任何根据可以否定对能够证明的财产损害的赔偿；(2)合理的个人差别，例如，因受害人有无扶养人口，以及人数、年龄等所产生的个人之间的差别应该予以承认；(3)在过去的个别损害项目累积方式之下，某种程度损害额的预测是可能的，而在把一切都包括在非财产损害中，在该范围内决定适当额度的方式之下，预测是否就能变得容易起来值得怀疑，并且，现实地形成赔偿额的基准牌价也是困难的；(4)如果是轻过失和无过失责任的场合另说，在加害人有故意、过失的场合赔偿也以定额"一刀切"是不妥当的。此外，还有与纯粹的财产权侵害的赔偿无法以定额"一刀切"的情况之间的权衡问题。并且，楠本法官认为，内在于近代以来的损害赔偿法制度中的最基本原则，是"应该尽可能使受害人的利益回复到与没有事故或者加害原因时同样的价值状态"的规则，即使是表面上看起来类似的死伤事故，给受害人本人及遗属带来的影响也存在着很大的

---

④　法律实务界的见解，详细可参照详见仓田卓次："民事交通诉讼的课题"，载《民事交通诉讼的课题》，日本评论社 1970 年版，第 25 页以下；吉冈进："交通事故诉讼的课题"，载《实务民事诉讼讲座 3》第 6 页以下；楠本安雄："逸失利益的算定"，载《人身损害赔偿论》，日本评论社 1984 年版，第 81 页以下。

差别,对应受害人年龄、性别、职业、所得、家庭关系等方面的多样性,将那种个人的差反映在损害赔偿额上是正当的,楠本法官基于上述理由,对定额化持批判态度。

另外,在后来的学说中,与楠本法官同样立足于差额说的立场,否定定额化说的见解逐渐成为有力学说。例如,太田知行教授认为,⑤(1)因侵权行为的损害赔偿制度的主要目标在于让赔偿义务人填补赔偿请求权人发生的不利益(恢复原状),个别损害项目累积方式使算定对应上述不利益的损害额成为可能;(2)这种方式可以给法官以判断的准据,也可以给当事人以主张、证明上的指导,所以,损害额的算定虽然基于一定的算定规则是最理想的,但个别损害累积方式为对应现实地发生的不利益的损害额算定规则的形成提供了方便。并以过去的个别损害累积方式为前提,对算出将受害人所发生不利益恢复到原状的费用进行了论述。四宫和夫教授也认为,⑥人损的算定方法也必须包括受害人蒙受的不利益的所有方面,因此,对适合计算的财产损害,或多或少采取一些与物损的场合相类比的方法也是很自然的,从而认可了过去那种逸失利益的算定方法。并且,四宫教授认为,定额化有忽视人的能力、环境差异和受害样态的倾向,而且,构成定额化内容的生命、身体的"牌价"本身,只能是要么成为实际上包含个别项目的方式,要么由于依据笼统的基准而陷入不正确的境地。

四、一揽子请求、一律请求、包括请求

以交通事故诉讼中的损害赔偿问题为契机出现的定额化说,其基本构想的确给学界、实务界以重大影响,而在实务上只带来了一部分项目的定型化。但是,进入 20 世纪 70 年代以后,在公害、药害等

⑤ 太田知行教授的见解,详细可参照太田知行:"损害赔偿额的算定及损害概念",载《私法》(日本私法学会杂志)1981 年第 43 期,第 218 页以下。

⑥ 四宫和夫教授的见解,详细可参照四宫和夫:"论关于侵权行为中人身损害的见解的对立",载《现代私法学的课题与展望(上)》,有斐阁 1981 年版,第 129 页以下。

事件中，众多的受害人对加害企业和国家提起集团性诉讼，于是，定额化说所主张的人的价值平等的思想以所谓一律请求、一揽子请求，或者包括请求的形式再次得到强调。

新泻水俣病诉讼，成为这一主张的先驱。在该诉讼中，当初原告方面打算逸失利益一经计算出来就追加请求，姑且只请求了抚慰金，但受害人的大半是以家庭内劳动为主的农民、渔民，所以不仅收入不稳定，而且，家庭内患者劳动能力的丧失为其他的家庭劳动所掩盖，致使逸失利益算定的困难明显起来。因此，决定实施财产性、精神性损害总合起来（在财产性损害与精神性损害一揽子请求的意义上，取名为一揽子请求方式）的损害赔偿请求。

关于一揽子请求的根据，原告方面主张：(1)逸失利益方式根据所得的多寡作决定使得赔偿额产生极端的差异，不当地给本来应该是平等的人造成了差别；(2)全面地引用西原教授的理论，主张迄今为止依据损害项目累积方式的算定，是以极其暧昧的盖然性为基础的方法，不过是一种拟制；(3)在有多数的公害受害人参加的公害诉讼中，为迅速救济受害人，必须对证明方法等予以充分的考虑，对原告来说，个别项目的证明是极其困难的。并且，按照死者及患者的症状划分的等级（三段），分别地请求了一律的赔偿额（1000 万～500 万日元）。这种一律请求一定金额的请求方式称为一律请求。其根据，除与一揽子请求的场合同样主张人的平等及个别证明的困难之外，还指出了公害受害的同等性质（同一的加害原因、症状、受害人的生活状态的共同性）。但是，实行一律请求的动机，可以说是出于为了维持多数原告的团结，不希望在原告内部因收入的多少划分差别这样一种政策性考虑。

判决（新泻地方裁判所 1971 年 9 月 29 日，《判例时报》第 642 号第 96 页）虽然并未原封不动地认可原告方面的主张，但实质上是接受了该主张。即判决在阐述了原告的请求只限于抚慰金，对逸失利益，从辩论的全部宗旨来看，在已经明确了没有将来请求的意思的基础之上，作为抚慰金请求认定了原告的主张。并且，作为抚慰金的算定要素,除水俣病治愈的困难性、患者的症状、住院期间的长短之外,主张还应该参考斟酌“患者的年龄、就职可能年数、收入及生活状况等各种情况”,在抚慰金算定中考虑了逸失利益的要素。从逻辑上看,判决在维持了精神损害与财产损害的二分法的基础上,认为在对后者无请求意思时,可以在前者的算定中斟酌财产损害。但实质上,可以说是承认了一揽子请求所希望的不需要个别的损害证明,也可以在全部损害额的算定中考虑财产性损害要素的方向。

新泻水俣病诉讼中原告的主张,亦为那之后的熊本水俣病诉讼、各地的斯蒙诉讼、米糠油症诉讼中的原告方所主张。熊本水俣病诉讼中,原告方强调受到了基于企业引起的围绕整个环境的对人的破坏的“总体上的损害”,不是主张一揽子请求,而是为了表现原告包括性地受到的肉体上、经济上、生活上、家庭上、社会上、环境上的全部损害,主张“包括请求”的概念,这一概念亦为那以后的诉讼所使用。

对公害、药害诉讼中受害人方的包括请求,法院除将此作为抚慰金请求予以认定之外(熊本水俣病诉讼 = 雄本地方裁判所 1973 年 3 月 20 日判决,载《判例时报》第 696 号第 15 页;米糠油症诉讼 = 福冈地方裁判所小仓支部 1978 年 3 月 10 日判决,载《判例时报》第 881 号第 17 页。另外,本判决以对经济性的损害具体金额的算定是可能的为由驳回了一律请求的见解),指出“多项目的损害进行个别的证明是非常烦琐的,特别是涉及长期间的情况时事实上也是困难的。因此,在这种场合下,对把这些各种损害作为与对精神上的、肉体上的痛苦的抚慰金合并的包括性损害,主张一定损害额的请求,只要没有由于将来别的诉讼的提起等产生不适当情况的危险,也是应该得到允许的”,从正面承认了包括请求(福冈斯蒙诉讼 = 福冈地方裁判所 1978 年 11 月 14 日判决,载《判例时报》第 910 号第 33 页;广岛斯蒙诉讼 = 广岛地方裁判所 1979 年 2 月 22 日判决,载《判例时报》第 920 号第 19 页;大阪地方裁判所 1992 年 3 月 29 日判决,《判例时报》第 1383 号第 22 页等)。

一揽子请求和包括请求得以要求的理由是由于以下四种情况构成的：(1)公害、药害那样的在长期原因不明的状态下罹患疾病，收入逐渐减少，或者在支出了治疗费的场合，就各个财产损害进行具体证明是不可能的或者是困难的；(2)多数的原告提起集团诉讼的场合，如果让各个原告进行个别损害的证明，诉讼就会被迟延；(3)在迄今为止的个别损害项目累积方式中未得到过认可的功能恢复费用等，在算定损害时有必要加以考虑；(4)公害、药害的受害，不仅受害人的肉体，并且涉及家庭生活、社会生活，以及家庭全体成员，所以以过去的损害概念是把握不了的。⑦

学说对包括请求大体上是持欢迎态度的，其根据可以说主要是出于以下两个理由，即一个是个别证明的困难性这一诉讼程序上的理由，另一个是为回复丧失了的生活本身奠定基础的损害概念的新构成这一实体法上的理由。但是，关于第二个理由，也有学者一方面在依然坚持差额说见解的同时(因此一方面采用个别损害项目累积方式)，另一方面，认为依据“使受害人回复原状的必要费用”的赔偿这样一种见解，使认定范围比过去广泛的赔偿成为可能，所以，这种见解至少在法律技术上(哲学性的理念另说)，是承认存在只要不使用包括请求的概念就不能达到目的的情况的。应该说，包括请求在法律技术上的意义，就在于可以不进行各个损害项目的具体证明，而通过包括性损害这一概念，就能使对财产性不利益的赔偿得到认定这一点上。特别重要的是，在集团诉讼中，即使一般的财产上的不利益不是不可能证明的，但为了不给一部分不能证明财产上的不利益

---

⑦ 在公害、药害诉讼中，学者发挥的作用是十分重要的，许多学者参加到诉讼中，支持受害人的请求，并发表了许多探讨赔偿请求方面的论文、专著。学者们的观点，详细可参照国井和郎：“损害论的新动向与斯蒙三判决”，载《判例 TIMES》第 376 期；吉村良一：“人身损害的理论状况与课题”，载《立命馆法学》1981 年第 155 期，第 3 页以下；牛山积：“包括请求的作用及其评价”，载《法律时报》1980 年第 9 期，第 17 页；泽井裕：“新泻水俣病判决的综合性研究”，载《法律时报》1973 年第 7 期，第 71 页；淡路刚久：“一律请求——损害赔偿的新方向”，载《法学家杂志》1971 年第 493 期，第 69 页；森岛昭夫：“斯蒙诉讼判决的综合性研究”，载《法学家杂志》1981 年第 750 期，第 137 页；淡路刚久：“损害论的新动向”，载《法学家杂志》1983 年第 785 期，第 111 页等著述。

的原告造成不利,免除所有原告对财产上的不利益进行主张、证明的负担,从而包括请求这一见解得到主张,法院(实际上把何种程度的财产损失作为损害计入了损害额另说)与此相应地在无原告的具体证明的情况下,作为赔偿的一部分认定了财产损害这一点上是重要的。⑧

五、今后的课题

包括请求方式,虽然是减轻原告就个别的损害项目的证明负担的方法,但并不是对原告蒙受的损害也不需要作任何主张、证明。因此,在包括请求中,就损害的内容,原告应该作何种主张、证明,应该在何种程度上主张、证明,对这一问题进行深入的探讨是今后的课题。这里,一方面,在交通事故等的损害赔偿诉讼中采用个别损害项目累积方式,另一方面,在公害、药害等诉讼中采用包括请求方式,在这样一种现状之下,应该考虑两者之间的关系问题。

关于这一点,大致存在着以下三种见解,一是选择两方式中的哪一种是原告(受害人)的自由的见解;二是在交通事故中当事人的立场具有相互互换性,而公害是由企业的营利活动带来的,在当事人的立场缺乏平等性、互换性的意义上两者的事故类型不同,因此损害的算定方式也可以有类型上的不同的见解;三是试图寻找两者关系的统一位置的见解。寻找两者关系的统一位置的见解,⑨提倡所谓"评价阶段说",即在受害人只主张受害的种类、程度的场合,法院应该作为"包括性抚慰金"给予建立受害人生活保障的水准上的赔偿。但同时,在受害人为缩小法官的裁量余地给予损害评价一定的范围,从而对构成损害评价基础的事实进行个别性主张、证明的场合,法官可以以此为基准进行损害评价。森岛教授认为,评价阶段说在立足于处于包括请求方式背后的,某个别损害项目的证明困难性问题这

---

⑧ 森岛昭夫:《侵权行为法讲义》,有斐阁 1987 年版,第 341 页以下。

⑨ 淡路刚久:"关于损害与损害的金钱性评价之一考察",载《交通事故赔偿的现状与课题》,行政出版社 1979 年版,第 72 页。

一点上是妥当的见解。包括请求的主张具有解决损害证明困难性的功能。可以说逸失利益等财产损害没有提到表面上来的情况，就是由集体诉讼的特殊性造成的。因此，一般来说，在证明损害困难的场合，应该不必算出定型的抚慰金、平均的逸失利益，不需要具体损害的证明，就可以认定损害额。届时，应该从平等的观点出发，尽可能地缩小男女工资额的差别和因学历等的差别，或者扩大抚慰金额以缩小绝对差。但是，从回复原状的角度来看，也不能无视对收入的损害赔偿。并且，在受害人能够具体地证明损害的场合，也应该认定对该损害项目的赔偿。在这个意义上说，这里采用的是评价阶段说。反之，对关于收入的损害，也可以承认加害人方就受害人的收入未达到平均水准的情况的证明。这从回复原状的角度来看也是不得已的事情。问题是，现在的赔偿额的算定并未考虑到工资增加和物价上涨等因素，赔偿额显著地受到限制离回复原状相差甚远。这一点必须予以纠正。[10]

最近的损害论的展开都是围绕着人身受害的，因此，这里的讨论对财产损害具有何种意义有必要进行研究。特别是，在水灾事件等中，出现了当涉及受害人生活整体的不利益等，在金钱评价上困难的财产损害的赔偿时，将其作为抚慰金算定的斟酌要素，援用人损中包括请求的见解的例子，这样就迫使学者必须对人损与物损之间的关系进行理论上的探讨。[11] 在当今社会，信息技术广泛普及，电子商务大量运用的情况下，对非法使用他人的所有物、知识产权侵害等权利侵害行为所产生损害怎样评价，如何进行“赔偿”也成为损害论不得不讨论的问题。[12]

---

⑩　森岛昭夫：《侵权行为法讲义》，有斐阁 1987 年版，第 343 页以下。

⑪　泽井裕：“灾害中的损害论”，载《法律时报》1978 年第 4 期，第 118 页以下等。

⑫　窪田充见：《侵权行为法》，有斐阁 2013 年版第 6 次印刷发行，第 20 页以下。为不影响问题探讨的连贯性，我们将对这种损害的讨论放在本章的最后。

第2节 因生命侵害发生的财产赔偿请求权

在损害论中,依被侵害利益是人身的还是财产权的不同,理论上以及实际上所探讨题的论点存在相当大的不同。即使关于金钱赔偿的原则(《民法》第722条第1款)、过失相抵(同条第2款)、损害赔偿请求权的消灭时效(第724条)等这样一些损害赔偿的一般性原则,人身损害和财产损害在具体地加以适用的情况也是不同的。例如,在人身损害之中,并不构成意味着完全回复原样的恢复原状问题,而与此相对,在财产损害之中则要论及它的可能性。另外,幼儿的过失相抵、受害人方的过失等问题,主要是围绕着人身损害发生的。关于将来显在化的损害其时效何时开始进行这样的问题,也是在人身损害的场合才会提起的。

因此,在损害论中,至少将因人身侵害引起的损害与因财产侵害引起的损害,按类型分开进行论述是适当的。在侵权行为损害论中,由生命侵害引起的损害赔偿问题占据着核心的位置,因此,有必要对其进行深入的探讨。首先,从损害赔偿请求权的继承问题(损害赔偿请求权人的问题)进行探讨。

一、民法起草者关于生命侵害的损害赔偿请求权的观点

关于由生命侵害引起的损害赔偿请求权,民法起草者是怎样理解的呢?让我们看一下围绕民法草案719条(现行《民法》第709条)、第731条(现行第710条)、第732条(现行第711条)的立法审议过程。

如前所述,民法起草者为限定赔偿责任的范围,以现行《民法》第709条作出了只应赔偿由“权利侵害”产生的损害的规定。对于这一作为侵权行为成立要件的“权利”,虽然作了较为宽缓的解释,但因对于生命、身体、自由、名誉等是否相当于“权利”可能会产生疑

问,所以在原案 731 条(现行第 710 条)中解释道,"看起来虽然像是赘文……但为避免于今后产生疑问,明确其范围是必要的,所以作了如此的列举"。而且,现行第 710 条关于身体的侵害(与财产权侵害的场合同样),之所以规定对于"财产以外的损害"也应该赔偿损害,就是因为旧民法规定,即便有对身体等的侵害,但只要没有财产上的损害也不承认赔偿,所以"不得不"作出这样的规定。并且,说明了之所以不仅对生命、身体、自由、名誉侵害的场合,而且对侵害了财产权的场合也承认财产以外的损害(抚慰金),就是因为仅仅赔偿金钱上的损害还不足以达到法律上的目的,"在进行了各种各样的评议之后,认为即使是侵害了财产权的场合,在有些情况下也是允许请求抚慰金为宜,所以后来把它加进去作了规定"。[13] 这样,现行第 710 条一方面,确认了身体、自由等属于现行第 709 条的"权利",与此同时,另一方面,又作出了当权利侵害发生时,不仅可以请求财产损害的赔偿而且也可以请求抚慰金的规定。

与此相对,原案 732 条(现行第 711 条)规定,虽然不属现行第 709 条要求的"权利侵害",但例外地对受害人的近亲属也承认其抚慰金请求。该条并不是预定的内容,而是为对应在现行第 709 条的审议过程中,围绕着"权利侵害"要件的必要性提出的疑问,匆忙追加修正而作出的规定。其过程如下:在审议第 709 条时,横田国臣委员的提案认为,子女被杀时对于惋惜悲叹的父母的悲痛应该承认损害赔偿请求,但父母并不享有让子女活下去的"权利",这哪里有承认只以权利侵害为要件的损害的余地呢?因此,应该不以权利侵害为要件,而仅以"损害"为要件。对这一意见,担心如果取消了"权利"侵害要件赔偿责任就会被过分地扩大的起草者,决定将例外地

⑬　关于民法起草过程中的争论、民法起草者的见解,原始资料详见法务大臣官房司法法制调查部监修:《日本近代立法资料丛书 5〈法典调查会:民法议事速记录五〉》,社团法人商事法务研究会 1984 年版,第 440 ~459 页。关于讨论过程许多专著均有分析归纳,但各评价并无很大差别,本书遵森岛昭夫教授(森岛昭夫:《侵权行为法讲义》,有斐阁 1987 年版,第 349 页以下)的叙述。

可以认可损害赔偿的场合另作规定,第 709 条的权利侵害要件仍然予以维持。起草委员穗积陈重博士对这一段的情况作了如下的叙述,“怎么也不能说父母对其子女享有让其生存的权利。还有配偶者,不能不说,夫让妻活着或者妻让夫活着这样的权利也是没有的。这样看来,是不能把本条规定的事项放到 719 条(即现行第 709 条)中去的。对于实际上会发生的这种情况,根据横田君提出的议案另作了规定。当事人感受侵权行为的结果时,在某种场合下,可能会有感受到比自己的身体财产等受到侵害大得多的痛苦的情况。因此,考虑到在这种场合下,法律所保护的对象当然要包括那些情况,从而构成了几乎是与提出的事项约定好了的规定。本案完全是例外的规定,正是由于有了本条,父母丧失子女才能够称为民法上的权利了”。

再有,关于能够行使抚慰金请求的近亲属的范围,起草者限定为死者的父母、配偶者、子女,那也是因为参照了其他立法例在承认近亲属的抚慰金时,对其范围做了严格的限制,只限于寡妇和子女等做法。

正如从以上叙述所看到的,现行《民法》第 710 条、第 711 条,是以《民法》第 709 条的把“权利”侵害作为要件为前提,既明确了“权利”的范围,又规定了在不能称之为权利侵害的场合下也认可损害赔偿的例外的条文。但是,在生命侵害的场合下,关于丧失生命的受害人自身的损害赔偿请求权,起草者是怎样考虑的这一点,从法典调查会的审议来看是不明确的。土方宁委员叙述道,“受害人本人是有权利的这一情况自不待言。因此死亡以后继承人可以依继承予以行使。这是不必等待以法律条文作出规定的”,认为死者本人的损害赔偿请求权是可以继承的,对这一见解,起草者当时未加任何评价。但是,曾为起草者之一的梅谦次郎博士在那之后阐述道,“人对自己的生命享有的权利是固有的,但在因他人的故意或过失丧失了生命的时候,受害人就不能以致死对加害人请求损害赔偿。而且继承人不是对被继承人的生命享有权利的人,所以也不能代替死者请求损害赔偿”，从而明确了在生命侵害的场合，损害赔偿请求权不能归属于死者，继承人也没有赔偿请求权的宗旨。不过，如前所述，已经考虑到了死者的配偶者等可以依据第 711 条请求固有的抚慰金，还有由死者扶养的遗属，作为自己接受扶养的“权利”受到侵害，可以依据第 709 条请求损害赔偿。

二、继承肯定说

与民法起草者否定因生命侵害发生的损害赔偿请求权的继承相对，后来的学说、判例对此加以肯定。这里，包含着因生命侵害发生的财产上的损害赔偿请求权的继承问题与抚慰金的请求权继承问题（见第 3 节的有关论述）两个论点。

关于财产上的损害赔偿请求权，末弘严太郎博士（旧说）认为，“本来生命权不外是身体权的一部分，因此侵害身体权达到足以使生命丧失的程度，就构成生命权的侵害，受害人自身立即发生赔偿请求权”，该赔偿请求权在受害人死亡的同时转移至继承人。鸠山秀夫博士也认为，“受到致命伤与生命停止权利主体消灭时之间理论上不会没有一些间隙，受害人因受到致命伤而取得损害赔偿请求权，继承人继承这一请求权”，两位博士均承认了请求权的继承。之后我妻荣博士（旧说）也承认了继承，但在逻辑上与上述构成对致命性伤害的损害赔偿请求权的继承（时间性间隔说）相对，认为被继承人与继承人是同一人格的继续，所以受害人本人即使丧失了权利主体的地位，也可以构成对生命侵害的损害赔偿请求权的继承（人格继承说）。于是，继承肯定说风靡学界。⑭ 并且，判例也受到学说的影响，在伤害的瞬间受害人发生损害赔偿请求权，因瞬间之后发生的死亡这一事实该请求权为继承人所继承的见解成为一种定论（大审院 1926 年 2 月 16 日判决，载《大审院民事判例集》第 5 卷第 150 页）。

学说和判例肯定对生命侵害的损害赔偿请求权的继承的实质上

---

⑭　森岛昭夫：《侵权行为法讲义》，有斐阁 1987 年版，第 352 页。

的根据,在于认为如果否定继承,就会发生一方面受到伤害的受害人在生存时其对身体侵害的财产上及精神上的损害赔偿得到承认,而另一方面,在比伤害更重的死亡的场合反倒不存在损害赔偿请求权这样一种显失均衡的状况,这一死亡与伤害的比较论(并且,存在着认为从加害人方面来看,反倒是杀了受害人赔偿金更少一些,而这是不正常的朴素的感情论)。但是,这些学说、判例也承认由受害人扶养的人以扶养利益(或权利)的侵害为由依据第709条自己所发生损害赔偿请求权,并且,一定范围内的遗属依据第711条固有的抚慰金请求权也得到承认,因此,即使否定继承,也并非因生命侵害发生的损害赔偿一切均被否定。不过,尽管如此,与死者丧失的将来的全部收益相比,被扶养者所丧失的利益额的评价是低的,而且,第711条规定的近亲属的范围受到限定,所以,认为如果否定继承生命侵害的赔偿额会低于重伤害的场合。

但是,继承肯定说自身也存在着重大的逻辑难点。即因生命受到侵害人丧失了权利主体性,这样从逻辑上说受害人就不能请求从死亡本身发生的损害,因此,这里就发生了该请求权不能继承的问题。于是,继承肯定说通过采用构成对致命性伤害时的赔偿请求权的继承的时间性间隔说、被继承人与继承人是同一人格的人格继续说等理论,试图在逻辑上加以说明。还有一种见解把生命侵害作为身体侵害的极限概念,认为虽然两者在概念上必须严格区别,但在算定损害赔偿额时,无限大的身体侵害产生的损害的程度与生命侵害产生的损害相比其差别是无限小的实际上可以忽略不计。但是,这种极限概念说仍然存在着对死亡本身的损害赔偿请求权的继承在逻辑上是不可能的问题。承认被继承人与继承人之间存在着某种人格上的继承的学说,一方面承认所有的个人在法律上的主体性(《民法》第1条之3),另一方面又在违背规定继承自死亡开始(《民法》第882条)的民法的体系。[15]

---

[15] 森岛昭夫:《侵权行为法讲义》,有斐阁1987年版,第341页。

三、继承否定说

对存有逻辑上的重大难点的继承肯定说，当初就有过强烈的批判。最初曾采用继承肯定说的末弘严太郎博士也指出"大体上试图承认不使用难度很高的技巧就无法说明的结果的做法，恰恰说明其本身存在错误"，批判了继承肯定说，回到了民法起草者梅博士的理论上，主张生命侵害之际应该解释为死者本人不取得损害赔偿请求权。并且认为，依据《民法》第 711 条父母、配偶、子女可以请求固有的抚慰金，而且，对财产损害，即使是上述以外的人，也可以依据第 709 条请求与生命侵害处于相当因果关系上的损害。例如，因扶养丧失发生的损害及治疗费、丧葬费等，受到损害的人可以直接向加害人请求。认为德国民法第 823 条第 1 款规定的遭受直接加害行为者与赔偿请求权者是同一人，但日本《民法》第 709 条并未规定权利受到侵害者自身必须是赔偿请求权人，所以应该解释为即使不是生命受到侵害的本人，只要是因生命侵害发生的损害（处于相当因果关系上的损害）均可以请求。另外，值得注意的是，末弘严太郎博士还对认为生命本身是有价物，从而承认对换价物请求赔偿的继承肯定说提出了其是否是健全的见解的疑问。⑯

末弘博士对继承肯定说的批判为戒能通孝博士所支持，但通说及判例仍采用继承肯定说。但是，那之后，损害赔偿额的定额化得到主张，以逸失利益为中心的人身损害赔偿，与批判把人看作制造收入的机械同样的物品是违反人类平等观念的学说的高涨相呼应，对继承肯定说的疑问也越来越深。逻辑上虽然损害赔偿定额化说与继承否定说并不结合在一起（可以说，主张对人的生命应该承认所有定额的损害赔偿额的见解，是着眼于死者的见解，因此更容易接近死者的损害赔偿请求权的继承的逻辑构成），但构成继承肯定说的根基

---

⑯　末弘严太郎："关于梅博士所说作为侵权行为的杀人"，载《民法杂记帐下卷》，日本评论社 1953 年版，第 147 页。转引自森岛昭夫：《侵权行为法讲义》，有斐阁 1987 年版，第 354 页。

的把生命看作有价物的观念,与构成定额化说的核心的平等的人类观是不相容的。星野英一教授指出,“承认逸失利益的赔偿请求权及其继承的见解,最终归结到把人看作所谓获取收益的工具,如果进行理论上的推演就只能得出这一结论。……当然,这并不是说关于这个问题采用判例那种见解的人,是当然采用人机械论的人,而是指这种见解只能从人机械论得到证明,理论上只能归结于此”。[17]

在那之后,好美清光教授发表了基于民法立法史、比较法研究的主张继承否定说的力作,为后来的学说发生所谓倒向继承否定说的雪崩现象奠定了理论基础。[18] 几乎与此同时,1967 年 11 月 1 日最高裁判所大法庭作出了承认抚慰金请求权当然继承的判决(《最高裁判所民事判例集》第 21 卷第 9 号第 2249 页),进一步提高了学界对因生命侵害发生的损害赔偿请求权的继承性问题的关心。除抚慰金请求权的一身专属性以外,这一问题与因生命侵害发生的损害赔偿请求权的继承性问题是完全一样的,在对上述最高裁判所大法庭关于抚慰金的判决的批判中,认为对财产损害请求权也应该否定继承性的见解是有力的。代表通说的肯定财产损害赔偿请求权的继承性的加藤一郎教授改变为采用继承性否定说,并且,作为实务家仓田卓次法官也批判了继承肯定说,学说的主流转移到继承否定说。[19]

继承肯定说在其逻辑构成上存在着难点,逻辑上无法动摇继承否定说的优越地位。但是,尽管如此,继承肯定说曾经得到学说上压倒多数的支持,判例直至今天仍然维持着继承肯定说,就是出于与伤害的场合之间的均衡论和赔偿额的高额化的要求这一实质性的考虑。

关于与负伤的均衡论见解,继承否定说认为,如果着眼于现实的利益状况,对负重伤一生都要受重大机能障碍的痛苦折磨但仍然要

---

⑰ 森岛昭夫:《侵权行为法讲义》,有斐阁 1987 年版,第 355 页。

⑱ 好美清光教授的见解,详细可参照好美清光:“论生命侵害的损害赔偿请求权及其继承性”,载《现代民商法学的诸问题》,千仓书房 1967 年版,第 675 页以下。

⑲ 森岛昭夫:《侵权行为法讲义》,有斐阁 1987 年版,第 356 页。

继续生活下去的人的赔偿,高于对丧失扶养的遗属的损害赔偿额也是当然的事情,从而否定形式上均衡的必要性。不仅如此,当着眼于遗属的生活的场合,不仅会有未因该生命侵害受到任何生活上的影响的人,只因为是继承人而继承死者的应得利益(法定继承人),并且,会出现子女的生命受到侵害时,由双亲继承如果受害人能够正常地生活下去本应没有继承机会的利益(因为双亲年长,平均余命短)那样的怪现象。

另外,有见解认为,在继承否定说中,构成对遗属的被扶养利益的侵害的赔偿,因此,如果那样本来就很低的生命侵害的损害赔偿额就会进一步地被降低。对于这种批判,继承否定说反驳到,毋宁说问题在于迄今为止的损害赔偿额以逸失利益为中心的做法,应该从尊重人的平等性的观点出发在总的损害中提高抚慰金额的比重。并且,在现在的算定方法之下,没有对将来的物价上涨和生活水准提高的考虑,对这些要素有必要给予充分的考虑。

采用否定死者的损害赔偿请求权的继承这一构成时,在承认作为遗属丧失从死者接受扶养,对扶养利益丧失享有损害赔偿请求权的场合,首先,发生谁可以成为损害赔偿请求权人的问题。

例如,像配偶和未成年子女那样的,是法律上的扶养请求权人的场合,依据“扶养请求权”受到侵害,可以请求损害赔偿是没有问题的。但是,内缘关系的妻子和事实上的养子应如何处理就是个问题。关于这一点,应该认为不能只拘泥于扶养请求权的状况,只要存在事实上的扶养关系即可。仓田法官提议,以“与受害人有经济上的同一体关系”(家庭生计共同体)作为请求权人的基准,而且认为,真正的请求权人与其认为是各个遗属,不如视为家庭生计共同体是更为妥当的见解。

其次,是因生命侵害丧失的“扶养”内容的问题。丈夫扶养妻和子女的场合,家庭生计上的支出毫无疑问构成扶养,但是,例如家庭生计有些富裕有了积蓄的场合该存款是否构成扶养的内容,还有,主妇在家庭内所作贡献是否扶养,将来的继承可能性是否构成扶养的内容等会产生出各种各样的问题来。因此,有认为应该回避使用扶养一词,从遗属的生活权侵害的观点出发以遗属本应存在的经济上的利益的丧失为赔偿对象的见解,还有认为无论是妻子还是子女,均应该把对家庭生计共同体的贡献的丧失作为扶养丧失来把握的见解。是否使用扶养一词另说,对现实地对家庭生计共同体的贡献的部分,或者预想到的将来贡献部分的丧失,承认家庭生计共同体成员提起的赔偿请求权是妥当的。

最后,以上讨论的都是对生命侵害本身的损害赔偿请求权的继承性问题,即使采用继承否定说的学者,对死者生存中发生的财产损害的请求权,例如,负伤住院的费用、住院中的误工损害等,与一般的债权同样,可以由继承人继承这一点上也不存在异议。[20]

第3节 因生命侵害发生的抚慰金请求权

对生命侵害的抚慰金请求权的继承性问题是日本侵权行为法中的一个特有的问题,但在对其进行讨论的过程中所探讨的各种理论问题却具有普遍意义。本节以此问题为中心进行探讨。正如在议论因生命侵害发生的财产损害赔偿请求权问题时已经论述过的那样,在生命侵害的场合,由于受害人丧失了生命而失去了得以请求损害赔偿的权利主体性,因此,就产生出这样的疑问,即从逻辑上说,由死亡产生的受害人自身的损害赔偿请求权不可能存在,这样,不是就不应该有受害人的继承人继承受害人对死亡的损害赔偿请求权吗?

关于这一点,除上述判例和通说使用人格继承说、时间性间隔说、极限概念说等说明上的技巧,认定对因生命侵害产生的财产损害的受害人自身的损害赔偿请求权,承认其继承性的做法外,与此相对,最近的有力学说主张对受害人遗属的保护,完全可以通过认定遗

⑳ 森岛昭夫:《侵权行为法讲义》,有斐阁1987年版,第356页以下。

属对自己的抚养和生活上的利益这样的固有损害赔偿请求权加以实现，没有必要犯死者享有损害赔偿请求权这种逻辑矛盾的错误。

受害人因死亡丧失得以请求损害赔偿的法律主体性的问题，无论损害是财产性的还是非财产性的，都共同地存在这一问题。但是，关于对非财产损害的赔偿和抚慰金，在此之上还存在着抚慰金的一身专属性这样一个更加复杂的问题，即使假设前边能否认可死者的损害赔偿请求权的问题得到肯定的回答（因此，对所有的有关对生命侵害损害赔偿请求权均可以承认其继承性），关于抚慰金，仍然可能以一身专属性为理由否定其继承性。

因此，在进入个别问题之前，首先简单地看一下围绕因生命侵害产生的抚慰金请求权出现的问题。

一、围绕抚慰金请求权的继承性的问题

第一，一般地，损害被区别为财产性损害和非财产性或精神性损害，后者是具有何种内容的损害，并且，是为何种目的对这种损害给予赔偿的，作为所谓一身专属性的前提问题，有必要首先看一下抚慰金与财产性损害之间有何不同。

第二，即使抚慰金请求权是与财产性损害赔偿请求权相区别的特殊的请求权，也必须探讨抚慰金请求权是否相当于《民法》第 896 条但书中所说一身专属权。抚慰金即使是抚慰受害人精神上、肉体上的痛苦的，也不见得就要依据《民法》第 896 条但书否定其继承性。

第三，在第二个问题中，假如以对生命侵害的抚慰金请求权的一身专属性为理由否定了继承性，就发生这样的疑问，即受害人受伤害尝尽了肉体上、精神上的痛苦之后，由于伤害或者其他原因受害人死亡的场合下，依据第 896 条但书其生存中对痛苦的抚慰金请求权不是也不能继承了吗？即抚慰金的一身专属性问题对于死者生前发生的抚慰金同样也发生问题。但是，在这种场合下，可能会有生前受害人表明了抚慰金请求的意思，或者已就抚慰金进行了示谈的情况，如

果有那种事实存在,是可以考虑抚慰金请求权转化为一般的金钱债权,从而具有继承性的。

第四,《民法》第711条在生命侵害的场合,给予受害人的父母、配偶、子女固有的抚慰金请求权,如果受害人本人的抚慰金请求权的继承性得到认可,那么,就会发生依据第711条得到承认的近亲属的抚慰金请求权与受害人本人的抚慰金请求权是否分别地予以认定,特别是,当第711条所定的近亲属是继承人的场合的重复关系的问题。另外,还有对于第711条未作规定者对亲密的人的死亡产生的悲伤、愤怒是否可以请求固有的抚慰金的问题。

二、抚慰金的内容与机能

《民法》第710条承认对"财产以外的损害"的赔偿请求,但民法起草者却没有对它包含着什么样的损害这一点作出积极的说明。只是论述道,"正当的人的感情、感觉是所有的人的生活上一个非常重要的部分,它必须得到正当的保护,因此,可以想象只限于财产上的损害是多么过分狭窄"。那之后的学说将"财产以外的损害"替换成无形损害、无法以金钱计算的损害、精神性损害等词语,但具体地包含何种损害却未必明确。今天,一般所说精神上、肉体上的痛苦与此相当,认为是"因侵权行为使主体者感觉到的痛苦、不快感那样的,作为人的精神的安定状态受到破坏"。

但是,正如第1节所述,法院在财产损害的证明困难的公害和药害诉讼中,把抚慰金包含在财产损害中算定赔偿额。对于抚慰金,因为本来是以用金钱进行计算困难的精神性损害为对象的,所以,其金额即使不出示具体的计算材料和算定根据,法官斟酌各种情况出示认为妥当的结论就足够了。另外,在对法人的名誉毁损事件中,最高裁判所(1964年1月28日判决,载《最高裁判所民事判例集》第18卷第1号第136页)指出,关于《民法》第710条规定的"财产以外的损害","不能理解为仅意味着精神上的痛苦,应该把它读作意味着所有的无形损害的概念",认为对于没有精神的法人,"斟酌侵害行为的程度、加害人、受害人的年龄资产及社会环境等各种情况”无形损害的金钱评价是可能的。值得注意的是，该判决不是人身侵害的例子，在对精神上的痛苦以外的无形损害的赔偿中也没有使用抚慰金一词，而是表示了“财产以外的损害”不限于精神上的痛苦这一立场。还有，对不具有接受了金钱的支付以使痛苦得到抚慰那种精神上的理解能力的婴幼儿和已经不具有感觉痛苦的感觉作用的植物状态的人，也不应该否定抚慰金。从这一点来看，关于财产以外损害的赔偿内容，也不应该仅限于针对精神上、肉体上痛苦的抚慰金。

这样，所谓抚慰金，现实上，不仅具有对精神上、肉体上的痛苦的抚慰的功能，而且承担着缓和对损害的具体证明的困难和提高损害赔偿总额等各种各样的功能，这些被称为抚慰金的补充性功能或调整性功能。

再有，迄今为止，学说一直以抚慰金的“本质”的形式，阐述在抚慰金算定时应斟酌的诸要素和抚慰金的作用、功能。具体地说，主张使抚慰金具有制裁金的作用，作为由受害人实施的一种私人性制裁，应该负担与加害行为的违法性相当的抚慰金的是制裁说。与此相对，主张损害填补是民事责任的作用，因此不应该超过受害人遭受的损害认定抚慰金的见解是所谓损害填补说。制裁说在日本是由戒能通孝博士提倡的，但在那之后没有继承这一见解的学说。不过，以大量发生的公害事件为契机，三岛宗彦教授从抑制企业的加害行为的观点出发，重新主张制裁说。虽然在那之后又出现了不少支持制裁说的见解，但学说的主流仍然是制裁应由刑事责任承担，民事责任应以损害填补为目的的见解。尽管如此，作为抚慰金算定的要素，通说也认为应该考虑加害人、受害人双方的社会地位、职业、资产，加害的动机、情节等各方面情况，在抚慰金算定时加害人的行为的情节被作为左右受害人的愤怒的强度和痛苦的大小的要素加以斟酌。并且，也承认从结果上说抚慰金具有制裁性功能。

抚慰金是否具有制裁性功能，这是一个与如何看待整个侵权行为制度的目的和功能相关的问题。这个问题，已经在第 1 编第 2 章

第2节中作了介绍。因此,以下专门考察一下围绕抚慰金的继承性问题在学说和实务上出现的各种见解及其展开。

三、大审院判例的见解——意思表明说

如前所述,民法起草者考虑的是,关于生命侵害,包含抚慰金的损害赔偿请求权不归属于死者。并且,在生命侵害的场合,依据第711条发生死者近亲属固有的抚慰金请求权。

在人身伤害损害赔偿诉讼事件的处理中,判例担心生命侵害的场合与伤害的场合产生赔偿额的不平衡,对生命侵害中的财产损害请求权承认其具有继承性(大审院1910年7月7日判决,载《大审院民事判决录》第16辑第525页),也承认抚慰金的继承性。但是,与财产性损害不同,对抚慰金,大审院强调抚慰金请求权的一身专属性,采用了只有在受害人有抚慰金请求的意思表明时才能继承的见解。例如,对因受伤遭受损害而提起请求抚慰金等的诉讼,受害人在二审判决后死亡的事件,大审院(1910年10月3日判决,《大审院民事判决录》第16辑第621页)判示道,受害人表示了对加害人请求抚慰金的意思时,抚慰金请求权构成作为一般金钱债权的继承对象。上述判例关于受害人生存中的受害的抚慰金请求权的继承性的见解,也被作为死亡事件中抚慰金请求的前提,对于受害人在铁道事故之后不足5小时死亡的事例,大审院表示,"因为(抚慰金)请求权与财产上的损害赔偿权不同,是受害人一身专属的权利,若其没有表示向对方请求的意思从而使该请求权构成以金钱支付为目的的债权时,继承人就不能通过继承而继承之",在该案中,作出了在受害人意识不明的状况下死亡时,抚慰金请求权不能继承的判断(大审院1913年10月20日《大审院民事判决录》第19辑第910页)。在采用这样的只要是受害人没有表示请求抚慰金的意思就不能继承的见解的场合下,对于受害人没有意思表示可能性的死亡本身的抚慰金,从逻辑上说就没有构成继承问题的余地(在这个意义上,不构成财产损害中死者的权利主体性问题)。从逻辑上说,只有对于引起死

亡的伤害才构成抚慰金的继承问题。

如果在任何情况下,(伤害的)抚慰金请求权的继承性都与受害人意思表明的有无相关,那么,就会发生受害人说什么样的话相当于上述所谓意思表明的问题。判例尽量宽泛地认定意思表明的存在,不仅明确表示对加害人请求抚慰金的场合,而且,对受害人叫着"遗憾、遗憾"而死去的场合(大审院1927年5月30日判决,载《法律新闻》第2702号第5页等),说"对方不对,明明有停车的时间可是他没停"的场合(大审院1937年8月6日判决,载《大审院判例集》第4辑第15号第10页)等都认定为表明了请求抚慰金的意思。但是,另一方面,也出现了认为只说了"救命"的情况,不构成对对方的抚慰金请求的下级审判决(东京控诉裁判所1933年5月26日,《法律新闻》第3568号第5页)。这样就发生了由于受害人在死亡前偶然地使用何种语言而产生不同结果的不正常现象,并且,与受害人在生前没有表明请求抚慰金意思余地的立即死亡,以及意识不明状态下死亡的事例之间也发生了不均衡。

四、学说对判例的批判——当然继承说与继承否定说

大审院判例强调抚慰金请求权的一身专属性,要求受害人有抚慰金请求的意思表明,似乎是基于以下这样一种考虑,即对受害人肉体上、精神上的痛苦,只有受害人自身有意思表明时才能知道其有无,并且,应该使是否提起赔偿请求与自身感受到痛苦的受害人的意思相关联。可是,以这种受害人的意思表明为要件的结果,就发生了前项所述的问题。

与此相对,学说虽然与判例同样,与财产性损害相并列地承认抚慰金的继承性,但主张的是,不要求受害人有对抚慰金请求的意思表明,而因受害人的死亡当然地得以继承。例如末弘博士认为,对非财产损害的赔偿也以金钱损害赔偿为原则,因此,作为金钱债权原则上有转让性,而且,赔偿请求权在损害发生的同时当然发生,并非要待受害人主张方才发生请求权(但是,末弘博士返回到起草者的立场

之后又采用了继承性否定说。这点已在前节说过)。我妻博士也强烈地批判判例,以日本民法中作为损害赔偿的要件,财产性损害与精神性损害是完全相同的(依据《民法》第710条的规定),损害赔偿的方法原则上是金钱赔偿,因此,对于精神损害也应该理解为发生与财产性损害同样内容的金钱损害赔偿请求权,不能理解为损害发生时一身专属,通过受害人表示行使请求权的意思才构成金钱请求权等理由,主张有精神利益的侵害就发生抚慰金请求权,只要受害人没有放弃权利等特别情况就应该可以继承。通说为了与伤害中的损害赔偿额取得均衡,以在生命侵害的损害赔偿请求权应该可以继承这一价值判断为前提的基础之上,试图克服判例理论的上述不适当见解。该说将抚慰金请求权与对财产损害的赔偿请求权作为同种请求权理解。并且,该说认为对生命侵害的抚慰金请求权因死亡当然得以继承,那么,从逻辑上看就必须克服关于财产损害继承上死者的权利主体性的困难问题。㉑

另外,与通说相反,出现了加藤一郎教授的强调抚慰金请求权的一身专属性,与受害人有无意思表明无关,依据《民法》第896条但书受害人的抚慰金请求权不具有继承性,而死者的近亲属应该依据第711条通过其固有的抚慰金请求权得到补救的见解。㉒ 进一步地,好美清光教授通过对《民法》第709条、第710条、第711条的起草过程的探讨,以及比较法上的介绍,判例、学说的分析等的大量研究,展开了生命侵害中,无论财产性损害、非财产性损害,其损害赔偿请求权均不归属于受害人本人,因此不能构成继承问题,关于抚慰金,应该通过第711条规定的遗属固有的抚慰金请求权谋求遗属的补救的解释论。㉓ 加藤说(旧说)与好美说虽然根据不同,但在均否定因死亡发生的抚慰金请求权的继承性这一点上是共同的。问题在

㉑ 森岛昭夫:《侵权行为法讲义》,有斐阁1987年版,第370页。

㉒ 加藤一郎:《侵权行为》,有斐阁1974年版,第259页以下。

㉓ 好美清光教授的见解,详见好美清光:"论生命侵害的损害赔偿请求权及其继承性",载《现代商法学的诸问题》,千仓书房1967年版,第675页以下。

于如何考虑构成继承肯定说的实质性根据的死亡与伤害场合的不均衡问题。继承否定说的回答是，的确，否定继承性，遗属只能依据第 711 条请求固有的抚慰金，因此，请求权人的范围缩小，而且，抚慰金额也有可能比对本人的低。但是，从实质上看，重要的是遗属的悲伤和其今后的生活，从遗属本位来考虑，受伤生存着的受害人本人的场合与对死者遗属的场合存在着的补偿额的不同也不应该看作不均衡，而且，对所有的继承人均承认其抚慰金请求权实际上就违反了第 711 条的立法政策。在学说中，这种继承否定说逐渐变得有力起来。

在这种学说与判例的意思表明说相对立，主张当然继承说，另外继承否定说又逐渐有力起来的状况下，一些下级法院判决也与各种学说的存在相应地，或采用当然继承说（例如，大阪高等法院 1960 年 1 月 20 日判决，载《判例时报》第 226 号第 34 页），或采用继承否定说（例如，东京地方裁判所 1967 年 3 月 27 日判决，载《判例时报》第 475 号第 18 页），表现出对判例理论的动摇，所以期待着最高法院对这一问题下达一定的判断。1967 年 11 月 1 日最高法院判决（《最高裁判所民事判例集》第 21 卷第 9 号第 224 页）对这种状况下了一个判断，采用了在那时是通说的当然继承说。

五、1967 年最高裁判所大法庭判决与学说

1967 年最高法院所作判决的事件，是一位被卡车撞成重伤的老人事故发生 12 天之后未作出请求抚慰金的意思表示死亡，老人无妻儿，姐妹以继承了老人的抚慰金请求权为由向卡车的保有人请求相当于继承份的金额的事件。一审、二审判决都依据大审院判决以受害人没有意思表示为理由驳回了继承人提起的请求。但是，最高法院大法庭认为，“关于损害赔偿请求权发生的时间，民法并未因该损害是财产上的，还是非财产上的而作不同的处理，抚慰金请求权发生的场合中受害法益是专属于该受害人一身的，但是，由侵害了这一法益发生的抚慰金请求权本身却与财产上的损害赔偿请求权同样，是单纯的金钱债权，没有解释为不能构成继承对象的法律上的依据”，

变更了判例,明确了依照通说采用当然继承说的态度。这一判决附有四位法官的少数意见,均强调抚慰金请求权是一身专属权,认为在受害人表示了请求抚慰金的意思的场合,在对义务人表示了明确的意思的场合,或者在加害人与受害人之间预定支付一定金额的抚慰金和以债务名义确定了抚慰金金额的场合下,才能转化为金钱债权成为继承的对象,反对当然继承说。不过,多数意见对死亡的抚慰金,是承认当然继承,还是以对造成死亡的伤害的抚慰金为前提,这一点也不明确。而如果是前者,则正如少数意见所指出那样,"为使死者以死亡为原因取得抚慰金请求权,就必须肯定使死者自身感受由死亡带来的痛苦,在死亡的那一瞬间,死者取得抚慰金请求权,即死前有死,死后又有生,这样一种奇异的逻辑"。从客观上讲,继承说确实存在着上述那种逻辑上的难点。㉔

这一最高法院判决遵从学说的见解批判过去判例的意思表明说,从而再一次唤起了学界关于抚慰金请求权继承性的争论,围绕着这一判决发表了许多判例批评,颇带讽刺意义的是几乎所有的评价都是批判判例的,以这一判例为契机,学说上出现了像雪崩一样倒向继承否定说的现象。依照否定继承性的根据的不同继承否定说可区别为两种见解。第一种见解,是好美教授多年来主张的死者对死亡的抚慰金请求权逻辑上不可能存在,因此不可能构成其继承问题的见解。加藤教授在对上述最高法院判决作出评释之后,也采用这种见解,今天的继承否定说几乎都采用这种见解。根据这种观点,从逻辑上说,不仅由死亡产生的抚慰金,而且对由死亡产生的财产性损害也否定其继承,关于这一点已如前述。与此相对,第二种见解,是以抚慰金的一身专属性为依据的。根据这种观点,抚慰金是以对受害人精神上痛苦的抚慰为目的的,因此,不能脱离受害人继承。以抚慰金的一身专属性为理由否定继承性时,产生在受害人负伤之后不久死亡的场合下,对受害人生前遭受的精神损害的抚慰金应该也可以

㉔ 森岛昭夫:《侵权行为法讲义》,有斐阁 1987 年版,第 372 页。

继承的问题。

六、对伤害的抚慰金请求权的继承与一身专属性

虽然可以以死者不具有能够请求赔偿的法律主体性和死者无法感受死亡本身的痛苦这一理由,否定对死亡本身的抚慰金请求权,但无法否定对受伤后死亡的受害人生前遭受的痛苦的抚慰金请求权的继承。因为受害人生前尚具有法律主体性,而且能够感受得到受伤的痛苦。关于对生存中所感受的痛苦的抚慰金请求权的继承问题,可以说是与如何考虑抚慰金请求权的所谓一身专属性这一点相关的。

强调抚慰金请求权的一身专属性的学说认为,抚慰金本来是以抚慰受害人蒙受的精神损害为目的的,因此与财产损害不同,应该是受抚慰的受害人感受到了损害而请求赔偿,并且,抚慰金支付给受害人本人才有意义。所以,如果受害人死亡就缺少了抚慰的目的,因而不仅对于死亡本身的抚慰金,而且对受害人生前的精神损害的抚慰金也与受害人一同消灭。但是,如果在现实上抚慰金得到支付已成为受害人财产的一部分,或经示谈和确定判决已明确了抚慰金额时,就可以作为金钱或通常的金钱债权构成继承的对象。另外,还有认为负伤后死亡前的抚慰金受害人的人格继承者处于受害人的地位可以行使抚慰金请求权的学说。

但是,如果回过头来考虑一下抚慰金的现实的内容、功能,就会发现抚慰金不单纯是精神损害,而且具有可以包含对算定困难的财产损害的赔偿等多样内容。再者,关于精神损害的抚慰功能,也不是各个受害人具体地感受到的痛苦能否现实地得到抚慰的问题,而是在该情况之下对于一般地、抽象地测定的精神损害的金钱评价的问题,抚慰金还担当着为提高赔偿额的调整功能。如果是这样,那么,脱离抚慰金的现实功能,就匆忙地下结论说,不是蒙受痛苦的本人行使请求权,并且将抚慰金支付给受害人本人就没有意义是不妥当的。在这个意义上,好美教授所作指摘是正确的,即“无论怎样搬弄一身

专属权这一抽象术语,也无法从那里逻辑地演绎出性质上具有准确意义的结论来。反之,只能以抚慰金请求权的目的、功能等为基础,对承认继承和不承认继承的具体妥当性等进行实质性的、综合性的考察来加以决定”。从这种观点出发,好美教授对伤害生前的抚慰金,除致命性伤害在社会观念上可以吸收到死亡中评价的场合,承认其当然继承。另外,川井教授认为抚慰金与逸失利益的严格区别是一种虚构,对抚慰金也好,对逸失利益也好,只承认遗属生活的恢复而否定继承,但受害人因受伤以外的原因死亡的场合下对因受伤产生的抚慰金请求权则应该承认其当然继承。以受伤为原因受害人死亡的场合,近亲属可以依据《民法》第711条请求固有的抚慰金,其他原因死亡的场合,近亲属得不到特别的补救,因此,森岛教授认为,作为实质上的解决川井说好一些,但生前的抚慰金请求权根据受害人的死因的不同,某种场合独立地成为继承的对象,其他场合则不能,就不太合适。㉕

七、近亲属的抚慰金请求权

《民法》第711条对生命侵害时受害人的父母、配偶、子女,作出了享有抚慰金请求权的规定。在否定死者抚慰金请求权的继承性的学说中,在否定死者的抚慰金请求权的同时承认遗属固有的抚慰金请求权。问题是第711条所定者以外的人能否请求抚慰金。如前所述,民法起草者考虑的是只有第711条所定者方可请求固有的抚慰金。但是,有学说认为,对于内缘关系的配偶和祖父母等准第711条所定者也应该可以类推适用本条。与此相对,还有以承认更广范围的人的固有抚慰金为目的,将第711条解释为本条规定的人是推定精神损害当然存在者(关于损害的举证责任的转换),本条未规定者

㉕ 这里学者们的观点,详见森岛昭夫:《侵权行为法讲义》,有斐阁1987年版,第375页;好美清光:“抚慰金请求权者的范围”,载《现代赔偿法讲座(7)》,日本评论社1974年版,第222页以下;川井健:“抚慰金请求权的继承”,载《法学家杂志》1973年第500期,第223页以下。

只要能够依据第 709 条、第 710 条证明精神损害的存在其固有的抚慰金就可以得到承认的学说。类推适用说也认为抚慰金请求者必须证明自己处于准第 711 条所规定者的立场，因此，在实质上与举证责任转换说没有很大不同，但类推适用的场合至少有父母、配偶、子女这一条文上的制约，从而使解释上受到限制。从第 711 条的立法宗旨来看，比起具有过宽危险性的举证责任转换说，恐怕类推适用说更为合适。另外，还有将第 711 条理解为受害人本人的抚慰金请求权由本条所定者代位行使的规定，实质上试图为本条所定者提供抚慰金继承的基础的解释，但从本条的文字来看做出这样的解释是困难的。

如果采用肯定抚慰金请求权的继承的学说，就会产生被继承的受害人本人的抚慰金与第 711 条规定的近亲属固有的抚慰金的关系问题。继承肯定说和判例解释为两者的被侵害利益不同因此其并存得到认可。如果是这样，就会产生配偶和子女取得双份抚慰金的问题。在裁判实务中，向受害人本人支付了抚慰金的场合，以遗属已经得到抚慰为理由，不承认已经继承了受害人本人的抚慰金者重复地依据第 711 条所做请求，并且，无论是两条线进行，还是一条线进行，总之相当于死者一人的金额并没有变化。但是，从道理上说，否定继承承认遗属的固有抚慰金请求更为明确。而且，考虑到遗属本位，抚慰金金额不应该是相当于死者一人的定额，而应该根据遗属的人数发生变化。

作为与第 711 条相关联的问题，有对于伤害近亲属是否可以请求固有的抚慰金的问题。判例（最高法院 1968 年 8 月 5 日判决，载《最高裁判所民事判例集》第 12 卷第 12 号第 1901 页；最高法院 1974 年 1 月 24 日判决，载《最高裁判所民事判例集》第 18 卷第 1 号第 121 页）在受害人的伤害与生命受到侵害的场合相近时承认父母的抚慰金请求。可以说对第 711 条作了扩张解释。在这种场合下，也与第 711 条的近亲属的范围的解释相同，在该条类推适用的限度内（与死相近的场合等）可以认可近亲属的抚慰金。看一下诉讼中近亲属请求抚慰金的例子,大多是父母、配偶等近亲属为看护受害人而使整个家庭生活受到影响的场合。在这种场合下,近亲属不仅是单纯的精神上的痛苦,财产上的损害也很大。在这样的例子中,应该把近亲属自身作为受害人来把握,承认其对此享有的损害赔偿请求权。

第4节 过失相抵

《民法》第722条第2款规定,“受害人有过失时,法院得(关于这里的‘得’,有学者,例如森岛教授认为,是不作过失相抵也可之义[26])对此加以斟酌确定损害赔偿额”。为谋求负有损害赔偿义务的加害人与受害人之间的具体的公平,受害人有过失时考虑这种过失,从受害人蒙受的损害额中减少一定的金额使加害人负担损害赔偿。这就是过失相抵制度。

那么,为什么受害人有过失时减少损害赔偿额是公平的,本条所谓受害人的“过失”与加害人的过失是否同样性质的概念,并且,受害人以外的第三者有过失时进行过失相抵是否公平等,这些问题是过失相抵制度必须探讨的问题。

一、民法起草者的见解

民法起草委员穗积陈重博士关于设置本条的理由,作了如下的说明,即在有权利侵害存在且其所发生损害额得到证明的场合,如果不作出这样的规定,就有可能依据第709条规定,被解释为应该赔偿现实发生的所有损害,而那样是不合适的,所以,法院在受害人有过失时可以斟酌过失决定赔偿额。但是,关于受害人有过失时使加害人赔偿发生的全部损害为什么“不合适”,可能由于认为这是当然的

---

[26] 这里所引为森岛昭夫教授授课时的语言。这种见解是通说的解释,判例也取此种态度。详见本节八过失相抵的效果。

道理所以未作专门的说明。

与此相对,同为起草委员的梅谦次郎博士却提出了应该删除此条的修正意见,其理由是,因受害人的过失发生的损害与加害人的过失之间没有因果关系,所以加害人不负责任是理所当然的,不必等待本条的规定。设置了本条反而会产生与损害发生无因果关系的受害人的过失被在赔偿额算定中加以斟酌的危险,因此应该删除。梅博士认为,知道了现实的损害中,哪些损害是因债权人的过失发生的,哪些是因债务人的过失发生的时,即使没有明文规定,本身作为对由自己的原因发生的结果负责的原则,债务人方只支付其中的一部分即可。如果能够证明全部损害是因债权人的过失发生的,不是因债务人的过失发生的,则无论有无本条规定都不能适用 719 条(现行《民法》第 709 条)。因此,如果仅为画蛇添足,尚可不反对。比如规定"损害的一部分因受害人的过失发生时,法院要对此加以斟酌确定其赔偿额",可以不反对。问题是,正如"得加以斟酌"的构成所表示那样,从文字上看与损害没有关系的过失仍然要适用该条规定……因为各人有过失所以本人当然都要负担其过失造成的那一部分损害,这才是回到了损害赔偿的原理……然而,草案作这样的规定就使人感到稍带刑罚的性质,债权人有过失时斟酌债务人方的赔偿额,这种做法是极其不当的。[27] 这一提案最终未被法典调查会采用的原因,并不是因为对将本条作为当事人的行为与损害之间的因果关系来把握的梅博士的见解本身存在反对意见,而是由于关于条文规定的方法,委员们的意见未取得一致,最终没有一个修正案得到通过。并且,在着眼于当事人的行为与损害之间的因果关系展开议论的梅博士的见解中,即使使用受害人的过失一词,也不过只是意味着受害人的"行为"而已,并非特别地将受害人有"过失"作为要件,这

㉗　关于审议过程,详见法务大臣官房司法法制调查部监修:《日本近代立法资料丛书 5〈法典调查会:民法议事速记录五〉》,社团法人商事法务研究会 1984 年版,第 428 页以下。

一点应该注意。[28]

如上所述,民法起草者并不像后来的学说那样,向对受害人过失的责难可能性寻求所谓过失相抵的根据,而是从因为由受害人的行为发生的损害与加害人的行为之间没有因果关系,所以加害人没有赔偿责任这一点上寻求过失相抵的根据。

二、受害人"过失"的斟酌

尽管民法起草者的见解如上,但由于第722条第2款规定的是"受害人有过失时",所以那之后的学说将本条解释为是关于因受害人的过失减少赔偿额的规定,并且,在当时德国法学的影响之下,法官将本条的宗旨解释为比较当事人双方的过失的轻重决定赔偿责任及其额度。并且,认为过失相抵的根据在于,不仅在受害人对损害的发生构成了单纯的客观原因的场合,而且,在由于受害人的故意或过失使损害发生或扩大的场合,从诚实信用原则来看损害不得转嫁给加害人,进一步地,要求在共同生活中不仅负有注意不要给他人造成损害的义务,而且负有尽相当的注意以使自己不要蒙受损害地进行生活的义务,从而把过失相抵作为违反那种法律上义务的效果。这样,就要向诚实信用原则和公平的理念去寻求过失相抵制度的根据,在这种认为受害人有社会责难可能性,或者有法律上的义务违反构成受害人应该忍受损害的根据的见解中,受害人的过失,从而作为犯过失的能力的责任能力就构成过失相抵的要件。也就是说,如果将过失相抵中的过失解释为与《民法》第709条的过失同样意义,那么为认定受害人的过失,就需要受害人具备责任能力(第712条),并且,过失相抵是作为受害人的所谓意思责任来把握的,所以,不应该承认因受害人本人以外的他人的过失缩减损害赔偿额,无责任能力人的监督义务人有过失的场合也不允许对无责任能力人实施过失相抵。但是,另一方面,受害的被用人有过失的场合,作为使用人责任

[28] 森岛昭夫:《侵权行为法讲义》,有斐阁1987年版,第382页。

的所谓返回,可以承认就被用人的过失对使用人进行过失相抵。

判例在一段时期内采用与上述学说同样的见解。例如,对机动车事故的发生,受害人的无视信号被认定时,是对损害发生的过失。负伤者放弃治疗成为残疾的场合(大审院 1901 年 4 月 5 日判决,载《大审院刑事判决录》第 7 辑 4 卷第 11 页),是对损害扩大的过失。

判例在 8 岁零 10 个月的儿童,没有注意车辆的往来,漫然地横穿道路的行为构成事故发生的原因之一的事件中,以该儿童为不具备足以辨识自己行为责任能力的人为由,否定了对第 722 条第 2 款的适用(最高裁判所 1956 年 7 月 20 日判决,载《最高裁判所民事判例集》第 10 卷第 8 号第 1079 页)。

但是,对这种将第 722 条第 2 款中受害人的"过失"与第 709 条责任成立要件的过失作同一视的做法,学说提出了批判,认为人并非一般地负有不侵害自己利益的义务,并且,过失相抵的功能不过是谋求减轻加害人应该负担的赔偿责任的规定,所以,只要能够对受害人认定某种不得不减少其赔偿额的应该受到责备的要素时,即使受害人没有积极过失也应该允许过失相抵。并且认为立法者极粗心地使用了过失一词,第 722 条第 2 款的"过失"应该考虑为"疏漏"或者"失手"这样的通俗意义上的过失。今天的通说,从灵活地运用过失相抵制度以谋求当事人之间的公平的损失分担的观点出发,努力更加宽缓地解释过失相抵的要件。即解释为第 722 条第 2 款的过失与作为侵权行为责任成立要件的注意义务违反在程度上是不同的,是"因不注意而助成了损害"这样一种意义。因此,如果第 722 条第 2 款中过失的程度与第 709 条中的过失的程度不同,那么对于构成过失前提的辨识能力,也就不必要像第 712 条规定的加害人的责任能力那样,要有关于作为行为的结果发生责任那样的认识能力,只要具有能够尽回避自己发生损害所必要的注意能力即可。

判例在后来的判决中改变了过去的见解,例如,最高裁判所大法庭 1964 年 6 月 24 日判决(《最高裁判所民事判例集》第 18 卷第 5 号第 854 页)判示道,过失相抵的问题与对侵权行为人的积极地使其负担损害赔偿责任的问题宗旨不同,不过是当决定因侵权行为的损害赔偿额时,从公平的角度出发,对受害人在损害的发生、扩大上的不注意应该如何斟酌的问题,所以,在斟酌未成年人受害人的过失(过失相抵)的场合,未成年人只要具备"足以辨识事理的智能"(事理辨识能力)即为充足。

最高裁判所在这一判决中,对没有很好地注意机动车,骑自行车带人通过十字路口的两名8岁多的儿童,认为日常在学校及家庭受到关于交通危险的充分的训诫,能够推定为有对交通危险的辨识能力者,对父母的抚慰金请求认定了过失相抵。

学说中还出现了主张连事理辨识能力都不必要的见解。以前的考虑建筑在这样一种根据之上,即因自己的不注意导致损害的发生、招致损害的扩大,反倒请求赔偿将其转嫁给对方是不公平的。事理辨识能力不要说,站在应该以有没有使加害人的责难可能性乃至违法性的程度减少的情况为问题的观点上,认为即使受害人缺乏事理辨识能力,当其表现为脱离被期待的行为样态时应该减轻加害人的责任。也有采用这一学说的判例,例如,对从停着的汽车背后突然跑出的儿童遭遇机动车事故的场合,法院认为驾驶人不负担应该预见有这样的人并防止事故的发生于未然的义务,驾驶人的过失可以否定(信赖原则。大阪高等裁判所1968年7月5日判决,载《判例时报》第530号第37页)。

大审院1918年5月29日判决(《大审院民事判决录》第24辑第935页),表示了加害人负无过失责任的场合受害人的过失也可以被斟酌的态度。该判决驳回了某电气公司以受害人有过失而对受害人的死亡不负责任的上告主张,该判决适用的是《民法》第717条,但在判决理由中,法院从上告公司"从事伴随着特别危险的营业者"应尽的注意义务的角度认定了其损害赔偿责任。在判决上诉(加害人)方败诉的同时,在损害赔偿额的算定上作了过失相抵。

三、加害人违法性的斟酌

只要采用过失相抵制度的根据在于对受害人的责难可能性的见解，即使不将受害人违反注意义务的过失作为过失相抵的要件，也必然地要求受害人有某种不注意和疏漏。但是，如果把过失相抵作为立足于损害的公平分配立场上为决定妥当的损害赔偿额的制度来理解，期待着该制度发挥缓和完全赔偿原则的缺陷的功能，就没有必要将赔偿的减额事由都局限于受害人的责难可能性。总之，过失相抵是对加害人作出“妥当的”金额的损害赔偿的调整性制度，所以，受害人的情况以外的要素也应该在决定妥当的赔偿额时加以考虑。

西原道雄教授主张过失相抵应该根据“加害人”的违法性和责难可能性来调整损害赔偿额。认为对第 722 条第 2 款的受害人的过失，不从文言上的“受害人”和“过失”来把握，而应该作为减少加害人方的责难可能性的一个标志来理解，因此，在从损害的公平分担的观点出发算定赔偿额时，对受害人以外的人的过失（只要可以减少加害人的责难可能性），也应该予以斟酌，并且，只要对受害人责难可能性并不必定构成要件，就没有必要要求受害人有责任能力。[29]

川井健教授也在分析了判例法的结果之后，主张过失相抵中受害人的心理状态并不重要，倒不如应该考虑为按照加害人的违法性程度划定损害赔偿的范围。认为判例、通说在进行过失相抵时不以受害人的责任能力为必要而以有事理辨识能力为充足，只不过是一种为宽泛地进行过失相抵所使用的方便的技术，而实际上构成的是加害人是否欠缺应对受害人的年龄及其行为的具体样态应取的应对方法的问题，因此，认为应该按照加害人的违法性程度减轻加害人的责任。并且，关于受害人方的过失这一逻辑，川井健教授也认为，从以受害人的责难可能性（不注意，因此事理辨识能力）的存在为前提

---

[29] 西原道雄教授的见解，详细可参照西原道雄：“生命侵害、伤害中的损害赔偿额”，载《私法》1965 年第 27 期，第 110 页以下；“幼儿的死亡、伤害与损害赔偿”，载《判例时报》1964 年第 389 期，第 7 页以下等。

的判例和通说的立场出发,受害人欠缺事理辨识能力的场合不能减少赔偿额,所以,只不过是要通过受害人方的过失这一操作来减轻加害人责任的一种拟制的逻辑,结论是,最终责任的程度是按照加害人的违法性程度加以决定。[30]

不从受害人的责难可能性这一侧面观察过失相抵,而是以加害人的责难可能性或违法性的侧面作为过失相抵的根据的上述见解,具有广泛地认可过失相抵,将加害人应该负担的损害赔偿额调整到一个妥当的赔偿额度的实践性意义,对此可以给予高度评价。但是,森岛教授认为按照加害人的违法性决定赔偿额的见解也存在着较大的问题。第一,不从加害人的处罚这一观点出发,而从受害人的损失填补这一观点出发,加害人满足《民法》第709条的要件的场合,受害人发生的损害应该同等地加以赔偿的现行民事责任的见解与上述见解是无法调和的。在现在的民事责任的见解中,不应该以加害人的过失和违法性大为理由使其负担超过现实的损害的额度。并且,一般地说,也不能以加害人的违法性小就特别地减少赔偿额。在这个意义上说,上述见解与今天民事责任中损害赔偿额算定的一般见解是不兼容的。第二,如果由加害人的违法性决定赔偿额,不仅受害人的情况,因第三者的行为和自然力等的竞合,加害人的行为并不具有很大的违法性的场合,对受害人的赔偿额也应该予以减少。如果不是这样,就要对为什么加害人的行为违法性低的场合也不能减少赔偿额的理由作特别的说明。这个问题包含着在复数原因竞合的场合下,被认定为由分别的原因产生的损失由谁怎样地负担这一个一般性的问题,但这个问题如果不探讨明白,只着眼于加害人负担的公平,按照加害人的违法性决定赔偿额,就会出现把现实地发生的损害的一部分推卸给受害人的结果。[31]

---

[30] 川井健教授的见解,详细可参照川井健:"过失相抵的本质",载《判例TIMES》1970年第240期,第10页以下等。

[31] 森岛昭夫:《侵权行为法讲义》,有斐阁1987年版,第389页。

四、对因果关系的作用程度的斟酌

从广泛运用过失相抵的观点出发，出现了在不要受害人的事理辨识能力等主观判断能力的基础之上，依据受害人对结果的发生所发挥作用减少赔偿额的见解。可以称之为以受害人对因果关系所发挥作用的程度（寄与度）为根据进行过失相抵的见解。这种见解认为，即使在发生的损害可以看作与加害人的行为大致处于相当因果关系的范围内的场合，对于该结果的发生，受害人也给予了原因力时，在该程度上缩小加害人的行为应该负担的本来的责任范围，因此，赔偿额被缩减。并且，不仅根据受害人对因果关系的作用程度减额，而且反之，在加害人有责难可能性时，也应该减算过失相抵额。[32]

有学者通过由法国判例法发展起来的"部分因果关系"理论[33]对过失相抵加以说明。所谓部分因果关系理论是这样一种见解，即认为损害的发生产生于一个原因的情况很少，一般地说是复数原因在因果关系上的竞合，在这种场合下，各加害原因并不一定具有等价的条件性因果关系上的影响力，而是以各自固有的因果关系上的影响力连接成一个整体的损害的，因此对全体损害只具有部分因果关系，对责任也只发生部分责任。

五、作为损害的金钱评价的程序之一的过失相抵

与上述见解不同，平井教授认为过失相抵只不过是对损害进行金钱评价的各种程序中的一种，是综合各种情况加以考虑的赔偿范围论的一部分。法院必须对侵权行为的结果所发生损害（例如生命侵害）进行金钱评价，过失相抵制度构成该金钱评价程序的一环。不过，与一般地对损害的金钱评价由原告进行证明相对，由于过失相抵由被告方负证明责任，给人一种过失相抵是从损害的金钱评价程

㉜ 森岛昭夫：《侵权行为法讲义》，有斐阁 1987 年版，第 389 页。

㉝ 详细可参照滨上泽雄："损害赔偿法中的'保证理论'与'部分性因果关系的理论'"，载《民商法杂志》1972 年第 66 卷第 4 期，第 544 页以下。

序中独立出来的程序的印象。并且,平井教授强调损害的金钱评价的裁量性、创造性的性格,所以在过失相抵中受害人的主观性情况也作为一种资料与各种情况综合地进行考虑以此进行金钱评价。㉞

六、森岛教授的见解

森岛教授认为,一方面,通说、判例作为过失相抵的要件不以受害人的过失为必要,作为其逻辑归结也不需要受害人有责任能力。并且进一步地还出现了不需要受害人的不注意和事理辨识能力的见解。因此,向受害人的责难可能性寻求过失相抵的根据是不妥当的。另一方面,同样地向加害人的责难可能性寻求过失相抵的根据也是有问题的。因此,森岛教授主张应该像民法起草者那样,作为因果关系的问题来把握过失相抵的根据。认为过失相抵如果与当事人的责难可能性无关把名称改为“赔偿额扣除”更为适当。问题是加害人的行为与受害人的行为都与损害之间存在事实性因果关系,原因竞合的场合。例如,走在机动车道上的行人被车撞了的场合。加害人、受害人的行为都与受害人的损害发生有“无彼即无此”的关系。在这种场合下,可以考虑按照受害人的行为对结果发生所发挥作用程度从加害人应该赔偿的额度中扣除。虽然也可以称这种情况为部分性因果关系,但事实上无论加害人的行为还是受害人的行为都是与损害全体保持着事实上的因果关系的,而并不具有可以就其中一部分进行分割的因果关系。加害人不管竞合的原因如何,本来就只对与自己的过失行为有事实性因果关系的损害的一定范围负赔偿责任。但有时,在受害人的行为也与损害之间存在事实性因果关系的场合,算定赔偿额时就要予以斟酌。斟酌的理由就是受害人的行为也对结果发生发挥了作用的场合,考虑到加害人、受害人之间的公平,受害人接受由加害人对全部损害所作赔偿,对加害人来说过于苛

㉞ 平井宜雄教授的见解,详细可参照平井宜雄:《损害赔偿法的理论》,东京大学出版会1971年版,第490页;平井宜雄:“过失相抵”,载《法学家杂志》1972年第500期,第167页以下等。

刻。但是,这里所说的“寄与度”(作用程度。下同)、“原因力”、“影响力”之类的词语也不过是比喻性的概念,不过是评价对损害发生的受害人的参与方法。评价的基准,是以受害人的行为对结果发生的客观影响的程度为中心的,有时也可能有包含受害人的主观样态的“寄与度”的场合。这是因为,在考虑加害人与受害人之间的公平时,可以说考虑加害人与受害人的主观样态是很自然的。进一步地,在多种原因竞合的场合,一般存在着比起事实上的原因来更着眼于人的意思性要素,把这作为主要的原因加以评价的倾向,因此,当进行“寄与度”和“影响力”的评价时当然不能无视受害人的主观样态。

这样,如果按照受害人对因果关系的“寄与度”扣除赔偿,那么就会发生以下的问题,即例如,为帮助他人不得已走到机动车道上不注意被机动车撞了的场合,赔偿额是否也应该扣除的问题。换言之,是否原因竞合中受害人对结果发挥了作用的部分就必须从赔偿额中扣除的问题。森岛教授认为这种情况下应该存在不予扣除的场合。这同样是从公平的角度出发的。同样的问题,不仅会有与受害人的行为的竞合,也会发生与自然力竞合、与第三者的行为竞合的场合。对因加害行为发生的一定范围的损害(相当因果关系或者通常损害),是否按照其他竞合原因的寄与度扣除赔偿额这是一个政策性的问题,即使对与受害人的行为之间的原因竞合从公平的角度出发政策性地承认可以扣除,对自然力等原因竞合原则上也不应该扣除。这是因为,在这种场合下,减少受害人的损害赔偿额,对受害人是过分苛刻的。[35]

七、受害人本人以外者的过失(受害人方的过失)

如果行使赔偿请求权的受害人自身有过失,则过失相抵得到适用。进一步地,发生受害人以外的人有过失时能否进行过失相抵的问题。例如,父母支付了负伤子女的治疗费时,子女、父母哪一方都

㉟ 森岛昭夫:《侵权行为法讲义》,有斐阁 1987 年版,第 392 页以下。

可以请求赔偿。这时就会发生如果子女有过失,若子女请求过失相抵被实施,而由父母请求,则因为子女的过失不是父母的过失,过失相抵是否得到认可这样的情况。如果不承认过失相抵,就会由于子女与父母中谁提起请求而产生赔偿额的不同。父母有过失时,对由子女提起的赔偿请求,过失相抵也会不被允许。

(一)监督义务人的过失

过去的判例,对子女提起的损害赔偿请求,只要子女没有过失,即使父母有过失也不能实施过失相抵(大审院1915年10月13日判决,载《大审院民事判决录》第21辑第1683页)。多数学说对这种见解进行了批判,这是因为按照这种见解,赔偿请求因由谁提起而产生不均衡,主张从公平的角度出发,父母的过失应该看作受害人方面的过失,对子女提起的赔偿请求也应该进行斟酌。

那之后,受学说的影响,法院也出现了把父母的过失作为受害人方面的过失加以考虑承认过失相抵的倾向。例如,不斟酌监督义务人的过失实施过失相抵,但可以在算定受害人的抚慰金额时加以斟酌(东京高等裁判所1957年5月17日判决,载《高等裁判所民事判例集》第10卷第4号第227页)。如果这样,即使不采用受害人方面的过失这一构成,也可以同样收到接近过失相抵的结果。

对直接的受害人儿童的赔偿请求,虽然也有主张保育院、幼儿园、学校的保姆、教师等父母以外的监督义务人的过失应该作为受害人方面的过失加以斟酌的学说。但判例采用的是对与受害人具有身份上及生活关系上能够视为构成一体的关系者以外的人的过失,不看作受害人方面的过失的立场。在幼儿园儿童因机动车事故死亡,父母提起的抚慰金请求的事件中,法院否定了将带领的保姆的过失作为受害人方面的过失加以斟酌的做法(最高裁判所1967年6月27日判决,载《最高裁判所民事判例集》第21卷第6号第1507页)。

(二)配偶的过失

监督义务人的过失作为受害人方面的过失被斟酌,是受害人本人与监督义务人处于身份上、生活关系上视为一体的关系的场合。

将这种见解扩大，在丈夫让妻子同乘驾驶的机动车与第三者驾驶的机动车，因该第三者与丈夫双方过失的竞合相撞，负伤的妻子对第三者请求损害赔偿的场合，当赔偿额的算定时，作为受害人方面的过失斟酌丈夫的过失的做法得到认可。不过，在有夫妇的婚姻关系已经发生破绽等特别情况的场合得以除外（最高裁判所 1976 年 3 月 25 日判决，载《最高裁判所民事判例集》第 30 卷第 2 号第 160 页）。

（三）死者的过失

直接的受害人死亡，父母、配偶、子女作为固有权利请求损害赔偿的场合，发生是否能够斟酌死者的过失的问题。学说的大多数仍然是主张应该作为受害人方面的过失予以斟酌。

下级审的判例中赞同的为多，但上告审的判例只出现过在旁论中予以肯定的处理（最高裁判所 1956 年 7 月 20 日判决，载《最高裁判所民事判例集》第 10 卷第 8 号第 1079 页旁论）。

另外，也有对父母的抚慰金额算定，认为应该斟酌所有的情况所以对子女的过失当然应该加以斟酌的判例（东京高等裁判所 1958 年 8 月 26 日判决，载《东京高等裁判所民事判决时报》第 9 卷第 8 号第 150 页）。

（四）被用人的过失

《民法》第 722 条第 2 款规定的是"受害人有过失时"，所以若按照条文语言所述解释，受害人之外者的过失应该不予斟酌。但是，战前的学说、判例一直都在算定使用人的损害额时斟酌了被用人的过失，作为其理由，有从对被用人的过失认定使用人责任的第 715 条的宗旨出发，类推适用第 722 条第 2 款的学说和被用人的过失实质上可以视为使用人的过失的学说，但也有学者认为以使用人因被用人职务上的轻过失造成的损害，不得对被用人追偿这一社会性规范加以说明为好。即在使用人责任的场合，使用人对被用人享有追偿权（《民法》第 715 条第 3 款），但实际上很少有能够行使追偿权的场合。另外，在国家赔偿中公务员有轻过失的场合不得实施追偿（《国家赔偿法》第 1 条第 2 款）。同样，对于被用人在职务执行中给使用人造成的损害,使用人进行赔偿请求的情况几乎没有。因此,加害人的过失行为与被用人的过失行为竞合给使用人造成损害的场合,对作为共同侵权行为人与加害人处于内部关系上的被用人应该分担的赔偿额,就当然应该由使用人负担。因此,使用人向加害人进行赔偿请求的场合,可以预先以过失相抵的形式扣除被用人所应负担部分。这里,运用过失相抵的目的,是为了在有加害行为竞合的场合,将应由被用人分担的金额转嫁给使用人。㊱ 判例中,在受害人的被用人的过失与加害人的加害行为共同致使损害发生或扩大时,过失相抵得到认可(大审院 1920 年 6 月 15 日判决,载《大审院民事判决录》第 26 辑第 884 页;同 1937 年 11 月 30 日判决,载《大审院民事判例集》第 16 卷第 1896 页)。

对受害人方的过失和所谓其他因素对赔偿责任的影响,最近,有学者主张在修改民法时应当从因果关系层面把握过失相抵问题,以根据作用度的责任缩减为基本。条文的题目就标记为"作用度减额"。具体条文规定如下内容"对损害的发生和扩大,受害人的行为和因素与加害人的行为竞合的场合,法院可以考虑受害人行为和因素所发挥作用的程度(作用度),算定赔偿额"(第 1 款)。并且,规定在"被认定为与受害人本人在身份上、生活关系上,处于一体关系上者"(第 2 款)、"服从受害人指挥监督者的行为"(第 3 款)、"天灾、不可抗力及其他超出通常所想定事由"(第 4 款)等对损害的发生和扩大,与加害人的行为竞合的场合,适用"作用度减额"的规定。㊲

八、过失相抵的效果

过失相抵被实施时,虽然依具体情况程度有所不同,但损害整体的几分之一或者几成的部分的赔偿金的金额将被减少。

受害人有过失时,对赔偿额可以加以斟酌,但只要加害人有过

㊱ 森岛昭夫:《侵权行为法讲义》,有斐阁 1987 年版,第 395 页。

㊲ 新美育文:"在过失相抵规定中是否应当从正面规定类推适用的问题",载椿寿夫等编:《法律时报增刊·思考民法的改正》,日本评论社 2008 年版,第 373 页。

失，当判断赔偿责任的有无时不得进行斟酌（大审院 1937 年 5 月 14 日判决，载《大审院民事判例集》第 16 卷第 618 页）。并且，当赔偿额的算定时是否予以斟酌是法官的自由（最高裁判所 1959 年 11 月 26 日判决，载《最高裁判所民事判例集》第 13 卷第 12 号第 1562 页）。另外，还有法官基于诉讼中出现的资料认为应该认定受害人的过失时，即使赔偿义务人没有主张过失相抵，也可依职权对此加以斟酌的判例（最高裁判所 1966 年 6 月 21 日判决，载《最高裁判所民事判例集》第 20 卷第 5 号第 1078 页）。再有，判例认为，在认定受害人的过失但对赔偿额的算定不予斟酌时，即使在加害人没有主张过失相抵时也必须明示理由（大审院 1928 年 8 月 1 日判决，载《大审院民事判例集》第 7 卷第 648 页）。

即使受害人有过失，也不能否定赔偿责任。并且，当算定赔偿额时，是否予以斟酌是法官的自由，这是通说的解释，而且也是忠实于《民法》第 722 条第 2 款的条文语言的解释。通过对条文语言的比较，在这两点上侵权行为的场合与债务不履行的场合（《民法》第 418 条）其构成是不同的。

但是，现在债务不履行与侵权行为中的过失相抵应该同样处理的见解正在成为通说。应该准用第 722 条第 2 款的规定处理债务不履行的场合是多数说，反之，也有认为在处理侵权行为的场合时应该准用第 418 条的学说。[38] 此外，还有受害人在事故之前其体质上本身所有的原因（素因）与人身事故相竞合使损害发生或者扩大的场合，以按照个人因素作用的程度减少赔偿额为理由，类推适用过失相抵规定的判例（最高裁判所 1988 年 4 月 21 日判决，载《最高裁判所民事判例集》第 42 卷第 4 号第 243 页；最高裁判所 1993 年 6 月 25 日判决，载《最高裁判所民事判例集》第 46 卷第 4 号第 400 页）。但是，有时如果没有事故损害的发生、扩大也不会出现，因此对这类事件不应该轻易地认可类推适用。并且也出现了以必须是“侵权行为

---

[38] 远藤浩等：《民法(7)》（第 4 版），有斐阁 1997 年版，第 267 页。

人以原原本本的状态接受该受害人”的理由,否定斟酌素因的判例(横滨地方裁判所1991年7月11日判决,载《判例时报》第1381号第76页)。

第5节 损害赔偿额算定的基准时

当算定损害赔偿额时,以何时为基准对损害进行金钱评价的问题称为“损害赔偿额算定的基准时”。通常,基准时多围绕财产权的灭失进行讨论。即因侵权行为财产权灭失以后,在该财产权的交换价值有变动的场合,因依哪个时间的价格为基准进行算定的不同会出现应该赔偿的额度的不同。特别地,曾经以某种财产的价格从灭失时起一度高涨起来之后又跌落下去的场合,是否可以以中间最高价格为赔偿额的形式讨论过这个问题。但是,以什么时间算定损害的问题,不仅存在于对财产权的损害中,而且也可以存在于对人身的损害中。当然,并不是像财产权侵害的场合那样的,存在着被侵害利益的市场价格,该价格不断变动,所以,对人身侵害即使叫做算定的基准时,也不是指某时间的“交换价格”的问题,它包含的意义是依到何种时间发生的“损害”算定赔偿额,因此,财产权侵害与人身侵害基准时的意义和功能不同。但是,即使对于人身事故,在逸失利益的算定以平均工资为基准进行计算的场合,也存在着以哪一个时间的平均工资为基准的问题。并且,当进行人身损害的算定时(特别是交通事故),虽然可以使用通过整理判例等作成的算定基准(例如,日本律师联合会交通事故咨询中心作成的算定基准),但也有是否适用事故发生时发表的基准的问题。但是,对人身事故,原则上,对口头辩论终结时发生的一切损害,都应该以该时间为准进行损害额的评价。

一、关于基准时的初期学说

物因侵权行为而消灭之时,通常以该物的交换价值为应该赔偿的损害额。但是，在从侵权行为时到诉讼的口头辩论终结时之间，灭失物的同种物交换价格发生变动的场合，发生应该以何时的价格为基准决定赔偿额的问题。

民法起草者关于这一点是怎样考虑的不详。但是，初期的学说受德国民法的影响，以损害赔偿请求权人蒙受的所有损害都应该得到赔偿为理由，认为当灭失物的价格在判决时上升的场合下，应该按该价格进行赔偿。并且，认为从灭失时起到判决之间价格一度高涨起来之后又跌落下去的场合，如果能够证明可以以中间最高价格出售该物，也可以请求按最高价格计算的赔偿。

判例也曾认为应该赔偿从使物灭失的侵权行为之时开始至请求损害赔偿时为止的中间最高价格（大审院 1910 年 2 月 2 日判决，载《大审院民事判决录》第 16 辑第 45 页），也有判示认为应该使受害人能够任意选择基准时的判决（大审院 1920 年 10 月 18 日判决，载《大审院民事判决录》第 26 辑第 1555 页）。

但是，鸠山秀夫博士认为，价格算定的问题不外是损害赔偿范围的算定问题，当然应该适用《民法》第 416 条，所谓根据特别情况的损害额，应该解释为只限于当事人有预见或者应能预见的场合，可以要求这种赔偿。并且，在责任原因（债务不履行、侵权行为）发生后到第二审口头辩论终结时止灭失物的价格发生变动的场合，并非当然得以最高价格为基准请求损害赔偿，首先必须有以最高价格处分标的物的情况，其次还存在该事实相当于特别情况还是相当于普通情况的问题，除根据是动产还是不动产等灭失物的性质之外，还应该斟酌各种情况加以认定。在这一点上，与有以最高价格处分的情况时经常地可以认定该金额的赔偿的初期学说不同。[39]

二、以事故时（责任原因发生时）为基准时说——判例、通说

或许是由于受到上述学说影响的缘故，过去认为当然应该以高

㊴　森岛昭夫：《侵权行为法讲义》，有斐阁 1987 年版，第 402 页。

涨价格为基准算定赔偿额的判例,也通过1926年5月22日大审院民刑联合部判决(富喜丸事件)改变了态度。富喜丸事件中,受害人不是以沉没时的价格,而是基于约二年后高涨的价格算定了因汽船沉没的损害请求赔偿。对此,大审院判决认为,关于因侵权行为发生的损害赔偿,"《民法》第416条的规定不过是使共同生活的关系中人的行为与其结果之间存在的相当因果关系明确起来,并非仅限定于债务不履行的场合,对确定基于侵权行为的损害赔偿的范围也应该类推该条的规定来确定其因果律",认为对侵权行为的损害赔偿的范围也可以适用第416条。并且指出"损害赔偿是以填补因侵权行为产生的损害为目的的制度,其赔偿范围首先要以灭失毁损之当时为基准算定,其损害应依灭失毁损当时的交换价格算定之"。判定本案富喜丸沉没的损害赔偿额的算定,原则上以船沉没之时的价格为基准。在船灭失后价格高涨之时,"债权人除证明价格高涨的事实外,还要对有以高涨的价格处分物,或者通过其他的方法确实地能够取得该价格的利益的情况及该情况在侵权行为时预见到或者可能预见的情况负主张、证明责任",从而驳回了该请求。

这一判决得到了学说的广泛支持,成为学界的通说。我妻荣博士指出:(1)原则上以灭失当时的交换价格算定损害赔偿额。但是,(2)转卖给他人时,对因这一转卖不能履行丧失的利益(高价转卖价格)或者蒙受的损害(违约金),加害人知道或者应该知道转卖的事实时当然应该赔偿,即使在不知道的场合,只要从当时的经济情况和标的物的种类以及其他情况来看是适当的,也应该予以赔偿。与此相对,(3)在没有上述情况的场合灭失后标的物的价格高涨时,如果能够证明以高涨之后的价格出售这一特别情况在侵权行为时预见到了或者是预见可能的情况,也可以对此请求损害赔偿。[40]

继承了通说的加藤一郎博士也支持大审院的判决,认为对所有物灭失造成的损害,原则上以侵权行为时为基准,应该依据此时的交

---

[40] 我妻荣:《新订债权总论》,岩波书店1964年版,第124页以下。

换价格算定赔偿额，“标的物灭失、毁损之后的价格高涨，已经缔结的出售契约规定的价格或违约金等，均作为因特别情况的损害，限于有预见可能性的场合，计入赔偿额中。不过，对预见可能性的有无，应该依标的物的种类和受害人的职业等具体地进行判定，一般地看如果其为预见可能的场合，仍然应该作为通常应该发生的损害，无论具体的预见的有无均应命令赔偿”。[41]

三、以口头辩论终结时为基准说

关于物的灭失的场合的损害赔偿额算定，判例、通说原则上均认为应该以侵权行为（灭失）时该物的交换价格为基准。因为填补因侵权行为发生的损害是侵权行为制度的目的，所以如果赔偿了损害赔偿请求权发生的侵权行为时的交换价格，损害就应该能够得到填补。在对富喜丸事件的判决中，法院认为，富喜丸（沉没了的船只）的价格“包含了对现在及将来对该船舶的通常使用收益所应得利益的赔偿”，所以，如果在船的价格之上再赔偿沉没后的应得佣船金（船舶租赁金）就构成了二重赔偿，因而没有认定对富喜丸沉没时已经缔结了的佣船契约应得的佣船金的赔偿请求。

如果在物灭失的当时，受害人立即购入灭失物的代替物，以该购入费用作为损害额请求，通过以灭失当时的交换价格为基准算定赔偿额的方法损害应该能够得到填补。但是，一般都是受害人在物灭失后未从加害人得到任何救济的情况下经过了相当一段期间，作为最后的手段提起诉讼通过判决终于得到损害赔偿金的情况。这样，即使判决时接受了物灭失当时价格的支付，因从事故时到判决时这之间的物价上涨造成的价格上涨的结果，也有不少以该金额无法购入灭失物的代替物的情况。并且，即使判决时得到了灭失物的赔偿，从灭失时至判决时之间，无法现实地使用该物，丧失了的由该物的使用应该得到的利益也没有得到赔偿。

---

[41] 加藤一郎：《侵权行为》，有斐阁 1974 年版，第 218 页以下。

因此,为纠正判例、通说所采用理论带来的不合适的情况,出现了与以损害原因发生时为基准时的判例、通说不同的各种见解。㊷

其中有所谓以判决日(无法以法院事实审理终了后的判决日的事实为基础,所以,严密地说是口头辩论终结时)为基准算定损害的见解。即作为代替恢复原状的赔偿,应该支付判决时的代替物购入费。换言之,应该以口头辩论终结时为基准时算定损害赔偿额。因为这样,在损害额以标的物的时价算出的场合,债权人取得依口头辩论终结时的时价算出的赔偿额时,原则上完全可以得到满足。但是,债权人(受害人)应当遵守诚信原则尽量减少损害,因此,受害人企图迟延诉讼的进行从而不当地取得价格高涨的利益的场合,法院可以依据过失相抵的原则加以衡平适当地减少命令赔偿的损害额。另外,在受害人就灭失物缔结了转卖契约的场合,受害人只是到转卖时拥有标的物,所以,原则上应该以转卖时的时价进行金钱评价。再有,在时价下跌的场合,履行越迟对债务人(加害人)越有利,这是不当的,因此,尽管有关于基准时的上述原则,在这种情况下侵权行为时(履行期)仍构成基准时。另外关于中间最高价格的问题,原则上以口头辩论终结时为基准时,但有相当程度的在中间最高价格时取得利益的可能性时应该以中间最高价格为基准算定。

四、"基准时"概念否定说——平井说㊸

平井教授对上述判例、通说的各种见解的基本方法提出了疑问,认为应该否定规定基准时的做法本身。平井教授指出,富喜丸事件以后的判例看起来是依据《民法》第416条构成基准时的问题,但实质上第416条并未发挥判断基准的功能,不过是被作为单纯的提供理由或使结论正当化的工具来使用的。平井教授在分析了有关债务不履行的许多判例之后指出,就具体事件来看,把价格上涨构成"通

㊷ 森岛昭夫:《侵权行为法讲义》,有斐阁1987年版,第405页以下。

㊸ 平井宜雄教授的见解,详细可参照平井宜雄:《损害赔偿法的理论》,东京大学出版会1971年版,第209页以下、第483页以下等。

常应该发生的损害”,对该事件的解决不具有任何意义,并且,第 416 条的适用具有实质上的意义的,是在价格高涨被视为相当于特别情况,而且以没有预见可能性否定基于价格高涨的赔偿的场合(在认为价格高涨相当于通常损害,或者认定为预见可能的特别损害时,赔偿均没有依据第 416 条受到限制的情况),但是几乎没有那样的判例。从这样的事实来看,关于基准时的判例即使涉及了第 416 条,那也不过是为了保持与富喜丸事件以后的既存判决的逻辑构成和学说在逻辑上的整体性从而使结论正当化。换言之,富喜丸事件虽然对学说给予巨大的影响,但在判例上并没有实际地发挥先例的功能。

并且,看一下现实中判例已解决的事件,就可以知道,判例一直是立足于尽量使受害人回复到与未受到损害相同的经济地位的原则(平井教授称之为全额评价的原则)之上处理基准时问题的。基于对判例的这种理解,平井教授认为应该承认判例的现实,按照那种现实构成概念。即对损害的金钱评价,排除第 416 条的适用,应该依据全额评价的原则加以决定。而且,如果全额评价的原则构成解决问题的基准,那么对从损害发生时到口头辩论终结时应该赔偿的损害的事实有价格变动的场合,法院基于证据对其间受害人取得利益的盖然性进行判断,当认定有盖然性时,就应当以有盖然性时的价格为基础进行金钱评价,以谋求尽量使原告回复到与没有发生事故同样的经济地位。如果这样,通过受害人取得利益的盖然性就能够选择应该赔偿的金额,所以,最终基准时是何时的问题就成为实体法上无意义的概念。

平井教授的见解是,依据尽量谋求受害人的原状回复的政策(全额评价的原则),可以选择对损害进行金钱评价的时间。其结果,被选择的,不是固定的基准时,而是依个别的具体事件可以不同的,受害人有取得利益盖然性的时间。以这种政策性判断为前提时,以当事人的预见可能性为要件的第 416 条的法律构成是不合适的,固定性“基准时”的概念自身已经失去了实体法上的必要。

关于围绕赔偿额的金钱评价在诉讼上的问题,平井教授提议,在损害赔偿请求中,现金多少元的赔偿额,不是通过认定过去的事实得来的,例如,对所有物的毁损这一事实,将该损害评价为现金多少元要被告支付,这是从作为该纠纷的解决是否妥当,这一法官的极富创造性、裁量性行为的结果得来的结论。因此,着眼于损害的金钱评价的上述性质,原告没有必要对损害的数额作证明(不过,对构成数额基础的事实负有"主张责任"),应该承认依据法官自由裁量的评价。而且,法官应该不受当事人主张的"基准时"左右,按照具体情况,在全额评价原则的范围内通过自由裁量决定被告应该赔偿的金额。这样,承认法官自由裁量的结果,关于损害额,法官不受当事人主张的拘束(不适用《民诉法》第186条的规定),原告从证明责任中解放出来,损害赔偿请求诉讼具有了"非讼"的性质。

五、不固定地考虑基准时说——多元说

平井教授的理论,关于基准时,给学说带来了不少影响。加藤一郎教授认为,侵权行为的损害赔偿的基本思考是使受害人回复到与没有侵权行为同样的经济状态,在物的灭失的场合应该赔偿代替物购入价格,在灭失之后立即购入代替物是可能的场合,灭失时的交换价格可以考虑为购入价格。但是,在代替物购入困难的事例等中,就必须考虑到灭失后的价格上涨考虑妥当的赔偿额,最妥当的解决方法,就是由法官考虑直至口头辩论的一切情况适当地决定赔偿额。赔偿额的算定,也不是依一种原则决定的,是否买到了代替之物,能够在何种程度上期待受害人作为通常人防止损害的扩大,转卖的可能性的有无,损害额升得相当高的场合应该在何种程度上归责于加害人等等,应该考虑众多的情况。在这种场合下,预见可能性决不是唯一的基准,不过成为应该考虑的情况之一而已。并且,赔偿额既然是无法明确地依一种原则加以决定的问题,那么就只能将其委托给法官的裁量。加藤一郎教授的见解,虽然主张以责任原因发生时为基准时,但在对那之后的价格高涨,排除第416条的适用,将赔偿额

的算定委托于法官的裁量这一点上,已经大大超出了迄今为止的通说。[44]

北川善太郎教授在基本方向上也与平井教授采用同样的立场,认为尽管富喜丸事件采用限制赔偿的法律构成,但判例实质上采用完全赔偿的赔偿原理。因此,把富喜丸事件那样的以固定的一个时间为基准时原则化,要说明例外时在解释论上就难免牵强,主张应该依据对赔偿请求权人应该在何种程度上予以保护的政策,依据多样的基准时加以选择(北川善太郎教授称之为多元说)。但是,反对就基准时的选择完全委托给法官的自由裁量的见解,理由是,这样会使法院承受过大的负担,当事人应该负担提出构成基准时选择基础的诉讼资料的责任(但是,只要有诉讼资料,法院也可以将当事人未主张的时间作为基准时)。北川教授虽然认为基准时是多样的,但并未像平井教授那样否定基准时概念在实体法上的意义,并且,作为解释论至少对债务不履行的事件不否定适用第416 条的规定。[45]

六、森岛教授的见解

森岛教授认为,将损害赔偿额的金钱评价全面地委托给法官的自由裁量的见解,等于放弃了给法官提供判断框架的法解释学的作用。即使在承认法官的裁量的场合,也应该尽量考虑裁量的框架。通过平井说、北川说,可以了解到将损害赔偿额的算定基准时固定于一定时间的做法对于完全赔偿是不合适的。但是,从尽量使受害人回复到与没有侵权行为同样的经济状态这一侵权行为的目的来看的场合,是否就没有与之相适应的基准时构想呢?森岛教授认为,不应像平井说那样完全不要基准时这一概念,而应采用提示多元化可能

---

[44] 加藤一郎教授的见解,详细可参照加藤一郎:《侵权行为》,有斐阁 1974 年版,第258 页。

[45] 北川善太郎教授的见解,详细可参照北川善太郎:“侵权行为中的损害赔偿范围”,载《法学家杂志》增刊民法判例〈第 2 版〉(1971 年),第 179 页等。

的损害额评价时期的北川说。并且,应该重新评价以口头辩论终结时为大致的基准时的见解。受害人从事故时起经过了多少年之后,即使接受了事故时的价格的赔偿也不一定就能购入代替物。但是,如果接受了以口头辩论终结时这一离判决最近的时间的价格为基准的赔偿额,以此购入代替物就是可能的。不过,仅此并不一定就能填补受害人遭受的全部损害。从事故时起至口头辩论终结时止利用灭失物能够得到的利益(例如船舶租赁金)也有必要给予赔偿。对通过利用应得的利益这一损害项目,应该认为可以适用(或者类推适用)第416条。因为这个问题不是基准时的问题,而是应该赔偿的损害范围的问题。

另外,存在受害人在口头辩论终结前购入了代替物,或者如果没有事故已将灭失物转卖了之类情况的场合,可以赔偿有购入或者转卖可能性时的价格。而且,当受害人有看到涨价而不当地使赔偿交涉迟延的情况时,以可能购入时的价格进行赔偿为充足。此外,因事故使得转卖成为不可能,其结果受到转买人的损害赔偿请求而支付了赔偿金的场合,该损害也应该由加害人赔偿,但是,对这一损害项目,也不是基准时的问题,而仍然是应该赔偿的损害范围的问题,因此,应该考虑《民法》第416条的适用(或者类推适用)。

在原则上将损害赔偿额算定的基准时考虑为口头辩论终结时的场合,存在着消灭时效的起算点和迟延损害金的发生时期为何时的问题。关于上述时间,判例、通说一直与损害赔偿额算定的基准时相同,原则上为侵权行为时。消灭时效的起算点与损害赔偿额算定的时期应该分别考虑。因为前者从“知道损害及加害人时”开始进行,所以与对该损害进行金钱评价是两个问题。与此相对,迟延损害金是对评价为金钱的损害额的利息,所以应该考虑为评价时以后产生利息,因此,原则上为口头辩论终结时。[46]

---

[46] 森岛昭夫:《侵权行为法讲义》,有斐阁1987年版,第411页以下。

第 6 节　利益吐出型损害赔偿问题

以上“损害论”的探讨，几乎都是围绕着对人身损害的赔偿进行的。但是，在侵权行为中，还存在着一些通过权利侵害产生利益，或者以利益取得为目的实施权利侵害行为的情况。例如，擅自把别人的土地作为停车场使用的场合（侵害他人的土地所有权，取得使用利益）；利用他人的知识产权获得利益（盗版类型）；侵害他人的名誉和私人生活取得利益（大众传媒侵害类型）等场合。这些问题虽然与侵权行为法的机能相关，但既然是侵权行为责任的问题，如何“赔偿”就成为损害论不能不解决的问题。这是因为，如果由侵权行为得到的利益比作为赔偿责任所课赔偿额高的话，实施侵权行为就是经济上合理的选择，从而失去了对不实施侵权行为的鼓励作用（incentive）。

这些情况，传统上定位为所谓例外的情况，一直考虑的是通过作为准无因管理（为自己的利益利用他人的权利等的场合，适用无因管理的规定，使其交付所得利益的方式）和侵害不当得利加以处理的，的确是对于这种不正的权利侵害行为，侵权行为法不能有任何对应的现状给人一种奇妙的印象。关于这一点，可以通过重新审视依据侵权行为法进行救济时成为障害的损害的意义，就可能给予一定的对应。[47]

为对应这种利益追求型（Free ride）侵权行为，围绕着损害论日本的侵权行为法学中一个新的课题登场了，这就是所谓“利益吐出型损害赔偿”。迄今为止，在日本展开的损害论，除了惩罚性损害赔偿论之外，是以受害人发生了“损害”为前提的损害论，即损害算定论。与此相对，尽管受害人没有发生“损害”，仍然承认侵害人将所保持利益（这里的所谓利益，是知识产权法上所说侵害人利益，即意

㊼　窪田充见：《侵权行为法》（第 2 版），有斐阁 2013 年版第 6 次印刷发行，第 20 页。

味着侵害人通过无权限利用获得的利益)作为“损害赔偿”交付给受害人的见解,就是“利益吐出型损害赔偿”。[48]

对这种类型的侵权行为,一直妨害侵权行为法上救济的是损害这一要件。就是说,即使加害人没有擅自利用受害人的权利(土地的擅自利用,著作权的对象作品的擅自使用),如果受害人自己没有利用其权利的话(土地搁置不用,作品不打算发表),结局上,无论有无侵权行为财产状态都不会变化,会被当作损害没有发生。自不待言,在这种说明中,关于损害的差额说是作为其前提的。

那么,以损害事实说为前提考虑的场合,会是一种怎样的说明情况呢?首先,若以损害事实说为前提,权利受到侵害的情况(土地和作品的擅自利用)自身就作为损害理解,因此,在这些场合,也不能说“没有损害”。问题是,如何对这些损害做金钱性的评价这样一种损害的金钱性评价的层次上进行处理。

当进行损害的金钱性评价时,如果使用差额说性的方法,与根据差额说的场合,在结论上就不会有差异。也就是说,虽然损害是有的,但考虑之后的推移的话,结局上,得出的是没有发生财产性变化的结论,所以作为金钱性评价是零的说明。实际生活中,这种理解的见解不少。并且,损害事实说也并未排除差额说性的方法。

但是,损害事实说最重要的重点,在于通过区别事实损害的确定和其金钱性评价这两个方法,使复数的金钱性评价的方法成为可能。在物损的场合,是注目于其交换价值进行局限性评价,还是注目于利用价值进行评价这样的复数的可能性。从这种视点出发,在利益追求型侵权行为中,就可以提出以加害人取得的利益为线索对损害进行金钱性评价是否可能的问题。如果这一点得到承认,那么就不一定非得通过准无因管理和不当得利,而使通过侵权行为法的救济也

[48] 潮见佳男:《侵权行为法Ⅰ》(第2版),信山社2013年版第3次印刷发行,第53页。

成为可能。现在的一般性见解,对这种立场未必给予肯定,但其理论上的可能性是充分存在的。

就是说,加害人对(未被利用的)该权利,主动地显示了具有那种程度的经济性价值的情况。如果是这样的话,以其经济性价值为出发点,对损害(权利的价值)进行金钱性评价的途径,就并不会特别地背负理论上的障害。当然,加害人取得的经济性利益中,有加害人自身的贡献,可以考虑将其扣除的措施。但是,那是加害人一方必须积极地主张证明的,其中,实施这种行为的加害人的反论的法律上的妥当性(擅自利用他人的权利得到利益,主张那是自己的才智的做法的合理性)也要作为问题进行研究。关于这一点,转换原则在实践中也具有重大的意义(另外,可以参照《著作权法》第 114 条[损害额的特定]第 2 款,《特许法》第 102 条[损害额的特定等]第 2 款)。

在这种议论中,常常可以预想得到会有不得不当地给予受害人利益的反论,但是,不得不说,过去的侵权行为法,黯然之中以差额说为前提,对受害人即使过剩地得到很少的利益的情况也非常慎重,而对由权利侵害获得利益这种情况又过分地宽容。并且,这里出示的方法,只是试图在损害的金钱性评价的层次上解决问题的设想,而并不是立即作为制裁性损害赔偿使侵害人吐出利益。[49]

关于“利益吐出型损害赔偿”,有学者从比较法的角度入手进行分析,阐释了自己的见解。被视为现代民法典的代表例的荷兰民法设置了“因侵权行为或者履行债务之际的义务违反对他人负责任者因这一侵权行为或者义务违反获得利益的场合,法院可以接受该他人的申请,以该利益的全部或者一部分金额测定为损害”的规定(荷兰民法第 6 编第 104 条)。日本的一部分民法学说也把“利益吐出型损害赔偿”的措施提到了研究的日程上,即主张参考在特许权侵害和人格权侵害领域展开的议论,与英美法上的惩罚性损害赔偿拉

---

[49] 窪田充见:《侵权行为法》,有斐阁 2013 年版第 6 次印刷发行,第 372 ~ 373 页。

开距离,作为“无损害损害赔偿”(出于与损害填补机能性质不同目的的损害赔偿)的一个场合进行探讨。而且这些议论,试图从在特许权侵害和人格权侵害这样的个别领域中提倡的“利益吐出型损害赔偿”的思维方式中,找出可以升格为侵权行为的一般法理的原则。并且,在支持这种方法的损害赔偿的见解中,在向什么寻求使“利益的吐出”正当化之际的根据这一点上看法未必一致。日本民法学说的多数,今天对肯定这种“利益吐出型损害赔偿”持慎重态度的姿态仍然没有改变。

本来,在这里侵害人之处产生的“利益”(侵害者利益)是否能够说是受害人(权利主体)享有的“权利的价值”,本来就有疑问。一方面,被称为“利益吐出型损害赔偿”的概念,并不是本来意义上以“损害”为问题的概念,只要不是表现归属于权利主体的“权利的价值”,作为损害赔偿制度进行构想就是有问题的。但是,另一方面,不可否认“利益的吐出”对于一般预防、抑止的目的是有效的。这样的话,利益吐出的问题就应当作为与损害赔偿不同的制度加以构想。

在说明“利益吐出型损害赔偿”之际,有两个发想在发挥作用,一个是考虑利用他人的权利和财货获得利益者,不能使其利益(侵害者利益)的归属正当化的考虑(违法得利的发想),另一个是应当使这种归属无法得到正当化的利益(侵害者利益)从侵害者向该权利和财货的归属主体转移的考虑(效果转归的发想)。其中,从侵害的一般预防、抑止的观点出发,前者可以得到正当化,后者不能得到正当化。这是因为无法充分说明为什么为了抑止有问题的行为就应当使侵害者利益向该权利和财货的归属主体转移。因此,可以考虑若活用侵害的一般预防、抑止的发想,进行不仅前者,也包含后者的正当化,根据“因为是管理他人的事务,所以从那里得到的利益应当使之归属于他人”的观点,即根据“有人以为自己的意思管理了他人事务时,该他人(事务本人),与由自己亲自进行事务管理的可能、不可能无关,将该管理行为视为我自己而实施,可以使管理行为的效果归属于自己"这一拟制信托性观点(用舶来的表现来说,是准无因管理的观点)。但是,如果考虑与这种目的相结合的制度有用时,必要的话,限制在这种制度妥当的事件类型上,提案一种与侵权行为损害赔偿制度不同的另外一种制度更合适。比起通过侵权行为损害赔偿制度的再构成来,把这种制度放进侵害得利制度进行处理的可能性更具有现实性。[50]

---

[50] 潮见佳男:《侵权行为法 I》(第 2 版),信山社 2013 年版第 3 次印刷发行,第 53 页以下。

第18章 因侵权行为发生的损害赔偿请求权的消灭时效

第1节 短期消灭时效规定的根据

《民法》第724条规定“因侵权行为发生的损害赔偿请求权,自受害人或者其法定代理人知道损害及加害人时起3年不行使时,因时效而消灭,自侵权行为时起经过20年时亦同”,通说、判例解释为3年的期间是时效期间,20年的期间是除斥期间①(最高裁判所1989

① “除斥期间”,德文为Ausschlußfrist,法文为délaipréfix,排除、截止期限之意。指法律规定的关于一定权利的存续期间。一般为确定短期间的权利关系而加以规定。民法上虽未作一般规定,但却是一种得到理论上承认的类似于消灭时效的制度,与消灭时效不同的是,该制度没有中断,并且即使当事人不援用也当然发生权利消灭的效力。但一般解释为可以类推适用关于时效停止(特别是《民法》第161条)的规定。由于法律并未就各个规定明确指出其为除斥期间,因此有时会产生是时效还是除斥期间的疑问,一般解释为除条文上有“因时效”的场合以外,为除斥期间。另外,“除斥期间”这一概念并未为学者们所一致采用。许多学者在论述因侵权行为发生的损害赔偿请求权的消灭时效问题时,并不使用“除斥期间”的概念,而将3年称为“短期时效期间(或短期消灭时效、短期时效)”,将20年称为“长期时效期间(或长期消灭时效、长期时效)”(如森岛昭夫教授);还有学者认为,关于20年期间的性质,“从该条的立法沿革和前段期间的法律性质来看,其仍为一般时效规定是非常清楚的,既没有理由也没有必要一定要把它作为除斥期间来对待”(内池庆四郎:“损害赔偿请求权的消灭时效”,载有泉亨主编:《现代赔偿法讲座1》,日本评论社1976年版,第22页以下)。最高裁判所虽曾采用除斥期间说,但下级审判例中对此则有分歧。值得注意的是,最高裁判所最近在对一起自侵权行为时起已超过20年的诉讼提起事件所作的判决(最高裁判所第二小法庭1998年6月12日判决,载《最高裁判所民事判例集》第52卷第4号第1087页)中明确指出:在明知损害是“起因于该侵权行为的场合,却不顾受害人处于无法行使权利的境况之下,仅单纯地以经过了20年这一情况为由就使一切权利的行使都得不到允许的做法,其反面……将会产生由于经过了20年,

年12 月 21 日判决，载《最高裁判所民事判例集》第 43 卷第 12 号第 2209 页）。这一规定与通常的消灭时效的不同点如下。第一，通常的债权的消灭时效期间是 10 年（《民法》第 167 条第 1 款），而侵权行为的损害赔偿请求权的消灭时效由两段构成，短期时效期间为 3 年显著地短，而长期时效期间长达 20 年。第二，一般的消灭时效的起算点为“权利得以行使之时”（《民法》第 166 条第 1 款），而在第 724 条中，短期时效以“受害人或者其法定代理人知道损害及加害人时”为时效的起算点，长期时效以“侵权行为之时”为时效的起算点。

因此，首先的问题，是对因侵权行为发生的损害赔偿请求权，为什么要设置上述特别的消灭时效规定，即第 724 条的根据问题。其次的问题，是 3 年短期消灭时效自受害人知道损害及加害人时起算，这种场合下受害人有何种内容的认识就成为知道了损害及加害人。再次的问题，是在加害正在继续的场合和受害逐渐累积起来的场合，从受害人知道最初发生的损害时起对所有的损害的赔偿请求权消灭时效均进行，还是时效的进行从各自的时期开始。《民法》第 724 条没有规定这一问题，因此，只有通过对“损害及加害人”这一要件的解释加以解决。

围绕着因侵权行为发生的损害赔偿请求权的消灭时效，以进入 20 世纪 60 年代中期以后日趋严重的公害问题为契机，迫使在实务上对上述各种问题加以解决。在公害事件中，有不少由于因果关系复杂，很难明确地掌握发生受害的原因是否是公害，以及谁是污染源的例子。并且，还有深刻的公害受害是由于长期地暴露在污染下逐渐地发现的场合。在这样的场合下，也会发生因对“知道损害及加害人时”的某种解释，在公害受害人与公害企业之间尚未进入正式

加害者就被免除损害赔偿义务的结果，不得不说这是显著违反正义、公平理念的”。这表明最高裁判所也采用在某些场合下应对除斥期间的适用加以限制的立场。这样，除斥期间已不再具有绝对性的意义。学界一般认为，诉讼时效与所谓“除斥期间”的区别就在于是否可以依特殊原因延长（即中断的有无和是否当事人不援用也发生权利消灭的效力）。最高裁判所的判决实际上是宣告了“除斥期间”在侵权损害赔偿诉讼中的适用已不复存在，从而终结了关于“除斥期间”的争论。

的赔偿交涉之时,时效就开始进行,3 年的短期消灭时效很容易地完成,致使受害人的损害赔偿请求权被不当剥夺的情况。判例、学说围绕着《民法》第 724 条的解释,正是面对这种新的事态迅速展开的。

一、民法起草者的见解

民法起草时,法典调查会中对第 724 条(原案 732 条)的审议异常地简单,并没有进行什么实质性的讨论。起草者穗积陈重博士也未对侵权行为的损害赔偿请求权为什么要设置特别的时效规定作任何说明。只是论述了一些外国的规定(例如,奥地利是 3 年。……的场合不超过 30 年。瑞士是 1 年和 10 年。黑山(Montenegro)是 1 年和 30 年等),认为对因侵权行为发生的损害赔偿请求权规定短期时效期间为理所当然。法典调查会的其他成员也未对设置特别时效规定的根据向起草者提出质询。在法典调查会的审议中,对原案 3 年的限制,不含有"因时效消灭"的表述,因此,就时效是否可能中断进行了讨论,为认可时效中断,决定修正为现行规定"不行使时,因时效而消灭"的表述。另外,也有委员(土方宁)提出了应该删除后段的意见,但起草者的主张是,如果没有该规定,只要受害人知道加害人是 3 年以内 100 年也可以提起损害赔偿请求这是不合适的,还是应该维持后段的规定。此外,法典调查会未作更多的讨论。②

但是,曾为起草委员的梅谦次郎博士在其《民法要义》一书中认为如果是通常的 10 年的时效期间,那么,"是否有过侵权行为,该侵权行为造成了何种程度的损害,由于岁月的经过对这些情况加以证明就会变得极为困难,就会出现动辄提起暧昧的诉讼的事态。这是应该尽量避免的事态,所以在本条中设置了 3 年的短期时效",把侵权行为中证明的困难作为设置短期时效的根据。另外,对短期时效不以侵权行为时为起算点,而以受害人知道损害及加害人时为起算

---

② 法务大臣官房司法法制调查部监修:《日本近代立法资料丛书 5〈法典调查会:民法议事速记录五〉》,社团法人商事法务研究会 1984 年版,第 459 页以下。

点，作出了是为了防止在受害人及其法定代理人尚未知道损害及加害人时请求权丧失的情况的说明。

那之后的学说，关于短期时效的根据，主要地举出由于时日的经过会使得构成侵权行为的要件事实的存否不明确，这一证据上的理由。但是，鸠山秀夫博士也举出了知道侵权行为而将其长期放置者不值得法律的保护，这一权利上的睡眠者的理由。但总的来说，初期的学说对这个问题并未进行深入的研究。③

二、末川说——以受害人的感情为根据说

最先对短期时效的存在理由进行详细论述的是末川博博士。从日本《民法》第 724 条规定在沿革上取普鲁士普通国法、德国民法第一草案等近代立法例出发，末川博士研究了这些立法例中是怎样为因侵权行为发生的损害赔偿请求权的时效提供理由的情况。关于 3 年短期时效作出了如下的论述：首先，关于消除侵权行为中证明困难的理由，认为在侵权行为中为认定侵权行为的成立的证据材料，与契约的场合相比范围极其广泛且容易消失。因此，不尽早地处理事件就会带来证明上的困难。特别是还有不少加害人未意识到是加害没有保存免责证据的情况。但是，如果将因为证明上的困难需要迅速处理纠纷作为设置短期时效的主要理由，就会发生如何说明承认 20 年长期时效期间的问题。并且，短期时效中也有只要受害人不知道损害和加害人时效就不进行，其结果长期间时效不完成的情况，这又如何理解的问题。其次，一般地说，存在着是否有通过承认短期时效使作为侵权行为人的赔偿义务人比其他种类的债务人得到更优厚保护的理由的疑问。这样来看，承认 3 年时效的理由，仅从关于证据的观点出发是得不到明确解释的。

因此，末川博士依据受害人的复仇心理这一另外的根据为短期

③　早期学者的见解和研究状况，参见森岛昭夫：《侵权行为法讲义》，有斐阁 1987 年版，第 418 页以下。

时效提供理由。在第 724 条中,规定受害人知道损害及加害人时短期时效进行,受害人的立场受到如此重视是值得注意之处。并且一般地说,受害人知道损害及加害人后,决定是否请求损害赔偿并不是非常费时间的,如果过分费时间一般就可以看作受害人宽恕了侵权行为人的所为。换言之,如果受害人从知道损害和加害人经过 3 年以上期间,就应该看作无论何种愤懑的情绪也消解了,反之,如果经过 3 年以上请求损害赔偿,也可以看作那里存在着不纯的动机有不自然的事情。即认为给受害人加上知道损害及加害人时起 3 年的消灭时效,是因为如果经过 3 年受害人的复仇本能已经镇静下来,这是与自古以来的不保护“权利上的睡眠者”的见解相通的见解。

这样,在将重点放在愤怒的感情这一受害人的主观性因素的末川说中,受害人知道损害及加害人的结果使自己处于能够行使损害赔偿请求权的状态(有对加害人的愤怒的感情),但却不行使权利而放置起来这一情况成为短期时效的根据,所以,关于第 724 条的“损害及加害人”,要受害人现实地知道,假如由于受害人的过失受害人未能现实地知道这些事实的场合,就没有请求权行使的契机所以时效不开始进行。并且,知道损害不以单纯地知道损害的发生为充足,还必须知道该损害是因侵权行为发生的。之所以这样要求,是因为假如受害人虽然知道损害及加害人,但以为加害人的行为是合法的对此没有请求损害赔偿的余地时,受害人尚未产生愤怒感情,因此没有应该承认时效进行的理由。

但是,关于损害及加害人,末川说也并未要求受害人的认识到达细致部分。首先,关于“损害”,受害人只知道因单一的原因发生的损害的一部分不知道其他部分时,作为纯理论解释为只就已知部分时效进行,如果那样就成为时效个别地进行,从而形成法律关系始终确定不下来的状况。因此,如果受害人知道了因侵权行为发生的某些受害事实,就只能将在一般社会经验法则上被认为是与该事实相关联应该预知的损害全部都作为受害人已知,从那时起不仅现实地知道的损害的部分,而且对应该预知的损害的全部承认时效的进行。

其次,对“加害人”也有现实地是否知道的问题。例如,在使用人责任中,受害人虽然知道使用人本人,但并不知道该使用人负有法律上赔偿义务的场合,如果贯彻末川说的理论,受害人尚未处于能够对使用人现实地行使赔偿请求权的状态,所以,不应该使时效进行。但是,末川博士认为,从法律生活的一般前提来说,法律的不知不应该考虑是为受害人的,因此,应该解释为受害人知道因事业的执行遭受了损害,并且知道使用人本人时时效进行。

如果贯彻重视受害人的主观感情要素的末川说理论,为使短期时效进行,应该要求受害人“现实地”认识赔偿义务人有应该赔偿的责任,处于能够行使权利的状态。但是,如果要求受害人的现实的具体认识,对于缺乏法律判断能力的受害人时效就永远不能进行,赔偿义务人的地位就是不安定的。因此,为使受害人的利益与加害人的利益取得平衡,末川博士提出了以上的妥协性解释论。④

三、内池说——以赔偿义务人的信赖为根据说

内池庆四郎教授批判末川博士的妥协性态度,展开了自己的解释论。首先,关于证明上的困难这一理由,与末川博士同样,认为从第 724 条的构造来看未必能够将其评价为决定性的要素。即第 724 条的短期时效的起算点,因为关联到受害人已知损害及加害人时的内心样态,所以在受害人没有这种认识的场合下,无论自侵权行为时起经过多少年月短期时效都不进行,这就无法解决证据上的困难。另一方面为对应短期时效不进行的场合规定了以自侵权行为时为起算点的长期时效(《民法》第 724 条后段),受害人无认识的场合依据长期时效加以处理。但是,这种期间是 20 年,比一般债权的 10 年的时效期间长。因此,无法从第 724 条的这种构造上,将证明的困难程度作为第 724 条的决定性的理由。

---

④　末川博博士的见解,详细可参照末川博:“侵权行为中损害赔偿请求权的时效”,载《权利侵害与权利滥用》,岩波书店 1970 年版,第 634 ~ 668 页。

其次,关于以受害人的感情为根据的末川说,内池教授批判道,当权利人进行关于是否请求损害赔偿的决断时,作为权利人的受害人的感情要素的确构成重大契机,但是,一般的来说,赔偿请求权本身的成立与受害人的认识和感情无关,所以,仅以受害人的感情已镇静下来作为赔偿请求权消灭的理由是逻辑上的跳跃。并且指出,从与刑事时效相区别独立地设置侵权行为固有的时效制度的发展来看,认为民事责任的时效由受害人报复感情的消长来决定的见解是有疑问的。

因此,内池教授向相当期间未受到赔偿请求的赔偿义务人的信赖寻求短期时效的根据。即对侵权行为,以加害为契机从来没有交涉的受害人与加害人之间发生损害赔偿的权利义务,该权利何时、在何种范围内加以主张完全存在于受害人一方。这样,从无法预想到底是否会受到赔偿请求的赔偿义务人来看,知道自己的权利的赔偿权利人只要在相当期间内不来请求,相信已经不会受到请求并不是不合理的,一定期间经过之后,这种赔偿义务人的信赖值得受到法律上的保护,赔偿权利人作为权利上的睡眠者妨害其后的权利行使。在当事人之间存在契约关系,对契约不履行请求损害赔偿时,该内容是契约上的债务转化而成的,对赔偿义务人来说是预知可能的,而在因当事人无法预期的意外事故发生侵权行为的领域,受害人是否请求赔偿却是不明的,所以,只要知道损害及加害人的赔偿权利人在相当期间内不来行使权利,义务人自然从权利人的态度就可以相信因宽恕义务人等某种理由权利人放弃了请求。

内池教授进一步指出,本来义务人方所拥有的信赖,是以知道损害及加害人,认识到权利行使的可能性为基础的,因此,只要权利人没有现实的具体的认识,义务人单方的信赖就缺乏应该受到保护的根据,第724条的所谓"知道损害及加害人",是指对涉及足以构成通常侵权行为的请求基础的全要件事实(权利侵害、行为的违法性、有责性、因果关系)的认识。并且,对于尽管受害人认识到了这些事实,但在由于法律上的不知、错误导致了加害人没有损害赔偿义务的错误法律评价的场合，因而仍然没有现实地认识到损害赔偿请求权的行使可能性的情况下是否短期时效仍然不进行的问题，内池教授从重视受害人现实的认识的立场出发，展开了如下的逻辑推论。即不仅是契约关系，在侵权行为的领域，赔偿义务人的法律地位也不应该因权利人的不当态度而被阻碍减杀，因此，在诚信原则上，应该认定权利人，即受害人在可以期待的范围内尽必要的全部手段应该得到认识的"协助义务"。并且，从受害人的具体能力和个别状况来看，由于受害人未尽协助义务，结果未达到存在损害赔偿请求权这一现实认识的例外场合，作为违反协助义务的效果应该认定使短期时效进行。⑤

四、对内池说的疑问

内池教授发表展开其上述见解的论文是在 1971 年，这时包含交通事故和公害等复杂事实关系的事件在各地的法院进行争论，屡屡有被告主张援用短期时效的情况。在这些事件中，事故后经过长时间发生未预想到的损害，受害人很难确实知道受害与加害行为之间的因果关系，或者在无法收集证明证据的情况下经过了数年的时间等，在受害人何时知道损害及加害人的问题上，出现了很多争议。面对这种现实，法律学界的关心也转向了过去并未深入探讨过的因侵权行为发生的损害赔偿请求权的消灭时效问题。

另外，关于侵权行为中的短期时效的起算点，出现了最高裁判所第三小法庭 1967 年 7 月 18 日判决和最高裁判所第一小法庭 1969 年 11 月 27 日判决等判决，这些判决提出了民法起草者所未预想到的各种各样的问题（具体内容见第 2 节中的论述），也成为提高学界对这些问题关心的契机。

内池教授的论文正是在这种状况的前提下写作的，是自 1932 年

---

⑤　内池庆四郎教授的见解，详细可参照内池庆四郎："侵权行为中损害赔偿请求权的时效起算点"，载《法学研究》1969 年第 3 期，第 113 页以下；内池庆四郎："损害赔偿请求权的消灭时效"，载《现代赔偿法讲座（1）》，日本评论社 1976 年版，第 211 页以下。

末川博士的论文之后第一次深入研究这一问题的著述,那之后,内池教授围绕着因侵权行为发生的损害赔偿请求权的时效发表了一个又一个的力作,详细地展开了立法史、比较法、判例研究、学说批判,具有很高的学术价值。同时也有学说⑥对内池说提出了质疑。

首先,关于《民法》第724条的短期时效的根据,内池教授以赔偿义务人的信赖保护作为短期时效的根据,但是,以使赔偿义务人信赖受害人的认识,这一赔偿义务人无法窥见的主观性内心状态作为议论的出发点是有问题的。在侵权行为中,即使在加害行为之后,只要受害人不对加害人请求赔偿,加害人就没有与受害人接触的机会。即使假设因某种理由加害人与受害人接触,也仍然存在受害人是否现实地认识到了权利行使的可能性,如果认识到了从何时开始,这些属于受害人内心状态的事情加害人通过何种手段能够知道的问题。因此,加害人方认识和信赖受害人是知道权利行使的可能性却不行使权利,实际上是不可能的。不是对受害人不行使权利这一客观事实的信赖,而是对受害人主观上的事实的信赖的看法是不妥当的。再者,即使假设赔偿义务人的信赖可以根据于受害人的主观,那么,这种赔偿义务人的信赖是否是值得法律保护的对象呢?享有损害赔偿请求权者,是否行使其权利,何时行使本来是权利人的自由。赔偿义务人自己实施了加害行为使损害发生,却又从受害人知道权利行使的可能性而不请求赔偿的事实信赖自己的损害赔偿义务得到宽恕,这不过是一厢情愿地想美事。即使赔偿义务人相信那样的事情,也不能说这样的信赖是应该得到法律保护的正当的信赖。从使短期时效的起算点放在受害人的认识上的第724条前段的构造来看,倒不如说末川说是有说服力的说明。

其次,关于短期时效要件的受害人的认识,认为要有现实的对侵权行为成立的全要件事实的认识,那么,为了加害人的责任得到宽恕

⑥ 学说上的质疑,主要根据森岛昭夫:《侵权行为法讲义》,有斐阁1987年版,第426页。还可参照新美育文:“侵权行为损害赔偿权的期间限制(2)”,载《法律时报》1983年第5期,第106页以下等。

的事由的信赖要件，为什么要求受害人达到那种程度的认识呢？受害人的上述认识与加害人的信赖之间并没有逻辑联系。内池教授也认为，只要权利人没有现实的具体的认识，就缺乏义务人单方的信赖应该得到保护的根据，但最终上述见解是在哪里取得因时效请求权受到限制的受害人的利益与请求被免除的加害人（赔偿义务人）的利益的平衡这一政策性判断，而并非逻辑地必然得出那样的结论。但是，如果要以加害人的信赖这一要素作为短期时效的根据，那么，还是采用从各种客观情况来看，能够得出受害人认识到了权利行使的可能性但不行使权利的判断的结论更加自然，可以说要求受害人的内心具体且现实的认识的理由是很难成立的。

最后，为援用第 724 条前段的时效，加害人（赔偿义务人）对受害人存在对损害和加害人的认识的事实，负有举证责任。但是，受害人的认识必须是涉及责任成立的全部要件事实的，如果这样，关于本来在主请求中受害人负担的责任成立的要件事实，加害人在时效抗辩的场合下就陷入了自认要件事实存在的矛盾之中。因此，池田教授认为，赔偿义务人方的证明以举出客观的（省略故意、过失、责任能力等主观要件）且原则的（省略违法性、责任阻却事由、免责要件事实、抗辩事实等不存在）权利成立要件的认识为充足。但是，如果是这样，那么权利人有上述认识时效就能够进行，这回反过来又危及权利人被要求现实地认识权利行使的可能性这一内池说的前提。

五、森岛教授的见解

森岛教授认为，《民法》第 724 条的短期时效，一方面限制损害赔偿的请求期间消除加害人始终处于受到损害赔偿请求的不安定状态以谋求加害人的利益，另一方面又把时效的起算点置于受害人的认识上使受害人不要在未得到权利行使机会期间丧失损害赔偿请求权以谋求受害人的利益，试图在构造上调整加害人与受害人双方的利益。因此，只着眼于加害人或受害人某一方去探求这种时效制度的根据就不能不是牵强的。末川博士那样以受害人的愤怒感情的镇静这一要素说明这种制度是可能的、有说服力的。但是,在以损失的填补与受害的回复为中心性功能的今天的侵权行为制度中,将该制度的根据仅置于受害人的感情上是有问题的。

权利上的睡眠者的说明作为时效制度的一般说明是有效的,但不能构成关于对因侵权行为发生的损害赔偿请求权特别地采用短期时效的根据的说明。加害人的信赖保护作为该制度的说明也是成问题的。

因此,森岛教授认为,第724条的短期时效仍然以向证明的困难性寻找根据是妥当的。在侵权行为中多数的场合是因不测的事故发生损害,因此,有不少收集事故证据困难的例子,而且,与交易的事例不同,很少有赔偿请求权发生后也积极地保全证据的情况。应该说,短期时效制度的根据就在于关于责任要件的事实的证据的收集、保全的困难性。但是,因为第724条前段为保护受害人,加入了只要受害人没有对损害及加害人的认识,时效就不进行这一特别的利益衡量要素,所以不能以证明困难为理由贯彻请求期间限制。但是,尽管是在那种场合下,也仍然规定了自侵权行为时起经过20年时请求受到限制(第724条后段)。

关于短期时效的根据的见解的不同,对"知道损害及加害人"的解释等围绕第724条的具体性解释上的各种问题,实际上并没有太多的直接影响。例如,末川说中虽然受害人的感情受到重视,但是,关于损害及加害人的认识的法律上的不知,即使是受害人因误解认为没有损害赔偿请求权的场合,也不影响时效的进行。另外,重视加害人信赖要素的内池说也认为只要受害人没有违反协助义务,就要求受害人有现实的对责任成立要件的具体认识。最终,与关于时效的根据的见解上的不同相比,倒不如说是在因时效的完成而丧失损害赔偿请求权的受害人与得到时效利益的加害人中,更重视对哪一方的保护这一解释者的价值判断左右着具体的解释。⑦

---

⑦ 森岛昭夫:《侵权行为法讲义》,有斐阁1987年版,第429页以下。

第 2 节　消灭时效的起算点

根据消灭时效的一般原则，时效的起算点是“得行使权利时”（《民法》第 166 条第 1 款），但是，在侵权行为的短期时效中以“受害人或者其法定代理人知道损害及加害人时”（《民法》第 724 条）为起算点。

关于“知道损害及加害人时”这一要件，过去没有进行过较为细致的解释论上的议论，但是，在公害诉讼中经过长期间之后提起诉讼的事件中，出现了不少消灭时效成为争论点的情况，从而形成了对这一问题比较深入的讨论。

一、“知道”损害及加害人

《民法》第 724 条对 3 年的短期消灭时效，不是因侵权行为发生的损害赔偿请求权成立时，而是以知道损害及加害人时为时效的起算点，这是为了避免受害人在连加害行为已经实施都不知道的期间，损害赔偿请求权的时效就消灭了的情况。因为在侵权行为的场合，受害人只有知道了这些事实才可能进行损害赔偿请求。因此，这里的所谓“知道”意味着对这些事实的现实的具体的认识，即使是因受害人的过失未能知道的场合，只要不知道就没有权利行使的可能性，因此时效就不进行。

并且，即使知道了损害及加害人，但受害人没有认识到加害行为为侵权行为的场合，时效不进行。因为即使因他人的行为蒙受损害，在不知道该行为是违法的从而发生损害赔偿请求权的场合下，受害人就没有可能进行赔偿请求。例如，判例对违法地提起诉讼和临时处分，不当抗争者之诉确定为败诉，或者临时处分的违法性经本案诉讼或异议诉讼得到确定时起，对这些违法行为的损害赔偿请求权的时效进行。

在公害事件中，也有加害行为是违法的侵权行为的情况不明确的场合损害赔偿请求权的消灭时效不进行的情况。例如,熊本水俣病判决(熊本地方裁判所1973年3月20日,载《判例时报》第696号第15页)认为,尽管关于水俣病的原因被告排放的水银的可疑程度很强,但直到政府正式发表关于原因的见解,根据赔偿请求事实上可能程度的具体资料,受害人并不具有对水俣病是起因于被告工厂的排水的结果,被告的行为是违法的认识,未承认消灭时效的完成。

这样,如果认为受害人在认识到加害行为是侵权行为,请求损害赔偿是可能的之前,时效不进行,那么,由于加害人的说服,受害人误认为自己没有损害赔偿请求权的场合,受害人就没有权利行使的可能性,所以,消灭时效就应该不进行。但是,在一个执勤中死亡的自卫队员的遗属请求损害赔偿的事件中,由于自卫队担当补偿工作的职员对遗属作了除一定的遗属补偿金以外不能支付任何赔偿金的说明,使得不了解法律的遗属相信了这种说明,因此未作遗属补偿金以外的损害赔偿请求从而超过了时效期间,对此,原审判决作出了即使遗属因法律上的不知不知道可以请求损害赔偿,也不应该不知道损害的判断。对此案的最高裁判所判决(1975年2月25日,载《最高裁判所民事判例集》第29卷第2号第143页)虽然认定了国家对执勤中死亡的自卫队员所负安全照料义务,但却支持了原审的判断。这个事例与水俣病的事例不同,不是加害行为是否构成侵权行为不明,而是因受害人在法律上的不知,主观上认为不能请求损害赔偿的事例。但是,学者认为,在这种情况下,至少在加害人方作了那样的处理(担当官员作出不能支付更多的赔偿金的说明)的场合下,认为时效不进行是公平的。⑧

关于在由于受害人在法律上的不知,不知道有损害赔偿请求权的场合,解释为不妨碍侵权行为的消灭时效的进行是否妥当的问题,本来曾在使用人责任中,以受害人是否有必要认识到使用人是依据第715条的损害赔偿义务人的形式进行过争论。末川博士认为,在

⑧ 森岛昭夫:《侵权行为法讲义》,有斐阁1987年版,第435页。

法规不知的场合下,从纯理论来看,如果不是知道使用人有赔偿义务就不能说受害人处于能够现实地对使用人行使赔偿请求权的状态,因此,应该从知道使用人负有法律上的赔偿义务时起时效进行,但是,从法律生活一般的规则来说,不应该考虑受害人的这种法律上的不知。这样实际上就是遵从了“法律上的不知为害”(error juris nocet)这一古老的法谚。无论事实,还是法规,受害人没有具体的认识时,事实上损害赔偿请求权的行使是不可能的,因此,关于以损害赔偿请求权为基础的事实,只要要求受害人自身的现实且具体的认识,关于法规,在因受害人不知该法规,相信没有损害赔偿请求权期间,消灭时效就不进行。

内池教授也认为不应该区别事实上的不知与法律上的不知,其理由如下:(1)作为时效起算点的受害人的认识,只要被解释为对请求权的存在的认识,对妨害这种认识的情况,就没有依事实认识与法律判断加以区别的理由。(2)所谓事实上的错误与法律上的错误,即使从观念上能够加以区别,在现实中也是相联系且分割困难的。本来就是分割困难的对象如果给予完全不同的法律效果,其结果自身就有被偶然性所左右的危险。(3)认为对事实上的不知、错误受害人经常没有责任,而对法律上的不知、错误是经常有责任是一种独断。从受害人的具体情况来看,既有应该受到谴责的事实上的错误,也有不能加以谴责的法律上的不知、错误。(4)所谓“法律上的不知为害”即使是一种责任原理,通常其适用预定的也是对加害人自身的认识中的错误的问题,而这里构成问题的是蒙受损害的受害人方的错误,原理适用的场合完全不同。但是,内池教授认为,尽管客观来看有可能提起诉讼的是必要且充分的事实,但将所有妨害受害人认识的不知、错误的危险都由加害人负担是不妥当的,上述场合中,应该限于从诚信原则上看,对该主观不知无法责难受害人时对受害人有利,即作为时效不进行的情况处理。超过了这个限度就应该由双方分担。妨害受害人认识的不知、错误的危险在受害人与加害人之间分担的基准,是支配受害人、加害人之间的法律关系的诚信原则,在侵权行为的时效起算点的领域,也与一般债权关系中可以期待当事人按照诚信原则行动同样,赔偿义务人应该可以期待其由法律给予的短期时效上的地位,不因权利人的不当的态度被阻碍减杀,受害人在取得"认识"之际,在能够期待的范围内是负有"协助义务"(Mitwirkungspflicht)的。其结果,如果是由于受害人未尽按照其具体能力可以期待的手段,所以没能取得请求权存在的认识,那就只得说该危险应该由受害人负担,从而时效进行。⑨

侵权行为中的短期消灭时效的起算点,由于决定于受害人的主观性认识,所以,时效完成的时期是浮动的,赔偿义务人的地位是不安定的。因此,当受害人存在值得责难的情况从而不"知道损害及加害人"时,应该采用使义务人的利益优先的见解。问题在于采用什么基准判断受害人是否"知道"。即尽管第724条规定了"知道时",但由于存在对现实上"不知道"的受害人不利地使时效进行的情况,所以,在这种情况下,存在着这样一个选择的问题,即是应该以受害人的具体能力为基准从应该知道时开始起算时效,还是可以更加划一地进行判断(在这个意义上对赔偿义务人有利),以一般人为基准,从一般人应该知道时起使时效进行。从逻辑上说不应该必须依据哪一种,作为政策性判断采用其中任何一种都是可能的,不过,从法院认定较为容易的角度来看,采用以与受害人处于同样立场的通常人或一般人为基准的见解为好。

二、知道"加害人"

在《民法》第724条的"知道损害及加害人时"这一要件中,存在着所谓知道加害人是指何种场合的问题。有这样一个事件,战争时期,警察以违反军机保护法的嫌疑将原告逮捕,在调查中因警察(被告)的拷问原告被迫在虚假的自白书上签名,战争结束被释放以后,

---

⑨ 末川博博士、内池庆四郎教授的见解,详细均可参照前引末川博:"侵权行为中损害赔偿请求权的时效",内池庆四郎:"侵权行为中损害赔偿请求权的时效起算点"、"损害赔偿请求权的消灭时效"等著述。

原告着手起诉，因只知道该警察的姓，为调查其名经过了 9 年，进一步地了解到其住所则是 19 年以后的事了。对该案件，最高裁判所 1973 年 11 月 16 日判决（《最高裁判所民事判例集》第 27 卷第 10 号第 1374 页）指出，所谓知道加害人时，“解释为意味着在对加害人的赔偿请求事实上可能的状况下，在该可能的程度上知道这些时是相当的”，进行赔偿请求事实上不可能的状况停止，“受害人确认了加害人的住所姓名之时”才构成知道加害人。这个事例是一种特殊情况，即受害人被拘禁，加害人是警察，所以，判例一方面认为“赔偿请求是可能程度上的知道”即可，另一方面以确认了住所姓名时为时效的起算点。但一般解释为，即使未能确实知道姓名、住所等详细情况，但在受害人可以期待不必作特别的努力就能得知这些情况的场合下，消灭时效也可以开始进行。

另外，关于在直接的加害人与其他赔偿义务人同时存在的场合下，应该如何处理的问题。一般解释为，在受害人虽然知道作为直接的加害人的被用人，但不知道应该负担使用人责任的使用人的场合，因被用人个人的责任与使用人责任是不同的责任，所以受害人不知道使用人的场合对使用人的请求权时效不进行。因此，第 724 条的所谓加害人，意味着是赔偿义务人。

问题是，在受害人虽然知道使用人本人，但不知道该使用人负有法律上的赔偿义务的场合下，对使用人的请求权的时效，应该从知道使用人本人时开始进行，还是自知道该使用人负有法律上的赔偿义务时开始进行。

判例（最高裁判所 1969 年 11 月 27 日判决，载《最高裁判所民事判例集》第 23 卷第 11 号第 2265 页）在被告公司的分局长伪装对原告公司融资骗取票据作了差额贴现，使原告公司遭受损失的事例中，认定了被告公司提出的短期消灭时效的抗辩，判示道“所谓知道加害人，解释为认识到使用人及使用人与侵权行为人之间有使用关系的事实，并认识到一般人足以判断该侵权行为是就使用人的事业执行而实施的事实的情况是相当的”。判决除使用关系外，关于“就事业的执行实施了”的情况,要求受害人存在认识,但与此同时,又提出了一般人的判断这一基准。因此,对该判决的理解学说存在着分歧,有学者理解为本判决的宗旨是,即使是受害人因法律上的不知,现实地不知道加害行为存在事业执行性的场合,也可以以一般人的“法律评价”为基准,认定事业执行性,使时效进行。与此相对,有学者则认为本判决并未直接涉及受害人的法律判断,其所判示宗旨是如果受害人认识到了一般人足以判断属于事业执行的“事实”则时效进行。但是,后一种学说也承认,事业执行性这一法律判断要求高度的法律判断,如果将构成其前提的事实认识作为一般人判断有事业执行性的充分的事实的认识,最终是否相当于事业执行这一法律评价也是以一般人为基准的。因此在这里,一般人的“法律评价”与一般人作判断的“事实”之间并不存在可能引起不同结果的问题。

一种学说认为,受害人要有对事实的现实的认识,但即使是因法律上的不知,受害人误解了也作为“知道”处理。另一种学说则认为,不仅业务执行的要件,对一般的事实也同样,受害人只要认识到了一般人足以判断有某种法律要件的事实的存在,即使受害人没有基于该事实现实地认识到存在该要件,时效也进行。这些见解的说法虽然不同,但都认为,无论事实认识还是法律判断,即使受害人没有现实地认识到要件的存在,如果有一般人应该认识到的情况,就可以认为“知道”。但是,受害人并没有知道加害人和损害的高度的义务,所以,所谓以一般人为基准,也应该是以与受害人处于同样立场的人不作特别的努力就能够认识到的场合为基准,来判断是否“知道”。⑩

三、知道“损害”——损害继续型侵权行为的场合

所谓知道“损害”,是指知道现实地发生了损害,而没有必要正确、具体地知道该损害的程度和数额。问题发生在因一次加害行为,

---

⑩ 森岛昭夫:《侵权行为法讲义》,有斐阁1987年版,第441页。

损害在加害行为之后继续性地或者间歇性地不断发生的场合。

如前所述,末川博士主张,这种场合,从纯理论上来说,解释为受害人在知道损害的某一部分时,只是对该部分的损害赔偿请求权的时效开始进行,对其他部分则在从新知道损害时逐次开始进行是正当的。但是,如果那样就会发生只要损害的发生继续,时效就随着构成许多个起算点,这样,不仅招致知道损害这一要件被过分扩大的结果,而且会出现无论受害人不知道损害的其他部分是多么愚蠢的场合,法律关系都不能确定的不正常的情况,所以就只能是,如果受害人知道了一些受害的事实,就视为受害人当时已经全面地知道了"从一般社会经验法则上来看,认为原告应该能够预知的与该事实相关联的损害",认定自该时起时效进行。但是,在后日发生通常人无法预知的损害的场合,从知道那种事实时起对该范围内的损害赔偿请求权的时效开始进行。这样,以通常人的预知为限,受害人被要求承担广义的注意义务,是否是通常应该能够预知的损害,就应该针对各个具体的场合通过以受害人为中心的一般经验法则加以决定。

判例(最高裁判所 1967 年 7 月 18 日判决,载《最高裁判所民事判例集》第 21 卷第 6 号第 1559 页)采用与末川说同样的见解,在某事件中,原告与被告之子玩耍时打起架来,被对方推撞在被告所有的里面装着硫酸的坛子时,坛子中的硫酸溢出原告脚被烧伤,依据确定判决取得了损害赔偿。但受伤后经过 8 年,因发生运动功能障碍的后遗症而接受了手术,原告就此向被告请求治疗费的赔偿,从而发生了对该治疗费的请求权是否已过消灭时效的争议。最高裁判所判决认为,与受害人知道的损害构成牵连一体的损害,在当时可能预见其发生的所有的损害,时效从知道损害发生之时进行。但是,本案的场合,"在从受伤时起经过相当期间之后后遗症才出现,需要通过在受伤时医学上通常无法预想的治疗方法治疗,以致不得不支出上述治疗费用等,在原审认定的事实关系的情况下,解释为对到后日接受该治疗的上述该治疗所需费用,即对损害的赔偿请求权,第 724 条所规定的时效不进行是相当的"。

对因制剂投与造成丙型肝炎病毒持续感染的损害,法院判定(福冈地方裁判所2006年8月30日,载《判例时报》第1953号第11页),从诊断为罹患丙型肝炎时,或者因持续感染症状发生时为起算点。因为在HCV感染的场合,有的场合急性肝炎症状不发作,有的是不显性感染的场合。⑪

关于起算点的"侵权行为"时,是将与侵权行为同时发生损害的事例放在念头中的,所以,像尘肺炎那样的事例损害潜伏发生的事例中,不是以有安全照料义务违反时而是尘肺炎发病时(最高裁判所2004年4月27日判决,载《判例TIMES》第1152号第120页),罹患乙型肝炎的事例也不是在预防接种时而是在发病时(最高裁判所2006年6月16日判决,载《判例TIMES》第1220号第79页)适用的都是20年的起算点。其他下级审判例中对铬祸诉讼、水俣病关西诉讼、日本化学工业诉讼(铬暴露)、松尾砷矿毒诉讼等类似的事例中也都承认了20年的起算点。⑫

四、知道"损害"——行为继续性侵权行为的场合

有的场合,例如,像土地的不法占据和由工厂造成的大气污染那样的场合,是加害行为本身继续性地进行。判例对于这样的场合曾经按照原文适用第724条,将其解释为自受害人最初知道损害之时起对损害的全部赔偿请求权时效进行(大审院1920年6月29日判决,载《大审院民事判决录》第26辑第1035页)。但是,对于这样的见解,当时的学说批判到,侵权行为开始后受害人知道损害只要经过3年,即使现实地侵权行为仍在继续,也无法进行损害赔偿请求,这在常识上也是非常奇怪的。不久,大审院联合部判决(1940年12月14日判决,载《大审院民事判例集》第19卷第2325页)改变了这种

⑪ 酒井广幸:《损害赔偿请求中的侵权行为的时效》,新日本法规2013年版,第222页。

⑫ 平野裕之:"围绕侵权行为债权的消灭时效的立法论考察(2·完)",载《庆应法学》2009年第13号,第1页以下。

见解，解释为只要侵权行为继续地进行，损害继续地发生，作为每日发生的新的侵权行为，自每日知道各个损害时赔偿请求权的时效分别地各自进行。即侵权行为继续期间，每日新发生的损害，对各损害的赔偿请求权以经过 3 年逐次时效消灭。此后的判例亦遵循这一宗旨。通说也支持这种见解。

但是，过去判例处理的事例主要的是关于土地的不法占据的事例。自公害事件得到处理，水俣病那样的累积性、进行性的人身损害的时效出现了问题，从而使关于继续性侵权行为的时效的判例、学说得到修正。

淡路教授在承认短期消灭时效的根据在证明上的困难的基础之上，认为在继续性侵权行为中，因为带来同种损害的同种加害行为正在继续，所以只要加害行为仍然继续，无论争议追溯得怎样早也不会构成很大的证据上的困难，困难发生于继续性侵权行为结束时，所以，时效的进行开始于侵权行为停止时。因此，继续性加害行为整体视为一个侵权行为，知道该侵权行为造成的全部损害之时，即加害行为停止之时时效开始进行。⑬

藤冈康宏教授认为，即使是由同样的继续性侵权行为发生的损害，也应该承认依损害的不同种类，对时效的起算点作不同的处理。在损害是性质上可能分割的场合，时效逐次进行具有合理性，但对累积性地进行应该作一体性把握的损害，受害人对损害的认识为加害行为终了时。⑭ 并且，大阪国际机场噪音事件第一审判决中，就依据时效逐次进行论对房屋修理费等认定了时效消灭，而对抚慰金请求则未认定时效消灭。

还有见解认为，称为继续性侵权行为的情况包含着各种各样的类型，应该按照类型决定时效进行，在时效类型化时，也要考虑加害

---

⑬ 淡路刚久教授的见解，详细可参照淡路刚久："时效"，载《新版民法演习 1 总则》，有斐阁 1978 年版，第 234 页。

⑭ 藤冈康宏教授的见解，详细可参照藤冈康宏："侵权行为损害赔偿请求权的消灭时效"，载《北大法学论集》1976 年第 27 卷第 2 期，第 8 页以下。

人的行为状态。即当考虑时效的起算点时,在受害人"知道损害"的问题上,依一次性、非继续性损害,持续状态的继续性损害,累积进行的继续性损害等损害类型,阶段性地表示出受害人对一体性认识的难易程度。并且,这种见解认为短期时效的根据在于加害人正当信赖的保护。因此,不仅与受害人的认识的难易程度相关,而且,对积极的加害、单纯的注意义务违反、不法状态的维持、加重进行性行为等这些所谓的"加害行为状态"也作为加害人保护的要素,在决定是否使时效进行,是否应该认可时效的援用等问题时也应当加以斟酌。具体地说,损害类型作为与受害人的认识(知道损害)相关联的要素,作为决定时效起算点的第一次性决定要素,加害行为的样态作为决定是否应该使时效进行或者是否应该使时效完成时的要素,分别发挥着功能。例如,因继续加重的加害行为发生一体性认识困难的累积进行性损害的场合,以受害人有认识为前提,自损害的进行停止时时效一律开始进行,但直至加害行为终结,使该时效的完成停止,并且,不允许仍在继续加害行为的加害人援用时效。

还有学说认为,继续性侵权行为,也有各种各样的利益状态,一律规定时效的起算点是不妥当的。但对这种见解,有学者认为,《民法》第724条只有"受害人或者其法定代理人知道损害及加害人时"的规定,因此,没有解释为因加害行为的样态使时效的起算停止,或者时效的援用受到妨害的余地。当然,可以有通过权利滥用等别的法理不承认时效的援用的情况。⑮

另外,值得注意的是,依据《矿业法》第115条第2款的规定:对进行中的损害,从该进行停止之时起算时效期间、除斥期间。

⑮ 森岛昭夫:《侵权行为法讲义》,有斐阁1987年版,第446页。

主要参考文献

1. 末川博:《权利侵害与权利滥用》,岩波书店 1970 年版。

2. 加藤一郎:《侵权行为》(增补版),有斐阁 1974 年版。

3. 千种达夫:《人的损害赔偿研究》,有斐阁 1975 年版。

4. 有泉亨:《现代损害赔偿法讲座·1 总论》,日本评论社 1976 年版。

5. 石田穰:《损害赔偿法的再构成》,东京大学出版会 1977 年版。

6. 前田达明:《侵权行为归责论》,创文社 1978 年版。

7. 川井健:《现代侵权行为法研究》,日本评论社 1978 年版。

8. 石本雅男:《民事责任的基础理论》,有斐阁 1979 年版。

9. 前田达明:《民法Ⅵ2 侵权行为法》,青林书院新社 1980 年版。

10. 四宫和夫:《无因管理·不当得利·侵权行为》,青林书院新社 1983 年版。

11. 芦部信喜等:《基本法学 5 责任》,岩波书店 1984 年版。

12. 楠本安雄:《人身损害赔偿论》,日本评论社 1984 年版。

13. 星野英一:《民法讲座·6》,有斐阁 1985 年版。

14. 野村好弘等编:《侵权行为法》,学阳书房 1986 年版。

15. 富井利安:《公害赔偿责任研究》,日本评论社 1985 年版。

16. 森岛昭夫:《侵权行为法讲义》,有斐阁 1987 年版。

17. 日本侵权行为法研究会:《日本侵权行为法 Restatement》,连载于《法学家杂志》第 897 期至第 914 期,有斐阁 1987 年 3 月 1 日~

1988年8月15日。

18. 淡路刚久:《连带债务研究》,弘文堂1988年版。

19. 神田孝夫:《侵权行为责任研究》,一粒社1988年版。

20. 下森定编:《安全照顾义务法理的形成与展开》,日本评论社1988年版。

21. 竹内昭夫等代表编集:《新法律学辞典》,有斐阁1989年版。

22. 新关辉夫:《法国侵权行为责任研究》,法律文化社1991年版。

23. 高桥真:《安全配虑义务之研究》,成文堂1992年版。

24. 平井宜雄:《债权各论Ⅱ侵权行为》,弘文堂1992年版。

25. 藤冈康宏等:《民法Ⅳ债权各论》,有斐阁1992年版。

26. 星野英一等编:《现代社会与民法学的动向 上·侵权行为》,有斐阁1992年版。

27. 日本交通法学会:《世界交通法》,西神田编集室1992年版。

28. 几代通、德本伸一:《侵权行为法》,有斐阁1993年版。

29. 浜上则雄:《现代共同侵权行为的研究》,信山社1993年版。

30. 川井建:《专家责任》,日本评论社1993年版。

31. 宫本健藏:《安全配虑义务与契约责任的扩张》,信山社1993年版。

32. 窪田充见:《过失相抵的法理》,有斐阁1994年版。

33. 松浦好治编译:《侵权行为法的新世界》,木铎社1994年版。

34. 泽井裕:《无因管理·不当得利·侵权行为》,有斐阁1996年版。

35. 田山辉明:《侵权行为法》,青林书院1996年版。

36. 南敏文:《民事辩护与裁判实务5损害赔偿Ⅰ(机动车事故·劳动灾害)》,行政1997年版。

37. 远藤浩等编集:《民法(7)》,有斐阁1997年版。

38. 加藤雅信等:《新现代赔偿法讲座3制造物责任·专家责任》,日本评论社1997年版。

39. 古贺哲夫、山本隆司编:《现代侵权行为法学的分析》,有信堂1997年版。

40. 饭田敏明:《现代裁判法大系6交通事故》,新日本法规1998年版。

41. 若原纪代子:《民法与消费者法的交错》,成文堂1999年版。

42. 吉村良一:《侵权行为法》(第4版),有斐阁2000年版。

43. 小高刚:《损失补偿研究》,成文堂2000年版。

44. 后藤卷则:《消费者契约的法理论》,弘文堂2002年版。

45. 五十岚清:《人格权法概说》,有斐阁2003年版。

46. 高井申夫:《由判例考察使用人的责任》,新日本法规出版2004年版。

47. 高桥真:《损害概念论序说》,有斐阁2005年版。

48. 辰井聪子:《因果关系论》,有斐阁2006年版。

49. 田上富信:《使用关系中的责任规范的构造》,有斐阁2006年版。

50. 盐崎勤:《由判例考察共同侵权行为责任》,新日本法规出版2007年版。

51. 太田知行等:《向民事法学的挑战与新构筑》,创文社2008年版。

52. 圆谷峻:《侵权行为法·无因管理·不当得利》(第2版),成文堂2010年版。

53. 铃木辰纪:《保险的现代性课题Ⅳ》,成文堂2010年版。

54. 圆谷峻:《侵权行为法·无因管理·不当得利——由判例形成的法》(第2版),成文堂2010年版。

55. 广峰正子:《民事责任中的抑止与制裁——法国民事责任之一断面》,日本评论社2010年版。

56. 北河隆之:《交通事故损害赔偿法》,弘文堂2011年版。

57. 平井宜雄:《侵权行为法理论之种种现象》,有斐阁2011年版。

58. 森岛昭夫、盐野宏编:《变动的日本社会与法》,有斐阁2011年版。

59. 大村敦志:《考虑民法改正》,岩波新书2011年版。

60. 大冢直等编:《社会的发展与权利的创造》,有斐阁2012年版。

61. 盐崎勤等:《实务侵权行为法讲义》,民事法研究会2012年版。

62. 潮见佳男:《侵权行为法Ⅱ》,信山社2012年第2版第2次印刷。

63. 原田刚:《共同侵权行为法论》,成文堂2012年版。

64. 洼田充见:《侵权行为法》,有斐阁2013年初版第6次印刷。

65. 高桥真:《续·安全配虑义务之研究》,成文堂2013年版。

66. 潮见佳男:《侵权行为法Ⅰ》,信山社2013年第2版第3次印刷。

67. 藤冈康宏:《民法讲义V侵权行为法》,信山社2013年版。

68. 平野裕之:《民法综合6侵权行为法》,信山社2013年版。

69. 酒井广幸:《损害赔偿请求中的侵权行为的时效》,新日本法规2013年版。

70. 露木美幸:《伴随事业发展的责任法的变容》,专修大学出版局2013年版。

71. 建部雅:《侵权行为法中名誉权概念的变迁》,有斐阁2014年版。

72. 角田邦重:《劳动者人格权的法理》,中央大学出版部2014年版。

事 项 索 引

G

R

S

T

Y

侵权法条文

(日本民法侵权行为条文及本书涉及的部分关联民法条文和民事特别法条文)[①]

(一)民法侵权行为条文

第3编债权　第5章侵权行为

第709条　(因侵权行为的损害赔偿)

因故意或过失侵害他人权利或法律上受保护利益者,负赔偿因此所生损害的责任。

第710条　(财产以外损害的赔偿)

无论侵害他人身体、自由和名誉的场合或侵害他人财产权的场合,依前条规定负损害赔偿责任者,对财产以外的损害,也必须赔偿。

第711条　(对近亲属的损害赔偿)

侵害他人生命者,对受害人的父母、配偶及子女,在其财产权未受侵害的场合,也必须做出损害赔偿。

第712条　(责任能力)

未成年人造成他人损害的,在不具备足以辨识自己行为责任的智能时,对其行为不负赔偿责任。

第713条　在因精神上的障碍处于缺乏辨识自己的行为责任的能力的状态期间造成他人损害者,不负该赔偿责任。但因故意或过失一时性地招致该状态时,不在此限。

① 根据第一法规株式会社:《电子版·现行法规》2005年下半年版译出。

第714条 （无责任能力人的监督人等的责任）

①在依前二条规定无责任能力人不负该责任的场合，负监督该无责任能力人的法定义务者，负赔偿该无责任能力人所造成第三者损害的责任。但监督义务人未懈怠其义务，或即使未懈怠其义务损害也会发生时，不在此限。

②代监督义务人监督无责任能力人者，亦负前款责任。

第715条 （使用人等的责任）

①为某项事业使用他人者，负赔偿被用人就其事业的执行造成第三者损害的责任。但使用人就被用人的选任及其事业的监督已尽相当的注意时，或即使尽相当的注意，损害也会发生时，不在此限。

②代使用人监督事业的人，亦负前款责任。

③前二款规定，不妨碍使用人或监督人对被用人行使追偿权。

第716条 （定做人的责任）

定做人不负赔偿承揽人就其工作造成第三者损害的责任。但就该定做或指示该定做人有过失时，不在此限。

第717条 （土地工作物等的占有人及所有人的责任）

①因土地工作物的设置或保存有瑕疵造成他人损害时，该工作物的占有人对受害人负赔偿该损害的责任。但占有人为防止损害的发生已尽必要注意时，所有人必须赔偿该损害。

②前款规定准用于栽植的竹木或支撑有瑕疵的场合。

③在前二款的场合，就损害原因另有负该责任者时，占有人或所有人可向该人行使追偿权。

第718条 （动物占有人等的责任）

①动物占有人负赔偿其动物造成他人损害的责任。但已按动物的种类及性质以相当的注意进行该管理时，不在此限。

②代占有人管理动物者，亦负前款责任。

第719条 （共同侵权行为人的责任）

①数人因共同侵权造成他人损害时，各自连带负赔偿该损害的责任。在无法知道共同行为人中何人造成该损害时，亦同。

②教唆行为人者及帮助者,视为共同行为人,适用前款规定。

第720条 (正当防卫及紧急避险)

①对他人的侵权行为,为防卫自己或第三者的权利或法律上受保护利益,不得已实施了加害行为者,不负损害赔偿的责任。但不妨碍受害人向侵权行为人请求损害赔偿。

②前款规定,准用于为避免他人之物所生紧急危险损伤该物的场合。

第721条 (胎儿关于损害赔偿请求权的权利能力)

关于损害赔偿请求权,胎儿视为已出生。

第722条 (损害赔偿的方法及过失相抵)

①第417条的规定,准用于因侵权行为的损害赔偿。

②受害人有过失时,法院可考虑此,决定损害赔偿额。

第723条 (名誉毁损的原状恢复)

对毁损他人名誉者,法院根据受害人的请求,可代替损害赔偿或与损害赔偿共同,命令为恢复名誉实施适当处分。

第724条 (侵权行为损害赔偿请求权的期间限制)

因侵权行为所生损害的赔偿请求权,自受害人或其法定代理人知道损害及加害人时起三年间不行使时,因时效消灭。自侵权行为时起,经过二十年时,亦同。

(二)本书涉及的部分其他民法条文

第1编总则　第3章法人

第44条 (法人的侵权行为能力等)

①法人负赔偿理事及其他代理人就执行其职务给他人造成损害的责任。

②因超越法人目的范围的行为给他人造成损害时,赞成该行为的相关事项决议的社员及理事和履行了该决议的理事及其他代理人,连带负赔偿该损害的责任。

第5章第3节代理

第110条 （权限外行为的表见代理）

前条本文的规定,在代理人实施了其权限外行为的场合,准用于第三者有应当相信代理人有权限的正当理由时。

第7章时效　第3节消灭时效

第166条 （消灭时效的进行等）

①消灭时效自能够行使权利时起进行。

②前款规定,对为占有附始期权利或附停止条件权利的标的物的第三者,不妨碍自其占有开始之时取得时效进行。但权利人为中断该时效,可随时请求占有人承认。

第167条 （债权的消灭时效）

①债权,十年间不行使时消灭。

②债权和所有权以外的财产权,二十年间不行使时消灭。

第2编物权　第2章占有权　第2节占有权的效力

第198条 （占有保持之诉）

占有者在其占有受到妨害时,得依占有保持之诉,请求该妨害的停止及损害赔偿。

第199条 （占有保全之诉）

占有者在其占有受到妨害之虞时,得依占有保全之诉,请求该妨害的预防或损害赔偿的担保。

第3章所有权　第2节相邻关系

第209条 （邻地的使用请求）

①土地所有者为在境界或其附近建筑或修缮障壁或建筑物在必要范围内,得请求邻地的使用。但没有邻人的承诺,不得进入其住家。

②在前款的场合,邻人受到损害时,得请求该偿金。

第212条　依第210条的规定享有通行权者,对其通行的其他土地的损害必须支付偿金。但对为开设通路所生损害除外,可按年支付该偿金。

第3节所有权的取得

第248条 (附合、混合或伴随加工的偿金请求)

因第242条至前条规定的适用受损失者,依第703条及第704条的规定,得请求该偿金。

第5章永佃权

第274条 (佃租的减免)

永佃人即使在因不可抗力使收益遭受损失时,也不得请求佃租的免除或减额。

第275条 (永佃权的放弃)

永佃人因不可抗力,连续三年以上完全未得收益,或因五年以上得到低于佃租的收益时,得放弃其权利。

第9章质权　第1节总则

第348条 (转质)

质权人在其权利存续期间内,得以自己责任对质物进行转质。在此场合,对因转质所生损失,即使是因不可抗力造成,也负该责任。

第3编债权　第1章总则　第2节债权的效力　第1款债务不履行的责任

第415条 (因债务不履行的损害赔偿)

债务人未按照其债务的本意履行时,债权人得请求因此所生损害的赔偿。因应归责于债务人的事由致使无法履行时,亦同。

第416条 (损害赔偿的范围)

①对债务不履行的损害赔偿请求,以使因此通常所生损害得到赔偿为目的。

②即使是因特别情况所生损害,在当事者预见,或者能够预见该情况时,债权人亦得请求该赔偿。

第417条 (损害赔偿的方法)

无特别的意思表示时,损害赔偿额以金钱算定。

第418条 (过失相抵)

债权人就债务不履行有过失时,法院可考虑此,决定损害赔偿责任及其金额。

第419条 (金钱债务的特别规则)

①对以金钱的给付为目的的债务不履行,其损害赔偿额依法定利率规定。但约定利率超过法定利率时,依约定利率。

②关于前款的损害赔偿,债权人无需做损害的证明。

③关于第1款损害赔偿,债务人不得以不可抗力为抗辩。

第2款债权人代位权及诈害行为取消权。

第423条 (债权人代位权)

①债权人为保全自己的债权,得行使属于债务人的权利。但债务人一身专属的权利,不在此限。

②债权人在其债权的期限未到来期间,不依裁判上的代位,不得行使前款的权利。但保存行为,不在此限。

第3节多数当事人的债权及债务 第3款连带债务

第432条 (履行的请求)

数人负担连带债务时,债权人可向该连带债务人之一人,或者同时或顺次向所有连带债务人请求全部或部分履行。

第433条 (关于连带债务人之一人的法律行为的无效等)

关于连带债务人之一人有法律行为无效或撤销的原因,并不妨碍其他债务人债务的效力。

第434条 (对连带债务人之一人的履行请求)

对连带债务人之一人的履行请求,对其他债务人,亦生该效力。

第435条 (与连带债务人之一人之间的更改)

连带债务人之一人与债权人之间有更改时,债权为所有连带债务人的利益而消灭。

第436条 (由连带债务人之一人所作相抵等)

①在连带债务人之一人对债权人享有债权的场合,该连带债务人援用相抵时,债权为所有连带债务人的利益而消灭。

②在享有前款债权的连带债务人未援用相抵期间,其他连带债务人仅得就该连带债务人所负担部分援用相抵。

第437条 (对连带债务人之一人的免除)

对连带债务人之一人所作债务免除,仅就该连带债务人的负担部分,为其他连带债务人的利益也生该效力。

第438条 (与连带债务人之一人之间的混同)

连带债务人之一人与债权人之间发生混同时,视为该连带债务人已清偿。

第439条 (就连带债务人之一人的时效完成)

为连带债务人之一人的时效完成时,对该连带债务人所负担部分,其他连带债务人,也免除该义务。

第440条 (相对性效力原则)

除第436条至前条规定的场合,就连带债务人之一人所生事由,对其他连带债务人不生其效力。

第441条 (关于连带债务人的破产程序的开始)

连带债务人的全体或其中数人接受破产程序开始的决定时,债权人可就其债权的全额,加入各破产财团的分配。

第442条 (连带债务人间的追偿权)

①连带债务人之一人实施清偿,以其他自己的财产得到共同的免责时,该连带债务人对其他连带债务人,就各自的负担部分享有追偿权。

②依前款规定的追偿,包含清偿及其他免责之日以后的法定利息及不可避免的费用以及其他损害的赔偿。

第443条 (对懈怠通知的连带债务人的追偿的限制)

①连带债务人之一人,不通知其他债务人受到债权人的履行请求实施清偿,以其他自己的财产得到共同的免责的情况,其他连带债务人有能够对抗债权人的事由时,得就该负担部分,以该事由对抗得到该免责的连带债务人。在此场合,以相抵对抗得到该免责的连带债务人时,有过失的连带债务人,得向债权人请求履行因相抵本应消灭的债务。

②连带债务人之一人,因懈怠将实施清偿,以其他自己的财产得

到共同的免责的情况通知其他连带债务人,其他连带债务人善意实施清偿,以其他有偿行为得到免责时,得到该免责的连带债务人得将自己的清偿及其他为免责实施的行为视为有效。

第 444 条 (对无偿还资力者负担部分的分担)

在连带债务人中有无偿还资力者时,该无法偿还部分,在追偿人及其他有资力者间,按其各自负担部分分割负担。但在追偿人有过失时,不得向其他连带债务人请求分担。

第 445 条 (连带的免除与无偿还资力者负担部分的分担)

在连带债务人之一人得到连带的免除的场合,在其他连带债务人中有无清偿资力者时,债权人负担该无资力者无法清偿部分中得到连带免除者应负担的部分。

第 2 章契约 第 3 节第 2 款买卖的效力

第 570 条 (卖主的瑕疵担保责任)

买卖的标的物有隐蔽的瑕疵时,准用第 566 条(有地上权场合等时卖主的担保责任)的规定。但强制拍卖的场合,不在此限。

第 8 节雇用

第 623 条 (雇用)

雇用依当事人的一方向对方约定从事劳动,对方约定对此支付该报酬生效。

第 10 节委任

第 643 条 (委任)

委任依当事者的一方委托对方为法律行为,对方对此承诺生效。

第 11 节寄托

第 659 条 (无偿保管人的注意义务)

无报酬地接受寄存者,负有以与对自己的财产同一的注意保管寄存物的义务。

第 3 章无因管理

第 697 条 (无因管理)

①无义务地开始为他人的管理事务者,必须按照该事务的性质,

依最适合本人利益的方法,进行该事务的管理。

②管理者知道本人的意思时,或能够推知时,必须按照该意思进行事务管理。

第4章不当得利

第703条 (不当利得的返还义务)

无法律上的原因通过他人的财产或劳务获得利益,因此给他人带来损失者(以下本章中称“受益者”),以该利益存在的限度负返还此利益的义务。

第4编亲属　第4章第2节亲权的效力

第820条 (监护及教育的权利义务)

行使亲权者,享有进行子女的监护及教育的权利,负有义务。

第822条 (惩戒)

①行使亲权者,在必要范围内得亲自惩戒其子女,或得到家庭法院许可,将其送入惩戒场所。

②将子女送入惩戒场所的期间,在六个月以下的范围内由家庭法院决定。但此期间得依行使亲权者的请求,随时缩短。

第5章监护

第857条 (关于监护未成年被监护人身体行为的权利义务)

未成年监护人,对第820条至第823条规定的事项,享有与行使亲权者同一的权利义务。但要变更行使亲权者决定的教育方法及居所,将未成年被监护人送入惩戒场所,许可营业、取消该许可,或对此进行限制,在有未成年监护监督人时,必须得到其同意。

第858条 (成年被监护人意思的尊重及身体行为的关照)

成年监护人在进行有关成年被监护人的生活、疗养看护及财产管理的事务时,必须尊重成年被监护人的意思,且关照其心身状态及生活状况。

第7章扶养

第877条 (扶养义务人)

①直系血亲及兄弟姐妹,有相互扶养的义务。

②前款规定场合外,家庭法院在有特别情况时,亦得在三亲等内亲属间使其负扶养义务。

③依前款规定审判后情况发生变更时,家庭法院得取消该审判。

第5编继承　第3章继承的效力　第1节总则

第896条　(继承的一般效力)

继承人自继承开始之时,继承属于被继承人财产的一切权利义务。但被继承人一身专属者,不在此限。

(三)部分民事特别法及其他关联法律条文

1. 宪法

第19条　(思想及良心的自由)

思想及良心的自由,不受侵犯。

2. 国家赔偿法

第1条　(基于行使公权力的公务员的加害行为的损害赔偿责任、对该公务员的追偿权)

①行使国家或公共团体的公权力的公务员,就其职务的执行因故意或过失违法造成他人损害时,国家或公共团体对此负赔偿的责任。

②在前款的场合,公务员有故意或重大过失时,国家或公共团体对该公务员享有追偿权。

第2条　(基于公的营造物的设置管理瑕疵的损害赔偿责任、对损害责任人的追偿权)

①因道路、河川及其他公的营造物的设置或管理有瑕疵致他人发生损害时,国家或公共团体对此负赔偿的责任。

②在前款的场合,另有就损害的原因应负责任者时,国家或公共团体对此享有追偿权。

第3条　(费用负担者的损害赔偿责任、在内部关系上对有责任者的追偿权)

①在依前二条规定,国家或公共团体负赔偿损害责任的场合,当

担当公务员的选任和监督或公的营造物的设置和管理者与负担公务员的俸禄、工资及其他费用或公的营造物的设置和管理费用者不同时,负担费用者亦负赔偿该损害的责任。

②在前款的场合,已赔偿损害者,在内部关系上对有赔偿该损害责任者享有追偿权。

第4条 (民法的适用)

关于国家或公共团体的损害赔偿责任,除依前三条规定外,依民法的规定。

3. 机动车损害赔偿保障法

第3条 (机动车损害赔偿责任)

为自己将机动车供运行之用者,因其运行侵害他人的生命或身体时,负赔偿由此所生损害之责。但在证明了自己及驾驶人关于机动车的运行没有懈怠注意的情况,受害人或驾驶人以外的第三者有故意或过失的情况以及机动车不存在构造上的缺陷或机能障害的情况时,不在此限。

第11条 (责任保险及责任共助合同)

①责任保险合同,依约定在发生依第3条规定的保有人的损害赔偿责任的场合,保险公司填补因此所生保有人的损害及驾驶人也对该受害人应负损害赔偿责任时因此所生驾驶人的损害,约定保险合同人向保险公司支付保险金,责任保险合同生效。

②责任共助合同,依约定在发生依第3条规定的保有人的损害赔偿责任的场合,共助组织填补因此所生保有人的损害及驾驶人也对其受害人应负损害赔偿责任时因此所生驾驶人的损害,通过约定共助合同人向共助组织支付共助金,责任共助合同生效。

4. 制造物责任法

第1条 (目的)

本法律,以通过规定关于因制造物的缺陷发生关系人的生命、身体或财产的受害的场合制造业者等的损害赔偿责任,谋求受害人的保护,以此对国民生活的稳定提高和国民经济的健全发展发挥作用为目的。

第2条 （定义）

(1)本法律中所谓“制造物”，是指被制造或加工过的动产。

(2)本法律中所谓“缺陷”，是指考虑该制造物的特性，其通常可预见的使用形态，该制造物业者等交付该制造物的时期及其他该制造物的相关情况，该制造物欠缺通常应有的安全性。

(3)本法律中所谓“制造业者等”，是指符合以下某项者：

①以该制造物为业，进行制造、加工或进口者。

②自己作为该制造物的制造业者在该制造物上作出其姓名、商号、商标及其他表示（以下称“姓名等表示”）者或在该制造物上作出使人误认为该制造业者的姓名等表示者。

③前项所列者外，从该制造物的制造、加工、进口或销售的相关形态及其他情况来看，在该制造物上作出了可以认定其为实质上的制造业者的姓名等表示者。

第3条 （制造物责任）

制造业者等，在其制造、加工、进口或作出前条第3款第2项或者第3项的姓名等表示的制造物，其交付后因缺陷侵害他人的生命、身体或财产时，负赔偿因此所生损害的责任。但其损害只发生在该制造物时，不在此限。

第4条 （免责事由）

在前条的场合，制造业者等证明了下列各事项时，不负同条规定的赔偿责任。

(1)根据制造业者等交付该制造物时的有关科学或技术的知识，尚无法认识该制造物存在缺陷的情况。

(2)该制造物在作为其他制造物的部件或原材料被使用的场合，该缺陷完全是因遵从该其他制造物的制造业者发出的相关设计指示所生，且对该缺陷的发生没有过失。

第5条 （期间的限制）

①第3条规定的损害赔偿请求权，受害人及其法定代理人自知

道损害及赔偿义务人时起三年间不行使,因时效消灭。自该制造业者等交付该制造物时起经过十年时,亦同。

②前款后段的期间,对因在身体内积蓄危害人的健康的物质所生损害或经过一定潜伏期后症状才出现的损害,自该损害发生时起算。

5. 商法

第662条 (损害因第三者行为所生的场合)

①在损害因第三者行为所生的场合,保险人对被保险人支付了其负担额时,以其支付金额为限,取得保险合同人或被保险人对第三者享有的权利。

②保险人对被保险人支付了其负担额的一部分时,只得在不损害保险合同人或被保险人权利的范围内,行使前款规定的权利。

6. 不正当竞争防止法

第3条 (停止行为请求权)

①因不正当竞争营业上的利益受到侵害,或有受到侵害之虞者,对侵害其营业上的利益者或有侵害之虞者,得请求停止或预防其侵害。

②因不正当竞争营业上的利益受到侵害,或有受到侵害之虞者,在提起依前款规定的请求之际,得请求废弃组成侵害行为之物(含因侵害行为所生物。第5条第1款中同),拆除提供侵害行为的设备及其他对侵害的停止或预防必要的行为。

7. 专利法

第100条 (停止行为请求权)

①专利权人或专用实施权人,对侵害自己的专利权或专用实施权者或者有侵害之虞者,得请求停止或预防其侵害。

②专利权人或专用实施权人,在提起依前款规定的请求之际,得请求废弃组成侵害行为之物(为生产物方法的专利发明时,含因侵害行为所生之物。第102条第1款中同),拆除提供侵害行为的设备及其他对侵害的停止或预防必要的行为。

第103条 （过失的推定）

侵害他人的专利权或专用实施权者，对其侵害行为推定为有过失。

第106条 （信用恢复的措施）

对因故意或过失侵害专利权或专用实施权损害了专利权人或专用实施权人业务上的信用者，法院得根据专利权人或专用实施权人的请求，可代替损害赔偿，或与损害赔偿共同，命令采取为恢复专利权人或专用实施权人业务上信用所必要之措施。

8. 关于原子能损害赔偿的法律

第3条 （无过失责任，责任的集中等）

①反应堆运转等之际，因该反应堆的运转等造成原子能损害时，与该反应堆运转等相关的原子能事业者负赔偿该损害的责任。但该损害是因异常巨大的天灾地变或社会动乱所生时，不在此限。

②在前款的场合，该损害是因原子能事业者间的核燃料物质等的运输所生时，只要在该原子能事业者间无特别约定，由作为该核燃料物质等发送人的原子能事业者负赔偿该损害的责任。

第6条 （采取损害赔偿措施的义务）

原子能事业者，不采取为赔偿原子能损害的措施，不得实施反应堆的运转等。

9. 矿业法

第109条 （赔偿义务）

①由为采掘矿物进行的土地挖掘，坑道水或废水的放流，废石或矿渣的堆积或矿烟的排出，给他人造成损害时，损害发生时该矿区的矿业权人（该矿区设定了租矿权时，对该租矿区，该租矿权人），损害发生时矿业权已消灭时，矿业权消灭时该矿区的矿业权人（矿业权消灭时该矿业权设定了租矿权时，对该租矿区，该租矿权人），负赔偿该损害的责任。

②在前款的场合，损害因两个以上的矿区或租矿区的矿业权人或租矿权人的作业所生时，各矿业权人或租矿权人，连带负赔偿损害

的义务。不知损害因两个以上矿区或租矿区的矿业权人或租矿权人的作业中哪一个所生时,亦同。

③前二款的场合,损害发生后矿业权发生转让时,损害发生时的矿业权人及之后的矿业权人,损害发生后发生租矿权的设定时,损害发生时矿业权人及损害发生后成为租矿权人者,连带负赔偿损害的义务。

④在依第1款或第2款的规定租矿权人应赔偿损害的场合,损害发生时该租矿权已设定矿区的矿业权人及之后的矿业权人,损害发生时矿业权已消灭时,矿业权消灭时的矿业权人,与租矿权人连带负赔偿损害的义务。

⑤依前四款规定的赔偿,共同矿业权人或共同租矿权人(称共有租矿权者)的义务,为连带义务。

第111条 (赔偿)

①损害必须公正且贴切地赔偿

②损害赔偿以金钱进行。但与赔偿金额相比无需显著多额费用即可恢复原状时,受害人得请求原状的恢复。

③在有赔偿义务者申请的场合,法院认为适当时,虽有前款规定,仍得代替以金钱进行赔偿命令原状的恢复。

第115条 (消灭时效)

①损害赔偿请求权,自受害人已知损害及赔偿义务人时起三年间不行使时,因时效消灭。自损害发生时起经过二十年,亦同。

②前款的期间,对进行中的损害,自该进行停止时起算。

10. 劳动组合法

第8条 (损害赔偿)

因正当的同盟罢工及其他争议行为受到损害,不得对劳动组合或其成员请求赔偿。

11. 劳动契约法

第5条 (对劳动者安全的照料)

使用者,应伴随劳动契约,采取必要的照料,使劳动者能够在确保生命、身体等安全之时进行劳动。

12. 学校教育法

第 11 条 （学生等的惩戒）

校长及教员，认为教育上有必要时，依文部科学大臣的规定，得对学生及儿童施加惩戒。但不得施加体罚。

13. 关于禁止私人垄断及确保公正交易的法律

第 25 条 （无过失损害赔偿责任）

①实施了违反第 3 条、第 6 条或第 19 条规定的行为的事业者（实施了违反第 6 条规定行为的事业者，限在该国际协定或国际合同中，实施不当的交易限制，或者自己使用了不公正的交易方法的事业者）及实施了违反第 8 条第 1 款规定的行为的事业者团体，对受害人负损害赔偿的责任。

②事业者及事业者团体，不得证明没有故意或过失，免除前款规定的责任。

14. 实用新型法

第 30 条 （专利法的准用）

专利法第 104 条之二至第 106 条（具体样态的明示义务、专利权人等的权利行使的限制、文件的提出等、为损害计算的鉴定、相当损害额的认定、秘密保持命令、秘密保持命令的取消，诉讼记录的阅览等的请求的通知等、当事人询问等的公开停止及信用恢复的措施）的规定，准用于实用新型权或专用实施权的侵害。

15. 著作权法

第 115 条 （名誉恢复等的措施）

作者或演艺家，对因故意或过失侵害该作者人格权或演艺家人格权者，得代替损害赔偿，或者与损害赔偿共同，请求确保、订正作者或演艺家的情况及其他为恢复作者或演艺家的名誉或声望采取适当的措施。

第 116 条 （为作者或演艺家死后人格利益保护的措施）

①在作者或演艺家死后，其遗属（指死亡的作者或演艺家的配

偶、子女、父母、孙子女、祖父母或兄弟姐妹。以下本条中同),对就该作者或演艺家实施违反第60条或第101条之三的规定的行为者或有实施之虞者,得提起第112条的请求,对因故意或过失实施侵害作者人格权或演艺家人格权的行为或实施了违反第60条或第101条之三的规定的行为者得提起前条请求。

②得提起前款请求的遗属的顺位,为同款规定的顺序。但作者或演艺家以遗言另外规定了其顺位的场合为该顺序。

③作者或演艺家得以遗言代遗属指定可提起第1款请求者。在此场合,接受该指定者,自该作者或演艺家死亡之年的翌年起算经过五十年后(该经过时遗属存在的场合,其不存在后)不得提起该请求。

16. 外观设计法

第40条 (过失的推定)

侵害他人的外观设计权或专用实施权者,对其侵害行为推定为有过失。但对依第14条第1款规定请求秘密进行的外观设计的相关外观设计权或专用实施权的侵害,不在此限。

17. 刑法

第35条 (正当行为)

依法令或正当的业务,不罚。

第211条 (业务上过失致死伤等)

①因懈怠业务上必要的注意,致人死伤者,处五年以下徒刑或监禁或50万元以下罚金。因重大过失致人死伤者,亦同。

②驾驶机动车犯前款前段罪者,伤害轻时,依情状得免除该刑。

平成13(2001)年12月法律第138号追加了如下的规定:

第208条之二 (危险驾驶致死伤)

①在因酒精或药物的影响正常驾驶困难的状态下使四轮以上的机动车走行,因此致人负伤者处15年以下徒刑,致人死亡者处1年

以上有期徒刑。[②] 以控制其行进困难的高速度，或者没有控制其行进的技能却使四轮以上的机动车走行，因此致人死伤者，亦同。

②以妨害人或车的通行为目的，进入走行中的机动车的近前，显著接近其他通行中的人或车。且以使重大交通危险发生的速度驾驶四轮以上的机动车，因此致人死伤者，亦同前款。严重无视红色信号或与之相当的信号，且以使重大交通危险发生的速度驾驶四轮以上的机动车，因此致人死伤者，亦同。

第230条之二 （有关公共利害场合的特例）

①在前条第1款的行为与有关公共利害的事实相关，且确认其目的完全是谋求公益的场合，判断事实的真否，有是真实情况的证明时，不罚。

②前款规定的适用，有关未达被提起公诉的人的犯罪行为的事实，视为有关公共利害的事实。

③前条第1款的行为在与有关公务员或由公选的公务员候补者的事实相关的场合，判断事实的真否，有是真实情况的证明时，不罚。

18. 刑事诉讼法

第213条 （现行犯逮捕）

现行犯人，无论何人，即使没有逮捕状亦得逮捕。

② 日本有期徒刑为1个月以上20年以下(日本刑法第12条)。

第三版　后　　记

日本许多学术著作将谢辞写在序中,不再写后记,笔者原想学习这种做法。但序中说明了有关修订的内容和宗旨等主要问题之后,觉得还有一些虽然是私事,但需要向读者交代的事情不便写在"序"中,所以这个"后记"还是没有舍掉。又因为过去交代过的事情仍想请读者知晓,所以索性留下前一版后记,添上一个第三版后记。

俗话说,一个篱笆三个桩,一个好汉三个帮。本书第三版的完成基于两个条件:

一个是烟台大学校长房绍坤教授给笔者的提议与指示,烟台大学中欧侵权法研究院、法学院的领导和同事及时购入了充足的图书资料,宽松的学术氛围,多视角的科研平台,相互帮衬的和谐团体,保证了产品的产出。

另一个是法律出版社支持无科研基金资助科研成果出版的特立独行。学术分社朱宁社长对出版形势的透彻分析,对学者的理解和弘扬法律科学的信念,责任编辑黄琳佳、吕丽丽女士高效办理各项手续,精心编辑、设计,并对本书的修订提出了许多中肯的意见,使本书能够成为合格精品。

江西财经大学法学院汪志刚教授百忙之中阅读全书文稿不仅订正了多处错误,而且进行细致和很有见地的修改,并继续修订了事项索引,为本书的完成付出了宝贵的智慧与力量。

有各位领导、同事、朋友的理解、帮助与支持,笔者定当在自己的研究领域中出精品,报答各位的深情厚谊。最后,感谢承担校对等工作的各位女士、先生为本书付出的辛勤劳动。

作　者

2014 年岁末

后　记

十多年前刚从日本学习回来时,许多老师和朋友都要求我介绍一下日本侵权行为法律制度及其理论研究的状况,而要全面地把握和探讨这样一个问题极多,涉及领域极广的学科,笔者颇有绠短汲深之感。但是,面对我国社会经济结构变革、经济飞跃发展的现实给侵权行为法提出各种新课题的现实,如同经济体制的改革一样,"吸收"和"移植"外国的先进经验对于健全我国的民事侵权行为法律制度是必不可少的。这也可以说是中国当代民法学者的历史使命。在大陆法系国家中,日本侵权行为法是独具特色的,而目前,我国尚无对其进行探讨的专著。在这种情况下,笔者虽深知自己才疏学浅,但仍然不揣冒昧承担起了这项任务。

本书写作遵循的方针是:研究外国法律制度和理论应该与本国的实际相结合。但是,研究外国的法律绝不仅是与本国情况的简单对比,而应该把它放到各个国家的历史发展和社会现实的背景之下去进行探讨,让判例和学说的沿革与变迁本身来回答该国的法律制度为什么会如此,以及我们可以从中借鉴什么,应该避免什么的问题。这样才能对我国法律制度的形成与完善起到积极的作用。因此,设计现在本书的结构之前,虽曾设想过使用对每种具体制度均与我国的情况作相应比较评价的方法,但最终还是采取了整体地动态探讨的方式,这样做为的是不使不必要的评价影响对研究对象自身的完整性阐述,以使读者能够从对日本侵权行为法判例、学说自身逻辑发展的分析中自己得出结论。因为笔者感到与其作者将自己的一孔之见夹在研究对象中塞给读者，不如使读者自己去思考对促进我国的侵权行为法研究更为有利。这也是本书写作的目的。8 年过去了，此书是否达到了目的，还是留给读者评价比较妥当。

任何一个国家侵权行为法理论的完备都不是一蹴而就的，都要经过几代人的不懈努力。并且，侵权行为法的理论不是创造出来的，而是在适用法律规定解决实际问题的社会实践中积淀而成的。我们学习和研究外国成功的法律制度法学理论，目的都是为了掌握法的思维方法，并能够运用它去解决现实社会生活中的问题。笔者愿本书能够成为构成我国侵权行为法理论大厦的吸收借鉴外国法学理论构件中的一块砖瓦，成为我们形成法的思维方法的工具之一。当前，我国正在进行民法典的编纂工作，侵权行为法的立法任务当然包括其中，也希望本书对我国侵权行为立法工作发挥应有的参考作用。

本书是作者根据硕士课程和博士课程以及学位论文写作期间收集的文献资料，利用尽可能阅读到的民法学著述，并参照所留存当时的读书心得和课堂笔记、讨论发言稿等综合整理而成的。笔者能够完成本书，实得益于硕士课程时的导师野村好弘（原东京都立大学法学部，现明治学院大学法学部）教授和博士课程时的导师森岛昭夫（名古屋大学名誉教授，地球环境战略研究机关理事长）教授的悉心指导，特别是他们出众的研究成果。并且，直至今日，森岛教授每次出差来到北京时，都给予笔者意味深长的启发和教育。本书写作还得到过许多日本学者、实务家及各界朋友的指教和各方面的帮助。日本国际民商事法中心馈赠中国社会科学院法学研究所的《判例体系 CD-ROM》（第一法规株式会社出版），名古屋律师会律师田代清一先生给予作者研究资料等方面的大力帮助为此次修订提供了可靠的保证。借此再版的机会，再次向我的导师和各界朋友致以衷心感谢。本书“事项索引”由中国社会科学院研究生院法学系汪志刚博士编制完成，谨表衷心感谢。

最后,感谢法律出版社法学学术分社安排本书再版,感谢责任编辑徐雨衡女士对本书的精心编辑和设计,也感谢负责校对的各位女士、先生为本书付出的辛勤劳动。

作 者

2006 年暮春

图书在版编目(CIP)数据

日本侵权行为法/于敏著.—3版.—北京:法律出版社,2015.4
ISBN 978-7-5118-7897-7

Ⅰ.①日… Ⅱ.①于… Ⅲ.①侵权行为—民法—研究—日本 Ⅳ.①D931.33
中国版本图书馆CIP数据核字(2015)第082433号

日本侵权行为法(第三版) | 于 敏 著 | **责任编辑** 黄琳佳 **装帧设计** 李 瞻

开本 A5
版本 2015年6月第1版
出版 法律出版社
总发行 中国法律图书有限公司
印刷 三河市龙大印装有限公司
印张 22.375 **字数** 587千
印次 2015年6月第1次印刷
编辑统筹 学术·对外出版分社
经销 新华书店
责任印制 陶 松

法律出版社/北京市丰台区莲花池西里7号(100073)
电子邮件/info@lawpress.com.cn
网址/www.lawpress.com.cn
销售热线/010-63939792/9779
咨询电话/010-63939796

中国法律图书有限公司/北京市丰台区莲花池西里7号(100073)
全国各地中法图分、子公司电话:
第一法律书店/010-63939781/9782
重庆公司/023-65382816/2908
北京分公司/010-62534456
西安分公司/029-85388843
上海公司/021-62071010/1636
深圳公司/0755-83072995

书号:ISBN 978-7-5118-7897-7
定价:68.00元
(如有缺页或倒装,中国法律图书有限公司负责退换)